2009
宁波金融年鉴

《宁波金融年鉴》编辑委员会　编

中国经济出版社
CHINA ECONOMIC PUBLISHING HOUSE
北 京

图书在版编目（CIP）数据

2009宁波金融年鉴/《宁波金融年鉴》编辑委员会编.

北京：中国经济出版社，2010.9

ISBN 978-7-5136-0089-7

Ⅰ.①宁… Ⅱ.①宁… Ⅲ.①金融事业-宁波市-2009-年鉴 Ⅳ.①F832.755.3-54

中国版本图书馆CIP数据核字（2010）第142984号

责任编辑 邵岩 刘艳

责任印制 常毅

封面设计 白朝文

出版发行 中国经济出版社

印 刷 者 北京长阳汇文印刷厂

经 销 者 各地新华书店

开　　本 787mm×1092mm 1/16

印　　张 41.875

字　　数 1260千字

版　　次 2010年9月第1版

印　　次 2010年9月第1次印刷

书　　号 ISBN 978-7-5136-0089-7/F·8437

定　　价 120.00元

中国经济出版社 网址 www.economyph.com 社址 北京市西城区百万庄北街3号 **邮编** 100037

本版图书如存在印装质量问题，请与本社发行中心联系调换（联系电话：010-68319116）

◀ 1月14日—16日，人民银行上海总部胡平西副主任一行到人行宁波市中心支行指导工作。

▶ 4月24日，人民银行副省级城市中心支行工作交流会在宁波喜来登酒店举行。

◀ 6月14日—15日，人民银行宁波市中心支行在奉化举办2008年青年员工培训班。

▶ 7月4日，人民银行宁波市中心支行召开纪念建党87周年暨表彰大会。

▶ 10月9日，人民银行宁波市中心支行召开深入学习实践科学发展观活动动员大会。

◀ 10月17日，宁波市金融学会在华侨豪生大酒店举办国际金融专题报告会，邀请渣打银行中国区研究主管王志浩博士(Stephen Green)做“次贷危机的影响及对中国借鉴意义”专题报告。

▶ 10月23日，宁波市第三届金融产品展示会在市新闻文化中心隆重开幕。图为宁波市人大副主任张金康、宁波市副市长苏利冕等领导进入展区参观。

◀ 11月25日，宁波市金融学会在联谊宾馆举办金融支持创业创新研讨会。

◀ 9月27日，宁波银监局领导在浙江大丰集团考察调研。

▶ 10月14日，宁波银监局召开深入学习实践科学发展观动员大会。

◀ 11月6日，宁波银监局在凯洲大酒店召开全市银行业金融机构风险管理会议，讨论加强银行业机构风险管理工作。

▶ 1月29日，宁波保监局召开全市保险工作会议，部署2008年保险业改革发展工作。

▶ 2008年初，我国遭遇了特大的雨雪冰冻灾害，宁波保险业全力投入抗灾救灾中，各保险机构加强配合协作，快速查勘及时理赔，帮助受灾群众尽快恢复正常的生产和生活。图为保险公司员工到现场勘查电网损失情况。

◀ 4月8日，宁波市保险行业举行2008’宁波保险行业表彰大会，表彰全市234名优秀保险从业人员。

▶ 8月3日，宁波保险市场运行情况分析会在开元名都大酒店召开，在回顾和总结基础上，安排部署今后一个时期宁波保险业发展和监管工作。

◀ 2月28日，工商银行宁波市分行推出首期“工行理财日”主题营销活动。

◀ 4月28日，工商银行宁波市分行牵头组织首笔行外银团贷款，郁炯彦行长出席雅戈尔银团贷款签约仪式。

▶ 9月3日，中国工商银行总行在宁波召开小企业信贷业务座谈会，魏国雄首席风险官，王炽曦监事出席。

◀ 11月4日，工商银行宁波市分行与宁波市公安局交警支队在新兴大酒店共同举办移动警务系统合作签约暨牡丹交通卡发卡启动仪式。

▶ 1月22日，中国农业银行“传世之宝”金条首发式在宁波举行，同时配套推出“传世之宝”实物金条回购及黄金质押贷款等派生业务。图为“传世之宝”500克金条。

▶ 2008年，农业银行宁波市分行网点转型快速推进，服务能力明显提升。通过分离高低柜、增加自助设备，实现功能分区、客户分流、服务分层，推动网点功能由交易结算型向营销服务型转变。图为11月12日市分行营业部员工利用午休时间，学习标准化服务等“学习手册”。

◀ 12月12日，农业银行宁波市分行姜瑞斌行长（右一）陪同中国农业银行总行张云副行长（左一）一行视察农行参与支持的杭州湾跨海大桥。

▶ 12月23日，农业银行宁波市分行与宁波市交通局举行全面战略合作协议签字仪式，农行宁波市分行彭超英副行长与市交通局劳可军副局长在协议上签字。

◀ 1月30日，中国银行宁波市分行与中国出口信用保险公司宁波分公司、浙江前程石化股份有限公司举行“国内贸易信用保险项下贸易融资合作协议三方签约仪式”，标志着浙江省内首例无追索权国内“融信达”业务正式启动。

◀ 2月27日，中国银行宁波市分行与宁波安邦护卫有限公司举行守押服务合同签约仪式，中行宁波市分行押运社会化工作正式启动。

▶ 中国银行宁波市分行积极发挥中行作为北京奥运唯一银行合作伙伴的品牌优势，2008年上半年先后邀请邓亚萍、熊倪等5位奥运冠军举办三场大型奥运冠军现场签售奥运金银活动。

◀ 12月24日，中国银行宁波市分行隆重举行财富中心开业典礼。财富中心旨在为高端客户提供尊贵、成熟、私密、顾问式、管家式的服务体验和平台。

▶ 9月4日，建设银行宁波市分行“蓝色论坛”在东港喜来登酒店拉开帷幕，邀请中国发展研究基金会副秘书长汤敏博士以“全球经济动荡阴影下的中国经济展望”为主题演讲。

▶ 12月9日，建设银行宁波市分行刘丽华行长出席2009年元旦春节宁波市总工会送温暖活动启动仪式，建行宁波市分行向全市困难职工家庭赠送"爱心报卡"仪式也同时举行。

◀ 12月19日，中国建设银行与宁波市人民政府在南苑饭店举行银政合作协议签约仪式。宁波市政府领导及中国建设银行总行领导出席仪式。

▶ 6月11–12日，交通银行总行彭纯副行长一行到宁波召开国际单证中心动员会，并到宁波分行视察调研。

◀ 6月25日，交通银行宁波象山支行开业，这是交通银行宁波分行在象山县设立的首家营业网点。

◀ 1月6日，浦发银行宁波分行在海曙新街社区举办“浦发志愿者日”金融服务进社区活动。

▶ 12月24—25日，浦发银行总行在宁波市宁海天明山温泉大酒店召开2009年浦发银行公司银行业务座谈会。总行刘信义副行长及各分行主管行长和相关部门负责人参加会议。

◀ 7月19日，兴业银行宁波分行在宁波音乐厅隆重举行“唱行歌 · 迎行庆”歌咏比赛。

▶ 8月8日，兴业银行宁波百丈支行开业。

▶ 10月23–25日，兴业银行宁波分行参加宁波市第三届金融产品展示会。

◀ 1月28日，中国光大银行系统内的第一家县域支行——宁波分行余姚支行正式开业。

▶ 3月6–8日，中国光大银行2008年度计财工作会议暨新会计准则培训在宁波举行，总行李杰副行长和各地12位分行行长、18位分管副行长等80多名负责人参加会议。

◀ 11月28，光大银行宁波分行和光大证券在宁波南苑饭店举行光大系统宁波地区银证联席会议。

◀7月29日，招商银行总行张光华副行长与宁波市副市长苏利冕在万豪大酒店亲切会晤。

▶8月3日，招商银行宁波分行携手宁波大连万达广场有限公司共同在万达广场推出浙江省首张休闲购物广场类联名信用卡——万达广场联名信用卡。

◀12月18日，位于大沙泥街富茂大厦的招商银行宁波分行金葵花财富管理中心开业。

▶9月23日，2008年浙东合作区山海协作舟山—宁波银企洽谈活动在舟山举行。中信银行宁波分行作为本次活动中唯一的银行代表作大会发言，同时现场与舟山相关企业达成合作意向并签署银企合作协议。

▶10月23-25日，在宁波市第三届金融产品展示会“2008金融品牌榜”评选中，中信银行宁波分行获得“最佳服务银行”、“最佳理财银行”、“最受欢迎银行理财产品”、“最具创新外汇理财产品”四个奖项。

◀11月28日，中信银行宁波分行联手中信证券、中信信托、中信资本、金石投资、中信产业投资基金等中信集团金融子公司，召开投资银行“资本金融服务业务”产品推介会。现场为宁波欧琳集团有限公司与中信证券、中信银行宁波分行签订协议书。

▶5月22日，奥运圣火来到宁波，广发银行宁波分行员工自发组织欢迎队伍迎接圣火。

◀8月27日，广发银行总行辛迈豪行长莅临广发银行宁波分行指导工作。

◀11月20日，2008世界女子拳击锦标赛在宁波举行，广发银行宁波分行为此次赛事提供全程金融服务。

▶6月25日，作为宁波市首家小企业业务专营支行，浙商银行宁波江东支行开业，并在东港喜来登大酒店举行金融创新与小企业发展论坛。

◀10月11日，浙商银行宁波分行成功承办2008年中国乒乓球俱乐部超级联赛宁波赛区主场比赛，比赛在宁波华茂外国语学校体育馆举行，由浙商银行队对阵锦州队。

▶1月9日，中国邮政储蓄银行宁波分行成立暨揭牌仪式在宁波南苑饭店举行。宁波市副市长徐明夫，中国邮政集团公司副总经理、中国邮政储蓄银行董事刘明光为宁波分行成立揭牌。

▶ 6月25日，中国邮政储蓄银行余姚支行举行对公业务和小额贷款业务开业仪式。

◀ 12月26日，上海银行行长助理胡友联到宁波分行慰问参加年终决算的柜面员工。

▶ 10月9日，包商银行宁波分行联合东柳街道共同组织开展金融知识宣传活动。

◀ 12月31日，浙江泰隆商业银行宁波分行在宁波市中山东路437－439号开业。

◀ 8月31日，象山国民村镇银行有限责任公司在象山县石浦镇开业。宁波市副市长苏利冕、浙江省金融办副主任盛益军等领导出席开业典礼。

▶ 12月30日，慈溪民生村镇银行股份有限公司在慈溪市周巷镇兴业北路1号正式开业。

◀ 3月16日，宁波国际银行行庆15周年，在宁波市江东中心小学华光分校主办“夺宝骑兵——赢在宁波”活动。图为李国源副总经理与一等奖获得者在颁奖现场。

▶ 1月24日，人保财险宁波市分公司与宁波市公共交通总公司举行签约仪式。

▶ 2月29日，宁波市医疗纠纷理赔处理中心正式挂牌，医疗纠纷人民调解委员会也同时宣告成立。人保财险宁波市分公司总经理毛寄文、副总经理费剑锋代表宁波市医疗责任保险共保体首席承保人参加了仪式。

◀ 4月8日，2008年宁波保险行业表彰大会隆重召开，人保财险系统19名获奖人员在会上受表彰。

▶ 4月23日，杭州湾跨海大桥营运期一揽子保险协议签约仪式在人保财险宁波市分公司举行。

◀ 4月8日，太平洋财险宁波分公司获奖人员在2008’宁波保险行业表彰大会上合影留念。

◀8月8日，中国太平洋保险（集团）公司高国富董事长视察宁波。

▶12月6日，太平洋财险宁波分公司与象山港大桥指挥部举行宁波市象山港公路大桥及接线工程首批合同签约仪式。

◀5月24日，平安产险宁波分公司主办"中国平安杯"2008宁波杭州湾新区万人健身跑活动。

▶9月-11月，平安产险宁波分公司携手中国青少年基金会及《南方周末》杂志社，前往安徽省六安市顺河镇平安希望小学支教，图为志愿者与孩子们的留影。

▶ 12月6日，平安产险宁波分公司以总评分第一名中标宁波象山港公路大桥及接线工程第三标段建筑工程一切险附加第三者责任险。

◀ 3月12日，中国信保宁波分公司和宁波市外经贸局在南苑饭店联合召开进口信用保险试点推广新闻通报会。

▶ 9月3日，宁波市外经贸局和中国信保宁波分公司在南苑饭店举办新形势下宁波外贸发展与风险管理高端论坛。

◀ 10月23日，在宁波市第三届金融产品展示会上，宁波市人大副主任张金康、宁波市副市长苏利冕等领导莅临中国信保宁波分公司展位指导。

◀ 3月18日，为庆祝第98个国际“三八”妇女节的到来，天安保险宁波分公司工会组织开展“岗位练兵、技能比武”活动，主要内容为承保内勤打字速度测试、上机操作、保险基本知识笔试。

▶ 7月23日，天安保险宁波分公司在日湖公园启动“同一个梦想 同一片晴空”迎体育盛事建绿色家园百万民众大型签名活动。

◀ 2月1日，宁波保监局、中华联合保险宁波分公司共同主办2008年新春联欢会。

▶ 5月17日，中华联合保险宁波分公司召开五周年创业员工恳谈会，来自全市系统共79名创业功臣参加了本次会议。

▶ 10月19日，华安保险宁波分公司员工参加《东南商报》组织的保险知识进范江岸社区大篷车宣传活动。

◀ 3月26日，天平汽车保险慈溪支公司在慈溪市北二环东路92号实验公寓1号楼开业。

▶ 3月15日，民安保险宁波中心支公司组织员工参加消费者维权日咨询活动。

◀ 3月10日，中国人寿宁波市分公司召开“诚信·沟通·维权”媒体恳谈会。宁波市7家媒体单位代表和宁波保监局、宁波市保险行业协会、宁波市保险学会、宁波市消费者协会的相关领导应邀参加。

◀ 3月15日，中国人寿宁波市分公司区域发展部和业务处理中心组织员工参加由市保险行业协会组织的大型广场咨询活动。图为工作人员为客户解答疑问。

▶ 10月25日，中国人寿宁波市分公司参加宁波市第三届金融产品展示会，图为获得的各种奖牌。

◀ 1月23日，太平人寿何志光总经理莅临宁波分公司指导工作，并宣布重要人事任命。

▶ 9月25日，由太平人寿宁波分公司与工行宁波市分行联合举办的“开口营销训练营”在新兴大酒店举行开训仪式。

▶ 10月18日，太平人寿宁波分公司参加在月湖公园菊花洲广场举行的金融知识进社区启动仪式。参与本次活动的有9家金融机构，其中8家为银行机构，太平人寿作为唯一一家保险公司参加。

◀ 4月6-7日，合众人寿保险股份有限公司董事长戴皓到宁波中心支公司视察工作，并与宁波中心支公司全体内外勤员工见面。

▶ 2008年6月，国泰人寿宁波营销服务部举行“2008大家来比画”儿童绘画比赛，活动持续3个多月，众多小朋友发挥创意参与到活动中来，图为宁波市保监局、宁波市保险行业协会等领导为获奖小朋友颁奖。

◀ 7月16日，海康保险登陆宁波，成为2008年首家登陆宁波的外资寿险公司。

◀ 2月23日，金港信托在杭州成立“浙商金港投融资中心”，图为揭牌仪式现场。

▶ 11月4日，日本住友信托银行亚洲部一行3人拜访金港信托，双方就各自的基本情况、业务范围、业务模式等作了交流。

◀ 以“投资·融资·理财”为主题的第四届北京国际金融博览会11月13日上午在北京展览馆隆重开幕，金港信托与国内外百余家金融机构一起盛装亮相展览馆，推介金融理财产品。

▶ 由金港信托代表投资者与威立雅水务集团以及邯郸市政府所属实体共同出资设立的邯郸通用污水处理有限责任公司2008年12月25日举行正式运营仪式。图为运营仪式剪彩现场。

编 辑 说 明

一、《宁波金融年鉴》（2009）力求全面、准确反映2008年宁波市金融业运行情况和各金融机构业务发展改革状况，以供社会各界读者参考和使用。

二、本卷新增包商、临商、泰隆、汇丰4家银行在宁波分支机构和民安保险、太平保险、安诚保险、长安责任保险、中国人寿财产保险、嘉禾人寿保险、海康人寿保险7家保险公司在宁波分支机构的资料，同时新增象山国民和慈溪民生2家村镇银行的资料。

三、本卷采用分类编辑法，共设七个部分（较上年减少一个部分）。第一部分：改革与发展篇；第二部分：法规制度篇；第三部分：专题与调研篇；第四部分：统计篇；第五部分：金融记事篇；第六部分：机构名录篇；第七部分：附录。

四、所有资料均由宁波市各金融机构提供，其中信贷收支统计资料由人民银行宁波市中心支行统计研究处提供。本书各金融机构业务综述标题用单位规范名称，此外均可用简称。对各金融机构资料的排序是按惯例进行的，不含名次前后高低之分。

五、在编纂过程中，由于水平有限，难免出现错误和不足，在此敬请读者原谅，同时还请读者多提宝贵意见。

《宁波金融年鉴》编辑部

《宁波金融年鉴》编辑委员会
（2009）

《宁波金融年鉴》编辑部
（2009）

序　言

2008年，宁波金融业在面临复杂、严峻、多变的国内外经济形势时，深入学习实践科学发展观，认真领会党中央、国务院有关精神，按照市委市政府对金融工作的总体要求，积极创新，奋发进取，不断提升工作的主动性、创造性和有效性，使各项工作取得了新的成绩。

人行宁波市中心支行认真贯彻中央宏观调控政策，联合有关部门出台《关于做好金融保障促进我市经济平稳较快发展的若干措施意见》，提出“保增长、促发展、维稳定”的18条具体措施。疏通货币政策传导机制，增强货币政策执行效果。加强政策指导，加大对中小企业与“三农”的信贷支持。联合市有关部门建立小企业贷款风险补偿机制。完善小企业贷款通报制度，引导金融系统为中小企业排忧解难。加强对风险的监测、管理，维护区域金融稳定。加强“一办一行三局”之间的沟通协调和信息共享，通过“一行三局”联席会议、市金融稳定协调工作领导小组会议等及时会商，采取应急应对措施，防止风险的蔓延和扩散。优化完善支付清算体系。票据电子交换系统优化项目二期工程顺利上线运行，并开通付费通业务、个人跨行通存业务。完善农村金融服务基础设施，加强农村地区支付体系建设。全力做好金融IC卡多应用试点工作，推进市民卡工程建设。推进征信和反洗钱体系建设，维护良好金融秩序。积极推进非银行信息采集工作，将自来水缴费信息、首批“信用管理示范企业”表彰信息、企业欠薪信息等录入信用信息数据库。推进中小企业信用体系建设，全面开展对中小企业信用担保机构的信用评级工作。完善反洗钱工作机制，初步建立对特殊行业、单位及个人的反洗钱资金监测及跟踪体系。推进外汇管理改革创新，提升外汇服务水平。改善资本项目外汇管理方式，加强境外投资外汇政策指导，积极实施境外放款试点政策。加强外商投资企业外汇管理，防范异常资金流入。认真贯彻执行外汇资本金支付结汇管理新政策，建立对特殊行业外资项目资金运用情况的跟踪监管制度，防止异常资金流入股市、房产等热点领域进行投机套利活动。建立异常外汇资金流出入定期监测制度、涉汇主体换汇成本监测制度，切实提高非现场监管水平。

2008年末，宁波市银行业金融机构本外币资产负债总额分别为7942.70亿元和7636.42亿元，比年初分别增加1524.03亿元和1487.12亿元。全市银行业金融机构全年共实现账面利润173.47亿元，同比增长17.92%。按照贷款五级分类统计口径，全市银行业不良贷款余额86.16亿元，不良贷款率1.48%。

比年初微升0.08个百分点。

证券经营机构运行平稳。2008年，尽管国内证券市场出现较大波动，但宁波市证券经营机构证券成交总额再超万亿大关，达1.09万亿元；实现利润总额10.53亿元。期货代理交易额再创历史新高。2008年全市期货代理交易额12352.01亿元，同比增长83.15%；期货经营机构手续费总收入19944万元，利润总额2678万元。2008年末，全市指定与证券托管市值391亿元，客户交易结算资金余额109.15亿元，投入证券市场资金500.15亿元；证券投资者开户数达66万户，较年初增加2.4万户。期货投资者开户数达7128户，同比增长76.83%；客户保证金余额94036万元，同比增长19.59%。2008年，全市新增3家公司在境内外上市，2家企业实施再融资，共募集资金18.21亿元。至年末，全市共有36家上市公司，其中A股27家、境外H股及红筹股9家。

保费收入增长提速。2008年，全市保费收入87.11亿元，同比增长20.61%。其中，财产险保费收入40.34亿元，同比增长17.19%；寿险保费收入41.07亿元，同比增长25.83%；全市新增市场主体8家，目前共有41家保险公司在我市设立了分支机构。经济保障支出增幅加快。2008年，全市各项赔付支出37.90亿元，同比增长44.20%。其中财产险赔款支出24.54亿元，同比增长35.72%，人身险赔付支出13.37亿元，同比增长62.87%。

2009年是蕴含着重大机遇的一年，也可能是新世纪以来经济发展最为困难的一年。我们金融业要以落实“保增长、扩内需、调结构”为主线，按照“提高、创新、安全”的要求，增强信心，开拓创新，为地方经济社会发展做出新的贡献。

中国人民银行宁波市中心支行行长　殷兴山

目　　录

第一部分　改革与发展篇

第二部分　法规制度篇

第三部分 专题与调研篇

第四部分 统计篇

二、金融机构业务统计 ……………………………………………… (282)

第五部分 金融记事篇

第六部分　机构名录篇

第七部分　附　　录

第一部分

改革与发展篇

·形势回顾·

2008年宁波市金融形势分析

一、金融运行情况

2008年，全市金融业在错综复杂的环境下，根据宏观调控政策的变化，适时适度调整信贷投放节奏和力度，充分发挥资金保障和金融服务功能，有力支持了辖区经济的平稳增长。

（一）存款总量增速攀升，结构变化明显

2008年年末，全市金融机构本外币存款余额6353.60亿元，比年初增加1072.41亿元，年度增量首次突破千亿，同比多增463.87亿元。存款余额同比增长19.68%，增速同比上升6.73个百分点，从存款增长趋势看，全市存款增速自2008年2季度起呈快速回升态势（见图1）。全市本外币存款余额占全省的比重为17.91%，全年存款增量占全省存款增量的比重为16.71%。与其他6个相关城市①相比，宁波市本外币存款余额位居杭州和苏州之后，列第三；存款增量位居杭州、苏州和大连之后，列第四。

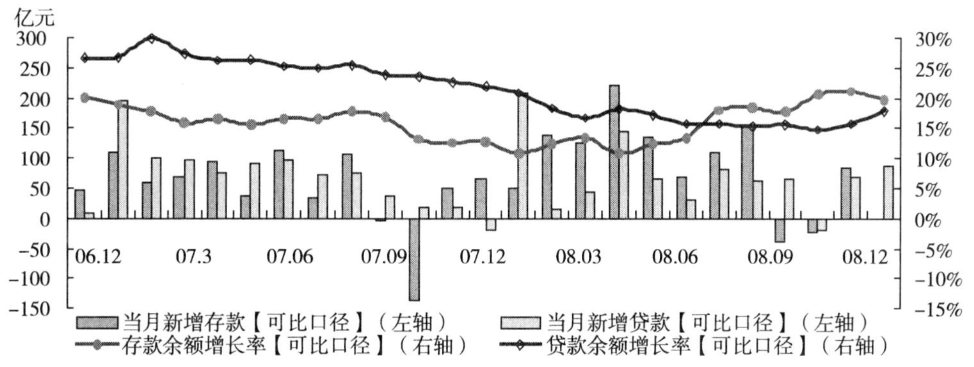

图1　近两年来宁波市金融机构本外币存贷款月增量和余额增速

存款结构变化显著。储蓄存款同比大幅多增。2008年末，本外币储蓄存款余额2396.31亿元，同比增长29.1%，增速同比上升25.55个百分点，比年初增加540.98亿元，同比多增476.02亿元，增量占总存款增量的50.45%，同比上升39.77个百分点。企事业单位存款增量占比大幅下降。全市企事业单位本外币存款余额2173.39亿元，同比增长6.87%，增速同比下降9.42个百分点，比年初增加163.54亿元，同比少增151.54亿元，增量占总存款增量的15.25%，同比下降36.53个百分点。其他存款同比多增，但余额已连续四个月下降。其他存款余额1740.13亿元，同比增长24.48%，增速同比上升3.29个百分点，比年初增加345.31亿元，同比多增132.48亿元，增量占总存款增量的32.2%，同比下降2.77个百分点，但自9月起，其他存款连续4个月减少，减少额142.80亿元。

存款定期化明显。在储蓄存款中，定期存款余额1599.22亿元，同比增长36.67%，增速同比提高37.68个百分点，比年初增加429.74亿元，同比多增440.38亿元，增量占储蓄存款增加额的79.44%。全年企事业单位定期存款增加

① 这6个相关城市是指杭州、苏州、无锡、大连、青岛和厦门，下同。

121.79亿元，同比多增14.10亿元，增量占企事业单位存款增加总额的74.47%，同比提高40.29个百分点。

（二）贷款增速止跌回升，投放时间和结构得到调整

2008年末，全市金融机构本外币贷款余额5820.80亿元，按可比口径计算①，比年初增加886.15亿元，同比多增14.9亿元；余额同比增长17.9%，增速同比下降3.45个百分点；从贷款增长趋势看，随着宏观政策的调整，全市贷款增速于2008年3季度止跌企稳，进入4季度后逐月上升（见图1）。全市本外币贷款余额占全省的比重为19.63%；全年贷款增量占全省的比重为18.7%。与其他6个相关城市相比，宁波市本外币贷款余额位居杭州和苏州之后，列第三；贷款增量仅次于杭州之后，列第二。

投放时间分布更趋均衡。分季度看，2008年4个季度的贷款增量分别为287.8亿元、255.41亿元、207.69亿元和135.25亿元，其中第4季度增量占全年增量的15.26%，比上年提高13.15个百分点。

增量结构继续调整。从期限结构看，按可比口径计算，短期贷款余额3244.2亿元，比年初增加374.87亿元，同比少增207.46亿元，增量占新增贷款总量的42.3%，同比下降24.54个百分点；中长期贷款余额2189.34亿元，比年初增加375.6亿元，同比多增76.48亿元，占新增贷款总量的42.39%，同比上升8.06个百分点；票据融资余额305.3亿元，比年初增加168.28亿元，同比多增233.28亿元，占新增贷款总量的18.99%。票据融资大量增加的原因在于：与短期贷款相比，企业能够以较低的成本获取资金；而对于银行来说，由于票据融资中的资金流和物流联系紧密，可以较好地控制风险。从产业投向结构看，在贷款增量中，投向第二产业为346.31亿元，同比少增109.4亿元，占总贷款增量的39.11%，同比下降13.12个百分点；其中制造业贷款增量为256.23亿元，同比少增168.43亿元。投向第三产业为401.66亿元，同比多增279.83亿元；占总贷款增量的45.37%，同比上升31.41个百分点；第三产业贷款增量主要集中在5个行业（见表1）。个人贷款增量为135.12亿元，同比少增164.42亿元，占总贷款增量的15.26%，同比下降19.07个百分点；其中个人消费贷款增量为115.17亿元，同比少增134.48亿元。

表1　　第三产业中主要行业的贷款增量和占比

项目	增量（亿元）		占比*（%）	
	2008年	2007年	2008年	2007年
第三产业	401.66	121.83	—	—
其中：水利、环境和公共设施管理业	103.68	32.22	25.81	26.45
批发和零售业	93.26	40.96	23.22	33.62
交通运输、仓储和邮政业	79.77	13.63	19.86	11.18
房地产业	56.47	1.22	14.06	1.00
租赁和商务服务业	53.77	31.27	13.39	25.67

（*注：占比为各行业贷款增量占第三产业贷款增量的比重。）

（三）货币市场交易活跃，资金价格前升后降

现券成交、债券回购和同业拆借继续扩大，2008年全市现券累计成交2818.53亿元，同比增长34.74%，增幅同比上升66.79个百分点；银行间市场成员债券回购累计成交4684.66亿元，同比增长19.73%，增幅同比上升9.96个百分点；同业拆借累计成交291.11亿元，同比增长114.53%。

受宏观政策影响，2008年前期辖区资金供应较紧张，利率逐月攀升，后期随着金融宏观调控政策适时调整，尤其是9月份以后多次降息和降低法

① 在计算可比口径时调整了农行不良贷款剥离和宁波银行上海分行等相关数据，下同。

定存款准备金率，一年期存贷款基准利率不断降低，辖区金融机构实际加权平均贷款利率、民间借贷利率等主要利率走势也相应下降（见图2）。2008年4个季度，宁波市金融机构人民币贷款加权平均利率分别为7.74%、7.99%、7.88%和6.58%；民间借贷利率分别为14.23%、14.79%、15.24%和14.46%。

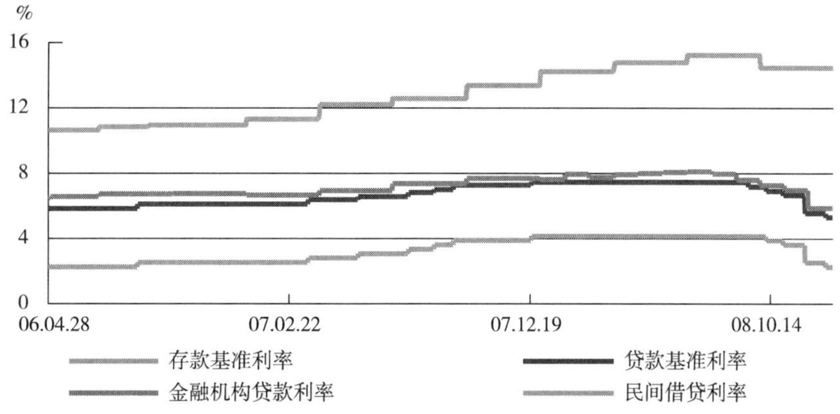

图2　近三年来主要利率走势

（四）外汇流入继续增加

收支顺差持续扩大。2008年，全市外汇收支总规模933.70亿美元，同比增长26.11%，增幅同比下降5.91个百分点；收入596.87亿美元，增长26.29%，同比下降4.18个百分点；支出336.83亿美元，增长25.81%，同比下降9.05个百分点；收支顺差260.04亿美元，增长26.91%，同比上升1.78个百分点。

（五）现金投放增速趋缓，盈利增速大幅下降

2008年，全市金融机构累计现金收入15538.76亿元，增长1.54%，增幅同比下降24.5个百分点；累计现金支出15791.11亿元，比上年增长1.72%，增幅同比下降24.18个百分点。收支轧抵全年净投放现金252.35亿元，比上年多投放31.69亿元，增长14.36%，增幅同比下降2.57个百分点。

2008年，宁波市银行业金融机构（含外资）实现本外币账面利润173.47亿元，比上年增长17.92%，增幅同比下降39.27个百分点。金融业所缴税收增长依然较快，全年金融机构（不含外资）累计上缴营业税金及附加25.1亿元，比上年增长37.61%。

（六）证券市场发展欠均衡，保险业务较快增长

公司上市工作稳步推进。2008年末，全市共有上市公司35家（其中A股上市公司26家，H股及红筹股公司9家），占全省上市公司总数的20.7%。拟上市公司储备增加，2008年末，全市共有拟上市公司26家，2008年以来新增14家。证券成交额、客户交易结算资金余额和托管市值大幅下降。据初步统计，2008年，全市证券成交总额10938.18亿元，同比下降36.32%，客户交易结算资金余额109.15亿元，同比下降35.31%，托管市值391亿元，同比下降57.13%。期货交易迅速发展。据初步统计，2008年，全市期货经营机构共实现期货代理交易额12352.01亿元，同比增长83.2%；手续费收入1.99亿元，同比增长62.1%；客户保证金余额9.4亿元，同比增长19.7%。

保费收入较快增长。据初步统计，2008年全市保费收入87.14亿元，比上年增长20.65%，增幅同比下降1.45个百分点。其中财产险保费收入40.34亿元，增长17.19%，增幅同比下降9.11个百分点；人身险保费收入46.79亿元，增长23.81%，增幅同比提高5.21个百分点。经济保障支出增幅上升。2008年全市保险公司赔款与给付累计支出36.51亿元，增长38.89%，增幅同比提高8.59个百分点。其中财产险赔付支出24.52亿元，增长35.64%，增幅同比提高19.94个百分点；人身险赔付支出11.99亿元，增长46.04%，增幅同比降低34.06个百分点。

二、值得关注的问题与现象

（一）区域经济明显下行，面临压力增大

2008年，全市经济经受了诸多挑战，地区生产总值（累计值）增速已连续4个季度下降，经济下行趋势明显，地方经济发展面临内外压力增大。

1. 企业经营困难加大。受各种内外因素影响，经营难度不断加大，企业效益明显下降。2008年1~12月全市规模以上工业企业累计利润总额215.1亿元，同比减少44.5%，增幅同比降低69.1个百分点；亏损额151.9亿元，同比增长2.8倍。企业经营困难加大的主要原因：一是原材料价格大幅波动。2008年上半年原材料价格高企，生产成本剧增，压缩了企业盈利空间；下半年原材料价格暴跌，导致贸易型企业巨大亏损，部分企业甚至资不抵债。二是相关企业的拖累。受经济下行影响，一方面部分企业因担保连带责任或关联投资公司经营不善而受牵连；另一方面受上下游企业发生货款拖欠增加的影响，使企业承受较大损失。三是企业资金链紧张。企业库存上升占用不少流动资金，再加上在前几年购买土地与固定资产占用了大量资金，使得部分企业资金趋紧，影响企业生产经营，据118家监测企业统计，年末产成品73.45亿元，比年初增加10.41亿元，同比多增1.78亿元。

2. 经济主体信心不足。经济下行及企业经营压力的上升造成各经济主体信心不足。企业景气监测数据显示，2008年4季度企业家对宏观经济形势感受指数-42.19，比上季度下降39.85，单季降幅创2001年有监测数据以来的最大值；所在行业整体经营指数10.94，比上季度下降19.53；企业总体经营状况指数19.53，比上季度下降22.66；这三项指数均创历史新低。同时，据银行家问卷调查，2008年4季度银行家对全国经济形势感受指数30.88，比上季度下降24.12，比2007年4季度的历史最高水平下降46.90；银行家对宁波经济感受指数29.17，比上季度下降23.77，比2007年4季度的历史最高水平下降44.51。这两项指数均创2004年以来新低。

3. 内外需回升尚需时日。虽然国家出台了多项扩大内需政策，但受诸多因素制约，全市消费升级速度放缓，消费动力不足。2008年1~12月全市汽车类消费140.5亿元，同比增长1.7%，增幅同比下降9.5个百分点。同时，由于国内商业环境欠佳，流通经销费用高，导致许多商品国内价格高于其国外售价；由于结算方式落后，不利于企业的资金周转运作，从而影响企业对国内市场的开拓。另一方面，受金融危机影响，外贸订单数量与平均金额均下降，长期订单大量减少。景气监测企业数据表明，2008年4季度出口产品订单指数-25，比上季下降36.72，为2001年以来单季最大降幅，创监测制度建立以来最低。据对某企业典型调查，目前企业外贸订单数量同比下降20%~30%，且订单平均金额趋降；同时客户对经济预期悲观，订单短期化明显。

（二）不利因素影响加深，区域金融稳定面临挑战

2008年是经济社会发展非同寻常的一年，特别是随着国际金融危机不断加剧，以及区域经济金融运行中的问题不断显现，区域金融稳定面临新挑战。

1. 不良贷款上升，盈利能力下降。在经济下行环境下，金融机构不良贷款反弹。2008年末，全市金融机构按五级分类不良贷款余额86.16亿元，比年初增加16.61亿元，不良贷款率1.48%，比年初上升0.08个百分点，这是自1999年以来不良贷款额和不良率的首次上升。同时，金融机构盈利能力下降。2008年，全市银行业金融机构（不含外资）实现本外币账面利润173.17亿元，比上年增长19.6%，增速同比下降32.87个百分点。盈利能力下降的主要原因：一是由于多次降息以及银行在某些领域贷款的过度竞争，导致银行收益减少。2008年金融机构（不含外资）利差收入294.4亿元，同比增长32.23%，增幅同比下降16.73个百分点；二是受资本市场下跌影响，中间业务收入下降。2008年金融机构（不含外资）手续费收入32.88亿元，同比增长50.76%，增幅同比下降31.14个百分点。三是由于不良贷款反弹，银行提取拨备增加，影响盈利能力。

2. 资金供需双方日趋谨慎，信贷市场出现收缩迹象。从需求方看，企业经营环境恶化，抑制了规模扩张及资金需求。今年以来全市工业用电量和货物运输量增长明显趋缓，1~12月工业用电量302.76亿千瓦小时，同比增长3.2%，增幅下降14.6个百分点；1~12月宁波货物运输量2.49亿吨，同比增长9.6%，增幅同比下降3.3个百分点。企业生产经营活动减少，新增贷款需求也相应减弱，景气监测企业数据显示，2008年末118家监测企业的短期银行借款余额295.21亿元，增长

32.92%，增速同比回落6.05个百分点。目前信贷需求强烈的企业主要是前期非生产经营性投资过度，规模扩张过快的企业以及经营成本增加、价格转嫁能力较弱的企业，但这些企业中的很大一部分缺乏充足的现金流、还贷能力较弱，难以形成有效的信贷需求。从供给方看，在当前严峻的经济形势下，风险管控难度日趋加大，银行贷款投放趋于谨慎。一些银行追求贷款“零风险”，信贷人员迫于考核压力，不敢对实体经济发放贷款，造成目前“企业融资偏冷，政府性项目趋热”的局面。信贷市场出现的新变化对区域金融稳定带来新的挑战。

3. 资产价格发生较大波动，对区域金融稳定带来影响。一是土地市场发生较大变化。土地拍卖市场出现土地成交价格下跌、推迟拍卖和流标现象，表明房地产市场以及企业投资意愿的回落。二是房地产市场进入盘整期。1~12月，市六区商品住房、二手住房分别成交11996件、12431件，同比分别下降55.4%、44.3%。12月份市六区商品住房、二手住房成交平均价格分别为9519元/m^2、6037元/m^2，分别比上月上升761元、下降244元。房地产市场的调整，直接影响房地产的市场估价，影响区域金融的稳健运行。三是资本市场价格大幅回落。2008年上证综指下跌65.39%，深证成指下跌63.36%。股市大幅回落，使企业收益、居民收入大幅减少。景气监测企业数据表明，1~12月118家企业投资收益26.40亿元，比上年同期减少6.15亿元，同比少增34.29亿元；同时市区居民财产性收入也大幅度减少。企业收益、居民收入的减少会导致投资与消费下降进而影响经济发展后劲与区域金融稳定。

（三）有利因素不断增加，发展机遇与困难并存

国际金融危机对外向度较高的宁波经济以及区域金融业提出了巨大挑战。但与此同时，在积极宏观政策的推动下，目前在政策、市场以及机制等方面的有利因素在不断增加，危机中的发展机遇正在逐步显现。

1. 各项政策措施力促经济发展。2008年初，宏观金融调控政策主要着眼于防通胀，下半年进行了重大调整。中国人民银行于2008年9月16日起，下调一年期人民币贷款基准利率0.27个百分点后，再于10月9日、10月30日、11月27日和12月23日连续四次下调一年期存贷款基准利率，存贷款基准利率分别累计下调1.89和2.16个百分点；9月25日、10月15日、12月5日和12月25日四次下调法定存款准备金率①，10月22日还宣布扩大商业性个人住房贷款利率的下浮幅度。货币政策的适时变化，较早地释放了保增长信号。11月5日国务院常务会议提出10条具体措施，计划到2010年投入4万亿进行投资，进一步扩内需、促增长。宁波相关部门也计划在2009~2010两年安排800亿元政府性投资拉动3000亿元全社会投资。其中，重大产业项目建设1100亿元、重大基础设施建设800亿元、城市重点功能区建设400亿元、新农村建设200亿元等。这些政策措施的出台，有利于增强经济主体信心，推动地方经济平稳较快发展。

2. 三项指数回落有助企业降低成本。2008年12月，原材料燃料动力购进价格指数92.5%，同比下降16.5个百分点；工业品出厂价格指数96.6%，同比下降7.06个百分点；居民消费价格指数99.4%，同比下降6.8个百分点。三项指数均创近两年来的最低值（见图3），其中原材料燃料动力购进价格指数大幅下降，比2008年8月的最高值下降19.8个百分点；居民消费价格指数自2008年6月以来连续5个月下降。原材料燃料动力购进价格指数大幅下降，使“倒挂”幅度大幅减少；居民消费价格指数的回落，有助于企业控制劳动力成本。据调查，目前辖内铝锭价格的最大跌幅达1万元/吨，企业可以“正常”购进原材料。三项指数的回落，有利于企业降低综合生产成本，增强企业盈利能力，提高出口竞争力。

---

① 从2008年9月25日起，除工商银行、农业银行、中国银行、建设银行、交通银行、邮政储蓄银行暂不下调外，其他存款类金融机构人民币存款准备金率下调1个百分点，汶川地震重灾区地方法人金融机构存款准备金率下调2个百分点。从2008年10月15日起下调存款类金融机构人民币存款准备金率0.5个百分点。从2008年12月5日起，下调工商银行、农业银行、中国银行、建设银行、交通银行、邮政储蓄银行等大型存款类金融机构人民币存款准备金率1个百分点，下调中小型存款类金融机构人民币存款准备金率2个百分点，同时继续对汶川地震灾区和农村金融机构执行优惠的存款准备金率。从2008年12月25日起，下调金融机构人民币存款准备金率0.5个百分点。

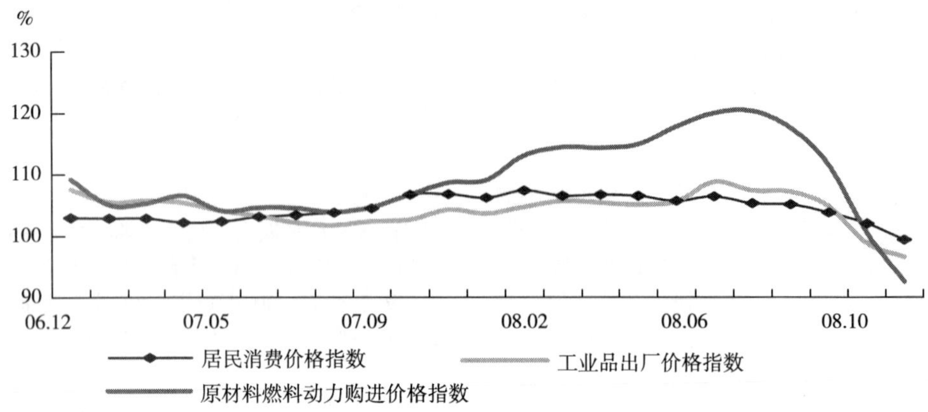

图 3 主要价格指数当月同比走势

3. 三重机遇值得关注。一是加快推进产业结构调整的机遇。通过产业提升与整合，促进二产与三产结合，提升宁波产业价值链位置，加快推进工业型经济向服务型经济的转型。二是及时转变增长模式的机遇。企业通过调整产品结构、市场结构，在稳定出口的同时，在国内市场寻求更大发展空间，在“保增长、促内需、调结构”过程中充分利用国内国外两个市场。三是适时进行改革创新的机遇。在目前相对宽松的政策环境下，可力争在产业升级、金融创新、社保体系等方面实现制度性突破，充分调动宁波民营经济的创造性与灵活性，再造体制机制新优势。

（中国人民银行宁波市中心支行统计研究处）

2008年宁波市货币信贷运行报告

2008年，人行宁波市中心支行积极应对国内外各种困难、挑战，立足宏观调控的预见性、针对性，因地制宜地开展窗口指导，引导金融机构加大对重点领域和薄弱环节的信贷投入，确保辖区货币信贷平稳较快增长。全年货币信贷运行总体平稳，存款保持稳定增长，贷款增速高位回落，存贷款增量结构分化明显。受国际经济衰退和国内产业周期回调的双重影响，经济增速明显放缓，信贷运行中出现的一些新特点、新问题需高度关注。

一、主要货币政策执行情况

（一）准确把握宏观形势变化，认真传导、执行货币政策

根据总行对存款准备金、存贷款基准利率的多次调整，深刻领会货币政策调整的意图，采取多种手段准确、快速做好货币政策的传导、执行工作。一是及时转发上级行规范性文件，出台年度货币信贷指导意见、工作要点和信贷支农等专项指导意见，督促金融机构认真执行利率、存款准备金各项政策。二是联合市金融办、监管部门出台金融保障促进经济平稳较快发展的政策措施，全面落实适度宽松的货币政策。三是结合市委“干部进企业、服务促发展”活动，领导带队调研，协调金融机构切实发挥资金保障功能，取得明显成效。四是强化信贷投放监测、分析，对全国性银行在甬分支机构和地方法人机构，采取不同手段监控，以约见谈话、座谈会等形式适时适度灵活调控。

（二）坚持有保有压信贷政策，着力优化区域信贷结构

一是加大对重大项目的信贷支持。会同市发改委举办重点项目银企洽谈会，促成11个重点项目签约133.7亿元。指导辖属支行举办6次重点项目银企洽谈会，签约项目46个，签约授信金额82亿元。二是认真贯彻信贷支持节能减排的指导意见，加强与环保部门沟通，区别企业环保信用等级确定授信额度和利率定价，严控“两高一资”企业信贷投放。三是强化对中小企业信贷支持。举办小企业银企洽谈会，促成319家企业解决16.71亿元融资缺口。与市财政、经委联合出台小企业贷款风险补偿办法，市级财政两年共拨出6000万元用于支持小企业信贷，县（市、区）再按相应比例配套。四是抓新一轮国家助学贷款业务合作。会同市劳动保障局、财政局出台自主创业小额贷款实施意见，强化对弱势群体的帮扶。五是关注房地产市场运行，加大对保障性住房信贷支持，鼓励自住型和改善型住房需求。强化房地产信贷企业监测，适时召开房地产金融联席会议。

（三）加强再贷款、再贴现管理，管好、用好央行资金

一是合理控制短期再贷款发放，督促金融机构切实加强资金头寸管理和系统内资金调剂力度。二是发挥支农再贷款导向作用，完善投向监督和使用效果考核。2008年末，支农再贷款余额3.31亿元，累计发放3.71亿元，同比增加0.8亿元，有效满足抗击雨雪冰冻、出海开渔等资金需求。三是利用再贴现工具加强对抗雪救灾的支持力度。发放再贴现2735万元，专项用于发放抗雪救灾贷款。四是认真实施央行票据兑付后监测考核，引导辖内农村合作金融机构提升整体发展能力。尝试用Pearls评价体系对宁海联社开展实证分析，客观评价农信社改革成果，探索提高风险控制能力和内部管理水平的有效途径。

（四）创新与规范并举，大力推进辖区金融建设

一是进一步完善市场信息报送，积极引导金融机构加大市场参与力度。密切关注市场成员交易情况和资金头寸变化，加强监测分析，按时上报市场运行情况报告。二是开展金融市场业务检查，切实规范市场交易行为，提高金融市场运行质量。三是加大市场培育力度，推动2家机构加入全国银行间同业拆借市场，推动3家机构发行企业短期融资券共28亿元。四是认真做好票据市场监测分析，配合上级行推广商业汇票转贴现标准合同文本。

（五）扎实开展各类监测工作，夯实货币信贷调控工作基础

一是完善流动性监测制度，按月开展辖区金融

机构流动性监测，指导金融机构合理编报信贷规划，加强资金头寸管理，运用再贷款、再贴现工具适当提供流动性支持。二是开展利率监测分析，推进利率市场化进程。按月监测金融机构利率水平、按季监测民间借贷利率水平，完成利率监测分析报告。开展对中小企业贷款利率执行情况和企业隐性财务成本的调研分析，上报高质量调研报告。三是加强汇改监测调研，与市外经贸等部门加强信息沟通，为推进汇率形成机制改革积极建言。

二、货币信贷运行中存在的主要问题

（一）经济下行过程仍将持续，后续增长信心严重不足

本轮国内经济周期调整与国际经济周期性调整相叠交，双重压力下国内外需求都呈现大幅下降，实体经济正遭受近年来最严峻的一次考验。2008 年，辖内企业景气指数逐季下降，四季度企业景气指数为 102.06，同比减少 35.42 个百分点，分别低于全国、全省 4.94 和 5.83 个百分点。外贸进出口单月增幅出现 10 年来首次“双降”，小企业停、歇业率近两成，大企业进出口明显下降。规模以上工业企业开工不足，工业用电自 9 月份以来连续 3 个月负增长。随着经济增速大幅回落，后续增长压力持续加大，反映在金融层面，表现为信贷有效需求的日益萎缩，而信贷需求的萎缩又进一步增加了经济恢复增长的难度。

（二）信贷供需矛盾反转，流动性充裕与结构性融资难并存

在经济增长放慢和外部环境冲击影响下，企业订单减少，主动缩减产能；产能收缩进一步在产业链上下游之间传递，实体经济资金需求降至低点。金融机构风险控制意识增强，信贷投放谨慎收缩，当前辖区信贷市场正呈现“供需两弱”的特征。下半年以来，本外币信贷增速持续下降。在这种情况下，一方面是银行体系流动性日益充裕，资金集中在银行体系难以发挥应有的作用；另一方面，实体经济必要的资金需求一时得不到有效满足。

（三）经济增长的不确定性增强，信贷潜在风险显性化

当前经济增长的不确定性，表现在企业层面上主要是亏损面逐步扩大，关停现象持续增加。表现在宏观层面上，则是进出口增速大幅回落、消费和投资保持低迷。在经济运行环境的持续变化中，社会整体现金流减少、资金链绷紧，导致相应信贷违约率上升，潜在的信贷风险可能进一步显现，不良贷款和不良率反弹比较显著。另外，规模以上工业企业亏损面正由轻工业逐步向重工业扩散。由于产业上下游企业间的资金链关系密切，少数企业资金链的绷断可能引起连锁反应，对信贷资金安全构成威胁。

（四）外部环境不佳，信贷运行中深层次矛盾需要引起关注

一是当前和今后一个时期信贷增长点有限，对优质客户、政府类贷款的争夺日益激烈，信贷集中度有所提高，金融机构整体议价能力下降，长期下去不利于提供优质的金融服务。二是政策着力引导的中小企业、三农、弱势群体等的信贷需求无法得到充分满足，信贷资源配置的方向需要进一步优化。三是中长期贷款的占比提高较快，对资产负债期限配置的要求提高，信贷市场承担资本市场的部分融资功能，不利于改善、优化区域的融资结构。

三、政策建议

（一）积极运用政策组合，引导公众预期和提振信心

一是动态关注和科学预判宏观经济走势，增强货币信贷政策的前瞻性和有效性，加强政策宣传、解释，合理引导公众预期，恢复经济增长信心。二是积极落实已经出台的各种政策措施，引导银行主动承担社会责任，督促其不断强化和改进金融服务，最大限度地满足各类主体的合理资金需求，为经济增长提供强有力的金融驱动。三是加强货币政策与产业政策、财政政策协调配合，充分发挥财政资金杠杆作用。减免税收，进一步降低企业和金融机构税负，增强投资信心；进一步完善贷款担保和风险补偿，形成有效的风险分担机制，鼓励对中小企业信贷投入。

（二）营造良好的机制、体制环境，保障经济平稳和内需增长

一是改进考核机制，定期通报重点项目、内需拉动等方面的信贷投入情况，提高金融机构放贷积极性；实行一定程度的免责机制，适度调整不良率考核的时点和比例，放松对银行放贷的约束。二是结合实际，突破信贷管理常规，在授信管理、产品准入、担保方式等方面，采取灵活的信贷策略，增强信贷供给能力。三是进一步拓宽融资渠道，丰富支付手段，改进结算环境，提高资金周转效率。四是完善启动农村消费信贷市场的外部环境，深化社会保障机制改革，为有效拉动内需创造良好的条件。

（三）加强金融风险监测分析，保障信贷资金安全

一是密切关注企业层面、行业层面、区域层面的风险状况，定期开展各类监测、分析，加强银行、企业、主管部门间的信息互通，有针对性地加强风险提示。二是完善个人和企业征信体系建设，从方便、高效的角度出发，提高征信信息的使用效率。三是强化金融应急管理，完善信贷风险预警机制，做到早预防、早介入、早处置，提高风险应对的能力。四是积极引导金融机构坚持“有保有压”，进退有度，根据自身定位灵活调整信贷结构，不搞“一刀切”和单方面行动，避免出现大的连带风险。

（四）加快政策工具创新，拓展多层次融资渠道

以创新为手段，加快发展多层次的融资渠道，改善对重点项目、民生领域、薄弱环节的金融服务。一是可按商业银行当年新增中小企业贷款的一定比例对其发放无息或低息再贷款；扩大农信社支农再贷款使用范围，将农业龙头企业、农民专业合作社、订单农业、农村微小企业等纳入支持对象，并适当降低支农再贷款利率，充分发挥央行货币政策工具导向作用。二是促进商业票据业务发展，可考虑进一步降低再贴现利率，建立重点再贴现窗口，给予再贴现限额倾斜，以引导信贷资金的产业、行业投向。三是鼓励企业多渠道融资，大力推广短期融资券、中期票据等债务融资工具，加快推进中小企业信贷资产证券化，有条件的地方，可以先行试点新的融资工具。

（中国人民银行宁波市中心支行货币信贷管理处）

2008年宁波市金融稳定报告

一、金融业与金融稳定

（一）银行业与金融稳定

2008年，辖区银行业体系不断完善，银行业金融机构总体呈现平稳发展势头，多数机构盈利增长。法人银行机构流动性较为充裕。值得关注的是，辖区银行业机构资产质量有所下降，不良贷款反弹压力加大，风险管控能力有待改善。

1. 银行业总体稳健性分析：

（1）银行业金融机构数量增加，组织体系不断健全。2008年末，辖区分行（分公司）以上银行业金融机构42家，其中，法人银行业机构16家，分别是城商行1家、外资银行2家、城乡信用合作机构10家、信托1家、村镇银行2家。

2008年，国家开发银行改制为国家开发银行股份有限公司。邮储银行宁波分行挂牌成立，股份制商业银行分支机构向县域延伸。宁波银行跨区域经营取得进展，包商银行、临商银行、温州银行和浙江泰隆商业银行等4家城市商业银行宁波分行开始营业。汇丰银行（中国）有限公司宁波分行正式开业。

农村金融机构改革取得新进展，象山国民村镇银行和慈溪民生村镇银行成立并相继开业。全辖3家二级法人联社完成了统一法人改制工作，至此，9家农村合作金融机构现已形成3家合作银行、6家一级法人联社的经营管理模式。

（2）盈利水平继续提高，盈利结构有所优化。2008年，辖区银行业金融机构共实现账面利润173.47亿元，同比增长17.9%。同时，盈利模式进一步转变。全年中间业务收入32.48亿元，同比增加10.9亿元，增长50.5%。

（3）存款稳定性增强，存贷比趋于下降。2008年末，辖区银行业金融机构各项存款余额6353.6亿元，增长19.7%。其中，储蓄存款余额2396.31亿元，增长29.1%，储蓄定期存款余额1599.22亿元，增长36.7%，增速同比提高37.7个百分点；企事业单位存款余额2173.39亿元，增长6.9%，企事业单位定期存款增加121.79亿元，占企事业单位存款增加总额的74.5%，同比提高40.3个百分点。辖区银行业机构余额存贷比91.61%，较上年末下降1.85个百分点，全年增量存贷比为82.63%，同比下降90.22个百分点。

（4）资产质量仍处于良好区间，非信贷资产质量继续改善。2008年末，按照贷款五级分类统计口径，辖区银行业不良贷款余额86.16亿元，不良贷款率1.48%；主要银行业金融机构非信贷不良资产余额1.34亿元，比年初减少0.15亿元；不良资产率为0.08%，同比下降0.07个百分点。

2. 需关注的问题和风险：

（1）银行体系信用风险趋于上升。一是经济下行压力加大、企业盈利能力下降，带来信用风险上升。二是信贷趋于集中将增加信贷风险。三是同业竞争趋于激烈，一方面降低银行议价能力，另一方面增大银行选择劣势项目机率。

（2）银行业整体盈利能力趋于下降。2008年，辖内银行业金融机构（不含外资）利差收入294.4亿元，同比增长32.2%，增幅同比下降16.7个百分点。当前，贷款基准利率下行和存款定期化，使银行机构的息差空间受到压缩；另一方面，基本面较好的一些企业信贷需求出现回落。此外，银行机构中间业务收入增长可能趋缓。

（3）银行表外业务管理能力有待提高。2008年末，辖内主要银行业金融机构表外业务余额2554.95亿元，比年初增加565.82亿元，增长28.5%。其中，担保类业务垫款期末余额9.17亿元，比年初增加8.66亿元；全年累计新发生垫款30.04亿元。商业银行在表外业务管理能力方面有待提高，一是有关业务管理制度存在漏洞。二是银行与银行之间信息沟通尚待加强。

（4）个人理财业务不规范现象突出。2008年，个人理财业务随资本市场不景气而陷入低潮，理财产品销售和管理中存在的问题陆续暴露。一是银行内部个人理财业务制度不够健全。二是个人理财业务管理尚有不足之处，如销售方面存在不规范现象，对产品的预期收益有所夸大，而对购买者可能承担的风险则披露不够。三是个人理财业务的后台管理存在问题。

（二）证券业与金融稳定

2008年，辖区证券业在总体上呈现平稳运行的态势，证券经营机构普遍盈利，上市公司融资渠道拓宽，风险防范机制建设和相关风险处置稳步推进。但股市出现快速、深幅调整，股市财富效应迅速消退，证券经营机构重新面对熊市的经营困局，市场维稳压力很大，同时受多种因素影响，上市公司业绩趋于下滑。除此之外，辖区期货业快速发展，期货法人金融机构运行相对稳健。

1. 行业总体稳健性分析：

（1）证券经营机构和投资者增多，市场体系平稳发展。2008年，宁波辖区证券经营机构共计46家，同比新增3家。期货经营机构共计14家，其中法人机构1家即宁波杉立期货经纪有限公司，期货营业部同比新增4家。证券投资咨询公司1家。全辖共有上市公司35家，其中境内A股上市公司26家，与上年持平；境外上市公司9家，同比增加2家。到2008年末，辖区股票投资者开户余额数66万户，同比增长3.7%；期货开户余额数7128户，同比增长76.1%。

（2）期货业务呈现快速发展态势，证券经营机构仍保持盈利状态。2008年，辖区期货经营机构期货代理交易量2074.20万手，代理交易金额12352.01亿元，同比分别增长105.7%、83.2%；利润总额同比增长12.1%；客户保证金余额9.40亿元，增长19.7%。同时，剔除新规范的2家证券营业部外，辖区39家证券营业部盈利面达到92.3%。

（3）上市公司融资渠道拓宽，资金周转的稳定性增强。2008年，辖区上市公司在银行间市场发行短期融资券24亿元，通过股票市场融资18.31亿元。辖区25家A股上市公司（剔除宁波银行）共计银行负债余额147.86亿元，较上年末增长28.2%，在甬成功（000517）风险逐步化解的情况下，25家A股上市公司银行负债均为正常类。

（4）第三方存管制度实施顺利，相关风险处置稳步推进。辖区第三方存管制度在上年全面实施的基础上进一步加以落实，对防止客户资金被证券经营机构挪用产生积极影响，根据存管银行报告的数据，2008年末，辖区存管的客户数、存管的客户交易结算资金余额分别增长42.9%、减少6.0%，机构平均每户存管交易结算资金余额约300万元，个人平均约9400元。公开披露信息显示，仍处于停牌状态的甬成功（000517），于2008年11月6日实施股权分置改革方案，并拟发行股份购买荣安集团房地产资产包括荣安集团持有的8家公司的股权及荣安集团拥有的3处房产；依照核准后的资产重组方案，公司已置出资产8.39亿元，剥离负债6.29亿元。另外，原天一证券有限责任公司被诉非法吸收公众存款38.1亿余元，原5名高管同时被提起公诉。

2. 需关注的问题和风险：

（1）市场交易规模收缩较快，证券经营机构面临较大的经营压力。2008年，沪深股市出现快速、深幅调整，辖区证券成交额也迅速缩减，全年证券成交总额减少36.3%；证券经营机构总资产减少28.8%。虽然辖区证券经营机构在总体上仍保持盈利状态，但其盈利能力开始降低，全年营业收入同比减少44.8%，利润总额同比减少45.9%；营业收入利润率降低1.5个百分点，资产利润率降低2.9个百分点。

（2）股市财富效应迅速消退，市场投资者信心明显不足。2008年末，辖区指定与托管证券市值同比减少57.1%，仅为上年末的42.9%，同时仅占全市GDP的9.9%，同比回落16.7个百分点；辖区A股上市公司总股本119.41亿股，总市值654.45亿元，仅占全市GDP的16.5%，同比回落40.1个百分点；证券经营机构客户交易结算资金余额减少60.09亿元，与此相反，辖区银行机构储蓄存款当年新增540.98亿元，同比多增476.02亿元。

（3）上市公司业绩趋于下滑，面临多种风险的影响。根据已批露的年报业绩信息，2008年，辖区在主板上市的17家公司，甬成功（000517）、波导股份（600130）、宁波富邦（600768）等3家公司亏损，前两者已是年度连续亏损，并且甬成功（000517）被冠以*ST；有4家上市公司预告净利润同比减少；有3家公司在剔除投资收益后，主营业务微利甚至亏损。中小板上市的9家公司，有5家公司每股收益同比减少，最低的1家上市公司每股收益仅有0.03元。辖区上市公司业绩下滑、少数公司经营风险突出与多种因素密切有关，包括全球金融危机、人民币汇率、原材料价格大幅波动、周边国家替代作用等。

（三）保险业与金融稳定

2008年，在国内外复杂因素特别是全球金融危机的影响下，宁波辖区保险业发展面临着较为严峻的形势，影响保险业稳健发展的不确定因素增多。综观全年，辖区保险业延续了外延式扩张的态势，保险中介运行相对平稳，但是保险机构保费收入增幅出现回落，赔付支出增加，行业盈利状况不容乐观。部分保险机构抵御风险能力亟待增强，同时保险市场同业竞争也有待进一步规范。

1. 行业稳健性分析：

（1）机构和人员不断扩充，保险业体系快速发展。2008 年，共有 41 家保险公司在宁波辖区设立分支机构，与年初相比，新增 8 家。按业务性质分，财产保险机构 22 家，占 54%，人身保险机构 19 家，占 46%，分公司、中心支公司、营销服务部分别为 11 家、2 家、6 家。共有保险专业中介机构 17 家，包括法人机构 11 家、分支机构 6 家，同比总计减少 4 家。保险兼业代理机构 1997 家，新增 296 家，增长 17.4%。保险营销员 15779 人，新增 4767 人，增长 43.3%，持证率均为 100%。

（2）整体经营规模稳步扩大，保险密度与保险深度渐趋提高。2008 年，辖区保险机构原保险保费收入 87.11 亿元，同比增加 14.89 亿元，增长 20.6%。到 2008 年末，辖区保险机构资产总额 151.03 亿元，比年初增长 16.4%。全年辖区保险密度 1263 元/人，同比提高 188 元；保险深度 2.2%，同比提高 0.1 个百分点。

（3）产险应收保费率明显降低，经营稳定性得到增强。2008 年末，辖区产险公司平均应收保费率 4%，比 7 月份的高点即 11.3% 快速下降 7.3 个百分点。随着应收保费率下降，产险公司在财务管理和控制上消除了一定的风险隐患，经营稳定性得到增强。

（4）寿险新单保费增长迅速，产品结构趋向保障类调整。2008 年，辖区寿险公司新单保费收入 26.06 亿元，同比增长 44%。同时，投连险产品业务缩减，分红型、万能型等产品占比上升，辖区全年投连险产品保费收入 2.39 亿元，减少 17.7%；分红型、万能型产品保费收入分别为 22.59 亿元、9.66 亿元，分别增长 27.7%、87.1%。

（5）保险中介运行基本平稳，兼业代理业务市场份额明显提升。2008 年，辖区通过保险中介渠道实现保费收入 53.38 亿元，增长 60.1%，占全辖总保费的 61.3%，所占比例较上年提高 15.1 个百分点。在各保险中介渠道中，兼业代理业务保持快速发展，全年实现保费 26.00 亿元，增长 80.2%，占中介业务比重 48.7%，同比提高 5.4 个百分点。

2. 需关注的问题与风险：

（1）保费收入增幅呈减缓态势，相当部分保险机构实力有待增强。2008 年，辖区保险机构原保险保费收入增长 20.6%，增幅同比回落 1.5 个百分点。带动总保费增幅减缓的主要是产险，除产险外，人身险在四季度开始明显降温。辖区保险市场集中度仍然较高，按产险公司看，保费居前两位的保险公司，合计保费收入占到全辖产险公司总保费的 51.8%，而另有一些产险公司其各自的保费收入全年不超过亿元；按寿险公司看，保费居前三位的保险公司，合计保费收入占到全辖寿险公司总保费的 74.7%，而另有一些寿险公司其各自的保费收入全年不超过亿元。

（2）赔付支出快速增长，抗风险能力下降。受雨雪冰冻灾害、大量寿险保单给付到期以及车辆险等因素的影响，2008 年，辖区保险机构各项赔付支出快速增长 44.2%，增幅同比提高 13.9 个百分点。

（3）市场同业竞争激烈，无序竞争现象时有发生。随着保险市场参与主体的快速增多和产品高度同质化，保险市场无序竞争、违反自律公约现象时有发生，对保险业整体稳健发展产生不利影响。部分保险机构不计成本实施低价竞争策略，或通过返佣、贴费、赠送礼品等变相进行价格战。同时，一些保险机构在产品宣传上风险提示不够，甚至存在误导客户的情况。

（四）金融控股公司与银证保综合化经营

1. 金融控股公司。截至 2008 年末，宁波辖区有两家非金融企业控股金融机构而形成的金融控股公司：一家是内资非金融企业控股辖内法人金融机构，即天津经济技术开发区国有资产经营公司持有金港信托有限责任公司（以下简称“金港信托”）75.43% 的股份；另一家是外资控股辖内法人金融机构，即协和石油化工（集团）有限公司全资持有协和银行有限公司。

2. 银证保综合经营。2008 年，辖区银行业、证券业、保险业金融机构相互合作进一步发展。根据调查统计，银证保交叉性总的业务累计量约为 4699 亿元，保证金第三方存管业务量占交叉性总业务量的 95%。当前综合经营需关注的问题有：一是金融业综合经营的监管体系缺乏，难以形成对综合经营、交叉性金融业务的监管合力，容易出现监管盲区；二是投资者尚缺乏对综合经营、交叉性金融业务的全面了解，风险意识不足；三是银证保合作层次仍比较低，缺乏对深层次的如真正的金融控股公司的探索和组建。

二、金融市场运行与金融稳定

（一）同业拆借市场、银行间债券市场

2008 年，宁波辖区同业拆借交易量累计 294.8 亿元，增长 117.2%。累计发生现券交易、债券回购交易分别为 2818.53 亿元和 4684.66 亿元。拆借加权平均利率全年呈震荡下行趋势。回购加权平均利率 1～10 月震荡上行，受减息影响 11 月、12 月加速下行。

（二）票据市场

2008 年末，辖区银行承兑汇票余额 1259.02 亿元，同比增加 295.35 亿元。票据贴现及买断式转贴现余额 305.53 亿元，同比增加 168.47 亿元。贴现、转贴现加权平均利率全年逐月下行。票据市场应关注的问题：一是企业“多头”开票情况放大了银行表外业务的风险；二是票据市场中不规范现象较为突出；三是票据市场受宏观调控影响明显。

（三）外汇市场

2008 年，辖区国际收支规模 933.7 亿美元，同比增长 26.1%。外汇净收汇 260.1 亿美元，同比增长 26.96%。结售汇顺差 206.83 亿美元，增长 6.97%。辖区即期外汇交易量累计为 601.9 亿美元，较上年增加 536.4 亿元；外汇远期交易金额累计折合 1735 万美元，同比减少 2.7 亿美元，下降 94%。辖区外汇市场走势中有以下几个问题值得关注：一是金融危机影响实体经济稳健发展，外贸企业出口收汇风险增加；二是经济环境恶化导致企业资金链断裂，引起银行进口信用证垫款风险积聚；三是个人售付汇成为外汇资金流出的重要渠道，须防范外汇流出风险。

（四）黄金市场

2008 年，辖区累计完成各类黄金交易 19098.2 千克，同比增长 123.8%，成交金额 34.9 亿元，同比增长 134.2%。黄金市场存在的问题是：黄金市场的放开导致地下黄金交易市场比较混乱，地下黄金交易规模越来越大。监管缺位给了地下黄金市场极大的空间，从而影响黄金市场的长远发展。

三、金融基础设施与金融稳定

（一）支付清算体系

2008 年，宁波辖区支付清算体系进一步完善，先后有小额支付系统银行本票业务顺利上线，宁波市票据电子交换系统优化项目二期工程建设完成，小额支付系统华东三省一市汇票业务顺利上线，浙江省支付系统查询查复业务管理系统推广运行。辖区支付清算体系的不断完善，其安全、高效运行为维护区域金融稳定提供了保障。辖区支付清算体系存在的问题主要有：一是全国支票影像交换业务仍需规范；二是银行卡风险日益突出，影响银行卡业务进一步发展；三是受社会信用环境和交易习惯影响，农村地区现金支付比例较高。

（二）征信体系

2008 年，征信系统基本实现辖内银行业金融机构（包括农村合作金融机构）的全接入；非银行信息采集范围扩大，已采集企业和个人电信缴（欠）费信息、个人公积金账户信息、企业环境违法信息、企业欠薪信息、企业质监处罚信息、信用管理示范企业表彰信息、进出口诚信企业表彰信息、企业拖欠担保机构代偿款信息等，与宁波市自来水总公司签署了《自来水缴费信息采集与发布合作协议书》；评级机构完成借款大户企业评级 591 户、中小企业评级 10299 户；中小企业信用档案建立并向商业银行开放查询。辖区征信体系中存在的问题：一是征信系统数据质量有待进一步提高；二是全国统一的征信系统仅对银行类机构开放，限制了系统效用的发挥。

（三）反洗钱体系

2008 年，辖区反洗钱工作稳步推进，进一步净化了维护区域金融稳定的市场环境。辖区人民银行作为反洗钱的主管部门积极开展专项行动，加大对证券业、保险业金融机构反洗钱监管力度，加强联席会议成员单位之间反洗钱协调和情报会商。全年共进行了 44 次反洗钱调查，向公安机关移送可疑交易线索 12 起，主动发现涉嫌犯罪案件 2 起和协助警方侦查重大案件 4 起。当前，反洗钱工作中存在的问题：一是可疑交易人工识别不足；二是可疑交易判断难；三是没有实行客户风险等级管理。

（四）反假货币体系

2008 年，辖区进一步推动反假货币培训长效机制建设、开展反假货币业务专项检查，创新农村反假货币宣传形式、健全城乡反假货币工作网络，对遏制各类假币犯罪活动势头、营造良好的人民币流通环境产生积极的影响。截至 2008 年末，辖区共拥有 6 个县级货币鉴定工作室、65 个城市社区反假工作站、71 个农村（乡镇）反假工作站。从假币收缴情况来看，需防范以下问题：一是制贩假硬币和小面额纸币情况突出；二是制假技术不断翻新。

（中国人民银行宁波市中心支行货币信贷管理处）

·业务综述·

中国人民银行宁波市中心支行

中国人民银行宁波市中心支行行长　殷兴山

2008年，中国人民银行宁波市中心支行以科学发展观为指导，围绕“提高、创新、安全”的工作目标，忠实履行基层央行职责，认真贯彻国家宏观调控政策和人民银行总行各项政策措施，积极维护区域金融稳定，不断提升金融服务水平，有力促进经济社会的发展。

正确领会宏观调控意图，促进地方经济稳健发展　适应形势变化要求，正确执行好货币政策。面临今年复杂、严峻、多变的国内外经济形势，深刻领会货币政策调整意图，适时将工作重心从上半年的控制信贷合理投放转向保障信贷总量平稳增长，最大限度地满足经济社会发展的合理资金需求。根据辖区经济金融运行实际情况，研究提出支持经济发展的23条政策措施。四季度进一步明确方向，加大力度，贯彻落实适度宽松的货币政策，11月份联合市金融办等部门出台《关于做好金融保障促进我市经济平稳较快发展的若干措施意见》，提出“保增长、促发展、维稳定”的18条具体措施。利用新闻媒体、政务公开等平台，加强政策宣传、解释，合理引导和调节各类经济主体预期和行为，疏通货币政策传导机制，增强货币政策执行效果。全面建立辖区信贷政策导向效果评估制度，对辖内开办贷款业务的市级各银行业金融机构和其他法人银行业金融机构贯彻落实央行信贷政策情况实施综合评估。加强政策指导，加大对中小企业与“三农”的信贷支持。联合市有关部门建立小企业贷款风险补偿机制，鼓励金融机构加大对小企业的信贷投入。完善小企业贷款通报制度，按季加强监测分析、考核和通报，对投入积极、主动作为的金融机构进行通报表彰和优先支持，引导金融系统为中小企业排忧解难。出台宁波市信贷支农指导意见，建立金融支农信息通报制度，督导金融机构认真执行金融支农各项政策。会商市财政、市农办，促请市政府建立农贷风险补偿办法，完善信贷支农正向激励机制。积极发展小额贷款公司、村镇银行等新型农村金融组织，培育完善农村金融市场。改进助学贷款、下岗失业人员担保贷款工作机制，会同市劳动局推出自主创业小额贷款实施意见，加大对自主创业人员的支持力度。密切关注雨雪冰冻灾情和汶川地震灾情状况，引导金融机构开通绿色通道，简化信贷程序，对救灾救急、鲜活农产品生产运输、救灾物质生产企业等给予便捷、有效的资金支持。不断推进金融创新，拓展融资渠道。加强对股权投资的引导和支持，配合市政府举办宁波股权投资发展论坛，联合市金融办等部门出台《宁波市鼓励股权投资企业发展的若干意见》，对股权投资企业的成立条件、工商登记、税收政策、规范运作、财政扶持政策等方面给予明确。拓宽企业可供融资担保财物的范围，在全省率先出台股权、专利权质押贷款实施意见，全面推广海域使用权抵押贷款。全年累计发放股权质押贷款31笔，质押股权17.81亿元，质押融资金额13.17亿元；2008年末海域使用权抵押贷款余额7.21亿元，比年初增加3.23亿元，累计发放45笔，累放金额8.02亿元。积极推动应收账款质押融资，自我市应收账款质押登记公示系统上线运行一年以来，融资额已达61.5亿元。扩大金融市场参与主体范围，积极推动慈溪农村合作银行、宁波金港信托加入全国银行间同业拆借市场。改善区域融资结构，2008年辖区共有3家企业发行短期融资券28亿元。积极搭建银企合作平台，会同市发改委举办重点项目银企洽谈会，达成融资意向项目56个，意向融资金额163亿元，并与11家重点项目建设单位当场签约，签约金额133.7亿元；会同市经委、市工商联组织小企业融资产品推介和银企洽谈会，共促成319家中小企业与金融机构达成合作意向，解决16.71亿元资金需求。加强调查研究与统计监测分析工作，提高解决实际问题的能力和决策参谋能力。加强对辖区金融机构信贷投放监测与分析，全面掌握区域信贷运行态势与特点，及时跟踪反馈货币政策执行情况和效果。特别是下半年，根据市委市政府关于“标本兼治、保稳促调”的工作部署，积极参与“干部进企业、服务促发展”活动，由行领导带队先后10多次深入中小企业和金融机构现场办公、走访座谈。在摸准情况的同时为企业送政策、提建议、想办法。在市政府向企业下发的征询意见表中，企业对该中心支行帮助其解决困难和问题的满意率100%，其中办理工作满意率100%、办理结果满意率100%。同时，及时将经济运行监测情况、形势分析意见、相关政策建议积极向上汇报，提供决策参考。全年形成有价值的调研成果并被上级录用31项，其中上级领导批示11篇，6项课题在上级获奖。认真贯彻2008年金融统计制度，切实做好数据大集中工作，出台《宁波市金融机构金融统计报备制度》，利用ACCESS自行开发新老系统核对程序，提高统计核对速度和质量。开展担保公司贷款、政府性投资公司贷款、保险公司业务、乡镇级存贷款等四类专项统计试点。开展涉农贷款统计检查，组织检查组对9个金融机构网点进行抽查，抽查面达到40%。完善个人金融综合理财统计制度，为分析研究储蓄存款的月度变动提供更加全面的信息。

营造良好金融环境，维护区域金融稳定 扩大金融宣传，营造良好舆论氛围。积极开展金融知识国民教育，牵头举办第三届宁波金融展，汇集银行、证券、期货、保险、投资等共39家机构参展，对30年金融改革开放辉煌历程与成果以及金融知识、金融产品、金融风险等方面内容进行展示，近3万人次进行参观。加大金融宣传力度，全年在地方主流报纸刊登宣传稿70余篇。探索利用第三方话语权提高央行公信力的有效途径，邀请专家、学者通过报告会、论坛、讲座等形式，对次贷危机影响、民间融资引导、股权投资发展、金融法律法规等方面进行解读，提高公众对金融调控、金融改革的政策背景和取向的理解。加大外汇政策宣传、培训力度，针对进出口企业核销员业务、直接投资外汇业务信息系统、贸易信贷登记系统、新《外汇管理条例》等内容，全年共举办各类培训班、宣讲会等60余期，受训人员达8000余人次，大大提升外汇政策的透明度。

推进征信和反洗钱体系建设，维护良好金融秩序。积极推进非银行信息采集工作，将自来水缴费信息、首批“信用管理示范企业”表彰信息、企业欠薪信息等录入信用信息数据库，并与市质量技术监督局和出入境检验检疫局就数据共享确定具体方案。推进中小企业信用体系建设，新增未贷款小企业信用档案1.87万户，使未贷款小企业信用档案达3.1万户，并在此基础上尝试对未贷款中小企业进行信用评级，全年共评级中小企业110户，其中94户企业取得银行信贷支持，贷款余额4.57亿元。全面开展对中小企业信用担保机构的信用评级工作，全年共完成21家担保机构的信用评级工作。完成借款大户企业信用评级591户，中小企业信用评级10299户，分别比上年增长7.85%和9.42%。完善反洗钱工作机制，初步建立对特殊行业、单位及个人的反洗钱资金监测及跟踪体系。主动发现一批有价值的涉嫌洗钱线索，已核查重要案件线索8起，协助公安机关破获案件3起，在总行两个反洗钱专项行动中取得突出成绩，被授予中国人民银行反洗钱专项行动成果奖。

加强对风险的监测、管理，维护区域金融稳定。加强“一办一行三局”之间的沟通协调和信息共享，对个别企业家外逃、关联企业互保、民间过桥融资等引发的风险，通过“一行三局”联席会议、市金融稳定协调工作领导小组会议等及时会商，采取应急应对措施，防止风险的蔓延和扩散。尝试启动银行业授信风险监测，丰富辖区金融风险监测内容。建立辖区金融风险监测周报制度，提高监测时效。探索区域金融稳定评估新手段，定量描述2000～2007年辖区金融稳定状况，首次对辖区法人机构利率风险开展压力测试。全面推动辖区市、县两级金融机构开展突发事件应急预案演练，提高风险应对能力。认真实施农信社专项票据兑付后监测考核，深入了解农信社产权制度和组织形式改革进展情况，尝试以Pearls评价体系对农信联社进行实证分析，客观评价农信社改革成效。

规范管理，创新手段，提升金融服务水平 进一步优化完善支付清算体系。6月21日票据电子交换系统优化项目二期工程顺利上线运行，并开通付费通业务、个人跨行通存业务，形成以票据电子交换系统为主干，付费通系统、支票直通车系统、票据影像系统等为辅助的综合集约型同城支付清算系统，在全国处于领先地位。完善农村金融服务基础设施，加强农村地区支付体系建设，ATM 机、POS 机的乡镇覆盖率分别达到 81.7%、99.2%。完善第四方物流金融服务体系，起草并由市政府转发《促进第四方物流市场发展的信用信息管理暂行办法》、《宁波市第四方物流市场网上结算试行办法》。在小商品市场大力推广信付通业务，有 11 个重点交易市场 1062 家商户共安装 POS 机 1085 台，交易笔数 11.52 万笔、交易金额 7.96 亿元。全力做好金融 IC 卡多应用试点工作，推进市民卡工程建设，在金融标准跨行业多应用和快速支付应用技术上取得突出成绩，被国家金卡办授予“最佳金融应用奖”，是人民银行系统唯一的获奖单位。12 月 22 日部分金融机构开始试发行市民卡，为改善辖区小额支付体系增加重要工具和功能。加强支付清算和结算监管。全面完成辖内 6 家县支行会计核算业务流程改革，并通过会计核算系统岗位整合及兼岗，实现会计核算业务的全面、顺利上收。同时，针对业务流程的变化，进一步严密内控措施，通过业务过程控制、账实核对、事后监督、台账控制、人员管理等手段进行全程、严密的监控。加强同城清算头寸管理考核，对出现清算红字的 3 家金融机构及时采取措施，要求增加备付金，今年 1 ~ 11 月辖内发生同城清算红字笔数仅为去年同期的 24%。探索“温馨提示”、扩大惩戒谈话范围等人性化的行政处罚方式，完善空头支票行政处罚，有效提升支票信用意识。对账户管理、财政存款缴存检查中发现违规行为的 16 家银行机构进行行政处罚，共处罚款 120.99 万元。进一步规范账户开立和使用环境，通过同城清算系统与人民币银行结算账户管理系统对 30 万户账户进行比对，督促商业银行整改不合规账户 52187 户，停止使用账户 4111 户。加强国库管理，延伸国库服务。推进财税库行横向联网系统业务向广度和深度拓展，全辖 17 家国库、100 多家税务机关的退库业务全面实现全程电子化无纸处理，5 家支库实现的拨款电子化试点转换。推进国库集中支付改革，市本级 70 多家一级预算单位全部纳入国库集中支付。采取一系列措施规范国库代理行为，对 3 家国库代理支库和 3 家国库经收处的进行现场检查，经年检责令 1 家代理支库限期整改。采用定量和定性相结合办法认定 5 家商业银行取得集中支付业务代理银行资格，维护国库代理支库业务的严肃性。全面推广实施辖内县级支库国库会计集中核算改革，辖内 6 家支库中已有 5 家支库实现集中核算工作。加快对出口企业专项资金奖励发放的办理速度，8 月底至 12 月末，已发放奖励资金 1.11 亿元，得到政府和有关部门好评。确保发行基金和发行库安全，提升货币金银工作水平。加强发行基金调拨，确保全年现金供应充足有序，尤其是在雨雪冰冻灾害期间，积极应对，顽强作战，共组织调运 13 次，运送发行基金 65.12 亿元，里程近 600 公里，重量 352 吨。推行发行库区分区管理、颜色管理、金融机构存取款“预测预约制”等创新做法，切实提高发行库管理水平。针对宁波市公交总公司推行 IC 卡支付方式后小票回笼急剧减少的情况，全年共调入 20 元以下小票 11.82 亿元，比上年同期增加 29.84%，在有效缓解辖区小票供应较为紧张状况的同时优化人民币券别结构。采用现金代理方式开展现金调剂业务，协调投放行在回笼行开设账户办理现金存取业务。积极构建城乡反假货币工作网络，在全辖建立城市社区反假工作站 65 个，农村（乡镇）反假工作站 71 个，涉及 1976 个行政村，并联系农村电影放映队在各乡镇巡回展放反假货币知识电影累计上千场次。在辖区 6 家县支行设立县级货币鉴定工作室，配备鉴别设备和工具书，全面提升反假技能。

以改革促贸易投资便利化，以监管促外汇资金均衡流动 推进外汇管理改革创新，提升外汇服务水平。联合国税部门在全市范围内正式实施出口退税无纸化，成为全国率先使用电子数据审核出口退税的地区之一。取消宁波企业在长三角地区贸易进口异地付汇事前逐笔备案制度，并通过升级完善自主开发的进口单位名录管理查询系统，实现进口单位名录管理电子化、实时化和自动化。改善资本项目外汇管理方式，做好外商直接投资系统上线推广工作，被国家外汇管理局评为推广工作先进集体。加强境外投资外汇政策指导，积极实施境外放款试点政策，对境内 10 余家有境外投资、境外上市、境外放款业务需求的企业，多次主动上门帮助解决实际问题。全年审批通过 8 家企业境外放款申请，金额 1774.4 万美元。强化监管手段，严防异常外汇资金违规流入与结汇。全力以赴做好出口收结汇联网核查政策以及贸易项下出口预收货款、进口延期货款、进口预收货款和出口延期收汇 4 项登记管理政策的贯彻落实工作。采取媒体宣传、政策解读、发放宣传资料、专题汇报、深入银行现场巡回指导以及召开座谈会、政策宣讲会、培训班等一系列措施，向社会各界进行政策讲解和指导，做好政策落实和服务企业的工作，确保政策在辖区的有效落实。加强外商投资企业外汇管理，对违规审批、审批手续不全等各类不合规项目不予办理外汇登记，防范异常资金流入。认真贯彻执行外汇资本金支付结汇管理新政策，建立对特殊行业外资项目资金运用情况的跟踪监管制度，防止异常资金流入股市或房产等热点领域进行投机套利活动。加强外商投资企业外债登记、结汇管理，对不符合政策规定设立以及超过“投注差”限额的不予借债，防止企业利用外债结汇投机人民币升值行为。精心组织落实，按时保质完成2008年外商投资企业、境外投资企业年检工作。开展服务贸易外汇业务非现场监管系统试运行，建立异常外汇资金流出入定期监测制度、涉汇主体换汇成本监测制度，并整合多方资源，开展贸易、个人项下外汇收支的非现场监测与核查，切实提高非现场监管水平。进一步规范外汇业务经营行为，营造良好外汇市场秩序。为加强银行的合规经营意识，对辖区82家次金融机构开展执行个人外汇管理政策、“关注企业”政策和外商投资资本金结汇政策的专项检查，检查外汇业务22492笔、金额12.2亿美元，发现违规笔数477笔、金额10197.9万美元，立案10家、涉案金额4714.05万美元。加强金融机构市场准入管理，1～11月，共完成对52家（次）金融机构的外汇业务市场准入审批备案工作，同时加强对新设机构的业务辅导和政策指导，提升银行执行外汇政策效力和水平。修订完善银行外汇业务综合考评办法，提升外汇业务合规性、资金流入流出均衡管理等重点领域的外汇监管成效。认真做好国家外汇管理局移送的“11.15”和“12.28”专案宁波涉案企业调查工作，通过对43家企业、涉及1.81亿元资金的调查，查实跨境赌博、违规借贷等情况。联合公安部门成功破获“郁氏”特大非法买卖外汇案，此案已被列入公安部督办案件。做好进出口逾期未核销、进口延期付汇未登记、逾期不参加外汇年检等122起案件的查处工作。2008年，全年共立案查处外汇案件57起、结案60起，立案金额9511.4万美元，处罚354.22万元，结案率达100%。

抓好内部管理与内部控制，切实防范业务风险　完善内控机制建设，提升内控监督层次。突出风险管理重点，对重大决策事项、重要业务审批事项、重要风险点执行情况开展专项审计。突出特色，尝试开展依法行政、应急管理、政务公开专项审计。加强事后监督，对会计、国库、发行核算业务实行全面监督，将监督范围全面覆盖中心支行本级和辖内6个支行，进一步完善长假监督工作，开展内外账户的核对，及时发现和纠正各类会计核算差错，有效提高核算业务规范化和资金的安全性。加强内部安全管理。加强应急管理，对应急预案重新梳理整合，形成19项应急预案，组织开展12次应急演练，完成首轮现有应急预案的评估和风险管理分析工作，形成首份年度风险管理分析报告。建立、健全综合治理、消防、库区安全等管理体系，加强排查，消除隐患，扎实做好以库房守卫、货币押运、大楼消防、枪支管理为重点的安全保卫工作，确保行泰库安。加强大楼安全管理，实行24小时守卫制、楼层巡查制度及重点部门重要时段经警守卫制。

加强党的建设和干部队伍建设，增强履职保障能力　深入开展学习实践科学发展观活动。组织开展通过集中收看科学发展观理论系列讲座、邀请专家作专题辅导等活动，努力增强学习实践活动的吸引力和感染力。开展解放思想大讨论，提高执行宏观调控政策的自觉性和主动性。抓好中心组学习制度的落实，全年党委中心组共组织集中学习19次，到会率94%以上。加强党风廉政建设和反腐败工作。进一步强化制度防线，组织开展“制度落实年”活动，对梳理出的三大类46个问题逐条分析，认真整改，做到靠制度管权、以制度管事、用制度管人。优化人力资源配置。采取多种措施，提升员工素质，组织18期培训班，输送辖内员工100多人次参加上级行培训。注重干部员工工作能力和业务水平的提高，连续6年组织开展每年一次的全员素质测试。探索实施县支行内设机构整合，在深入分析现有状况、多次实地调研和上下反复论证基础上，形成两套整合方案下发各支行实施。年内辖内6家县（市、区）支行全部完成内设机构调整和业务岗位整合工作。积极推进辖区文明单位创建工作。把文明创建作为统筹各项工作的重要基础，召开辖区文明创建动员大会，制定下发文明单位创建工作的指导意见。组织开展“比标准、找差距、求突破”、“业绩创一流、创建作贡献”宣传橱窗接龙活动，通过典型示范、现场推进、精细管理、持续改进等方式，营造积极进取、争创一流的良好氛围。

中国银行业监督管理委员会宁波监管局

中国银行业监督管理委员会
宁波监管局局长 凌 敢

总体情况

（一）资产负债总量扩张迅速，经营效益保持良好。至2008年末，宁波市银行业金融机构本外币资产负债总额分别为7942.70亿元和7636.42亿元，比年初分别增加1524.03亿元和1487.12亿元。全市银行业金融机构全年共实现账面利润173.47亿元，同比增长17.92%。全市银行业金融机构平均资产利润率为2.18%。分机构看，大型银行的资产利润率最高为3.04%，股份制商业银行、农村合作金融机构分别为1.66%和1.65%，城市商业银行的资产利润率为1.52%，其他金融机构的资产利润率为1.26%。

（二）行业投向结构优化，服务业贷款占比大幅增加。从行业结构看，今年新增贷款主要投向于制造业、个人消费贷款、水利、环境和公共设施管理业以及批发和零售业。但投向制造业和个人消费领域的增量贷款占比与去年相比呈回落态势，投向水利、环境和公共设施管理业及批发和零售业的增量贷款占比同比有所上升。至2008年末，制造业贷款余额为2167.14亿元，比年初增加252.47亿元，占各项贷款增量的29%，比去年同期回落13.77个百分点；个人消费贷款余额795.54亿元，比年初增加115.1亿元，占各项贷款增量的13.22%，比去年同期回落10.75个百分点；水利、环境和公共设施管理业贷款余额438.57亿元，比年初增加103.67亿元，占各项贷款增量的11.9%，比去年同期上升3.3个百分点；批发零售业贷款余额513.21亿元，比年初增加87.75亿元，占各项贷款增量的10.1%，比去年同期提高5.6个百分点。从贷款行业投向看，新增贷款投向服务业的比重达到45.26%，比去年同期上升20.3个百分点，有力地支撑宁波服务业的快速发展。

（三）切实防范不良贷款反弹，保持不良贷款处于较低水平。分别从控制新增、化解存量、全面防范三方面入手，督促各行加大不良贷款反弹的控制力度。至2008年末，按照贷款五级分类统计口径，全市银行业不良贷款余额86.16亿元，不良贷款率1.48%。其中，大型银行不良率0.99%，比年初下降0.13个百分点；股份制商业银行不良率1.66%，比年初上升0.71个百分点；城市商业银行不良率1.26%，比年初上升0.93个百分点；农村合作金融机构不良率3.36%，比年初下降0.87个百分点。

（四）改革发展步伐加快，组织体系日趋健全。截至2008年末，全市共有十大类44家银行业金融机构，其中政策性银行分行2家，大型银行分行5家，股份制商业银行分行10家，邮政储蓄银行分行1家，城市商业银行6家，城市信用社1家，外资银行5家，农村合作金融机构10家，村镇银行2家，信托公司1家，金融租赁分公司1家。其中，全年共引进4家城市商业银行筹建宁波分行，分别为临商银行、温州银行、浙江泰隆商业银行和杭州银行，并有4家分行开业，分别为包商银行、临商银行、温州银行和浙江泰隆商业银行，杭州银行宁波分行预计将于2009年上半年开业；汇丰银行（中国）有限公司宁波分行于12月29日正式开业；10月份，宁波市金港信托投资有限责任公司更名为金港信托有限责任公司，并扩大业务范围。全市银行业机构共有营业网点1765家，从业人员26265人，服务触角延伸到全市的每一个城区和乡镇，成为支持宁波经济发展的生力军。

监管重点

（一）全面贯彻落实国家宏观经济政策，大力支持地方经济发展。为应对国际经济危机对我市的冲击，宁波银监局始终坚持“保增长、防风险、促稳定”这一中心工作，大力推进“干部进企业、服务促发展”活动，牵头组织宣讲调研组深入450多家企业宣讲金融经济政策，促进银行业金融机构深入了解企业困难和经济运行状况；在“送政策”、“送思路”的同时，支持和促进银行业金融机构开展产品推介会、银企洽谈会、对接会，组织融资难的企业和银行面对面洽商，致力帮助企业排忧解难；通过对600多家小企业的问卷调查、典型企业深度访谈、政府部门走访和利用政府平台全面开展小企业融资专题调研，主动搭建银企双赢平台，营造良好的小企业金融服务环境；支持银行与企业形成紧密合作机制，通过该机制为企业搭建融资服务、国际结算沟通交流平台，推出融资新产品，并引导企业加强风险防范，共渡难关；会同有关部门出台《关于做好金融保障促进宁波经济平稳发展的若干措施意见》，引导银行业积极主动争取新增信贷规模，扩大信贷投放，探索有针对性融资工具，为辖区经济发展提供有力的金融保障。

（二）维护金融稳定，构建科学发展的金融监管环境。一是完善组织架构。积极推动成立宁波市处置非法集资局际联席会议，制订《宁波市处置非法集资局际联席会议制度（试行）》等工作制度，初步建立宁波市处置非法集资运行机制。二是积极组织人员从个人理财业务、基础金融服务和投诉机制建设三个方面开展网点查访，针对顾客投诉、突发、频发的问题，及时反馈，要求银行立即整改，以合规操作和良好服务促理财业务发展，切实履行好社会责任，创造良好的金融服务环境；三是组织开展信息科技奥运考评活动，督促银行机构做好科技安全自查自纠工作，实施奥运专项应急演练方案，提高科技及相关业务人员应急处理能力，确保奥运期间信息系统平稳运转；制定方案，规范流程，全面推进非现场监管信息系统建设，下发《宁波银监局非现场监管信息系统工作方案》；制定《关于实施宁波银监局大客户风险信息共享的通知》，通过专网平台，实现大客户风险信息共享；通过发放《宁波银行业金融知识普及读本》、《金融知识简明手册》、《金融常识》等资料，以及接受群众有关银行业务、个人理财咨询等形式，继续推进以“倡导社会责任，共建和谐社会”为主题的义工服务活动和金融知识普及教育活动。

（三）加强风险监管前瞻性，大力提升风险防控能力。一是针对风险问题，健全风险预防和化解程序与机制。开展全面风险排查，建立信息快速调查报送制度，针对国际金融危机蔓延情况，宁波银监局快速监测危机影响度，获银监会书面表扬。督促组织成立银行债权工作小组，建立联动维权机制，加强沟通协调，推进债权催收工作。全市银行业机构坚持维护社会稳定大局，切实履行社会责任，依法维权，未出现因银行处置风险而导致担保、关联企业资金链断裂的“骨牌”效应，区域经济社会总体稳定。二是及时部署进一步加强风险管理工作。下发《关于进一步加强信贷管理和信用风险识别、控制能力建设的通知》，督促银行在新形势下进一步完善重点授信业务品种及授信风险控制环节的管理，以构建风险识别、计量、化解、管理的长效机制为抓手，切实提高风险管控能力。召开全市银行风险管理会议，要求银行坚持科学发展理念，积极履行社会责任，合理实施市场定位，加快经营转型，切实提升可持续发展能力；落实宏观调控举措，做到风险管理和业务发展两手抓、两手硬；狠抓源头管理、激励机制管理和业务流程管理。

（四）深化机构改革开放，不断提升核心竞争力。宁波银监局坚持引进、重组与转型并重，在改革开放的科学实践中不断提高银行业竞争力。设立8家中外资银行机构，包括1家知名外资银行分行，5家专注于小企业、微小企业服务的分行机构，2家村镇银行。中国银行宁波市分行升格为一级分行。宁波银行跨区域经营开始向长三角和珠三角推进。鄞州银行作为主发起人，在全国发起设立4家村镇银行，先后参股安徽黟县农村合作银行等4家金融机构。全面完成辖内二级法人联社改制工作，形成3家农村合作银行、6家统一法人农村信用联社的农村合作金融组织体系。

监管举措

（一）依法做好准入监管，科学发挥准入监管引领作用。实施高管履职评价，进一步完善高管履职评价指标体系、评价方法，调整高管履职评价的操作步骤，以专业胜任能力、风险管控能力、制度执行能力、经营管理能力和组织协调能力监管评价为重点，系统设定高管履职评价指标，全面、准确评价高管履职能力，做好高管准入事项；督促银行对辖属支行高管人员履职情况进行持续跟踪和评价，掌握跟踪和评价结果，实现对高管人员的动态监管。根据新设支行普遍存在的苗头性问题，实施新设县域支行准入规划，进一步完善网点布局，提高规范化服务水平。

（二）遵循监管周期理论，有序开展非现场监管工作。一是突出监管的前瞻性，制定监管规划或监管计划，分别从短期和中长期确定、分解监管目标，锁定重点监管领域。二是加强监管信息渠道建设，改善监管和机构信息不对称状况，以非现场监管系统为平台，加强非现场数据审核和分析，提高银行经营数据变动的敏感性，及时反映银行经营中存在的新情况、新问题。三是加强非现场监管与日常监管、现场检查的融合，利用非现场数据系统，对银行经营决策和管理举措的执行情况进行验证、分析和跟踪，将非现场监管中发现的情况和问题纳入现场监管范围，提高检查准确性和效率。开展机构整体风险评估和年度监管评级，为确定现场检查对象及范围提供决策依据。

（三）改进现场检（调）查工作，提高监管有效性。实施现场检查计划，确保对发现的问题查深、查透，不走过场，全年共派出检查组 42 个，完成现场检查工作量 5125 人/天，对 272 家机构进行检查，共提出整改意见 450 条；检查涉及金额 780.76 亿元；有力促进各银行业金融机构的持续平稳发展；分别实施大额不良贷款、农行新增大额授信和个人理财业务、招商银行内控现场检查，绿叶社现场检查、金港信托法人治理状况及信托业务管理情况、农发行商业性贷款业务、国开行外汇贷款业务、宁海联社全面序时性、监管指标真实性和“两高一剩”专项现场检查等项目。尝试开展业务条线现场检查创新，在全面检查中注重对条线流程的梳理、跟踪、检查，明确各环节责任，直至追溯高管的领导责任，做到高管绩效考核与履职评价相挂钩。运用调查等方式，作为现场检查有效补充。根据监管人员少、任务重的实际，改进现场检查选择范围，既准确选择，又提高检查效果。

（四）大力开展监管创新。一是推进亮底监管。以亮底监管为平台，将信用风险、案件防控、信访投诉等纳入年度监管计划，向分行高管层亮底交流，引导银行由被动接受监管向主动落实监管转变；合理设置定量监管指标，实现定性监管方式向定性与定量相结合的监管方式转变；整合监管手段，合理嵌入风险联防、审监联动、监管周记等新型监管机制，实现任务驱动型监管模式向目标引导型监管模式转变。二是构建审监联动模式。以新增大额授信业务后续检查为切入点，通过实施“全程委托”、“同步参与”、“联合检查”的审监联动模式，统筹工作内容和重点，衔接工作机制，集约利用监管资源，提高监管效能。三是实施承诺监管。立足监管资源实际，灵活运用原则监管与规则监管两种监管策略，确定选择承诺指标、承诺现场检查两种途径，选定目标银行与承诺方式，通过与分行高管层协商、系列会议传导、监管员日常督导三管齐下，把监管承诺落到实处，把监管目标转换为银行的行为要求，提高银行内生风险防范能力。四是加强互动监管。加强与银行董事和高管层监管互动，有效发挥董事会引领作用和高管职责，审慎监管特别关注事项，并发布董事会通报，就主要风险举行高管会谈。五是强化监管服务。引领机构对照先进银行做法，针对机构不同管理水平和业务特点，通过风险把脉、专家咨询、典型经验介绍、监管联动等方式提供差别化监管服务。

中国证券监督管理委员会宁波监管局

中国证券监督管理委员会宁波监管局局长　吕逸君

市场情况

（一）企业上市培育步伐明显加快。2008 年，宁波市各级政府高度重视企业上市培育工作，通过举办专题会议、论坛和培训，政府、企业对改制上市、借力资本市场促进发展形成高度共识。宁波市政府出台《加强企业上市工作的若干意见》，各县（市）区政府支持企业上市的相关政策也相继出台，这些政策基本涵盖企业上市过程的各个环节，从股份制改造、辅导、申报直至上市，企业改制上市的热情大大增强。2008 年，全市新增进入辅导的拟上市公司 14 家，为历年来新增拟上市公司数量最多的一年，累计已达 26 家，这些企业中既有宁波港这样的大型国有企业，也有具高科技背景的中小企业，为我市加快企业上市步伐打下有力的基础。同时，在资本市场大幅调整的背景下，2008 年宁波市仍有 2 家企业境外上市、1 家企业境内发行、2 家企业实施再融资，共募集资金 18.21 亿元。

（二）上市公司质量进一步提升。上市公司通过调整和优化公司发展战略，积极以市场为导向，提升产品和服务层次，创新发展能力不断增强，公司治理不断完善。一是上市公司经营业绩在复杂的经济环境中总体平稳。2008 年，上市公司实现营业收入 536.56 亿元，同比增长 1.96%；实现净利润 42.94 亿元，同比下降 3.82%；每股收益 0.360 元，净资产收益率 11.76%，同比分别减少 18.98% 和增加 1.01 个百分点。二是上市公司积极利用资本市场做大做强。宁波海运、大红鹰完成定向增发，募集资金用于发展主业，提升竞争力；雅戈尔完成第一例跨境收购，扩大服装生产规模；宁波韵升重组剥离进出口子公司，调整产业结构；宏润建设将房地产资产置入上市公司，在提升公司实力的同时，也解决公司的同业竞争问题。三是上市公司规范运作跨上新台阶。在防止资金占用反弹和深入推进公司治理活动的促进下，各公司全面排查治理缺陷，提出整改计划，基本完成各项整改工作，影响辖区公司规范运作的资金占用、违规担保等突出问题基本得到遏制；独立性、同业竞争等深层次问题正逐步得到解决，部分公司通过产业结构、管理体制的调整，着手重构治理构架，从源头上提高规范运作水平。

（三）证券期货经营机构运行良好。一是证券经营机构运行依然正常。2008 年，尽管国内证券市场出现较大波动，但宁波市证券经营机构证券成交总额再超万亿大关，达 1.09 万亿元，占全国证券成交总额的 1.646%，较上年提高 0.087 个百分点；实现利润总额 10.53 亿元，平均每家营业部盈利 2568 万元。二是期货代理交易额再创历史新高。2008 年全市期货代理交易额 12352.01 亿元，同比增长 83.15%，占全国交易额的比重由 2007 年的 1.65% 提高到 2008 年的 1.72%；期货经营机构手续费总收入 19944 万元，利润总额 2678 万元，客户保证金余额 94036 万元，同比分别增长 62.1%、12.05% 和 19.59%；期货投资者累计盈利 4.74 亿元，同比增长 157.8%。三是优质服务年活动取得积极成效。各证券期货经营机构积极响应宁波证监局倡导的优质服务年活动，积极为投资者提供方便、优质的服务。2008 年股票基金网上交易占 75.84%，较上年增加 4.48 个百分点，且仍保持上升趋势。2008 年末，全市指定与证券托管市值 391 亿元，客户交易结算资金余额 109.15 亿元，投入证券市场资金 500.15 亿元；证券投资者开户数达

66 万户，较年初增加 2.4 万户。四是投资者教育作用显著。2008 年，证券市场出现大幅回调，但宁波市的信访投诉未明显上升，也未出现重大恶性事件，这是近几年证券监管部门和证券期货经营机构高度重视与强化投资者教育工作所取得的积极成效。2008 年，宁波市各证券期货经营机构开展内容丰富的投资者教育活动，包括积极参与宁波证监局与宁波电台合作开办的《投资者之声》系列活动，举办证券期货投资论坛 13 期。五是规范运作水平提高。2008 年，宁波市证券经营机构全面完成账户清理和第三方存管工作，进一步规范经纪业务营销工作与转托管、撤销指定交易等业务流程；期货经营机构抗风险能力也不断增强，在国庆前后的极端行情中未发生大的穿仓事件；期货公司开户实名制落实情况较好，影像资料与结算账户资料都齐全的账户占总账户数的 94.6%。

（四）维护市场稳定工作成效显著。2008 年，大事多、突发事件多，资本市场应急维稳工作压力很大，在宁波市政府及有关部门、证券监管部门和市场各方的共同努力下，宁波市资本市场保持总体稳定，主要体现在以下几个方面：一是维稳工作思想认识到位。上市公司、证券期货经营机构成立以一把手为第一责任人的维稳工作领导小组，完善重大紧急事件报告制度、信息系统保障工作制度和营业场所安全管理制度，制订各类突发事件应急预案，建立奥运期间值班和零报告制度，并积极开展安全自查和应急演练，维护敏感时期市场的稳定；二是天一证券遗留问题基本得到妥善处理，特别是员工安置工作在宁波市政府和相关部门的协调支持下已基本完成；个人债权收购工作全部完成，司法破产工作积极推进，促进社会稳定；三是非法证券活动得到有效遏止。2008 年，宁波市共核查处理非法证券、期货投资咨询活动 14 起，由于打非工作坚持“打早打小，露头就打”的工作理念，非法证券活动呈明显下降趋势，避免风险的累积；四是信访秩序平稳。2008 年，宁波证监局共受理信访 166 起，其中来电 79 起、来信 38 起、来人 49 起，主要集中在上半年，下半年特别是第四季度的信访事项明显减少。一年来，没有发生赴京、进省及其他重大证券期货信访事件。

监管工作

（一）坚持把健康发展放在首位，着力于提高资本市场服务经济社会发展的能力。2008 年，宁波证监局积极扩大辖区资本市场规模，促进上市公司提高持续发展能力，提高证券期货经营机构合规经营意识，增强资本市场服务实体经济的能力。在引导和推动优质企业发行上市的同时，先后对理工监测等 7 家公司进行现场评估调查，把好企业上市入门关。支持宏润建设等 5 家公司开展定向增发，鼓励宁波富达等一批企业进行并购重组，实现公司可持续发展。推动波导股份的内部重整；协调处理甬成功股改和重组恢复上市工作。2008 年，宁波市有 9 家上市公司进行再融资或并购重组，占总数的 35%，引进规范创新类证券公司营业部 6 家、期货营业部 4 家，其中 7 家已开业运行。

（二）坚持风险为本的意识，着力于防范和化解市场风险。宁波证监局在日常监管工作中强化风险为本的意识，对上市公司定期进行风险类型的分析，针对不同风险类型，采取不同的监管措施，如对因临时报告不及时、不充分而引发的媒体及投资者高度关注的 3 家上市公司，通过专项核查、限期整改、协作监管等多种方式，督促其充分揭示和化解风险。加强现场检查的工作力度，对 4 家上市公司进行巡回检查，6 家上市公司进行募集资金专项检查，3 家公司进行专项治理检查及整改回访；对 9 家证券营业部和 2 家证券服务部开展现场检查；并开展证券机构 IB 业务检查，杉立期货公司客户开户环节实名制落实情况的跟踪督查；在北京奥运会召开前对全市所有证券营业部、期货公司和期货营业部的信息系统安全状况进行摸底检查，同时对 17 家银行的基金代销业务进行检查。

（三）坚持增强快速反应能力，着力于提高市场主体的规范运作水平。对违法违规行为，宁波证监局坚持“查早查小”，做到及时发现，快速反应，迅速查处。对上市公司，加强股价异动和媒体报道的敏感性和反应速度，要求监管人员做到“四即时”：股价异动的即时监管，媒体报导的即时反应，重大突发事件的即时跟踪和个别违规事项的即时纠正，掌握监管工作的主动权，消除风险隐患。对证券期货经营机构，则加强举报、投诉、报道与监管工作的联动，如针对媒体报道外地有开设学生账户、空账户情况，及时提醒各营业部规范清理；针对宁波个别银行开展银证伴侣业务，积极协调宁波银监局叫停该项业务，规避风险；对营业部一旦出现停电或系统问题，要求责任人第一时间赶赴现场处理等。

（四）坚持科学监管理念，着力于提高监管工作的有效性。宁波证监局在创新监管方法、提高监管效率、降低监管成本、实现监管目标方面进行积极的探索。突出体现在以开展上市公司“信息披露规范年”、深化上市公司治理专项活动年和证券期货经营机构“优质服务年”三项活动作为监管工作抓手，出台上市公司信息披露评价办法、证券期货经营机构综合评价、分类监管办法和投资者教育评价办法，实现由定性监管向定性和定量相结合的监管方式转变；下发《关于规范会计师事务所在宁波辖区上市公司开展证券相关业务的通知》，督促年报审计的会计师事务所勤勉尽责，实现由单一监管向综合监管的转变；加强对市场参与主体的培训与考核，组织开展上市公司董监高培训、打非活动研讨和信息系统安全工作培训，并通过签订承诺书的方式倡导上市公司控股股东和实际控制人诚实守信、依法合规履行相关职责和义务，对证券期货经营机构拟任高管人员试行证券法律法规掌握情况的测试，实现重点对法人和机构的监管向更多地对实际控制人、高管人员监管的转变。

（五）坚持加强协作监管机制，着力于形成辖区资本市场监管工作合力。宁波证监局在加强与证监会相关部门、各证券期货交易所监管配合的基础上，继续加强与中国人民银行宁波市中心支行、宁波银监局等金融监管部门的监管协作。积极向宁波市政府、人大、政协进行工作汇报，与宁波市委宣传部、宁波市金融办、财政部驻宁波专员办、宁波市公安局和宁波市国资委等相关单位和部门强化协作沟通，如与市委宣传部就加强资本市场舆论引导达成共识，签订开展资本市场宣传工作的合作备忘录；与宁波市、区两级公安部门建立维护安全工作机制，联合开展辖区行业重点部位和场所安全检查；与有关单位共同组成宁波辖区行业信息系统安全专家小组，开展信息安全督导；与电力部门就保障辖区证券期货经营机构营业场所高温用电问题进行联合调研。此外，还积极发挥上市公司协会、证券期货业行业的自律作用，完善外部监管与自律监管相互协调、相互促进的工作机制。

中国保险监督管理委员会宁波监管局

中国保险监督管理委员会宁波监管局局长　江先学

2008年，宁波保监局在中国保监会和宁波市委市政府的正确领导下，全面贯彻落实科学发展观，深入领会落实国务院23号文件，引领宁波保险业积极应对经济金融新形势和自然灾害，不断拓宽保险服务领域，树立科学的监管理念，加大市场整顿规范力度，创新监管手段和方式，努力实现依法、科学、有效监管，推动宁波保险业实现平稳健康较快发展。

坚持发展为第一要务，行业整体实力不断增强 2008年底，全市有41家保险公司在宁波设立分支机构，比年初新增8家（分别是太平保险、安诚产险、长安责任险、嘉禾人寿、海康人寿、国寿产险、联泰大都会、人保寿险）。其中，财产保险机构有分公司16家，中心支公司6家，均为中资机构；人身保险机构有分公司11家，中心支公司2家，营销服务部6家，12家为中资机构，7家为外资机构。保险专业中介机构17家，其中保险代理机构8家、保险经纪机构6家、保险公估机构3家。另有保险兼业代理机构1997家。全市有保险营销员15779人，比年初增加4767人，其中寿险公司营销员12728人，产险公司营销3051人。2008年，全市保费收入87.11亿元，同比增长20.61%。其中，财产险保费收入40.34亿元，同比增长17.19%；寿险保费收入41.07亿元，同比增长25.83%；意外险保费收入2.49亿元，同比增长1.45%；健康险保费收入3.21亿元，同比增长18.61%。2008年全市各项赔付支出37.90亿元，同比增长44.20%。其中财产险赔款支出24.54亿元，同比增长35.72%，人身险赔付支出13.37亿元，同比增长62.87%。人身险赔付中，寿险11.57亿元，增长74.67%，健康险1.27亿元，增长37.57%，意外险5270万元，同比下降20.16%。

积极服务经济社会大局，服务领域不断拓展 稳步推进政策性农业保险，积极服务“三农”建设。宁波保险业承担9个县（市、区）共5.52亿元农业保险责任。承保能繁母猪5.64万头，承担保险责任金额5400万元；承保农村住房136.69万户，承担风险责任金额246亿元，基本覆盖全市农村；鼓励商业保险积极参与农村社会保障体系建设，累计为109万名参保农民提供医疗保障服务，为71.88万人次提供1.33亿元的医疗补偿。创新医疗责任保险理赔和纠纷处理。在市财政支持下，建立人民调解委员会和医患纠纷理赔中心相结合的医疗责任保险模式，全市有158家医疗机构参保，妥善解决医患纠纷172起，被卫生部冠以“宁波解法”得到广泛宣传和推广。对传统的学生平安保险产品进行改革创新，使其保障范围与城镇基本医疗保险相互结合、相互补充，取得良好的社会效益。加强与市旅游局沟通协商，实行新的旅意险运行模式。积极与市政府有关部门协调，争取开展补充养老保险试点。推动和规范大型商业保险业务发展，为宁波绕城高速、象山港公路大桥、梅山岛大桥等一批重大基础设施项目的顺利实施提供保险支持。在全国率先施行“交强险财产互碰自赔处理机制”，市区首批成立4家集“事故车辆定损、保险理赔、事故定责”等多功能的交通事故轻微物损理赔服务中心，并于8月1日起顺利运行，大大加快2000元以下车损理赔效率，有效缓解因交通事故引起的道路堵塞等问题。积极应对国际金融危机，宁波出口信用保险公司充分发挥政策性信用保险的作用，共为19亿美元的进出口贸易提供保险保障，组织外贸企业进行风险管理培训，提供“一对一”风险管理建议，及时发布风险预警信息，提高外贸企业风险管理能力。积极引进保险资金支持地方建设，中国平安保险集团投资10亿元用于北仑高速公路建设，中国人保、中国人寿、太保集团投资基础设施项目和城区改造等项目进入实质洽谈阶段。

不断加强监管力度，市场规范成效初显　一年来，宁波保监局大力开展整顿和规范保险市场秩序工作，切实加大检查和处罚力度，全年共对5家保险机构、1家专业中介机构、4名高管人员进行行政处罚。其中，责令撤换1名高管人员，行政罚款45.5万元，发出监管函12份，督促违规机构积极整改，市场整规工作取得初步成效。以车险市场为抓手规范产险市场秩序。对车险市场开展全面检查和集中整治，对违规问题突出、市场冲击较大的机构，给予严厉处罚。实行“后三位重点监管”等五项监管制度和“见费出单”等十项措施，切实从源头上规范产险市场。加大信息披露力度，召开产险市场整顿新闻发布会，向社会公布整顿市场秩序工作方案和措施。切实解决理赔难问题，保护消费者权益。建立健全行业理赔服务标准，规范理赔流程，提高理赔服务质量，严惩恶意拖赔、惜赔、无理拒赔等损害保险消费者合法权益的行为。采取多项措施整顿寿险市场。开展销售误导专项整治工作，加强社会监督，严肃查处销售误导行为。开展银保业务专项治理工作。对全市银行网点销售行为进行检查，出台六项措施，规范销售流程。开展营销员流动专项治理工作，重新修订营销员流动自律公约。开展建意险专项治理，对多家产、寿险公司建意险业务开展专项检查和处罚。多管齐下规范保险中介市场秩序。开展中介市场现场检查工作，严肃查处挪用侵占保费、虚开发票、哄抬手续费等违法违规行为。规范兼业代理市场秩序，对兼业代理机构进行清理，强化保险公司对保险兼业代理机构的管理责任。全面开展保险中介市场摸底普查工作，有效防范保险中介市场潜在风险。完善营销员监管信息系统，建立农村保险营销员资格管理长效机制。

加强基础性工作，夯实行业发展基础　开展多种形式的保险进学校、进社区、进农村的“三进入”活动，在社区摆放《平安宁波》保险专栏，在报纸、电台、电视台、公交移动电视等新闻媒体开设《保险之窗》、《保险一点通》、《绝对保险》等栏目，多方位宣传保险以及有关政策，提高公众保险意识。开展以“争做一名学法懂法守法的保险业务精英”为主题的法制巡回宣讲活动，主动“送法制课上门”。成立行业人民调解委员会，有效化解保险理赔等合同纠纷。与宁波市公安局经侦支队、宁波市中级法院沟通合作，打击保险诈骗活动，着力改善保险业发展法制环境。加强行业自律建设，充分发挥行业自律作用。市保险行业协会补充或重新修订《宁波市学平险行业自律公约》、《宁波市银保合作规范销售公约》、《宁波银代业务自律公约》、《宁波市车险自律公约》、《宁波市企业财产保险行业自律公约》、《宁波市保险公司营销员业内流动管理自律公约》等行业自律规定，并大力开展有关业务自律检查，追究违约机构的违约责任。在全市行业协会评估中，宁波市保险行业协会被评为全国5A级行业协会。加强保险研究工作，推进行业理论创新。宁波市保险学会与宁波大学等院校的合作开展保险调研工作，形成有深度的调研论文30余篇。学会会刊《宁波保险》由季刊改为双月刊，并增强刊物学术研究性。编撰出版2008版《中国保险年鉴·宁波卷》和2008版《宁波保险年鉴》，编辑水平进一步增强。2008年，宁波市保险学会被全国大中城市社科联评为“全国大中城市先进社科学会”。

积极参与抗击自然灾害，彰显保险业社会责任　在2008年初的雨雪冰冻灾害中，宁波保险业全力投入抗灾救灾，各保险机构特事特办，加强配合协作，快速查勘，及时理赔，提供高质量的保险服务，共支付赔款9500多万元，帮助受灾群众尽快恢复正常的生产和生活。宁波保监局被宁波市政府评为宁波市抗灾救灾先进集体。四川汶川5·12特大地震发生后，全行业发扬“一方有难，八方支援”的精神，积极为四川灾区募捐，累计捐款达187万元。中国人保、中国人寿等公司向参加抗震救灾的宁波特警和医护人员赠送意外伤害保险。宁波市保险业被宁波市委、市政府评为“抗震救灾先进集体”。

中国农业发展银行宁波市分行

中国农业发展银行宁波市分行行长 王全来

2008年，中国农业发展银行宁波市分行在上级行党委和宁波市委市政府的领导下，认真贯彻落实十七大精神和宁波市委市政府的有关要求，积极实践科学发展观，进一步转变经营理念，坚持有效发展，夯实管理基础，强化风险防控，深化综合改革，各项工作取得较好成效。

加强信贷支持 2008年，在传统业务有所萎缩的基础上仍保持着发展较快的势头。2008年末，各项贷款余额为35.88亿元，较年初增加1.84亿元；旬均贷款余额为35.59亿元，同比增加8.67亿元，增幅为32.2%；累放各项贷款23.84亿元。一是继续支持粮食储备体系建设，做好各级储备粮油增储和轮换的贷款管理工作。2008年末，政策性和准政策性贷款余额为16.26亿元，比年初增加0.37亿元。根据宁波市政府下达的新增地方储备粮6500万公斤的储备计划，大力支持各县（市）区粮食部门积极组织粮源，全年累放地方储备粮增储贷款7438万元，完成粮食增储6400万公斤。全年累放专项储备贷款2.74亿元，较上年多投放1.6亿元。2008年，积极履行支持粮棉油收购的基本职责，支持国有粮食购销企业扩大购销。2008年累计发放粮油收购贷款2.36亿元、棉花收购贷款1700万元，支持企业收购粮食1.72亿公斤、油脂119万公斤，皮棉3.93万担。二是保持商业性业务快速发展势头。2008年末，商业性贷款余额19.62亿元，比年初增加1.47亿元；商业性贷款占比与年初持平，支持新农村建设的合作平台继续做大。其中：积极支持有行业影响力、对当地经济有带动作用且效益良好的行业龙头企业，累放产业化龙头企业贷款11.32亿元；加强与政府合作，支持各地海塘围垦续建工程项目，累放农业综合开发贷款5000万元；与宁波市科技局联合下发《关于建立全市农业科技贷款项目库的通知》，建立宁波市农业科技贷款项目培育库，累放农业科技贷款5700万元；认真贯彻落实银监会《银行开展小企业授信业务指导意见》精神，积极树立“小企业大市场”的经营理念。2008年末，发放农业小企业贷款余额为9970万元，比上年末增加4910万元，增幅为97%，荣获宁波市小企业贷款工作先进集体的荣誉。

优化负债结构 通过积极组织存款，优化负债结构。实行资产、负债、中间业务一体化的营销方式，在“以贷引存、以贷定存、以贷引保”上做好文章，注重发挥农业政策性银行各项金融产品的综合效能，提高客户的综合贡献率。2008年末，各项存款余额为5.13亿元，旬均存款余额为5.27亿元，同比增加3903万元，增幅为8%。

拓展中间业务 该行进一步拓宽保险代理业务渠道，引进大地、阳光等新的代理保险合作单位，积极开办国际结算业务。国际业务稳健起步，经办汇入汇款、出口托收、出口信用证议付等外汇结算业务。积极开展与工行的信用卡合作和网银业务推广工作。

加强风险管理 积极做好不良贷款清收工作。坚持“分类管理、区别对待”的方针，继续推行贷款有效担保制度、风险准备金制度和自有资金比例制度，合理控制新增贷款风险。对出现的贷款风险，积极主动采取有力措施，多方了解沟通，及时做好资料收集整理、资产保全和法律诉讼工作。

推行考核激励 继续推行支行经营绩效挂钩考评和岗位绩效考核，进一步完善业务发展考评办法，加大考核挂钩力度，引导薪酬和财务资源合理分配。进一步完善岗位职责，全面开展岗位绩效考核和业务岗位竞聘工作。

开展精细管理 一是积极开展“风险管理年”活动。加强对全行经营管理中各个风险环节的自查，开展以棉纺企业及糖丝麻产业化龙头企业贷后检查、棉花企业库存检查、粮食异地库存检查、小企业贷款检查及全市贷款贷后管理自查等为重点的信贷检查和贷款“三查”工作，提高全行的风险管理意识和水平。二是夯实管理基础。结合业务开展，制定、完善 12 项制度规定，严格落实 CM2006 信贷管理系统和国际业务的各项内控要求，权属分明，岗位设置合理。认真开展企业的信用等级评定及授信管理工作，对开户企业重新进行信用等级评定。深入开展调查研究，对本行的信贷投入重点产业生产经营情况进行专题调研，为信贷投向和决策做好参谋。三是加强财务管理，严格落实内控，努力增收节支。根据综合业务系统要求，健全会计内控制约机制，加强权限管理，开展以内部控制为主的会计检查辅导活动，规范会计操作手续。全面推行财务经费开支报账制。加强成本管理，增收节支，经营效益进一步改善。全行实现账面利润 9649 万元，同比增加 3322 万元，增幅为 52.5%。四是加强各大系统的技术支持和服务。完成非现场监管信息系统、国际业务系统、同城票据电子交换二期业务系统上线工作，为各大系统平稳运行提供技术保障。

加强队伍建设 一是加强党政建设。开展以“风险管理”、“抗震救灾”、十七大精神、科学发展观等为专题的党委中心组理论学习；组织开办全行处级干部、县支行班子成员学习贯彻十七大精神的集中轮训班；深入开展争先创优活动，认真做好先进基层党组织、优秀共产党员、优秀党务工作者和先进工作者的评选和推荐工作，全辖 19 人次和 3 个基层单位得到表彰。二是加强企业文化建设，积极创建文明单位。开展以“优质服务、文明经营”为主题的文明单位创建活动，全辖各营业机构的服务水平和经营管理能力得到显著提高，余姚市支行还被评为系统内总行级、省行级“文明单位”和省级同业的“银行业文明规范服务示范单位”。三是加强党风廉政建设。认真组织开展“四无”创建活动。四是切实抓好教育培训工作。围绕打造“学习型银行”，制定《中国农业发展银行宁波市分行 2008 ~ 2010 员工培训规划》，组织员工参加 CM2006、网银、信用卡和国际业务等各类培训，认真组织全辖员工参加银行业从业资格考试和信贷、财会人员持证上岗资格考试。六是积极推进和谐银行建设。召开分行首届职工代表第三次全体会议，继续抓好“职工之家建设”，深入开展青年文化月、征文比赛、为汶川大地震捐款等活动，全市系统共计捐款 62210 元，其中特殊党费 35520 元。

深入学习实践科学发展观 根据农发行总行关于深入学习实践科学发展观活动的有关精神，认真部署，主要采取学习文件、组织讨论、听党课讲座、专题调研、走访座谈、撰写心得、知识竞赛、组织讨论等形式，认真扎实地学习、深入细致地调研，积极热烈地讨论，广泛征求意见，深入分析查找原因，撰写分析检查报告，圆满完成学习实践活动第一、第二阶段各项任务。

国家开发银行宁波市分行

国家开发银行宁波市分行行长 刘洪滨

2008年，国家开发银行宁波市分行以科学发展观统领全行工作，以宁波市全面建设小康社会、打造现代国际化港口城市、加快城镇化进程为契机，大力支持“两基一支”和社会瓶颈等领域的建设。2008年是国开行宁波市分行成立后的第一个完整会计年度，国开行宁波市分行坚持防范风险、合规经营，取得较好成效，在全系统年度绩效考核中进入优秀分行之列。同时，赢得宁波市政府、监管部门和客户的良好评价。在宁波市基础设施、重大产业领域，国开行宁波市分行已成为主力融资银行之一。

经营概况 2008年末，国开行宁波市分行本外币贷款余额286.7亿元，比年初新增88.3亿元，同比增长44.5%，其中公共基础设施行业占比37.4%，公路行业占比35.7%，重大产业及其他行业占比26.9%；2008年全年发放贷款本外币合计115.9亿元，同比增长94.9%；全年实现净利润5.48亿元，比2007年增长2倍，资产利润率2.09%；2008年末本外币存款余额38.9亿元，比2007年增长2.6倍；全年日均存款26.4亿元。

重大项目 国开行宁波市分行充分发挥在融资支持重大项目建设方面的传统优势，积极贯彻中央和宁波市委市政府方针政策，认真研究宁波市“十一五”规划和年度固定资产投资计划项目情况，建立以重大项目为核心的客户经理责任制，根据项目及客户重要度配置不同层级的客户经理，建立重大项目协调机制。特别是2008年底，宁波市委市政府提出贯彻中央“扩内需、促增长”方针政策的十二条措施，分行积极响应、配合，在市“十一五”规划建设的9个高速公路项目中，完成7个项目的开发、评审工作；向轨道交通一号线一期工程、绕城高速公路十一条城市连接线、象山港大桥及接线工程、大碶疏港公路延伸段工程、穿山疏港公路、宁波中华纸业外债重组、宁波万华MDI改扩建及配套工程、江北湾头城中村改造一期首批拆迁安置用房、梅山保税港区集装箱码头、慈溪旧城中心区二期东西区改造工程等重大项目承诺人民币贷款207亿元和外汇贷款2.4亿美元，并按建设进度需要安排部分贷款发放，对于推动这些项目加快实施发挥重要作用。

受托业务 国开行宁波市分行成立以来，一直就积极探索在防范风险、合规经营的前提下，加强同业合作，大力推动受托业务。2008年前十个月，在贷款规模较紧张情况下，与广发银行宁波分行、北京银行营业部、中信银行深圳分行、邮储银行、建行深圳分行、金港信托等机构开展同业受托业务合作。2008年末，受托业务余额达109.2亿元，比上年增长29.6%；全年累计完成受托业务工作量77.2亿元，其中银团工作量完成35亿元。通过开展同业合作，有效地汇聚各类金融机构资金合力支持宁波市经济社会发展重大项目建设。

基层和国际业务 在重点保证重大项目建设的情况下，国开行宁波市分行努力支持节能减排、循环经济、医疗卫生等领域项目，向再生水处理、风力发电、废金属处理、医院建设等相关项目发放贷款2亿元。稳健地推进市县合作机制建设、助贷机构建设、重点民生领域贷款、台资贷款等基层金融业务，取得良好的社会效益。特别在中小企业贷款方面，通过直贷、与中小金融机构合作或支持中小企业担保公司等方式发放贷款0.7亿元，为今后继续开展中小企业融资业务做有益的探索。2008年，为贯彻国家“走出去”发展战略，国开行宁波市分行按照总行部署和要求，实现希腊、阿尔巴尼亚、马其顿三个国外工作组的顺利派驻并开展工作。国别工作组大力加强与我国在当地使馆、中资企业等的沟通交流和业务合作，在国情调研、信用评级和项目开发等方面取得积极进展。

风险控制 在加强风险防范和控制方面，国开行宁波市分行着重做好以下几方面工作。一是主动应对，及时防范项目信贷风险。坚持“四早”原则，及时识别项目潜在风险，提出方案，提前化解。二是通过强化贷后管理，提升防控风险的能力。认真整改内外部检查发现的问题，不断总结经验和教训，完善贷后管理的措施，加强合规性建设，优化考核指标体系。三是建立健全风险管理组织架构，加快推进巴塞尔协议的实施，制订完善涵盖各类业务风险控制的总体框架和运行细则，填补风险管理制度空白，并通过完善内部稽核监督和风险巡视机制加以落实。四是夯实基础管理，提高经营管理水平。实施情景计划管理，加快调度频度，细化调度内容，确保计划顺利实施；加强资金管理，严格资金支付审查，推广柜台前移，增加资金效益。五是进一步健全和完善联合监督、社会监督和内部监督，实现监督机制对分行业务的全覆盖。通过采取一系列措施，国开行宁波市分行的信贷管理水平得到不断巩固和提高，信贷资产质量也在不断提升。2008 年末，已连续 30 个季度保持本息回收率100%；表内信贷资产一类贷款余额250.68 亿元，占比87.5%；二类贷款余额35.96 亿元，占比12.5%，无不良资产。

党团工会和纪检监察 深入学习实践科学发展观活动顺利推进并取得良好成效。发展新党员、革命传统教育和其他党组织活动有序进行。员工休假、文体活动、职工之家、健康检查、募捐赈灾以及丰富多彩的共青团和工会活动，创造团结向上、互助友爱、乐于奉献的良好工作氛围。纪检监察工作的监督防范机制逐步完善。充实分行纪委组成人员，单独设立纪检监察办公室；组织观看反腐警示教育片，组织参观宁波黄湖监狱，进一步增强党员干部的廉洁意识；副处级以上干部均签订《党风廉政责任书》。进一步完善与地方政府联合监督机制，借助宁波“三重一大”保廉平台，先后对十二个重大政府类贷款项目进行联合监督检查，确保开行贷款资金的安全，使每个政府类项目成为“阳光贷款”。

中国工商银行股份有限公司宁波市分行

中国工商银行股份有限公司
宁波市分行行长　郁炯彦

经营效益保持良好　实现拨备后考核利润36.30亿元，同比增幅22.48%，计划完成率97.27%；税前经济资本回报率（RAROC）55.67%，考核经济增加值（EVA）20.87亿元，同比增加4.23亿元，完成计划97.7%，年化资产利润率3.83%，年化人均创利达到107.14万元，成本收入比18.22%。本外币各项存款余额846.58亿元，比年初增加109.16亿元，同比多增67.63亿元。日均存款比上年同期增加96.47亿元。本外币各项贷款余额899.39亿元，比年初增加124.04亿元。其中人民币各项贷款余额886.07亿元，人民币贷款均衡率达到59.65%。贷款实收利率为7.58%。实现中间业务收入7.02亿元，较去年同期增长1.73亿元，增幅达到32.70%。在总行对直属分行和省分行营业部的全年绩效考评中名列第四位，经营效益继续在系统和同业中保持领先地位。

市场地位得到巩固　各主要业务领域和重要产品指标进一步巩固和提高。2008年末，各项存款余额四大行占比31.07%，各项贷款余额四大行占比33.17%，均居同业首位。中间业务收入四大行占比27.7%，居第二位。各项产品中：企业年金基金托管业务在同业市场占有95%以上的绝对份额；国际结算量完成150.17亿美元，四大行占比25.30%；实现投行业务收入5.04亿元，四大行占比30.26%；贵金属中间业务收入360万元，四大行占比27.64%；新增企业网银客户2896户，同比增长796户，增幅达到38%；实现网银交易金额达到1.09万亿元，四大行占比为58.6%；牡丹信用卡总有效卡量达到48.2万张，比年初净增23.1万张；实现牡丹信用卡直接消费额19.4亿元，同比增加3亿元，增幅达到18%；全年实现个人理财产品销售达到239.69亿元；实现法人理财产品销售85.77亿元。

经营转型成效明显　综合考虑经济增加值（EVA）、盈利水平、风险分散、客户贡献度等要素，资产结构、收益结构和客户结构明显优化。全年小企业人民币贷款余额为136.3亿元，比年初增加14.52亿元，占全部贷款的15.15%。个人贷款余额150亿元，比年初增加20.22亿元，占贷款总量的16.68%。中间业务收入占净利息收入和账面利润的比重达到16.48%和19.84%，分别比同期提高1.62个百分点和1.99个百分点。AA级（含）以上法人客户贷款余额505.74亿元，比年初减少4.73亿元，占70.37%；A级（含）以下法人客户贷款余额14.96亿元，比年初增加9.71亿元，占2.08%，比年初上升1.26个百分点。5万元以上个人金融资产的客户数达到17.2万人，比年初增加3.8万人，占5.58%，比年初上升2.18个百分点。

风险掌控能力增强　在受金融危机影响的部分行业、区域、企业信贷风险初显苗头，银行业不良贷款整体反弹的大背景下，全行高度重视，采取多种措施保持良好的资产质量。全年退出潜在性风险贷款10.18亿元，其中现金清收3.81亿元，完成总行计划任务的132%；小企业贷款“换手”13.75亿元。本外币五级分类不良贷款余额4.88亿元，不良率0.54%，资产质量依然走在系统与同业先进行列。努力培育诚信、先进、和谐的内控合规文化，先后组织开展“学规定、促合规”、“提高内部控制执行力”等主题活动。制定《中国工商银行宁波市分行检查工作统筹管理办法（试行）》，进一步加强检查项目统筹管理，提高检查工作的效率和质量。认真组织学习贯彻总行制定的《员工违规行为处理暂行规定》，进一步增强全行员工的内控意识。继续实施分管行长联系制度和分行部室与B、C类支行联系制度，按季召开联系行例会；认真落实领导干部巡查制度，对制度执行情况进行检查通报。实施节假日后首个营业日行长签到制度，掌握节假日后首个营业日的人员动态。加大操作风险管理和案件防范工作力度，做好重点风险领域的合规性检查和审计工作，通过推广违规积分、开展警示教育等多项举措的实施，内控优先管理思想深入人心，全年没有发生重大事故和案件。

各项改革持续深化 通过对县域支行调整网点结构、重设支行内设机构、合理配置人力资源、实行部分业务和管理职能集约化等措施，圆满完成县域支行扁平化管理改革。加速网点升级改造步伐，共计完成27家贵宾理财中心的建设，17家一般理财网点的改装和扩建，完成2家低效网点的优化改造，按照私人银行标准，着手筹建外滩财富管理中心，单一网点的综合经营能力提升，逐步建立起比较完善的网点分层分类服务体系。加大自助银行建设力度，全年新增3家自助银行。以打造高效业务运行平台为目标，实施业务流程改造。顺利将城区全功能银行系统主机柜员、总行和省行统一认证系统柜员管理统一归并到柜员权限管理中心，纳入监督中心管理。制定《柜员权限管理中心操作流程》，完成城区支行近900名柜员的岗位权限重置。紧密结合集约化经营和扁平化改革实践，按照提高现金营运效率和效益的目标，积极推进现金业务的集约管理，实现101个网点现金调拨和尾箱款的集中接送、95个上门服务企业收款业务集中整点。做好科技维护保障工作，全行业务系统稳定安全运行。

全面构建和谐银行 根据总行统一部署，深入开展学习实践科学发展观活动，全行干部员工特别是各级领导班子成员工作自觉性和坚定性进一步增强。全行上下凝聚智慧和力量，精心编制完成新一轮三年发展规划，绘就科学发展新蓝图。着力培育现代金融企业核心价值观，重塑“自强不息，追求卓越”工行精神，员工凝聚力进一步增强。依托“奥运服务年”和市级机关作风民主评议等活动为载体，继续强化对内和对外服务，展示上市银行直属分行良好形象和服务水准。在宁波市第三届金融产品展示会上，荣获“2008市民最满意银行”、“2008最具竞争力银行”二项大奖。着力推进和谐企业建设，2008年被宁波市委市政府列入和谐企业创建活动试点单位，创建活动向纵深推进。用实际行动参与抗震救灾工作，切实履行社会责任，获宁波市红十字会颁发的“抗震救灾贡献奖”，辖属西河支行获“红十字事业支持奖”。

中国农业银行宁波市分行

中国农业银行宁波市分行行长　姜瑞斌

经营情况　2008年，中国农业银行宁波市分行不断深化内部改革，积极应对形势变化，强势推进经营转型，攻艰克难，较好地完成各项改革和发展任务。全行发展质量进一步提升，综合实力进一步增强。至年末，本外币各项存款673.75亿元，比年初增加79.61亿元；各项贷款651.02亿元，比年初增加111.1亿元（剔除剥离影响）；不良贷款按五级分类占比1.76%，比年初下降1.9个百分点；实现中间业务收入4.05亿元，同比增长29%；实现拨备前利润23.1亿元，同比增加1.03亿元；内控综合评价结果明显进步，13家支行全部达到一类行，分行也达到一类行标准；品牌形象不断提升，辖属各支行全部为省或市级文明单位，市分行保持省级文明单位、市级文明行业，被评为宁波"2008最具竞争力银行"。

公司业务　重点加快公司业务经营转型，加大产品推广力度，优化行业信贷结构，积极贯彻落实国务院扩大内需十项措施，对市级重点项目营销进行重点部署，大力拓展对公"三农"业务，重点支持农业龙头企业、农村城镇化建设、农村商品流通体系建设、农村基础设施建设、县域中小企业，全行公司业务运行平稳，客户结构进一步合理。通过加大分行本级直营力度，对公司、机构、房地产等前台部门确定直营客户，实行模拟利润考核，重点加强对城区和港口区块业务的拓展。年末全行法人类优良客户贷款占比达到84.15%，比上年末提高7.89个百分点；AAA级客户贷款占比达到37.07%，比年初提高17个百分点。

个人业务　全行人民币储蓄存款余额为417.24亿元，比年初增长87.78亿元，同比多增78.72亿元，个人储蓄存款余额占全部存款余额的59.41%，增量占全行存款增量的110%，存量和增量市场份额均位列四大国有银行之首。加强低经济资本占用的个人贷款业务，全年个人贷款增加18亿元，年末个人贷款占比达15.77%。重点加强对个人高端客户的营销服务，加快财富专家支持系统（CFE）和个人客户关系管理系统（PCRM）的推广应用，加强零售目标客户的识别、营销和维护，年末全行个人客户中，三星级（含）以上客户达到19943户，比年初增加5511户。

中间业务　优化业务结构，通过在绩效考核中加大结构优化类指标的权重，实行产品计价考核等手段，全行中间业务收入实现较快增长。全年实现中间业务净收入4.05亿元，同比增长29%，公司类中间业务如投资银行业务和银行承兑汇票承诺业务取得较大进展，特别是投行类业务收入实现跨跃式增长。银行卡发卡量、业务收入等主要指标继续领先同业。国际结算大量回归，全年完成结算84.04亿美元，同比增长33%，大大高于全市外贸增幅，市场排位从两年前的第7位上升到第4位。

网点转型　一是重点推进骨干网点的硬件改造。从抓好网点标准化建设入手，通过分离高低柜、增加自助设备，实现功能分区、客户分流、服务分层，推动网点功能由交易结算型向营销服务型转变。全年完成63个重点骨干网点的改造转型工作，占网点总数的31%。二是加强网点人员配备和流程优化。对转型网点配备大堂经理和引导员，重点做好业务营销和引导分流工作，并对业务流程进行优化改造，提高网点营销服务效率。三是加大自助机具投放力度，大力拓展电子交易渠道。全年新增现金类自助设备144台，自助服务终端184台；新增个人网银客户6万户，企业网银客户

2000 户，电话转账宝客户 1000 余户。电子渠道交易占比达到 43%，比年初提高 14 个百分点，大量业务分流到电子交易渠道，柜面服务响应时间和服务质量明显提高，网点的营销服务功能大大增强。四是推出系统内和宁波市首家私人银行，成为全行个人高端客户的营销服务平台。

精细化管理 2008 年，根据新的绩效考评体系采用平衡计分卡手段，调整考评指标，确保指标体系自上而下有效对接。对辖属各支行，构建以价值创造为核心的绩效考评体系，并采用产品计价考核，使计价考核成为各类重点发展业务的助推器。出台全员考核激励办法，指导支行将员工划分为管理保障、客户经理、柜员三大类分别进行考核评价。同时，强化对分、支行本级职能部门的考核，分解任务，明确定量、定性目标，使整个业绩考评体系实现从机构、部门到员工的全面覆盖。导入先进管理手段。实施全额资金管理。深化运用经济资本管理手段，把经济资本回报水平作为贷款定价的重要参数。在费用管理上，实行“集中分配、分级控制、预算管理”的零基数分配。在薪酬管理上，在确定员工保底工资的基础上，将平衡计分卡考核结果与全行当年可分配效益工资总额挂钩，支行领导班子考核结果与支行领导班子考核挂钩。

内控合规 一是合规管理的基础进一步夯实。各级合规经理、合规员队伍进一步得到加强；开发应用合规积分管理系统，提高合规管理的效率；对各类检查进行统筹安排，出台整改工作实施细则，有效提高检查发现问题的整改率和整改质量；编发《2006、2007 年内控合规检查违规案例汇编》，有效减少违规事件的重复发生。二是重点领域的合规管理得到加强。信贷管理部风险经理强化对各支行信贷风险的监控；会计结算部“飞检队”重点检查金库安全，并开展顶岗代班式检查。三是内控评价结果进步明显。扎实开展争创内控一类行活动，辖属各支行年度内控评价全部达到一类行标准，分行内控评价也明显进步，圆满完成争创一类行的目标任务。四是风险管控措施有力。面对经济危机带来的信贷风险暴露的压力，对信贷客户分层次实施风险排查，确保存量客户风险得到及时识别，潜在风险贷款得到及时退出。分、支行两级信贷审查部门和贷审会严格把关，成功规避多起在宁波乃至全国产生较大影响的大额信贷风险事件，初步经受考验。对全面风险管理体系进行探索，在分行层面初步形成对信用风险、操作风险、市场风险集中报告、全面反映的风险管理体系。五是各类案件得到遏制，全行没有出现大的违规事件，初步构筑安全经营的机制。

队伍建设 一是以提高高管人员的履职能力为重点，切实加强党建工作，全行党员领导干部的承接力、传导力和破题能力有所提升，执行力有所增强。二是通过加大对核心员工的激励，人才价值观得到显现，骨干力量得到稳定，员工个人潜能得到进一步发挥。三是加强后备干部的培养和规范管理，全年提拔年轻有学历的干部 36 人，干部队伍结构得到优化。四是切实加强全员培训，组织开展形式多样的业务知识和技能培训，如二级支行行长培训班，个人理财师和注册金融分析师培训班等，还组建会计业务讲师团，开展“菜单式”巡回培训，受训 3000 多人次。

中国银行股份有限公司宁波市分行

中国银行股份有限公司宁波市分行行长　韩立光

2008年在复杂多变的内外部经济形势下，中国银行宁波市分行坚持科学发展观，以建设当地一流品牌银行为目标，积极应对宏观调控政策调整及外部经营环境变化，转变经营理念，加快改革创新，着力推进队伍建设和品牌建设，培育卓越和谐的企业文化，不断提升核心竞争力，全行各项业务健康、积极发展。

综合经营情况　负债业务较快增长。2008年末全行人民币各项存款余额487.04亿元，比年初新增84.53亿元。外汇各项存款余额6.80亿美元，比年初新增0.91亿美元。资产业务稳健发展。2008年末全行人民币各项贷款余额428.05亿元，比年初新增60.00亿元。外汇各项贷款余额8.74亿美元，比年初减少3.30亿美元。全行本外币不良贷款余额4.24亿元，比年初增加0.30亿元，综合不良率为0.87%，比年初上升0.01个百分点。中间业务快速发展。2008年全行中间业务净收入同比增长53.82%。中间业务收入占营业净收入25.92%，同比上升5.15个百分点。盈利水平持续提高。2008年全行本外币净利润15.96亿元，同比增长68.18%；总资产回报率（ROA）为2.95%；成本收入比为20.10%；风险调整后平均资本回报率（RAROC）为50.34%；实现经济价值增加值（EVA）为12.15亿元。

业务拓展　抓时机、强激励、求互动，全面推进负债业务，壮大资金实力。针对年初储蓄存款前所未有的激烈竞争，专门加大条线管理考核和奖励力度，利用良好的激励手段广泛动员、群策群力，开展阶段性竞赛和支行之间互相的“比、学、赶、帮”等活动；加强存款形势分析，加强阶段性业务指导，增强前中后台联动、上下联动及海内外联动。注重源头性、系统性存款营销，利用产品带动公司存款增长，全行资金实力进一步壮大，继续保持人民币企业存款市场份额稳步上升，外币存款新增额在当地金融机构名列第一。调整结构，化解风险，保持信贷适度、有效增长。以发展为第一要务，优化信贷资源配置，拓宽赢利渠道，重点支持全国级项目和企业，对有较大市场前景、有利于节约资源、保护环境、产业结构优化升级以及对全行今后的战略发展有重要意义的产业和行业加大有效投放力度。发挥海外行合作优势，创新产品手段，扩大贸易融资渠道，融资成本降低，业务空间得到拓展。与此同时，积极应对宏观环境的变化，加强对授信客户行业、结构的全面排查和分析，进一步加快授信业务在客户结构、产品结构和货币结构等方面的调整。通过采取现金清收、处置抵押物、资产债务承接等组合式保全清收措施，继续加大对不良贷款化解力度，降低不良资产对授信资源的占用。保传统优势、强产品创新、重激励措施，推动中间业务继续运行在快车道。充分认识中间业务对于转变增长方式和改善收入结构重要意义，在人、财、物等多方面最大限度地满足资源配置，想方设法巩固传统国际结算市场优势；积极利用奥运元素，分、支行阶段性地开展持续的特许商品销售和“奥运冠军现场鉴售奥运金银”活动；开展远期结售汇业务竞赛活动，抓好个人外汇保证金、黄金宝业务等重点推动产品，开辟中间业务收入新来源。同时导入并强化创新理念，积极推广保付达、汇利达、融信达、融易达等新产品，挖潜传统资金产品和推出时机产品，大力推广本、外币债务保值、组合式售汇、超远期结售汇等产品，实现收益的跨越式增长。着力发展银行卡、网银业务、代理中银保险、理财产品销售等，做大中间业务份额。强化中间业务分析通报和考核、奖励力度，实现中间业务目标争先进位。

风险管理与内部控制 坚持“强两头、快中间”的风险管理，保持资产质量稳定。坚持合规经营，有效管理风险，保持资产质量稳定。紧紧围绕“强两头、快中间”的工作主题，积极应对复杂多变的金融经济形势，加强主动风险管理，完善资产质量监控体系，提高风险管理前瞻性、预见性和系统性。不断完善“三位一体”流程，制订并实施《宁波市分行授信客户约见办法》，开展大额授信约见；设立四个尽责审查小组并按行业投向进行分工，对重点授信项目实现提前介入，并继续实行“绿色通道”，加快授信业务响应速度。加强贷后管理，开展授信后评价，完善风险控制措施。完善内控机制建设，健全内控和防案建设体系。推广实施基层经营性机构自查流程。修订内控合规员管理办法。完善“检查发现问题项目库”的信息查询、分析功能，归集分析重点环节和风险倾向以及高风险问题，及时向全辖进行风险提示，跟踪整改情况。开展基层机构负责人合规经营履职评价。实施内控联合检查和网点“空降兵”式突击驻点检查。加强党风廉政建设，切实防范各类案件。突出防案工作重点，加大案件防查力度。稳步推进社会化守押及后评价工作。调整安保、维稳工作领导小组成员，制定并开展各类应急预案演练。完善监控联网管理，强化技防设施建设。周密部署奥运信息安全保障工作，认真做好奥运期间网点安全隐患排查，落实每日报平安制度，确保全行奥运期间正常安全运营。

改革创新与流程整合 健全制度建设，加快流程整合。对不适应当前发展形势、业务操作流程的制度和办法，进行及时梳理、调整和修订。在流程设计上坚持以客户为中心，整合流程，集中资源配置，提高对外响应速度。开展“整合流程、优化配置、充实一线”主题活动。加强渠道建设，推进网点转型进程。成立网点建设办公室，梳理网点装修流程，抽调相关部门人员成立网点装修工作小组，缩短项目申报流程时间，提高网点改造效率。继续推进网点标准建设，加强网点调研，优化网点布局，向重点区域倾斜，提高网点在市区重点商务区和主要住宅区，以及县级支行重点乡镇、工业区的覆盖率。细分网点改造计划，明确今明两年网点改造进程。狠抓新一轮网点转型标杆网点的建设和推广；完善个人网银等渠道功能，拓宽服务渠道，加强柜台简单业务迁移力度；加强对大堂经理队伍建设。

队伍建设与人才培养 注重人才培养，实施人才战略。继续加强年轻优秀员工的培养，及时将一批年纪轻、学历高、德才兼备人才吸纳到青年英才组织和战略规划小组，发挥其智慧和潜能，并注重从中提拔一批具有较强实际工作能力的人才充实到基层班子队伍，营造“不拘一格”的用人氛围，使青年优秀人才不断得到锻炼和重用，保持干部队伍的梯度成长。重视专业人才培养，注重对投行、战略规划人才培养，继续加大客户经理、理财经理队伍建设，夯实专业骨干队伍。加强教育培训，对支行行长（总经理）级别管理者乃至一线员工，开展不同层级、不同内容的培训课程，举办全员拓展训练，整个队伍素质和凝聚力得到进一步提升和增强。

企业文化建设 在全行积极倡导具有宁波分行特色的“解放思想、积极进取、主动出击、善于拼搏、勇立潮头”独特精神，并以之引领全体干部员工的工作理念。积极发挥党工团等组织作用，通过开展省级文明单位创建工作、举办行庆三十周年文艺汇演、广泛开展技术比武、创刊行刊《众人》杂志、以及爬山、健身、龙舟赛等丰富多彩的文体活动，积极搭建文化交流平台，增进交流，增强员工的向心力、成就感，特别是进一步增强善于创新、善于破解难题、勇于拼搏市场的精神。加强中行品牌宣传，扩大品牌文化影响力。借北京奥运契机，加大在各媒体的品牌宣传和产品宣传，举办中银论坛、投放奥运倒计时牌、组织奥运火炬接力、组织金融服务进社区活动；强化员工奥运金融服务能力，完善客户投诉处理机制，提高奥运期间文明优质服务水平。通过良好的品牌宣传，中行宁波市分行的知名度和美誉度得到有效提升。

中国建设银行股份有限公司宁波市分行

中国建设银行股份有限公司
宁波市分行行长　刘丽华

综合经营业绩　2008年，建行宁波市分行综合经营计划总体执行情况良好，实现拨备前利润22.6亿元，完成年度计划109%；税前利润17.4亿元，完成年度计划101%；不良贷款余额5.4亿元，不良贷款率0.8%，资产质量继续保持系统领先地位水平；不良资产处置成效显著，完成计划157%。2008年末，全口径存款余额713亿元，比年初新增133亿元，完成年度计划191%。新增存款市场占比33%，占比排名列同业之首位。各项贷款余额673亿元，比年初新增91.2亿元；个人住房贷款业务实现逆势增长，余额首超过一百亿元，个人住房贷款余额、新增额占比均位居同业市场第一之首。实现中间业务收入6.65亿元，比年初新增3.2亿元。中间业务收入同比增速达93%，跃居系统第3位；同比新增额排名系统11位，前移19个位次。中间业务收入占主营业务收入比重达18.9%，同比提高6.92个百分点。

业务概况　连续组织开展以“抢市场、争份额、比贡献”为主题的“百日业务竞赛”、“金秋业务竞赛”和“旺季营销”三大活动，形成全行加快发展的强大推动力，带动主要业务大幅增长。实践“存款立行”原则，突出资源配置导向，加大市场营销力度，全力以赴抓好负债业务增长。在经营环境急剧变化、小企业业务面临着经济波动风险和操作风险陡增大的形势下，把小企业业务作为战略性业务推进，在有效控制风险的前提下，优先选择专业化程度高、创新能力强、资产负债率低、有较强发展后劲强的成长型企业，重点发展供应链融资和动产质押贷款业务等创新产品，努力解决在担保等方面存在的“瓶颈”问题，促进小企业贷款发展。2008年小企业贷款同比增长35%，高于其他贷款增长速度；建行宁波市分行被宁波银监局评为宁波市小企业贷款工作先进集体。中央出台4万亿拉动内需的政策后，分行迅速反应，将抓重点项目营销作为重中之重的工作。尤其是宁波市政府出台三年投入800亿元拉动3000亿元社会投资的十二条政策后，立即着手与政府部门进行对接，分别与宁波市政府、鄞州区政府、江北区政府、慈溪市政府、余姚市政府、奉化市政府、宁海县政府、象山县政府签订银政合作协议。同时，根据总行政策导向，适当简化优质项目审批材料审批与受理程序，建立贷款审批快速通道，提高信贷审批效率，切实加快重点项目贷款投放。2008年末，已有储备项目124个，贷款总需求273亿元。其中，已审批项目37个，批复贷款总额88.5亿元，已实现贷款投放36.2亿元。

深入学习实践科学发展观活动　全年围绕科学发展，共组织了12次中心组学习，并进行全行动员，组织专门工作班子，制定实施方案，设立学习实践科学发展观活动网页，加强宣传发动。与清华大学联合举办三期“蓝色论坛”系列讲座，邀请省政府专家作辅导报告，进一步提升全行员工的形势把握能力和经营管理水平；梳理出5个制约分行科学发展的“瓶颈”课题，由行领导带队深入基层开展调查研究；及时召开分支行领导班子民主生活会，认真查找分行领导个人和班了在贯彻落实科学发展观方面存在的突出问题，深刻剖析原因，提出针对性整改措施；自觉履行社会责任，积极组织向冰雪灾害地区和四川地震灾区捐款，总额达90多万元，其中“特殊党费”54.3万元；累计向结对帮扶的宁海贫困村提供赞助资金30多万元。

文明创建成果不断巩固扩大，连续多年保持“省级文明单位”和“省级文明行业”称号，分行营业部被评为“全国级文明示范窗口”。

服务质量年活动 启动为期三年的“服务质量年”活动，2008年是“服务质量建设年”，重点是“转变作风、提升素质、改进服务”，包括学习动员、查摆问题、整改提高、总结评估四个阶段活动。采取对标先进同业找差距、对照客户期望找欠缺、对比职责任务找不足等方法，深入查找问题，共查摆出各类问题和合理化建议247条，对基层反映的报表清理等10个突出问题进行逐一梳理；组织“百名员工下大堂”体验活动等。

基础管理 一是加快“抓户工程”建设，扩大基础客户群体。开展对公账户营销竞赛，加强基本结算账户和“百强企业”拓展。强化外汇业务客户营销，加强分支行联动和信贷资源倾斜配置。强化个人客户营销，通过公私联动和团队营销，充分利用理财师团队的专业资源，组织开展“建行客户理财日”活动，持续提高高端客户的满意度和忠诚度。二是启动“平安建行工程”，确保安全稳健运行。积极实施信贷结构调整。严格执行国家产业政策和总行信贷调整政策，通过信贷政策、行业限额管理及信贷结构调整等工具运用，实施有保有压的信贷结构调整，及时退出“双高、产能过剩”行业，全年退出公司类贷款近10亿元。2008年末，全行A级以上对公非贴现贷款余额占比达到90%以上，同比提升高4.4个百分点。建立风险事项日报制度，实行信贷经营和风险管理“双线报告”；夯实风险管理基础，全面增强抗风险能力。设立分行集中的评估评价中心，持续继续加大监测预警和贷后管理力度。成立行业性风险应对领导小组，加强区域产业与风险研究。做好审批指引工作，统一全行风险偏好。深入开展案件防控，全力确保安全运营。制定实施操作风险管理工作方案，开展操作风险与内控自评工作，建立健全内控管理机制，制定实施《案件防控与合规风险管理考核办法》；恢复会计基础工作等级化管理，建立网点违规处理情况督办制度，加强基层网点内控等级管理，形成内控管理的长效机制。三是加快“改革创新工程”建设，塑造新的增长点。加快城区扁平化管理改革，对3个单点型支行进行整合，24个网点提升管理层级，实施由支行管理改为分行城区网点直管模式。加强专营化经营模式创新。在推进小企业经营中心、个贷中心及理财中心建设基础上，设立分行年金中心，升格机构业务部，重构造价咨询业务经营管理体系。组建多个专业营销与直销团队，启动4个对公网点的转型试点工作。加强产品创新机制建设。成立分行产品创新委员会，出台产品创新管理办法，重点推广“银关通”、“出口一证通”等新产品和新服务，着力突破企业年金等业务，在宁波市率先推出龙卡市民卡，有效扩大分行的市场影响力。加强考核激励方式创新。强调市场竞争力导向，通过加大市场位次系数调整力度，将资源重点向战略性业务倾斜，有效推动重点业务赶超。四是加快“人才培育工程”建设，增强提高人力资源保障能力。启动人才战略骨干工程。在全行开展领导岗位和高级专业技术岗位后备队伍推荐，对有关领导人员进行岗位轮换，举行支行行级领导人员公开竞聘。开展全辖专业技术岗位职务评聘，形成制度化、规范化的人才晋升机制。开展全行性大规模培训。举办二期特许财富管理师培训，63名员工参加并获得CWM证书，54位员工获得AFP证书，2位员工获得CFP资格，使全行具有理财师资格员工达到170人，实现每个网点至少配备一名理财经理的目标。同时加强客户经理国际业务、贷后管理等综合培训。五是加快“服务质量工程”建设，打造“客户首选银行”。优化客户和支行问题解决机制，实施主办部门主办人员负责制和支行客户首问负责制。建立综合金融解决方案提供机制，完善对公大客户直销团队，加快财富管理中心等专业机构建设。优化结算、信贷业务及产品创新流程，开展业务流程优化及标准化建设培训。2008年，宁波市分行在总行转型网点柜面服务质量检查中跃居第三名，在“2008宁波金融品牌榜”评选中，分行荣获“市民最满意银行”、“最具竞争力银行”两项大奖。

交通银行股份有限公司宁波分行

交通银行股份有限公司宁波分行行长　熊克宁

经营业绩　2008年，全行实现本外币税前账面利润7.39亿元，比上年增加0.81亿元，增幅12.3%；资产收益率2.69%。存贷款规模稳步增长。2008年末，本外币各项存款余额283亿元，比年初增加41.65亿元，增长17.26%；本外币各项贷款余额227.19亿元，比年初增加31.98亿元，增长16.38%。实现中间业务收入15073.13万元，比上年增加2878.93万元，增长23.61%。全年实现国际结算业务额49.49亿美元，同比增长26.77%；贸易融资发生额21141万美元；对公外汇理财业务量100万美元；外汇存款余额达到10922万美元，比年初增加1390万美元，增长14.58%。年末，本外币不良贷款余额31797万元，不良贷款率为1.4%。

业务发展　2008年，分行突出重点，紧紧抓住业务发展主线，各项业务实现新的发展。分行把握北京奥运和交行百年华诞的有利契机，组织开展公司、个金、国际、电银和零售条线的各种主题营销宣传活动，不断加大营销宣传的力度和深度，宣传交行，营销产品，有效地推动各项业务的稳健发展。以客户为中心、以市场为导向，完善分级营销体制，公司业务主要指标完成情况良好。坚持基础工作和重点业务推进并举，个金业务的主干业务有所进步，贷记卡、个人保险业务收入等提前超额完成年度指标。以外向型经济为依托，做大做强国际业务，国际业务总体保持平稳快速发展。新设零售信贷管理部，理顺零售信贷业务和小企业信贷业务的管理职能，明确发展方向。加大中间业务拓展力度，增强市场竞争能力，切实提高非利息收入贡献度。电子银行业务稳步发展，电子银行客户数、交易量均迈上一个新台阶。

结构优化　2008年，分行把握节奏，优化投向，信贷结构得到明显改善。分行认真贯彻落实国家宏观调控政策，严格执行产业政策，积极推进信贷结构调整。大力发展中小企业信贷业务，加大对节能环保企业、自主创新企业的信贷支持力度，提高对市政重点建设项目的参与度，积极推进“绿色信贷”工程，有效优化客户结构，提高资产质量，增强客户忠诚度。围绕转型目标，优化资产结构，适当提高中长期贷款占比，压缩存放同业等低收益水平的资产运用。

风险管理　分行关注重点环节，加强风险管理，确保经营安全。牢固树立风险意识，多管齐下提高风险管理和内控水平。继续运用三层风险过滤模式，严格执行风险监察名单制度，坚持月度贷款的风险预报和逾期贷款报告跟踪制度；认真组织开展多条线、全方位的信贷资产风险排查、各项专题检查及分行行领导分组对重点行业的调研排查；积极整改上级行和宁波银监局检查发现的问题，认真制订整改落实计划；多管齐下，加大不良资产的处置力度；加强合规建设；全面落实治安保卫责任制，进一步加强防范设施建设。

服务质量　分行狠抓服务、优化注重品牌，企业形象得到进一步提升美化。增强服务意识、提高服务能力，升级服务“软件”。分行在年初启动高规格、高定位的服务质量管理工程建设，成立分行服务办，制定实施方案、管理办法和考核办法，与年度经营绩效考核得分和员工履职津贴发放挂钩。加快渠道建设、拓宽服务功能，改善服务“硬件”。加大人工网点建设和改造力度、加快推进自助银行建设。抓住开展百年行庆活动的契机，加大宣传投入，推动品牌形象优化。

上海浦东发展银行股份有限公司宁波分行

上海浦东发展银行股份有限公司
宁波分行行长　楼戈飞

经营业绩　全行业务快速发展，经营效益状况良好。全年实现账面利润10.40亿元，同比增长11.35%。表内资产总额467.18亿元，比年初增加110.29亿元，增长30.90%。本外币存款规模持续扩大。2008年末，本外币一般性存款376.56亿元，比年初增加44.69亿元，增长13.47%。贷款业务稳步增加，各项贷款余额302.51亿元，比年初增加25.55亿元，增长9.23%。国际结算量稳步上升。全年国际结算量80.65亿美元，增长16.3%。资产质量继续保持良好状况。按照贷款五级分类标准，本外币后三类不良贷款余额合计1.07亿元，不良率0.35%。

加大信贷有效投入　2008年，浦发银行宁波分行认真贯彻落实宏观政策，增强对扩大内需、支持区域经济平稳较快发展的责任意识。积极向浦发银行总行争取更多更大的信贷资源，支持民生工程、重点工程、基础设施和新农村建设等。把握市场机会，做到区别对待、有保有压，使有限的信贷资源向国家政策鼓励发展的行业、区域重点行业和业务领域倾斜。继续鼓励发展个人生产经营性贷款、个人住房贷款和消费贷款，提振内需、改善民生。根据外向型经济发展特点，大力发展贸易融资业务，推动应收账款质押贷款业务，尝试船舶抵押融资业务、海域使用权抵押贷款业务等新业务品种。进一步完善中小企业金融业务发展的机制建设，深化风险管理条线组织架构体制改革，进一步推进中小企业金融业务发展；针对不同类型、不同阶段的中小企业的资金需求，设计中短期贷款搭配、贸易融资与短期贷款衔接、贷款与票据结合等多种业务品种。

支持“三农”发展　浦发银行宁波分行一直积极探索扩大信贷支农的切入点，积极贯彻《关于银行业金融机构大力发展农村小额贷款业务的指导意见》，确定发展农村信贷业务的营销策略，满足“三农”融资需求；加大对农民专业合作组织的信贷支持；对于现金流、贸易流可控的出口加工型农村小企业，通过票据、押汇、国际保理等多种信贷手段解决其融资困难。

公益事业　建立“浦发银行慈善基金”，自2005起每年捐款20万元；2008年已持续第4年向宁波市慈善总会捐款10万元；向对口扶贫单位——余姚市鹿亭乡白鹿村捐款10万元。浦发银行宁波分行参加海曙江厦街道社区举办的慈善超市，捐款10000元。捐助民工子女上学，再次对宁波市鄞州区仇毕民工子弟学校的20名学生捐款1万元。在四川赈灾捐款活动中，浦发银行宁波分行员工慷慨捐助，捐款总计81.90万元，其中“特殊党费”103875.32元；为支援四川地震灾区，宁海支行取消开业庆典活动和答谢酒会，将庆典费用10万元通过宁海慈善总会捐赠灾区。积极参加浦发银行总行网上捐款，2008年捐款达到62万元。继续做好对贵州贫困结对学子的助学活动；对贵州省雷山县对口扶贫捐款1万元。

兴业银行股份有限公司宁波分行

兴业银行股份有限公司宁波分行行长　程　晶

经营业绩　2008年末，兴业银行宁波分行资产总额325.34亿元，比年初增加150.49亿元，增长86.07%；本外币存款余额153亿元，比年初增加9.27亿元，增长6.45%，其中人民币各项存款余额152.27亿元，比年初增加9.4亿元，增长6.58%；本外币贷款余额162.85亿元，比年初增加20.68亿元，增长14.55%。税前账面利润33187万元，增长9.17%。按照五级分类法，期末不良贷款余额74414.71万元，比年初增加22777.72万元，不良贷款率4.57%，比年初上升0.62个百分点。

经营策略　2008年，面对国际金融市场动荡加剧、国内经济运行不确定因素增加、经济下行风险加大的严峻形势，兴业银行宁波分行加强研究，主动调整经营发展和资源配置策略，积极采取措施严控风险，确保全行经营质量、效益和安全不受到大的负面影响和冲击，实现在本次全球金融动荡下的平稳过渡。在经营策略上，把加大核心负债拓展力度、防范流动性风险作为工作重点，集中各项资源，拟定多项举措，努力拓宽资金来源渠道。面对全球金融危机，迅速调整工作重点，把严防各类风险、确保资产安全、化解不良资产作为突出任务，努力缓解和控制信贷资产质量的下滑趋势。

对公业务　在公司业务上，加大对公核心负债及核心客户的拓展力度，先后开展“正视困难，鼓足士气，以崭新的面貌向行庆献礼”、“喜迎奥运公司业务存款竞赛活动”和“拓展明星评选”等一系列活动，建立首席经理制、营销费用预支制度；建立与大型客户及重点客户的经常性互动联络制度，了解企业需求，推介特色产品，提供一户一策的个性化营销方案，扩大合作深度和广度；践行宁波市委“干部进企业，服务促发展”的活动要求，筛选并走访优质目标客户，储备一批优质客户群体；在中小企业经营不确定因素增多的情况下，把防风险、调结构做为工作重点，在客户选择、区域投向、准入标准、授信管理上从严把关，促进中小企业业务健康发展；有效整合资源，积极推动团队营销和交叉营销；进一步做好机构理财、能效贷款等产品落地组合推广工作，成功“试水”财务顾问业务，提升对优质客户的服务水平，推进业务转型。

零售业务　在零售业务上，始终遵循“合规经营、稳健经营，不断提高综合竞争力”这条主线，坚持质量与数量并重、专业发展和交叉营销并抓，以增值产品为突破，以优质服务为手段，全力开展负债业务营销，大力开展储蓄存款个人竞赛活动，发动全行员工进社区、到企业广揽储蓄存款，同时对代发工资、“一卡通”、理财产品、“一表双卡”业务进行交叉销售，带动分行储蓄存款的增长；连续推出“新股连连打”人民币理财产品和“信贷资产转让”人民币特别理财产品，带动理财产品、基金代理、第三方存管等各项业务的良性发展；适时调整零售信贷投向，优化个人贷款结构，重点鼓励和发展优质一手房按揭贷款业务，适度调整二手房按揭贷款业务的准入标准，审慎介入个人经营贷款和个人消费类贷款，促进个贷业务的健康发展；以有效卡为目标，改善用卡环境，银行卡业务加速发展。2008年末，本外币储蓄存款余额达到16.25亿元，较年初增加2.97亿元，累计销售本外币理财产品10.84亿元，营销基金29034万元，新拓展个人第三方存管客户9588户，个人黄金买卖累计个人开户1670户，交易量累计6276万元；个人贷款余额25.71亿元，其中个人按揭贷款余额25.13亿元，占比达到97.74%，个人贷款不良率仅为0.13%；累计发行兴业信用卡79027张，位列系统前茅。

同业业务　在同业业务上，继续积极开展同业业务合作，银银、银证、银信业务合作力度、广度、深度不断扩大。为宁波银行银银直联业务新增合作券商，开通海通证券和光大证券第三方存管联网，与宁波所有法人证券公司营业部开通第三方存管业务合作，自主发行五期信贷资产转让信托理财产品3.06亿元，通过兴业银行总行系统发行信贷资产转让类信托理财品0.8亿元；推出新股连连打信托理财计划，托管宁波银行新股支支打信托理财计划、金港盈谷集合证券投资资金信托计划、金港甬江一号、甬江二号和甬江三号集合证券投资信托等，实现一定的托管收入。在国际业务上，在推动精细化管理、不断提高管理水平的基础上，积极开发新的业务品种，提升市场竞争力，但受全球金融危机、国内经济下行等内外部经营环境的制约，外汇业务量有所萎缩。在财富管理业务上，努力搭建财富管理业务发展平台，创推新型财富产品业务品种，锁定重点目标客户集中攻关，取得良好效果。

内部控制　2008年，在全球金融市场波动和国家宏观经济调控叠加影响下，实体经济运营环境发生的深刻变化对经营造成严重冲击。通过建立健全贷后独立检查制度，扩大贷后检查覆盖面和频率，全力组织实施信贷风险排查工作。同时，进一步强化信贷基础管理，提高风险管理能力，完善内控合规体系建设，提升内控水平。此外，在信用审查上，在严防操作风险的前提下提高审查放款效率，着力巩固信贷资产质量。适时调整工作重心，将资产保全、清收化解不良贷款作为首要工作，成立不良贷款清收领导小组，不定期召开不良贷款专题会议，加强不良贷款诉讼进展情况的跟踪管理，努力控制和化解不良贷款风险。

精细化管理　积极发挥财务杠杆作用，强化资金核算管理。在政策导向上积极调整思路，补充完善考核评价体系，在费用资源使用上有所侧重，努力促进业务均衡发展；加快科技创新，保障系统安全运行。响应开发需求，积极开展技术创新，确保奥运期间科技信息运行，加快网上银行业务市场拓展步伐；以切实有效防范各类操作风险为重点，以“抓内控、优服务、防风险、重实效”为主基调，成功搭建后台作业处理中心，实现业务运行无案件事故，系统投产运行顺利，结算渠道进一步畅通，会计基础管理工作再上台阶；安全保卫工作深入推进，建立分行义务消防员、安全员制度，实现全行安全运行；机构筹建改造工作顺利进行，分行本部、江东支行喜迁新址，百丈支行顺利开业、余姚支行筹建工作稳步推进。

队伍建设　一是抓好“党建工作”不放松。分行党委坚持中心组理论学习制度，坚持民主集中制，加强领导班子作风建设和廉政建设，坚持“党建与工作”两手抓，积极推进全行各项业务健康发展。二是不断加强员工队伍建设。通过择优甄选专业人才、实行外部引进和内部培养结合，加强管理干部队伍建设，优化员工素质。三是携手奥运，提升服务内涵，分行营业部继续荣获“2008年度中国银行业文明示范单位”称号，并涌现多项先进集体和先进个人。四是不断深化企业文化建设，员工集体荣誉感和凝聚力得到进一步增强。

中国光大银行股份有限公司宁波分行

中国光大银行股份有限公司宁波分行行长　杨　明

2008年，光大银行宁波分行积极响应党中央、国务院和宁波市委市政府一系列关于扩大内需、促进经济增长的政策措施，加大信贷投放力度，提升信贷服务，与当地政府、企业和人们共同应对金融危机。同时，坚持科学发展理念，狠抓经营管理，实现又好又快发展。分行工会评为“全国金融模范职工之家”，镇海支行被评为“全国青年文明号”，北仑支行获得中国银行业协会“中国银行业文明规范服务示范单位”荣誉称号和宁波市商贸金融旅游行业“工人先锋号班组”荣誉称号。2008年末，分行总资产达333.4亿元，比年初增加59.4亿元；一般存款余额171.3亿元，比年初增加22亿元；贷款余额193.8亿元，比年初增加35.8亿元；实现中间业务净收入1.1亿元，同比增长63.4%；中间业务净收入占营业收入比例达到13.3%；不良贷款率0.6%；加大拨备提取力度，拨备覆盖率达到349.9%；账面利润2.7亿元。

贷款投放　从满足合理资金需求出发，以贸易融资、供应链融资、中小企业融资等业务品牌为手段，积极支持符合国家产业政策的产业，支持政府重大工程项目和中小企业的发展。全年政府重点项目贷款累计投放32亿元，重点投向市政工程、新城建设、绕城高速等重点基础设施25.9亿元。累计投向中小企业贷款206.2亿元，比年初新增22亿元；贸易融资贷款余额14.3亿元，较年初增加8.3亿元，增长率为137%。在积极向总行争取信贷规模的同时，还积极通过银团贷款、银关保、贴现等业务，融通资金约40亿元，重点投向民生工程和进出口贸易行业和企业，有力地支持宁波地方经济发展。

消费贷款　加大对房屋按揭信贷力度，积极支持发展个人综合消费信贷，创新服务手段加快发展小企业主贷款和工程机械贷款业务发展。2008年末，个人贷款余额42.9亿元，比年初增加18.1亿元。其中，贷款房屋按揭贷款余额23.9亿元，较年初新增8.9亿元；小企业主贷款余额5亿元，较年初新增1.8亿元；工程机械贷款累计投放4亿元，较年初新增1.2亿元；发放其他个人消费贷款10亿元，较年初新增6.2亿元。

品牌形象　理财业务在国际金融危机和资本市场低迷冲击影响较大的情况背景下，及时调整营销战略，强化合规管理，做好应急处理，维护品牌形象。全年销售各类理财产品总额50.9亿元，比去年同期增长138%；理财资产总量达到23.4亿元，理财资产总额排位列宁波同业第一。在第三届宁波市金融展上荣膺“2008最佳理财银行”和“最受欢迎的银行理财产品”大奖。

创新服务　通过建立信用卡业务直销中心，加快发展电子银行业务，加强同业合作，为宁波各行业和广大市民提供全新的金融服务。大力开发特惠商户，积极拓展分期POS，策划刷卡促销活动，发卡量、交易量大增，全年累计发行各类信用卡113479张，比年初增加66366张。电子银行业务发展迅速，2008年末，网银开户2.1万户，比年初增加9079户；电子银行总交易笔数和交易金额分别达到77.3万笔和366.2亿元。同业业务进一步挖掘银证、银保合作潜力，通过举办与光大证券举办的银企合作联席会议，第三方存管业务拓宽第三方存管业务的发展空间。

风险防范　建立应对风险的快速反应机制，通过有保有压、区别对待，退出有潜在风险的客户40户，涉及金额16亿元；完善风险管理组织架构，优化授信管理流程；加强操作风险管理，对分行75个产品进行操作风险控制的自我评估，对未来货权质押和小企业贷款进行自评，有效避免损失事件的发生；加强合规管理，通过行领导与各部、室、支行一把手签订合规责任书、合规预警、合规检查、合规通报等多种措施，及时揭示潜在违规风险和操作风险。

企业文化　完善绩效考核办法，强化部门内部管理，进一步体现绩效考核的激励、约束功效，充分调动全行员工的工作积极性和创业热情；推进干部选拔任用制度改革，引进干部公推机制，完善用人机制；通过网络与猎头公司推荐等方式招聘人才，拓宽人才引进渠道；加大员工培训力度，全年共举办各类培训25场次，参加人数超1000人；精心组织深入学习实践科学发展观活动，推动党员干部树立科学发展的思想观念，增强贯彻落实科学发展观的自觉性和坚定性；加大对员工福利的投入，丰富职工业余生活，通过举办趣味运动会，参加宁波市商贸金融旅游职工文化年等活动，有效促进团队和谐，构筑起有特色的企业文化。

社会责任　2008年，宁波分行集体和个人向四川汶川特大地震灾区捐款25.4万元；持续开展向贫困母亲献爱心和“母亲水窖”公益活动，向“母亲水窖”项目捐款8672元；向宁波市定点扶贫单位——湖南新化捐款2.1万元，向余姚丈亭中学结对助学捐款2.58万元，并赠送20台换装计算机，展示分行“担当责任、回报社会”的良好形象。

深圳发展银行股份有限公司宁波分行

深圳发展银行股份有限公司宁波分行行长 洪 卉

经营概况 2008年，深圳发展银行宁波分行按照总行制定的年度经营管理目标，内聚员工人气，外塑银行形象，各项业务稳步发展。2008年末，贷款余额为122.4亿元，比年初增加27.26亿元，增长25.65%；其中公司贷款余额为87.22亿元，比年初增加19.84亿元，增长29.44%；个人贷款余额为27.42亿元，比年初增加2.19亿元，增长8.68%；票据贴现余额为7.76亿元，比年初增加5.23亿元，增长206.72%。

业务发展 加强各类金融产品的营销投放。举办"池融资"等产品新闻发布会，推广贸易融资产品；利用总行"金卫士"短信群发通知等手段，扩大各类金融产品知名度。开展公司业务四项指标劳动竞赛，推动公司贸易融资产品、票据池业务。积极参加人民银行宁波市中心支行举办的中小企业融资洽谈会、宁波市重点工程融资洽谈会、宁波市第三届金融产品展示会。"天玑财富"理财被宁波市第三届金融产品展示会组委会评为"2008年最佳创新的银行理财产品"；北仑支行积极参加北仑区银行产品展示会，隆重向宁波市各类企业推介三方供应链业务，受到好评。开展VIP重要客户营销活动。先后以"红酒品鉴"、"高尔夫活动"、"生日祝福"、"宝马试乘试驾"等文体娱乐方式开展VIP客户营销工作；组织VIP客户的适龄子女参加总行在广西举行的"小精英高尔夫夏令营"活动，与现代金报合作开展读者理财课堂活动。

管理变革 2008年根据业务发展和经营管理的需要，在保持原有对应总行条线管理基础上，对内设机构进行梳理、重组，完善内部管理部门架构与职能，并对资产负债管理、信贷政策、产品市场策略相互关系进行量性结合的管理，使管理服务与业务发展需要相适应。加强内部机构的考核力度，提高服务效率和管理质量。总行下达的各项KPI和MBO指标分解到职能部门，从工作定量、工作效率、工作态度等KPI和MBO来检验内部机构及其工作人员的工作绩效，使考核反映业务发展方向，提高内部机构及其工作人员服务效率和管理质量。通过对资产负债余期匹配、利率敏感性敞口匹配、汇率敏感性敞口分析，对资产负债业务进行流动性风险、利率风险、汇率风险管理，提高各部门及各经营单位的负债风险意识，强化该行负债风险管理。加快网点建设步伐，拓展业务发展空间。在调查研究的基础上，将网点向经济发达的县、市延伸；将宁波市区一家支行迁至余姚，拓展业务发展空间；将原海曙支行改建为零售银行"旗舰店"，取得显著的品牌效应。

风险管理 按照"区别对待，择优扶植"的信贷原则，实行授信策略分类。2008年，对授信企业实行"区别对待，有保有压"，对授信企业进行授信策略分类，使有限的信贷资源投入到符合国家产业政策、经营效益良好、信贷风险可控的企业，进一步实现信贷结构优化，推进产业结构优化升级。开展授信区域风险评估，实行区别对待的区域信贷政策，2008年末对浙东部分城市和地区控制新增授信等措施，从整体上降低信贷风险度。加强信贷精细化管理，提高信贷合规意识。一是加强放款和授权管理，加强出账环节的审查，从源头防范信贷操作风险；二是加强授信合规检查，提高异常情况和风险预警信号报告的及时性，加强对客户风险动态监测，保证信贷资金安全；三是加强贷后管理，加强资金流向监控，将贷后管理与续做授信审查、审批有机结合。

金融创新 大力开发新业务，提高拓展金融市场水平。公司银行部与零售银行部联手自主开发、设计“宁波分行‘聚财宝’2008 年 1 号信贷资产转让人民币理财产品”，市场反响强烈，销售金额 1 亿元，取得中间业务收入 20 万元。积极推动投资银行业务。根据金融业务发展趋势，运用财务策划等金融服务策略，积极开展监管当局准入的资本、货币市场业务，大力推介短期融资券、中期票据、资产信托等金融业务，吸收、培养优质客户群体，满足企业正常生产经营的融资需求。

员工队伍建设 高度重视员工队伍建设，提高分行员工整体素质水平。吸收一批职业道德良好、业务能力强、具有市场开拓能力的各类人才，充实员工队伍，并建立一支公司产品经理团队；对各类员工进行岗位技能、市场营销、专业知识、综合分析等方面培训，提高员工业务知识水平；改革员工薪酬体制，根据员工德、勤、能、政表现，制订相应的级别和薪酬，并建立员工业务档案，以此作为提拔任用员工的依据。

内控机制 根据总行制订的合规工作要求，紧紧围绕各项业务工作目标，深入开展合规文化建设，保证各项经营工作走健康、持续、稳定、和谐发展之路在建立合规部、配备专职合规人员的基础上，把合规风险管理的职能覆盖职能部门、业务条线和经营单位，建立内部、经营单位的双线梯形的合规架构，健全合规风险管理职能。提出员工不得从事下列“五禁行为”，即涉赌行为、涉黄行为、涉毒行为、员工经商办企业行为以及利用上班时间炒股炒房等行为。进一步加强业务操作风险管理工作，多层次、高频度地开展业务操作检查和风险排查：开展全行现金及金库、自助银行设备等风险排查、对账管理的检查、固定资产的全面清查、奥运金融规范化服务检查；开展各部室、支行负责人离任稽核；配合稽核中心开展的全面内控评价、分行会计结算和柜面业务风险排查、对账业务和柜员卡管理检查、中小企业和不良贷款信贷专项检查。

社会责任 2008 年继续推进社会责任工作，积极参与慈善捐款助学、抗震救灾、志愿者服务，参与总行组织的环保宣传等活动等公益性活动。获得“2008 年度宁波市志愿者服务先进集体”、“2008 年度市先进团组织”、宁波市贸易系统市级以上“青年文明号”等荣誉。

招商银行股份有限公司宁波分行

招商银行股份有限公司宁波分行行长 王 麟

经营业绩 2008年末，全辖资产总额395.03亿元，较年初增长57.30%，其中表内资产266.65亿元。全折自营存款187.97亿元，较年初增长22%；全折自营贷款219.36亿元，较年初增长41.35%，全年累计实现国际结算量55.65亿美元，同比增长69.15%。中间业务收入15134万元，同比增长60.96%。税前利润3.82亿元，同比增长21.78%。

公司银行业务 加大对重点投标项目、大型项目融资和银团贷款的营销力度，为宁波港集团、通用、永顺泰等十几家企业提供现金管理、企业年金、理财、同业合作等金融服务方案。持续开展"四行"、"两动"，即政府行、结算行、同业行和资本行，特色产品营销活动和队伍建设活动。"四行"实行一把手主抓制，通过项目组方式推进，以分行行领导为牵头人立项51项。公司特色产品营销取得突破，现金管理业务新增2户，CBS签约6户，流动性现金管理产品新增28户，对公理财产品销售52.58亿元，网上企业银行新增有效户339户，商务卡新增有效户38户、发卡1433张。全年累计票据业务量269亿元，实现票据业务净收入6656万元。

零售银行业务 坚持"顺市卖产品，逆市留客户"、"客户增值，终极忠诚"的理念，以"管户金融资产总量和增加值"作为衡量营销业绩评价的主要标准。储蓄日均存款、个人贷款等多项指标超额完成。组织开展"招行理财，融天下"理财推荐会、"二手房豪门盛宴"个人贷款、"美食欢唱电影节"等系列市场营销活动。实行网点、个贷、理财经理工作流程优化，提高工作效率。

国际业务 加快业务结构调整，离、在岸业务取得双丰收，离岸业务量32.42亿美元，同比增长106.22%；在岸业务量23.23亿美元，同比增长35.12%。贸易融资累计发生额24841万美元，同比增长82%，国际保理、进口押汇、出口押汇、打包放款、离岸押汇五大品种齐头并进，融资结构进一步优化。境外押汇、进口代付、背对背信用证、全球授信等业务、"八大联动套餐"及境内外联动业务获得新突破。

绩效管理 推进战略转型，对经营机构实行增量贷存比管理、增量敞口承兑/融资性保函比例管理，业务结构得到进一步改善。对经营机构和业务管理部室的考核，突出战略导向，采用量化手段，实行平衡计分卡考核；对专业序列人员实行分类考核管理，公司、国际、零售条线实行客户经理考核和评级，会计条线实行柜员积分管理和柜员序列管理。改革费用考核和管理手段，加强业务条线费用支配权和业务推动力度，投入使用"核定费用管理系统"。

信贷管理 授信审批环节，实行异地分支行派驻审贷官制度，实施"双签"；授信操作环节，对新客户、关联企业互保等实行集中核保；贷后检查环节，实施异地企业直查、区域交叉检查和年度信贷检查，开展贷后检查集中试点。抓好预警、退出和清收工作，不良资产处置累计收回现金1835万元，退出企业13户，金额3.88亿元。完善信贷基础工作，推进信贷非现场管理系统、信贷量化管理系统上线；建立审贷官序列管理制度；实施信贷管理员轮岗。

金融创新 坚持"产品服务创新一小步，市场拓展一大步；产品服务创新一大步，市场拓展无限度"的理念开展工作。借助网上企业银行和现金管理等优势品牌，达成“安邦保险”全面合作，开办同业金融、票付宝、设备按揭及租赁业务、工程款质量保证金质押贷款等业务。境内外联动业务得到突破，开办“境外押汇”9204万美元；开办“进口代付”2496万美元；开办“背对背信用证”641万美元；系统内做成首笔“保函境外授信”。开办“生意通”系列贷款，专为个体工商户、个体合伙企业、个人独资企业等业主、股东提供个人贷款。公私联动，开办公管处养路费代收代缴业务。开发离行式自助银行人员进出警示系统，增加自助银行远程温度调控功能；自主研发“干部民主网上测评系统“、“信贷贷款到期、逾期短信自动提醒系统”、“信贷贷款资金流向监测系统”；与总行合作开发完成“同城票据交换系统二期项目”；完成银联柜面通、账户集中审批、华东三省一市汇票业务等系统上线。

合规经营　建立健全合规管理体系，设立法律与合规部。研究制定招商银行宁波分行“新五禁”行为禁令，每周以短信形式警示。坚持开展员工异常行为排查，加强对“情绪低落、吃穿行异常、工作质量不高、家庭情况有变、服务质量低下”的员工家访和谈心。开好每季一期自查自纠的内控评审会，开展合规风险点梳理、制度梳理和制度评审工作，编发《错误案例档案》，开展业务条线合规检查和操作风险排查。

文化建设　树立“最好的管理不是最流行的管理，而是最实用的管理”、“尽职免责，不尽职问责”等新管理理念。办好企业文化节、《甬动招银》行刊和分支行文化墙，创办《甬动招银品牌月报》。启动外部服务监督，客户投诉处理系统上线。

机构团队建设　推进网点建设，东部新城新大楼奠基开工，海曙支行搬迁至富茂大厦，金葵花财富管理中心开业，余姚支行落成。实施网点户外门面形象改造升级，统一推出LED广告。完善内部机构建设，设立人力资源部、审计部、清算中心、票据中心、金葵花财富管理中心、服务监督品牌管理中心。招收新员工111人，其中中层以上任职干部7人，应届毕业生66名。与浙江金融职业学院建立人才输送战略合作关系。举办“情商与影响力”、“细节决定成败”讲座、“中国职业经理人高级研修班”；结合深入学习实践科学发展观活动，开展“中华民族传统美德再学习”、“反躬十问”等，提升全行干部员工素养。

中信银行股份有限公司宁波分行

中信银行股份有限公司宁波分行行长　夏年炉

经营业绩　2008年末，中信银行宁波分行总资产折计人民币213亿元；自营存款折计人民币171亿元，比年初增长37.8亿元；其中对公一般性存款余额达137.6亿元，比年初增加32.8亿元，同比增长31%；各项贷款折计人民币157.7亿元，比年初增加26.8亿元，同比增长20.5%；零售管理资产余额48.9亿元，比年初增长55%；信用卡有效发卡量4.1万张；完成进出口收付汇量34.7亿美元，比年初增长57.8%；实现资金产品利润1405万元，同比增长621万元，增幅79%；全年中间业务净收入达到1亿元，占业务净收入的11.7%；实现账面利润4.82亿元，比上年增加1.44亿元，增长42.6%；不良贷款余额1.27亿元，不良贷款率0.81%；完成不良贷款现金清收4372万元。

公司业务　2008年，进一步加强对公业务营销管理平台建设，强化公司主线部门营销指导职能和产品经理队伍建设，增强分支行联动营销合力；机构类存款营销工作取得新进展，全辖对公存款日均增量23.4亿元；贷款结构调整取得成效，全辖小企业授信客户577户，比年初增加221户，授信余额30亿元，占授信总量的12%。

零售业务　以理财业务为突破口的零售银行体系建设取得新进展，零售业务继续快速发展。2008年末，全辖零售管理资产增量达到17.4亿元，其中储蓄存款余额增量5.4亿元；全年共销售各类本外币理财产品共165期，累计折合人民币33.2亿元，比上年增长42%；通过密集的理财产品、基金等产品的发售及后续服务，中信银行的理财品牌效应得到进一步提升。

国际业务　2008年国际结算业务克服外部环境急剧变化带来的困难，全年完成国际结算业务量、收付汇量、即期结售汇量分别比上年增长47%、48%和42%。通过加大国际结算业务产品创新和创新产品的运用力度，实现国际业务收益和业务量的协调增长。

投行业务　2008年完成投行收入3075万元，比上年增长201%。投行业务影响力进一步扩大，成为中间业务收入中仅次于国际结算业务的收益渠道。成功召开“资本金融服务”业务推介会，年金签约并通过报备客户6家；托管业务、代保险业务等新业务也开始起步。

小企业业务　2008年小企业业务的经营理念、组织体系、业务流程和激励机制等方面均有新的突破。出台“关于创新思路、进一步推进小企业金融服务工作的意见”等，设立工商企业部，通过完善组织架构、搭建业务营销平台、优化流程等措施，建设小企业业务专业化经营体系，推动小企业业务进一步开展。

风险管理　一是建立健全风险分析例会机制和风险排查机制，在全面排查授信客户风险的基础上主动化解潜在风险。根据形势变化及时调整船舶融资、国际贸易融资等信贷政策，有效规避行业性风险。二是信审环节的主动风险管理能力有新提高。一方面根据全年特殊的经营环境，自上年下半年开始实施新增授信“双指定”政策，严把授信准入关；另一方面积极在风险控制前提下促进业务发展。三是继续完善风险管理体系建设。结合宁波实际不断完善信贷政策实施方案，制定小企业授信业务调查规范和流程，实施同城机构放款操作集中，将分行零售部、个贷中心纳入到分行风险管理部放款中心，进一步强化放款中心建设和管理。四是加强行业风险管理和区域风险协调工作，进一步完善风险预警机制。成立纺织服装、石油化工、钢铁、船舶航运4个行业小组，以及宁海（象山）、台州、舟山3个地区风险协调小组，建立社会风险信息收集、反馈机制。五是加强贷后检查，规范信贷管理。开展信贷专项检查6次，检查14个机构的102户企业，在全辖建立起信贷管理委派员制度，强化贷款用途和还款资金来源监控机制建设。

内控管理　一是加大检查监督力度，不断完善内控体系建设。通过全面开展内控评价工作，积极查找内控漏洞，开展票据业务、资本市场业务、贷后管理、现金管理等多次专项检查，进一步强化对重点业务、重要操作环节的监督管理及检查力度，防范要害岗位风险。二是强化合规职能管理，促进合规文化建设。分设分行合规部，并在分行管理部门和异地支行配备专（兼）职合规岗人员的基础上，在同城支行配备专（兼）职合规岗人员，通过组织召开合规经营管理工作会议、深入开展合规教育培训、完善制度体系等措施，促进全辖合规组织体系建设和全员合规意识的增强。

机构建设　2008年在南三县设立首家异地支行——宁海支行，在市区设立首家零售专业特色支行——中兴路支行，这两家支行业务起步比较良好。分行网点总数达到14家，网点区域覆盖面进一步扩大。

人力资源管理　一是各类专业培训继续有计划开展。全年组织开展56项培训项目，共2170人次参加培训，其中参加总行级培训项目55项，参训553人次。二是在统一全辖人员工资和福利发放标准的基础上，实现全辖薪酬的集中发放，完善薪酬管理体系。三是适应新《劳动合同法》的实施，规范和加强劳动合同管理，制定和完善年休假、内部退养、退休人员、加班、大学生招聘录用和见习期管理等一系列制度。

案件防控　进一步加强案件防控和“四防一保”工作。一是深入推进员工廉洁从业专项治理活动、“六禁”教育活动，加大道德风险防范力度。在员工廉洁从业专项治理活动中，提出“四个严禁”，要求全辖员工“谋远虑、走正道、严要求”，从思想根子上提高对廉洁从业职业道德的认识。二是加强纪检干部队伍建设。以开展“六禁”教育活动为契机，建立起支行纪检委员队伍，全面加强分支行纪检监察工作。三是坚持“标本兼治，重在治本”，抓好案件防控工作，“四防一保”工作常抓不懈。在全辖继续开展警示教育活动和治理商业贿赂自查自纠“回头看”活动，在总行安全保卫工作专项检查中，分行获评“先进集体”。

服务品质　在总行组织的2008年度最近一次网点服务品质客户满意度测评中，考评得分位居系统内第一名。在宁波中小银行中首家获得“省级文明单位”称号；连续四年保持市级“创安示范单位”荣誉；在宁波市第三届金融产品展示会上，荣获“最佳服务银行”、“最佳理财银行”、“最受欢迎银行理财业务”、“最受欢迎外汇理财业务”四项大奖。

企业文化建设　继续抓党建、促工建、带团建，重视履行社会责任。召开第一届职代会，开展“纪念改革开放30周年”主题党课等活动。在海曙区“楼宇党建”中的积极做法得到各级领导好评；全辖干部员工踊跃为南方雪灾和汶川地震灾区献爱心；举办的“荣誉员工”嵇琪同志报告会受到各家媒体的广泛关注；在总行“思想政治工作先进集体、个人”评比活动中，分行榜上有名。

中国民生银行股份有限公司宁波分行

中国民生银行股份有限公司
宁波分行副行长 方海良（主持工作）

业务经营 存贷款总量稳步增长，信贷资源得到有效配置。2008年末，民生银行宁波分行（含落地事业部）本外币存款余额118.04亿元，比年初增加29.74亿元；各项贷款余额137.11亿元，比年初增加23.23亿元。经营效益显著提高，主要指标完成良好。2008年继续贯彻实施全面预算管理，年末，累计实现账面利润27630万元，同比增长63%。其中累计实现中间业务收入2078万元，完成全年计划指标的109%。人均实现账面利润76.75万元，较上年同期增加23.49万元；资产利润率为2.12%，同比提高0.68个百分点。

经营管理体制改革 一是实现事业部改革顺利过渡。根据总行统一部署，房地产、交通、工商企业、贸易金融四大事业部顺利落地宁波，全面完成公司金融事业部制改革，全新经营架构逐步建立完善。二是确定分行市场及功能定位。认真分析宁波区域经济及自身特点，确定走中小型特色分行的发展战略。同时，积极发挥团结协作精神，稳妥理顺内部关系，顺利度过改革的磨合期，在事业部专业化经营与分行特色定位进行有效对接，加强相互间的业务支持合作，共同构筑增强核心竞争力的基础。2008年末，分行存款增量和增速分别位居当地股份制商业银行第二、第一位；贷款的增量和增速分别列当地股份制商业银行第五、第六位。

优化信贷业务结构 针对2008年错综复杂宏观经济金融形势，通过区别对待、有保有压，进一步优化信贷结构，严格防范授信风险。一是主动回收异地贷款，优化资产区域配置。2007年下半年制定异地贷款调整策略，较好地回避今年以来部分地区的群发性、大面积信贷风险。二是加强风险预警，提升整体风险防范能力。实施每周风险联席会议制度，增强分行授信条线各部门、落地事业部之间的风险联系，互通信息，及时做好风险预警。三是强化主动风险管理，持续稳定改善资产质量。关注宏观政策变化，重点掌握石油、主要化工产品、主要金属产品等面广量大的原材料产品市场行情，防范行业性风险，对不良贷款多发区域加强监控，关注大客户风险变化，及时进行风险过滤和实地排查，做到早防范、早退出。四是全面梳理风险管理制度，努力加强贷款全流程控制。加大对信贷投向、贷后资金流向、授信企业风险状况、抵押物管理等薄弱环节的监控力度，增强信贷风险管理的深度和广度。五是实施县域客户属地化管理原则，建立规范县域支行风险管理模式。通过建立县域支行，缩短原有异地客户风险管理链条，夯实中小企业业务发展基础。

业务创新 围绕“人均创利能力高、成本收入占比低、中间业务收入占比高、业务结构合理”中小型特色分行的战略定位，在公司业务、零售业务及机构建设等方面均开展积极的部署，各项工作大力推进。一是创新公司业务经营模式，各项特色业务逐步启动。积极做好动产融资业务的前期准备，建立团队，完善制度流程，开展市场调研，做好业务规划，为明年大力开展此项业务做好储备。同时积极开展与民生租赁的战略合作，资金信托类理财、中小企业发行短期融资券等方面均取得突破。二是深入传导并在全行统一零售客户综合开发理念，为零售业务的全面提升做好准备。加大新产品开发力度，提高全面服务质量，真正用产品和服务吸引客户，实现从单纯以产品为主导的销售向以客户需求为主导的产品配置销售转变。三是围绕分行战略定位，推进机构建设和整合的步伐。2008年新设余姚、宁海两家县域支行，目前县域支行已达3家，有效建立中小企业的经营和服务平台，缩短管理链条，前移风险防控关口，夯实业务发展基础。同时对目前异地授信资产相对集中的上虞市，组建专门团队并派驻在当地政府金融办公室，实施统一管理，缩短管理半径，变异地为本地化管理。四是积极争取政府、监管部门大力支持，完成筹建慈溪民生村镇银行工作。

定岗定编 以管理部门定岗定编工作为抓手，积极推进工作流程的梳理，强化内部管理工作。全面梳理组织架构，本着“职责不变、部门整合、动态管理”的原则，实行“因事设岗，因岗定编、择优上岗”，压缩运营成本，打造高效的中后台支持体系，构建全新管理模式，提升员工执行力。强化一线力量，将有限的人力资源投入到公司、零售市场条线，尤其是县域支行的市场一线，实现人力资源的优化配置。公司、零售市场人员人数由年初的74人增加到12月末的98人，占比由年初的27.9%提高到32.8%。

企业文化 一是加强人力资源的规划和开发，加大人才引进和培养的力度。今年下半年以来，在当地同业中的影响力逐步增强，在人员招聘上（尤其是专业化人才的引进上）显示出很好的势头，在10月份组织的招聘中引进10位管理型、专业型人才。截至12月末共录用各类人才81人。在培训方面，与浙江大学建立长期合作，每年输送部分中层干部参加浙江大学的EMBA学习，浙江大学也定期选派优秀教授为员工及客户开展高峰论坛。二是发挥党工团力量，继续深化员工关爱活动。深入开展员工谈心活动，了解疏导员工压力；开展节日走访慰问，组织开展为期三天的员工家属体检疗养，增进员工家属的理解支持；开展春秋游、瑜伽培训、羽毛球比赛、集体观影等多项活动，丰富员工生活。三是热心社会公益，增强员工社会责任意识。全年共组织各类赈灾捐款4次，累计捐款274557元；积极参加宁波市金融产品展示会，组织开展反洗钱市民普及教育活动；继续组织贵州榕江一中民生班的对口支援，增强企业和员工的社会责任感。四是搭建沟通平台，营造和谐文化。与金融管理机构、往来单位开展员工联谊活动，搭建相互间的沟通平台；开展形式多样的跨部门工会活动，搭建行内员工间的沟通平台；加强对落地事业部宁波分部的党工团服务支持工作。企业文化建设取得明显成效，形成一种“和谐向上”的企业文化，并树立良好的社会形象。

广东发展银行股份有限公司宁波分行

广东发展银行股份有限公司
宁波分行行长　王天云

经营情况　2008年，广发银行宁波分行以"品质效益年"为指导方针，各项业绩继续保持稳健发展。2008年末，分行总资产余额127.14亿元，比上年增加10.13亿元；本外币各项存款余额为119.52亿元，比上年增加17.79亿元，其中储蓄存款13.24亿元，比年初增长22.93%；本外币各项贷款余额为92.76亿元，比上年增加12.73亿元。年末不良贷款按五级分类口径余额为2.28亿元，不良贷款率为2.46%，较年初增加2.36个百分点。全年实现财务收入9.64亿元，其中中间业务收入6308万元，占比7%，实现利润2.68亿元。

公司业务　在外部环境和宏观政策的双重影响下，2008年，分行加大公司业务的转型步伐。一是调整贷款结构。在坚持中小企业定位的基础上，提出做"两头"企业的公司业务指导方针，一头是发展信用较好、具有发展潜力的优质中小企业，特别是小企业；另一头是政府基础设施类企业和优质大型企业。二是加强对限制类、集团关联企业的管理。全行共完成163户集团、关联企业关联关系确认，并在信贷管理系统中明确客户特征统一标识，规范大额贷款、异地贷款管理，严格信贷审查审批、合同签订、出款前审核和贷后管理要求。经过一系列的工作，调整和退出部分限制类企业和集团关联企业，共计退出和减少集团客户总数7家，额度近6亿元。三是加强授信担保管理。12月，分行转发《广东发展银行授信担保管理办法》，进一步明确授信担保的管理职责、流程控制、一般规定和各保证、抵押、质押担保业务要求，严格控制新增限制性担保，逐步压缩限制性担保总额。四是组织开展信贷风险排查。全年多次进行企业风险排查，重点关注借款企业资金链、经营链变化，财务状况、财务结构变化，贷款用途、还款来源变化，保证人意愿和能力、抵质押物价值和变现能力的变化，对排查出风险客户进行持续跟踪。同时还组织开展对造船、交通运输行业、外资企业、进口贸易企业、以房地产开发土地抵押授信客户专项检查。通过到企业现场检查，掌握企业真实经营状况和风险状况，及时采取有针对性防范措施。五是加强不良资产清收处置工作。2008年受国家宏观经济局面及美国次贷危机的影响，全行不良资产余额和比率都较上年有较大增加。与此同时，分行加大风险资产的清收处置力度，在有关部门的通力协作下，2008年全行共计清收或转化各类风险资产近2亿元（其中包括不良贷款10521万元）。

个人业务　针对2008年理财市场的变化，分行进行及时地调整。一是注重稳健型理财产品的营销，及时推出适应市场变化的新理财产品"锦上花"，并迅速得到客户的积极反响，成为本行重要的理财产品之一。全年成功销售22.4亿"薪+薪"和"锦上花"产品。二是推出黄金代理业务，全年共计代理销售黄金2039盎司，累计销售金额1292万元。三是大力开展保险代理业务，通过与中国人寿宁波分公司的合作，推出寿险代理业务。全年共实现标准保费收入1259万元。在信用卡业务方面，分行继续加大广发卡的发卡量和促进持卡消费。2008年末，分行累计发卡205348张，其中2008年发卡70408张，比上年增加30972张，增幅为78.55%；全年信用卡持卡消费12.42亿元，较上年增加6.58亿元，增幅为88.83%。

业务创新 2008年，宁波分行新推出“兑无忧”、“结无忧”等外汇远期买卖业务品种，实现该项业务的系统内领先。在全行力抓国际业务以及创新产品的带动下，2008年分行累计实现进出口国际结算业务量23.8亿美元，同比增加14%；完成结售汇业务量12.34亿美元，同比增加4.8%，其中远期结售汇7703万美元。7月，分行与中国银联宁波分公司联合推出“广发通”业务，并在全行范围内进行推广。通过搭建与目标市场的合作关系，开发一批批发、零售的个体商户，促进全行的结算业务。

合规建设 2008年，分行独立设置合规部，并在全行提出“人人合规”的要求。全年分四期进行合规化教育和合规检查，内容涉及信贷业务、财会业务、票据业务、国际业务、人力资源、安全保卫等方面。二季度结合总行“百日大清查”的要求，分行进一步深入开展全行性的合规化大检查，各项检查要求做到横向到边，纵向到底，促使各项业务的开展合规合法，切实防范各类风险。为加强合规建设，对全行的岗位职责进行进一步地重新修订和完善，与全体员工签订《合规责任书》，使员工的合规意识得到加强。在合规制度建设方面，全行共制订、修订各类规章制度及操作办法126件，转发文47件，进一步提高规章制度的完整性、连贯性。

服务管理 2008年是奥运年，全行狠抓服务质量。一是深入开展每季服务督查工作，通过调整分行服务管理领导小组成员，组织现场服务检查、客户调查、录像抽查、神秘客户调查等多种途径，对全辖各网点的柜面服务质量进行综合考评，并进行及时地通报点评和整改，不断改进各家网点的服务水平，提升分行的整体服务质量。二是开展迎奥运金融服务活动。奥运前夕，分行对各网点的服务设施、办公用具、线路布置等硬件设施进行统一的改造和规范，对全辖各网点增添叫号系统；同时分行还开展迎奥运服务明星评选活动，使员工不断改善服务水平，争当服务明星。三是开展服务技能培训学习，分行人力资源部专门组织临柜人员到服务优势单位观摩、学习、进行银行基础英语培训等。2008年，分行营业部被评为“中国银行业文明规范服务示范单位”、“宁波市青年文明号”等荣誉称号。四是完善投诉处理管理机制。重新修订、完善客户投诉处理管理办法，进一步明确各个投诉中心的职责、报告要求、处理程序等。全年共处理各类投诉11起，协调处理监管部门转交的投诉3起，客户均较满意。

网点建设 根据网点建设的规划，2008年，分行对辖属宁东支行、海曙支行、江东支行三家网点进行扩容改造，使三家网点的营业面积得到扩大，硬件环境和对外形象得到较大改善提高。余姚支行成功开业，成为宁波分行乃至广发系统内设立的第一家县域支行。在自助网点的建设上，2008年增加设置鄞州中萃路和北仑九峰路两家自助银行，进一步拓宽在鄞州和北仑两个地区的自助服务辐射范围。

浙商银行股份有限公司宁波分行

浙商银行股份有限公司宁波分行行长　张叶艺

经营业绩　2008年末，浙商银行宁波分行各项存款70.72亿元，比年初增加12.68亿元，增长16.4%；授信资产总额86.11亿元，比年初增加15.36亿元，增长21.7%；各项贷款余额57.34亿元，比年初增加8.64亿元，增长17.76%；其中小企业贷款余额6.57亿元，同比增加2.66亿元，占比11.46%；正常类贷款为55.82亿元，占比为99.75%；国际业务结算量7.91亿美元，实现结售汇收入140万元；全年实现账面利润12206万元，同比增加2566万元，增长26.62%；实现税后净利润9200万元，同比增加2229万元，增长31.98%。

业务发展　一是认清形势，统一思想，推进经营方式的调整。2008年，面对从紧的宏观调控形势和总行经营政策的重大调整，分行经营面临着非常大的困难和压力。对此，分行始终保持清醒头脑，增强忧患意识，积极应对各种矛盾和困难；同时，把握有利条件，坚定信心，做好工作，推进分行经营方式的调整，业务经营逐步走出困境，稳定性逐步得到增强。二是发挥考核的导向作用，找准营销突破点，促进业务的发展。首先是通过强化考核，开展竞赛等手段，极大地调动全行员工的积极性，促进存款的稳步增长。全年共引进2000万元存款以上的无贷户客户经理11名，增加存款30434万元。三是精心筹划，打造小企业银行业务品牌。按照总行“一体两翼”的战略决策，将小企业贷款业务作为提升银行形象和开展金融同业竞争的拳头产品。6月25日，江东支行作为宁波从事小企业银行专营业务的首家支行顺利开业。年末，分行全辖小企业贷款余额6.57亿元，占比11.46%；新增2.66亿元，占比30.75%。

风险管理　2008年，分行紧紧围绕“以安全为前提，风险控制和业务发展良性互动”的风险管理工作思路，进一步加强服务与沟通，注重风险管理工作的有效性和针对性，强化授信业务的规范化工作，成效明显。一是组织全面和重点检查，开展分类排队。全年共退出授信企业59家，退出敞口90736万元。在分类排队基础上，两次组织对重点关注的100余家企业进行现场检查，实施动态管理。二是明确导向，突出重点，坚持区别对待，有保有压的原则，切实贯彻国家产业政策。新增授信重点用于支持小企业，从严控制“两高一剩”和房地产行业的授信，严禁介入他行主动退出的高风险客户，促进资产结构的有效调整。全年新增贷款投向一、二类地区的占比达95.72%，上升8.16个百分点；新增小企业贷款余额2.66亿元，占新增贷款占比的30.75%。三是强化风险预警，清收处置工作成效显著。全年共发生预警贷款15起，已清收和化解10起，尚余5起，其中特别预警4起，一般预警1起，并且清收处置工作正在加快推进中。

内控管理　根据总行“内控管理巩固年”的部署，按照“四个系统性”的内控工作要求，分行2008年内控工作重点以“强化执行、规范操作”为中心，开展一系列富有成效的工作，内控管理水平有较大的提高。一是加强风险意识教育，深化内控优先理念。全年分行共组织参加总行各类培训41期，参加740人次，其中分行自行组织各类培训10期，参加420人次；组织防抢劫和消防安全演练10次。二是建立健全内控组织体系，着力推进内控制度建设。建立风险管理联络员和合规经理队伍，实施由风险监控官召集的每季例会制度。对辖属支行实施会计主管委派制度，建立由分管行长和所有营业机构会计主管参加的每月例会制度。分设授信评审部和风险管理部，配备核保经理和专职检查经理，充实风险授信评审人员数量，为做好风险防控提供组织上的保证。三是抓住内控薄弱环节，实行集中整治，确定一个季度抓一个重点，实行集中整治，取得明显的成效。四是加强监督检查的频度和违规处罚的力度，注重整改提高。

机构建设　一是重视做好支行机构的设立工作。分行始终坚持“着眼长远，兼顾当前”的原则，按照区域经济状况和机构功能定位要求，组织制定中期机构发展规划。二是加强对支行的管理和指导。为进一步加强支行管理，促进发展，召开建行以来首次支行建设座谈会。注重加强对支行的日常检查指导，建立分行领导联系支行制度，努力提升对支行的管理，推进支行稳健发展。三是积极探索创新支行管理模式。在风险管理上，针对分行辖属四家支行所处的区域经济环境、支行经营管理水平及从业人员力量等不同情况，分别采取三种不同的支行风险管理模式。在会计管理上，分行将支行的管理指导工作分为开业前、开业初期和开业后三个阶段，分别采取不同方式，确保各项会计结算业务的正常开展和内控管理工作的到位。

企业文化　一是强化人力资源管理工作。加强人才的培养使用和积极引进。全年分行共招聘引进各类人才 57 人，并首次录用非本行编制人员 7 人。同时还强化员工入行离职、请假审批、出入境、关键岗位的履职监督、员工的异常行为等管理工作，开展系列警示教育活动，增强员工遵纪守法和廉洁自律的意识。二是开展文明优质服务。重视文明服务创建，继续开展文明优质服务竞赛、考核评比活动；切实加强业务培训，提高员工的整体素质和服务水平。三是履行社会责任，树立良好的社会形象。汶川发生强地震后迅速发动捐款共 163440 元。积极发挥党工团的作用，引导员工承担社会责任、乐于奉献爱心，共同推进和谐银行建设。分行员工王山松无偿赠送北京奥运会开幕式门票的事迹，央视二套《生活》栏目、央视七套《生活 567》栏目、东方卫视《1/7》栏目及宁波电视台等媒体专程到分行进行采访并作专题报道。

华夏银行股份有限公司宁波分行

华夏银行股份有限公司宁波分行行长　张兆良

经营业绩　2008年是华夏银行宁波分行第二个完整经营年度。全行上下认真贯彻落实总行第二次党代会和年度工作会议精神，深入实施“加强管理、明确责任、好字优先、加快发展”的经营管理策略，积极应对内外部经营环境变化，不断提升盈利水平和风险控制能力，完成总行下达的经营任务。2008年末，分行实现营业利润9442万元，完成计划的157%；中间业务收入1210万元，完成计划的131%；一般性存款余额41.2亿元，完成计划的103%；一般性存款日均38.7亿元，完成计划的111%；实现国际结算量4.3亿美元，完成计划的148%；各项贷款42.9亿元，控制在总行计划之内；利息回收率100%，五级分类和四级分类不良贷款均为零；全年没有出现重大风险事故和案件。

业务营销　根据总行营销工作目标和任务，结合宁波当地实际，分行明确公司、个人、国际业务的营销策略，完善对公、对私客户经理和产品助销员等管理办法，通过多种方式，围绕现金新干线、融资共赢链、华夏信用卡等产品，对公司、个人的重点客户群进行积极营销和开发，取得较大突破。2008年，营业收入等主要经营指标在宁波排名前200名的客户中，已有25户与分行建立业务合作关系，比上年增加6户，与一批代表宁波经济发展主流的重点企业的合作进一步加深；个人业务中的中高端客户数达到584户，比上年增加501户。现金新干线业务量23.1亿元，信用卡8100户，均超额完成总行计划。

风险管理　根据总行第二次党代会和工作会议精神，分行抓早抓实，第一季度就完成上半年计划。下半年，受国内外经济形势复杂多变影响，宁波乃至浙江经济遭遇到自改革开放以来最严峻的挑战。根据形势变化，一是及时调整经营思路，提出“控制风险，调整结构，加强管理，储备项目”的下半年工作要求，确保完成全年各项工作任务。二是加大风险排查力度。组织开展“回头看”风险排查，重点对化纤、纺织企业授信情况进行检查，分行和地区信用风险管理部联合组织开展两次全面风险排查，对存量授信客户排查覆盖面达100%。三是根据浙江企业情况的新变化，加强对业务风险的延伸检查，主动退出和压缩有潜在风险的企业授信。2008年，分行退出压缩19户授信客户，退出压缩授信5.57亿元。四是专门研究制定应对措施，举全行之力，有效化解问题授信。按照“一户一策、一户多策”的处理方案，全力以赴做好转化化解工作，成功化解7户问题授信，金额1.34亿元，确保2008年末分行两口径不良贷款为零，利息回收率为100%。上述问题授信的妥善处理，既有效降低资产风险，又推动银企双方的合作。

合规管理　一是根据总行要求和监管意见，分行成立合规部和内控委员会，建立兼职合规管理员队伍，初步构建起合规管理体系。分行通过建立完善制度体系和积极开展合规风险管理工作，为业务的正常发展保驾护航。二是按照总行“五个一致”的原则，分行对112个自行制定的操作细则进行梳理，公布执行目录和废止目录，提高制度执行的准确性，规避新旧制度交叉而造成的执行矛盾和操作风险隐患。为规范业务操作，及时制定相关规程，根据“9 人工程”要求，重新修订《会计业务风险控制实施细则》，为适应信贷体制改革变化和提高效率，制定《公司授信业务初审工作流程》，全年新建各类操作规程 26 项。同时将所有文件在分行办公系统上公开和共享，增强制度的透明度和执行力。三是通过检查整改和落实，提高对重点环节的风险控制能力。2008 年，总行对分行进行个人理财、基金销售和会计人员操作风险专项稽核、公司授信业务专业检查和授信业务合规性检查，对发现的问题，举一反三进行整改落实。全年分行还开展会计、财务、个人、国际等各类业务自查 57 次，分行合规部全部进行复查。

内部管理　2008 年初，分行对各管理部门全年工作提出专业管理要求，并对全年重点工作内容进行细化，按季对落实进度情况进行检查。注重客户经理队伍建设，在加强业绩达标考核的同时，将客户经理履行信贷管理职责、培训效果、产品应用能力等工作内容纳入到内部管理考评。开展“文明、安全、规范服务”系列活动和礼仪培训，完善网点功能分区，举办首届会计人员综合业务技能比赛，加强服务和突发事件的应急管理和演练，认真做好抗震救灾和奥运金融服务，严格对业务系统的日常安全管理和风险防范，落实“四防一保”等安全保卫工作，全年运营安全无事故。

人才建设　按照总行 2008 年工作会议上提出的“加大培养选拔优秀青年干部力度、加强对优秀年轻干部培养”等工作要求，分行党委在践行加强学习、改进工作作风、廉洁自律的同时，一直把培养使用年轻干部作为党建工作的重点来抓。全行现有员工 151 人，青年员工占比 66.6%，平均年龄为 32 岁。分行党委在实际工作中坚持关心、培养、使用年轻人的原则，尤其是对其中确有能力者给予大胆提拔使用。全年先后提拔聘任 9 级以上行员 16 人，其中从一般行员到 9 级行员的有 11 人；考核降级 11 人。这样既给经营业绩、岗位能力较差的人以足够的压力，又给工作确有业绩和才能的员工，特别是年轻员工以发挥聪明才智的舞台。

企业文化　一是充分调动广大员工的积极性和创造性。深入开展“建功立业”等劳动竞赛活动，激发广大员工立足岗位做贡献。二是扎实做好与员工利益相关的事情。坚持“五必访”，认真落实企业年金、住房补贴、年休假等制度，妥善解决加班问题，切实把关心员工工作落到实处。三是丰富员工的业余生活。组织春节团拜会、妇女节郊游、青年员工户外拓展训练等有益活动，工会和共青团从中发挥重要作用。四是切实履行社会责任。积极响应总行党委号召，发扬“一方有难、八方支援”精神，分行员工共向四川地震灾区捐款 283532 元。分行全体党员也以特殊党费的方式向灾区捐款 15070 元，发挥领导干部和党员的引领示范作用。

中国邮政储蓄银行宁波分行

中国邮政储蓄银行宁波分行行长 陈建宏

2008年是中国邮政储蓄银行宁波分行的开行之年，在市委市政府的正确领导下，分行面对复杂多变的形势和繁重艰巨的任务，在发展中坚持创新，在凝聚中激发奋进，直面激烈竞争，搏击市场风云，迈出改革发展稳健的第一步，实现向商业银行转型的良好开局。

基本情况 全年业务总收入突破亿元大关，达到1.036亿元，超额完成总行下达计划660万元；实现利润1205万元。负债业务方面，2008年末，存款余额175.1亿元，比上年末净增23.6亿元，其中分行自营46.81亿元（包括理财销售），比上年末净增4.34亿元；公司业务余额7.36亿元。资产业务方面，批发性自主运行资金达到51.3亿元，其中协议存款30.4亿元、银团贷款20.9亿元；小额贷款累放量2.53亿元，贷款结余突破2亿元；个人商务贷款累放量3231.7万元。中间业务方面，全市发放绿卡71.62万张，其中银行自营网点发放23.89万张，累计销售人民币理财产品2.3亿元。

人力资源管理 全年共招聘大学生20名，劳务派遣人员200余名，全年组织各类培训班20期，参培员工达到800人次，与浙江金融职业学院签订战略合作关系协议，双方约定在人才培养、教育教学资源共享，科研与科技开发、实践实训基地建设等领域，建立长期、稳定、广泛的合作关系。重新调整原储汇局人员的配置，利用组建二级支行和开办信贷、对公业务的机会，选拔部分比较优秀的员工分别充实到二级支行管理岗位和信贷、对公等业务岗位，初步满足分行的发展需要。

风险内控管理 成立分行内控委员会、安全生产委员会等非常设机构，确立各县（市）、区支行安保工作管理人员，制订员工违规积分考核办法，深入开展存单质押贷款检查、挂失业务专项检查等稽查工作，使安全生产形成“齐抓共管”的工作格局。根据分行管理架构和金融业务管理要求，对相关管理制度进行修改完善，全年出台各类制度和考核办法200余项。结合做好奥运期间的邮政金融服务工作，确保邮政储蓄业务长期、稳定、高效的运营，6月5日分行制订八个应急预案，分别为突发事件应急预案、信息科技应急预案、生产运行应急预案、客户投诉应急预案、安全保卫应急预案、服务备员应急预案、媒体舆情应急预案和无障碍设施规范说明。7月29日，分行组建风险合规联络员队伍，首批32名联络员分别来自分行各部室、直属二级支行，各县（市）、区支行以及市邮政局各综合分局业务管理员。8月6日下午，宁波邮政金融案件风险排查工作组会议召开，标志着全市邮政金融案件风险排查工作正式开始，这次排查活动是根据银监会“案件风险排查，发现隐藏案件”和总行“深挖隐藏案件，构建合规文化”的活动要求开展。10月20日，分行会同宁波市邮政局制定出台从业人员违规积分管理试行办法，以量化考核、记分建档的方式，对全市邮政金融从业人员违规违章行为进行动态监控。全年未发现员工违规违纪违法和重大经济案件。

服务三农和支持地方经济建设 全年小额贷款和个人商务贷款发放量突破2亿元大关，达到2.85亿元，使宁波全市2967个农户和个体工商户受惠于这项“服务三农，支持新农村建设”的特色邮政金融业务，4月14日，慈溪市支行、慈溪市邮政局和当地国税局举办联谊会，共同探讨加深强强合作，服务中小企业工作。8月1日，本着平等互利、相互支持、加强合作、共同发展的原则，与农行宁波分行签订全面合作协议，从而达到双方优势互补、资源共享、创造发展机会、增强风险防范能力。11 月 18 日，宁海县茶院乡杜岙村博丽家具厂厂长赵增产专门给宁海支行信贷业务部送来一幅“理财求国富、信贷解民忧”的锦旗，感谢邮储银行小额贷款及时解决该厂的资金周转困难。12 月 24 日，镇海支行与镇海区工商联、个私协会联合举办帮助中小企业融资度“寒冬”的银企洽谈会，发挥邮政储蓄银行小额贷款和个人商务贷款的产品优势，为广大中小企业和个体工商户解决资金周转困难。

宁波银行股份有限公司

宁波银行股份有限公司董事长　陆华裕

2008年，宁波银行按照董事会确定的工作指导思想和经营目标，围绕“三大转型、四大提升”的发展战略，全面推进管理创新和金融技术创新，努力打造五大利润中心，各项业务健康发展，盈利能力不断增强。

经营业绩　2008年末，该行总资产1032.63亿元，比年初增加277.52亿元，增幅36.75%；各项存款762.22亿元，比年初增加207.08亿元，增幅37.30%；各项贷款491.56亿元，比年初增加126.54亿元，增幅34.66%；全年实现净利润13.32亿元，同比增长3.81亿元，增幅为40.02%；全面摊薄净资产收益率15.12%，同比上升3.26个百分点；基本每股收益0.53元，同比提高0.10元。

网点建设　2008年该行稳步推进跨区域经营，机构建设取得明显成效。一是按照董事会三年发展规划要求，完成总行部分部门搬迁上海总部工作，并在上海建立招募专业人才、迅速拓展业务的良好平台。二是分行筹建工作按计划稳步推进。2008年顺利增设杭州、南京、深圳三家分行，且各行业务增势良好；苏州分行获银监会批准筹建；各支行布点工作加紧进行，上海分行新开徐汇、松江两家支行，杭州分行萧山支行获准筹建；宁波地区完成三七市、集仕港、横河等多个重点乡镇的网点布局。三是为适应跨区域发展的需要，主动对是实施组织架构调整，将总行公司业务部分设为公司银行部、零售公司部，个人业务部和资金运营部分别更名为个人银行部、金融市场部，将客户服务中心从个人银行部单列出来；制订区域审批中心建设方案，成立三个下属区域中心，即浙江审批中心、华东审批中心、华南审批中心；加快总行二级部的建制步伐，进一步各部门基本建立“部—室—组”制组织架构，明确各部门、各室、各岗位的工作职责，初步建立起精细化的管理体系。

业务拓展　2008年，宁波银行坚持以市场为导向，以创新为动力，积极推动公司银行、零售公司、个人银行、信用卡、金融市场五大利润中心的持续均衡发展。公司银行业务稳步推进，是全行营业收入的主要来源。今年公司银行条线紧紧围绕“负债业务稳定增长，资产业务注重结构调整，努力促进收入结构多元化”的业务发展目标，以营销组织和产品支持两大职能为核心，不断加强营销管理，努力提高业务拓展能力和客户服务水平。2008年末，公司银行条线本外币对公存款516.35亿元，比年初增加88.70亿元；本外币对公贷款317.50亿元，比年初增加98.76亿元；完成国际结算量84.13亿美元，同比增长27.05%。零售公司业务体系不断完善，成为全行业务发展的新亮点。2008年，该行突出发展小企业业务的战略思想进一步明确，将小企业业务从公司业务中独立出来，成立与公司银行部并立的零售公司部，专司小企业业务的发展。同时将“金色池塘”作为该行的主打品牌，明确市场定位，完善业务流程，积极培育中小企业优质客户群体。通过一段时间的运行，取得资产与负债业务的同步发展的理想局面。2008年末，该行小企业开户数44082户，比年初新增19380户；存款61.44亿元，比年初新增33.55亿元；贷款43.68亿元，比年初新增19.94亿元。充分运用产品优势和科技支撑，促进个人银行业务稳健发展。一是运用产品优势有效拉动储蓄存款增长的机制已见成效。财富管理、白领通、贷易通及金算盘等特色业务有效带动储蓄业务的增长，全年新增储蓄存款82.06亿元。二是个人贷款业务发展平缓，客户结构有所改善。全年个人贷款业务负增长9.16亿元，余额为109.39亿元，占各项贷款的22.25%。三是国内首家推出以“家庭”为核心的个人理财品牌，围绕“家”的理念，着重打造汇通理财品牌。全年共发行42期理财产品，募集金额达58.09亿元，产品风格稳健，受到客户认同。信用卡发卡量持续快速增长，POS交易量大幅攀升。根据“中心城市做特色、周边区域做规模”的指导思想，积极推进信用卡区域中心建设，以商盈卡、休闲卡等特色产品为载体，通过新颖的交易促进活动，与信用卡发卡形成良性互动，使该行的信用卡具备初步的发卡规模，业务收入大幅提升，为培植新的盈利点奠定良好的基础。

内部控制 受全球金融危机的影响，2008年该行的风险管理工作经历严峻的挑战。为防范不良贷款反弹，规避各类风险的发生，该行多措并举，不断强化对信用风险、流动性风险、操作风险以及市场风险的管理工作。2008年末，该行不良贷款余额4.52亿元，同比增加3.22亿元，不良贷款率0.92%，尽管较年初增长0.56个百分点，但仍处于行业较低水平。

科技服务 在积极推进物理网点建设的同时，不断加大科技投入力度，努力拓展网络服务渠道。一是新一代网上银行成功上线，业务功能显为改善和提升，渠道服务效率大为提高。二是操作型CRM系统成功上线，对提高客户关系管理能力和产品销售能力起到促进作用。三是信用卡审批系统成功投产，为信用卡业务的持续发展提供有力技术支撑。四是资金后台Opics系统实现Kondor+和清算系统、核心系统之间的自动接口，提高资金业务的处理效率和风险控制能力。五是华东三省一市汇票业务系统正式上线，结束了该行代理他行签发三省一市汇票的历史。

人力资源管理 积极发挥人力资源“获取、整合、开发、保持与激励、控制与调整”五项基本职能，坚持服务与管理并重、继承与创新结合的工作理念，努力为战略实施和业务发展提供有力支撑。一是加大招聘工作力度，积极引进各类人才。截至2008年11月，全年共引进各类人员483658人，其中招聘大学生262274人、中高级管理人才76名。二是做好后备人才的管理和提升工作。起草《宁波银行后备人才推荐管理办法》，完成“五年百人计划”——第二批赴新加坡华侨银行学习人员选派工作。三是提出宁波银行大学建设规划，努力打造全新的员工教育培训机制。制定《宁波银行大学筹建方案》、《宁波银行内部讲师管理办法》，完成首批154名内训师的选拔和聘任工作，并且相应的课程开发也相继展开。四是根据《劳动合同法》精神，进一步理顺劳动关系，有效整合和完善全行的劳动关系管理制度。

企业文化建设 不断提高全行员工的认同感和归属感，形成持续深入的企业文化建设氛围。对内，以“诚信敬业”十佳标兵、“合规经营”营销标兵、企业文化十佳团队、企业文化先进集体和“金点子”大赛等五项先进评选为抓手，着力弘扬和塑造“诚信敬业、合规高效、融合创新”的企业文化，并通过丰富的活动载体，鼓励百花齐放，充分发挥全行员工的积极性和创造性，切实发挥企业文化在全行经营管理中的先导作用。对外，通过积极参加社会公益活动，不断提升品牌形象。一是捐款在宁波市慈善总会设立总额达3000万元的“宁波银行慈善基金”，全部善款分五年捐赠，公司与员工各认捐50%；二是在“5·12”特大地震发生后，全行上下积极响应党中央、国务院抗震救灾的号召，累计向灾区捐款370多万元，体现该行作为企业公民的社会责任感；三是积极参加2008年北京奥运会及残奥会志愿者活动，选派5名优秀客服代表参加志愿服务，并荣获北京市团委“优秀组织奖”。通过内强素质、外塑形象，该行的品牌形象大为提升。在2008中国最佳金融机构排行中，该行获“年度最佳区域性银行”、“年度最佳风险控制中小银行”两项殊荣；并荣登英国《银行家》杂志“2009年全球金融品牌500强”，位列第391位，获得A-级评级，品牌价值达1.15亿美元。

上海银行股份有限公司宁波分行

上海银行股份有限公司宁波分行行长　黄国强

经营业绩　2008年末，宁波分行本外币存款690592万元，比年初增加64.34%，各项贷款584752万元，比年初增加22.07%，完成国际结算7.3亿美元，结售汇2.7亿美元。已提拨备12069万元，实现税前账面利润2835万元。2008年分行实现财务收入47465万元，同比增加19913万元，增幅为72.27%。其中利息收入36186万元，占财务收入的46.40%；内部业务转移收入9723万元，占财务收入的20.48%。

风险管理　一是以内控管理为基础，完善全面风险管理机制。完善组织架构，调整风险管理委员会和信用风险管理委员会。加强市场风险管理，确保分行备付比率控制在5%以上的安全水平。加强信用和操作风险管理，提高会计核算服务质量，强化操作风险防控能力和管理能力。狠抓基础管理，强化从严执制。以排查风险、消除隐患为目标，开展案件防范能力评估。二是调整组织架构，加强人员配备。成立风险化解资产保全领导小组，并在风险管理部下设资产保全办公室，专职处置和化解不良资产。整合市场营销团队，撤并相关部门，充实公司金融部人员，由公司金融部负责主控各营销单位风险管理和日常信贷管理工作，履行“三个一”原则：一起参与授信企业前期调查工作、企业风险控制第一道关和预警信号的第一手处理和报告。三是建立相关保全和清收制度，明确化解不良资产责任人制度。明确不良资产处罚制度，建立保全清收联动机制和保全应急预案机制。尤其对潜在的风险资产做好保全预案。一旦遇到突发事件立即启动保全应急预案机制。四是加强业务培训，提高营销人员的风险意识和专业能力。

贷款业务　2008年宁波分行划出专门额度，拓展小企业信贷。按照总行小企业信贷业务实施意见，确保小企业贷款余额增长50%以上，以新建县级支行为主体。年末，分行小企业贷款余额11.6亿元，占对公贷款的比重提高到20%；小企业有贷户数达到156家，较年初增加80家，体现“坚持中小”的市场定位。以发展为主线，积极增加市场份额和扩大知名度。抓住负债业务薄弱环节平衡资金来源。以无贷户存款、结算存款为目标打好攻坚战，了解无贷户客户需求，量身定做金融产品，建立起良好的银企关系。在仔细分析客户的基础上，制订策略指引，加大信贷结构调整，进一步提高客户准入门槛，严把审批关。对原有授信客户进行最大可能的结构调整，加大对异地授信客户、潜在风险客户、资产负债率过高、对外投资过大、非主营业务非均衡发展客户的退出力度。

内控管理　本着“稳健经营”、“内控优先”的理念，宁波分行树立内控先行，制度先行的机制，内控工作紧密围绕制度建设展开：一是加强授信业务风险防范，开展授信业务风险排查；二是加强检查和监督，进行人员风险排查；三是防范柜面人员操作风险，开展年终突击查库；四是完善内设机构建设，成立信息科技部和外汇业务部；五是完善制度建设，制定和修订各类规章制度。

企业文化与队伍建设　一是加强员工的业务培训。宁波分行自行组织培训16次，参加人数达648人次；参加总行组织的培训15次，人数达79人次；参加银行业务从业资格考试19人，合格率达到97%。目前分行持一项专业上岗证人员达100%，持二证或二证以上的有36人，占柜面人员的86.5%。二是推广企业文化理念。在完成分行企业文化建设第一阶段工作的基础上，继续推进第二阶段工作，充分发挥党、工、团、青、妇等各种组织的力量，全面动员全行员工的参与意识，对员工的利益、福利和重大分配政策通过职代会讨论通过，增强分行的凝聚力和向心力。三是加强中层干部的培训和调整。重视对中层干部的培养和培训，为增强团队的凝聚力，结合推广企业文化，宁波分行组织中层干部读书会，并加大对干部测评和考核，及时调整干部的岗位。四是2008年分行接受宁波市银行业协会组织的优质文明服务窗口示范单位的复评检查，获得较好的评价。宁波分行营业部被宁波市银行业协会推荐，并在年末获得“中国银行业规范服务窗口示范单位”荣誉称号。

业务创新　在总行的业务创新下，分行积极推广应用新的业务产品，为客户提供新的金融服务。全年新增有效慧通VIP客户247户，累计发行信用卡20675张，累计销售各类理财产品19876万元，新开个人网银客户966个、新增个人第三方存管客户277户，机构客户2户。2008年，成功申报发行“电力”、“海运”两个总额达10.4亿元的短期融资券项目，实现中间业务收入877万元。二是公私联动服务小企业。积极宣传“成长金规划”品牌产品，努力选择好企业，落实优惠政策，建立小企业客户档案资料管理，为他们提供综合服务方案，划出专门额度以提供小企业信贷。三是推出“1+N贸易融资项下商票贴现业务”，嫁接厂商物流、资金流，实现成批开发。特别是宁波市紧固件行业的工商贸易链，在控制风险的基础上，较好地服务中小企业客户。四是根据企业上、下游、旁侧链接延伸的供应链、产业链情况，以产品策略为中心带动行业、地区和客户群的整体集约化营销，根据市场需求，积极试办应收账款融资，国际保理等业务，提高对客户的服务水平。同时，积极开展船舶保函及船舶融资业务。

包商银行股份有限公司宁波分行

包商银行股份有限公司宁波分行行长 朱晓明

2008年4月25日，包商银行宁波分行正式开业，是包商银行设立的第一家省外分支机构。宁波分行自成立以来秉承总行“包容乃大，商赢天下”的企业文化理念和“学习、创新、诚信、发展”的企业精神，按照总行制定的“加快创新，积极达标，打造现代化、国际化好银行”的工作方针，以“一个标准，三个文明，五个方面”积极开展各方面工作，实现各项业务平稳起步。

经营业绩 2008年末，全行各项存款余额26.09亿元，其中对公存款24.8亿元，储蓄存款0.98亿元，同业存款0.31亿元，全年日均存款12.86亿元。全行各项贷款余额人民币20.4亿元，其中公司类贷款余额18.95亿元，微小企业贷款余额1.11万元，个人类贷款余额0.18亿元，外币贷款折合人民币0.38亿元，主要经营指标基本达到开业初期预定目标。

微贷业务 作为该行的品牌产品，在进军宁波市场后，针对宁波当地中小企业客户“短、频、快”的融资需求特点，充分发挥微贷业务快速贷款决策、灵活运用抵押担保方式等优势，根据不同类型客户制订出不同的贷款方案和贷款产品。目前已开发的贷款产品有：标准微小贷款、不动产抵押“快速”贷款、特定市场内“快速”贷款和商户联保贷款等等。

国际业务 通过与当地同业开展合作，同业外币账户透支额度及国际结算业务全面展开，同时协助总行对国际结算系统进行相应改造，在包商银行系统内率先开办个人结售汇业务，进口开证、押汇、福费廷、结售汇等业务也稳步增长。至年末，分行实现国际贸易融资量在总行排名第一，占总行的59.96%，外汇收入占总行的36.82%，在包商系统内起到良好的引导和示范作用。

内部及风险管理 根据工作需要及内控要求，分行设立职能部门八个，业务营销团队八个，保证业务正常开展。同时，在不断提高管理水平与强化合规经营的基础上，全面加强风险管理，注重提升风险与收益的平衡能力。逐步建立风险管理制度，强化风险识别、监督与控制能力，严格授权审批制度，实行贷审会集体审批，严格执行风险总监与最终有权审批人一票否决制，建立行业风险动态分析通报制度，及时跟进风险预警与提示，加强贷后合规检查，强化信贷基础管理工作。

党建、企业文化及金融生态建设 坚持党的建设是做好一切工作重要保障的思想，以党的建设带动全行各项工作的整体提高。按照总行“十讲”要求和新时期党建工作理论，一方面通过党建工作凝聚人心、团结队伍，形成坚持发展不动摇、开拓进取不懈怠、万众一心不折腾的保障机制；一方面加强反腐倡廉工作，认真落实科学发展观，以党建，促发展。在企业文化建设方面，坚持深耕细作，努力营造“以人为本”、建设“学习型银行”的企业氛围，做好“五好员工”创建工作。一是重视团队建设，以“规范出精品，管理出效益”为工作思路，实施“员工学习日”制度，利用内外师资力量组织开展各类培训班47期，培训人次达473人次。二是实行全员持证上岗制度和营销系统客户经理主协办任职资格上岗考试，有效提高员工的综合素质，强化客户经理业务操作规范，逐步建立科学合理的竞争、激励和淘汰机制，传导积极向上的文化理念。三是创新开展“我给领导当老师”活动，通过基层员工给行领导交流授课，有效畅通上下级沟通渠道，将员工的心声直接传导给分行领导，民主机制得到有效落实，也使决策依据更加充分。在金融生态建设方面，积极开展金融服务进社区活动，加强金融产品宣传和反假货币、反洗钱工作，强化银政、银企联系，通过主办“包商银行宁波分行中小企业金融产品推介会”，搭建银企合作平台，解决中小企业融资难等实际困境；通过同业交流与合作，较好地维护与改善良好的金融生态环境。

临商银行股份有限公司宁波分行

临商银行股份有限公司宁波分行行长　卢立富

基本情况　临商银行宁波分行成立于2008年12月25日，是临商银行跨区域设立的第一家省外分支机构。开业以来，分行牢牢把握总行“服务地方经济、服务中小企业、服务城镇居民”的市场定位，发挥自身优势，克服各种困难，推动各项工作稳健步入轨道。

着力两市贸易优势，搭建两地“金融桥梁”　临沂与宁波在经济和人脉方面关系联系密切，成为临商银行选择在宁波率先开设省外分支机构的重要原因之一。“南有义乌，北有临沂”，临沂现已发展成为全国第二大批发物流城，两市间企业的年贸易额已过百亿元。根据这一特点，宁波分行确立两点业务营销方向。一是把握两地频繁物流商贸的特点，抓住机遇，充分利用这一“商贸物流桥梁”，打造配套的“金融物流桥梁”，并以此为支柱，撬动整个产品链的开发，推出一系列如“商通宝”、“商家乐”、“信付通”等特色产品。二是服务好临沂与宁波两地互通贸易的企业。据不完全统计，在临沂经商的宁波籍及周边地区人员已有10万之众，他们70%在临商银行开户，得到临商银行的大力支持，并建立良好的合作关系，但由于区域限制，在他们的生产基地宁波尚不能得到临商银行的金融服务。面对这一需求，宁波分行首选满足临沂与宁波两地互通贸易的企业融资及金融服务需求，并做强做精。

把握总行脉搏，开展特色经营　在确保安全运行的前提下，分行结合自身实际情况，沿袭总行“服务当地、服务市民、服务中小”的特色市场定位，夯实业务发展基础，抓住业务发展主线，加大对中小企业的市场拓展及融资力度。一是服务小企业，以小企业为核心目标群。开发的一系列针对性产品，如商通宝、商家乐、小企业贷款直通车、高新科技企业成长快车等产品，受到中小企业的欢迎。二是借助临沂—宁波的产业链优势，打造一系列的“国内信用证”及融资产品。三是针对外贸型小企业这类客户群体，通过帮助客户规避风险（国家风险、银行风险、汇率风险），为他们提供以真实贸易背景及稳定供应链为基础的保理、押汇、打包贷款、福费廷等十多种贸易融资产品，在帮助中小企业度过“寒冬”的同时实现分行自身的发展。

重视内控管理，构建和谐企业文化　本着“立足根本”、“稳步前进”的理念，开业以后，宁波分行就着手实施内控与管理并行的机制，树立全行细致严谨的工作作风。一是根据总行内控框架，建立分行内控组织，落实相关部门对规章制度进行认真的梳理和规范，通过组织培训辅导，加强员工内控意识。二是树立分行内控机制与管理制度并行的建行机制，搞好激励与约束机制，兼顾效率与稳健，努力防范金融风险。三是加强自身建设，搞好金融创新，实现业务突破，逐步完善管理架构、人才储备、风险管控等体系，进一步改善内控环境，健全内控系统。四是重视团队建设，打造一支拥有坚强的领导班子、优秀的中层干部和员工队伍的企业团队。自招聘结束以来，分行就开始深化“学习型银行”的建设，坚持“人才兴行，以人为本”。首先是对全行新近干部员工进行较为系统的业务培训，内容涉及法律知识、信贷管理、国际业务、会计结算等相关专业内容。通过这些培训，员工对本岗位及相关的业务知识有了全面的理解与掌握，在员工综合能力不断提升的同时，营造“专业、高效、和谐”的团队氛围；其次是积极响应总行12月开展的“读一本好书，做卓越员工”的读书活动，在全行大力开展员工读书活动，鼓励员工通过读书活动来营造浓厚的求实、求知的学习氛围，形成一种浓厚的积极发展、勇于拼搏的工作氛围，促进全行各项工作的稳步、持续开展。

浙江泰隆商业银行股份有限公司宁波分行

浙江泰隆商业银行股份有限公司
宁波分行行长　颜利红

基本情况　浙江泰隆商业银行宁波分行成立于2008年12月31日，是继丽水分行、杭州分行后，浙江泰隆商业银行在省内开设的第三家分行。浙江泰隆商业银行宁波分行秉承“居安思危、与时俱进”的企业精神，坚持“中小企业成长伙伴”的市场定位不动摇，不断探索和积累小额信贷的管理技术和经验，针对小企业信贷“短、频、急”等特点，推出无需抵押的保证贷款等一系列以服务小企业的金融产品，在中小企业服务领域不断做专、做精，做成有特色的品牌银行。

象山国民村镇银行有限责任公司

象山国民村镇银行有限责任公司
董事长　马亚芬

基本情况　宁波鄞州农村合作银行在象山县发起设立象山国民村镇银行有限责任公司。于2008年8月31日正式开业，是宁波市首家村镇银行。

经营理念　作为本土银行，立足本地，加强与象山本地企业和居民的联系，熟悉本地的金融需求，努力开发满足各类客户的金融产品，真正把象山的资金用在象山县的建设上。秉承“阳光经营，创新服务，快乐成长”的经营理念，努力将自己建设为“村镇金融便利站”式的现代零售银行。

经营业绩　2008年末，各项存款余额12738万元，其中储蓄存款7311万元，对公类存款5369万元；各项贷款余额9715万元，其中短期农业贷款1990万元，农户联保贷款5230万元，主要经营指标超过开业预定计划，实现营业收入176万元，亏损137万元。

机构建设　由股东会选举产生董事会作为代表行使权力，并选举产生监事会进行监督。2008年末有员工18人，下设三个部门，分别为营业部、综合管理部和业务发展部。

内控建设　自建行初始，该行就将内控制度的建设作为一项重点的工作。在董事会、财务管理、贷款操作、员工管理等方面按照商业银行内控指引办法，以鄞州银行的相关制度为蓝本，制定一系列的制度。

队伍建设　该行采用走出去与内部培训相结合的方法，筹备阶段就将全体员工到发起行进行培训，发起行也派各业务精兵强将亲临指导，内部也采用学与考结合等一系列办法以提高员工素质。

资产负债业务　该行紧紧围绕存款立行，制订阶段性的工作计划和目标，2008年末存款余额达12680万元，负债业务初步奠定基础。2008年，该行累计发放各项贷款10115万元，回收400万元，余额9715万元，其中7165万元是“三农”贷款，涉及渔业收购、加工、养殖及运输业等，较好地支持地方经济建设。

慈溪民生村镇银行股份有限公司

基本情况 该行成立于2008年12月30日，是宁波市第二家村镇银行。该行以“面向三农、服务三农”为宗旨，立足慈溪市区域经济，重点拓展农业产业化项目和农村民生工程，积极支持民营经济发展和小型、微型企业发展，力争通过3年的时间，在慈溪市设立20～30家分支机构，建成相对完善的服务网络，将自身打造成“存款稳定、结构合理、流程简洁、业务创新”的特色银行。

宁波国际银行

宁波国际银行董事长　黄鹏年

经营情况　2008年末，宁波国际银行总资产2.81亿美元，各项存款1.08亿美元，各项贷款余额3127万美元，存放同业余额2.27亿美元，股东权益1.21亿美元。全年办理各类贸易融资3.28亿美元，较上年增长22%。实现利润总额882.4万美元，税后盈利660.6万美元。自2005年起已连续四年无不良贷款，各项风险资产为零。

特色业务　根据宁波及长三角地区的经济特色，结合自身业务优势，宁波国际银行在短期贸易融资业务及快捷结算服务方面创出自己的业务特色。一是采用直接融资的方式，大力支持信誉好、市场发展稳健的企业以低价获得授信。全年共为中小企业办理各项贷款贸易融资2.06亿美元。二是按照互惠互利原则，对各商业银行开展进口代付业务，较好地弥补因没有人民币业务客户基础薄弱和网点单一的不利因素，为支持地方经济发展、拓展银行盈利空间创造条件，全年共办理进口代付业务1.33亿美元。三是办理快捷的国际国内结算业务，为中小型经济实体资金流动提供优质服务。四是对综合业务系统中“每日挂牌汇率报价”做优化，出台《挂牌汇率和利率操作办法》等制度和办法，提高银行报价的自动化，增加每日挂牌汇率报价频率，结合已经颁布的资金业务管理政策涵盖的相关业务操作制度规范化管理，以控制汇率风险，提高代客外汇交易的收益率。全年代客外汇买卖和结售汇业务总量5.31亿美元，比上年增长12.59%；实现收益100万美元。据不完全统计，2008年，宁波国际银行全辖机构为4037个企业客户、5633个活期账户办理150.6亿美元的汇出入汇款业务，较上年增长84%；完成客户进出口结算业务6.33亿美元，较上年增长22.2%；办理各类贸易融资2.06亿美元，较上年增长15.7%。宁波总部办理国际结算业务总量在全市22家金融机构中排名第七，办理同城美元结算业务排名第二。

内控建设　一是继续加大内控制度建设，并就已公布实施的制度进行跟踪检查。2008年相继出台和完善25个新的规章制度，开展10个方面的自我检查。二是人员方面继续依托良好的企业文化，引导员工树立高尚、关爱、健康环保等积极向上的生活理念和培养员工对于银行的归属感与忠诚度，全年无一名员工辞职。三是不断完善系统。综合业务系统在4年多的磨合之后，已实现高度稳定性。四是外部事件风险控制，围绕“谨慎、有效、务实”的风控要求，密切关注变化多端的外部环境，远离风险产品和行业，特别在资金存放上，对敏感国家和地区实行按日按时监控。

企业文化　宁波国际银行成立以来，始终以“顾客至上、正直可靠、讲求效益、团结合作、关心员工、不断进取”为核心价值观，并在此基础上形成极富BIN特色的企业文化。2008年，荣获宁波市金融统计工作优胜单位，负责报表统计的人员被评为优秀统计员。崇尚绿色、健康的生活理念，员工自发组织BBC车队，并于2008年3月16日15周年行庆到来之际，举行主题为“健康、环保、遵章守法”的公益活动。扩大助学结对规模，2008年8月，在“甬川携手、万人助学”活动中，该行又有16名员工与四川灾区的17名贫困学生结对。

恒生银行（中国）有限公司宁波分行

恒生银行（中国）有限公司
宁波分行行长　邓汉英

发展概况　恒生银行宁波分行是宁波首家外资银行分行，也是恒生（中国）在内地开设的第9家分行。开行一年以来，各项业务取得长足发展。2008年，财务指标持续向好，各项主营业务都达到既定指标，结算业务量一直保持良好增长，并持续保持严格风险资产控制，本外币不良贷款余额为零，不良贷款率为零的优秀成绩，达到总行下达的各项全年任务指标。

个人理财业务　个人理财业务是恒生银行宁波分行2008年业务发展的重要一环，呈现良好发展的局面。主要表现在客户数量增长迅速，并推出丰富多样的个人理财产品以及服务。2008年宁波分行发售一系列结构性投资产品，主要包括外汇挂钩保本投资产品、指数挂钩保本投资产品、股票挂钩保本投资产品、可赎回投资产品和更特息投资存款。理财产品以保本产品为主，收益稳健，注重维护客户利益，在市场上取得良好的口碑。

汇丰银行（中国）有限公司宁波分行

汇丰银行（中国）有限公司
宁波分行行长 曹 磊

基本概况 汇丰银行宁波分行成立于2008年12月29日，是汇丰银行（中国）在长三角拓展网络的重要组成部分。汇丰银行宁波分行位于宁波市江东区核心商务区的波特曼中心，营业面积1300平方米，拥有员工约50名。汇丰银行宁波分行集对公和个人金融服务于一身，提供人民币及外币服务，包括向中外资企业提供广泛的商业银行服务，以及为个人客户提供以“卓越理财”为主的个人财富管理服务。

中国人民财产保险股份有限公司宁波市分公司

中国人民财产保险股份有限公司
宁波市分公司总经理　毛寄文

业务概况　2008年全年实现保费收入137646万元，同比增长16.82%；累计完成实收保费137012万元，同比增幅17.93%。

业务发展　车险业务方面，按照“在总体有效益的前提下，加快业务发展，巩固市场地位，稳定市场份额”的经营方针，加强业务考核奖励，将业务发展、续保率、车险业务盈利情况等指标纳入考核体系；做好交强险和商业险的费率调整工作，实现业务平稳过度；加大资源整合力度，出台相关管理办法；加强业务督导和经营情况分析，为各公司车险业务发展决策提供数据和技术支持；积极实施“车险保效益”工程。非车险业务方面，进一步巩固企财险行业自律，开发具有地域特色的企财险产品，以满足客户需求；继续推广“家财一卡通”，拓展普通家财险展业渠道；加大学平险、借款人意外险等意外险产品的营销投入，引入意外险业务销售新模式，组建意外险特定产品销售专业团队。积极探索符合宁波特色的农业、农村和农民保险的发展道路。在上年的基础上，顺利续转政策性农房保险，扩大政策性农业保险的覆盖面，并加强与政府沟通，推动各地“以险养险”工作。结合农网建设，在支公司增设集承保和理赔于一体的农险专管员岗位。同时，作为医责险共保体首席共保人，积极创新医责险的运行模式，被誉为“宁波解法”。

内控建设　承保方面，从业务源头上加强管控，大力实施“差异化经营、精细化管理”。建立和完善“黑灰”名单运行机制，加强业务监控。在海曙支公司积极推进集中出单工作试点，进一步加大业务集中处理力度。理赔方面，充分认识防灾防损工作的重要性，制订《台风防灾指南》和切合实际的防灾预案，落实防汛工作责任制度，提高防灾理赔工作的应对能力。远程定损工作也已逐步展开，同时，医疗审核的提前介入有所加强，理赔追偿力度逐步加大，借助外部力度打击骗赔取得积极成效。财务方面，大力宣导全面预算和综合成本理念，加强财务约束，防范资金管控风险。制定应收保费管理办法，坚持登记应收保费台账，建立预借发票监管机制，将应收保费清理情况纳入考核指标体系；完善预算管理制度、资金管理办法、未达账项管理制度等。

行业自律　严格规范各经营单位业务发展，明确提出“四个必须”：车险手续费必须坚决降下来，商业险要控制在15%、交强险4%以内；私家车贴费必须坚决取消；车险折扣率必须要有明显的降低；新的车险自律公约必须坚决带头执行。加快信息平台建设，扩展信息平台功能。加快修订行业自律公约，积极配合行业自律执行情况的检查。积极推动行业加强应收保费管理办法的制定以及小额事故协调处理方式的确定。年末，小额事故自行协商保险理赔服务中心已建立4家，分布在海曙、江东、江北和鄞州4区。

企业文化　公司通过举办司情通报会，让广大员工认清公司发展形势，充分了解公司所取得的成就，增强发展信心；完善员工关爱计划，增强公司凝聚力。召开第三届一次职代会，讨论通过事关员工切身利益的《劳动合同管理暂行规定》、《劳动纪律管理暂行规定》等6项制度。公司以服务奥运为契机，开展奥运主题活动。组织开展“迎奥运、创佳绩”百日劳动竞赛、“迎奥运、强体魄”职工运动会、“运动员风采展”摄影比赛、“与奥运同行、创人保辉煌”司旗传递活动等丰富多彩的群众性活动。同时，积极组织网络培训，加快推进学习型组织建设；成立青年经济研究会，鼓励青年员工理论与实践相结合，已立项6个研究课题；成功举办8期共享课堂和青年沙龙，促进系统内信息资源共享。自2008年9月起组织开展深入学习实践科学发展观活动，主要通过召开活动再动员、邀请党校教授举办辅导讲座、分组深入基层调研、召开两级班子民主生活会、开展建言献策活动等形式。

社会责任　汶川地震发生后，公司组织志愿者奔赴灾区进行支援，宁海理赔分中心的王文光被评为宁波市抗震救灾先进个人。全年政策性农业保险总承保农户33756户，受理赔案总农户数为2987户；政策性农房险涉及面更广，全市130多万农户全部参保。积极开展“保险进校园”活动，与浙江万里教育集团合办“人保财险班”。公司积极组织向灾区人民和贫困学生捐款捐物，交纳特殊党费、团费、工会费等共42.86万元。向宁波市医疗救援队医护人员无偿提供团体人身意外伤害保险，为宁波市援川搭建临时活动站房的指挥员和建设工作人员赠送团体人身意外保险。

中国太平洋财产保险股份有限公司宁波分公司

中国太平洋财产保险股份有限公司
宁波分公司总经理　车平华

经营概况　2008年，该公司根据总公司“核心业务发展快于非车险业务，非车险业务发展快于车险业务”的总体指导思想，业务再创历史新高，保费规模突破8亿元，完成预算目标102%，同比增长22.6%，高于行业平均增速4.3个百分点，非车险特别是核心业务得到长足的推进，实现业务总量3.29亿元，同比增长22%，核心业务总量1.14亿元。业务总规模进入太保系统十强行列。市场份额19.42%，较上年提升0.85个百分点，市场第二地位优势进一步巩固，应收保费等主要经营质量指标实现良好。

业务拓展　2008年，公司进一步加强销售能力建设，强化各主要险种的专业化条线管理，大力发展以核心业务为重点的非车险业务，全年非车险业务总量同比增长22%。狠抓“重点项目、重点客户”的组织化推进和落实，2008年，公司新申报的重大项目承保成功率达95%。

服务品牌建设　2008年，公司进一步深入推进“三六九”（营造三全平台、倾注六重关切、履行九鼎承诺）诚信服务工程，以窗口工作人员服务提升为关键点和突破口，加强服务质量的提升。2008年，公司在服务品牌创建工作中收获累累果实，理赔部车险查勘科获得总公司“双十佳”服务团队称号；夏丽娟“螺钉式”工作方法成为宁波保险行业取得的第一个以个人名字命名的优质服务品牌，并入选宁波市第二批最具影响力文明服务品牌候选事例，成为行业内唯一入选品牌；公司和慈溪支公司营业大厅获得市级文明窗口称号；“三六九”诚信服务工程获得总公司服务创新一等奖；公司在总公司满赔评级中被列为风险A级公司（风险控制最好的公司）之一。

队伍建设　制订完善严重违规违纪经营管理行为处罚办法和中层干部退出领导岗位办法等。继续做好人才引进培养工作以及教育培训工作外，整章建制，提出业务条线评优、晋升及退出机制、公司业务部考核制度等核心制度，推出《部分内勤岗位量化考核办法》等。完善人力资源管理制度，做好人才引进培养及继续教育培训工作。强调岗位建功，全年公司涌现展业能手91名，业务队伍建设突飞猛进；在2008年行业“保险之星”、“服务明星”、“展业能手”、“优秀团队主管”等评选中，该公司共有周建成等11人获奖。同时，公司在奥运年之际，举办首届职工运动会，展现了广大员工的精神风貌。

中国平安财产保险股份有限公司宁波分公司

中国平安财产保险股份有限公司
宁波分公司总经理　朱国平

业务概况　2008 年，该公司实现保费收入 32866.52 万元，任务达成率 102.71%。分险种来看，车险 23532.45 万，同比增长 31.66%；财产险 7703.19 万，同比增长 17.15%；意健险 1630.88 万，同比增长 12.40%。值得一提的是，2008 年公司在大项目的开拓上成效显著，新增大项目 18 个，新增保费 1309 万元，大项目保费在财产险占比由 15.8% 提高至 30.9%。

内部管理　公司从优化组织架构入手，对销售渠道和队伍进行整合和调整，提升公司的销售推动能力，实现业务的稳定发展和成本的有效管控。一是续保率尤其是优质业务续保率持续提升，车险续保率高出全国平均水平，个车续保率高出目标值 6.6 个百分点，达 51.6%。二是应收管控成效颇丰，应收率稳步下降，期末应收率仅为 2.6%。三是注重客户服务，2008 年公司客户服务中心以卓越的表现被宁波市财贸工会评为“工人先锋号模范单位”。

队伍建设　2008 年公司以队伍建设为工作重点，增员工作卓有成效，同时注重提高队伍技能，人均产能不断提升。宁波分公司加强对前线员工和后线管理人员的培训，不断培养全体员工的诚信意识和合规经营意识，规范一线的展业行为，提升职能部门的管理水平。在营造和谐的工作氛围，稳定前、后线队伍的前提下，公司积极听取员工的建议，为员工创造良好的展业环境。同时，加大对销售员工的管理，通过跟踪、引导、面谈等方法，加快员工成长；通过加强培训及员工间的相互交流，提高员工的市场开拓能力和队伍的整体素质；利用渠道化改革，通过产品策略，引导销售员工走专业化销售之路。

业务拓展　2008 年公司根据市场发展趋势，及时调整业务发展模式，深挖销售渠道，进一步加强综合开拓、银行、车行和新渠道等多方面的开拓，各渠道业务规模实现全面增长，车行、综拓、电销圆满完成年度计划。其中，车行累计完成保费 3212.23 万元，计划达成率 114.72%；综拓累计完成保费 6626.24 万元，计划达成率 110.44%；电销累计完成保费 4188.95 万元，计划达成率 182.13%。

理赔服务　公司将提升理赔服务水平作为重点工作来抓：一是加强理赔队伍建设，实现理赔人力的合理配置；二是推行标准理赔柜面服务，推出 7 ~ 8 小时理赔受理；三是提高理赔时效；四是积极开展医疗理赔服务。

企业文化　2008 年 9 月 ~ 11 月，在党支部牵头组织的“新农村　新希望”中国平安希望小学支教行动中，33 位志愿者利用自己的年休假奔赴安徽六安，为当地的教师和孩子们开拓视野，帮助学校改善教学的软、硬环境。公司工会也组织丰富多彩的活动，章村踏青、爬山寻宝、运动会……通过这些活动，员工的团队协作意识有进一步提升，集体荣誉感进一步增强，公司凝聚力不断提升。

中国出口信用保险公司宁波分公司

中国出口信用保险公司宁波分公司总经理　陈小萍

业务概况　2008年，在业务风险明显加大的情况下，公司的平均费率与上年相比反而下调10%以上，有效减轻企业经营成本。2008年承保的出口额快速增长，累计承保出口16.1亿美元，较去年同期增长33.8%。全年累计受理可损案件253件，比上年同期增加90.2%；累计报损金额6455万美元，比上年同期增加315%。

队伍建设　2008年继续大力引进高素质人才，尤其是客户经理队伍实力得到进一步增强。目前分公司已有员工50人，其中研究生以上学历16人，本科学历20人，两者占比达到72%。一线客户经理都具有本科及以上学历，专业素质较高；党员同志26人，政治素质过硬。公司加强员工培训，在总结实践经验基础上，制订概括为"三个阶段九个一"新人培训计划，每个新客户经理都必须按培训计划完成相关知识的学习，并接受阶段性的测评合格后才能独立开展对客户的服务。针对市场开拓中暴露出的问题，专门开展客户经理"双基"培训，即基础业务知识和基本业务技能培训。面向所有员工每月举办一次"培训课堂"，建立起知识更新机制。推行客户经理赔案轮训制度，要求客户经理在职能部门指导下，实习处理若干个理赔追偿案件。

企业文化　公司建立健全党政工团齐抓共管的协作机制，利用各种平台，各种文化载体组织开展员工思想教育，共同推进企业文化建设。2008年，公司组织开展反腐倡廉专题活动，组织党员"七一"红色之旅，参观宁波改革开放30周年图片展，参加"冰雪之中见真情——关爱外来民工特别行动"，组织员工为汶川灾区捐款、捐特殊党费、献血等献爱心活动，50名员工共捐款64284元。参加迎奥运元旦长跑，火炬传递等活动。2008年分公司荣获中国金融工会"全国金融模范职工小家"称号。还组织开展学习实践科学发展观活动，顺利完成第一、二、三阶段的动员、学习、调研、思想解放大讨论、民主生活会及分析检查等步骤，取得预期的效果，进一步解放思想，统一认识，找到问题，提出对策。

大众保险股份有限公司宁波分公司

2008年，大众保险宁波分公司以党的十七大精神及总公司年初工作会议精神为指引，统一思想、转变观念、增强信心，在机制创新、风险防范、客户服务、团队建设等方面寻求突破。在宁波保监局、总公司的正确领导和大力支持下，公司上下团结一致、不畏艰难、同心协力、奋发进取，基本保持公司的平稳运行。

经营业绩　2008年实现保费收入12012万元，完成全年计划的96%，同比减少17.21%。其中，车险保费收入9223万元，同比下降15.54%，非车险保费收入2789万元，同比下降24.6%。赔款支出9099万元，同比下降4.26%，综合赔付率为82.77%，已赚保费综合成本率118.32%，年化应收率5.49%。初步止住业务下滑的势头，释放部分潜在的经营风险。通过各经营单位的努力，宁波分公司成功参与承保杭州湾跨海大桥一揽子保险业务，成功续保北仑电厂、浙江中烟集团、宁波市国家安全局等大客户，并先后与5家银行续签合作协议，稳定银保合作业务。

经营管理　一是贯彻总公司2008年全面预算管理精神，确立效益为先的经营管理导向，制定出台宁波分公司2008年预算方案和考核管理办法。实行市场成本与赔付率挂钩，预算管理与目标考核办法相结合，将费用向优质险种、优质业务倾斜，将考核重点放在保费规模、边际贡献、综合赔付率、应收保费、经营管理等方面。二是强化资源二次分配功能，努力保持经营稳定。宁波分公司及时调节有限的资源在各主要经营环节上的配置，缓解一线经营压力。通过理赔集中管理，实现理赔资源的优化配置，减轻一线业务团队经营成本。三是加强两核建设，强化风险管控能力。建立核保室，梳理承保作业流程，加强核保队伍建设，成立业务管理委员会，严格按风险管理的要求核保，切实提升业务质量。理顺理赔流程，强化理赔管理。2008年8月末正式实施分公司集中接报案工作，调整部分职场分布，统一窗口人员的着装，改善客户服务形象，对所有理赔外勤和车辆进行集中管理，制定并部分实施新的理赔作业流程。实施“双八战略”，努力降低赔付率，多次组织专题会议向各经营单位负责人和业务员宣导优质业务的重要性。加大应收保费催收力度，层层落实，责任到人，与各经营单位负责人及大部分业务员签订《应收率完成目标计划书》，2008年末应收率压低到5.46%。

风险防范　2008年是整个保险业的监管年，也是宁波分公司全面实施合规经营、加大风险管控力度的重要一年。分公司从内控管理入手，坚持依法合规经营。一是积极开展各类合规文件学习活动和防范利用保险进行犯罪活动的自查自纠工作，增强干部员工的依法合规经营意识和干部廉洁自律意识。二是建立重大突发事件预警制度和重大情况报告制度。各部门、分支机构均建立内部安全防范、内部处理突发事件应急预案，落实具体承办人员、工作要求和时限，以沉着应对各类突发事件。三是认真学习和贯彻中国保监会、宁波保监局关于整顿规范全市财产保险市场秩序的文件及总公司相关会议精神，先后出台多项与核保及费用据实列支相关的规范性文件，开展案件防控大检查，成立合规工作领导小组，举行合规工作专题会议。

队伍建设　宁波分公司班子主动解员工思想动向，积极做好队伍稳定工作，多次召开专题会议研究队伍稳定问题，针对员工思想的波动情况，及时分析原因，并积极采取措施。领导班子成员主动找员工谈心，沟通思想，及时解决各经营单位和员工的实际困难。实施二线人员“定岗、定编、定责、定薪”工作，依据岗位性质，按时完成对编制内人员的薪酬调整工作。结合宁波保监局组织开展的学习实践科学发展观活动和总公司开展的“讲大局、强责任、增信心”主题实践活动，分公司组织各级党员领导干部深入学习科学发展观的内涵，使各经营单位和管理部门领导干部围绕创建“新大众、新形象、新业绩”目标，按照科学发展观的要求进一步统一思想，坚定公司上下全力推进改革与发展的信心。

企业文化　2008年分公司深入开展服务创优活动，组织各类专项活动以陶冶员工情操，调动了广大干部、员工的工作积极性。抓好职场的工作环境管理和员工食堂管理、定期组织员工体检等实事，使员工更安心地做好本职工作。加强对员工的教育培训，先后开展业务员培训、理赔人员现场查勘定损培训、出单核保人员培训等培训活动，提高员工工作的积极性和主观能动性，初步形成全司员工努力学习专业知识，提高专业技能的良好风气。

天安保险股份有限公司宁波分公司

天安保险股份有限公司宁波分公司
副总经理　林　岗（主持工作）

2008年，天安保险宁波分公司在面临国际、国内及整个保险行业亏损的严峻形势下，坚持“做强战略”，突出“合规、效益”的发展主题，坚定信念，共克时艰，在实现公司持续发展的道路上不断迈进。年末实现止亏的目标，分公司经营保持健康、平稳的发展趋势。

经营概况　2008年，宁波分公司实现保费收入16982.41万元，加强险种结构优化、努力发展效益险种。继续推进和深化销售体制改革，始终紧跟总公司的发展理念和营销思路，结合宁波市场实际，实现销售体制战略转型，整合销售资源，优化销售模式，科学调配销售费用，进行差异化管理，突出对效益型渠道的支持力度。积极拓宽渠道建设，先后与多家保险经纪公司、保险代理公司、4S店和银行代理机构建立业务合作关系。寻找挖掘重点客户、重点渠道、重点项目的商业保险，建立和积累分公司VIP客户群，加强客户管理，加强对招投标项目、500强企业和银保业务的公关力度。分公司制订逐月提高续保率的计划指标和激励制度，保费续保率逐月上升，位列总公司系统和宁波行业前列。

财务管控　加强财务基础管理工作，发挥财务部的监控职能，防范财务风险，确保据实列支各项经营成本。全面落实预算管理制度，积极运用新的财务管理系统，加大控制成本费用的力度。清理应收保费、清理其他应收应付等清产核资工作，提高分公司资产质量。通过建立和完善结算制度，促进保费资金及时回笼。按照“预算控制、归口管理、权限审批、厉行节约”的基本原则，实行费用项目的分类归口管理，强化开源节流的措施，促进全公司形成节能降耗的良好氛围。在总公司年度总结表彰大会上，宁波分公司取得年度应收保费管控奖和效益改善奖。

客户服务　宁波分公司始终秉承社会和客户的认可、支持是天安赖以生存的基础这一理念。根据总公司《客户条线工作手册》要求，明确客服工作的标准、规范和流程。规范化、标准化客户服务体系初步形成，客服工作有较大的提升。呼叫中心（95505）提供365天24小时全天候服务，倡导优质语音服务。为深化客户关系管理，重点围绕客户信息管理、客户关怀提醒、客户活动策划、客户构成分析等工作，组织实施“3·15”和“服务月”等活动。组织策划百万民众奥运环保公益签名传递大型品牌宣传活动，扩大公司的社会影响力，树立良好的天安品牌形象。

风险管理　着重强化风险管理，重在经营管理风险的预防、控制，力争将经营风险降至最低水平。强化全员合规经营的意识，完善内部控制组织体系，健全内部控制制度，全面落实保险经营责任追究制，全面提升合规和基础管理水平。在保监会70号文件下发后，开展全辖范围内开展自查自纠工作，开展专项合规检查，定期跟踪自查自纠的进展情况，切实纠正发现问题。强化全面经济责任审计制度，宁波分公司全年共开展审计、检查项目18个，审计覆盖率及整改率均达到总公司的要求。加强合规宣导，促进反洗钱工作有效开展。加强对固定资产管理、职场管理、低值易耗品管理、车辆管理，加强对应收率、业务结清率、注销率、单证作废率等各项指标的管控，2008年12月分公司顺利通过SGS公司三年一次的ISO换证审核。

队伍建设　宁波分公司不断深入贯彻“人才

先行”策略，牢固树立人才是第一生产力的理念，加大人才队伍的内部培养和外部引进力度，以人为本，切实抓好队伍建设。严格按章办事，规范劳动用工，自2008年1月1日新《劳动合同法》正式实施以来，分公司系统劳动合同签订率和参保率达100%。2008年宁波保险市场新增保险主体的人才扩张策略给分公司带来极大的压力，分公司充分利用人才流动带来的契机，化被动为主动，积极对人员进行合理、科学的改编，竭力保证员工队伍的稳定。加强学习型团队建设，把对公司的感恩、《向解放军学习》等“读好书”活动、征文和歌咏伴舞比赛一系列企业文化建设的工作落到实处，制订方案，周密部署，形成党政工团共同负责、齐抓共管、互相配合、共同推进的工作局面。为提升公司核心竞争力提供精神动力和智力支持，有组织地开展岗位练兵活动，规范业务操作流程，提高承保、理赔内外勤工作技能。加大人才的引进力度和后备干部队伍的建设，不断强化和细化绩效考核和薪酬管理办法，进一步完善以效益为导向的绩效管理和考核工作，积极营造尊重人才、突出工作效能的良好氛围。

党群工作与民主管理 2008年，通过开展“四好党委班子建设”、“党支部达标创优”和以“亮身份、树形象、显作用”为主题的“党员示范岗”创建等主题活动，不断推进宁波分公司民主管理建设，涉及“重大决策、重要干部任免、重大项目安排、大额度资金使用”等问题做到集体讨论决策，保证重大决策的及时、科学、高效。班子周例会、部门月例会、分公司季度经营分析会有序开展，倡导文明会风，与会成员畅所欲言。职代会制度在公司民主管理过程中发挥着积极的作用，组织开展各种形式的合理化建议和献计献策活动，最大限度地调动起广大员工的积极性，促进员工参与分公司管理的力度。工会发挥桥梁纽带作用，坚持把解决公司难点和职工关心的热点问题作为司务公开的重点，通过内部联系单以及邮件等形式及时让职工知司情、参司政、议司事，激发广大职工的主人翁热情。2008年，分公司成立劳动争议调解委员会，工会组织各工会小组干部的东钱湖封闭式培训，组织学习《劳动合同法》和《劳动争议调解仲裁法》，进一步增强员工的维权意识。

中华联合财产保险股份有限公司宁波分公司

中华联合财产保险股份有限公司
宁波分公司总经理 周 波

2008年，中华财险宁波分公司在巨大的困难和压力面前，公司上下同心同德，在逆境中求生存、求发展，克服重重困难，总体保持平稳运营，班子队伍基本稳定，基础工作得到加强，风险意识得到提高，经营数据明显趋好。

经营概况 2008年，宁波分公司实现保费收入32564万元，应收保费率3%，结案24338万元；账面亏损3778元，市场占有率7.96%。分公司紧贴市场脉搏，调整业务政策，在结合各地市场特点、业务部门需求及公司业务发展导向的基础上，重新修订并出台2008年车险核保政策，并根据实际情况对考核办法进行五次微调。公司组织一季度非车险业务竞赛和“迎奥运 促发展”劳动竞赛，两次竞赛共实现保费收入8264万元，占全年保费总收入的25.38%。下半年以来，非车险叫停造成公司整体保费下滑，分公司将工作重点迅速转移到做优做精车险业务上，特别是对高档车等高赔付率车型的承保进一步强化管控，并取得初步成效。通过财务测算，制定全新的考核办法和薪酬管理办法，将公司利益与公司管理层个人利益统一起来。此外，分公司积极探索新的管理方式，切实提高内部工作效率。大力开展增收节支活动，进一步完善《费用管理办法》、《物质采购、领用管理办法》，严格规范各项费用的列支渠道，全年行政经费同比减少30万元。进一步完善辅助系统的功能，特别是黑名单甄别系统的开发，对于业务机构特别是业务员的业务质量起到提醒作用，并在2008年8月份建立公司的外部网站。

机构建设与人才培养 2008年，宁波分公司新设大型商业风险保险部、高级客户经理室和信息技术部，重建中介业务部。大型商业风险保险部先前已介入十多项大项目，其中舟山大陆连接线宁波段、医责险共保体、2008年度宁波市政府机关车辆保险等业务都获中标。高级客户经理室成立后，全年单人实现保费收入340万元。中介业务部始则终坚持银行代理业务特色，全年保费收入348万元，同比增长46%；在非车险停单前其非车险业务占比高达47.7%，简单赔付率仅为16.8%，取得很好的经营效益。分公司制定《2008年度引人才促业务奖励办法》，建立人才引进链，激活引人机制，全年共引进优秀展业人才5名，创保费250余万元。此外，分公司建立起每周二学习制度和晨会制度，在增强员工凝聚力和创业激情方面起到积极作用。

内控建设 首先，基础管理工作逐步向分公司集中，严格分公司管控权限。一是进一步加强核保工作，把好业务进口关，特别是对于船舶险等高风险业务通过再保、共保渠道分散风险，加强与业内公司的联系，落实黑名单制度。二是强化资金集中管理，每月做好资金使用计划的编制和上报，并对公司各经营机构的资金使用制定申报的细则，对超过计划核定拨付的资金实行严格的控制。三是实现核损和核赔的集中，制定《机动车险赔案核损操作要求办法》，加强对核损环节的管理，特别是对疑问案件的复勘工作及追查力度有明显的提升，截至年末，核减案件共232个，核减金额总计达31.98万元，核减除外责任案件72个，取得良好的效果。其次，总结经验认真做好自查自纠，确保基础管理的严谨规范。一是加大财产险现场验险制度，对于往年出险的业务进行重点排查，提出风险管控意见。二是重新修订《业务重要单证管理办法》，制定《保险业务单证管理实务规定》，重点抓好手工单证的管理，对往年所有手工单证逐一进行核对清收。三是按照总公司的要求，对银行账户进行彻底清查。四是按照保监会 70 号文制定相应办法减轻机构费用开支渠道压力，保证各机构能够合法合规据实列支应付手续费。五是继续规范代理人持证上岗制度，截至年末，公司保险代理人持证率达 100%。六是加强对拍卖车辆的管理，由分公司客服统一受理对推定全损车辆的拍卖工作；设立配件回收室，杜绝回收配件私自处理的现象，建立 4S 店配件数据库，并自行印制第一本《常用车型配件手册》。七是进一步加强与恒顺保险调查公司的合作，加强疑难案件的调查力度，全年为公司挽回损失百余万元。

客户服务 随着宁波市区博纳、骏达、兴隆服务中心的相继成立，宁波分公司配备充足的人力、物力，保证服务中心工作顺利开展，并在服务中心采取直赔服务，减少理赔环节，深得广大客户青睐。在理赔大厅实行“一次性退单”的工作，并将此纳入公司理赔服务承诺中。

风险管理 一是制定《经营违规处罚和领导责任追究暂行办法》。二是完成对三家经营机构的经理经济责任审计工作，对各业务经营机构创建至今的经营活动、财务收支、单证管理和理赔质量等方面进行全面的摸底工作，并对存在的问题提出合理化建议。三是要求全市系统严格执行《保险公司合规管理指引》等相关规定，做好经营管理中内控风险的防范和化解工作。四是根据保监会 70 号文件要求和总公司会议精神，对公司及所属的营业机构进行全面的自查自纠工作，针对发现的问题提出整改意见和建议。

中国大地财产保险股份有限公司宁波分公司

中国大地财产保险股份有限公司
宁波分公司总经理　吕家麒

2008年，大地保险宁波分公司坚持以科学发展观为指导，在总公司的正确领导下，团结一致、攻坚克难，以结构调整为主线，狠抓业务发展、理赔质量、服务水平、内部管理、队伍建设，着力培育各方面的优势，不断增强核心竞争能力，各项工作均取得积极的进展和成效。

经营业绩　2008年，宁波分公司实现保费收入4.66亿元，车险、非车险、人身险业务占比分别为60%、32%、8%。基础管理工作得到加强，在行业内品牌形象及竞争能力不断提升。绍兴、舟山两家中支成为卓越俱乐部成员，台州、绍兴、舟山三家中支进入腾飞公司行列。宁波分公司先后接受宁波国税局、财政部宁波专员办、省、市保监局等监管部门的检查和稽核，公司依法合规经营的总体状况得到有关部门的肯定。

业务发展　2008年，宁波分公司把调整结构，大力发展效益业务作为业务发展的重中之重来抓。出台激励非车险、人身险及车险目标客户等效益险种发展的考核政策，开展各种劳动竞赛，倾力扶持效益险种。成立大项目工作领导小组，设立“大型商业风险项目承保部”，出台大项目业务目标管理实施方案，开展“大地春播”等大项目业务立项竞赛，落实分级列项和责任考核等重大项目工作机制。同时，着力开发成长性较好的潜力型险种。成立信用险、责任险、货运险、健康险等新险种项目推动小组，开发出货运险BtoB出单系统。自2008年3月份“渠道整合月”以来，各机构集中整合政府、银行、中介和4S车行四大渠道，前后与80多家保险中介代理机构建立专业代理合作关系，代理业务达到4000余万元；与工行、中行、建行、交行、招行等银行签订合作协议；开拓政府部门的业务渠道。实行“一司一策”的差异化车险核保和考核政策，严格控制高风险业务，使车险内部的险种结构不断得到优化，整体赔付率逐步降低。

客户服务　宁波分公司对客服体系进行梳理和调整，重新进行定编、定岗、定人和定量，进一步明确职能与分工，制定客户服务规划和队伍建设的方案，强化“十集中十统一”的理赔管理模式，重新修订和完善各项规章制度，健全监督机制。提高第一现场查勘率，加大现场查勘定损的力度，对人伤案件实行提前介入；加大打击各类虚假赔案的力度，制定《反保险诈骗工作管理办法》，建立车险核赔委员会和每天案件分析会制度，对各类异疑案件、大案要案进行逐案分析；狠抓全流程管控，实施“后节点”对“前节点”的监督，强化理赔节点的互监机制，严防各类不正之风的发生。从下半年开始，把提高理赔质量作为各级业务部门的“一把手”工程来抓。建立健全各机构的“协查员”队伍，使理赔的质量不断得到提高。防损防灾以及大灾理赔工作，较好地应对2008年所遭遇的特大雪灾和汛期的防损防灾工作。

内部管理　宁波分公司认真贯彻落实保监会70号文件精神，严格依法合规经营，开展“合规经营，从我做起”系列活动，按照70号文件和上级的要求进行自查自纠，对已经发现的问题逐一进行清理和纠正。全面落实总公司的费用政策，重点向优质和效益险种倾斜，以点对点的方式直接兑现业务员的外部成本，保证业务的正常发展。加大财务检查的力度和频度，共同把关，防止和减少赤字机构的产生。全面推行收付费标准化管理，严格应收保费考核与机构负责人挂钩，对应收保费进行全过程考核和管控。对虚挂应收保费和贪污保费行为进行严厉的打击。加强单证管理，对长期未收回的单证进行清理，使单证管理步入正规。2008 年，对 16 家机构实施常规审计、专项审计、后续审计和机构负责人的经理经济责任审计，提出审计建议 62 条，对发现违规问题的机构和个人进行处罚。

队伍建设 抓好队伍的稳定和人才引进工作，严格执行总公司的定编定员定岗要求和规定，严格用工和薪酬管理，使全公司员工纳入规范化系统化的管理轨道。各级机构全面贯彻“1 + 1”的增员方案，积极引进高级管理人员和业务员，取得明显效果。按照不同需求，有针对性的开展各项员工培训，有效地提高员工队伍的素质。加强党的建设，认真贯彻十七大精神，深入开展学习实践科学发展观活动，统一思想，强化有效益快速发展意识。各级党组织把工会、共青团等群团工作列入议事日程，开展文艺会演、体育比赛等多种形式来丰富员工的业余文化生活，积极推进群团工作的开展。

华安财产保险股份有限公司宁波分公司

华安财产保险股份有限公司
宁波分公司总经理　龙　飞

2008 年，华安财产保险股份有限公司宁波分公司坚决执行总公司的彻底规范经营和万家门店连锁经营战略，注重网络布局、业务结构、产品创新等方面建设。全年承保金额 22.16 亿元，实现保费收入 765.27 万元，同比增长 0.02%；全年新开门店 15 家，累计已开业 28 家，其中宁波市同城 21 家，县市 7 家，初步完成在宁波市门店网点布局。

客户服务 “比出险客户家人早到三分钟” 是华安保险对客服人员铁的要求。服务至上是利润的前提与保障，更是公司生存的命脉。全国统一服务电话（95556）使客户可以受到客服人员及时、周到的服务，做到 “时时有保险，处处有华安”。

合规经营　2008 年，宁波分公司在总公司合规部的指导下设立合规岗，全面监督分公司的对内、对外经济业务，为分公司业务发展走上健康的轨道打实基础。

人力资源　宁波分公司坚持宁缺毋滥、用人所长的原则，遵循总公司 “以理想吸引人，用文化留住人，用待遇回报人” 的理念，有选择、有步骤地吸引人才。2008 年末，共有员工 180 名，其中持证门店人员 124 人。

企业文化　宁波分公司的每一个新员工都要接受以 “责任、专业、奋进” 为核心的华安企业文化的训导，使新员工懂得 “华安是大家的”，认识到 “华安是一个负责任的企业”。2008 年，宁波分公司利用新成立的工会组织、总公司的内部期刊如《华安保险》、《华安剪报》、《华安月刊》、《华安论坛》等为平台，积极开展形式多样的文化活动，包括国学讲座、消防知识讲座、迎国庆文艺晚会等。多次组织新员工到长沙接受总公司统一安排的业务培训，并与分公司网络培训相结合，提高员工业务素质，促进员工间交流，增强凝聚力、向心力。

安邦财产保险股份有限公司宁波分公司

安邦财产保险股份有限公司
宁波分公司常务副总经理　余煜忠

2008年，安邦财产保险股份有限公司宁波分公司在总公司和宁波保监局的领导下，在全体员工的共同努力下，克服严重雨雪冰冻灾害、四川汶川“5·12”大地震灾害等不利因素，同心协力、扎实工作、负重奋进，基本保持业务平稳发展的态势。

经营业绩　2008年，宁波分公司完成保费收入11040.09万元，比上年减少35.23%。其中，车险保费10322.8万元，占总保费93.5%；非车险保费为717.3万元，占总保费的6.5%；应收保费率为0；市场份额为2.7%，上年为4.7%；全年共受理理赔案件6.5万件，已决赔款支出11148.56万元。

经营管理　2008年以来，总公司业务政策变化较多，分公司自始至终坚持业务发展这个主线，及时与总公司沟通，争取政策优惠，为各机构正常展业排难解忧，大多数机构的保费规模基本保持平稳发展。下半年，分公司认真贯彻落实总公司同城机构合署办公的要求，克服各种困难，在各机构的支持配合下，将江东、江北二个机构进行合署办公。加强机构管理和建设，并对四个机构的负责人进行调整。按照总公司《安邦车险理赔事业部制方案》的要求，宁波分公司从组织架构、人员配备、基础管理、教育培训等方面着手，积极落实理赔事业部制的各项要求，促进理赔工作逐步走上规范化、专业化的道路。2008年，理赔部检查出虚假、骗赔案件10多起，金额30万元，成功拒赔各类案件近15件，有力打击了不法份子钻保险理赔的空子，维护了公司的利益。

队伍建设　宁波分公司确定以车险为主、非车险为辅的组织架构，理赔服务中心设置查勘定损、重案、未决、缮制、核损、核赔、已决、综合等岗位，人员配备基本到位，形成一支稳定有战斗力快速反应的专业化理赔队伍。

企业文化　2008年初的严寒冰雪灾害，给宁波的交通运输和群众生活造成极大的影响，分公司员工积极响应市总工会及相关部门的号召，为外来务工人员捐款2000余元。“5·12”汶川大地震后，分公司本部和各机构员工为灾区爱心捐款4.2万余元。在两年一次的、由宁波市保险行业协会主办、全市35家保险公司参与的宁波市第二届“保险之星”评选活动中，宁波分公司余姚支公司总经理郑钦新荣获“宁波市保险之星”奖，分公司推荐的其他四位员工：吴元龙获“优秀团队主管”奖，徐立其、周爱群、严佩珍三人获“产险展业能手”奖。此外，分公司办公室为业务发展添砖加瓦，积极宣传报道分公司和机构在业务开拓方面取得的成绩和创新作法，并于2008年5月编辑出版《安邦报》宁波专版。

永安财产保险股份有限公司宁波中心支公司

永安财产保险股份有限公司
宁波中心支公司总经理 许继革

2008年，对永安保险宁波中心支公司而言是较为特殊的一年。在全体员工的共同努力下，宁波中心支公司紧紧围绕总公司、省公司的工作部署，着重抓内部建设、合规经营和规范化管理，各项工作均步入正轨并实现稳健发展。

经营概况 2008年，宁波中心支公司实现保费收入8850万元，非车险占比20%，利润150万元。满期赔付率56.51%，立案率97.35%，结案率74.47%，预估偏差率-7.5%。参加宁波市政府、慈溪市政府、宁波广电集团、城建局等组织的招标活动，并在慈溪市政府车辆险、梅山大桥建工险项目上中标。对客服中心人员的管控不断加强，理赔效率和客服能力明显提高。目前下设营业机构9个，其中支公司5个，分别为慈溪、余姚、鄞州、江东、海曙；营销服务部4个，分别为奉化、宁海、北仑、镇海。

经营管理 宁波中心支公司根据省公司年度工作会议和宁波保监局年度工作会议精神，完善经营考核办法，在稳定发展的前提下，对个别管理紊乱、经营业绩下滑、应收保费工作滞后、遗留问题多、不善于经营的机构一把手进行调整。加强公司治理和内控制度建设，加强合规经营，以不断适应新的保险监管措施。结合宁波保监局2008年28号文件精神，通过转变发展方式，强化内控制度防风险，强化精细化管理谋效益，强化创新和优质服务谋竞争优势；通过提高基础管理水平，确保财务业务数据的真实；准确完成各机构经营费用的计算、复核工作，保证机构及时结算费用。认真落实现行《应收保费管理办法》，加强内部管理，督促各营业机构做好应收保费工作。宁波中心支公司组织管理部门和营业机构的主要负责人进行系统性的学习和培训，以提高基础管理水平。

客户服务 针对2008年初雪雹灾害较多的实际情况，宁波中心支公司积极应对雪灾造成的财产险理赔案件，每日上报雨雪冰冻极端天气造成损失情况，创新理赔服务工作方式，提高理赔效率。加强查勘定损管控联单，严格按照SOP流程操作，车辆配件严格按照报价流程操作，减少更换配件定价的随意性，提高定损的准确性、合理性。严格按照省公司三大中心的标准化赔案制作规范缮制各类赔案，使案卷质量有较大提高。2008年上半年，宁波中心支公司对理赔定损、核赔权限及操作流程进一步明确要求，进一步实现理赔标准化操作。车险赔案核价系统上线工作进展顺利，全市已基本做到每件车险赔案查勘定损、照片、报价、核价均按要求统一录入系统。

天平汽车保险股份有限公司宁波中心支公司

天平汽车保险股份有限公司
宁波中心支公司副总经理　蒋　蓉（主持工作）

天平汽车保险宁波中心支公司自2006年5月开业以来，始终坚持“诚信、专业、创新、效益”的经营理念，各项业务飞速发展，产品体系不断健全，业务规模不断壮大，管理和运营跨上新台阶。2008年，公司保费收入4385.82万元，在日趋激烈的市场竞争中保持业务的稳步健康发展。

公司架构　宁波中心支公司不断完善机构网点建设，在公司架构上强调协同性和集中性的统一，将集中管理和系统分工结合起来。2008年，新开设慈溪、余姚两个支公司，进一步扩大服务半径，增加服务网点。为提升服务形象，宁波中心支公司在原职场的基础上扩大职场范围，进行重新布局，明确各区域职场功能建设。

人力资源　宁波中心支公司注重人才培养，招纳良才，任人唯贤。不断夯实基础队伍建设，优化员工队伍知识结构、学历结构、年龄结构、前后线人员比例结构。强调部门内部沟通能力和主要负责人协调管理能力，提高管理效率，提升公司执行力。最大限度地发挥保险公司应有的职能作用，全面提高组织管理效率和效能，促进公司各项事业蓬勃发展。

经营管理　公司从成立以来，始终坚持“基于非核心业务外包的低成本专业化”经营模式。首先，坚持以业务发展为中心，积极推行和深化改革。优化分销商渠道，培养一批忠诚、稳定的战略合作伙伴；对分销商和公估行实行统一管控机制，注重合作商专业技能的培养，多次组织专项教育培训活动，使合作商的经营思路和公司的经营目标保持高度一致，形成一套完整、科学的管理体系。公司注重逐级提升本部员工的专业技能水平，强化考勤制度，建立晨会制度，增强员工的责任感、使命感与创业积极性。其次，大力弘扬企业文化，创造良好人文环境，组织员工进行“健康跑迎奥运”、“体能拓展训练”等活动，为创建和谐共赢的企业团队打下良好的基础。公司还积极组织开展一系列形式多样、有利于业务拓展和改进管理的竞赛活动。

风险管控　在总公司相关部门的指导下，宁波中心支公司内部控制制度经历从建设到完善的过程。在业务管理上，严格把好风险管控关，严格按照监管机关的要求在特定环境和不同情况下，实施相应的核保政策，加强风险管控能力，建立健全业务审批制度。在应收保费制度上实行“零”应收政策。不断规范单证管理制度，严格把控单证流转及归档情况。在理赔管理上，建立专业化的理赔队伍，加大考察、审核力度，对公估等合作商实行专业化管理和常规化检查，查漏补缺，防范经营风险。在财务管理上，严格执行财务制度，协助总公司做好常规稽核、审计工作。

客户服务　2008年，宁波中心支公司为提升服务能力，始终坚持“让出行更美好”的天平使命，加强对查勘管理体系的调整。对查勘人员实行统一管理、统一培训、统一评级、统一考核机制。提高案件第一现场查勘率，提高客户满意度。加强服务窗口的人性化建设。加大员工的培训力度，通过礼仪培训、保险知识讲座等方式提升员工的服务技能和综合素养能力。完善后线人员考核机制，实行全员绩效挂钩；所有人员建立末位问责制；牢固树立全员“品质”意识，坚持“品质为先”不动摇，达到效益和规模，时效和质量和谐统一。安全服务是天平的服务特色，2008 年“天平方舟 1 号”在交通安全教育学校的投入使用有效地提高学员安全驾驶技能，纠正不良驾驶习惯，从而降低出险概率。此外，天平也是国内首家设有汽车安全工程师职位的保险公司，汽车安全工程师可以为客户提供有关汽车维修和保养的知识，并进行培训与服务。

华泰财产保险股份有限公司宁波分公司

华泰财产保险股份有限公司
宁波分公司总经理　宋正光

经营业绩　2008年，宁波分公司实现累计保费收入2923.81万元，较上年同期增长90.7%，完成全年保费预算3527万元的82.9%。其中，车险保费全年累计1954.74万元，同比增长143.35%，完成车险预算2200万元的88.85%；非车险保费全年累计969.07万元，同比增长32.76%，完成非车险预算1327万元的73.03%。除新增机构及人员带来的保费收入外，销售渠道也较上年有较大幅度的突破；目标客户的支持力度加大，员工绩效提高较快。

机构建设　宁波分公司狠抓销售改进，年初根据公司2008年工作部署，从组织架构上进行改革，严格区分公司业务系列和传统业务系列部门，并出台"直销系列绩效考核办法"、"直销系列工资核定办法"、"公司业务系列绩效考核及工资发放办法"、"应收管理办法"等多项管理措施，规范销售的行为和奖罚措施，取得明显成效。先后成立慈溪营销服务部和北仑支公司，加强以核保为销售指导，发挥核保人的核心作用，使销售人均产能较上年上升40%。

两核管理　非车险部建立部门例会制度，核保人和核赔人严格遵守核保准则和核赔准则。核保人积极主动深入销售一线，开展各种销售培训以及陪同展业，急销售之所急，想销售之所想。理赔人员从客户服务和减低赔付率的原则出发，较好地把握了公司的理赔政策和理赔尺度，理赔案卷的整理、装订比较及时。出单员的出单速度和准确度有大幅提升，服务态度也有很大改善。在车险两核管理方面，宁波分公司加大管理力度，例如：完善周例会制度，结合理赔中心的核损、核赔规则、案件查勘量、案件立案时间、查勘及时率、投诉率等进行综合考评；分别制定查勘车、电脑、查勘定损员运作规范、宁波核赔标准、定损员考核管理办法、车险部工作职责安排等多项管理规章制度；加强理赔人员的廉洁自律教育等。在条件成熟前提下，逐步建立协作单位，为客户提供便捷的理赔查勘服务；为一些大客户、优质客户提供绿色通道；坚持与基层沟通联系，掌握市场第一手资料，为基层排忧解难；加强主动催收未决材料的力度、适时推动上门收材料，加快赔款的速度，为业务创造良好的展业环境。

财务管理与单证管理　宁波分公司严格执行总公司内控制度要求。保费收入专户管理，固定费用支出按照年度预算执行，专项支出均通过报批。自保监会出台70号文件后，财务工作更加规范严谨。根据华保计字［2005］第5号《中心支公司、支公司（营销服务部）财务管理指引》要求，制定并下发华保甬字［2007］6号《华泰宁波分公司单证管理实施细则》。每月末对实物单证进行盘点，并与单证盘点表核对一致；每季度对单证做一次全面的清理，日常各使用部门按照定量领用及核销换领的规定执行。

人事管理　宁波分公司把人事管理作为非常重要的工作来抓，以精简、高效、合理为原则，较好地把握分公司不同发展阶段对人员的要求，从管理人员配置上首先满足两核尤其是理赔服务的需要，其次从共同资源人员的配置上以一专多能、一人兼多岗为原则，既保持人员精简又保证工作高效运转。

阳光财产保险股份有限公司宁波市分公司

阳光财产保险股份有限公司
宁波市分公司副总经理　缪君秋（主持工作）

2008年是阳光财险宁波分公司的第一个完整经营年度，公司以树形象、打品牌、求发展为重点，各项工作取得明显成效。

业务开展情况　2008年分公司累计实现保费8821万元，比上年增长151.53%，完成计划的88.21%。全年计划达成率在33家省级分公司中排名第7位，其中第四季度确保计划达成率排列首位。预计2008年末市场份额为2.12%，比年初上升1.11个百分点，在二十二家主体中市场排名第十位。2008年综合赔付率为73.76%，比计划高15.76个百分点，比系统平均高近10个百分点。其中车险赔付率为77.71%，比系统平均高11.77个百分点；财产险赔付率为44.64%，低于系统平均8.91个百分点；意健险赔付率为54.23%，比系统平均高1.1个百分点。2008年，车险占比83.96%，比系统平均高出.92个百分点；财产险占比10.03%，低于系统平均3.92个百分点；意健险占比6.02%，比系统平均高出0.1个百分点。

机构队伍建设　2008年正式开业新机构3家，建立分公司业务部，根据销售基本法要求整合分公司营业部，按计划完成全大市营业服务网络的布局。

品牌建设　公司坚持“关爱、服务”的品牌建设方向，不断挖掘公司的发展亮点，不断扩大阳光品牌的社会影响。公司的“方便、快捷”理赔服务特色已基本形成，业内外影响不断扩大；公司通过举办在甬媒体座谈会、“关爱与心、服务于行”等大型品牌建设活动，使品牌建设得到扎实推进；公司还十分重视社会公益事业，组织发动员工累计捐款超过6万元，捐赠衣物、书籍、文具超500件。

渤海财产保险股份有限公司宁波分公司

渤海财产保险股份有限公司
宁波分公司副总经理　高德纯（主持工作）

2008 年，渤海财产保险股份有限公司宁波分公司紧紧围绕总公司发展战略和分公司“公司兴旺，我有责任；向赔付率要费用，向管理要效益”的经营宗旨，贯彻落实保监会 70 号文件精神，深入推进“阳光工程”和“优秀工程”建设，学习实践科学发展观，解放思想，开拓创新，在优化业务品质、调整队伍结构、提升客户服务、加强内控建设等方面取得一定的成效。全年累计实现保费收入 10362.37 万元，其中宁波地区 4600.81 万元，占比 44.40%。

大力开拓市场，加快业务发展　围绕改善业务品质，培育赢利能力，稳步发展业务规模。根据各险种赔付数据，实施差异化管理，销售政策与险种相匹配，并向效益险种倾斜。同时，在业务发展过程中，结合总公司相关要求不断修改、补充、完善各险种业务核保政策及核保细则，以适应市场变化情况。坚持不懈地抓业务品质的改善，坚决剔除不良渠道的业务，剔出出租车、自卸车等高赔付率车型的业务，同时针对宁波台风高发的特点，严控财产险承保风险，2008 年分公司业务质量较上年有明显好转。了解市场，走访中介机构，拜访宁波、台州、温州地区的保险专业代理公司、经纪公司，签订合作协议，一定程度上加快公司业务发展。开展销售激励活动，促进业务发展，陆续开展“争创新春开门红　誓夺鼠年一路发”销售竞赛活动、“展现自我　超越自我”车险业务竞赛活动、超额累进制的激励活动，并积极响应总公司的各种销售竞赛活动，充分提高员工开展业务的积极性，达到良好的效果。

推进“两个工程”，夯实发展基础　推行“阳光工程”，贯彻落实总公司的经营指导思想和各项费用政策，结合当地市场情况，因地制宜地制定销售政策、每月经总经理办公会议决定下发保单取得成本政策，做到公开、公平、公正，实现阳光操作、阳光发展。推进“优秀工程”建设，召开“优秀工程”全体会，认真学习、深刻领会保监会主席吴定富的相关讲话精神和总公司相关文件精神，查找差距，制定切实可行的整改措施，明确整改方向，设定整改目标，扎实改进；提炼公司优秀干部、员工标准，形成人人争创优秀的工作氛围。通过“优秀工程”，提高全体员工的技能素质，提升公司的经营管理水平，建立一支优秀的干部员工队伍，打造优秀渤海。

加强内控建设，促进规范经营　依法规范经营是管理工作的重点，分公司认真总结历史教训，全面分析原因，采取针对性措施一一解决，狠抓内控管理，增强合规经营意识，严防出现新的经营风险。一是理顺完善基础管理制度，形成制度化管理的工作氛围，进一步加强内控建设，规范经营，陆续下发《三级机构财务负责人委派制管理办法》、《关于进一步加强公司内部管理工作的通知》、《关于规范保单成本兑现方式的通知》等 10 余个规章制度，弥补管理漏洞，加强制度执行，夯实基础管理工作。二是加强检查和机构自查自纠。三是贯彻落实保监会 70 号文件精神，狠抓合规经营，认真组织学习 70 号文件，深刻领会内涵，全面把握精神，成立自查自纠工作小组，连续召开自查自纠专题会议，研究部署各部门、机构开展自查自纠和整改的各项要求，有重点、有秩序地开展自查自纠工作，狠抓依法诚信合规经营。

狠抓理赔管理，提高客服水平　提高理赔质量是客户服务工作的重中之重。分公司一直注重客户服务，通过岗位的重新设置、人才的引进、员工的培训、理赔时效性考核，不断激励员工工作积极性，提高理赔质量，以满意的售后服务推动业务发展。成立整顿客服工作小组，加强理赔定损人员管理、接报案中心及前台理赔管理、核价核损理算及内部事务管理、礼仪服务培训管理、考核工作管理等，加大制度和流程执行及考核力度。成立宁波营业部客服中心，将分公司客服部独立出来，充分行使管理职能，重新架构客服岗位，明确岗位职责，理顺理赔流程，提高理赔时效。对全体客服人员进行保险综合知识和专业知识的问卷考试，摸清在岗人员的专业技能和水平，对客服队伍进行全面梳理和整顿。加强对宁波营业部等历年赔付水平较高的重点机构的监管和督导，采取赔案缮制和上报集中在三级机构，二、三级机构负责介入疑难案件，并实行理赔查勘权限分级授权、责任到人的管理模式。加强对三、四级机构的车险理赔指标的日常分析和监控，通过实时监控每日理赔数据的变化，及时发现三、四级机构理赔工作存在的问题，提出整改意见，督促落实整改工作，并定期清理垃圾数据，使各项考核指标能够真实反映经营成果。建立车险理赔质量检查机制，每月进行一次已决案件的抽查，对差错责任人实行处罚，纠正偏差，使赔案质量得到明显提高。开展未决赔案清理工作，实行责任跟踪、限期结案的办法进行考核监督。通过未决清理，2008 年下半年以来分公司结案率逐月上升，达到 85%，比去年同期提升 20%。小案挤水分，大案抓质量，将案件水分挤压工作贯穿于理赔各个环节，尤其是加强重案、核价核损、医核等重要环节的管控，共查处、核减案件赔款水分约 200 万元，成效显著。

抓好队伍建设，奠定发展基础 加强领导班子建设，在公司内部营造弘扬正气、团结协作的工作氛围，实行民主决策机制。以“优秀工程”的推动为契机，在公司内部开展弘扬正气教育，要求公司所有干部和后线管理人员查找差距，加强学习，进行培训，提高综合素质和管理水平，提高为机构和业务一线服务的能力。加强销售队伍建设，在遏制销售团队流失或动摇的基础上采取多种措施稳定人心，同时在销售费用等方面认真贯彻“阳光工程”的要求。开展大学生培训工作，培养优秀大学生安排到合适的岗位上，充分发挥大学生的才能和活力，以培养储备干部，充实人才队伍。

创建企业文化，提升公司形象 召开弘扬“众志成城 不畏艰险”抗震精神主题晨会，增强向灾区人民伸出援助之手、献一份爱心的意识，增强弘扬抗震精神的信念，以奉献爱心、热情参与、爱岗敬业等多种形式支持灾区人民。举办奥运知识竞赛，普及奥运知识，展示公司员工关注奥运、支持奥运、参与奥运的活动热情，彰显“重在参与”的奥运精神，用奥运精神加强企业文化建设。举办“激情 2008”趣味运动比赛，丰富员工的业余生活，加强团队的凝聚力，提高团队的合作精神。举行“激情创业、赢在渤海”演讲比赛，抒发员工与公司共同成长的感悟，表达员工对公司美好的祝愿，展示员工良好的精神风貌。以多种形式开展“解放思想、干事创业、科学发展”大讨论活动，利用晨会时间宣导“解放思想、干事创业、科学发展”大讨论的思想和意义；通过集中学习，加强领悟领导的讲话精神，提高理论水平；通过召开专题研讨会，查找公司发展和工作中存在的差距，制定切实有效的整改措施，明确下一阶段的工作目标。积极开展捐款献爱心活动，大力发扬“一方有难、八方支援”的互助精神，全体员工纷纷捐款，用爱心去抚慰灾区人民的创伤，尽微薄之力去帮助灾区人民重建家园，共向灾区人民捐款 28038 元，充分发扬“以人为本、扶危济困”精神，以自己的实际行动向灾区人民献爱心。看望慰问宁波市鄞州区五乡镇敬老院的孤寡老人，为老人们带去牙膏、毛巾、水果等慰问品。前往宁波市鄞州区下应街道春晖学校（民工子弟学校）开展慰问活动，并向该校捐赠书籍、文具等。

中银保险有限公司宁波中心支公司

中银保险有限公司宁波
中心支公司总经理　李孟光

2008年中银保险有限公司宁波中心支公司在上级公司正确领导和各级、各部门共同关心、支持下，紧紧围绕年初制定的“确保完成计划指标，加快银保联动，强化基础管理，完善机构建设”这一工作目标，把握机遇，加快发展，不断提升中银保险公司在宁波的区域竞争力，各项工作取得较好成效。

机构建设和队伍发展　根据宁波保险市场多样化和区域经济特点，做好机构服务网点建设和队伍引进工作，在职场租赁、装修、查勘车、IT网络等方面累计投入资金约157万元，使公司的业务发展和服务网络逐渐得到建立和完善。此外，公司还在行政区域相对较大、保险市场较为发达的北仑区设立业务部，专门配备1台查勘车用于区域理赔服务，从而为公司整体业务发展和客户服务工作的完善创造更好的条件。在加快服务网点建设的同时，2008年，公司先后引进各类人员65名致力于抓好业务发展和客户服务工作。2008年末，四级机构和业务部门人员数量已占公司总人数76.5%，业务一线人员大大超过公司管理人员比例。

银保联动业务　一是密切同当地中行的联系与沟通，成立银保一体化业务发展协调小组，明确职责，加强银保联动工作的领导。二是建立联动业务对口联系网络，完善联动工作机制，与全市中行各机构建立银保业务联系人制度，使每个中行分支机构都有宁波中银保险公司银保专员与之对口联系。三是组织开展业务竞赛，努力推动联动业务上台阶。2008年9月~11月，中心支公司与中行宁波市分行联合组织开展保险卡销售业务竞赛，共计销售环球守护卡11900多张，实收保费约418万元，超额完成上级公司的销售指标。四是搞好各类业务培训，不断加强双方的沟通和联系，提升业务合作层次。共同搞好各自销售人员业务培训工作，累计组织培训会15次，其中邀请中行有关人员对中心支公司人员进行银行卡业务培训1次，从而较好地提高联动双方的积极性和业务技能。五是积极探索新的业务合作领域，不断拓宽双方合作渠道。公司联合中行有关部门，先后在开拓汽车经销商车险代理业务、开展“融信达”项下国内贸易信用险合作、拓展中行保函项下境外工程保险业务、中银保员工推销中行贷记卡等方面进行积极的尝试，并在汽车经销商代理车险业务、销售中行贷记卡等方面取得较好的工作成效。

市场保险业务　一是大力发展专（兼）业代理公司业务，争取公司保费规模尽快上台阶。2008年，公司先后与10家专（兼）业代理公司签订或换签代理合作协议，代理业务保费较上年增长492.61%。除巩固、扩大中行代理业务以外，还与工行、农行等专业银行积极开展合作，并与中信银行等单位成功签订代理协议。二是积极发展个人代理人队伍，努力拓展个人分散性业务。截至2008年12月末，公司共引进个人代理人71名，新发展个人代理人13名。三是千方百计拓展新的业务领域，努力打破其他保险机构的业务垄断。2008年，公司先后参与人民银行宁波市中心支行一揽子财产保险、宁波市财政局大楼财产险、镇海炼化车队车辆险招投标等各类大型保险项目的保险招投标工作，并取得大榭中油码头建工一切险等招投标保险业务。在地方政府的招投标业务中，奉化、宁海等支公司在分公司上下的共同努力下，还进入政府财政性保险的招投标名单，取得政府车辆的承保资格。

内部管理　加强建章立制，不断完善内控管理，增强公司制度执行力。把“依法合规是一种竞争力”的经营指导思想真正贯彻落实到公司的日常经营管理之中，根据省公司的相关政策和规章制度要求，结合实际修订和完善一系列具体的制度与办法，使各项管理工作有章可循，有据可依，逐步推进公司日常管理工作的规范化、制度化，促进公司经营管理水平的提高。

风险管理　认真贯彻落实保监会70号文件精神，进一步加强管理、规范业务、财务等方面操作，从而较好控制公司的违规风险。严把承保业务质量关，强化核保职能，坚持依法合规经营。严格执行上级公司各项核保要求的同时，坚持“严进”原则，加强核保管理和承保前的风险查勘工作，保证保品的质量。尤其是对非车险业务的承保，特别注重防范台风和重大火灾的承保风险。2008年先后拒保各类非车险业务35单，虽然少收保费约60万元，但控制了经营风险。

理赔管理　2008年初，为抗击雨雪冰冻灾害，公司客服部门在省公司大力支持下，积极按照宁波保监局工作要求，简化索赔程序，开通理赔绿色通道，较好完成各类雪灾造成的保险事故处理工作。先后受理车险雪灾案件210起，赔款金额632338.77元；非车险22起，赔款金额424667.63元，无一起有效投诉。注重抓好理赔队伍的软、硬件建设，使公司的理赔质量和理赔速度均较上年有较大提高。2008年末，公司受理各类赔案11077件，已处理结案8316件，各类赔款支出2955.78万元；车险结案率为83.36%，非车险报案结案率为89.66%，均达到省公司规定的考核标准。抓好公司年度经营目标的分解、落实和考核管理工作，促进公司各项工作全面、协调发展。

都邦财产保险股份有限公司宁波分公司

2008年，都邦保险宁波分公司积极贯彻总公司“两个转变”的发展战略思想，理性、积极应对激烈的市场竞争，超额完成2008年计划的经营指标。员工队伍稳定，服务口碑快速提升，为公司持续稳健发展奠定坚实基础。

经营业绩 2008年公司共承保46144笔业务，实现保费收入9524.396万元，其中机动车辆保险保费收入8597.14万元，短期意外健康险保费收入334.90万元，财产保险保费收入593.35万。综合赔付率69.64%，概算综合成本率112.32%，保费应收率0.66%。与上年相比，业务结构更趋合理，经济效益有所提高。

机构建设 2008年公司完成北仑、镇海、江东、海曙和江北五家机构的铺设，下辖机构达9家，覆盖宁波主要经济区域。与4个专业代理和21个兼业代理机构签定代理合同，建立合作关系开设远程出单；与67位个人代理人签定营销员代理合同，多种渠道加快公司发展。组建综合型销售团队18个、选拔团队主管12人。培养正式在编销售人员76人，其中团队主管11人，业务员65人。调整组织架构，设立人事行政部、财务企划部、车险部、意健险部、财产险部、销售管理部和客户服务中心，客户服务中心下设报案中心、查勘定损中心、理赔内勤三条线，形成大服务型组织结构。

销售激励 2008年前三季度，公司分别策划举行“希望之春”、“成长之夏”、“收获之秋”三个业务竞赛活动，以促进团队标准化建设的进程，加速公司业务增长。业务竞赛活动中将发展财产险和意健险放在突出位置，积极引导业务发展方向，取得了良好效果。

队伍建设 2008年公司克服宁波地区保险专业人员匮乏等困难，通过以下措施组建了一批稳固的管理队伍和业务人员。一是鼓励有效增员，增强市场竞争力。各机构落实引进人才措施，收到良好效果。二是实行培训制度化，不断提高队伍技能。公司人事行政部、客户服务部、销售管理部和财务企划部开展多维度的培训，提高公司人才队伍的整体素质和凝聚力。三是坚持“快乐工作，和谐都邦”的理念。坚持公司的快乐文化，2008年公司组织篮球运动、羽毛球运动、春节联欢会、三八妇女节庆祝活动、周末户外活动等业余活动增强团队凝聚力，在团队中创造快乐，凸显“和谐、快乐”的文化特色。

内控管理 公司根据实际需要在开业之初的基础上制定一系列制度，完善管理经营。核保部对业务承保流程、单证管理、验车管理、各险种核保细则等做出制度规范业务发展；销售管理部对销售费用政策、机构经营考核指标、销售人员绩效考核及薪资制定、应收保费管理、手续费结算办法等作出细致规定和要求，规范工作流程、奖优罚劣，取得良好效果；财务企划部制定销售费用、手续费、赔款和车船使用费报销规定，并对单证管理、财务印章管理、发票管理做出制度规范，保证安全便捷的为客户服务；客户服务中心制定车险理赔查勘定损和报案中心服务规范以及车险复勘管理、机动车辆险核价管理、车险损余物资管理、查勘车辆使用管理、未决赔案管理等多项管理制度，使服务工作具体化、标准化，对客服人员进行量化考核。标准化、制度化管理减少了风险隐患，使公司健康发展有章可循。

合规经营 2008年8月对市场销售行为、兼业代理业务、应收保费清理等分别进行三次全面的自查自纠工作。全面清查所有专、兼业及个人代理协议，保证其合规及要素齐全，严格执行宁波保监局手续费标准。建立电子格式的代理业务及手续费登记簿。应收管理方面，安排专人及时跟进应收保费的动态管理，重点追踪金额批单以及超账龄应收款项，应收率始终控制在良好水平。公司以应收账龄和应收保费率作为主要指标对应收保费进行严格管控。销售管理部对应收账龄和当期应收保费率做到时时监控，每周检查。每月对应收结费状况较差的业务经办人和结费信用较差的客户提出整改要求与建议；对不能达到要求的代理单位（人）进行业务停单处理。公司应收率长期保持在1%以下，2008年应收应收率0.66%，持续保持在低位运行。为贯彻落实保监发［2008］70号文通知精神，公司成立以总经理为组长、各职能部门负责人为组员的专项工作小组，对 2008 年 1 月 1 日至 2008 年 9 月 30 日的财产险业务进行密集抽检，并对单证管理、手续费支付、应收控制等各经营环节进行全面普查。

品牌建设　2008 年，公司利用现有资源，积极参与当地行业活动，因地制宜举办各类品牌推广活动，提升在当地的影响力。一是策划、参与宣传活动，树立公司形象。2008 年 1 月 8 日～18 日，公司组建篮球队参加“迎奥运平安杯 2008 宁波市保险行业首届篮球赛”。1 月 20 日举行“迎新春联欢会暨 08 年度机构责任状签订仪式”。5 月 1 日，利用杭州湾跨海大桥通车典礼的契机，通过承保通车典礼的仪仗车队，宣传公司形象。余姚支公司则利用五一黄金周假期参加“余姚市首届金融房产展览会暨春季汽车展销会”进行品牌宣传活动。二是参加大型公益活动，体现企业社会责任。2008 年 2 月 2 日响应宁波日报、宁波市保险行业协会“冰雪之中见真情——关爱外来民工特别行动”的号召，发动员工向遭受冰雪灾害的灾民捐款 2851 元。5 月 12 日汶川地震发生后，公司自发组织员工捐款，先后通过总公司党委、宁波市保险行业协会捐款共计 2.12 万元。三是利用行业协会网络平台，提升公司的业内形象。都邦保险与兴业银行签署全面业务合作协议书、都邦保险向中国儿童少年基金会捐款 100 万、都邦“赈灾助奥”足球联赛等一些公司大事通过协会网站得以更广泛的宣传。四是发挥短信功能，拓展品牌推广方式。

服务体系建设　2008 年初，公司设立电话中心，实行 24 小时值班，实现统一调度、合理调配理赔人力，提高受理接报案的效率。2008 年上半年引进客户服务人员充实服务队伍，理赔人员分区域管理，对理赔内勤实行全程时效考核，有效提高结案速度。加强第一现场查勘管理和现场调查取证；落实专人负责处理重大案件；内部从定损核价着手严格把关所有赔案，狠抓车险核价及医疗核损工作。对外完善基础理赔服务机制。建立 24 小时接报案、24 小时查勘等完善的基础理赔服务机制，给客户提供及时服务。公司同时建立客户回访机制，对出险查勘、理赔满意度和投诉处理进行回访。

民安保险（中国）有限公司宁波中心支公司

民安保险（中国）有限公司
宁波中心支公司总经理　周孟国

2008年是民安保险进入宁波市场的第一年，公司各项工作开展有力，业务发展情况良好。公司全年累计签单保费5046万元，其中车险占比93.34%，非车险占比6.66%，车险满期毛赔付率57.86%，综合满期毛赔付率54.83%，车险结案率80.17%，车险预估偏差率－5.32%。

以人为本，优化公司人力资源　一是狠抓内勤队伍建设，创建良好管理服务平台。民安作为新的保险公司进入宁波市场的时间较晚，引人难度也较大，公司本着高标准组建低成本队伍的原则，首先强调民安文化以及民安大集中管理模式，坚持只有认同公司理念的员工才能与公司共同成长的选人准则。还根据员工在岗适应程度，进行筛选、调整及补充，尽量做到队伍精简、高效。经过近一年的内部磨合，组建一支年龄层次低、学历高、岗位工作能力强的内勤管理队伍。二是着力展业团队组建，构筑优质展业人员框架。公司立足于宁波市场，高标准、有选择性地从业内引进有规模、有质量的销售团队。2008年末，公司共有在编业务员近百人，隶属支公司4个，营业部门共8个。对组建完成的支公司、营业部门，公司每月不定期召开一次业务会议，针对公司业务发展所遇到的问题与各支公司、营业部负责人做深入沟通，对下一步的展业工作明确指导方向。引导销售人员将公司的整体经营情况作为自身发展的重要因素来看待，增强向心力及融合力，要抱有齐心协力把宁波民安做好做大的决心，使民安品牌能够长久地屹立在宁波财险市场。三是注重年轻人才培养，打造管理团队中坚力量。公司着眼于培养新入行的管理人才，从各个管理部门中选拔有潜质的年轻人从三个方面进行培养，以会代训，以师带徒，岗位培训，放手让年轻人承担重任，在多个重要岗位上让年轻人去担当，发展有资质的员工，使其在压力下成长，更大程度的发掘潜能。

注重业务发展，构建特色销售体制　一是引进展业人才，构筑展业框架。公司在引进优质销售人员的同时积极与宁波市场的专业、兼业代理公司洽谈。坚持采取稳扎稳打的态度，以构建良好的展业平台为主旨高标准引进业务团队。各支公司、营业部门积极为公司引进业内销售精英，扩充公司的展业力量。二是制定展业激励政策，稳步推进业务发展。在展业框架逐步形成的形势下，总经理室及市场管理部在2008年年中提出下半年业务发展推动活动，以“在民安争先锋，在宁波创品牌”为目的，通过物质奖励与精神奖励相结合，激发业务人员发展业务的主动性、积极性以及创造性。三是在发展规模的同时发展优质业务。在保监会70号文件下达之后，为保证公司经营合规合法，保证公司经营的盈利性及可持续性发展，总经理室与承保部、市场管理部等相关部门在认真听取各支公司、营业部门负责人的意见后，制定以各险种区分销售成本的政策，根据险种、车种的优劣确定手续费比例并做到据实列支。公司根据经营情况，不断完善核保制度，细分风险，制定差异化的核保政策，对优质业务、效益险种做到有利的支持和鼓励，对劣质业务做好管控和引导，销售费用向优质业务倾斜以优化险种结构。

建设理赔体系，综合管控赔付率　一是建立理赔体系。公司已经建立起以宁波公司理赔部为主体，各支公司查勘定损岗、外设出单点为辅助的理赔体系，在全大市建立起查勘定损网，及时到达现场查勘。二是抓理赔队伍建设，理赔理念模式的认同。对外司引进的人员重点宣导民安特色的管理理念，在理念上让他们统一，融入到一个整体中。尽量降低人员成本，对新进毕业生实行在岗培训，在工作中不断学习和提高技能，力争在最短时间内能胜任工作。三是建立严格把控机制。在理赔部经理的领导下，严格管控，杜绝假赔案、虚赔现象，据实赔款，对客户的虚假要求做好正确引导。四是公司提出“赔付率是本保险公司生命力的口号”，对全体员工作出控制赔付率的理念宣导，树立公司整体盈利观念及效益观念，切实扭转重业务发展，轻效益经营，以赔促保等不正确认识，把提高公司效益作为员工的自觉行为。五是建立效益为先的考核机制。改变只把保费和业务员挂钩的考核机制，将赔付率、费用率和保费一起和业务员的效益挂钩，使业务员增强工作责任心，重视承保质量，加强售后服务。

完善内控制度，管控公司经营成本　一是加强综合成本管控工作。公司根据总公司的要求，实行全年预算机制。财务部协同市场管理部、承保部逐步编制完善公司多项内控制度，包括《宁波中支公司支付款项流程》、《宁波中支公司下设支公司财务管理办法》、《宁波中支公司应收保费管理办法》、《宁波中支公司外设出单点单证管理办法》等操作性强的各项制度和办法，使各项操作流程进一步规范化，提高工作时效。二是加强销售成本的管控工作。公司根据宁波市场的实际情况及公司的成本考量，市场管理部协助总经理室制定各营业部门及支公司的销售费用，得到营业机构的广泛认可。市场管理部多次组织业务会议就如何合理运用销售费用向营业机构做宣导，督促并指导营业机构做好销售费用台账，避免销售费用转为他用或肆意挥霍的情况，让销售费用用到实处，对展业起到促进作用。市场管理部在每月销售费用结算时尽量做到快速、准确，尽量简化结算过程，提高结算效率，免却营业机构在费用结算遇到困难阻碍业务发展。三是加强应收保费的管控工作。公司的应收保费管控工作取得骄人的成绩，2008 年应收保费清零，全年度各月的应收保费率在 3% 以下，远远低于总公司指标，使得公司在应收保费上的经营风险降到最低。四是做好人事费用预算的管控工作。行政人事部协助总经理室做好员工定薪定级工作，优化人事费用的分配，恪守以低成本引进高效率人才，精简人数，降低人事成本，并做好培训工作，对每位员工在入司之时做好民安文化的宣导，从低薪级起步，根据员工在岗情况考核定级，保证全年人事费用指标。

太平保险有限公司宁波分公司

太平保险有限公司宁波分公司总经理　奚志敏

太平保险宁波分公司于2008年3月18日成立。一年来，公司在总公司董事会、总经理室的领导下，按照中保集团、总公司2008年初工作会议部署和建立以价值为导向持续盈利商业模式的要求，积极有效地开展各个方面工作，经营管理工作成效显著。

经营业绩　公司本着首年要立足于“抓进度、抓增量、抓总量、抓质量”的业务发展思路，并通过出台经营绩效考核激励机制，推动业务快速、健康发展，总体经营状况保持较为良好的态势。一是业务快速发展。2008年，公司在不足10个月的经营周期内，完成净保费5486万元，计划完成进度在全系统排名首位。二是业务结构相对优化。车险占比75%，非车险占比25%。车险业务品质全系统排名第4位，水险业务在总公司总体考评中总分名列第一。三是经营成本控制良好。2008年各项预算考核指标均已实现或基本实现。其中，保费应收率2.5%；自留保费综合成本率105.74%。销售费用及手续费率、管理人事费用、行政管理费用等管理性指标均控制在总公司核定的范围内。四是增收节流成绩突出。强化成本管理，把成本管理工作的立足点放在增收节流上，特别是赔付成本的管理，实现有效的增收和有节的支付。

风险管控　增强依法合规经营意识，加强法律法规的学习和落实，认真遵守中国保险监督管理委员会70号文件，进一步规范理赔流程，提高理赔服务质量，从源头上避免与客户发生冲突，维护保户的利益。一是在承保前加强对业务品质管理的要求，承保后强化防灾防损的管理。二是以“客户为中心”，建立客户服务队伍，强化现场理赔查勘管理，以车险为抓手规范各项保险业务，有效管控风险。2008年，公司支付赔款431.17万元，自留保费满期赔付率58.66%，未决赔款准备金余额344.48万元，共计提供保险金额114.78亿元。

基础管理建设　为确保公司持续健康发展，公司先后制定2008~2010年三年发展规划及2008年工作目标和措施。为使这些目标和措施得到有效落实，公司在行政、财务、承保、客户服务等各个方面制定一系列比较系统的经营管理制度和保证各项工作有效推进的经营措施。通过对已制定的管理制度进行学习和执行，切实发挥制度在公司经营管理工作中的保证作用和经营机制在公司发展中的推动作用，确保公司的健康运行和发展，管理部门、经营团队相互沟通、相互支持，协调性、效率性均得到明显改善与提高。

销售体系建设　在销售体系建设上，坚持实行标准团队、专业团队和公司业务团队三位一体的团队建设格局。在高标准建设标准团队的同时，努力强化和推动专业团队及公司业务团队的建设，组建以车商业务为主的渠道部和以船舶险业务为主的水险业务部，团队建设得到快速发展。一是在团队建设上。由于原则到位，经营机制灵活，管理制度规范，2008年末，公司已有33名管理人员和13个业务团队，为公司的业务快速发展奠定良好的团队基础。二是公司通过强化培训，确保来自于五湖四海的员工对太平保险企业文化的认识和各项经营管理制度的执行。三是制定《员工队伍建设规划纲要》，通过强化教育培训、签订团队建设责任书、定期召开业务分析工作会议等举措，推动团队建设和业务发展的稳步、健康发展。积极组织管理职能部门召开现场工作会议，及时解决业务团队在展业过程中存在的问题，促进团队建设各项措施的有效落实。

销售渠道建设 在销售渠道拓展上，坚持直销、代理、营销三条渠道共同发展。通过直销业务发展，努力壮大公司业务员队伍，2008年末公司共有销售序列员工138名。通过代理业务发展，努力提升公司的市场开拓能力和竞争能力。2008年与公司签约的专兼业代理机构已达23家，同工商银行、建设银行、交通银行、中信银行等多家银行签订分对分合作协议。通过营销业务发展，努力提高公司的市场影响力。同时与太平人寿宁波分公司紧密合作，为2009年有效开展产寿交叉业务打下坚实基础，促进实现销售渠道多元化发展。

客服建设 作为总公司客户服务标准化试点单位，公司按照总公司要求，在职场设置、服务行为、服务语言、电话服务等方面，有计划、有步聚地推进客户服务标准化试点进程，客户服务的各项标准化措施逐步得到落实，实现以服务创立品牌，以品牌带动业务发展的效应。

品牌建设 面对激烈的市场竞争，公司通过以文化理念、服务及宣传为突破口，一方面向员工宣导公司历史及企业文化；另一方面，坚持“少花钱、多办事、办好事”的原则，以广告宣传形式，在广播电台、社区及目标客户群等处建立宣传栏目和户外小型广告牌，以扩大公司的影响面。通过上述措施和手段，逐步提升公司市场认知度，打造良好的品牌形象和社会形象。

安诚财产保险股份有限公司宁波分公司

安诚财产保险股份有限公司
宁波分公司总经理　王春生

基本情况　安诚财产保险股份有限公司宁波分公司于2008年5月18日正式成立。2008年末，累计完成签单保费3816万元，应收率1.54%，非车险占比12.18%，并获得总公司“经营管理达标单位”称号。年末，宁波分公司设7个营业部、4家支公司和2家筹建支公司，宁波行政辖区网点布局基本完成。

特色经营　公司以安全、诚信、仁爱、和谐为理念，是全国第一家“安全”主题财产保险公司，全国首家开发安全责任保险专属产品（首批共11个）。产品服务对象全面覆盖高危行业和高风险行业，对其他行业也可调整危险因子加以应用。率先建立安全与保险复合型人才激励机制，积极打造专业服务团队——保险与安全的双料员工队伍。率先研究高危高风险行业安全生产与保险良性互动机制的保险公司。建立保险经纪公司和安全评价公司，搭建安保互动与风险管理与服务的技术服务平台。与国家安全生产科学院、重庆市工程师协会等专业机构建立战略合作关系，共同为企业的安全生产提供安全技术与保险保障服务。

长安责任保险股份有限公司宁波中心支公司

总体情况　长安责任保险股份有限公司宁波中心支公司成立于2008年7月8日。2008年完成保费收入1163.76万元，其中机动车辆保费1051.98万元，车险占比90.39%，车险中营业用车保费290.18万元，占保费比27.59%，非车险保费111.78万元，非车险占保费9.61%，业务质量较好，公司在平稳健康中发展。2008年，共产生赔付79.26万元，简单赔付率6.81%，其中车险赔款77.72万元，占所有赔款98.06%，非车险赔款1.54万元，占总赔款比例1.94%，2008年产生的赔付主要来自机动车辆保险。

规范管理　在原有制度的基础上，针对以往的缺漏之处进行补充修改，使现有的各项制度更加完善；根据经营管理的各环节规范要求和达标内容的要求，在现有制度的基础上建立相关新规定，使公司的内部管理得到进一步改善。做精、做好、做实保险经营安全达标工作，将其纳入常规性工作范畴。把好业管、理赔、财务三“关”。在业管环节上，理顺业务承保过程中的各方关系，做好一系列的服务工作；加强核保队伍建设，注重现场核保；加强单证管理，做好单证管理规范基础工作。

理赔管理　坚持双人查勘、双人理赔、交替复核、分级审核制度，进一步完善分级理赔查勘的管理办法，不断提高理赔工作水平；不断完善理赔服务体系，建立接报案中心，实施24小时人工接报案服务；提高准赔率，杜绝假赔案、人情赔案的发生，减少不必要的效益流失；加强人员培训，不断提升内外勤的政治素质和专业技术水平。在承保政策上承保部门积极学习领会行业自律公约及费率条款，在核保政策上严格把关，有效地控制经营风险。对所有理赔从业人员进行相关业务培训，提高业务技能，适应新的理赔方式和流程。

队伍建设　完善各级领导班子队伍建设。加强思想教育，不断增强领导意识；强化培训锻炼，不断提升领导素质与能力；强化干部配置，不断优化干部队伍结构；强化制度建设，加强对各级干部的考核力度。进一步加强员工队伍建设。加强对员工的职业道德教育和思想教育，提高广大员工的政治素质；实施好对员工的业绩考核，提高员工对公司发展的关切度；积极开展各项竞赛活动，充分调动员工工作与展业的积极性；加强各类岗位培训，提升员工的专业水平；通过社会招聘、从外引进等形式，积极吸纳业务骨干，增强员工团队的整体战斗力。坚持“以人为本”原则，通过文化价值与文化精神的塑造来激发员工的创造性，挖掘广大干部员工的潜能，做到人尽其才，人尽其用，为企业发展注入生机与活力。

中国人寿财产保险股份有限公司宁波市中心支公司

2008年是中国人寿财险宁波市中心支公司开业起步之年，在各级领导的关心支持下，公司坚持“高起点、高标准、高要求”，以科学发展观为统领，依靠公司全体员工的不懈努力，圆满完成公司筹建工作，各项工作全面展开。2008年实现保费收入1608.87万元，其中车险1321.56万元，占比82.14%。

机构铺设和渠道建设 按照“市场有潜力、经营有效益、管理跟得上、人才相适应”的原则推进宁波公司和下辖县支公司的筹建工作。公司自2008年7月末开展筹建，9月11日通过宁波保监局验收，9月18日完成工商登记，在前期总部的验收中取得系统最高分。下辖鄞州、慈溪和象山三家支公司的筹建于2008年11月28日正式启动。在机构稳步推进的过程中，公司营销、互动、银保三个渠道建设也初见成效。首先通过强化营销主渠道建设，打造高素质队伍。公司着力引进一批综合素质高、管理能力强、个人产能高的团队主管，着力培养一批学历高、开拓意识浓、风险管控能力强、能攻关的销售人员。按照市场化和效益导向原则科学制定销售政策，实行积极的、差异化的销售策略，激发销售队伍的积极性。其次，依托中国人寿的品牌和销售网络，与中国人寿宁波市分公司成立互动业务领导小组，建立互动业务联席会议机制，签订保险代理协议（寿代产），对寿代产的基本模式和销售费用进行规范。在下辖机构尚未设立的情况下，采取在寿险公司设立互动代理点的做法，在铺点的同时进入寿险代理队伍启动业务。2008年，互动业务开展良好，业务占比39.5%。第三，重视银保渠道拓展。积极开展与工行、农行、建行等国有银行和广发、光大等股份制银行以及宁波银行商洽业务合作事宜。完成与广发、建行全面业务合作协议的签约工作。

基础管理和风险防范 公司始终坚持把夯实管理基础作为支撑业务发展的根本保障。首先，通过建章立制，推行问责，强化执行等手段，树立以制度管人、依制度办事、用制度激励、按制度执行的机制，监督和约束员工切实履行职责，把管理制度落到实处，在执行过程中不变形不走样。其次，建立严格精细的财务管理体系。在财务工作上，力求做到精细化，财务账册清晰完整，各项支出审批控制严格；支票、发票入库及领用手续完备，财务单证管理规范有序。严格据实列支成本费用及中介手续费，杜绝以虚假费用套取手续费以及为单位以外的其他单位和个人报销费用等违规行为。对应收保费进行严格监控，及时向销售管理部门和营业部通报情况、提供清单，协助做好应收保费的催收工作。第三，打造规范有序的业务管理体系。公司按照总部业务管理制度建立车险、非车险业务流程，明确各操作岗位的任职资格与分级授权并建立相对应的考核制度，业务管理各环节工作均能有序进行，在业务管理工作中坚持规范操作。车险部和非车险部都建立例会制度，定期组织对总部及行业协会制度政策的学习及对疑难案件的分析研讨，促进管理人员工作能力的提升。公司较为严密的基础管理和完整的内控体系，对风险防范起到积极作用，保障公司的稳定发展。

队伍建设和责任文化 公司自筹建起一直坚持“高起点、高要求、高标准”的原则选人用人，从以人为本出发高度重视管理队伍、销售队伍和员工队伍三支队伍的建设和管理，狠抓队伍能力的提升。首先，通过加强干部队伍的思想作风和组织建设，基本建立一支“想做事、能做事、做成事、不出事”的管理队伍。同时，重视后备干部的培养，将品行好、学历高、懂专业、会管理，忠于公司的人才，优先纳入后备干部进行培养，为优秀的管理人员和销售精英骨干留有发展空间，为能给公司做出贡献的优秀人员、精英骨干提供职业生涯的目标和方向。其次，通过教育培训不断提高销售人员销售技能，改变其原有的不良销售习惯，通过加强合规经营引导，规范销售人员工的展业行为，通过强化销售队伍考核，建立考核目标追踪机制，使考核成为激励销售队伍的有效手段。第三，积极践行“双成”企业文化，弘扬创业精神，依托集团和总部企业文化的精神实质，结合公司的实际加强企业文化建设，引导员工敬业爱岗，立足本职，做好工作。在员工中通过建立“责任促进发展，责任创造价值”的共识，树立责任感，培养责任心，加强责任力，打造一支讲责任、善执行的员工队伍。通过建立顺畅的晋升通道和考核机制，激发员工干事业、求发展的热情，打造一支有事业心、有拼搏精神的员工队伍。

合规经营 保监会70号文件出台后，公司多次组织各级管理人员和销售队伍骨干人员进行学习传达。把贯彻保监会70号文件和总部视频会议精神上升到政治高度，结合保监会70号文件，公司以严格业务流程和规范操作为抓手，以效益为发展的导向，以风险管控和客户服务为助力，以公司长远的可持续发展为立足点，坚持合规经营，规范管理，通过层层落实合规经营承诺制度，确保各项经营管理活动依法合规、稳健经营、健康发展。

中国人寿保险股份有限公司宁波市分公司

中国人寿保险股份有限公司
宁波市分公司总经理　潘宇明

2008年中国人寿保险股份有限公司宁波市分公司以学习实践科学发展观为统领，坚持走中国人寿特色的寿险发展道路，全年先后按照“突出重点、有序推进、优化结构、均衡发展”和“更新观念、盯牢市场、整合推进、快中求好”的要求，保持持续快速健康发展的态势。

业务发展　2008年，公司实现保费收入14.32亿元，同比增长26.55%；代理集团公司保费收入1.14亿元。寿险首年保费收入同比增长44.42%；首年期交保费收入同比增长16.48%；短期险保费收入同比增长4.16%，其中意外险保费收入同比增长14.22%；续期保费收入同比增长5.12%。在个险渠道方面，2008年，通过加大增员力度，将个险有效人力作为硬指标纳入年度经营绩效考核，夯实人力基础，及时调整增员思路，实施差异化支持，超额完成总公司预定的500人指标。按照“4321”的工作目标，有效规划全年业务发展节奏，先后出台一季度开门红“创富08金彩开门”、“再展宏图”四月营销业务等一系列企划案，有效推进个险业务有序发展。在团险渠道方面，制定团代一体化基本法，完成营业机构团代一体化销售组织架构的重组工作。推广“团代日”活动，实施差异化指导。在业务推动方面，精心企划和指导不同阶段的业务推动案，确保目标全面达成。出台《宁波市2008年学生保险工作指导意见》，实现与社保的“无缝对接”，确保学平险业务平稳发展。在银保渠道方面，一是把握业务节奏。2007年四季度开始宣导2008年银保业务发展总体目标和一季度“开门红”业务推动方案，春节期间出台“08鼠你最红”特别推动案，二、三季度分别推出“挑战二亿”业务推动案，有效调控业务发展节奏，确保前三季度完成全年规模和期交业务计划指标，第四季度调整结构、转型发展。二是实行差异经营。一季度强势推动各机构业务发展，领跑各主要渠道，突破休眠网点业务。二、三季度，实行分级分类差异化策略，促进建行和农行渠道业务的增长。三是发展新老渠道。通过维护四行一邮主渠道平台，顶住各银行调配网点资源和同业驻点销售的压力，有效拓展中小银行代理渠道，实行分公司协助支公司开拓中小银行、日常维护由支公司承担的经营策略。

经营管理　开展“你追我赶”、“贴心服务”、“佳篇有约”、“争分夺秒”、“听力高手”一系列业务技能竞赛活动，提高95519电话中心运营管理水平。稳步推进“健康好帮手”、“国寿特惠超值”等附加值服务。完成总版新系统的上线、数据服务平台的迁移和后续工作、服务管理平台推广上线等工作，做好70套系统的维护和升级工作。出台2008年费用佣金政策和绩效考核办法，提出借意险和营销人力发展等业务发展重点项目的财务支持政策，清理往年存在的其他应收、应付款项目。对营业机构费用、佣金月度收支情况进行定期跟踪。

风险管控　取消个险新单首期现金交费，启用三款限定使用范围的新版《收款收据》，进行退保数据定期监控分析，配合查处象山县支公司虚假理赔案，完成理赔质量和案件真实性的全面核查。重点实施内控标准推广工作，开展“规范业务行为，防范经营风险”专项核查和反洗钱工作，加强合规教育力度。继续实施经济责任审计，为公司稳健经营提供保障；适时开展机动审计、常规审计和专项审计等，充分发挥审计监督作用；督促后续整改工作，确保审计工作实效。建立一支15人的全市系统销售督察队伍，制定销售督察工作管理办法（暂行）、预警管理办法和单证管理实施细则，开展“诚信我为先”系列主题活动。

队伍建设　一是加强领导班子建设。对9个营业机构的领导班子作调整充实，其中有5位新人进入机构班子，5人进行岗位交流。二是加强用工制度建设。对全市系统员工岗位进行重新聘任（用）。首次开展员工年度绩效评估工作，取得一定成效。三是加强企业文化建设。按照创建“学习创新型、资源优化型、成长增值型”公司的要求，全年举办“国寿大讲堂”7期、国寿大晨会44期；组队参加宁波市“创业创新之声”职工大型合唱会并获金奖，组织开展抗震救灾捐款献爱心活动。

中国太平洋人寿保险股份有限公司宁波分公司

中国太平洋人寿保险股份有限公司
宁波分公司总经理　陈兴土

2008年，中国太平洋人寿保险股份有限公司宁波分公司深入贯彻全面、协调、可持续的科学发展观，围绕“推动和实现公司价值可持续增长”的经营理念，结合分公司实际，积极推进个人营销期缴、银保期缴和各渠道短意险等核心业务发展，同时注重加强内部管理，提升员工队伍素质，倡导合规经营的价值理念，营造奋发向上的和谐氛围。在国际国内金融、经济形势复杂多变的市场环境下，在宁波保险业市场经营主体不断扩容的激烈竞争中，公司核心经营指标保持平稳增长，业务结构进一步优化，风险管控能力得到加强，公司综合竞争能力有新的提高。

经营业绩　全年共完成各项人身险保费收入76549万元，同比增长20%，标准保费67015万元，同比增长17%。其中核心业务个人营销传统分红期缴9677万元，同比增长4.7%；短期意外险保费收入突破5000万元，达到5434万元，同比增长12.3%，继续保持市场领先。

业务管理　个险条线，公司克服人员配置比较紧张的困难，加强对各机构个险业务的指导，加强对个险管理干部和组训队伍的管理和培养，初步形成个险负责人、组训、后援管理、续期业务管理共同参与的业务经营分析会议系统；积极培养绩优专务队伍和后备主管队伍，出台主管增员的奖罚措施，加大考核力度；在拉动增员的基础上，加强衔接培训，提高新人转正率和有效人力占比。团险条线，公司继续巩固渠道意外险优势，安贷宝、乘意险等均有所增长增加。尽管学平险业务受到宁波市医保政策的影响，但公司通过主动与相关政府部门和监管机构沟通，牵头提出08版对接方案，在维护整个学平险市场的同时，保持应有的市场份额。团险法人业务开拓得到进一步重视，团意险大项目有所突破。银保条线，公司积极开拓代理渠道，调整业务结构，保持队伍稳定。续期条线继续保持在系统中的优势，获得总公司“续期管理奖”第三名，在总公司客户服务专员竞赛中有91人次获奖，名列城市型分公司赛区第一名。

风险管理　公司完成合规管理组织架构的搭建工作，调配人员充实合规部门，在本部及下辖9家机构均设立合规岗位和合规人员。积极推进稽核的规范化和制度化管理，加强稽核工作的制式化、程序化建设，完善内控体系建设。改进稽核方式，充分发挥现场稽核和非现场稽核、常规稽核和专项稽核的优势和针对性，重点防范和监控展业过程中牺牲公司利益的亏损业务和下辖机构财务的真实性和准确性，完善非现场稽核，提高稽核工作质量，切实强化全辖依法、合规经营意识。

行政管理　一是人力资源管理进一步梳理“条块结合”的预算考核管理模式，细化对条线的考核办法，按照“绩效优先、兼顾公平”的原则，在保证基本年薪的基础上，加强对各条线费用贡献的考核挂钩力度，加强对标准保费的考核挂钩力度，修订完善《分公司机构责任人薪酬管理办法》、《分公司内勤管理岗位绩效工资管理办法》，新制定《分公司业务条线责任人薪酬管理办法》、《机构业务条线责任人薪酬管理办法》、《机构综合部门负责人薪酬管理办法》、《分公司调查人员绩效考核办法》等制度政策文件，薪酬管理政策进一步细化完善。二是财务管控进一步深化，坚持预算执行状况的定期分析，为有效评价各层级的经营状况和经营成果提供财务支持。根据保险市场的变化和实际管理需要，相继出台和完善多项管理制度和规定，增强抗风险能力。严格按照总公司财务工作流程实施管理，提高财务工作的规范性和会计数据的真实性。三是机构网点改造建设。2008年，海曙、宁海、象山、奉化等四家县级支公司均通过宁波保监局验收并顺利开业。公司还对慈溪、余姚、象山、宁海、镇海、鄞州六家支公司的现有办公场所进行改造装修，以便增强其在当地市场的业务拓展和服务功能。四是信息技术管理。公司自主开发出20多项数据分析软件，实现业务分析平台化和办公自动化平台的创建，实现管理、业务和IT技术的融合，为各级业务部门、管理部门提供全方位、强有力的技术保障。

营运管理　一是核保契约工作，贯彻以“客户服务为导向”的服务理念，试行及完善核保前置服务。配合业务部门大力拓展优质高端客户，试行高额件核保服务前置。对大客户投保提前介入生存调查及财务资料核实，亲自与客户接触，寓管理于服务中，提高承保效率，取得客户与公司双赢的效果。二是提高理赔服务水平，借助公司的短信服务平台，向客户发送赔款到账通知，告知客户赔付金额，提醒客户及时到银行确认赔款到账。对于2万元以上的理赔客户另行电话回访。及时处理银行退回的打款不成功业务，通知客户设置账户密码，或重新提供有效账户。三是保全管理。公司利用“保全集中审批系统”支持特殊给付业务，个险、银邮的关注业务（超权限业务）、挂失补发业务、通融退保业务、保单质押贷款、通融复效的审批处理，进一步加强对高风险保全业务的监控管理能力。公司还持续推进续期年金银行转账领取客户的签约服务。为方便客户领取各类多次性保险金，公司已将该业务的服务对象扩展到领取教育金、婚嫁金、定期给付等非触发式年金领取的客户。保全工作还加强对特殊业务的管理。为保障客户利益，对逾期未归还本息的保单质押贷款业务进行清理。针对客户流动性增大、保单迁移业务快速增长的趋势，对移入保单一律先行收录并出单。四是单证管理工作。公司对各单证使用单位的重要单证核销率采取逐月跟踪考核的政策，加强单证管理的培训力度和在途单证的管理力度，不断完善重要单证的规章制度，制定《宁波分公司重要单证管理规定（暂定）》，另外公司还积极清理已过期单证并做好学平险单证的阶段性工作。

企业文化　一是开展“创三优一满意”文明优质服务竞赛活动。通过广泛开展创优美环境，创优良秩序，创优质服务，让人民群众满意的“创三优一满意”竞赛活动，进一步改善服务环境，增强服务意识，提升服务质量和水平，树立公司良好的社会形象。二是加强员工培训。2008年公司面向全体员工共举办《对当前中国经济和社会发展的基本看法》、《保险从业人员职业道德》、《承保核保实务知识》等不同主题的八次培训，通过培训的开办，提升员工的工作能力和专业水平。三是组织开展员工文体活动。2008年公司举办“四明山漂流”、“酒埕岩野外烧烤”、“参加宁波市财贸系统企业职工文化年汇演活动”等活动。四是积极参加宁波市财贸工会举办的创建“工人先锋号”活动。宁波分公司信息技术部、海曙支公司获得“工人先锋号”称号。

中国平安人寿保险股份有限公司宁波分公司

中国平安人寿保险股份有限公司
宁波分公司总经理　韩　晓

中国平安人寿保险股份有限公司始终坚持“团结一致、率先垂范、目标必达”的经营方针，努力拼搏，积极进取，在激烈的市场竞争中保持业务稳步健康发展。2008年，公司顺利完成总公司下达的11亿元保费目标，全年总保费收入11.2亿元，其中，个险新单保费收入2.5亿元，同比增长59%；全年向客户给付、赔付各项保险金2.45亿元。

网点建设　公司设有营业区3个，营业部25个，支公司2家，营销服务部14个，覆盖宁波大市。2008年，公司调整部分营业网点，全年完成8个职场装修、3个职场整改，新成立观城、三七市和溪口等二元网点。加强银行代理网点建设，深化银保合作，全年银行代理总保费收入5083万元。

人才建设　2008年末，公司保险代理人3761人，同比增长71%；内勤专业人员277人，大专以上学历人员占88%。公司认真贯彻落实总公司人力资源绩效考核及管理办法，加强考核调薪工作，规范员工入司、离司流程，有计划地进行潜力干部储备工作，建立潜力人才库，实行干部阶梯化管理。加强人才培训，定期开展新员工“胜任素质”和“平安人生”培训、潜力干部双月例会培训和老员工、各层级干部在职培训。

后台管理　公司从2008年开始实施“零现金”政策，完善付费管理平台，加强风险控制，推广电子投保书，提高承保时效。一是调整保费续收模式，由保全员督导制收费模式向兼职督导收费模式转型，使督导在原有工作基础上增加收费工作，加强营销、收展两大渠道新人续期管理，强化保费部的大续收管理协调职能。二是提升理赔服务水平，公司两核管理部理赔室改进工作流程，完善风险管控机制，进一步提升理赔服务水平。三是优化核保流程，开通多个沟通渠道，开展差异化服务，为不同层次业务员提供相应技术支持和培训；完善风险管理体系中医务管理、生存调查和业务员品质等重点环节的流程与规则；配合总公司为银代、团险业务提供全面有效核保支持。

客户服务　公司继续开展客户服务节、客户关爱活动。实施平安VIP俱乐部项目，推动P－STAR五星级服务和柜面窗口建设；推出多项电子化服务，推广使用保单E服务、电子收费平台和电子函件等，使客户随时随地掌握和处理各项事物；加快处理时效，提升客户满意度。公司平安会馆客户服务中心获得共青团宁波市委“青年文明号”、宁波市总工会“五一文明岗”和全省财贸系统“工人先锋号”等荣誉称号，是2008年度宁波市首批市级文明窗口单位。

公益活动　作为一位企业公民，公司自成立以来一直怀抱感恩之心反哺社会，积极参与各项社会公益事业。2008年初，宁波遭受严重雨雪冰冻灾害，公司及时推出冰雪救灾活动，使滞留车站的外来工平安返乡，让留守甬城的外来工度过一个欢乐祥和的春节。2008年汶川大地震发生后，公司开展一系列抗震救灾的活动，以实际行动支援灾区，给灾区重建工作贡献一份力量。

泰康人寿保险股份有限公司宁波分公司

泰康人寿保险股份有限公司
宁波分公司总经理　包嘉懿

2008年是泰康人寿保险股份有限公司宁波分公司的发展年、创新年、服务年和品牌建设年。泰康人寿宁波分公司一贯秉持“专业、规范、诚信”的经营方针，提供“更及时、更全面、更专业”的客户服务，稳健经营，开拓创新，公司业务持续增长；同时，公司规范各方面经营管理，人才队伍建设不断成熟，品牌实力不断提升，夯实再次跨越式发展的基础。

经营业绩　2008年公司实现总保费收入30015万元，同比增长91.87%，创宁波分公司成立以来最好业绩。其中，营销新契约保费收入为3250万元，同比增长122%；团险渠道新单保费收入7460万元，同比增长33%；银保新单保费收入15075万元，同比增长197%。个险业务将团队建设与业务开拓相结合，新单保费创历史新高，团队规模不断壮大，个险业务人员增至1746人。团险业务积极创新销售，开拓新业务增长点，强化销售队伍建设，对目标市场进行细分，针对不同市场进行差异化营销。银行保险业务认真做好规模、结构和规范三方面工作，经受资本市场动荡带来的考验，整体业务稳步提升，销售风险得到有效控制。

组织和人才建设　公司高度重视合规经营，积极贯彻落实上级主管部门与总公司对公司合规和内控制度建设检查和指导意见，公司风险管控体系得到完善，合规经营意识进一步提高。公司积极培养优秀职业经理人，完善组织架构，提升各项业务专业化运作能力。伴随规模逐步扩大，公司更加重视以企业文化凝聚团队，分批、分层级进行泰康文化培训，让所有员工了解公司目标，关注公司成长，提高员工综合素质，强化员工职业精神，培养一批忠于公司、勇于挑战的干部梯队。同时公司制定针对业务部门、业务支持部门和后援职能部门等不同绩效考核办法，鼓励做大做强，有效提升各级人员积极性，极大提高员工归属感。

客户服务“服务是寿险的生命”，2008年，公司在提高服务质量、开展人性化服务上狠下工夫。在“客户至上”理念指引下，客户服务对外窗口加强全体员工服务技能和服务意识，让广大客户更深切地体验到泰康便捷、舒畅、周到的服务。公司定期召开续期客户联谊会，使客户进一步了解公司、信任公司；将客户服务作为重要工作内容来抓，用专业、真诚的服务和实际行动树立公司良好形象，保持公司在保险业客服领域的竞争优势。

品牌建设　公司十分重视提升品牌形象，为和谐社会建设贡献力量。2008年，在业务快速发展的同时，公司更加注重诚信经营，积极倡导“诚信经营、用心经营”的理念。组织参加3·15大型宣传活动，携手建筑起“诚信、维权、服务”的城墙。公司积极参与社会公益事业。2008年3月，公司组织开展失聪儿童助学活动，得到宁波市残联、相关街道居委会的大力支持和帮助，宁波电视台记者对此次活动进行现场跟踪报道。5月，公司发扬“一方有难，八方支援”的爱心精神，第一时间为汶川地震灾区捐款捐物，为灾区重建贡献一份力量。

新华人寿保险股份有限公司宁波分公司

新华人寿保险股份有限公司
宁波分公司总经理　胡柏保

2008年是新华人寿宁波分公司取得骄人业绩的一年。在上级主管部门和总公司正确领导和大力支持下，公司以“持续、稳定、健康、和谐”指导思想贯穿全年，优化业务结构，加强风险管控，转变增长方式，实现公司经营跨越式发展。

经营业绩　公司全年保费收入2.7亿元，其中，个人业务保费收入2227万元，同比增长79.25%，完成年度计划的111%；代理业务保费收入1.78亿元，同比增长125%，完成年度计划的189%（其中期缴3855万元，完成年度计划的485%）；团体业务短险保费收入606万元，同比增长12%，续期保费超额完成年度计划。公司取得良好业绩的主要原因在于：一是业务增速领跑市场，公司全年业务增速79.25%，是宁波地区平均增速三倍以上；二是期缴业务实现历史性突破，全年新单期缴保费超过前六年期缴保费总和；三是队伍建设成效显著，公司内勤队伍与上年末相比增长70%、外勤队伍增长一倍以上，内外勤的整体素质大幅提升。

产品创新　公司在国内首创保额分红，在产品险种开发上不断创新，对市场特点、保险需求和投资习惯等进行调研分析，用个性化产品满足不同客户风险保障和投资理财需求。公司以独具特色的“保额分红”方式为基础，建立以保障型期缴产品为核心的产品体系。保障齐全、覆盖面广、收益稳定、特色鲜明的产品成为宁波市民风险保障和投资理财重要选择。公司在宁波推出的全国首款双重结算型万能产品“至尊双利”在第三届宁波金融展上被评为“2008年最受欢迎的保险公司理财产品”，获得甬城市民一致青睐。

组织和人才建设　公司深入贯彻科学发展观、遵循寿险业基本规律，着重理顺和完善组织架构、提升队伍素质和作业能力。公司自开业以来，始终信奉并践行“不误导客户、不违规经营、不诋毁同业、不亏待员工”的职业道德底线。2008年公司高度重视合规建设，成立以总经理胡柏保为负责人的合规经营领导小组。以“8·19监管会议”为契机，公司果断全面停售万能险等高风险产品，重新构建以分红险为主体的产品结构体系，提升风险管控能力。对于快速发展的银代业务，确保100%回访制度；对于鱼龙混杂的团险市场，坚持“宁可不做，也要规范”。公司加大自查自纠和合规管理教育，有效促进合规经营长效机制。人才是公司兴业根本，公司始终将人才的引进、培养、激励和发展作为公司经营的最重要工作。2008年，为适应业务快速发展和机构扩张需要，公司从全国招聘中高级管理干部、专业人才、销售人才和客户服务人才，补充和完善人才队伍。落实以人为本管理思想，建立完善的薪酬福利制度和极具竞争力的激励考核体系，为公司和谐发展构建坚实基础。

客户服务　公司理赔团队凭借“诚实守信、尽心尽责、方便快捷”的理赔服务，荣获宁波市总工会授予的“工人先锋号”荣誉称号，成为宁波市保险系统唯一获此殊荣的理赔团队。公司建立包括一站式综合服务柜台、95567客户服务热线、新华保险网站、续期和客户服务专员等多元化服务平台，不断改善技术支持和服务措施，致力于为客户提供更优良的服务。新华保险标准化客户服务中心覆盖全国所有分支机构，为全国各地的客户提供全年无休的专业服务。公司完善网站服务功能、短信渠道通知和慰问服务等电子化服务；推出“保单一号通”、“保单无障碍迁移”、“保全失单保障”等创新服务，推行异地赔付全国通赔、理赔款提前支付以及小额简易快速理赔机制；进行专家预约挂号、导医导诊和客户服务节等附加值服务。

品牌建设　2008年，公司在品牌建设上不断增加投入，通过户外广告、宁波电视台专题节目、本地报纸专版报道和公益活动等宣传，使公司知名度获得空前提升。“雪灾送温暖”、“震灾显大爱”、“司庆派红利”和“年终送祝福”等一系列公益活动和品牌经营让广大宁波市民认识到“最具发展潜力、最具品牌价值、最具社会责任心的保险公司”——新华保险。公司在2008年第三届宁波金融展上被评为“2008年最具竞争力保险公司”。

太平人寿保险有限公司宁波分公司

太平人寿保险有限公司
宁波分公司副总经理　王洪建（主持工作）

2008 年是太平人寿保险有限公司宁波分公司实施第二个五年战略规划的第一年。公司在上级监管部门和总公司的正确领导下，以“责任、务实、持续、成长”为指导思想，以客户为中心，以价值为导向，结合宁波寿险市场发展和公司经营管理实际，不断总结经验、夯实基础、明确目标、细化任务，走质量效益优先、风险管理先行的可持续发展道路。

经营业绩　2008 年，公司保费收入 12662. 68 万元。其中，个人业务新单传统险保费收入 1491 万，占个险新单总保费 99. 47%，同比增长 35. 3%，期缴率 100%；个险人均标保、主管活动率等多项关键指标位居全系统前列，人均绩效高于整个行业平均水平。银保规模关键指标保持良好发展势头，其中首期规模保费收入 6057. 33 万元，同比增长 4. 7%；团体业务规模保费收入 583. 14 万元，始终坚持规模与效益并举，团险两差合计 64. 45 万元，两差计划达成率 184. 1%，位居全系统第一位。

机构发展　公司事先对拟设的奉化营销服务部做充分市场调研，编写全面反映当地经济情况、市场环境和设立营销服务部可行性报告。2008 年 4 月，公司正式设立奉化营销服务部，完成城区和县市区 7 个营销服务部机构网点布局，服务领域和市场覆盖面进一步扩大。随着公司业务规模不断壮大，宁海服务部入驻 1100 平方米两层楼新职场；余姚服务部即将入驻余姚市高档办公区，经营环境进一步优化。

管理创新　随着公司业务不断扩大，内部管理越来越重要。2008 年，公司严格工作流程，制定和完善相关规章制度，强化岗位职责和基础管理，使管理科学化、规范化，推动公司稳健、有序、快速发展。一是用“心”经营早会。2008 年 3 月，公司对早会内容进行变革，除常规内容外，新增公司发展关键指标、员工普遍关心的数据和各类专题主讲等，使早会成为公司内外信息共享、宣传企业文化、加强内部凝聚力和有效激励员工的窗口和平台。二是建立能力素质考核模块。自 2008 年年中起，公司根据总公司要求正式实施“太平人寿员工胜任素质模型构建项目”，以宣传优秀员工行为为契机，全面发起征集胜任素质典型行为案例活动，建立一套体现公司员工胜任素质要求的案例库。公司在员工综合管理能力考核中新增能力素质考核，与工作业绩考核一样占 50% 权重，包括诚信正直、爱岗乐业、服务意识、积极学习和追求卓越五个指标。三是设立品质管理委员会。2008 年 8 月，公司设立专门业务品质管理委员会，负责品质管理办法的具体落实和实施工作。四是全面推行“零现金”管理。2008 年 10 月，公司收付费方式全面推行“零现金”，采用银行转账收付费方式，降低经营风险，实现总公司资金集中管理，提高资产安全性和收益率。

风险管理　公司认真贯彻落实上级管理部门和总公司要求，进一步做好风险管控和依法合规合法经营。成立治理商业贿赂和保险领域反洗钱等领导小组和工作小组，认真学习反洗钱法律法规，正确理解和掌握保险业反洗钱工作内容，认真配合相关部门开展工作。2008 年 8 月，宁波保监局统研处和寿险处对公司开展为期 1 个月的现场检查工作，检查结果良好，内控体系和经营管理得到监管部门认可。

品牌建设　公司秉承“真诚服务，用心经营”理念，一直把“融入甬城生活、服务甬城人民”作为经营目标，通过一系列活动推进品牌建设，公司知名度和美誉度不断提升。一是2008年初积极向因雨雪冰冻灾害滞留的外来务工人员捐款；二是组织员工参加“人文奥运　宁波同行”元旦万人长跑和由宁波市保险行业协会举办的“首届业内迎奥运庆元旦篮球比赛”；三是推进校企合作项目；四是积极投入抗震救灾，为灾区人民奉献爱心，捐款累计近五万元；四是参加由人民银行宁波市中心支行发起“青春共建和谐社区行动·金融知识进社区”活动；五是投放公交车广告，制作三期“绝对保险”栏目在甬城播出，使公司品牌真正进入甬城百姓生活。

争先创优　在全体员工的共同努力下，2008年公司获得多项荣誉：在总公司评比中，获太平人寿客户满意度网上调查问卷三等奖，运营服务部获总公司一季度“保全外包使用竞赛”第二名，理赔员王官华荣获“理赔服务标兵”称号。在外部评选中，被评为宁波市第三届金融产品展示会“2008年最具竞争力的保险公司”；太平乐享人生团体长期护理险获“2008年最具创新保险产品奖”；在宁波市财贸工会、宁波市保险行业协会等机构组织的“同迎奥运、共创文明”百日文明优质服务职工文化年竞赛活动中，公司运营服务部获“工人先锋号”称号；在2008年宁波市优秀寿险营销员表彰中，公司多名营销员、业务经理及员工摘取“保险行业优秀寿险营销员”、“宁波市保险行业服务明星”、“优秀银代客户经理”、“优秀团队主管”和“保险之星”等多项荣誉。

民生人寿保险股份有限公司宁波中心支公司

民生人寿保险股份有限公司
宁波中心支公司总经理　周　杰

公司概况　2004年3月，民生人寿保险股份有限公司在宁波设立分支机构，2006年10月，民生人寿保险股份有限公司宁波中心支公司成立，下设市区、宁海和慈溪3个营销服务部。2008年，公司在宁波保监局和民生人寿保险股份有限公司浙江分公司的正确领导下，顽强进取、通力协作，个险业绩呈上升趋势，全年保费收入1238.76万元。

内部管理　一是经常性召开民主生活会，形成合力，公司领导坚持每周一次碰头会，每月二次办公会，及时了解情况，研究解决工作中出现的各种新问题，如谋划工作思路、制订业务计划、确定工作重点、加强业务管理以及培训、售后服务等诸多工作环节均通过集体讨论决定。二是规范公司制度，严格公司管理制度，分阶段、有目的地开展“内控检查评估”和“内控制度整改总结”等工作。三是强化依法合规经营管理专项工作，组织公司中层干部、机构营销骨干参加上级监管部门主办的培训班，认真学习最新监管法规制度，制定出台重大事件责任追究制度。四是加强财务管理制度，实行费用预算制度，坚持收支两条线，保证不占用保费户资金，确保资金及时上划。五是在上级监管部门和总公司领导下，开展反不正当竞争、反洗钱和反商业贿赂等自查自纠工作，经检查均无此类事件发生。

人才培养　一是加强培训，创建学习型团队。通过制式及非制式培训，解决队伍发展过程中的技能及意愿培训需求；在队伍中营造学习氛围，向行业内、系统内和机构内标兵人物学习；2008年，公司组织培训20余次。二是打造绩优业务员及绩优团队。通过重点追踪及沟通，形成各营业机构业务骨干，推动良性竞争氛围。三是稳步发展员工队伍。在稳固现有人才的同时，通过同业引进、网络和校园专场招聘会等形式进行人才招聘，并针对不同来源职工制订不同培养计划，逐步推进。

客户服务　强化后援管理，注重细节，不断提高客户服务水平和服务质量，获得良好市场口碑。启动快速理赔“6+1”，在实施过程中取得良好效果，全面提升公司服务品牌形象。

中宏人寿保险有限公司宁波分公司

业务发展 2005年12月，中宏人寿保险有限公司宁波分公司慈溪营销部成立，至此公司有4个业务部共同开展寿险业务，每个业务部有各自团队文化，其中精英业务部更是以“专业、正直、学习、参与、竞争、分享、感恩、使命”16字团队方针和更专业的寿险服务，在宁波市场上受到广大客户认可。2007年，公司开始团险销售，建立更完善的寿险产品销售体系。公司成立三年多来，不断以市场为导向，推出满足客户需求的保险新产品。2008年，公司保费收入3577.77万元。

企业文化 公司管理层遵循于外资保险公司的本土化建设，秉承“专业诚信，以客为尊”的宗旨，以人为本，利用中宏人寿保险有限公司在产品创新、市场营销、营销员培训和管理、客户服务方面的成功经验，为家庭、个人、团体提供个性化、多样化的产品和全面的服务。

客户服务 公司一直把客户服务建设作为可持续发展的重要内容，把客户对公司的满意度作为衡量客户服务工作优劣的重要标准。公司建立畅通的客户服务沟通平台，给客户提供了解公司的机会和渠道。同时，公司服务部通过为客户提供附加服务，突出个性化、差异化服务功能，真正体现服务客户的深刻内涵。

生命人寿保险股份有限公司宁波分公司

生命人寿保险股份有限公司
宁波分公司总经理 陈华标

经营业绩 2008年，公司保费收入6232.77万元。个险保费收入1120.69万元，其中分红险495.94万元，占44%；万能险445.8万元，占39.8%；健康险153.55万元，占13.7%；意外险15.07万元，占1.34%。银代保费收入5091.97万元，银代主要合作渠道为农业银行、工商银行、建设银行和招商银行；银代达成率102%，提前完成总公司任务指标。团险保费收入20.11万元

内部管理 公司始终本着“强化管理，稳健经营”的方针，秉承“注重基础专业运作，建设又强又好营销团队，打造社会口碑最佳、内部氛围和谐的寿险公司”的原则，坚持“敬业、执行、合作、服务、追求卓越”的核心理念。以宁波市区为核心，在宁波市本级业务稳固后，逐步向宁波市周边的慈溪、余姚、宁海等市场前景较好的县市有序发展四级机构（营销服务部），并在三年内加以巩固提高。“重销售”，从本质上以营销为导向，以公司专职销售队伍为导向，做真正有价值的业务，培养真正有价值的队伍。个险营销尊重规律、回归价值、夯实基础、健康发展，依托绩效管理系统、增员系统、训练系统、销售支持系统、日常管理系统五大系统进行管理。“重创新”，在经营过程中注重产品、渠道开拓等创新经营，取得突出创新成果，积累快速创新机制和人才队伍。

业务团队建设 公司始终保持团队良性发展、永续经营，并不断输入新鲜血液。通过会议统一内勤人员思想，从新人上岗第一次培训起就注重讲责任、重爱心、树新风。2008年，公司在淘汰低产能低能力的专管员后，通过同业引进和社会招聘相结合方式，及时保持队伍健康发展，增强团队协作力、凝聚力与执行力，使团队建设与业务开拓相结合。公司在在团队管理中始终要求“做宁波市场最具责任感的公司，做宁波市场最有使命感的企业”，在各种培训及经营过程中宣传公司和监管机构相关制度和规定，让团队树立依法经营、合规展业的业务开拓意识；同时注重基础管理，不断进行员工队伍思想与文化的整合，使大家朝同一个方向努力发展，打造一支具有战斗力的业务团队。

中德安联人寿保险有限公司浙江分公司宁波营销服务部

中德安联人寿保险有限公司浙江分公司
宁波营销服务部负责人　范勇斌

业务调整　营销服务部成立以来，坚持以个人业务和银保业务为主、团体直销业务为辅的经营思路，积极推行以客户需求为导向的营销理念，并根据市场变化及时进行业务调整。2008 年，由于国际金融危机的影响，特别是国内资本市场的深度调整，以投连险为主的销售模式受到很大挑战，银保业务下滑明显，全年保费收入 3126 万元，同比减少 65%；同时由于投资价格下跌，退保金额急剧扩大，达 1614 万元；银行代理网点数量从 185 个锐减到 140 个，客户经理也减员到 11 人。公司调整个险销售政策，从注重规模向重视效益转变，从趸缴业务向期缴业务转变，2008 年保费规模也有较大滑坡，全年保费收入 660.65 万元，同比下降 17%。

机构建设　营销服务部本着“稳步发展、持续经营”的宗旨，逐步在宁波大市范围内铺设三级机构。秉承成熟一个，发展一个的原则，2006 年宁波本级营销服务部顺利开业后，已陆续开设宁海营销服务部和余姚营销服务部。由于 2008 年经营环境急剧转变，公司迅速调整机构建设步伐，暂时停止准备开设的象山和慈溪两个营销服务部，保持公司稳健、谨慎发展策略

人才建设　一是重视寿险代理人队伍建设，致力于打造专业、诚信、敬业的精英团队。2008 年，总公司对代理人管理模式进行转型，引进安联集团在亚太区成功经验，采用独特的培训方法和模式，使营销服务部寿险代理人壮大到 357 人，其中资深经理 9 人。代理人全部实现持证上岗，持证率 100%，得到监管部门的充分肯定。同时公司加大对代理人队伍的培训力量，2008 年开设代理人考证班 75 期，500 余人参加培训；开设各种制式培训 12 期，有力保证代理人队伍健康发展。二是注重员工队伍建设。“成就员工”是中德安联的公司使命之一，营销服务部以此为出发点，在员工聘用中坚持学历、能力和潜力并重原则，坚持德才兼备、以德为主的标准，同时符合德国企业精简、高效的人力配置原则。2008 年末，宁波营销服务部员工 29 名，比上年减少 2 人，其中大学本科以上 13 人。为更好地服务客户和业务伙伴，公司设立销售支持、后援支持、培训专员等各种岗位，分期分批到总部进行业务知识和服务技能培训，进一步提升员工素质，促进员工队伍整体服务水平的快速提高，保证公司运作高效优质。

内部管理　中德安联推行高度集中的内部管理体系，两核集中、财务集中保证公司资源充分利用和公司的高效营运。“服务客户、成就员工、回报股东、和谐社会”是中德安联围绕公司经营理念提炼出的价值和使命观。营销服务部自成立以来，克服公司成立初期种种困难，坚持秉承总公司的优质服务和美誉源于信誉的客户服务理念，以人为本，优化服务流程，提高服务水平，为甬城的广大客户提供专业、优质的保险后续服务。

光大永明人寿保险有限公司宁波营销服务部

2008年是光大永明人寿保险有限公司宁波营销服务部发展进程中非常重要的一年。营销服务部组织一系列公司形象、保险产品和保险服务等宣传活动，提升公司产品和品牌形象，为今后的发展奠定坚实基础。

业务概况 受金融危机影响，2008年营销服务部保费收入较上年明显下降，全年保费收入1244.64万元，同比下降63%。其中，个险保费收入657.31万元（其中新单保费411.04万元），同比下降17.7%；银行保险保费收入585.60万元（其中新单保费收入563.40万元），同比下降77.37%；团体保险保费收入1.73万元，同比增长24.51%。由于银行保险业务受金融危机影响较大，人员流失较多，银行渠道维护不利，导致银行保险保费收入急剧萎缩，新单保费收入同比下降78.18%。2008年营销服务部理赔0.52万元，年金给付2.44万元，退保金额781.8万元，其中个险业务退保213.81万元，银行保险业务退保567.99万元。2008年，个险业务虽然保费收入有所下降，但产品取得突破性发展，推出的新产品“瑞盈无忧”、“福享人生”等，市场反响较好，使个险业务新单保费收入保持400万以上。

人力资源 2008年，营销服务部员工本科及以上学历占75%，有金融保险业经验的员工占100%。营销服务部每年定期举办内勤培训，提升内勤专业技能和职业素质，传达企业文化，为客户提供更专业的服务；严格要求持证上岗，持证率100%；运用多种方式，如网络增员、创说会、人才市场招聘和缘故介绍等组建优秀销售队伍，加强人才培养，2008年在职人力突破200人。

合规经营 营销服务部对总公司合规经营要求给予高度重视，开业以来一直将主要工作职责贯穿于重要业务环节。营销服务部严格执行总公司《合规工作规定》、《反洗钱管理办法》和《反恐管理办法》，积极开展相关培训和学习，让所有员工在日常工作中做到合法合规，同时将进一步加强管理、优化品质，全面提升公司形象，为宁波保险市场发展贡献自己的力量。

客户服务 营销服务部秉承“以客为尊”的服务理念，以市场为先导，时刻铭记顾客利益至上，确保售前售后都为客户提供高品质服务。光大永明人寿设立全国统一咨询热线95105698，提供客户咨询并落实100%客户回访；开通电话保单变更服务，简化客户办理保单变更手续；开通全国通赔服务，客户可以在全国任何一个分支机构办理理赔手续，500元以下无任何疑义的案件在2小时内进行赔付；与国际SOS紧急救援中心合作，针对公司VIP客户推出一项高附加值服务——光大永明国际救援服务。

合众人寿保险股份有限公司宁波中心支公司

合众人寿保险股份有限公司
宁波中心支公司总经理　王　霆

合众人寿宁波中心支公司成立于2007年5月，下辖三个县级营销服务部，分别为：慈溪营销服务部、宁海营销服务部、余姚营销服务部。通过个险、团险、银行代理三大渠道，提供从传统的储蓄型、保障型产品到非传统的分红型产品的完整产品系列，以满足客户多元化、个性化服务的需求，并为个人、企业等客户提供适合客户需求的保险解决方案，以便捷、快速、准确的服务为客户提供意外、医疗及养老等保障。

主要业务　2008年合众人寿宁波中心支公司完成保费收入2774.80万元。个人营销总保费收入1095.87万元，其中传统和分红产品保费收入747.36万元，万能险保费收入348.51万元。个险总赔款12.84万元，各类生存金赔付2.99万元。个人销售主要产品有：睿智人生终身寿险（万能型）、安康天使少儿终身寿险（万能型）、永福100年金保险（分红型）、璀璨人生年金保险（分红型）、幸福人生终身寿险（分红型）、吉祥人生两全保险（分红型）、得益人生两全保险（分红型）。2008年团体直销总保费收入44.72万元，理赔金额13.73万元。团体直销主要产品有：团体年金保险、合众团体意外伤害保险、团体一年期重大疾病保险、团体交通工具意外伤害保险、合众建筑工程意外伤害保险、合众学生幼儿意外伤害保险、福寿人生团体年金保险（分红型）以及其他卡式业务产品。2008年银行代理销售总保费收入1510.30万元，主要产品有：金长红终身寿险（万能型）、长红两全保险（分红型）。

人力资源建设　2008年末，共有保险代理人员426人，内勤专业人员32人。2008年对代理人队伍的建设严格按照《个人寿险业务人员基本管理办法》实行，对代理人的入司、转正、晋升、考核、清退按照标准流程操作，公司还加强对业务员的培训工作，包括代理人考前培训、新人衔接培训、新人转正培训、主管增员培训等，以保证代理人队伍质量，提高契约品质及经营绩效。2008年，宁波中心支公司认真贯彻落实总公司的人力资源绩效考核和管理工作，有计划地进行潜力人员培养和储备工作，建立潜力人才库，实行干部阶梯化管理；同时加强人力资源基础管理工作，进一步规范员工入司和离司流程、各类人事制度，完善员工劳动关系的维护和管理工作。

服务和品牌建设　针对保险业“理赔难”的通病，合众人寿率行业之先，于2006年7月推出“24小时受理电话报案、咨询”、“上门服务”、“延滞支付利息”、“预付赔款”、“简单案件即时结案”以及“结案通知及回访”等六大服务举措。并启动以“合众保险，理赔不难”为主题的大型理赔知识宣传活动，通过完善自身服务流程，将“理赔难”变为“理赔易”，重塑保险理赔服务新形象。宁波中心支公司在实际理赔过程中，严格按照总公司的服务要求和操作流程开展工作，在2008年受理的几起理赔案件，理赔时效和结果均获得客户高度肯定和赞赏，维护公司的品牌，同时提升保险行业的形象。

社会公益活动　合众人寿宁波中心支公司以“对员工负责、对客户负责、对股东负责，对社会负责”为使命，积极开展各项公益活动，认真履行企业公民的责任，2008年，先后开展向汶川灾区捐款、“少年强，则中国强！——2008合众助学行”活动、“合众和你在一起，祝福中国，祝福奥运”大型活动，为建设和谐社会贡献一份绵薄之力。

平安养老保险股份有限公司宁波分公司

平安养老保险股份有限公司
宁波分公司总经理 张 强

机构概况 平安养老保险股份有限公司宁波分公司成立于2007年4月2日，其前身是中国平安人寿保险股份有限公司宁波分公司团险事业部。作为目前宁波市场上唯一一家养老保险公司，专业从事企业年金业务，并为企事业单位和团体客户提供医疗、人身意外、定期寿险等综合福利保障计划服务。公司充分依托中国平安的集团优势，秉承专业经营、稳健审慎、开拓创新的宗旨，以专业理念和专业人才优势发展企业年金业务，体现保险业稳健经营的根本特征，提供专业的、一流的综合金融服务，力争成为宁波企业年金市场的领跑者，为保险业服务和谐社会贡献力量。

先行管理企业年金 平安养老保险宁波分公司为持续推进企业年金核心技能的发展，将企业年金的服务体系贯穿于企业年金业务的整个过程，包括方案设计阶段、计划建立阶段、资金积累阶段以及退休领取阶段，除法规要求的标准化服务之外，公司还根据市场的需要开发多种附加服务功能，以期建立并保持行业中专业技术和服务的领先地位，树立企业年金专业管理的市场品牌。先后与工行、农行、中行、建行、交行、光大银行、中信银行和招商银行建立企业年金合作关系，积极向企业宣传做企业年金的重要性，大力推广企业年金业务。公司成立年金服务中心，为企业和员工提供优质的中台服务，保证年金到账前的各项业务操作。针对不同项目成立项目服务小组，为不同企业和员工提供个性化服务，全面提高服务质量。在政府监管部门和商业运营机构的共同推动下，2008年宁波市企业年金市场得到快速的发展，全年共签约企业年金客户23户，基本涵盖包括贸易，地产，服务，制造，交通在内的优势行业。凭借领先的专业优势和优质的服务质量，2008年平安养老保险宁波分公司共签约年金客户6户，累计到账金额超过1000万元，引领宁波企业年金市场健康快速的发展。

承办新型农村合作医疗 建立新型农村合作医疗制度是新时期农村卫生工作的重要内容。北仑新农合项目引进商业保险运营模式，是新农合机制的创新，不管是对政府还是对商业保险公司都是一次新的考验。2007年1月1日平安养老保险宁波分公司承接北仑新农合项目，在北仑区有关部门的大力支持协助下，提升公司品牌效应和影响力，提高服务能力和业务水平，为开展其他险种服务开拓广阔的空间，符合长远发展的战略利益，“隐性效益”逐渐显现。平安养老保险宁波分公司业务管理中心已从初期业务平台建设迈向创建新农合“北仑模式”服务品牌的正轨。

培育优秀人才 长期以来，平安养老保险宁波分公司培养大批优秀人才，2008年末，宁波地区共有员工70多人，其中年金专家4人，年金产品经理5人，综合福利保障产品经理12人，这些高素质的人才为公司业务的高速增长提供有力保障。同时员工队伍的凝聚力和向心力也不断增强，提高团队分工协作意识，为做好年金业务奠定坚实的基础。

全面提升后台服务与管理水平 在后台服务业务管理方面，加强契约、单证、业务档案管理和柜面管理，稳定柜面队伍。以北仑新农合项目为切入点，主要从理赔的标准化作业流程、沟通机制及例会制度着手，加强风险管控。建立特殊案件危机公关机制，善于借助合作政府部门的公共形象，加大可疑案件和大额案件调查力度，设立案件调查转岗。与北仑区卫生局及各医院加强沟通，对定点医院进行对接管理，从源头控制医疗费用增长，保证医疗合理性。

信诚人寿保险有限公司浙江省分公司宁波营销服务部

信诚人寿保险有限公司浙江省分公司
宁波营销服务部总经理　徐建华

基本概况　信诚人寿浙江省分公司宁波营销服务部于2007年4月开业。2008年末，公司下设业务发展部门、业务行政支援部门、业务培训部门、客户服务部门、银行保险部门，内勤员工19人，银保客户经理14人，外勤营销员173人。

业务发展情况　全年共完成新单保费2390.44万元，续期保费169.5万元。其中个险新单保费918.34万元，续期保费169.5万元。全年在册人力172人。以开拓休眠银行及休眠网点为业绩增长点，以期缴产品为切入点，全年实现规模保费1472.1万元，开发网点76家。在销产品中仍以分红寿险和投连产品为主。分红寿险占比72.1%，投连产品占比23.9%。其中公司的投连产品在市场上占有相对的优势，尽管2008年全球投资环境不好，但是信诚投连的成长先锋账户和优选全债账户均有不俗的表现。

品质管理和客户服务　营销服务部自开业以来就严格遵守宁波保监局及宁波市行业协会的相关规定，规范展业，规范使用人身保险提示。并对投连产品的运作及犹豫期退保作更明确的风险提示。对所有新单实行100%的电话回访，有效地控制展业风险。2008年全年退保率及续收率也在健康指标范围之内。由于实行总公司集中核保出单，保单平均出单时效为5天。90%以上扣款实现银行转账，付款全部实现银行代付。为客户提供赠送寰宇卡、VIP客户免费体检等增值服务。

国泰人寿保险有限责任公司浙江分公司宁波营销服务部

国泰人寿保险有限责任公司浙江分公司
宁波营销服务部总经理　苏创连

国泰人寿浙江分公司宁波营销服务部于2007年7月正式开业，在政府主管部门和监管机构的关心指导下，踏实经营，保持稳步成长。在合规经营、团队建设、产品创新、客户服务、公益事业等方面的表现稳步提升。

寿险业务　国泰人寿浙江分公司宁波营销服务部通过代理人、团险直销人员和银行保险渠道为全市的个人及企事业单位客户提供包括健康险、意外险、一般寿险、养老年金及单位福利保障计划等所有产品和服务。国泰人寿的目标就是以国际化的专业寿险管理经验结合本土知名品牌强势介入大陆市场，树立专业化的市场品牌形象，发展成为业界最优秀、最高效的一家新公司，并最终发展成为华人地区最佳金融理财服务企业，国泰在宁波的经营策略也紧紧围绕这一目标展开。2008年，国泰人寿宁波营销服务部实现总保费收入1138.61万元。

队伍建设　2008年末，宁波营销服务部共有员工22名，其中大学本科以上18人，保险代理人75人，公司代理人全部实现持证上岗，持证率达100%。为更好地服务客户和业务伙伴，提高营销队伍的稳定性，提升员工福利，国泰人寿贯彻“外勤转内勤”制度，将优秀的营销主管纳入内勤编制。自主培养营销主管，为国泰未来在宁波其他城区发展提供人才储备，保持国泰人寿一贯优良的品质。同时国泰人寿对营销人员进行一系列的业务知识和服务技能培训，进一步提升员工自身素质，促进员工队伍整体服务水平的快速提高，保证公司运作的高效、优质。

嘉禾人寿保险股份有限公司宁波分公司

嘉禾人寿保险股份有限公司
宁波分公司副总经理　胡孟雄（主持工作）

2008年是嘉禾人寿宁波分公司入驻宁波保险市场的第一年，在监管部门的正确领导和支持下，认真贯彻落实宁波保监局和总公司提出的各项要求，紧紧围绕总公司下达的各项工作指标，以“积极开展机构建设、迅速搭建精英队伍、建立完善内部管理”为主题，通力协作、顽强进取，取得一定成绩。

业务拓展　按照年初制订的总体战略，以标准化团队建设为重点，突出培训，强化增员，稳扎稳打，做好各项基础管理工作。完成个险规模保费593.63万元，折合标保210.14万元，其中分红险保费115.9万元，占比52%，完成总公司下达的个险计划的100.54%。面对竞争异常激烈的市场，在当地市场创下非凡的业绩。完成银邮代理保费9466.20万元，提前3个半月完成总公司下达的年度各项任务指标，名列全市17家寿险公司银保新单保费第5名，其中期缴426.5万元，名列全市第3名，超额完成总公司下达的6000万计划任务。由于团险市场人才紧缺，在10月初才正式完成对分公司团险部的架构搭建并正式开展工作。通过前期的市场调研和积累客户，以提供团体企业员工福利计划产品为重点，全年完成短险保费22.8万元，上交费用2.69万元。

机构建设　自2007年12月30日中国保监会同意宁波分公司筹建以来，克服时间紧、任务重、变数多等众多困难，顺利搭建起分公司的组织架构，完成各项筹备工作，于2008年4月21日顺利通过宁波保监局的验收并取得《经营保险业务许可证》，并于4月25日取得营业执照，正式对外营业。经过前期充分的市场调研与准备，相继申请并设立城区和宁海、余姚、慈溪4个营销服务部，分别在5月19日、6月26日、10月26日和12月2日正式对外营业。目前这4个营销服务部外勤团队架构日趋完善，4个营销服务部斗志昂扬，体现积极进取，永不服输的良好的精神面貌。银行网点拓展顺利，相继与工行、农行、中行、交行签署全面合作协议，为银行代理业务的全面快速发展奠定良好的基础，在市场上也建立良好的口碑，取得较好的成绩。

精细管理　严格遵守宁波保监局和总公司的关于依法合规经营的各项制度和规定。根据宁波保监局的工作指示与要求，先后成立业务员品质管理委员会、设立分公司合规岗、严格实施行业自律等条例、在公司内部开展销售误导等自查自纠工作以及实行100%回访制度、退保情况领导小组（后更名为退保应急管理小组）等，并严格遵照宁波保监局的要求及时上报相关材料，坚持依法合规经营。以效益为核心。严格遵照总公司的费用管理制度实行预算管理，杜绝费用的超支；严格报销制度，严把资金关，确保保费的真实性和合规合法性。公司一方面抓业务发展，一方面抓费用管控，实现年度使用控制在预算之内。切实抓好两核体系建设，强化核保核赔制度，提高核保核赔人员素质。结合宁波当地的实际情况制定宁波分公司及各营销服务部的一系列的规章制度，如《营销服务部的业务运作管理办法》、《营销服务部财务管理试行办法》等，为新公司的设立和有序运行强化管理防范和化解风险。通过各项规章制度的贯彻和落实，公司的内部管理工作进一步加强，管理水平进一步提升。

个性服务 在成立之初就严格规范客服工作，加强对客服人员培训，提高客服人员综合技能素质，确保新契约出单流程的顺畅；积极妥善处理客户抱怨，未出现的客户群体投诉事件；作为新保险公司要赢得市场，不仅要为保户提供满足其多样化、差异化和个性化需求的保险产品，而且还要尽可能为客户提供零距离的保险服务，严秉“终身对客户负责”的经营理念，并先后推出“奥运明信片”、体检客户免费早餐、绿色通道等优质客户等服务工作，取得良好的社会反响。

企业文化 在5月底和6月策划大型的系列公益活动。分“感动08，嘉禾人寿”社区环保公益广告和“万只环保袋免费进社区”两大主题活动。在宁波65个中高档社区和5个马路灯箱广告上发布公司品牌宣传广告。另外巧借“禁塑令”的契机，借助媒体和社区的力量，在宁波有代表性的4个大社区举行免费发放环保袋活动，受到市民的热烈拥护，也吸引宁波各大主流媒体的关注，宁波电视台〈看看看〉栏目、宁波日报、宁波晚报、宁波公交移动电视等都进行连续报道。获得很好的社会反响，极大地提升公司的知名度和品牌形象，也受到宁波保监局、宁波市保险行业协会和总公司的肯定和表扬。在四川地震发生后，在第一时间组织全体员工开展捐赠活动，入冬后又积极响应宁波市民政局的号召，组织员工捐赠衣被活动。今年接受宁波电视台采访一次、在宁波各类报纸上发表文章8篇、参加宁波电台《保险一点通》节目3期。为树立行业正面形象，创造良好的保险大环境做出积极的贡献。努力营造和培育感恩文化、诚信文化和执行文化，使得公司的凝聚力进一步增强。一年以来，公司高度重视企业文化建设，通过各项活动，活跃、丰富职工的文化生活；树立典型先进人物；号召员工不断加强学习，进一步增强团队的凝聚力、向心力。

海康人寿保险有限公司浙江分公司宁波营销服务部

海康人寿保险宁波营销服务部是首家登陆宁波的外资寿险公司，2008年是海康人寿保险公司在宁波树立形象、打响公司品牌的第一年，更是面临重重压力、攻坚克难的一年。经过全体员工的共同努力，在短短五个多月的时间内，招聘培训一支年轻、精干的保险员工队伍，选择合适地点建设一个崭新、功能齐全的保险营销服务部，并积极开展各项业务工作。

业务概况 经过五个月的经营，海康人寿共计实现保费收入481.7万元，其中万能393.1万元，投连88.6万元。目前，共有农行、中行和宁波银行三个渠道，农行保费为108.6万元，中行保费为73万元，宁波银行保费为300.1万元。经营网点29个，其中农行9个（北仑7个、大榭2个），中行16个（北仑6个、镇海8个、慈溪1个、市区1个），宁波银行4个（市区3个、鄞州1个），出单网点8个，活动率27%。

市场情况 根据宁波地区2007年的保源情况，经过仔细的分析研究，把万能险保险，投连险做为2008年的突破口，与各大银行和有关部门联系，代理保险业务。目前，有3家银行已经与营销服务部建立业务关系，有2家正在洽谈运作中。为积极响应中央关于建设社会主义新农村的号召，根据公司提出的“巩固城市、拓展乡镇”战略，注重发展乡镇市场，积极开发其他公司并不看好的偏远地区网点，取得引人瞩目的成绩。

服务质量 大力加强诚信建设，培育保险诚信意识，强化失信惩戒机制。只要接到投诉以及顾客提出的建议要求，无论事情大小，无论白天黑夜，公司始终坚持第一时间解决，第一时间答复，为客户提供力所能及的方便和服务，取得广大保户的信任。特别针对投连客户该司建立客户风险承受能力测评制度，对客户的年龄，财务状况，风险承受能力进行评估，如不符合测评规定，则不推荐投连产品或改推荐其他产品，如客户执意购买，则在由本公司如实告知产品形态及费用的前提下，由客户出具风险承诺书，并签字确认。在农村网点通过理财经理或客户经理进行销售，柜面不销售投连险，并对新单进行100%回访，回访频率为5天6访，对于5天6访失败、客户联系电话有误、投保单/回执代签名、客户不了解产品等状况，以照会形式第一时间通知渠道跟进。同时，每月初会提供各渠道上月回访结果统计表，及累计未回复的回访照会清单，牢牢把控业务风险，为该公司将来拓展市场提供保障。

规范经营 严格按照上级公司有关规定，结合自身实际，引进和采用科学的管理体系，出台一系列行之有效的规章制度和考核办法。在制订各种考核办法时，始终遵循突出效益和长期盈利能力评价的经营绩效考核原则，努力调整险种结构，使之从规模型向效益型转变。对经营过程中出现的各种问题，一经查实，轻者批评教育，重者严肃处理，决不姑息。使公司的内控管理水平得到提升。为迅速在已有19家人寿保险公司的宁波地区立足，全体员工充分发挥团队力量，主要在三个方面开展卓有成效的工作：一是加强与网点、客户的接触和沟通，密切公司与网点、客户之间的联系；二是在日常管理中，严格执行各项管理和服务规定，并用各项规定规范和约束员工的具体行为；三是积极有效的开展工作，对每一份保单都做到严格把关，认真审核，既不损害客户的利益，也不让公司受到损失。

中国人民银行宁波经济技术开发区支行

2008年，宁波经济技术开发区（宁波市北仑区、镇海区、宁波保税区、宁波大榭开发区）经济发展明显趋缓，地区生产总值负增长，主要经济指标比上年明显回落。工业生产增长快速，企业效益严重滑坡，固定资产投资增长较快，房地产投资疲软，招商引资难度加大，进出口贸易增长快速，财政收支增长稳定。辖区经济运行总体平稳，存贷款总量同比增多，存款增长稳定，贷款增长明显。

经济运行概况 辖区实现地区生产总值828.42亿元，同比负增长2.3%，增幅回落24.8个百分点。1. 工业经济继续快速增长，企业效益严重滑坡。辖区国有及销售收入500万元以上工业企业（规模以上工业企业）完成工业总产值3552.06亿元，同比增长15.8%；主营业务收入3503.10亿元，增长16.8%；利润总额3.54亿元，负增长97.6%，其中减利严重的是镇海炼化公司等大中企业。其中镇海区规模以上工业企业亏损38.93亿元，同比负增长188.1%；北仑区规模以上工业企业利润总额11.90亿元，负增长80.3%。2. 固定资产投资增长较快，房地产开发投资疲软。辖区固定资产投资完成额491.77亿元，增长17.1%。其中北仑区完成250.63亿元，同比增长10.4%；镇海区完成167.85亿元，增长26.9%。房地产开发投资完成42.97亿元，负增长0.4%。其中北仑区房地产投资19.03亿元，负增长12.7%；镇海区21.96亿元，增长9.1%。3. 利用外资回落，外贸进出口快速增长。辖区新批三资企业104家，总投资31.21亿美元，增长1.5%；合同利用外资14.70亿美元，负增长10.3%；实际利用外资9.18亿美元，负增长7.9%。外贸进出口总额285.18亿美元，增长24.2%。其中进口总额147.49亿美元，增长23.8%；出口总额137.69亿美元，增长24.7%。4. 国内贸易较快增长。北仑、镇海两区社会消费品零售总额109.89亿元，增长21.0%。5. 财政收支稳步增长。辖区预算内财政收入合计176.15亿元，增长14.0%，其中地方财政收入81.58亿元，增长17.3%；预算内财政支出合计78.12亿元，增长15.4%。

金融运行概况 2008年末，辖区金融机构本外币各项存款余额878.16亿元，比年初增加119.94亿元，同比多增50.75亿元，同比增长15.8%，增幅上升5.8个百分点；本外币各项贷款余额791.09亿元，比年初增加125.4亿元，同比多增48.77亿元，同比增长18.7%，增幅上升5.7个百分点。

人民币存款 各项存款同比显著多增，存款结构发生变化，定期化趋势增强。2008年末，辖区金融机构人民币各项存款余额842.97亿元，比年初增加115.59亿元，同比多增50.45亿元，同比增长15.9%，增幅上升6.1个百分点。其中：企业存款余额333.28亿元，比年初增加6.44亿元，同比增长2.0%，增幅下降13.8%；储蓄存款余额341.42亿元，比年初增加76亿元，同比多增64.87亿元，同比增长28.6%，增幅上升24.3个百分点。从余额结构看，企业存款和储蓄存款中，定期存款余额371.48亿元，占两项存款总余额55.1%。从增量结构看，定期存款比年初新增84.47亿元，占两项存款新增总额102.5%。

人民币贷款 2008年末，辖区金融机构人民币各项贷款余额756.64亿元，比年初增加140.09亿元，同比多增58.13亿元，同比增长22.6%，增幅上升7.3个百分点。1. 中长期贷款增加相对较多，票据融资明显回升。年末，短期贷款余额411.22亿元，比年初增加65.46亿元，同比多增6.97亿元，同比增长18.8%，增幅下降1.8个百分点；中长期贷款余额308.71亿元，比年初增加64.3亿元，同比多增37.18亿元，同比增长26.1%，增幅上升14个百分点；票据融资余额35.99亿元，比年初增加9.61亿元，同比多增13.27亿元，同比增长36.5%，增幅上升48.6个百分点。2. 房地产贷款和个人住房贷款增长双双趋缓。年末，房地产贷款余额71.10亿元，比年初增加2.47亿元，同比少增8.23亿元，同比增长3.6%，增幅下降32.6个百分点，其中房地产开发贷款余额19.91亿元，比年初减少3.22亿元，同比负增长13.9%。个人消费贷款余额69.96亿元，比年初增加8.61亿元，同比增长14.0%，增幅下降33.2个百分点，其中，个人住房贷款余额45.08亿元，比年初增加6.61亿元，同比增长17.2%，增幅下降24.8个百分点。3. 信贷投向结构有所改善，农业、批发零售业和服务业贷款增长较快。年末，农、林、牧、渔业贷款余额16.65亿元，比年初增加12.99亿元，同比多增12.37亿元，同比增长7.9%，增幅提高5个百分点；批发零售业贷款余额60.81亿元，比年初增加10.7亿元，同比多增1.88亿元，同比增长21.46%，增幅提高9.3个百分点；交通运输、仓储和邮政业贷款余额82.22亿元，比年初增加42亿元，同比多增21.45亿元，同比增长104.4%，增幅提高104个百分点。同时，制造业贷款仍占据重要地位，1～12月制造业贷款增加46.16亿元，增量占比33.1%，但其增速同比下降6.6个百分点。

外汇各项存贷款 2008年末，辖区金融机构外汇存款余额5.15亿元美元，比年初增加0.93亿美元，同比多增0.14亿美元，同比增长22.0%，增幅下降1.1个百分点。外汇贷款余额5.04亿美元，比年初减少1.68亿美元，同比负增长25.2%。

国际收支及外汇管理（不包括宁波保税区） 1. 2008年，辖区共计涉外收入申报77046笔，申报额65.03亿美元，同比分别增长10.7%、45.5%；涉外付汇申报19124笔，申报额98.8亿美元，同比分别增长9.2%、60.9%；逆差额33.77亿美元。2. 发放出口核销单270827份，出口收单170152份，收单金额107.42亿美元，同比增长32.3%；货到核销262695笔，核销金额85.95亿美元，同比增长25.7%。出口核销率99.26%，出口收汇率97.08%。3. 办理进口付汇23546笔，合计84.32亿美元，同比增长31.1%；进口到货核销42727笔，合计82.54亿美元，同比增长30.7%；进口核销率为100.5%。签发进口付汇备案表199份，备案金额3.63亿美元，同比增长82.6%；办理贸易进口延期付汇登记473笔，金额11.87亿美元，同比增长43.4%。4. 办理结汇收入37.79亿美元，同比增长10.2%。其中经常项目结汇额33.62亿美元（含远期履约额3.9亿美元），资本和金融项目结汇额4.16亿美元，同比分别增长13.3%和减少9.8%。办理售汇支出83.67亿美元，同比增长44.6%。其中经常项目售汇额74.38亿美元（含远期履约额1.48亿美元），资本和金融项目售汇额9.29亿美元（含远期履约额4.06亿美元），同比分别增长60.2%和减少18.8%。结售汇收支为逆差45.88亿美元，同比增加22.32亿美元，增长94.7%。5. 办理外债签约为4.6亿美元，同比增长103.3%；外债提款4.35亿美元，同比增长99.1%；外债结汇1.03亿美元，同比减少17.3%；外债余额7.51亿美元，同比增长96.4%。

征信管理 全年发放贷款卡1194个，年审贷款卡4540个，征集录入中小企业信息4222户。受理企业信息查询52户，受理个人信用报告查询223户。收到金融机构空头支票报告书3086份，发出处罚告知书2532份，处罚1321份、罚款218万元。

北仑区出台“1+X”政策 为切实提高金融支持地方经济发展力度，2008年11月宁波市北仑区出台《关于做好金融保障确保我区经济平稳较快发展的若干意见》，并在这一框架下制定一系列政策措施，即“1+X”政策。一是制定实施《北仑区（开发区）企业贷款风险补偿试行办法》，通过区财政预算安排5000万元资金，对金融机构新增列入扶持发展名录的企业贷款实行风险补偿，鼓励金融机构提高放贷积极性。二是制定实施《北仑区银行业金融机构支持地方经济发展考核奖励暂行办法》，区财政安排150万元专项资金，对金融机构增加企业贷款、增加担保贷款份额、提高贷款审批效率等进行专项考核奖励，有针对性地激励金融机构提高金融支持力度。三是拟发《关于做好行业龙头企业资金链安全保障工作的若干意见》，形成多部门合力，共同保障临港龙头产业发展。四是制定实施北仑区农民创业小额贴息贷款管理暂行办法，提升支农服务水平，区财政对农民创业小额贷款实行3.6%贴息，引导农村信用社支持农民创业增收，切实改善支农服务。五是积极引导金融对弱势群体的支持，协调区劳动保障部门，对原下岗失业人员小额担保贷款承办银行进行调整，并提高小额担保基金额度。

镇海区试行中小企业政策性担保业务 根据“政府引导，落实财政扶持政策，确定支持企业对象，指定银保合作”的政、银、保新型合作思路，2008年初镇海区中小企业政策担保贷款业务正式运行。该新型融资模式被《宁波日报》进行专题报导，被认为是解决中小企业融资难问题的工作典范。政策性担保贷款业务主要特点：一是遵循“公开、公平、公正”原则，严格筛选支持企业对象。按照企业年度销售收入（3000万～10000万元）、近三年实现利税情况、资产负债情况、自主品牌、商标、知识产权情况、资信和发展前景情况、企业法人（主要负责人）的品德情况等为标准，对全区列入初选的170多家企业进行实地调查，最终按综合得分筛选出20家企业，并在全区各界公示。二是按照“自主、自愿”原则，确定银保合作机构。三是落实财政扶持政策，规范操作措施。区财政对政策性担保贷款业务，给予银行贷款额度3%的贴息和1.8%～2%的担保费补助；贷款银行给予每户企业300万元授信额度，并一律按基准利率发放贷款；信用担保公司不另行要求企业提供其他资产抵押及反担保。2008年累计发放政策担保贷款5900万元，20家企业的资金需求全部得到满足。20家企业产值和销售额分别比去年同期增长32.9%和35.2%，均大大高于全区平均水平。

中国人民银行慈溪市支行

经济运行主要情况　2008年，慈溪市完成地区生产总值（GDP）601.4亿元，列省内十四强县（市、区）第四位。按可比价计算，比上年增长8.8%，比2007年增速回落5.8个百分点。虽然2008年全市经济增幅回落过大，但从较长周期和发展阶段看，总体向好的趋势仍未改变，慈溪经济总体上仍处在平稳较快的增长区间。三大产业发展协调，但增长趋缓，其中第一产业实现增加值28.1亿元，同比增长5.1%；第二产业实现增加值373.7亿元，同比增长8.9%，其中工业实现增加值354亿元，同比增长9.8%；第三产业实现增加值199.6亿元，同比增长9.0%。1. 工业经济克难而进。全年工业总产值突破2000亿元，达2005亿元，比上年增长9.4%，比2007年增速回落5个百分点，其中500万元以上规模企业实现工业总产值突破1000亿元，达1059.98亿元，列省内十四强县（市、区）第五位，同比增长6.9%，比2007年增速回落13.9个百分点。全市规模企业产值占全部工业产值比重达51.2%，同比增长1.1个百分点；全年工业技改财务投入达到101.8亿元，其中设备比重占50.1%。全市规模以上工业企业实现主营业务收入983.75亿元，同比增长4.7%；实现利税56.31亿元，同比下降10.7%，其中利润总额28.24亿元，列省内十四强县（市、区）第九位，同比下降23.5%。2. 固定资产投资平稳增长。全市固定资产投资共完成196.32亿元，列省内十四强县（市、区）第六位，比上年增长7.6%，增幅比上年降低3.1个百分点。全社会固定资产投资中，工业投资112.63亿元，比上年增长2.3%，增速比上年降低27.2个百分点；房地产开发投资25.17亿元，同比增长46.9%，增速比上年回升67个百分点；基础设施投资47.12亿元，同比下降2.5%，增速比上年降低6.7个百分点。3. 消费需求继续发力。全年消费品零售总额突破200亿元，达215.09亿元，继续在全省县（市、区）中名列榜首，比上年增长18.0%，增幅提高1.9个百分点，创2002年以来最快增速。从地区划分看，城市实现消费品零售额89.21亿元，同比增长18.07%；农村实现消费品零售额125.88亿元，同比增长17.92%。从行业看，全市批发零售业实现零售额190.95亿元，同比增加28.19亿元，增长17.3%；住宿餐饮业实现零售额24.13亿元，比上年同期增长23.4%，比上年增速提高11.7个百分点。4. 对外贸易增势总体平稳。全年外贸自营进出口总额达66.77亿元，比上年增长16.4%。其中全年自营进口8.42亿美元，比上年增长1.4%；自营出口总额超过60亿美元，达60.35亿美元，列省内十四强县（市、区）第四位，同比增长18.9%。全年实际利用外资4.05亿美元，列全省各县（市、区）第三位，同比增长5.0%；完成合同外资10.15亿美元，同比增长0.1%。全市共有出口实绩企业达1231家，同比增加149家，其中出口超千万美元企业119家，超五千万美元企业14家。5. 财政收入保持较快增长。全年完成收入再创新高，累计完成财政一般预算收入突破80亿元，达86.01亿元，列省内十四强县（市、区）第三位，比上年净增10.9亿元，增长14.5%。其中，完成地方级财政收入达43.44亿元，列省内十四强县（市、区）第四位，比上年净增7.93亿元，增长22.3%；上划中央42.57亿元，同比增长7.5%。6. 居民收入稳步提高。全市城镇居民人均可支配收入26385元，列省内十四强县（市、区）第三位，同比增长7.5%，比上年回落6个百分点；农村居民人均纯收入12263元，列省内十四强县（市、区）第五位，同比增长10.2%，比上年回落6.1个百分点。全市城镇居民人均生活消费支出15889元，同比增长12.9%，农村居民人均生活消费支出9654元，同比增长7.5%。

金融运行主要情况　2008年是全面贯彻落实党的十七大精神的开局之年，也是我国经济社会发展很不寻常的一年。全市金融机构以中央经济工作会议、党的十七届一中、二中全会精神为指引，认真贯彻落实国家宏观经济政策，扎实推进金融体制改革，加快构建金融稳定长效机制，不断提高金融服务水平，着力优化信贷配置结构，切实加大金融对经济增长的支持力度，有力地推动慈溪经济平稳较快发展。1. 银行信贷增长有所放缓。全市金融机构本外币各项存款余额 791.49 亿元，比年初增加 152.75 亿元，同比增长 23.92%，增速同比提高 10.46 个百分点；本外币各项贷款余额 642.28 亿元，比年初增加 82.93 亿元，同比增长 14.83%，增速同比下降 10.82 个百分点。2. 保险业务较快增长。全市保险机构共实现保费收入 10.6 亿元，比上年增长 11.2%，其中财产险 5.67 亿元，人寿险 4.93 亿元，分别比上年增长 15.1% 和 6.9%；共支付各类保险赔款、给付 5.07 亿元，比上年增长 42.4%，其中财产险 3.78 亿元，人寿险 1.29 亿元，分别比上年增长 34.3% 和 73%。3. 证券业务明显萎缩。全市证券机构共实现股票基金交易额 746.54 亿元，比上年减少 324.33 亿元，同比负增长 30.29%；实现账面利润 0.95 亿元，比上年减少 0.35 亿元，同比负增长 26.92%；股民新开户数 8977 户，比去年减少 10342 户，同比负增长 53.53%；个人资产证券值 26.27 亿元，比去年减少 23.56 亿元，同比负增长 47.283%。4. 中小企业担保业务发展较快。全年新增中小企业担保公司 3 家，全市 9 家担保企业年末在保余额 11.23 亿元，当年投入资金 3 亿元，为农业和中小企业提供担保服务 2438 笔，担保金额 25.95 亿元，比上年增加 1.29 亿元，同比增长 5.25%。5. 现金收支增长基本止步。全年现金投放 207.19 亿元，同比增长 1.74%；现金回笼 117.39 亿元，同比增长 3.67%；现金净投放 89.8 亿元，同比负增长 0.67%，增幅比上年下降 7.1 个百分点。6. 金融资产质量继续保持稳定。全市银行机构信贷资产按五级分类不良贷款余额为 3.28 亿元，比年初增加 0.81 亿元，不良率为 0.51%，比上年提高 0.07 个百分点。7. 金融业经济贡献率不断加大。全市银行机构共实现账面利润 23.21 亿元，同比增加 4.7 亿元，比上年增长 25.4%；全市金融业增加值约为 25.87 亿元，同比增长 14.6%，占第三产业的比重达到 12.96%；税收贡献值达到 2.55 亿元，同比增长 0.58 亿元；金融业对 GDP 的贡献率达到 6.7%，比上年提高 0.9 个百分点。

主要金融工作开展情况 1. 强化窗口指导和政策引导，确保央行货币信贷政策落到实处。全市银行机构根据国务院关于金融促进经济发展的九条意见、三十条措施和央行货币信贷政策以及上级行信贷工作指导意见要求，合理把握信贷总量和投向，有序安排信贷投放进度，确保信贷增量与地方经济发展对资金的合理需要相匹配。特别是 2008 年下半年以来，各商业银行积极应对央行货币政策从紧到适度宽松的变化，及时调整信贷政策的方向和力度，进一步加强和改进信贷服务，积极创新融资方式，拓宽融资渠道，推动货币信贷的稳定增长，尽力满足企业资金合理需求。同时，通过召开经济金融形势分析会、金融联席会议等形式，及时通报货币信贷政策动态、探讨经济金融运行趋势、货币信贷运行情况，进一步理清工作思路，统一发展共识，加大金融对地方经济发展的支持力度。2. 切实增加信贷有效投入，加大金融对经济的支持力度。一是通过制定《2008 年全市银行业增加信贷有效投入支持地方经济发展考核办法》，各银行机构进一步加大对政府实事工程、重点产业、弱势群体、科技创新、节能环保等重点领域的信贷支持，并适当加大下半年信贷投放比例。二是会同市有关部门出台慈溪市新增小企业贷款风险补偿配套措施，以及制定《关于加大信贷支持中小企业力度的若干指导意见》和《慈溪市中小企业信贷政策效果评估试行办法》，促使各银行机构进一步加大对中小企业信贷支持力度，着力解决中小企业面临的融资难问题。三是做好商业承兑汇票重点支持企业名单申报推荐工作，选出宁波新海电气股份有限公司等 16 家企业为慈溪市首批商业承兑汇票重点扶持企业，对这批企业签发承兑的票据，金融机构将优先予以贴现，并在贴现率上给予适当优惠，人民银行也将优先给予办理再贴现。四是结合市委、市政府开展的“政企联动、共渡时艰、创新发展”干部服务企业专项活动，辖内银行机构主动下乡镇、下企业进行银企对接，通过召开银企座谈会、融资洽谈会等形式，与 30 多家企业签署贷款授信承诺书，合计金额 6.1 亿元；通过走访乡镇（街道）和企业，为企业解决融资需求达 9.86 亿元，占企业全部需求的 74.6%。3. 加强担保机构管理，切实改善中小企业融资环境。一是通过担保机构与银行小企业管理部门进行对接，帮扶担保机构做大做强，切实解决小企业融资中存在的抵押担保问题，改善小企业融资环境。二是会同政府有关部门制定出台《关于进一步规范开展信用担保业务的通知》，要求担保机构对生产经营活动正常、还款正常的企业在担保到期后给予续保，不准无正当理由随意退出；禁止担保机构向受保企业收取保证金，禁止担保机构开办拆借资金业务和随意调用经营资金。三是针对当前经济形势下担保机构代偿增多的情况，召开辖内担保机构会议，要求各担保机构切实加强对担保业务的风险控制力度，做到担保前进行严密的可行论证，并注重担保事后的连续性监督。四是积极探索建立担保机构与贷款机构风险分摊机制，逐步提高担保机构风险防范能力。4. 寓管理于服务，着力提升金融服务工作内涵。一是认真做好发行基金调运和现金投放工作，进一步提高对年度发行基金调运和全年现金投放计划的测算精度，切实做好旺季现金投放工作，保障辖区正常合理的现金供应。同时，积极探索开展辖区金融机构同业之间现金调剂业务，结合本地实际制订出台《慈溪市银行同业间人民币现金调剂办法》，并率先在宁波银行慈溪支行与交通银行慈溪支行之间成功开展现金调剂业务试点。二是加大非现金结算工具的推广力度，组织开展商品交易市场银行卡推广应用工作和宁波市第四届有奖刷卡慈溪站活动，并会同相关部门成立慈溪市联合整治银行卡违法犯罪专项行动办公室，积极创造良好的用卡环境。三是进一步健全签发空头支票“黑名单”制度，各银行机构进一步加强对开户单位账户签发支票的资格把关，提供实时的账户查询服务，尽量避免空头支票发生，2008 年共下发空头支票行政处罚意见告知书 2926 份，罚款 290 笔，罚款金额 54.07 万元。四是加强对各类银行账户的监督管理，进一步落实银行结算账户实名制度。会同市财政局、审计局、监察局联合出台《预算单位账户管理办法》，切实规范有关单位开立银行账户行为。五是在 2007 年设立农村反假货币工作站的基础上，辖内银行进一步落实结对工作，实现全市所有乡镇农村反假货币工作站覆盖率达 100% 的目标。同时，对各银行出纳人员进行反假知识培训，进一步提高识假、防假能力。5. 改善辖区金融生态环境，维护区域金融稳定。一是开展金融系统创建“和谐企业”活动。根据辖区金融业发展实际，按照社会关系和谐、劳动关系和谐等方面要求，制定金融企业创建“和谐企业”标准，推动辖区金融机构践行社会责任，协调统一经济利益和社会利益、经营行为和社会责任，切实维护良好的金融生态环境。其中农业银行慈溪市支行被评为 2007 年度慈溪首届“和谐企业”称号。二是开展辖区金融机构综合评价和“好银行”年度考评工作，评选工商银行慈溪支行、建设银行慈溪支行、宁波银行慈溪支行、民生银行慈溪支行为 2008 年度慈溪市金融机构综合评价 A 类行，评选农业银行慈溪市支行、建设银行慈溪支行、交通银行慈溪支行、浦发银行慈溪支行、招商银行慈溪支行、慈溪农村合作银行为 2008 年度慈溪市优秀银行。三是建立信贷风险监测预警机制，通过银行同业信息共享，及早发现、识别信贷潜在风险，及时、有效地防范和化解银行重大信贷风险隐患。同时，进一步加强对典当行、担保公司、投资公司等民间融资的监测力度，切实维护区域金融稳定。四是加强应急管理，制作《慈溪市处置金融机构突发公共事件应急预案》简明操作手册，重点对该预案应急处置的指挥体系、信息系统、人财物保障体系等要素进行简化、细化。同时，开展金融机构突发事件和金融机构现金危机应急演练，进一步提高应急预案的有效性和可操作性。6. 完善金融组织体系，逐步扩大机构覆盖面。在 2007 年 4 家股份制商业银行落户慈溪的基础上，2008 年上海银行又成功在慈溪设立分支机构，光大银行、广发银行慈溪支行的筹建初审工作也已全部完成。同时，积极做好村镇银行和小额贷款公司的筹建工作，鼓励和引导民间资本在支持地方经济发展上发挥更大的作用。2008 年，慈溪首家小额贷款公司和村镇银行——慈溪融通小额贷款公司和慈溪民生村镇银行正式开业。7. 加大信贷支农力度，着力推进辖区新农村建设。一是各涉农银行积极扩大信贷支农业务范围，大力支持发展高效生态农业和特色农业，支持村庄整治、农村新社区建设，着力改善农村人居环境，促进统筹城乡发展。二是农村合作银行加大对涉农经济的信贷投入，推出农民专业合作社贷款和农业政策性保险保单质押贷款。同时，通过完善小额信用贷款、小额联保贷款的运作和管理，扩大农户贷款的覆盖面，提高支农贷款的使用效率。三是邮储银行慈溪市支行抓住邮储机构改革的良好时机，积极推广小额贷款和进行商务贷款试点，支持社会主义新农村建设。截至 2008 年 12 月，贷款余额已达 8200 万元。8. 加强外汇管理，促进国际收支基本平衡。一是与国税部门加强协作，实行出口退税无纸化操作，并全面推行企业出口收汇核销网上报审。二是加强对多收汇企业的监管，认真审核“关注企业”收结汇申请，确保贸易收结汇政策落到实处。同时，启用服务贸易外汇业务非现场监管系统，定期开展核查，进一步加强对服务贸易外汇业务非现场监管。三是建立外汇业务同业公约。在各外汇指定银行达成共识的基础上，制订《慈溪市银行业国际业务同业公约》，逐步规范国际业务收费行为，切实维护辖内外汇市场秩序。四是积极实施“直接投资外汇业务信息系统”推广工作，采取由会计师事务所负责企业填报数据的审核，并集中提交支局换发 IC 卡的方式，确保推广工作顺利完成。五是认真实行出口收结汇联网核查政策，加强出口交易与收结汇真实性及其一致性的审核，并对辖内银行、企业开展现场培训，尽力缓解企业因收结汇新政策带来的结汇难问题。六是实行长三角企业异地付汇备案改革，对注册地在浙江、上海、江苏辖内的外汇指定银行售付汇实行年度一次性备案管理，以便利长三角企业异地付汇。七是推动和促进资本有序、可控流出，完成境外投资外汇资金来源审核 7951.55 万美元，完成境外投资外汇登记 600 万美元。八是要求辖内外汇指定银行对执行“关注企业”外汇管理政策、外商投资企业资本金结汇管理政策和代位监管履职情况进行全面自查，并对 12 家企业资本金结汇情况进行延伸检查，对个别企业存在资本金违规结汇行为，拟处罚款人民币 143.15 万元。9. 强化行业自律管理，着力提升保险服务水平。一是完善保险行业协会组织架构，通过设立财产、车辆、人寿保险 3 个专业工作委员会，制定财产和责任保险自律公约，进一步加大辖区保险市场监管力度，切实规范保险业务行为。二是做好考证服务工作，开办保险代理人资格证考试，为各会员单位的业务开展提供良好服务。截至 2008 年 12 月，协会已累计举办考试 49 场，实际参加考试人数 2256 人，并为 1791 位通过考试的考生办理保险代理从业人员资格证书。三是提升保险服务水平，筹建慈溪市机动车辆交通事故轻微物损定损理赔服务中心，并通过招标确定中心修理企业和经营地点，自 2008 年 9 月 19 日开始对外服务以来，累计定损车辆 2146 台次。10. 认真开展学教活动，着力营造和谐金融氛围。一是举办金融系统党的十七大精神主题报告会，邀请市委组织部同志就党的十七大精神的深刻内涵作主题宣讲。二是举办由全市银行、保险、证券 35 家工会代表队参加的“慈溪市金融系统职工体育运动会”，进一步丰富辖区金融员工的文化娱乐活动。三是全市金融系统踊跃开展向灾区人民“献爱心”捐款活动，据不完全统计，人民银行慈溪市支行共为灾区捐款 54774 元，慈溪银监办共为灾区捐款 22800 元，辖内银行业机构向灾区捐款 200 多万元，其中包括市金融系统职工运动会所设的奖金共计 20640 元也全部捐献给灾区。同时，开辟汇款“绿色通道”，为捐赠单位和个人免去相关费用。四是积极推进辖区金融机构文明创建活动。2008 年，辖内金融机构获总行级文明单位 2 家，获总行级部门先进称号 8 家，省行级文明单位 1 家。

中国人民银行余姚市支行

基本情况

1. 经济指标：2008 年全年实现地区生产总值 463 亿元，同比增长 10.7%，财政一般预算收入 70.24 亿元，其中地方级收入 33.33 亿元，分别增长 10.8%和 10%。与此同时，2008 年宏观调控政策的累积成效开始明显显现，再加上外部经济环境的改变，出口增幅开始趋降或趋稳，受需求约束，经济增长率开始高位回调。全年实现农业总产值 42.63 亿元，增长 12.7%。全年完成工业总产值 1533 亿元，增长 10%，其中规模以上工业产值 822.95 亿元，增长 10.1%，增幅同比回落 9.4 个百分点。全市实现社会消费品零售总额 159.65 亿元，增长 19.2%，增幅比上年提高 1.1 个百分点。全年完成全社会固定资产投资 155.41 亿元，增长 8.2%。政府投资项目和重点建设项目总体进展顺利。全年实现进出口总额（业务数）53.42 亿美元，增长 13.1%，其中自营出口 43.48 亿美元，增长 17.6%。全年城镇居民人均可支配收入 25114 元，增长 9.1%，农村居民人均纯收入首次超过万元，达到 10997 元，增长 13.5%。

2. 金融数据：余姚市银行业金融机构本外币存款年末余额为 570.38 亿元，比年初增加 117.07 亿元，同比增长 25.83%，增幅提高 13.71 个百分点。各项贷款余额为 474.67 亿元，比年初增加 85.52 亿元，同比增长 21.97%，增幅回落 0.21 个百分点。本外币余额存贷比为 83.22%，同比回落 2.63 个百分点。新增存贷比为 73.05%，同比下降 71.07 个百分点。2008 年末，辖内共有银行机构网点 207 家，比年初增加 5 家，是近几年来最快的一年。从业人员 2747 人，比年初增加 45 人。年末银行业贴现余额为 13.51 亿元，比年初增加 10.02 亿元，同比增长 287.61%；累计办理贴现 167.58 亿元，同比增加 47.52 亿元，增幅为 39.58%。年末未到期银行承兑汇票余额 117.55 亿元，比年初增加 45.19 亿元，同比增长 62.46%；累计签发银行承兑汇票 229.56 亿元，比年初增加 77.71 亿元，增长 51.17%。全年调入发行基金 87.95 亿元，完成现金投放 130.67 亿元，回笼 56.11 亿元，净投放 74.56 亿元，同比增长 12.83%。

货币信贷

1. 积极搭建银企、银政交流沟通平台，努力营造共赢局面。随着国际国内经济金融形势的不断变化，我国的宏观调控政策，由上半年的“防过热、防通胀”转为下半年的“一保一控”，再到如今的保增长。为此，我们组织召开 4 次金融工作座谈会、3 次中小企业银企洽谈会、2 次重点项目推介会、4 次信贷科长季度例会、1 次金融产品展示会、1 次青年企业家银企沙龙对话和银行行长走进相约沟通栏目、阳光热线栏目等形式，以统一思想，引导金融机构正确处理好贯彻执行金融宏观政策与支持地方经济发展的关系。并紧密结合余姚实际，金融部门相应出台《关于金融支持创业富民创新强市信贷指导意见》、《关于金融服务“三农”发展信贷指导意见》、《关于贯彻落实适度宽松货币政策促进经济平稳较快发展的指导意见》等文件，以加强对信贷投向的指导。

2. 突出重点，加大对政府性项目和中小企业的支持力度。一是政府性项目建设得到有力支持。年末政府性项目建设贷款余额 104.45 亿元，全年新增政府性建设贷款 50.55 亿元，占全部新增贷款的 54.84%。二是一批融资矛盾比较突出的市重点企业资金需求得到缓解。结合余姚市委、市政府关于开展“企业服务年”活动，积极开展“百名干部进百企解百难”活动（后改为千名干部进千企解千难）。面对宏观调控政策从紧（后世界性金融危机），企业融资难矛盾突出的局面，组织 39 名行级领导深入乡镇（街道）和企业，通过上门走访、开座谈会、调查摸底等形式，对 47 家反映融资难的企业进行排查梳理，并明确各联企责任人。各联企责任人会同各企业主管部门和所在乡镇（街道）负责人，一起对上述重点企业进行逐家评析、研究，提出破解融资难的途径和方法，使企业融资难问题真正得到解决。

金融稳定

1. 认真落实金融稳定工作职责和岗位责任制，制订并完善有关风险处置操作规程，做好涉及金融稳定的各项应急预案，建立健全金融稳定协调机制，营造金融稳定与发展的良好金融生态环境。

2. 继续实施辖内法人银行业金融机构流动性风险和整体性风险监测制度，对其风险状况开展监测和分析。做好工业企业经济监测工作，加强与有关企业的联系，提高报表报送的及时性和准确性。完善民间借贷利率监测体系考核制度，及时准确的做好资料和数据的收集、汇总。

3. 积极推进辖内金融体制改革。密切关注辖内国有商业银行股份制改革情况，跟踪了解相关动态与各项内部改革措施的落实情况。继续做好农村信用社改革试点资金支持工作，继续做好票据兑付后的监测考核工作。

征信管理

1. 认真做好企业征信管理工作。全年发放贷款卡1439个，换发120个，及时上报所有贷款卡发行核准备案表。按时完成贷款卡年审工作，年审率为75%。帮助中支征集4500个。

2. 做好个人征信管理工作。认真解答客户提出的个人征信问题，对客户提出的个人信用报告、疑义查询申请及时予以办理，及时告知查询结果，并帮助分析解读报告中的疑义。全年完成个人信用信息报告查询307人次。

外汇管理

1. 顺利完成812家外商投资企业历史数据的采集和导入，导入企业家数占我市全部833家外商投资企业的97.47%。

2. 对辖内824家外商投资企业进行外汇年检，参检率100%。对辖内15家境外投资企业外汇年检工作，参检率100%。

3. 全年发出进出口逾期未核销催核通知单101份，收回未核销催核通知单55份，移交检查部门处理的进出口逾期企业4家，违规金额1084.62万美元。全年银行即期结售汇业务市场准入备案4家，迁址变更1家，人民币与外币掉期业务备案审核1家，远期结售汇业务审核2家，核发金融机构标识码5家。对5家违反相关外汇管理规定的企业进行立案查处，结案5件，涉案金额1150.25万美元，收缴罚没款38.1万元人民币。

金融服务

1. 切实加强会计核算工作，于8月26日顺利完成会计核算业务集中到中支核算。在中支事后监督考核中，取得连续保持21个月无差错的较好业绩。大力推动非现金支付工具使用，进一步促进商业承兑汇票、国内信用证以及银行本票业务发展。持续发展银行卡业务，规范管理，扩大受理范围，推动银行卡在“中国塑料城”、“中国裘皮城”、“中国模具城”等市场的推广应用。严格银行账户开立和使用，切实落实银行结算账户实名制度，加强对各类账户的监督管理和检查。严格支票信用管理，规范对支票违规行为的处罚，促进提高单位和个人支票的信用意识。全年共收到商业银行《报告书》583份，发出《告知书》4800份，共发出《处罚决定书》1387份，作出《不予处罚通知书》2736份。累计处罚金额达408万元。

2. 认真落实中支提出的退库业务电子化和扩大拨款业务手工凭证电子化转换的试点工作，并于10月31日顺利完成国库核算业务集中到宁波中支核算，基本实现国库业务的全程电子化处理。加强风险防范，确保国库资金安全。全年办理税款缴款书125万笔，完成各项税收入库87.98亿元，比去年同期增长43.76%，其中中央级10.43亿元，增长26.73%，地方级77.55亿元，增长100.65%。全年办理退库业务1.3万笔，金额27.09亿元，拨款6081笔，金额87.68亿元。

3. 做好货币发行工作。切实增强申报发行基金调拨计划的预见性，确保流通中现金总量供应及券别结构的合理。积极探索硬币回笼的激励机制，减少闲置在居民和企事业单位中的硬币存量。加大人民币反假力度，切实把反假币工作向农村纵深推进。成功举行反假货币知识电影拷贝宁波农村地区首映式。

内部管理和教育

1. 以“制度落实年活动为契机，进一步推进内控制度建设。根据宁波中支“制度落实年”活动方案，结合支行实际，制订活动计划表，具体阐述活动目的、内容、重点和各阶段的工作任务。做到“五必须”：支行必须全面学习管理制度和业务规章；各股室必须有学习计划、学习记录、学习制度目录表；职工必须有学习笔记、学习心得；活动领导小组必须按时报送信息资料；工会必须将开展活动的有效成果作为年终评先的依据。为强化学习宣传，支行利用职工会议、宣传专栏、内联网等对制度落实年活动进行广泛动员宣传，促使全行职工在行动上积极参与，把制度学习教育落实到位。支行收集梳理近年来各项规章制度资料142项，采取集中学习与自学相结合的方法，支行全员学习制度37项，股室学习管理制度和业务制度共105项。在“制度落实年”活动中全面开展工作“回头看”，各股室对2006年以来的工作存在的问题进行全面回顾，认真总结经验教训，对各项整改措施落实情况进行自查，坚决杜绝有问题不整改和有措施不落实的现象发生。认真开展监督检查工作。根据各股室自查的情况，纪检和内审部门结合季度考核对制度的完善和执行情况进行一次检查，并将检查结果向内部控制系统工作领导小组汇报，经内部控制系统工作领导小组讨论后，反馈到相关部门进行完善和整改。在“制度落实年”活动期间，支行重新制定制度4个，修改制度92个，废除制度6个，其中涉及《支行员工行为规范》和《信息调研考核办法》等多项制度的修订。通过对制度的学习、梳理与完善，全面促进支行内控制度建设。

2. 加强反腐倡廉建设，不断完善惩防体系。深入贯彻落实中纪委二次全会和上级行纪检监察工作会议精神，坚持标本兼治、综合治理、惩防并举、注重预防的方针，以完善惩治和预防腐败体系为重点，毫不动摇地推进反腐倡廉工作。加强党风廉政教育，把党风廉政教育纳入支行思想政治教育范畴，有重点、分层次地开展形式多样的反腐倡廉教育活动，增强教育的愉悦性和感染力。以领导干部作风建设为重点，严格党的政治纪律、财经纪律和廉政纪律，以优良的党风促行风。积极组织开展“制度落实年”活动，着力提高制度的执行力，增强干部员工严格执行制度的自觉性，努力在全行上下形成按制度操作、照制度办事、靠制度管人、在制度面前人人平等的氛围。

中国人民银行奉化市支行

经济概况 2008年，奉化市实现国内生产总值187.94亿元，同比增长8.1%，增幅同比回落3.9个百分点。其中第一产业16.63亿元，同比增长5.4%，第二产业95.46亿元，同比增长7.0%；第三产业75.85亿元，同比增长10%。除第一产业增幅回升0.6个百分点外，第二、第三产业增幅分别同比回落5.4和5.7个百分点。

经济运行主要特点 一是固定资产投资回落明显。2008年全市完成固定资产投资总额62.64亿元，同比增长10.4%，同比回落6.1个百分点。工业投资成为固定资产投资增长的主要支撑点，全市完成工业投资29.83亿元，同比增长32.1%；完成房地产开发投资8.04亿元，同比下降51.7%。二是消费需求继续保持较快增长态势。2008年全市实现社会消费品零售总额60.07亿元，同比增长17.3%，增幅同比提高1.1个百分点。三是出口贸易有所回落。全市实现自营出口总额15.67亿美元，同比增长21.3%，增幅同比回落0.5个百分点。四是收入全面增收，增收压力不断加大。截至12月末，全市实现财政一般预算收入25.25亿元，同比增长12.03%；全市规模以上工业企业实现工业总产值323.21亿元，同比增长7.1%，增幅同比回落7个百分点；城镇居民人均可支配收入23684元，同比增长9.2%，增幅同比回落3.9个百分点。

金融运行主要特点 一是资金回流明显，存款增长较快。全市年末本外币存款年末余额166.00亿元，比年初增长25.24亿元，定期存款贡献71.36%，各项存款前11个月保持连续增长。定期存款从上年的负增长扭转为今年大幅增长态势，储蓄存款成为存款总额增长的支撑点，增量占各项存款总增量的64.88%，企事业单位定期存款出现大幅上扬，余额同比增长89.69%。二是贷款增速趋缓，中长期贷款放慢。全市本外币贷款年末余额164.80亿元，比年初增加29.17亿元，同比增长21.51%，增速同比回落4.69个百分点。信贷投放以短期贷款为主，新增流动资金贷款21.14亿元，占全部贷款增量的72.46%，重点加强对中小企业的信贷投入，年末私营和个体企业流动资金贷款余额5.30亿元，同比增长159.60%，增幅上升73.61%；建筑业贷款增长较快，比去年增加2.22亿元（建设银行建筑业贷款1.59亿元），增幅170.44%；支农贷款保持较快增长，农业贷款余额11.51亿元，比年初增加2.67亿元，同比增长30.18%。三是外汇收入增速减缓，结汇大幅增加。全市贸易外汇收入12.36亿美元，同比增长9.1%，但增幅同比回落7.2个百分点，全市出口15.55亿美元，同比增加0.68亿美元，增幅4.57%。贸易外汇结汇大幅增加，2008年，贸易结汇7.7亿美元，同比增加1.55亿美元，增长25.2%，但增幅同比下降18.2个百分点；收汇结汇率高达94.48%，与去年同期相比持平。四是金融机构经营状况良好，自身经营效益大幅提高。年末，全市金融机构人民币不良贷款余额2.76亿元，比年初增加0.23亿元，不良贷款率为1.68%，比年初下降0.62个百分点。金融机构本外币业务实现利润5.61亿元，同比增加1.73亿元，增长44.70%。

全面贯彻落实国家宏观调控政策 一是认真贯彻落实各项金融宏观调控政策。针对2008年复杂、严峻、多变的国内外经济形势，各金融机构深刻领会货币政策调整意图，上半年控制信贷合理投放，年中着力保障信贷总量平稳增长，积极贯彻落实适度宽松的货币政策，加大工作力度，最大限度地满足经济社会发展的合理资金需求。二是充分发挥窗口指导作用。一年来，支行根据不同时期的货币信贷政策，紧密结合辖区经济实际，适时推出金融政策意见，引导金融机构加大信贷投入，调整信贷结构，全力促进辖区经济金融良性互动发展。支行相继研究出台《2008年奉化辖区货币信贷工作指导意见》、《金融支持中小企业发展的指导意见》和《奉化市中小企业信贷政策导向效果评估制度》等政策，努力发挥好央行的窗口指导作用。

坚持金融创新 一是深入开展“干部进企业，服务促发展”活动。深入开展“干部进企业，服务促发展”活动。支行主动协调解决融资需求企业71家，金额29636万元，促进企业正常生产、经营。积极组织开展《出口收结汇联网核查办法》外汇新政培训，解读政策内容，先后举办6期政策宣讲会，参训企业400余家。深入调研，解决企业实际困难，解决18家企业预收货款不能及时结汇的问题，金额807万美元。由于该项活动领导重视、措施有力、成效显著，支行被评为辖内唯一一家宁波市“干部进企业、服务促发展”活动先进单位。二是全面启动个人付费通业务，为广大居民提供便利。通过对奉化市供电局、电信局、自来水公司和人行宁波市中心支行等有关单位的沟通和协调，加强个人付费通业务的大力宣传和推广，我市付费通业务于2008年7月21日顺利推出。督促金融机构所有网点切实履行付费通业务办理，付费通业务得到较快发展。至目前，全市付费通户数达到13.8万户。

信贷征信和反洗钱　一是加强征信管理体系建设。认真做好贷款卡的日常办理工作，本年度新办理各类贷款卡1399只，其中：企业卡819只，个人卡580只。积极做好贷款卡年审工作，办理2007年贷款卡年审1241只，年审率达到规定要求。做好个人征信管理工作，按规定认真做好个人信用及异议信息查询工作；组织开展征信宣传月活动，不断营造全社会诚实守信的氛围。二是不断推进辖区反洗钱工作，进一步完善反洗钱工作联系制度，加强与相关部门的联系协作，加强信息交流，同时进一步完善反洗钱协调工作机制，夯实反洗钱工作基础。组织开展银行业、保险业、证券业的反洗钱业务检查。

外汇管理　一是切实做好直接投资外汇业务信息系统的推广使用工作，充分利用新闻媒体、支行和银行营业网点等载体，多渠道抓好宣传工作，扩大外资企业知晓面。同时，支行建立起与会计师事务所的联系沟通机制，及时掌握工作进度，根据数据采集进度，对于自行采集或不知情的企业，支行集中力量，打好攻坚战。由于措施实，工作细，圆满完成IC卡的换发工作，换发外资企业IC卡外汇登记证253家，完成率100%。二是加强外汇合规性监管及非现场监测预警。全年组织开展四项外汇业务现场检查，针对外汇业务现场检查发现的问题的，及时督促落实整改措施，确保外汇政策在辖区的认真执行。在非现场监测方面，加强对“关注企业”外汇资金流入的监测，按月开展辖区9家“关注企业”贸易外汇资金流入情况的监测；开展个人结售汇资金实时监测；做好服务贸易外汇业务非现场监测预警指标的设置以及系统上线运行工作。三是强化外汇基础工作管理。加强外汇资金真实性审核，有效防范外汇领域风险；组织400余家进出口企业开展外汇新政宣传，递交涉外企业政策执行水平；主动深入涉外企业调研，解决企业结汇难问题，累计为18家企业解决企业预收货款不能及时结汇问题，金额807万美元，提高企业外汇资金的使用效率。

金融服务　一是加强支付结算管理。加强与各金融机构的业务沟通，通过召开会计科长联席会议，研讨结算工作。认真处理各金融机构及客户的结算举报，协调处理结算举报事件两起；提高小额支付系统和全国支票影像交换系统利用率，督促金融机构完善相关业务操作，组织金融机构开展依托小额支付系统办理银行本票业务和华东三省一市银行汇票；促进非现金支付工具和支付方式的推广使用，搞好第四届宁波市银行卡刷卡有奖活动；推动通存通兑业务的发展，督促辖内金融机构切实开展个人跨行通存通兑业务；抓好空头支票行政处罚工作，累计发出行政处罚决定书167份，处罚金额24.92万元；规范银行账户管理，累计核准各类账户4081户，撤销各类账户2538户。二是加强国库管理，抓好国库风险防范检查工作，坚持季度、月度、日常事后核查制度，确保内控落实到位；加强柜面监督力度，严格按照拨退库审批制度对受理的拨退库进行政策性、技术性审核，拒绝办理不合规拨退库业务；协同财政部门开展国库集中支付试点工作。三是加强人民币流通管理。认真开展人民币反假宣传工作。积极组织辖区金融机构在2008年6~10月间开展反假货币宣传活动；组织辖区金融机构参加反假货币知识培训，统一安排组织无反假货币资格证书的会计、出纳、储蓄人员参加反假货币资格考试；组织开展人民币流通业务及反假工作执行情况检查，对工行、中行等4家金融机构假币管理及人民币流通业务进行检查；建立反假货币工作站，新建立7家反假货币工作站和无假币放心店，工作站已覆盖全市11个乡镇，使反假工作更加深入；组织金融机构开展硬币回笼的宣传工作。

中国人民银行宁海县支行

经济运行情况 2008年，宁海县实现生产总值217.9亿元，比上年增长8.1%。财政一般预算收入32.2亿元，增长16.4%，其中地方财政收入15.7亿元，增长21.3%。城镇居民人均可支配收入和农民人均纯收入分别达到23481元和10332元，分别增长11.2%和13.6%。全国县域经济基本竞争力百强县排名67名，比上年提高1位。

1. 工业经济经受住考验。大力实施工业创业创新翻番工程和推进活动，政策内财政扶持资金达到1.4亿元。全县实现工业总产值431.4亿元，增长9.9%，其中规模以上工业产值352.2亿元，增长8%；净增规模以上企业68家，达到896家；规模以上工业十一项效益指标考核名列全市第一。突出"6+6"产业导向，做大做强优势特色产业，6大特色产业规模以上企业产值193.6亿元，新能源、新材料等新兴产业加快发展。

2. 企业技改力度不断加大。全年完成技改投入26.3亿元，实施千万元以上技改项目140个；企业自主创新能力不断增强，组织参与制订国家行业标准8项，荣获国家授权专利719项，新增中国驰名商标3个，新建市级企业工程技术中心19家，开发市级新产品227个，引进中高级技术人才381名；高新技术产业加快发展，实现产值105.4亿元，增长24%，新认定国家高新技术企业17家。

3. 外向型经济稳步发展。完成自营进出口总额15亿美元，增长16%，其中出口14.2亿美元，增长18.9%；实际利用外资6621万美元，引进内资31亿元；新设境外研发、销售机构8家，引进外资研发机构2家。

4. 农业产业化水平进一步提升。实现农业增加值22.9亿元，增长6.1%。新增土地流转面积5.2万亩，规模经营面积达到32.2万亩；新增市级以上农业产业化基地3个，东海岸农业循环经济示范区被列为省、市示范基地，荣获全国海域使用管理示范县"称号；新增省、市级农业龙头企业4家，农民专业合作社达到195家。加快农业生产机械化和科技推广，进一步扩大农业政策性保险范围。

5. 服务业加快发展。实现服务业增加值71亿元，增长12.3%，占生产总值比重达到32.6%，比上年提高0.8个百分点；社会消费品零售总额达到66.1亿元，增长23.1%；全年接待游客446万人，旅游总收入38.7亿元。大力开展节庆会展经济，成功举办第三届中国（宁海）模具资源博览会、第五届中国（宁波）国际文具礼品博览会及首届购物节、美食节。

6. "重大项目推进年"活动深入开展。实现全社会固定资产投资78亿元，其中14项重点工程完成投资48.9亿元。甬临线宁海南段一期、西山线、城岭线完工，枫槎岭隧道动工建设，磨盘山码头、越溪大桥等工程有序推进，甬台温铁路宁海段完成单轨铺设。黄坛水厂、长街水厂基本建成，蛇蟠涂围垦顺利实施，"强塘固房"工程扎实推进，完成小流域治理、标准海塘除险加固共30公里。加快城乡电网建设，完成220千伏跃龙变、110千伏兴海变扩建增容，动工建设110千伏青竹变，基本完成国华宁海电厂二期出线工程。

7. 生态县创建成效显著。顺利通过省级生态县创建考核验收。扎实推进兴海污水处理厂二期和镇乡污水处理设施建设，新增5个省级生态乡镇，大佳何镇荣获"全国环境优美乡镇"称号。启动实施"811"环境保护新三年行动计划，加强重点污染整治，关停宁海热电厂，建成环保工业城并投入运行，全面完成污染源普查。深入开展节能减排，化学需氧量和二氧化硫排放量分别减少2.8%和18.5%。大力发展循环经济，被评为省发展循环经济先进县。

金融运行情况

1. 各项存款保持较快增长态势。全县金融机构人民币各项存款余额为169.12亿元，比年初增加36.28亿元，同比多增17.32亿元，同比增长为27.31%，增幅同比上升10.66个百分点，其中储蓄存款为71.09亿元，比年初增加14.92亿元，同比多增13.76亿元，同比增长为26.56%，增幅同比上升24.45个百分点。

2. 各项贷款继续高位增长。全县金融机构人民币各项贷款余额为 211.15 亿元，比年初增加 44.14 亿元，同比增长为 26.43%。信贷投向继续优化，全年工业企业流动资金贷款增加 17 亿元，占新增贷款 39%。个人消费贷款稳步增长，全年个人消费贷款（不含个人商用房贷款）余额为 63.68 亿元，比年初增加 18.91 亿元，占新增贷款 43%。

3. 信贷资产质量持续向好。截至 2008 年末，全县金融机构不良贷款下降 2279 万元，全辖不良贷款率为 1.26%，比年初下降 0.5 个百分点。

4. 现金投放持续加大。全年现金累计支出合计为 957.51 亿元，同比多支出 133.38 亿元，累计收入合计 938.18 亿元，同比多收入 128.49 亿元，累计净投放 19.33 亿元，比去年同期多投放 4.89 亿元，同比增长 33.88%，增幅同比上升 5.31 个百分点。

货币政策执行情况

1. 窗口指导成效明显。针对辖区经济金融形势变化，及时召开行长联席会议、金融形势分析会和专题座谈会，要求金融机构立足当地经济发展实际，正确处理好贯彻执行国家宏观调控政策和支持地方经济发展关系，积极向上争取资金、争取规模、争取政策倾斜，坚持区别对待、有保有压，力求做到两个“确保”：一是确保当年贷款增量继续保持高位增长；二是确保对中小企业信贷支持力度不减。经过全县金融系统广大干部职工的共同努力，贷款增速在全市各县市中位居首位，且信贷投向继续优化。

2. 深入企业开展调查研究。一是重视对实体经济运行情况的分析监测，在对 11 家工业企业景气监测的基础上，增加对全县 10 家最大信贷客户和 40 家实力型或潜力型企业授信情况监测，及时掌握不同阶段我县信贷投向和信贷风险变化情况。二是加强与经济综合部门、金融机构的工作联系和信息沟通，密切关注我县工业经济运行趋势和基本面变化情况，以及银行信贷在不同行业、不同企业的分布状况。三是深入企业解经营情况和资金需求情况，以及在宏观调控背景下中小企业发展和生存环境变化情况，及时掌握企业发展动向，从不同角度分析我县工业经济运行中出现的新情况新问题，形成调研报告 10 余篇，积极向上反馈国家宏观调控对县域经济发展的影响，主动当好地方政府参谋。

3. 搭建银政银企互动平台，帮助企业应对困难。面对复杂多变的国内外经济形势和全球金融危机，人民银行宁海县支行主动向地方政府汇报国家货币信贷政策和上级行工作要求，以及辖内金融运行新情况新问题。积极配合政府部门召开市级金融机构与宁海经济发展恳谈会，达到预期效果。针对“工业创业创新推进活动”中反映出来的 242 个融资难问题，又多次召开金融机构负责人会议，对企业融资难问题逐一进行分析评估和会商，及时解决企业有效资金需求。通过银企项目洽谈会等形式，引导金融机构对发展前景好、科技含量高的技改项目主动介入，全年对 23 家企业技改项目增加信贷 4 亿元，促进企业做大做强、提高综合竞争力。加强辖内金融机构沟通协调，要求金融机构对中小企业的信贷资金支持尽量做到授信额度不减、存量贷款不压缩，切实做好增量和存量这篇文章。同时鼓励辖内金融机构积极推出适合中小企业特点的新品种、新业务，多渠道缓解中小企业资金紧张问题。进一步落实外汇管理“便利化”各项政策，加强外汇管理新政策的宣传，对县内 400 多家进出口企业近 700 余人次进行新政策的辅导和培训，并对因预收款比例高而受到很大影响的模具行业，主动采取政策倾斜措施，解决其收结汇难的问题，受到企业的高度肯定。为此，人民银行宁海县支行被评为宁波市“干部进企业，服务促发展”活动先进单位。

4. 切实防范化解金融风险，营造良好金融生态环境。随着经济下行风险增大，辖内企业关闭、法定代表人逃逸事件时有发生，这将直接影响我县金融生态环境建设。为此，一方面要求金融机构正确认识特定形势下企业信用风险问题，增强信贷投放信心。另一方面积极配合政府和金融机构妥善处置业已发生的资金链断裂风险事件，加强与关联企业的沟通，共同研究风险化解措施，防止个别企业风险演变成区域性风险。同时，加强中小企业信用建设工作，开展“征信知识宣传月”活动，努力营造良好的社会诚信氛围。加强风险监测分析，高度关注辖内金融风险隐患，进一步提高风险预警能力。

5. 开展依法行政。全年受理开户许可证申请 4758 户，准予许可 4752 户，不予许可 6 户；受理贷款卡申请 1094 户，准予行政许可 1089 户，不予许可证 5 户，贷款卡年检 1661 户；发出空头支票《处罚决定书》515 份、《不予处罚通知书》760 份，累计处罚 41.55 万元。对县联社城关信用社环城分社违反假币收缴规定进行处罚，罚款 2000 元，并责令县联社对相关责任人作出处理。对 2007 年立案的宁波吉士多纺织品有限公司、宁波大舟祥卫浴铜制品有限公司2家公司非法使用外汇行为、宁波安佳工艺品有限公司擅自改变外汇结汇资金用途的行为及宁波万得福胶带有限公司等5家企业进出口逾期未核销行为进行立案处理。全年共立案6件，结案8件，涉案金额累计549.6万美元。

6. 搞好基础工作，提高服务水平。加强现金投放分析和预测，确保辖内和象山县的现金供应。加强流通人民币管理，开展人民币收付业务检查，对小面额货币实行计划供应。积极开展“提升金融服务，激活沉淀硬币”活动，组织金融机构在全县范围内开展硬币回笼宣传、服务系列活动，活动期间全县共组建小分队7个，开展硬币上门兑换和宣传活动，分发宣传资料1500余份，悬挂宣传横幅30余条。开展银行员工家庭激活沉淀硬币活动，共兑换硬币80578枚，43973.2元，储蓄2920元。深入开展调研，加快农村金融服务体系建设。在市中支的指导下，顺利实行国库业务集中核算。积极配合县财政部门实行国库集中支付改革，开展公务卡应用试点。简化退税业务手续，实现退税业务电子化，加速出口企业资金周转。宣传推广银行卡，会同公安部门开展银行卡联合整治活动，改善刷卡环境。为方便广大市民缴纳水、电等费用，经多方协调，付费通系统已顺利上线。

中国人民银行象山县支行

2008年，在国际经济环境急转直下，国内宏观调控复杂多变，县域经济发展困难因素明显增加的情况下，全县经济总体保持“增长较快，结构优化，能力增强”的良好格局。

经济运行概况

1. 经济总体保持平稳较快发展。全年实现地区生产总值220.62亿元，同比增长10%。其中第一产业增加值33.3亿元，增长5.1%，第二产业增加值109.73亿元，增长9.0%，第三产业增加值77.58亿元，增长13.6%。全县财政收入27.34亿元，增长20.0%。城镇居民人均可支配收入24066元，农渔民人均纯收入10202元，分别增长8.6%和8.0%。全县规模以上工业总产值达到339亿元，增长21.6%。农业总产值达到59.3亿元，增长5.1%。完成固定资产投资76.01亿元，增长17.0%。完成自营出口总额13.99亿美元，增长29.0%。社会消费品零售总额78.91亿元，增长18.4%。多项主要经济指标增幅位居全市前列。

2. 产业结构调整升级步伐加快。以临港工业和海洋旅游业为主导的海陆一体化经济快速发展，对全县经济的骨干支撑作用逐步显现。临港工业实现产值120亿元，增长33.4%，占全部工业产值的比重达到35.8%。全年实现滨海旅游经济综合收入52亿元，增长39.8%，占全县生产总值的比重提高到23.6%。船舶工业在规范整合中壮大，实现产值42.2亿元，增长62.4%，税收增长3.3倍。针织产业在困境中提升，实现产值80亿元，自营出口总额6.6亿美元，增长32.3%。汽配、输变电、水产品加工、模具等传统优势产业改造提升也进一步加快，继续保持平稳较快发展。

3. 发展能力持续增强。经济发展空间进一步拓展，全县园区新开发面积3平方公里。工业投资保持较快增长，完成工业投资36亿元，增长10%。招商引资成效明显，合同利用外资1.7亿美元，实际利用外资7000万美元，实际利用内资11亿元。企业自主创新能力明显提升，实现高新技术产业产值21.1亿元，增长30%。企业应对宏观调控的能力增强，强势型、实力型企业继续发挥中流砥柱作用，共实现产值148亿元，增长12.1%；潜力型、成长型企业表现出较强的增长潜力，共实现产值57亿元，增长43.6%。

金融运行情况 2008年，全县金融业保持健康平稳运行。存款快速增长，增量创历史新高，贷款继续稳定增长，信用总量不断扩大。存贷款增幅在全市继续保持领先，分别高于全市平均2.5和5个百分点。

1. 存款快速增长，但结构性反差较大。年末，全县金融机构本外币各项存款余额154.65亿元，比年初新增28.12亿元，同比多增15亿元。若加上国库财政存款3.38亿元和村镇银行存款1.27亿元，全县实际本外币各项存款余额为159.3亿元，比年初新增32.77亿元，同比多增19.6亿元，新增余额同比增长2.46倍。从增量结构看，企业存款增长乏力，储蓄和其他存款成为年度存款快速增长的主要支撑。企业存款增长乏力。全县金融机构企业存款新增4.35亿元，比上年同期少增1.3亿元。其中企业活期存款净减少2.3亿元，而企业定期存款新增1亿元。活期存款明显少增和定期存款多增，一方面反映弱势企业在生产要素价格波动及资金回笼难度加大的情况下，现金流趋紧；另一方面也反映出强势企业在当前经济形势不确定的情况下，投资减少，部分货币资金转化为定期存款。储蓄存款增势迅猛。全县金融机构储蓄存款新增12.68亿元，相当于上年同期增量的38.5倍，多增12.35亿元。其中活期储蓄新增8.9亿元，比上年同期多增6.06亿元；定期储蓄新增3.77亿元，而去年同期为负增长2.52亿元，同比多增6.29亿元。储蓄存款快速增长的主要原因有：

（1）受股市、房市下挫等因素影响，居民持币观望现象增多。

（2）海运造船业景气指数下降，尤其是海运价格大幅下跌，民间投资意愿减弱，资金回流银行。

（3）金融危机影响，经济不确定因素增多，居民收入预期下滑，储蓄意愿上升。

其他存款较快增长。年末全县人民币“其他

存款”比年初新增10.65亿元，同比多增7亿元，同比增长83.45%。从其他存款结构看，主要是派生性承兑保证金存款增加，全县各商业银行全年累计签发银行承兑汇票54.86亿元，比去年同期多签发22.5亿元，承兑未到期金额27.18亿元，同比多增13亿元，且承兑保证金缴存比例比上年较大幅度的提高。

2. 贷款稳定增长，投向重点突出。年末全县本外币各项贷款余额196.73亿元，比年初新增38.7亿元，余额同比增长25.24%。其中：短期贷款新增20.2亿元，同比少增2.3亿元；中长期贷款新增19.93亿元，同比多增2.12亿元。从新增贷款投向看，短期贷款以工业类贷款为主，比年初新增约12.45亿元，中长期贷款是以政府为主导的基本建设和其他中长期贷款为重点，比年初新增约15亿元。工业类贷款和政府类贷款占全部新增贷款比重达70%。农业贷款、商业贷款、建筑业贷款、私营企业及个体贷款、居民短期消费贷款均比上年同期减少。

3. 银行信用供给保持快速增长。一是银行承兑业务快速增长。全年各商业银行累计签发银行承兑汇票54.86亿元，比上年同期增加22.5亿元，年末余额达到27.2亿元，同比多增14亿元，增长58%。银行承兑汇票作为银行信用，可以替代信贷资金。二是大力推动船舶出口预付款保函新兴业务的开展，人民银行通过调研、银企座谈、组织到舟山实地考察等形式，增强各金融机构对船舶业信贷介入的信心。全年各金融机构已为县内规模较大的船舶企业保函授信总额达12.29亿元，已签发保函5.9亿元。银行发出保函，国外船东等额汇入预付款，增加企业资金供给。2008年全县金融机构直接贷款投放量虽较去年同期基本持平，但如加上承兑、保函等银行信用供给以及部分金融机构资产异地转让，银行实际对当地企业增加资金投入达70亿元，要比去年同期多增加30亿元。

当前经济金融运行中需关注的问题

1. 受金融危机影响，县域经济下行压力增大。随着国际金融危机影响的进一步扩大，国内外市场需求发生较大变化。由于总需求回落，使得我县经济下行压力更大。

2. 部分企业资金链断裂可能引发信贷风险。造成企业资金紧张或资金链断裂的原因是多方面的，但从我县企业情况看主要有以下因素：一是政策性因素。如新劳动法的实施、人民币升值及国际贸易磨擦日益频繁等一系列问题，企业本增利减因素增多，经营效益滑坡，部分小企业陷入亏损甚至停产倒闭。二是部分企业由于盲目扩张或多元化投资，导致资金链的断裂。三是部分企业法人参与赌博、炒股或其他不正当投资，出现严重亏空致使企业破产。四是县外部分股份制商业银行，在前几年银行流动性充裕的情况下，以高估抵押物等手段营销贷款。据不完全统计，县外金融机构在本地企业贷款额达50多亿元，但在当前金融危机，内外部经济环境复杂多变的形势下，县外股份制商业银行，往往不顾本地企业的死活，贷款“釜底抽薪”，人为地造成企业资金的紧张。而这部分企业由于资金紧张，为维持生存，大多涉入民间借贷，一旦出现资金链断裂，极有可能引发大面积的连带性风险，给地方经济金融稳定带来较大的冲出。

3. 信贷运行出现“贷款难、难贷款”并存的格局。与上半年相比，三季度以来信贷政策面开始出现结构性微调，四季度以来央行明确提出“实施适度宽松的货币政策”。各商业银行按照宏观调控政策的变化，增加县级银行机构的信贷规模，有些行的信贷计划从上半年的按月控制转为按季控制，对部分符合信贷准入条件的企业，放松规模限制。但由于一方面实体经济需求减少，且需求的有效性下降；另一方面银行在当前企业经营效益和行业景气度普遍下滑情况下，须加强风险控制，放贷则更为谨慎。因此，信贷实践中供需结构性错位的矛盾突出，“贷款难、难贷款”并存，主要是“难贷款”的信贷运行格局明显。

4. 县级商业银行应对货币政策变化措手不及。随着经济形势的变化，国家宏观调控政策及时进行调整，去年央行货币政策从适度从紧转向适度宽松，货币政策转向出现180度的急转弯。基层商业银行在具体贯彻实施中感到措手不及。

5. 利率下调，银行部分信贷品种出现利率倒挂现象。2008年全县金融机构余额存贷比达125.45%，比年初提高2.78个百分点。其中县内各商业银行（除城乡信用社、邮政银行）余额存贷比达到155%，贷差进一步扩大。各商业银行信贷资金主要来源于向上级行拆借。去年下半年以来央行连续下调5次利率，其中一年期基准利率下调216个基点。银行对部分优惠贷款品种出现利率倒挂现象，银行经营效益受到一定影响。

浙江省农村信用社联合社宁波办事处

浙江省农村信用社联合社宁波办事处主任 张初础

全市农村合作金融机构紧紧围绕“创新、规范、合作、发展”这一主题，以加快发展为动力，以深化改革为契机，探索支持新农村建设新模式，推进发展战略转型，强化风险管理，规范内控机制，加大制度执行力度，优化人力资源配置，提升企业文化，为促进农村合作金融事业的可持续发展作出新的贡献。

主要业务数据 全市农村合作金融机构各项存款余额808.23亿元，比年初增加119.28亿元，增幅17.2%。各项贷款余额583.51亿元，比年初增加70.18亿元，增幅13.67%，其中小农业贷款增加21.52亿元，增幅16.12%，小农业贷款增幅大于新增贷款近2.45个百分点。不良贷款余额14.62亿元，比年初增加1.31亿元，占比2.51%，比年初下降0.08个百分点。实现业务收入61.64亿元，同比增加14.22亿元，增幅29.99%；业务支出45.83亿元，同比增加10.11亿元，增幅28.31%；年末税前利润总额15.82亿元，同比增盈4.11亿元，增幅35.12%。

支持“三农”经济 全市农村合作金融机构紧紧抓住新农村建设的机遇及“惠农”新政策实施的优势，坚定不移地以坚持服务“三农”为己任，不断巩固和扩大支农工作成果，深入开展调研分析，先后对新农村建设中的热点问题进行重点调研，找准支农切入点。根据我市农村经济发展的特点，选择信贷支持的重点，拓宽服务领域，创新服务品种，提高服务水平，增加有效合理的信贷投入。各行社把支持农村新型合作经济作为三位一体建设的重要一环，加大投入力度，扶持农村新型合作经济组织发展，加快推进农业产业化建设，加强对现代农业、农村中小企业、农村个体工商户和失地农民的金融服务，为农民增收致富、农村经济快速发展提供信贷保障。

加大资金组织 全市农村合作金融机构积极落实各项增存举措，通过市场形势分析、宣传动员，进一步调动全员组织存款工作的主动性、积极性；整合网点，根据本地经济格局变化和经济中心迁移，及时优化网点布局，提高网点运作效率；规范服务行为，开展规范化服务活动，以规范员工服务行为，提高客户满意度；组织开展各类劳动竞赛，上下协同，全员配合，积极争取存款客户；积极向下延伸金融服务，发挥联络员、协管员等作用，拓展农村边远地区的存款业务市场；实行存款工作目标责任制，加大考核力度，给压力增动力。

业务产品创新 丰收联名卡业务得到较快速发展，丰收慈客隆、丰收华联联名卡已销售一空，丰收加贝、丰收家家乐、丰收老板娘等联名卡营销较好。即时通业务得到快速发展，至年末已安装机具2430台。健全国际业务联席会议制度，强化国际业务管理，先后编印“国际业务流程”、“国际业务主要风险点”等手册。代理业务进一步发展，在代理保险上拓展汽车保险业务，代收烟草费、代收水电费等业务也得到较快发展；丰收卡、蜜蜂卡顺利实现柜面互通。

合规管理建设 持续推进合规风险管理机制建设。大力提倡合规要从高层做起，加强总部合规风险能力的建设，并强化合规问责，促进总部管理流程再造。规范合规检查流程，扎实开展合规检查。出台《宁波市农村合作金融机构合规现场检查操作流程》，组织开展风险管理委员会、贷款审批委员会运作专项检查，开展信贷管理系统和财务预警系统应用合规性检查。建立健全风险预警体系，不断加强贷后风险防范和管理。进一步健全和完善风险预警制度，提升贷后管理手段和技术，完成年度和季度监管评级自我测评，指导辖内9家行社按季完成流动性压力测试。

重视内部审计 积极实施各项审计，开展对9家行社年报审计的抽查审计，认真做好新增不良贷款、抵债资产、已核销呆账贷款专项审计，开展关联交易及担保公司担保贷款情况审计。开展各级领导干部经济责任审计和后续审计；认真落实内审准则，严格审计质量控制，制定《宁波市农村合作金融机构审计质量控制指导意见》等8个审计质量控制制度，确立优质标杆，实行百分考评制；突破传统，实施计算机辅助审计，制订《计算机辅助审计操作管理办法》，编制《宁波市农村合作金融系统计算机辅助项目总体计划》，组织全市农村合作金融机构分三期实施计算机辅助审计项目。

强化财务管理 根据实际，按季开展财务分析，监督预算执行情况。修订《宁波市农村合作金融机构财务经营成果测评办法》，出台全辖账面利润反映及其他财务事项摆布的政策建议。为规范统一法人的费用管理，慈溪农村合作银行开发并应用费用报账系统。在借鉴鄞州银行经济资本管理试点经验的基础上，组织在全市各行社推广，部分行社已经应用或部分应用对经济资本管理的考核。

加强会计结算 继续在全辖开展会计基础工作规范化达标工作，目前全市有近140家支行（信用社）获会计规范化单位、35家获得会计规范化二级单位、4家向省农信联社申报会计规范化一级单位。抓好新会计准则的试点和实施工作，新会计准则已在鄞州银行顺利实施；完善结算功能，拓宽服务渠道，顺利完成同城电子交换系统二期、小额支付系统本票等上线工作。办事处荣获市金融系统同城电子交换系统工程建设“最佳组织奖”和“最佳推广奖”两项大奖。

科技支撑作用 积极实施宁波市同城电子清算系统二期改造，该系统已如期上线且系统运行稳定。开发短信通系统，已在余姚、象山、市区等行社应用。开发完成即时通系统，在余姚农村合作银行进行试点基础上，将在全市推广使用。实施丰收卡与蜜蜂卡两卡之间的通存通兑项目，开展经济资本管理系统的开发推广，完成依托小额支付系统办理华东三省一市汇票业务的软件开发、小额支付系统本票业务及支票截留业务项目开发工作。

干部队伍建设 办事处和行社党委认真贯彻落实党的十七大精神和省委“两创”战略，全面推进农村合作金融机构改革和发展。推进干部选拔制度的改革，完成北仑、奉化、象山联社四名副职领导干部公开招聘工作。调整充实各行社领导班子成员，完成行社换届工作。加强领导干部党风廉政建设，认真执行各项干部管理制度，组织做好9家行社领导班子成员年度考核，及时做好后备干部调整充实工作。加强和规范中层干部管理，建立行社中层干部任期情况档案库，组织督促行社加强对信用社主任、支行行长异地交流制度，组织开展干部交流、亲属回避等四项制度执行情况检查。

人力资源管理 各行社组织学习《劳动合同法》，建立健全各项劳动用工规章制度，修订完善劳动合同制度实施细则等管理制度，规范行社劳动用工管理程序。不断完善薪酬与绩效考核体系，各行社因地制宜制订出台柜员等级考核办法、客户经理等级考核办法等各类员工等级管理办法，基本建立市场化薪酬与绩效激励约束机制。编制2008～2010年人力资源结构配置三年目标和年度人力资源配置计划。

教育培训体系 加大培训力度，结合系统改版工作，组织举办科技、会计和信贷等各类培训班；先后组织金融企业新会计准则、小额支付系统本票、同城电子交换系统二期、经济资本管理系统等业务培训；举办3期计算机辅助审计业务培训，组织举办6家联社的总部管理培训班；加大与大专院校、职业培训机构的合作力度，加强对中层以上干部和骨干员工的外部培养力度。继续加强与南京农业大学的合作，举办第二期农村金融专业硕士研究生学位班。目前，全市有100余名在读，其中30人已取得硕士学位。

企业文化建设 各行社不断总结经验，树立身边典型，通过典型示范作用带动面上工作。深入广泛地开展企业文化建设，增强发展活力，组织举办全市羽毛球、乒乓球和篮球等系列比赛。积极履行社会责任，开展以关爱员工、回报社会为内容的系列活动，积极组织心系灾区赈灾捐款活动，全市员工捐款1497163.3元，党员干部交纳“特殊党费”698555元，行社单位捐款1796900元。组织开展“文明服务规范年”活动，鄞州农村合作银行五乡支行被评为全国文明规范服务示范单位，北仑信用联社新矸信用社、余姚农村合作银行城东支行被评为宁波市文明规范服务示范单位。

象山县绿叶城市信用社有限责任公司

2008年，在国内外经济下滑的大背景下，面对复杂多变的经营环境，绿叶城市信用社认真贯彻落实国家经济金融政策，主动采取应对措施，经营管理继续保持稳健发展的良好态势。

经营概况　经过全社上下的共同努力，经营指标基本完成。年末资产总额达到16.89亿元，同比增长17.29%；全年实现账面税后利润1395万元，同比增长7.47%；贷款利息收回率为98.75%，同比增长0.78%。年末各项存款余额15亿元，同比增长27.55%；年末各项贷款余额9.92亿元，同比增长15.63%。2008年，总社营业部荣获“2008年度中国银行业文明规范服务示范单位”称号。绿叶城信社西周镇反假货币工作站荣获“浙江省先进反假货币工作站”称号，结算部陈斌艳荣获“浙江省优秀反假货币宣传联络员”称号。绿叶社荣获浙江省“慈善爱心奖”。

风险总体可控　2008年，由于一些客户经营困难，还贷能力下降，而局部经营层面业务员工对这些新出现不确定因素缺乏有效的风险识别和化解能力，致使不良贷款增加，影响全社的贷款质量有所下降，未能完成年初不良贷款控制的计划指标。按五级分类，年末不良贷款余额2940万元，比年初增加889万元，不良贷款率为2.96%，比年初增加0.57个百分点。但是，由于全社在强化风险控制机制多方面所做的持续努力，总体来看，风险基本可控。在信用风险管理方面，采取“有保有压”政策，不断优化信贷结构，持续压缩上海异地贷款和大额贷款，流向上海的贷款已从年初的740万元减少到500万元；主动退出部分关联企业、异地企业等非目标客户和现金流量不好、经营效益不好、信用声誉不好的客户。加强贷款“三查”管理和责任制管理，加强不良贷款控制和清收，收回不良贷款本息693万元。在流动性风险管理方面，建立较完善的流动性指标监测、控制体系，强化预警管理和备付金、准备金管理；严格控制存贷比例和授信集中度，将单一客户贷款最高额度控制在800万元以下。上述举措对控制风险发挥积极作用，保持资金良好的流动性。年末，存贷比为66.13%，全年平均存贷比为66.62%；年末，流动性比例为86.17%，全年平均流动性比例为67.42%；年平均备付金比率保持在33.94%的水平。在操作风险管理方面，针对操作风险呈现多样化、复杂化、科技含量高、防范难度大等新的特点，全社加强制度完善和内部检查力度。操作风险管理体系基本建立，其制度架构基本健全，操作风险防范理念基本树立，操作风险管理基本到位。全年没有发生操作损失，没有发生大案要案。

小企业服务体系持续优化　2008年，绿叶城信社为目标小客户群体建立良好的服务体系。首先，形成比较稳定的、不断扩大的优质小客户群体。全社贷款客户1727户，户均贷款57万元，比年初增加13万元。其中，小企业贷款客户为1324户，比年初增加79户。2008年，坚持为小客户服务的市场定位，不断调整信贷结构，加大对优良小企业的信贷投入，服务品种也在增加。全年，累计向小企业发放贷款11.6亿元，比上年增加6251万元，而年末小企业贷款5.7亿元，占贷款总余额的57.45%；银行承兑汇票1.9亿元，比年初增加0.44亿元。其次，为小企业服务的经营组织体系不断完善，服务功能不断提升。2008年，已将所有原储蓄所升格为分社（其中绿叶分社将于2009年1月8日开业），目前总社下辖7个分社。储蓄所升格为综合经营的分社后，增加结算、汇兑、信贷等服务功能，扩大业务营销渠道。最后，为适应上述两方面创新发展对基础设施功能的需求，加大基础设施建设投入。信贷管理系统于年末成功上线，实现信贷档案影像存储，授信业务在线审批，信贷业务管理报表自动生成。宁波同城电子交换系统二期于6月建成并成功上线，使全社增加在宁波大市范围内个人通存通兑、缴费一卡通、付费通等功能。银行卡系统建设基本完成，配套项目电话银行系统也已开发完成，进入测试阶段。内部管理培训考试系统于10月建成并正式启用。反洗钱系统已完成改造。

金港信托有限责任公司

金港信托有限责任公司董事长　王进才

2008年，金港信托有限责任公司成功申领新的金融牌照，率先进入全国银行间同业拆借市场，取得“大宗交易系统合格投资者”资质，逐步向专业化资产管理机构转型。2008年末，公司总资产为62818万元，净资产为58548万元，不良资产464万元，占比0.74%。公司营业收入12237万元，其中信托业务收入6626万元，固有业务收入5611万元，营业支出7834万元，利润总额5413万元，实现净利润3823万元，净资产收益率为6.5%，全年纳税2195万元。

信托业务　公司全年累计管理信托项目554个，规模1413亿元。年末存续信托项目302个，规模387亿元，比年初增加329亿元，增幅达565%。其中存续的单一类信托项目269个，规模367亿元；集合类信托项目8个，金额3亿元；财产类25个，金额17亿元。2008年新增信托项目507个，金额839亿元。其中单一信托项目463个，金额809亿元；集合信托项目9个，金额3亿元；财产信托35个，金额27亿元。2008年共结束信托项目252个，金额357亿元。其中单一信托项目230个，金额337亿元；集合信托项目13个，金额10亿元；财产信托项目9个，金额10亿元。从信托资产运用来看，信贷类信托资产为383.3亿元，占99%，金融产品投资资产1.8亿元，占0.5%；股权投资类1.7亿元，占0.4%；资产证券化类0.15亿元，占0.04%；其中银信合作类信托资产364亿元，占比94.1%。

固有业务　2008年公司继续进行固有项下实业投资的清理，并全面开展信贷资产转让搭桥贷款、新股网下申购、股票二级市场投资等业务。2008年末，公司资产总额为62818万元，其中货币性资产为45531万元，占比72.48%；股权投资6359万元，占比10.12%；金融产品投资3425万元，占比5.45%；贷款588万元，占比0.94%；其他6915万元，占比11.01%。在国际国内宏观经济环境严峻，资本市场、房地产市场波动加剧的外部环境里，货币类资产比重较高，大大提高公司的流动性水平和抵御风险的能力。继续进行固有项下实业投资清理。一是积极开展对金港大酒店、金港股份公司的股权处置工作。经过与春和集团的艰苦谈判，公司已经完成挂牌转让程序，并回收股权转让款。二是办理完毕上海金诚减资的工商变更手续。三是完成开联公司部分股权的转让工作。为满足公司换发金融许可证的需要，经过与开联原股东的商议，通过挂牌转让的方式，将所持有的开联公司1600万元股权转让。经过股权处置后，满足持有开联公司股权降到20%以下的要求，为换发新的金融许可证创造条件。四是处理中房海外担保事项，经公司努力，解除对中房海外的3700万元担保责任，并收取300万元担保费。五是回收对上海汇银1亿元应收款。结合公司的股权转让工作，通过与爱建股份、爱建信托、上海汇银的协调，安全地回收对上海汇银公司1亿元爱建证券股权转让余款。

公司治理

1. 完成爱建系股权转让，引入广博投资等新股东。在股东的支持下，经过宁波市政府和监管部门的协调，并经中国银监会审批同意，公司在2008年顺利解决与爱建系公司之间的历史遗留股权问题，并引入宁波本地股东收购爱建系持有的股权。股权转让后，公司的股权结构更趋合理，治理结构更趋完善。

2. 增选董事和独立董事。根据《信托公司治理指引》的要求和公司实际情况，独立董事人数应不少于董事会成员总数的三分之一，因此2008年公司增选一名独立董事，使公司独立董事人数达到3人，达到指引的要求。同时，随着公司股权结构的变更，公司改选董事会成员，增选公司副董事长和董事各一名。

3. 成功换发金融许可证。公司在2008年10月得到中国银监会核准，正式获批换发新的金融许可证，并根据批复更名为“金港信托有限责任公司”和变更业务范围，宁波银监局于2008年11月10日向公司颁发新的金融许可证。此次公司能够获得监管部门的批准，取得新的金融许可证，显示公司在行业中的领先地位，以及监管部门对公司资产质量、发展模式和发展前景的高度肯定，公司也将严格按照新的监管要求拓展业务，力主创新，继续打造专业信托公司的优势地位。

市场营销 转变营销模式。新“两规”的出台使得信托行业定位于高端理财市场。公司在年初调整信托业务发展思路，由之前以用款方需求为主的方式转变为以委托人需求为导向，贴近客户需求量身设计产品的模式。公司客户重点定位机构投资者，主要有银行、券商、基金公司、保险公司、产业基金和大型企业集团等。同时公司修订营销流程和配套绩效考核制度，开展信托理财业务培训，不断提高公司营销队伍素质和营销能力。积极开展渠道建设。随着客户定位的转变，公司积极开拓与银行、证券公司和第三理财中介机构的全面合作通道并发展机构客户，与兴业银行杭州分行、兴业银行宁波分行、太原市商业银行等成功签订战略合作协议，与宁波、北京、杭州和太原地区的大量银行业金融机构、证券公司和期货公司等建立合作沟通关系。公司还积极参加各地金融展览，与浙商杂志社进行全面合作，成立浙商金港投融资中心，举办全省财富快车活动，拜访当地的优质企业。经过一年的努力，公司储备相当的项目资源，形成一定规模的客户积累，为2009年的项目开发引进和销售打下坚实的基础。加强客户关系管理。在开发新客户同时，公司还积极做好现有客户的维护工作，建立并完善《客户维护联络办法》和《客户投诉处理流程》等客户关系管理制度，协助开展信托项目信息披露和公告工作，举办大型高端客户联谊活动，建立准客户信息管理系统并对客户需求及特征进行分析，为客户服务、营销拓展提供详尽的基础资料。

内部管理 积极开展公司品牌建设工作。公司在2008年加大公司品牌建设的力度，完成企业形象识别系统设计，电视宣传短片制作，并改版公司网站，积极参加各类金融展览活动，强化与新闻媒体的多层次合作。目前《宁波日报》、《金融时报》、《中国证券报》、《第一财经日报》等国内主流媒体对公司进行频频报道，公司在业内也日渐名声远扬。实行日汇报制，提升管理水平。为实施有效的内部管理，年初公司开始实行日汇报制度，要求公司员工记录当天主要工作，逐级向主管汇报每日工作内容和各级主管布置的任务进展状态，反映工作中存在的问题和建议，以及需要相互协同办公的工作等。日汇报制自实行以来，收到可喜的成效，管理层可以通过日汇报表对下属的工作一目了然，可以更有效的布置工作，了解员工的工作能力，提高公司上下信息沟通能力和工作计划性，减少不必要的浪费，加快决策效率。适时度势，强化风险管理。为配合公司的机构改革，公司重新设计并调整机构融资业务、房地产业务、股权投资业务、证券投资操作流程，在充分把握、控制业务风险的基础上，在流程和制度环节上，积极支持和促进各类业务的拓展。公司修订《尽职调查指引》，加强固有项目的中后期检查，检查业务范围为一级证券市场的网上、网下新股申购，二级市场的证券交易，重点检查固有业务合规运营及制度建立情况。公司还进一步加强信托业务的信息披露工作，根据信托文件规定，收集、登记各项目的信息披露文本，并监督项目组履行的及时性、完整性。在与银行等机构客户合作过程中，公司坚持合规、充分披露风险的原则，得到包括工行、建行和中信银行在内的机构客户的认可和信任，也使公司的一线业务人员在实践工作中得到业务能力和水平的提高。加强合规建设，提高员工合规意识。公司高度重视法律合规工作，对各类信托、固有类项目以及综合管理合同进行严格把关，完成合规检查共121项。公司还及时向员工提供信托业务最新实用的参考资料，邀请常年法律顾问为员工进行信托业法律法规解读和《公司法》解读，对业务人员进行各种形式的合规培训，不断提高员工的合规意识。深化内部审计，提升综合管理能力。2008年，公司继续加强内部审计工作力度，实施64项审计，均出具审计报告，其中对2008年11月末之前到期的60个信托项目逐一进行到期审计涉及信托资金190亿元，重点审计项目运行的合规性、手续齐全性、风险可控性和财务核算、收益分配的准确性和真实性。公司还对2007年1月～2008年4月内部控制制度的建设和执行情况进行全面检查与评价，重点对公司内部控制环境、信息披露、信托业务、自营业务、会计系统控制、风险管理、信息系统控制、人力资源控制、综合管理和内部控制检查与监督等12项内容的制度建设和执行情况进行检查，并落实相关部门逐一对检查中发现的问题进行整改。

人力资源管理 2008年公司加强人力资源管理制度建设，开拓人力资源视野，吸收国内外最新人力资源管理思想和理念，进行人力资源管理改革。全年度共起草或修订包括业务部门划分、绩效考核、薪酬调整、员工考勤、日报管理、面试流程、培训计划、岗位职责描述、内部人才举荐等22项人力资源管理制度。参照国际金融机构持续近百年的经验和国际惯例，重新颁布修订的2008年度《薪酬制度》和《绩效管理制度》，按照公司管理资产的回报率来确定员工的年终奖励。根据向专业化资产管理公司转型的战略规划需要，公司重新修订招聘策略和培训计划，颁布《内部人员推荐奖励制度》，通过内部推荐，校园招聘和猎头等多种方式，吸引优秀人才加盟公司。公司重点实施从北大、清华、人民银行研究生部等国内一流重点院校招收硕士以上研究生的计划，并先后在北大、清华、人行研究生部等知名院校举行三次主题演讲并进行校园招聘活动，补充业务部门的后备梯队，使公司更加具有活力和朝气，专业人员的知识结构更加合理。此外公司还与国际知名猎头签署合作协议，大力引进信托行业优秀人才。对在职员工开展高密度的员工培训工作，邀请业内知名律师、专家、公司领导共举行22次内部培训和4次新员工培训，内容涵盖法律、金融、信托业务热点等。公司还选送一批业务骨干到国内一流的院校继续进行专业知识培训或更高等学历的深造。

华融金融租赁股份有限公司宁波分公司

华融金融租赁股份有限公司
宁波分公司总经理　黄小江

业务概况　2008年华租宁波分公司业务开发情况如下：立项项目28个，金额145320万元；评审通过项目20个，金额84445万元，签订租赁合同14个，合同金额54395万元，实现投放78737万元，超额完成公司下达的65000万元的投放指标。2008年华租宁波分公司无论从立项、评审还是投放金额角上年度都实现稳步增长，特别是投放实现201%的增长。

船舶租赁快速发展　在总公司领导的大力支持下，2008年确立华租宁波分公司船舶租赁的专业地位，并在资金、审批等方面给予很大的支持。因此，大力发展优质船舶租赁业务是华租宁波分公司2008年的工作重点，全年共上报评审船舶租赁项目9个，合计金额81450万元，签订租赁合同4个，实现投放36700万元。下半年以来，国际、国内航运行业遇到几十年一遇的重大调整，波罗的海干散货指数（BDI）短短几个月内从万余点跌破700点，航运企业遇到前所未有的挑战。对此，业务人员及时进行市场调研，向总公司做专门的书面报告，同时调整工作思路，暂停所有船舶租赁项目的上报，并对在执行中的所有船舶租赁项目进行逐一排查，采取必要的措施化解风险，提前结束浙江银星海运的船舶租赁项目，一次性收回全部租金5000余万元，浙江海洲船务有限公司的船舶租赁项目，由于主机推迟到货，根据企业的申请，业务员调整租金偿还计划，允许企业推迟半年时间支付本金。华租宁波分公司在执行船舶租赁项目5个，其中散货船两条，工程船三条，各承租企业的经营比较正常，短期内出现风险的可能性比较小。在如此大的行业系统性风险的冲击下，船舶租赁项目没有出现风险，归功于完善的项目后期管理工作和务实的处理机制。

办事处租赁业务取得突破　2008年华租宁波分公司初次接手华融办事处租赁业务，与杭州、福州、大连、广州、南宁、石家庄、天津等多家办事处进行过业务沟通与联系，派人到杭州、石家庄、福州三家办事处进行现场业务指导和实地业务考察，实现较好的沟通，为办事处的船舶租赁业务的发展打下良好的基础。全年共有杭州、福州、广州、石家庄、南京等五个办事处进行船舶租赁项目的开发，共立项7个船舶租赁项目，金额57950万元，评审通过4个项目，金额29450，签订租赁合同1个，合同金额12000万元，实现投放11200万元。

租赁项目后期管理　华租宁波分公司2008年全年计划回笼租金33505万元，实际回笼租金34005万元，收回以前年度逾期租金三笔，金额40.3万元，本年度新增逾期租金一笔381万元，租金回笼率为98.86%，其中2008年1～7月，实现租金按月回笼率100%的优良业绩。良好的租金回笼情况，除在项目开发阶段把好关，优选项目以外，最重要的是严格执行公司相关管理制度，认真做好项目的后期管理工作。2008年以来，华租宁波分公司实行项目小组制度，优化人员搭配，每个项目都有主副两个经办人，分工明确，责任清晰。平时注意灌输员工的风险意识，使人人都意识到后期管理的重要性；在租赁项目日常管理中，基本上做到每月与企业保持一次以上的联系，在电话沟通的同时，尽最大可能的增加走访企业的次数；每月按时寄送租金到期通知单，并多次电话告知；对个别因受宏观调控影响较大而租金支付不及时的企业进行重点跟踪，确保租金每月顺利回笼。同时，对所有在执行项目开展系统的巡访工作，根据企业的实际情况认真完成巡访记录，针对存在的问题进行重点分析，排出后期管理的重点客户；平时注意及时收集企业财务报表，认真对比分析不同时间的报表情况，注意发现是否存在财务状况异动情况；此外，根据总公司要求，认真完成每季度的租赁资产五级分类工作。不良资产清理方面，2008 年共收回三家医院逾期租金 40.3 万元，基本解决历史遗留的不良资产问题。

·市场运行·

2008年宁波市金融市场运行情况报告

一、同业拆借市场运行情况

1. 2008年参与机构方面，宁波金港信托有限公司加入全国银行间拆借市场，截至年底辖内分别有宁波银行、宁波鄞州农村合作银行、上海浦东发展银行宁波分行、深圳发展银行宁波分行等5家成员单位。全年拆借业务主要由上述市场成员在银行间市场进行，没有发生场外融资业务以及隔夜拆借业务。2008年全年，宁波市同业拆借交易量累计为294.8亿元，较上年大幅增长159.1亿元，增长117.2%，交易量各季度分布不均，其中三季度最高为178.3亿元，占全年60.48%。拆借加权平均利率呈震荡下行趋势，12月达到全年最低点1.55%，较1月下降1.72个百分点（见图1）。

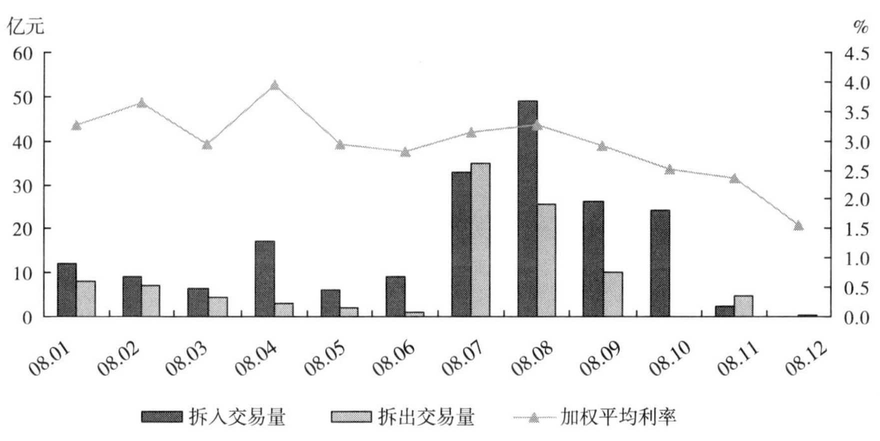

图1 2008年宁波市同业拆借量价走势图

2. 全年拆借期限集中在1天和7天短期品种。全年情况看，拆借品种主要集中在1天和7天两个品种，1个月以上品种成交量较少。其中1天品种全年成交181.3亿元、同比增加166.2亿元，大幅增长11倍，占全年总成交量的60.6%；7天品种全年成交66.1亿元，同比增加30.6亿元，增长86.2%；4个月品种成交量最少为3亿元，占总成交量1%，上年没有成交量；1个月品种全年成交15亿元，较上年减少44亿元，下降74.6%（见图2）。

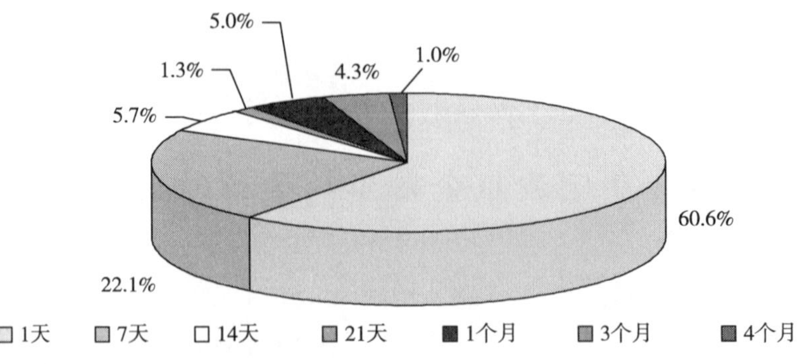

图 2 2008 年宁波市同业拆借交易品种分布情况

3. 拆借业务主要集中在 3 家机构。2008 年全年主要有宁波银行、宁波鄞州农村合作银行、上海浦东发展银行宁波分行 3 家机构进行同业拆借交易，宁波银行交易量最大，全年累计交易 143.6 亿元，其次为宁波鄞州农村合作银行，全年累计交易 107.5 亿元，上海浦东发展银行宁波分行全年累计交易 40 亿元。宁波慈溪农村合作银行于今年 3 月加入全国银行间同业拆借市场，于 11 月开始正式交易，全年累计交易 3.7 亿元

4. 2008 年宁波辖区同业拆借业务交易量较上年有大幅增加，主要原因在于宁波银行、宁波鄞州农村合作银行两家市场成员交易量增长有关。宁波鄞州农村合作银行 2007 年没有开展同业拆借交易业务，今年该行为提高货币市场参与深度，熟悉 Shibor 报价制度于 5 月开始进行同业拆借交易，全年交易量达到 107.5 亿元。宁波银行资金运营部于今年搬迁到上海，进一步拓展金融市场相关业务，同业拆借交易也较上年大幅提高 47.6 亿元，达到 143.6 亿元，同比增长 201.7%。

二、债券市场运行情况

（一）现券交易情况。

1. 现券交易量上升。2008 年全年，宁波市累计发生现券交易 2818.53 亿元，较上年增加 726.8 亿元，同比增长 34.74%。全年交易量呈逐月震荡上升趋势，其中 12 月交易量最大为 364 亿元，8 月交易量最小为 136 亿元（见图 3）。

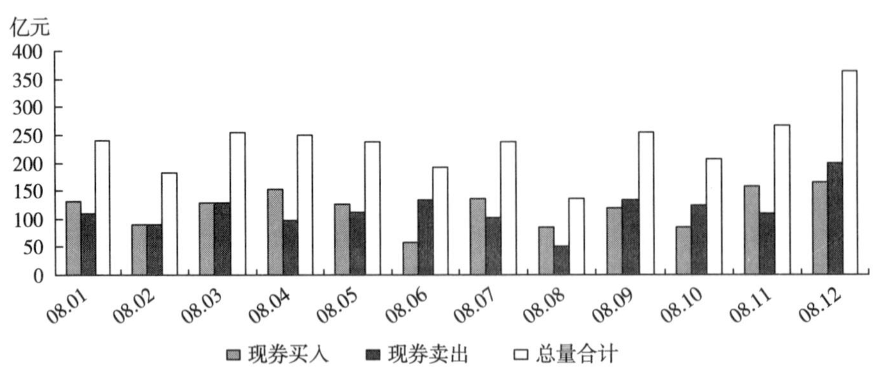

图 3 2008 年宁波市银行间债券市场现券交易情况

2. 各券种中国债交易量最大。2008 年全年，交易量最高的券种也是国债，全年累计交易 1287.4 亿元，占全年总交易量的 45.7%，其次为金融债，全年累计交易 1216.6 亿元，占全年总成交量的 43.2%，央票交易量最少，全年累计交易 314.5 亿元，占全年总成交量的 11.2%（见图 4）。全年国债交易量呈震荡上升趋势，12 月达到最高点 281.2 亿元，较 1 月上升 254.9 亿元。金融债交易量呈下行趋势，12 月交易量为 43.7 亿元，较 1 月减少 152.7 亿元，央行票据交易总体保持稳定，10 月交易量最高为 67.9 亿元（见图 5）。

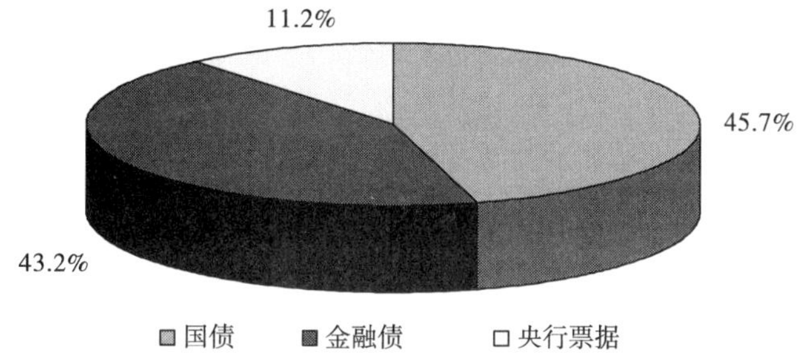

图4　2008 年宁波市现券交易各券种占比情况

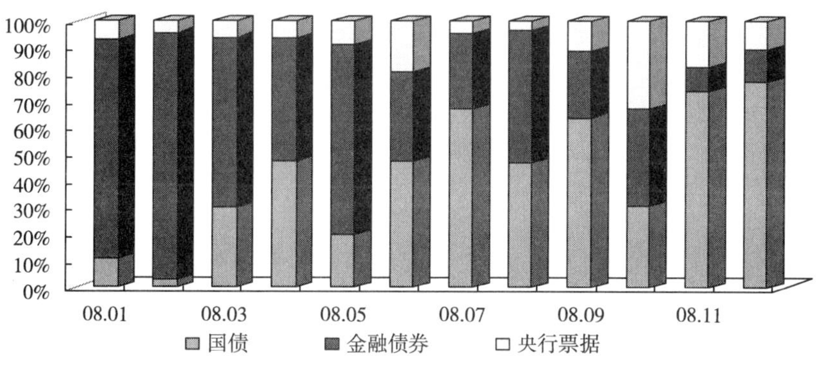

图5　2008 年宁波市各类债券交易走势情况

3. 现券交易期限集中在中长期债券。从全年交易情况看，5～10 年期限债券交易量最大，累计交易量为 1268.77 亿元，占现券总交易量的 45.05%，同比增长 46.1%，其次为 3～5 年期限债券，全年累计交易量为 391.7 亿元，占现券总交易量的 16.7%，同比减少 13.05%，10 年以上长期债券增幅最大，全年累计交易 391.7 亿元，占现券总交易量的 13.9%，同比大幅增长 7.46 倍，占比最少的为 1 年以内短期债券，全年累计交易 315.4 亿元，占现券总交易量的 11.2%，同比下降 9.4%（见图 6）。从全年走势看，5 年以上长期债券交易量呈下降趋势，1 年以内短期债券和 1～5 年中期债券交易量震荡上升（见图 7）。

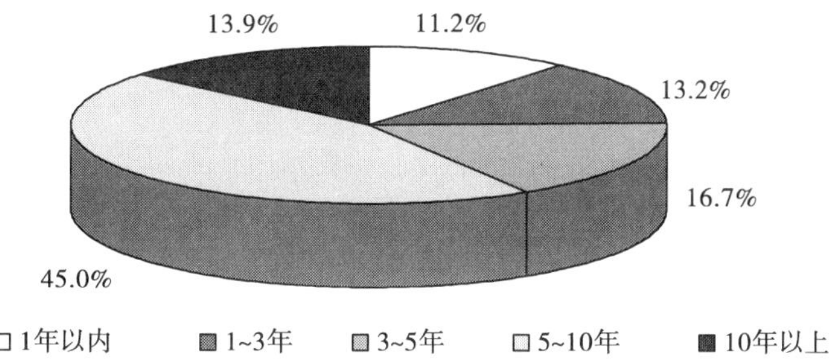

图6　2008 年宁波市现券交易期限结构图

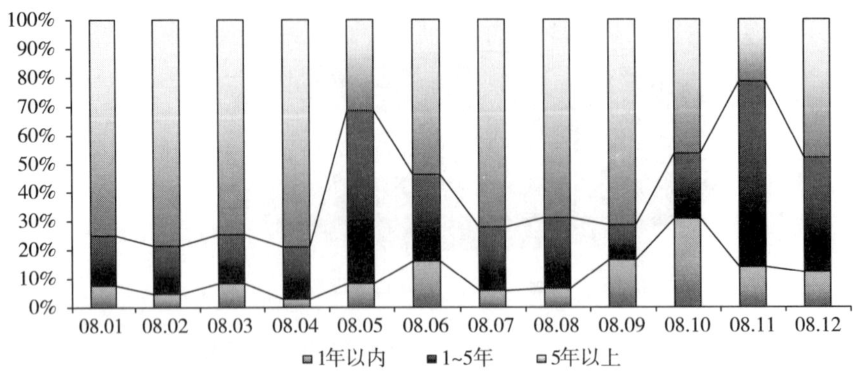

图7 2008年宁波市各期限债券交易量月度占比情况

4. 从交易主体看，2008年全年，宁波鄞州农村合作银行累计交易1896.9亿元，较2007年增加465.4亿元，增长32.5%，宁波银行全年累计交易921.65亿元，较2007年增加261.34亿元，增长39.6%。

（二）债券回购交易情况

1. 债券回购交易量小幅上升，加权平均利率震荡上行。2008年全年，宁波市累计完成债券回购交易4684.66亿元，同比增长19.73%。其中正回购融入资金3683.52亿元，同比增长3.43%，逆回购融出资金1001.1亿元，同比大幅增长185%。从月度趋势看，交易量从1月震荡上升至9月达到全年最高点540.23亿元，此后下行至12月的309.3亿元，回购加权平均利率1月至10月震荡上行，受减息影响11月、12月加速下行，12月达到全年最低点1.4744%，较年初下降1.2个百分点（见图8）。

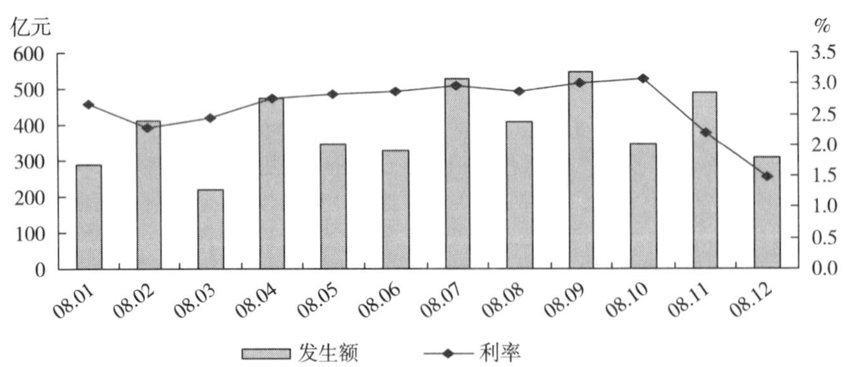

图8 2008年宁波市债券回购量价走势图

2. 债券回购交易主要集中在1天和7天短期品种。从全年情况看，债券回购交易主要集中在1天和7天短期品种，1天品种交易量最大，全年累计交易3158亿元，同比增长26.9%，占总交易量的67.41%，7天品种全年累计交易896.9亿元，同比增长17.9亿元，占总成交易量的19.14%，成交量最少的是6个月品种，全年累计交易4000万元，同比减少94%，占总成交量的0.01%（见图9）。

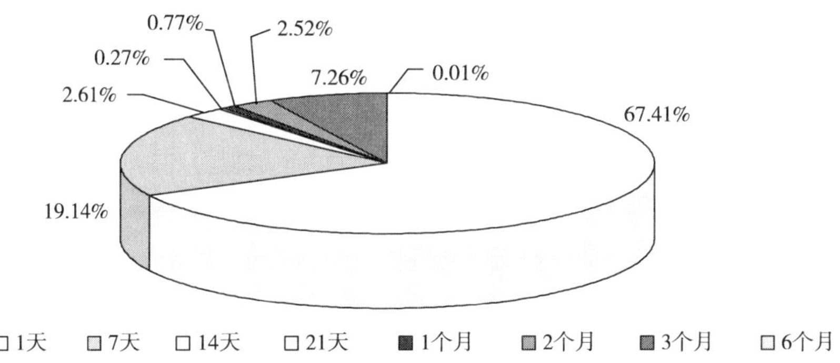

图 9 2008 年宁波市债券回风分期限品种结构图

3. 从交易主体看，主要集中在宁波银行、宁波鄞州农村合作银行 2 家金融机构。宁波鄞州农村合作银行交易量最大，全年累计交易 2464.93 亿元，同比增长 16.6%，占总成交量的 52.6%，其次为宁波银行，全年累计交易 2160 亿元，同比增长 25.8%，占总成交量的 46.1%，上海浦东发展银行宁波分行交易量最少，全年成交 59.8 亿元，同比减少 27.2%，占总成交量的 1.28%（见图 10）。

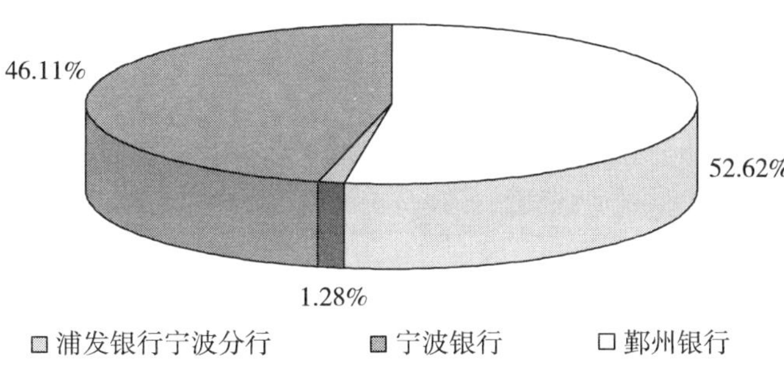

图 10 2008 年宁波市分机构债券回购交易占比情况

4. 企业债券发行情况。2008 年，宁波市累计发行企业短期融资券 28 亿元，较 2007 年增长 12.5 亿元，同比增长 80.6%，其中雅戈尔集团有限公司发行 18 亿元，宁波海运股份有限公司、宁波电力开发公司分别发行 6 亿元和 4 亿元。

5. 柜台记账式国债交易情况。2008 年，宁波市柜台记账式国债累计交易 151 笔，较上年减少 94%，交易金额为 625.92 万元，较上年减少 66.7%。分季度情况看，成交笔数、成交量呈上升趋势。

（三）简要分析。受多次减息以及金融机构对减息预期的影响，2008 年全年债券现券交易量较 2007 年上升 19.7%；债券回购交易成为辖内市场成员进行资金管理的手段之一，尤其是调剂短期头寸的重要工具，回购交易主要集中在 1 天、7 天短期品种，两者占总成交量的 86.6%。由于宁波大型企业不多、且民营企业较多，因此企业短期融资券发行量偏小，与宁波的信贷规模相比，企业直接债权融资较小。随着 2009 年国家大力发展债券市场，通过债券融资支持中小企业发展，预计宁波辖区企业通过债券融资将有较大的突破。

三、外汇市场运行情况

1. 全年外汇即期交易、外汇掉期交易量大幅增长，远期外汇交易量大幅下降。2008 年全年，宁波市即期外汇交易量累计为 601.9 亿美元，较上年增加 536.4 亿元，增长 8.2 倍，其中买入交易量为 273.7 亿美元，占总交易量的 45.5%，较上年增加 233.3 亿元，大幅增长 5.8 倍，卖出交易量为 328.2 亿美元，占总成交量的 54.5%，较上年增加 303.1 亿元，大幅增长 12.1 倍。从全年走势看，外汇即期交易呈震荡上升走势，7 月交易量全年最高为 76.9 亿元，12 月为 50.4 亿元较 1 月上升 144%（见图 11）。

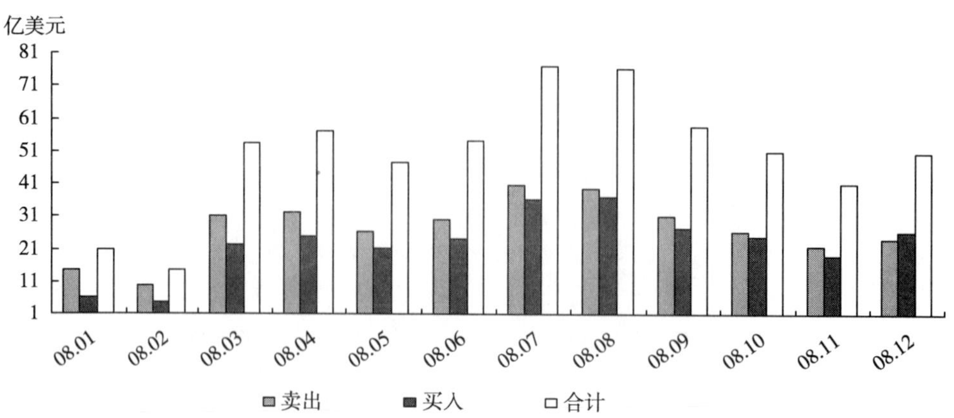

图11 2008年宁波市即期外汇交易走势情况

2. 外汇掉期交易币种为美元，全年累计完成交易500笔，交易金额54.5亿美元，同比增加48.94亿元，大幅增长8.8倍。全年外汇远期交易累计发生59笔，交易金额折合美元1735万美元，同比减少2.7亿美元，大幅下降94%。

3. 从交易主体看，宁波银行交易量最大，全年累计成交547.7亿美元，占全部交易量的91%，同比增加502.8亿元，大幅增长11.2倍，最少的为协和银行，全年成交量为316万美元，仅占全年总成交量的0.01%，同比略增10.9%（见图12）。

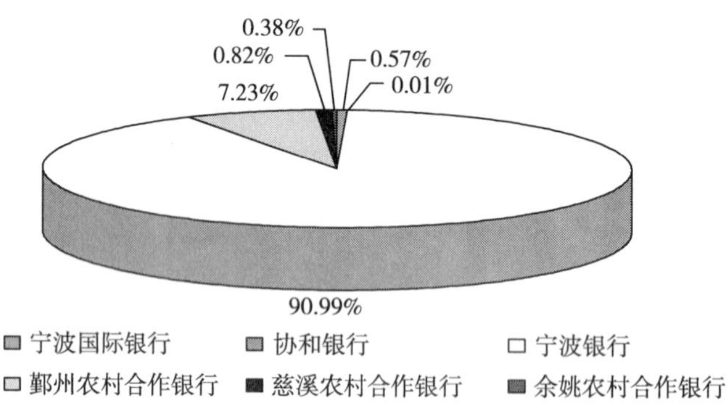

图12 2008年宁波市外汇市场成员即期外汇交易占比情况

4. 从交易币种看，美元交易量最大，全年累计交易595亿美元，占总交易量的98.99%，其次为欧元，全年累计交易折合美元3.5亿元，占总交易量的0.59%，日元和港币全年分别累计交易折合美元1.4亿元，1.1亿元，分别占比0.24%和0.18%，交易量最少的是英镑，全年累计交易折合美元568万元，占总成交量的0.01%（见图13）。

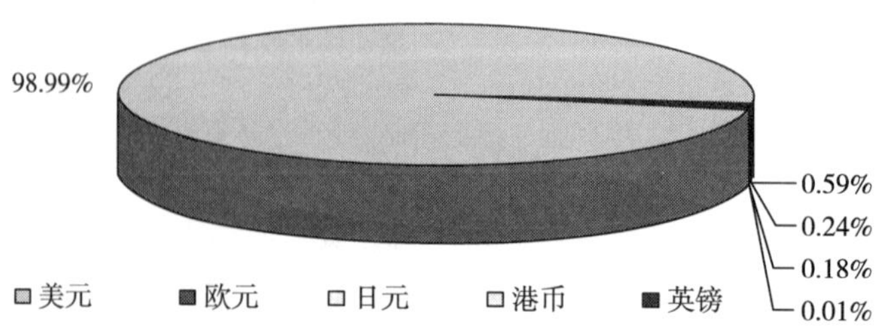

图13 2008年四季度宁波即期外汇交易分币种占比情况

5. 货币对交易情况。从全年情况看，货币对累计交易折合美元2.03亿美元，同比大幅减少89.3%。其中EUR/USD对交易量最大，累计交易折合美元1.17亿美元，占总成交量的60.28%，其次为AUD/USD，累计成交折合美元17.05%，交易量最少的为USD/CAD，累计成交折合美元374万美元，占总成交量的1.9%（见图14）。

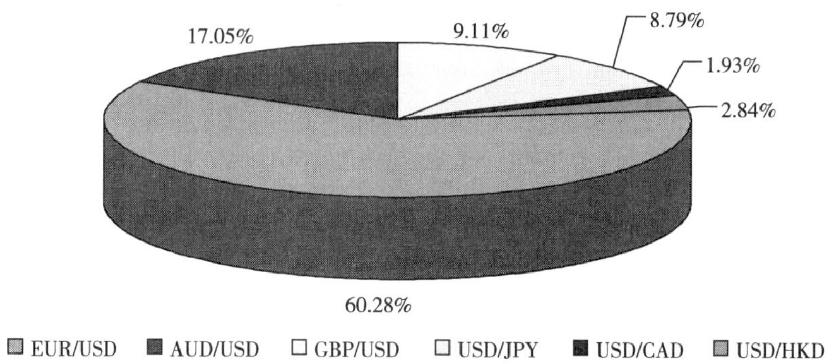

图14 2008年宁波市外币对交易占比情况

四、黄金市场运行情况报告

1. 交易情况。从全年情况看，全年累计完成各类黄金交易19098.2千克，较上年大幅增长123.8%，成交金额34.9亿元，较上年增长134.2%，交易量按季呈上升趋势，四季度增长尤为明显较一季度上升了152%，增长主要来源于账户金交易，实物黄金略有下降（见图15）。

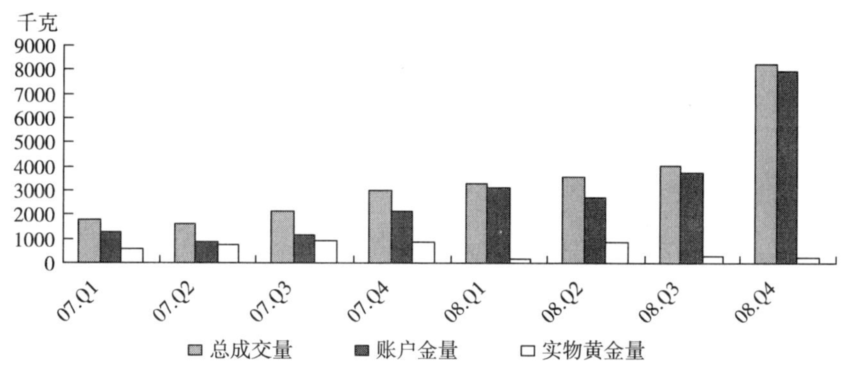

图15 2007、2008年度宁波市黄金交易走势图

分机构情况看，2008年全年工商银行宁波分行成交量最大，为9235.33千克，同比增加6804.7千克，增幅高达280%，占全年总成交量的48.18%，较上年增长19.7个百分点；由于账户金交易增加使得建设银行宁波市分行同比增幅最大，全年累计交易2645.5千克，同比增加2215.3千克，增幅高达514.9%，占全年总成交量的13.8%，较上年增加8.76个百分点；中行宁波市分行全年累计交易7287千克，同比增加1614千克，增长28.5%，占全部成交量的38.02%，较上年减少28.45个百分点（见图16）。

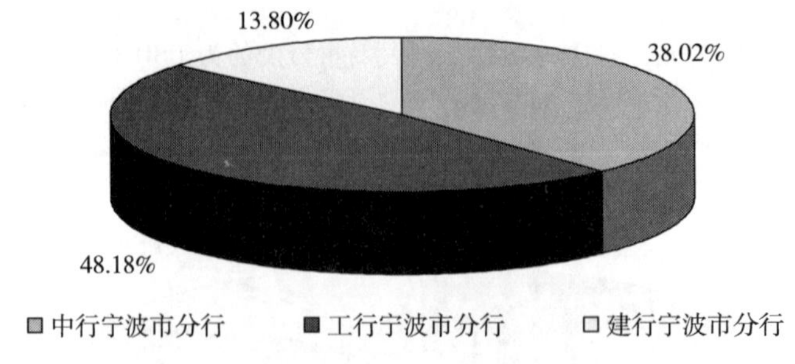

图16 2008年宁波市分机构黄金交易占比情况

2. 简要分析。2008年黄金价格波动较大，随着资本市场大幅下降，黄金成为辖区居民的重要投资品种，而作为中间业务收入的增长点，商业银行也大力宣传和推广账户金交易，推动全年辖区黄金交易量同比大幅上升。

（中国人民银行宁波市中心支行货币信贷管理处）

2008年宁波市利率政策执行情况报告

一、利率管理情况

（一）贯彻落实总行利率政策。2008年，我国经济面临国内重大自然灾害和国际金融危机的严峻考验，货币政策经历了从紧到适度宽松的转变，尤其是9月份以来总行连续5次下调存贷款基准利率，通过利率政策的调控作用促进经济稳定健康发展。人民银行宁波市中心支行积极贯彻落实总行利率政策，及时转发文件至辖内法人金融机构以及相关部门，督促、指导金融机构做好利率调整的公告和系统调整工作，并及时调查辖内政府、居民、企业等市场主体对利率调整的反应，形成快速调查报告向上级行反馈政策效应。

（二）完善利率监测体系，加强利率监测工作。为给货币政策决策提供及时的利率数据支持，今年以来利率监测按季改为按月监测，人民银行宁波市中心支行及时贯彻落实上级行文件要求，并做好新加入机构的培训工作，保证按时、准确上报利率数据。针对2007年下半年以来，民间借贷出现的新问题和新情况，人民银行宁波市中心支行于今年年初专门新增民间借贷监测点，重点监测典当行、担保公司等中介机构从事民间借贷的利率水平，密切关注利率变动情况，从而更好的掌握民间借贷情况，为形势判断和政策决策提供依据。

（三）推进辖区Shibor建设各项工作。确立Shibor的基准地位是实现我国利率市场化的关键环节之一，人民银行宁波市中心支行积极贯彻落实上级行文件要求，配合上级行做好Shibor建设工作，推动辖内法人金融机构在学习易纲副行长Shibor工作会议讲话的基础上，制定Shibor宣传方案，结合实际建立Shibor为基准的利率定价机制，开发Shibor为基准定价的金融产品。同时，专门召开辖内法人金融机构Shibor建设工作会议，交流讨论，增强各机构Shibor建设的意识，提高构建Shibor为基准的利率定价体系的能力。

二、金融机构各项利率分析

（一）全年人民币储蓄存款利率按基准执行，金融机构同业存款加权平均利率小幅下降。2008年全年，宁波市各家金融机构的储蓄存款利率均按基准利率执行。2008年第四季度，总行连续4次下调存款基准利率，活期存款较年初下降了0.36个百分点，一年期存款利率较年初下降1.62个百分点。同期，宁波消费物价指数同比增幅逐月下降，1～10月仍高于同期一年期存款利率。尽管有连续降息和负利率的不利因素，但受经济下行预期及资本市场大幅回调的影响，宁波市人民币储蓄存款保持了较为稳定的增长（见图1）。

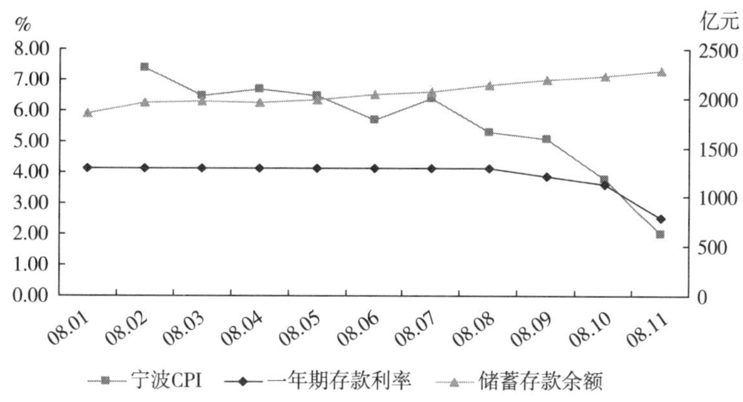

图1　2008年宁波市人民币储蓄存款走势情况

宁波市金融机构同业存款利率全年呈震荡下行趋势。受11月27日下调存款准备金利率0.27个百分点影响，12月金融机构同业活期存款加权平均利率为1.21%，较年初下降0.27个百分点；12月金融机构同业定期存款加权平均利率为2.9%，较年初下降0.66个百分点。

（二）全年金融机构人民币贷款加权平均利率先升后降，上浮利率贷款比例高于基准、下浮利率贷款比例；中小型企业上浮利率贷款比例高于大型企业。

1. 人民币贷款加权平均利率按月呈先升后降趋势。2008年上半年受从紧货币政策影响，宁波辖区金融机构人民币贷款加权平均利率逐月上升，7月达到全年最高点8.11%，下半年开始货币政策转向适度宽松，尤其是9月以来连续5次下调贷款基准利率，宁波辖区金融机构人民币贷款加权平均利率逐月下降，12月达到全年最低点5.89%，较1月下降了1.75个百分点，较7月最高点下降了2.22个百分点（见图2）。分期限结构看，1年（含）以内短期贷款加权平均利率全年呈先升后降走势，12月中有6个月、1年期贷款加权平均利率分别为5.65%、6.03%，较年初分别下降1.11个百分点、2.16个百分点，较全年最高点分别下降1.75个百分点、2.29个百分点，下降幅度高于基准利率下降幅度（见图3）；1年以上中长期贷款加权平均利率全年呈震荡下行趋势，其中10年期长期贷款加权平均利率波动幅度最大，12月份为全年最低点5.56%，较1月份和最高点分别降低2.88个百分点、3.91个百分点，下降幅度大大高于基准利率下降幅度，并且低于其他期限贷款加权平均利率，出现了长短期利率倒挂的现象，其原因是2008年四季度以来，金融机构加大了政府类中长期项目贷款投放使得长期贷款加权平均利率被压低。1～3年期中期贷款加权平均利率下降幅度较小且低于基准利率下降幅度（见图4）。

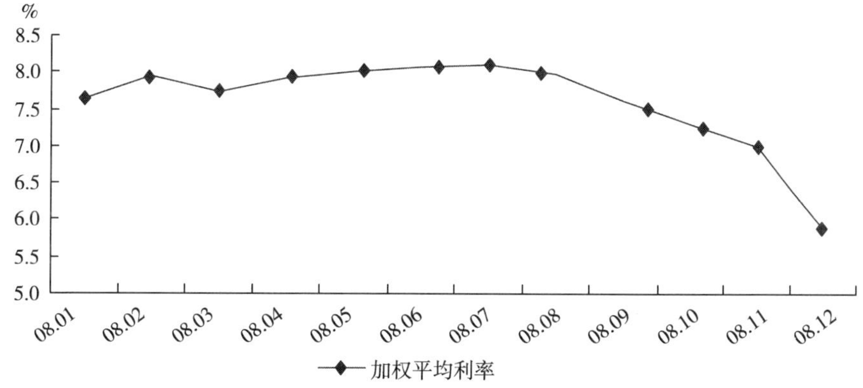

图2　2008年宁波市金融机构人民币贷款加权平均利率走势图

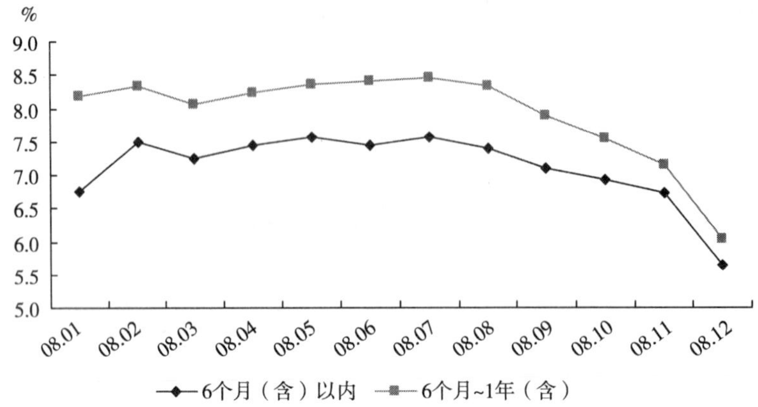

图3 2008年宁波市金融机构1年（含）以内短期贷款加权平均利率走势

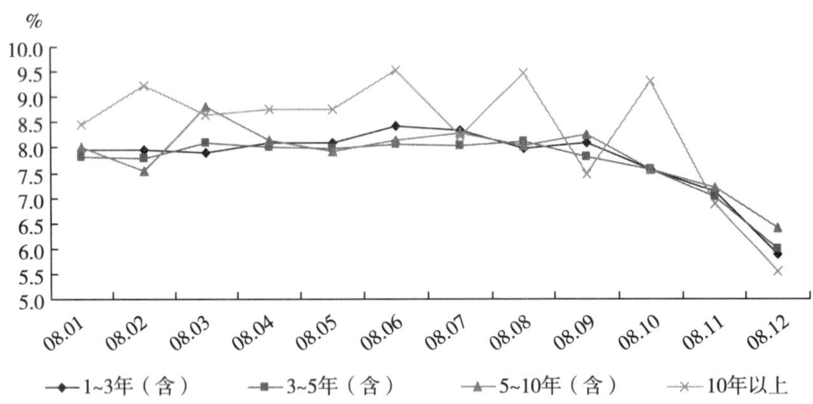

图4 2008年宁波市金融机构1年以上中长期贷款加权平均利率走势

2. 上浮利率贷款占比较高，按月呈先升后降趋势，下浮利率贷款占比最低，且按月呈先降后升趋势。2008年全年，宁波市金融机构发放的全部贷款中，下浮利率贷款占比为7.97%，较上年下降1.95个百分点；基准利率贷款占比为26.31%，较上年下降3.78个百分点；上浮利率贷款占比为65.73%，较上年上升5.73个百分点。从期限结构看，期限越短，上浮利率贷款占比越高，期限越长，下浮利率贷款占比越高。6个月及1年以内短期贷款上浮利率贷款占比分别为68.7%、66.84%，高出下浮利率贷款占比59.3个百分点、60.22个百分点；1~3年及3~5年中期贷款上浮利率贷款占比分别为54.84%、40.02%，高出下浮利率贷款占比49.51个百分点、31.12个百分点；5~10年及10年以上长期贷款上浮利率贷款占比分别为39.9%、39.29%，分别高出和低于下浮利率贷款占比23.65个百分点、9.85个百分点。在上浮利率贷款中，浮动幅度主要集中在30%以内，占全部贷款发生额的60.33%（表1）。从全年走势看，上浮利率贷款占比呈先升后降的趋势，12月为全年最低点58.87%，比1月和7月的全年最高点分别下降了6.56个百分点、13.92个百分点；下浮利率贷款占比则呈下降后升走势，12月为全年最高点12.84%，比1月和6月的全年最低点分别高出4.44个百分点、8.12个百分点；基准利率贷款占比基本保持稳定，12月为28.3%，较1月略高2.2个百分点（见图5）。

表 1　2008 年分期限贷款利率浮动情况表

		下浮	基准	上浮				
期限结构	合计	[0.9, 1)	1	小计	(1, 1.3]	(1.3, 1.5]	(1.5, 2]	2 以上
6 个月（含）以内	100.00%	9.40%	21.90%	68.70%	60.60%	7.88%	0.16%	0.06%
6 个月～1 年（含）	100.00%	6.62%	26.55%	66.84%	62.79%	3.99%	0.05%	0.00%
期限结构	合计	[0.9, 1)	1	小计	(1, 1.3]	(1.3, 1.5]	(1.5, 2]	2 以上
1～3 年（含）	100.00%	5.33%	39.83%	54.84%	52.43%	2.38%	0.03%	0.00%
3～5 年（含）	100.00%	8.90%	51.08%	40.02%	38.52%	1.50%	0.00%	0.00%
5～10 年（含）	100.00%	16.25%	43.85%	39.90%	39.78%	0.05%	0.07%	0.00%
10 年以上	100.00%	49.14%	11.57%	39.29%	38.44%	0.08%	0.77%	0.00%
合计	100.00%	7.97%	26.31%	65.73%	60.33%	5.28%	0.09%	0.03%

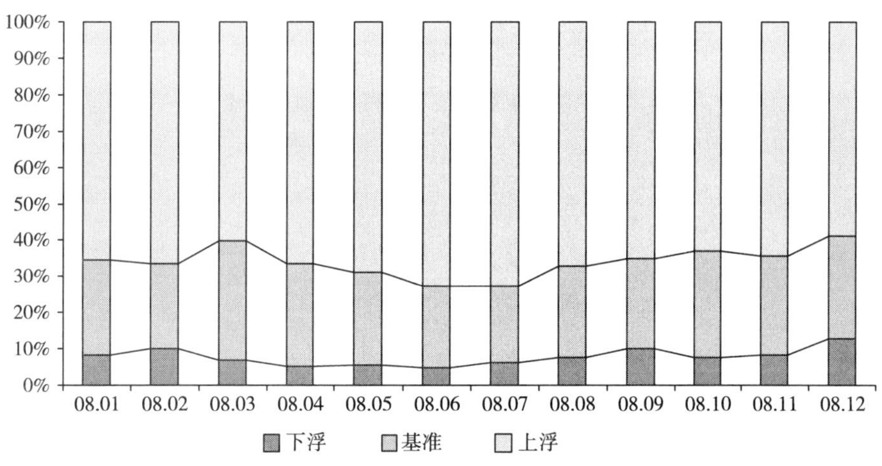

图 5　2008 年下浮、基准、上浮利率贷款占比走势情况

3. 大型企业基准和下浮利率贷款占比较高，而中小型企业上浮利率贷款占比高。2008 年各类企业中，大型企业下浮利率贷款及基准利率贷款占比最高，其中下浮利率贷款占比为 25.82%，同比下降 1.5 个百分点，较中型企业、小型企业分别高出 18.27 个百分点、21.72 个百分点。基准利率贷款占比为 52.79%，同比略降 0.69 个百分点，较中型企业、小型企业分别高出 11.83 个百分点、33.33 个百分点；小型企业上浮利率贷款占比为 76.43%，同比上升 10.71 个百分点，较大型企业、中型企业分别高出 55.05 个百分点、24.93 个百分点。上浮利率贷款中，大型、中型企业上浮利率幅度主要集中在 10% 以内，小型企业上浮利率幅度集中在 10%～30% 之间（表 2）。从全年走势看，大型企业下浮利率贷款占比呈明显上升趋势，12 月达到最高点 41.17%，较年初上升 15 个百分点；中型企业基准利率贷款占比上升较为明显，12 月达到最高点 48.76%，较年初上升 12 个百分点；小型企业各类贷款占比波动较小，12 月下浮利率、基准利率、上浮利率贷款占比分别较 1 月上升 3 个百分点、上升 4 个百分点、下降 7 个百分点（见图 6、见图 7、见图 8）。总体来看，9 月以来 5 次下调基准利率，有效降低了企业利息支出，且大型企业受益好于中小型企业。

表 2 2008 年分企业类型人民币贷款浮动区间分布表

	合计	下浮	基准	上浮	(1, 1.1]	(1.1, 1.3]	(1.3, 1.5]	(1.5, 2]	2 以上
大型企业	100.00%	25.82%	52.79%	21.38%	16.01%	4.98%	0.39%	0.00%	0.00%
中型企业	100.00%	7.55%	40.96%	51.50%	32.09%	16.37%	3.01%	0.01%	0.01%
小型企业	100.00%	4.10%	19.46%	76.43%	30.45%	39.19%	6.64%	0.12%	0.04%

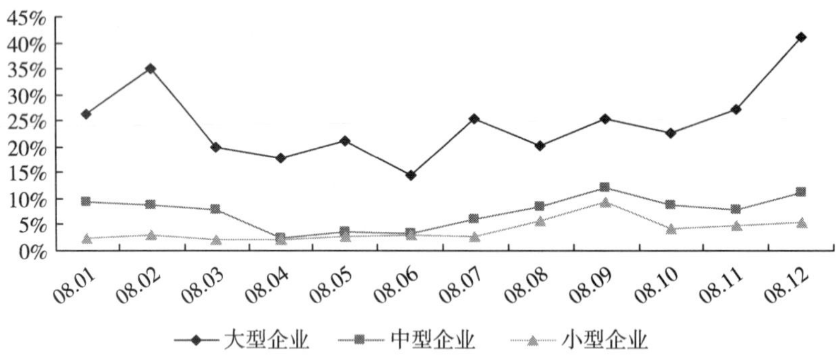

图 6 2008 年分企业类型下浮利率贷款占比走势

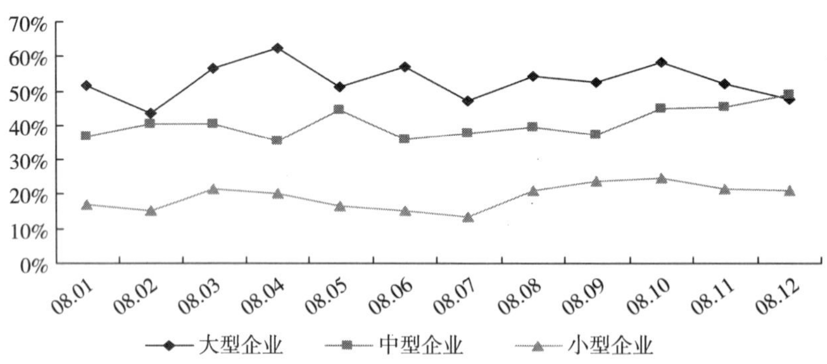

图 7 2008 年分企业类型基准利率贷款占比走势

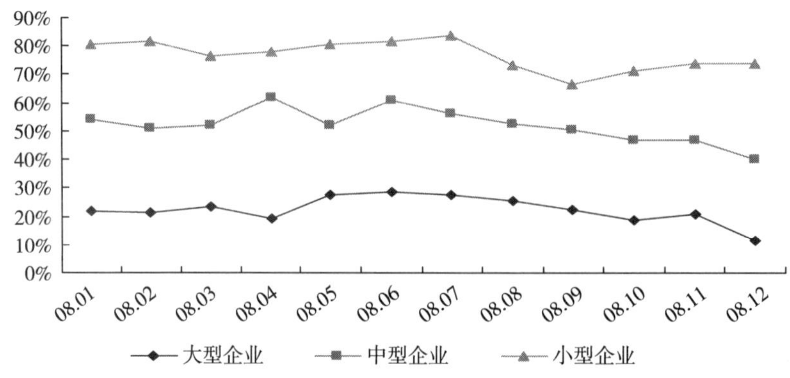

图 8 2008 年分企业类型上浮利率贷款占比走势

4. 中小金融机构贷款加权平均利率高于大型金融机构贷款加权平均利率。总体来看，2008 年金融机构的规模与利率浮动幅度成明显的负相关性，城乡信用社、城市商业银行等中小金融机构上浮利率贷款占比明显高于国有及股份制商业银行。其中，城乡信用社上浮利率贷款占比为 99.42%，同比上升 4.33 个百分点，较国有商业银行、股份制商业银行分别高出 54.41 个百分点、39.7 个百分点；城市商业银行上浮利率贷款占比 75.87%，同比上升 2.06 个百分点，较国有商业银行、股份制商业银行分别高出 30.86 个百分点、16.15 个百分点。国有商业银行下浮、基准利率贷款占比 55%，超过上浮利率贷款占比 10 个百分点。与上年相比，各类型机构利率上浮幅度呈减少趋势，其中城乡信用社尤为明显，其 2008 年上浮幅度主要集中在 30% 以内，而 2007 年浮动区间集中在 30% ~50%（表 3）。

表 3　2008 年宁波市分机构类型利率浮动区间情况

	合计	下浮 [0.9, 1)	基准 1	小计	上浮 (1, 1.3]	(1.3, 1.5]	(1.5, 2]	2 以上
国有商业银行	100.00%	11.41%	43.58%	45.01%	44.34%	0.63%	0.02%	0.02%
股份制商业银行	100.00%	10.43%	29.85%	59.72%	58.43%	1.24%	0.04%	0.00%
城市商业银行	100.00%	5.48%	18.65%	75.87%	66.65%	9.12%	0.10%	0.00%
城乡信用社	100.00%	0.15%	0.44%	99.42%	82.53%	16.56%	0.26%	0.08%
合计	100.00%	7.88%	26.58%	65.54%	60.04%	5.39%	0.09%	0.03%

（三）全年个人住房贷款利率先升后降，固动利率波动幅度高于浮动利率波动。

2008 年上半年个人住房贷款加权平均利率呈上升趋势，其中浮动加权平均利率在 6 月达到全年高点 7.55%，较 1 月高出 0.7 个百分点，固定加权平均利率在 7 月达到全年最高点 9.11%，较 1 月高出 2.5 个百分点。9 月以后受 5 次减息及房贷利率下浮幅度扩大至 30% 的影响，房贷加权平均利率呈快速下降趋势，12 月达到全年最低，其中浮动加权平均利率为 4.95%，较年初降低 1.9 个百分点，固定加权平均利率为 5.87%，较年初降低 0.72 个百分点。上半年，浮动加权平均利率高于固定加权平均利率且两者利差较小，7 月开始浮动加权平均利率低于固定加权平均利率，两者的利差较上半年有所增加（见图 9）。

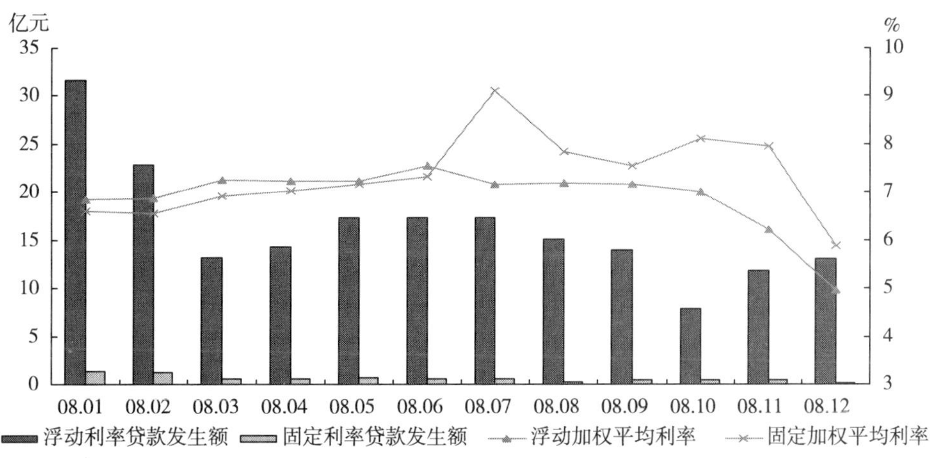

图 9　2008 年宁波市住房贷款发生额、利率走势情况

（四）全年贴现利率、转贴现利率呈震荡下行趋势且两者利差逐渐缩小。

受规模调控影响，贴现、转贴现利率与上年四季度开始逐月上升。2008 年以来，各家商业银行通过票据理财、双买断给农信社等形式降低票据规模，使得贴现、转贴现加权平均利率逐月下行。9 月以来 5 次减息以及再贴现利率下调进一步推动了贴现、转贴现加权平均利率加速下行，12 月银票贴现利率达到全年最低点 3.1%，同比大幅下降 5.06 个百分点，较年初下降 4.67 个百分点；转贴现买断加权平均利率 12 月为 3.08%，同比下降 3.84 个百分点，较年初下降 3.32 个百分点。全年贴现、转贴现加权平均利率的利差也呈震荡下行趋势，尤其是 11 月、12 月两者利差仅为 0.02 个百分点（见图 10）。

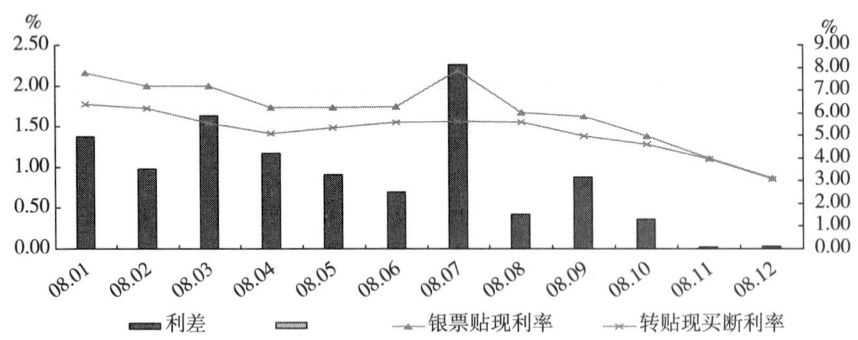

图 10　2008 年贴现、转贴现利率走势图

（五）美元存款加权平均利率保持稳定，贷款加权平均利率先升后降。

2008 年前 10 个月大额美元存款加权平均利率基本保持稳定，受美联储减息影响，11 月、12 月分别降低至 0.93%、0.31%。由于参照 1 年以内小额美元存款利率定价，且 2005 年以来国内小额美元存款上限没有调整，1 年以上小额美元存款加权平均利率未受美联储减息影响，基本保持在 3.25%①左右的水平。另据调查，2008 年宁波辖内金融机构 1 年以内小额美元存款利率基本按基准利率上限执行，使得小额、大额美元存款利率出现了一定程度的倒挂，年末已有部分机构开始下调小额美元存款利率。全年美元贷款加权平均利率则呈先升后降的趋势，由于美元贷款利率按 Libor 加点制定，受金融危机影响 Libor 持续走高，辖内美元贷款加权平均利率也持续上升，9 月达到最高点 8.06%，随着美联储大幅降息以及金融机构拯救计划的实施，国际金融市场利动性得到缓解，推动 Libor 下行，辖内美元贷款加权平均利率也呈下降趋势，12 月达到全年最低 4.09%，较年初下降 2.01 个百分点较最高点下降 3.97 个百分点（见图 11）。

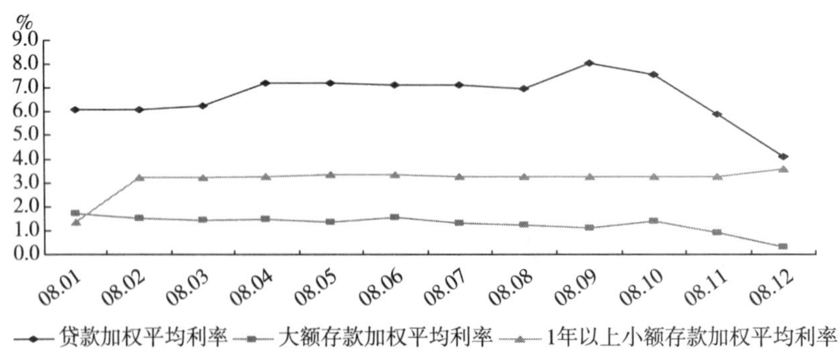

图 11　2008 年宁波市美元存、贷款加权平均利率走势

① 2005 年 12 月 28 日最后一次调整后 1 年期小额美元存款利率上限为 3%

三、民间借贷利率分析

2008 年，宁波市民间借贷活跃，前三季度民间借贷加权平均利率稳步上升，一季度宁波市民间借贷加权平均利率为 14.23%，三季度达到全年最高点 15.23%，也是自 2005 年以来的最高点，四季度回落至 14.46%，全年民间借贷利率主要集中 10% ~15% 之间，四个季度 15% ~20% 利率发生额同比均有不同程度的上升。分类型看，农户样本加权平均利率从一季度的 15.82% 上升至三季度 16.51%，四季度回落至 15.98%；其他样本加权平均利率总体上低于农户样本加权平均利率，从一季度的 13.44% 上升至三季度 14.65%，四季度回落至 13.78%；以转贷为主的民间借贷期限主要集中在 7 天左右，全年利率维持在月息 5% ~10% 之间。2008 年各季度民间借贷加权平均利率与金融机构加权平均利率的利差呈上升趋势，从一季度相差 6.49 个百分点逐渐扩大至四季度的 7.88 个百分点（见图 12）。受减息影响，四季度金融机构加权平均利率与民间借贷加权平均利率均有所下降，但两者的利差反而扩大，说明小型企业的资金仍较为紧张。

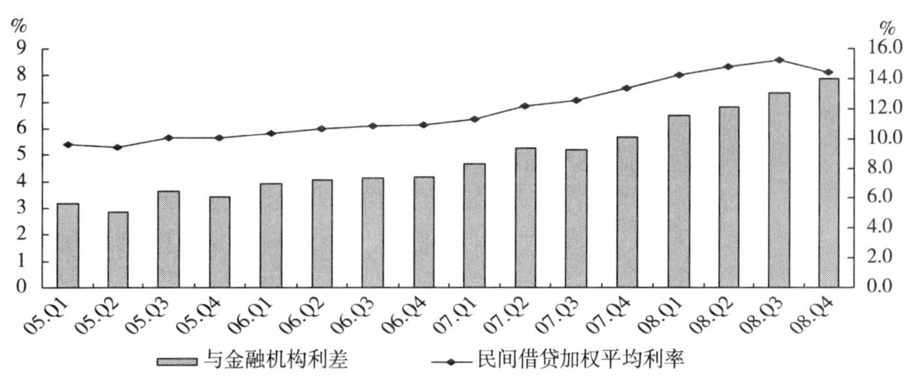

图 12 2005 ~2008 年民间借贷利率走势及金融机构利差情况

四、利率政策效应简析

2008 年货币政策经历了从紧到适度宽松的转变，从 2007 年 6 次加息到 2008 年 5 次减息，利率政策在宏观调控中发挥了重要作用，对宁波市的经济金融运行产生了较大的影响。

首先，各市场主体对利率的敏感性进一步提高。近两年，利率政策的频繁运用使得宁波辖内各市场主体提高了对利率政策的关注程度，尤其是对利率政策的预期，从今年每次利率调整的快速调查情况来看，市场主体对央行减息均有所预期并进行相应的决策调整，表明利率政策作为市场化调控工具的作用日益显现。

其次，减息有利于减少财务支出，但对投资、消费的刺激作用有限。下半年 5 次减息 2.16 个百分点后，金融机构贷款加权平均利率、民间借贷加权平均利率从最高点下降了 2.22 个百分点和 0.78 个百分点，有效降低了企业、居民的利息支出。但调查显示，由于对经济不确定性的担忧，企业尽力减少库存，投资意愿不强，而资产价格大幅下调及对未来收入增长悲观的预期，居民消费意愿较弱，降息对扩大企业投资、居民消费的作用有限。四季度利率监测数据显示，中长期贷款加权平均利率降幅大于减息幅度，金融机构利率上浮幅度也同时下降，与民间借贷利差进一步扩大，表明金融机构对企业贷款发放持谨慎态度，贷款重点转向基建类中长期贷款。

第三，推动金融机构进一步完善利率定价机制。监测数据显示，下半年以来固定利率贷款发生额占比逐渐上升，金融机构在减息预期下提高了固定利率贷款的发放，而上年同期在加息通道中浮动利率贷款发生额占比上升较快，表明金融机构应对基准利率变化能力得到提高。住房贷款利率下浮区间大为 30%，加剧了金融机构之间的竞争，金融机构既要稳定客户又要控制风险，对金融机构的贷款定价机制提出了更高的要求，此外，存贷利差的逐渐缩小也迫使金融机构进一步提高风险定价的能力。

（中国人民银行宁波市中心支行货币信贷管理处）

2008年宁波市房地产市场及房地产金融运行报告

2008年，宁波市房地产市场总体运行平稳。房价涨幅呈逐月回落态势，房地产销售持续低迷，年末在国家促进房地产市场健康发展的各项政策措施的刺激下，市场销售出现回暖迹象。房地产金融运行明显放缓，房地产贷款资产质量保持较好水平。

一、房地产市场运行情况

（一）房地产投资出现负增长。房地产开发全年共完成投资307.75亿元，同比下降7.6%，增幅同比回落13.9个百分点，是1999年以来房地产开发投资同比首次出现下降。其中，房屋建设投资额189.16亿元，同比增长16.9%，土地开发投资额3.51亿元，同比增长31.8%，土地购置费79.16亿元，同比下降41.8%。按照用途分，住宅投资额194亿元，同比下降5.7%，其中，90平方米以下住宅投资额53.69亿元，同比增长29.5%，办公楼投资额27.19亿元，同比下降16.5%，商业营业用房投资额34.17亿元，同比下降7.2%。全年新开工项目总投资同比下降32.5%。

（二）房屋施工情况放缓。房屋施工面积3057.97万平方米，同比增长1.5%，其中住宅施工面积1967.18万平方米，同比增长1%，90平方米以下住宅施工面积542.42万平方米，同比增长48.4%。新开工面积764.03万平方米，同比下降22.5%，其中，住宅新开工面积488.02万平方米，同比下降20%，办公楼新开工面积26.01万平方米，同比下降73.2%，商业营业用房新开工面积85.86万平方米，同比下降24.1%。房屋竣工面积777.69万平方米，同比增长22.7%，其中住宅竣工面积552.49万平方米，同比增长38.5%，办公楼竣工面积44.76万平方米，同比下降26.5%，商业营业用房竣工面积51.57万平方米，同比下降38.2%。

（三）房屋销售出现大幅下滑，空置面积明显增加。2008年，商品房销售面积434.1万平方米，同比下降43.4%。其中，住宅销售面积343.7万平方米，同比下降45.6%。年末，房屋空置面积148.2万平方米，同比增长24.3%，其中住宅空置面积49.4万平方米，同比增长22.5%。

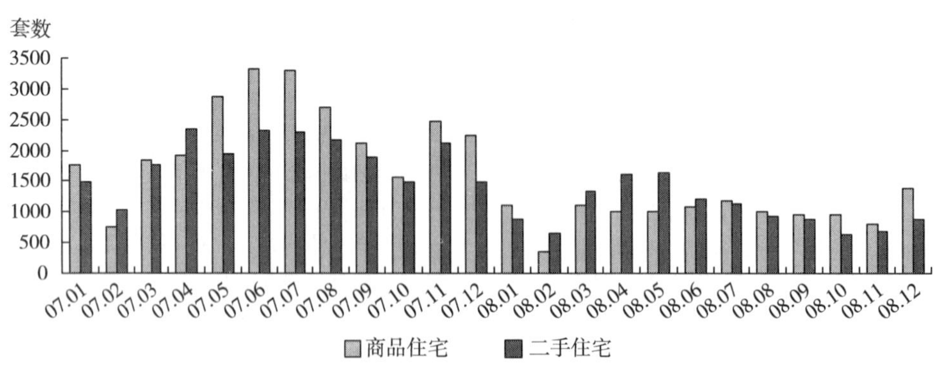

图1　2007年以来各月宁波市住房成交情况

市区商品住房全年成交11996套，同比下降55.4%，市区二手住房成交12431套，同比下降44.3%。12月份宁波房地产市场销售出现回暖迹象，当月商品住房成交1389套，同比下降37.8%，环比增长71.06%，为年内最高成交月份。二手住房成交869套，同比下降41.6%，环比增长27.61%。截至12月末，市区可销售商品住房共有21972套，比上月增加3158套，比年初增加了12070套。

（四）房屋销售价格涨幅放缓，下跌趋势显现。12月份市区综合房价、商品住房价格、二手住房价格同比涨幅分别为 0.8%、2.9%、-0.8%。从环比情况看，综合房价、商品住房价格、二手住房价格环比涨幅分别为 -0.1%、-0.1%和 -0.1%，房屋价格呈下降趋势。

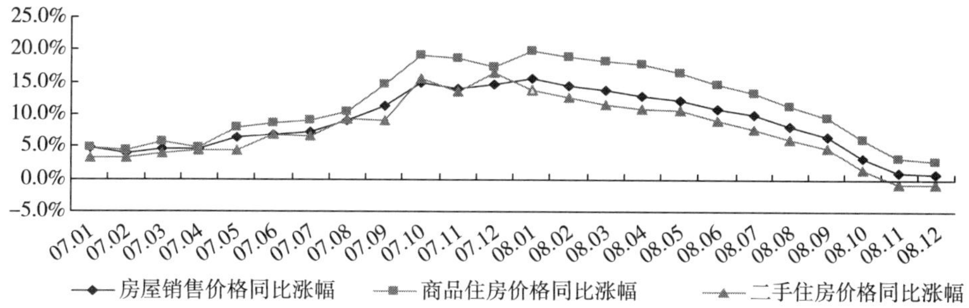

图 2　2007 年以来各月宁波市房价同比涨幅走势

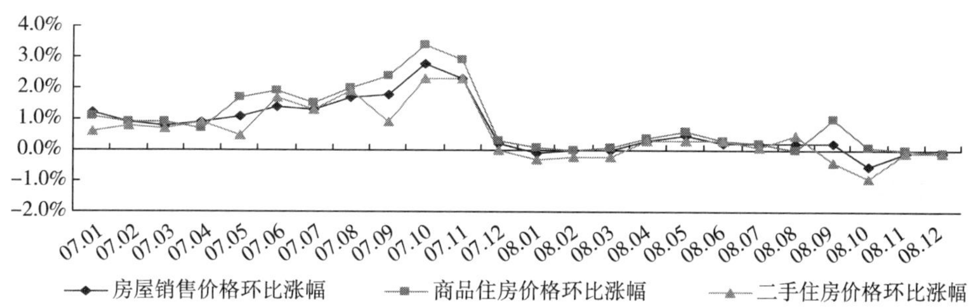

图 3　2007 年以来各月宁波市房价环比涨幅走势

二、房地产金融运行情况

年末，宁波市房地产各项贷款余额 907.83 亿元，比年初增加 92.65 亿元，同比少增 92.32 亿元。自营性房地产开发贷款余额 298.64 亿元，比年初增加 30.15 亿元，同比多增 17.74 亿元，同比增长 11.23%。其中，地产开发贷款余额 63.08 亿元，比年初增加 5.10 亿元，同比多增 6.02 亿元，同比增长 8.79%；房产开发贷款余额 235.56 亿元，比年初增加 25.05 亿元，同比多增 11.72 亿元，同比增长 11.90%。

随着房地产市场销售形势的回落，个人住房贷款的增长明显趋缓。个人购房贷款余额 606.30 亿元，比年初增加 61.28 亿元，同比少增 110.73 亿元。其中，自营性个人住房贷款余额 467.94 亿元，比年初增加 48.31 亿元，同比少增 93.48 亿元，同比增长 11.43%；住房公积金委托贷款余额 87.24 亿元，比年初增加 9.16 亿元，同比少增 11.67 亿元，同比增长 11.73%。

房地产贷款的资产质量总体保持良好，房地产开发不良贷款有所下降，个人住房不良贷款有所上升。年末，房地产各项不良贷款余额 3.38 亿元，比年初减少 0.09 亿元，不良贷款率为 0.37%，其中，房地产开发不良贷款余额 2.56 亿元，比年初减少 0.45 亿元，不良贷款率为 0.86%，个人住房不良贷款余额 0.82 亿元，比年初增加 0.36 亿元，不良贷款率为 0.15%。

三、宁波市政府出台房地产政策

2008 年末，宁波市政府出台《关于加强住房保障　促进房地产市场稳定健康发展的若干意见》（甬政发〔2008〕113 号），主要内容包括以下几个方面：

（一）深化住房保障。将廉租住房保障对象扩大到人均可支配收入低于城镇居民人均可支配收入 45%且人均住房建筑面积小于 18 平方米的家庭，并实现应保尽保。逐步提高实物配租比例，多方筹集实物配租房源，2009 年中心城区回购实物配租房源 3 万平方米以上。2009 年全市新开工建设经济适用住房 30 万平方米，推出经济适用住房 3000 套。在现有住房保障政策体系基础上，新增限价房保障形式，并逐步扩大保障范围。限价房供应对象主要面向城镇中低收入住房困难家庭、优秀外来务工人员、引进人才以及正常缴存住房公积金的大学本科及以上毕业生、农村教师，套型面积以60～80平方米为主，销售价格原则上比周边（或同类地段）普通商品住房价格低20%～30%。

（二）降低购房成本。自《意见》发布之日起至2009年12月31日，实行购买住房契税补贴。个人首次购买90平方米及以下普通住房，缴纳的契税给予全额补贴；个人首次购买90平方米以上普通住房，缴纳的契税给予50%补贴。减免住房交易营业税。个人将购买的普通住房超过两年（含2年）转让的，免征营业税；个人将购买的普通住房不足两年转让的，按其转让收入减去购买住房原价的差额征收营业税；个人将购买的非普通住房超过两年（含2年）转让的，按其转让收入减去购买住房原价的差额征收营业税；个人将购买的非普通住房不足两年转让的，按其转让收入全额征收营业税。暂免征收住房交易印花税、土地增值税。暂停收取房产登记费等相关收费。

（三）加大信贷支持。提高住房公积金贷款限额。个人购买自住住房，住房公积金贷款最高限额由25万元提高到40万元。界定首次购房和改善型购房。经查询房地产交易登记信息系统，当事人名下现没有以买受形式取得的住房登记记录、商品住房预售合同备案记录及已受理的住房买卖登记申请的，原则上可视为首次购房。人均住房面积低于当地平均水平的，再次购买普通住房比照首次购买普通自住房的优惠政策执行。加强对房地产业的金融支持力度。支持合理融资需求，加大对保障性住房及中低价位、中小套型普通商品住房建设特别是在建项目的信贷支持力度；对有实力有信誉的房地产开发企业兼并重组有关企业或项目，提供融资支持和相关金融服务。

（四）优化投资环境。按出让地块规划开发的房地产，实行相关税收优惠，缓缴人防工程易地建设费。符合条件的房地产开发企业项目完工前的预售收入，按国家税收政策规定的预计利润率下限标准预征企业所得税，实行按季预缴、按年清算。人防工程易地建设费由开发企业在办理《建设工程规划许可证》前缴纳总额的50%，剩余部分经人防部门批准后，可推迟至办理《商品房预售许可证》前缴纳。适度调整土地出让金支付期限。对2008年以来已出让的土地，受让人已足额支付首付款的，可调整余下土地出让金的支付时间，免交滞纳金。每期调整期限一般为3个月，最长不超过6个月。同时，放宽新出让地块土地出让金支付期限和比例。允许受让人在12个月内付清土地出让金；首付款可调整至土地出让金总额的30%。

四、2008年房地产信贷政策效应分析

2008年，人民银行审时度势，陆续出台了《关于印发〈经济适用住房开发贷款管理办法〉的通知》（银发［2008］13号）、《关于金融促进节约集约用地的通知》（银发［2008］214号）、《关于扩大商业性个人住房贷款利率下浮幅度等有关问题的通知》（银发［2008］302号）、《关于印发〈廉租住房建设贷款管理办法〉的通知》（银发［2008］355号）等房地产信贷政策，从多个方面、不同角度加强和改善房地产金融宏观调控，促进房地产市场和房地产金融平稳健康发展。

综合来看，一系列房地产信贷政策的效应主要体现为：

（一）有助于改善房地产市场供应结构。长期以来，我国经济适用住房和廉租住房建设严重滞后，市场供应结构矛盾突出。鼓励金融机构加大对经济适用住房开发和廉租住房建设的信贷支持，将在一定程度上激发地方政府和房地产开发企业的投资积极性，增加经济适用住房和廉租住房的供应，进一步完善住房保障体系，有效地解决中低收入家庭的住房问题。

（二）有助于防范房地产信贷风险。促进房地产市场健康发展，维护金融体系稳健运行是人民银行房地产金融宏观调控的一个根本出发点，二者密切相关。2008年出台的房地产信贷政策一方面要求金融机构严格房地产贷款管理，另一方面，要求金融机构加大对在建项目的信贷支持，对有实力有信誉的房地产开发企业兼并重组提供融资和相关金融服务。同时，贷款基准利率的连续下调将大大减轻企业和居民的利息支出。

（三）有助于促进自住型和改善型住房消费。商业性个人住房贷款利率的下限扩大为贷款基准利率的0.7倍，最低首付款比例调整为20%，个人住房贷款条件较以往明显放宽，还款压力明显下降。配合契税、营业税等相关税费减免措施的出台，一些具有刚性需求的自住型和改善型住房消费将陆续释放出来，房地产市场销售低迷的情况也将有所缓解。

（中国人民银行宁波市中心支行货币信贷管理处）

2008年宁波市国库资金运行分析

一、国库收支概况

2008年，宁波市全辖共收纳各级预算收入1464.03亿元，同比增长22.68%，其中中央级预算收入为691.97亿元，同比增长12.05%，地方级预算收入为772.06亿元，同比增长34.08%；办理一般预算支出439.40亿元，同比增长18.42%；办理出口货物退增值税285.16亿元（包括免抵调减增值税58.70亿元），同比增长2.96%，年末全辖国库库存数为54.14亿元，同比增长23.64%。

以下分别从主要预算收入项目、中央级预算收入和地方级预算收入三个角度对我市2008年预算收入情况作简要描述。

表1　　2008年预算收入各主要项目增长情况表

（单位：亿元）

项目	进口增值税	关税	营业税	国内增值税	消费税
2008年	533.52	40.73	114.08	313.44	61.48
2007年	466.87	43.24	91.98	288.25	54.80
增幅（%）	14.28%	-5.80%	24.03%	8.74%	12.19%
项目	企业所得税	个人所得税	契税	社保基金收入	非税收入
2008年	142.05	64.03	20.10	123.35	250.86
2007年	159.24	60.38	18.71	97.60	122.02
增幅（%）	-10.80%	6.05%	7.43%	26.38%	105.59%

从预算收入入库情况来看，非税收入有了高速增长，增幅达到了105.59%；营业税、社保基金收入增长较快，增幅分别达到了24.03%、26.38%；进口增值税、国内增值税、消费税、个人所得税、契税增长较慢，增幅分别为14.28%、8.74%、12.19%、6.05%和7.43%；至于关税和企业所得税则出现了负增长，增幅分别为-5.80%和-10.80%（见表1）。

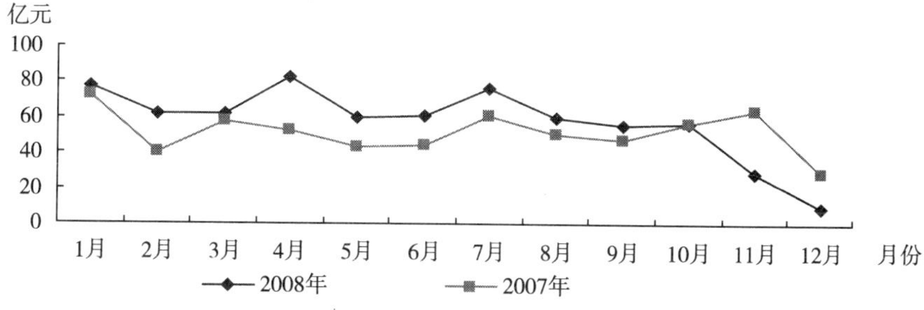

图1　2007、2008年1~12月份中央级预算收入分月走势图

2008年中央级预算收入为691.97亿元，同比增长12.05%。从图1可以看出，2008年1~9月份各月的中央级预算收入均高于2007年同期，同比增长27.75%，而拐点发生在10月份，当月中央级预算收入和2007年同期基本持平，11月中央级预算收入为28.47亿元，而2007年同期为64.14亿元，12月中央级预算收入为9.59亿元，而2007年同期为29.19亿元。究其原因，11月进口货物增值税为24.65亿元，而2007年同期为54.36亿元，同比少收29.71亿元，11月出口货物退增值税20.86亿元，而2007年同期为15.83亿元，同比多退5.03亿元，因此11月份中央级预算收入仅为28.47亿元。12月进口货物增值税为18.00亿元，而2007年同期为41.34亿元，12月出口货物退增值税为35.24，而2007年同期为40.29亿元，虽然增值税同比少退了5亿，但受进口货物增值税同比少收23.34亿元的影响，12月当月的中央级预算收入仅为9.59亿元，同比少收19.6亿元。

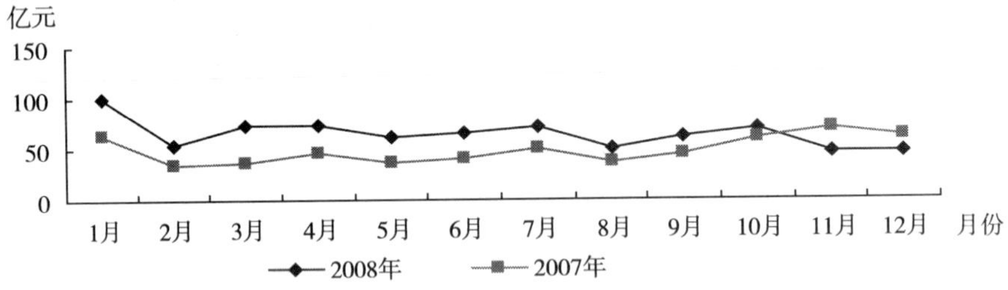

图2 2007、2008年1~12月份地方级预算收入分月走势图

2008年，地方级预算收入为772.06亿元，同比增长34.08%从上图可知，2008年1~9月份各月的地方级预算收入均高于2007年同期，平均增幅高达57.39%。然而11月当月地方级预算收入数为45.42亿元，而2007年同期为68.56亿元，同比少收23.14亿元；12月当月地方级预算收入数为47.08亿元，而2007年同期为60.73亿元，同比少收13.65亿元。原因主要有以下两个方面，一是统计口径的影响，一些以土地出让总价款为代表的非税收入主要是从2007年4季度开始纳入国库报表的（2007年9月末，土地出让总价款累计数为3.29亿元，2007年10月末该数字为13.71亿元，2007年11月末该数字为43.64亿元，2007年12月末该数字为74.33亿元），因此从2008年4季度开始地方级预算收入报表的口径已经一致，故地方级预算收入的增幅开始下降。二是月份之间进度的影响，2008年11月当月土地出让总价款收入为9.16亿元，而2007年同期为29.92亿元，同比少收20.76亿元；2008年12月当月土地出让总价款收入为17.06亿元，而2007年同期为30.69亿元，同比少收13.63亿元。因此，2008年全年地方级预算收入的变化主要受非税收入纳入国库报表的时间和月份之间进度的影响。

二、国库收支特点

（一）进口环节增值税前三季度增长较快，第四季度增幅快速回落。2008年全年共入库海关税收574.25，同比增长12.57%，其中进口环节增值税533.52亿元，占全部海关税收的92.91%，关税为40.73亿元，占全部海关税收的7.09%。

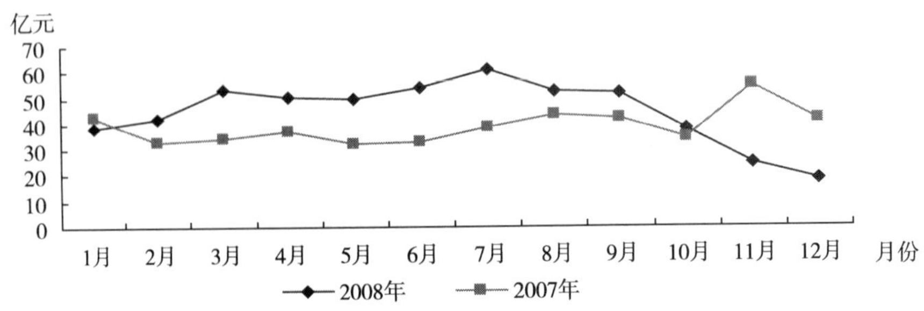

图3 2007、2008年1~12月份进口环节增值税分月走势图

2008年共入库进口环节增值税533.52亿元，同比增长14.28%。从收入进度来看，1～3季度进口环节增值税收入增长较快，共入库452.81亿元，同比增长34.56%。从4季度开始，进口环节增值税的增幅快速回落，10月当月入库进口环节增值税38.06亿元，同比增长10.38%，11月当月入库进口环节增值税24.65亿元，同比负增长54.65%，12月当月入库进口环节增值税18亿元，同比负增长56.66%。究其原因，进口环节增值税在前三季度增长较快主要归功于宁波口岸货物进口的迅速增长和商品价格的大幅上扬。据统计，2008年前3季度，宁波口岸进口货值达到466.3亿美元，同比增长45.5%，国际市场原油、有机化学品矿产、金属材料（2008年针对原油的征税额为304.39亿元，针对有机化学品的征税额为82.84亿元，针对铁矿砂的征税额为29.31亿元）等大宗商品价格的上涨带动了我市进口环节增值税在前3季度的较快增长。然而到了4季度，国际经济形势发生了较大的变化，原油等主要进口产品的价格大幅回落，这也直接导致了2008年4季度进口环节增值税增幅的大幅回落。

（二）出口货物退增值税基本与2007年持平。

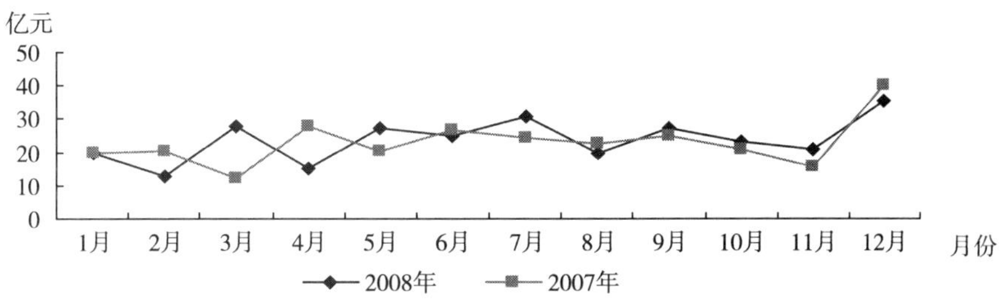

图4　2007、2008年1～12月份出口货物退税分月趋势图

2008年全年，宁波市实现外贸出口总额427.40亿美元，同比增长11.71%，与此同时，全辖的出口货物退增值税发生数为285.16亿元（包括免抵调减增值税58.70亿元），而2007年该数字为276.96亿元，同比增长2.96%。从总量来看，2008年出口货物退增值税的总量和2007年基本持平，从时间进度来看，1季度办理出口货物退增值税60.63亿元，同比增长15.18%，2季度办理出口货物退增值税67.25亿元，同比出现负增长10.35%，3季度办理出口货物退增值税77.92亿元，同比增长8.19%，4季度办理出口货物退增值税79.36亿元，同比增长2.68%。出口货物退增值税增长较缓经分析主要有两个原因，一是2008年年初到7月末出口货物退增值税的退税率较低，虽然从8月1日开始国家税务总局将部分纺织品、服装的出口退税率由11%提高到13%，将部分竹制品的出口退税率提高到11%，但仍然影响了全年的增长；二是受国外尤其是欧美等主要出口地区经济衰退形势的影响，该地区居民的购买力及意愿较为低迷，因此也直接影响了我市出口的增长。其中出口退税地方财政应负担部分为15.7亿元，江东、江北、余姚、宁海等16个地区出口退税额已经超过市财政局下达的基数，江东、海曙等11个地区超基数地方财政应负担数已经超过同期增值税（地方25%部分）增量。

（三）三大流转税税种中营业税增长较快，消费税和国内增值税增长较慢，但均体现了与经济较强的关联性。

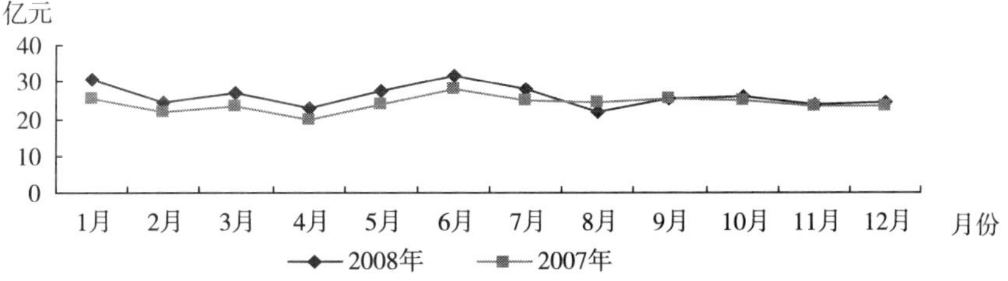

图5　2007、2008年1～12月份国内增值税分月趋势图

全辖2008年共入库国内增值税313.44亿元，同比增长8.74%，增幅比2007年回落20.46个百分点。其中的75%归属于中央级预算收入，占中央级预算收入的比重为22.66%，在我市中央级预算收入的构成比重仅次于进口环节增值税（进口环节增值税占中央级预算收入的比重为51.43%）；其中的25%归属于地方级预算收入，占地方级预算收入的比重为9.80%。

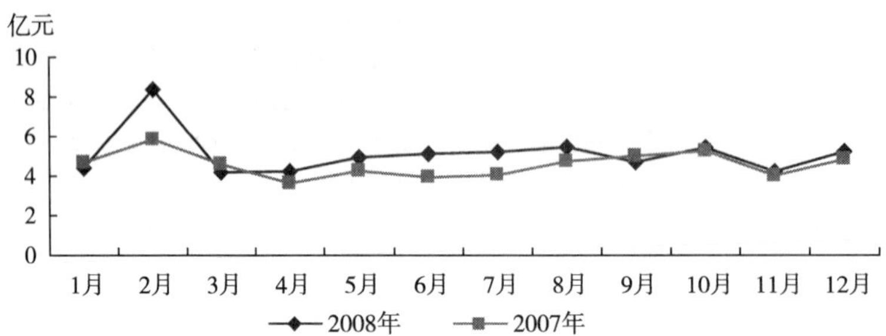

图6　2007、2008年1~12月份消费税分月趋势图

全辖2008年共入库消费税61.48亿元，比2007年增收6.68亿元，同比增长12.19%，占我市中央级预算收入的比重为5.93%，其中石油类和卷烟类产品是主要的消费税税源。其中由于卷烟销量增长、结构优化带动卷烟消费税同比增长9.3%；中国石油化工股份有限公司镇海炼化分公司销售汽油同比增加56.41万吨，实现消费税7.39亿元，同比增长26.9%，增加1.56亿元；销售柴油同比增加83.11万吨，实现消费税9.66亿元，同比增长11.1%，增加9771万元。

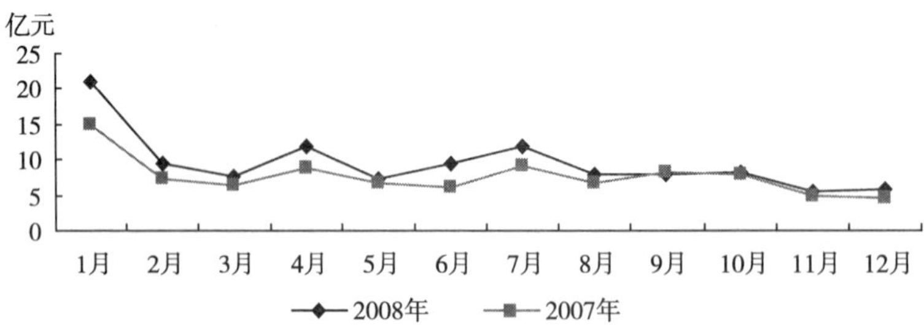

图7　2007、2008年1~12月份营业税分月趋势图

全辖2008年共入库营业税114.08亿元，同比多收22.1亿元，增幅为24.03%，在三大流转税税种中的增幅是最高的，占我市地方级预算收入的比重为14.27%。其中金融保险业营业税收入23.57亿元，而2007年该数字为16.09亿元，同比增长46.49%，占营业税的比重同比上升3.17个百分点，达到了20.66%。在金融保险业营业税中，银行业、保险业营业税分别增长63.3%、13.7%，而证券业营业税下降20%。交通运输业营业税为11.8亿元，增长61.4%；房地产业营业税为33.9亿元，增长21.1%；建筑业营业税为21.6亿元，只增长1.4%。

从以上3幅图中可以看出，除了年初2个月以外，7月份以前，3大流转税税种各月收入较2007年同期略有增长。而从8月份开始，三大流转税税种尤其是国内增值税其当月收入和2007年同期基本重合，为零增长。增值税和营业税的课税对象主要为第二、第三产业的当年增加值，因此我市的经济增长从2008年下半年开始减缓的形势也间接反映在我市增值税和营业税的增长态势上。

（四）企业所得税呈现负增长，个人所得税增长缓慢。

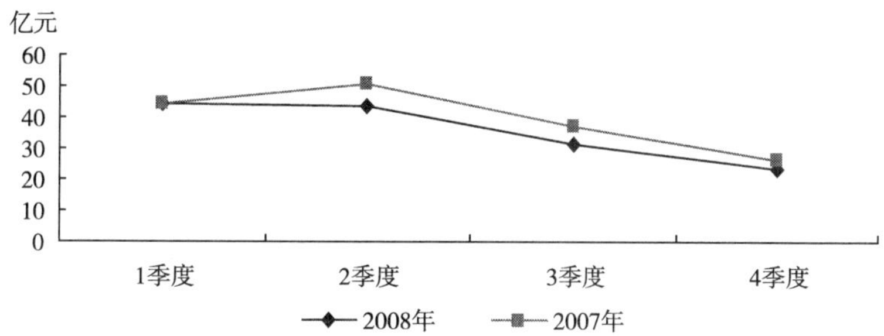

图8 2007、2008年1~4季度企业所得税分季趋势图

2008年，全市共入库企业所得税142.05亿元，同比负增长10.8%，其中中央级收入81.62亿元，地方级收入60.43亿元。由于企业所得税采取按季预缴、汇算清缴的方式缴纳入库，因此图8以季度为单位构建。从图8可以看出，除1季度企业所得税和2007年同期基本持平以外，2~4季度的企业所得税均低于2007年同期。企业所得税下降经分析主要有以下两方面的原因，一是“两税合并”从2008年1月1日正式实施，“两税合并”使得企业所得税下降8个百分点，估计全年共减少企业所得税收入约20亿元；二是企业所得税的课税对象企业利润在2008年有所下降。2008年1~11月，我市原材料、燃料、动力购进价格指数为114.1%，涨幅仍比2007年高8个百分点，生产成本仍居高不下。由于世界经济普遍低迷，国际需求不足，很多外贸企业出现了无单可接的现象，外贸形势不容乐观。1~11月，全市规模以上工业企业累计完成利润总额190.53亿元，同比负增长44.9%，亏损企业累计亏损139.94亿元，同比增长418.9%。此外，总分机构企业所得税新措施出台、中小企业按20%税率征收企业所得税、高新技术企业享受优惠税率、国产设备投资抵免企业所得税等措施也相应影响了企业所得税的增长。

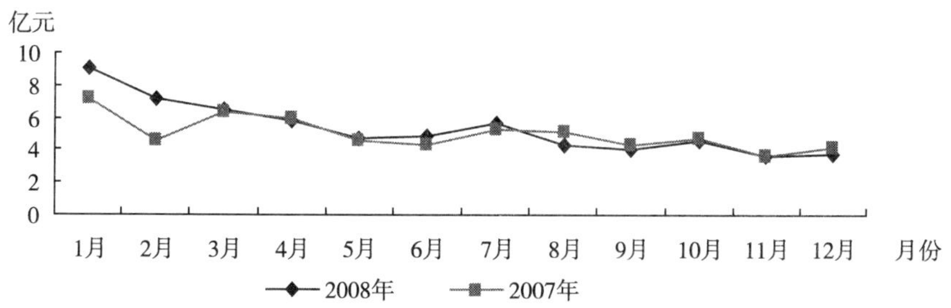

图9 2007、2008年1~12月份个人所得税分月趋势图

2008年全年共入库个人所得税64.03亿元，而2007年该数字为60.38亿元，同比增长6.05%。虽然从总体来看，个人所得税仍有所增长，但从时间进度来看，个人所得税的收入在下半年出现了负增长。究其原因，主要有以下两个方面，原因一是工资薪金所得扣除标准从2008年3月1日起由1600元/月提高到2000元/月，估计此因素全年影响个人所得税收入约4亿元；原因二是因为2007年8月15日起，利息所得税税率由20%下调为5%，从2008年10月8日起利息所得税暂免征收，受此影响，2008年入库利息所得税3.2亿元，而2007年该数字为5.55亿元，同比负增长42.34%。

（五）部分小税种在预算收入结构中的地位逐年提高。

1. 车辆购置税基本和去年持平，增幅较2008年大幅放缓。2008年全市完成车辆购置税15.56亿元，同比增长2.1%，增速比2007年下降24.9个百分点，比2008年上半年回落5.4个百分点。1~11月，全市汽车类商品实现零售额同比增长4.5%，增速同比回落7.9个百分点，比前5个月回落4.0个百分点。车辆购置税增幅下降的原因一是持续攀升的油价增加了养车成本，抑制了消费者的购车意愿，二是今年证券市场的持续弱势震荡盘整使得相当部分股民资金被套，一定程度上抑制了消费者的购车能力及意愿。但从总体看，在预算收入中的地位仍然逐年提高。

2. 和房产、土地相关的小税种收入增长较快，地位逐年提升。2008 年共入库城市维护建设税 24.55 亿元，同比增长 14.19%，入库房产税 11.39 亿元，同比增长 22.21%，入库城镇土地使用税 17.52 亿元，增长 284.21%，入库土地增值税 6.25 亿元，增长 39.51%。在以上四个小税种中，增长最快的是城镇土地使用税，经分析，该税种高速增长的主要原因是征收范围的扩大和征收标准的提高，2008 年，城镇土地使用税的征收标准由 2007 年的 1~7 元/平方米。年提高到 5~15 元/平方米。与此同时，北仑、镇海、大榭等地的征收标准也提高为市区的征收标准。

（六）各类退库增长较缓，出口退税仍占主体地位。2008 年共发生各类退库 343.40 亿元，同比增长 8.67%，其中中央级退库 315.93 亿元，同比增长 8.04%，占全部退税额的 92%，地方级退税 27.47 亿元，同比增长 16.5%，占全部退税额的 8%。

在各类退库中，占比最大的是出口货物退税，数额为 285.20 亿元，同比增长 2.96%，占全部退库额的 83%，其中主要是出口产品退增值税，数额为 285.16 亿元，此外还有小部分出口消费品退消费税 352 万元（见表 2）。

此外，技术性差错退库 5.23 亿元，同比增长 108.77%，计划亏损补贴退库 10.26 亿元，同比负增长 17.08%，先征后退 13.7 亿元，同比增长 98.39%，减免退库 11.87 亿元，同比增长 25.49%，汇算清缴退库 16.37 亿元，同比增长 133.06%。

表 2　　2008 年国库退库情况表

单位：亿元

项目	出口产品退库	技术性差错退库	计划亏损补贴	先征后退	减免退库	汇算清缴退库
金额	285.20	5.23	10.26	13.7	11.87	16.37
占比	83.05%	1.52%	2.99%	3.99%	3.46%	4.77%

（七）受统计口径影响，非税收入增长迅速。2008 年全年共入库非税收入 250.86 亿元，而 2007 年该数字为 122.02 亿元，同比增长 105.59%。非税收入高速增长主要受统计口径改变的影响，以土地出让总价款为代表的一些非税收入从 2007 年 4 季度开始纳入国库报表，而这些非税收入数额相当大，如 2008 年全市共入库土地出让总价款 170.40 亿元，补缴的土地价款 9.29 亿元，国有土地收益基金收入 5.40 亿元，共计 185.09 亿元，占非税收入总额的 73.78%，因此统计口径的变化导致了非税收入的超常规增长。与此同时，随着这些非税收入逐步纳入国库报表统计，非税收入占地方级预算收入的比重已经相当可观。

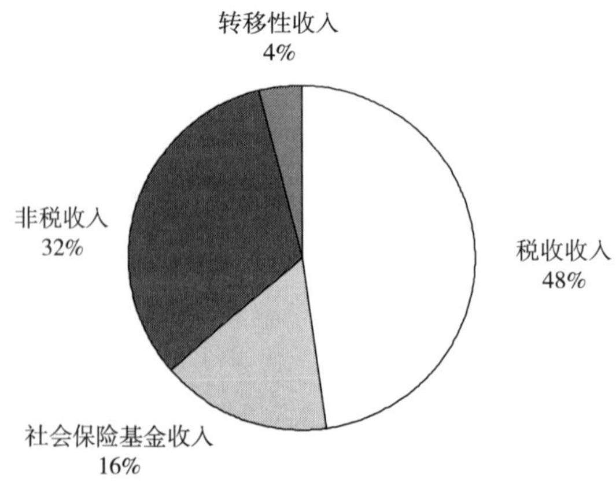

图 10　2008 年地方级预算收入构成图

（八）社会保险基金收入和支出增长较快且收支基本相等。

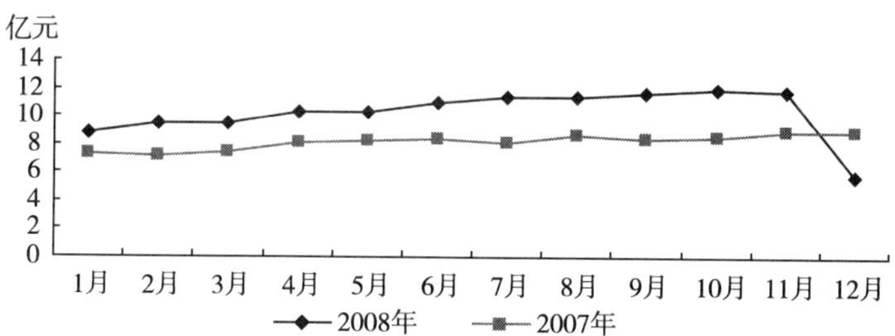

图 11　2007、2008 年 1～12 月份社保基金收入分月趋势图

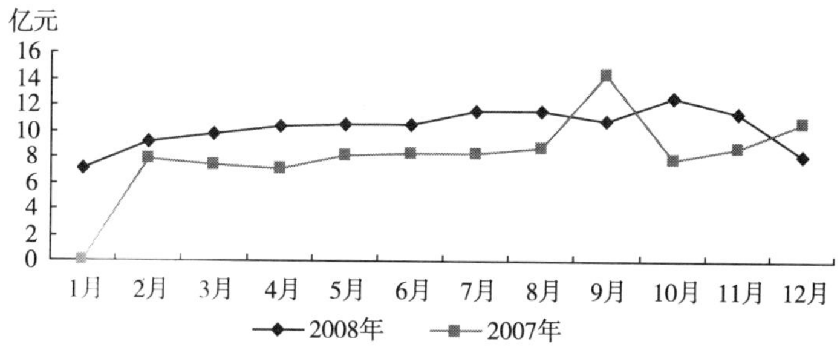

图 12　2007、2008 年 1～12 月份社保基金支出分月趋势图

2008 年全辖入库社会保险基金收入 123.35 亿元，而 2007 年同期该数字为 97.6 亿元，同比增长 26.38%。全年社会保险基金支出数为 123.73 亿元，而去年同期该数字为 97.59 亿元，同比增长 26.79%。从总体来看，2008 年当年的社会保险基金收入和社会保险基金支出数基本相等，显示了我市社保基金收支处于收支平衡状态。

从社保基金的收入构成来看，主体部分是基本养老保险基金收入，占全部社保基金收入的 59%，其次是基本医疗保险基金收入，占比为 32%，失业保险、工伤和生育保险收入分别占 6%、2% 和 1%。

（九）一般预算支出增长平稳，支出结构不断得到改善。2008 年，宁波市共办理一般预算支出 439.4 亿元，而 2007 年同期该数字为 371.04 亿元，同比增长 18.42%。在支出结构中，民生等重点支出保障有力，面对国内外严峻经济形势，根据国家保增长、扩内需、调结构的决策部署，各级财政部门大力扶持外贸出口、鼓励产业调整优化、道路桥梁建设维护、抗震救灾和对口援建，促进经济社会协调发展，扎实推进各项改革，大力支持石油价格改革。全市教育、社会保障和就业、医疗卫生、环境保护、城乡社区事务、农林水事务支出同比分别增长 13.7%、32.3%、29.2%、42.9%、27.6% 和 23.2%。认真落实油价提价补贴政策，按照中央的统一部署认真做好财政补贴工作，确保石油价格改革顺利实施，对渔业、林业、城市公交、农村道路客运和城市出租车给予补贴，全市共发放补贴 8.6 亿元。为应对雨雪冰冻灾害、支援四川抗震救灾和灾后重建，帮助灾区尽快恢复正常生产生活，各级财政及时调度安排资金，促进受灾地区抗震救灾和灾后重建工作。

（十）日均库存数增长较快，国库存款利息受利率调整影响出现负增长。2008 年，宁波全辖的国库库存日均数为 116.52 亿元，而 2007 年该数字为 98.61 亿元，最高值为 7 月 16 日的 152.38 亿元，最低值为 1 月 3 日的 43.57 亿元。与此同时，2008 年全年国库存款利息收入为 7358 万元，而 2007 年该数字为 7675 万元，同比负增长 4.13%。国库库存日均值和国库存款利息收入增长方向相反是因为从 2008 年 4 季度开始，国库存款利率从原先的 0.72% 下调为 0.36%，因此导致了 4 季度国库存款利息收入的大幅下降。从时间进度来看，年初国库存款快速增长，年末国库存款快速下降。

（中国人民银行宁波市中心支行国库处）

2008年宁波市现金运行分析

2008年，宁波市现金净投放253.62亿元，比去年增加27.77亿元，增长12.3%，增幅同比回落4.4个百分点，全年现金净投放规模再创历史新高。人民银行宁波市中心支行发行库的现金投放回笼总量合计1028.32亿元，比去年减少77.17亿元，同比下降6.98%。全年现金流通主要特点表现为：现金净投放继续增长，但增幅出现回落，现金投回总量比去年明显下降，其中现金回笼下降幅度较大。

一、全年现金投放回笼基本情况

2008年，宁波市全辖累计现金投放640.97亿元，比去年同期下降3.71%，累计现金回笼387.35亿元，比去年同期下降11.93%，现金投放回笼轧差后，累计现金净投放253.62亿元，同比增长12.3%。分季度看，一季度现金净投放70.08亿元，二季度现金净投放45.13亿元，三季度现金净投放74.63亿元，四季度现金净投放63.78亿元。与去年同期比较，四个季度现金净投放量同比分别增加0.02亿、12.11亿、3.76亿和11.89亿，从2008年各季度现金净投放变化情况看，现金净投放增加较多主要集中在二、四两个季度，其增量分别占全年现金净投放增量43.61%和42.82%，季度现金净投放特点表现为“一季度持平、二季度较快增长、三季度增势放缓、四季度增势回升”。从全市金融机构的现金收支情况看，2008年我市金融机构的现金收入和支出增长明显放慢，增幅均比去年出现较大回落，现金收支相抵后净投放继续增长，但增幅有所回落，其特点变化基本与发行库投放回笼情况一致。虽然今年以来，我市的地区经济运行发展受到了国际国内经济形势波动、宏观政策频出、自然灾害冲击、要素制约加大等多重压力的影响，但全市经济继续保持了平稳协调的增长态势，金融运行健康平稳，存款同比多增，稳定性增强，贷款增长平稳。由于受宏观政策环境影响，我市现金收支增速放慢、现金投放回笼总规模下降，现金净投放增幅回落。

二、现金投放回笼的主要特点

（一）从现金投放回笼分地区情况看，市区以现金大量回笼为主，下辖各县区为现金大量投放。

根据宁波市金融统计数据，2008年，市区现金净回笼128.42亿元，我市7个下辖县（市、区）累计现金净投放380.74亿元，其中：慈溪103.76亿元、开发区85.62亿元、余姚71.56亿元、鄞州区64.08亿元、象山18.69亿元、宁海19.33亿元、奉化17.7亿元。宁波各县区中，慈溪现金净投放一直居全市第一位，开发区居第二位，慈溪市是我市民营经济最发达的县级市，而开发区是我市乃至浙江省外商投资最集中的地区，宁波的南三县宁海、奉化、象山经济相对落后，现金净投放规模均比较小，现金净投放规模基本与各县（市、区）的经济发展情况相一致。

（二）农村地区现金大量投放与中心城区现金大量回笼格局依然延续，但投放和回笼量均出现下降。

从金融机构现金收支情况反映，我市农信社和工行分别是现金投放和回笼的主要金融机构。2008年，农信社（含农村合作银行）系统现金净投放和工商银行现金净回笼双双下降，全年我市农村合作银行和农村信用合作社的现金收支轧差后累计现金净投放303.11亿元，比去年减少了104.87亿元，同比下降25.7%；全年工商银行现金收支轧差后累计现金净回笼148.51亿元，比去年少回笼33.95亿元，同比下降18.60%。除工商银行外，其他3家国有商业银行的现金投放回笼情况为，农行现金净投放47.82亿元，中行现金净投放23.62亿元，建行现金净回笼18.26亿元。

三、影响现金投放回笼的因素分析

（一）经济发展态势基本良好，现金净投放增势放慢。

2008年，由于宏观经济政策和市场变化困素较多，全市的经济快速增长势头呈现出放慢迹象，微观经济运行也受到一定影响，受此影响，宁波市现金净投放增长出现了增幅回落的态势。但是总体上看，尽管经济增长受到宏观环境变化的影响，地区经济仍保持了相对较好的发展态势。

2008 年，全市国民生产总值达到 3964.1 亿元，增长 10.1%。财政一般预算收入 810.9 亿元，突破了 800 亿元大关，其中，地方财政收入 390.4 亿元，分别增长 12% 和 18.6%，财政收入继续保持两位数增长态势。此外，我市工业总产值全年首次突破 1 万亿元，实现历史性跨越，全年实现工业总产值 10937.1 亿元，增长 13.9%，在全国 15 个副省级城市中，宁波继深圳和广州后，成为全国第三个工业总量跨越万亿元的副省级城市，由于受全球性金融危机影响，宁波工业产销和出口增速都有所回落，但全市工业总产值仍保持了两位数的增速，基本保持了平稳运行。从固定投资情况看，基础设施投资增长较快，2008 年全社会固定资产投资增长 8.2%，同比提高 1.9 个百分点。从外贸形势情况看，我市外贸增幅居单列市之首，尽管受到国际金融危机的严重影响，我市外贸仍然逆势前行，全面超额完成年度目标任务，2008 年全市进出口总额达 678.4 亿美元，同比增长 20.1%，增幅居全国计划单列市首位。结合地区经济运行对辖区现金净投放影响来看，社会对现金净投放需求继续呈现增长态势，但是增幅出现回落，增速出现放慢迹象。

（二）金融机构存款和贷款同比多增，信贷规模前紧后松的宏观政策变化，对辖区现金收支产生一定的影响。

2008 年，全市各金融机构人民币存款余额 6216.46 亿元，比年初增加 1063.54 亿元，同比多增 459.72 亿元；人民币贷款余额 5678.75 亿元，比年初增加 969.27 亿元，同比多增 113.21 亿元。受国际国内经济环境影响，今年央行实施了适时调整变化信贷规模的货币政策，对存贷款规模变化方向产生了明显影响，特别是准备金政策的调整，对全市货币投放规模和流向产生较大的影响。上半年，由于经济周期的影响，央行紧缩政策出台，此外股市从高峰 6000 点出现逐波下跌，股值的大幅缩水，使股民们纷纷远离股市，资金回流银行增加储蓄存款来源，房地产市场需求增长明显放慢，个别楼盘推出打折促销，增加了房楼市观望气氛，现金收支活动明显减少，现金流通规模需求受到抑制，下半年，央行“双率齐降”，同时取消对商业银行信贷规模控制，扩大了货币信贷供应规模，推动了现金流通需求上升，特别对我市第四季度现金投放回笼影响较大，当季的现金净投放出现了增势回升。

（三）现金投放渠道呈现多样化，现金需求多样化，经济发达地区现金外流规模逐年上升。

据调查，一是沿海地区民营经济相对发达，从对慈溪市的调查情况看，个私经济作为主导地位的慈溪，商品流通性强，经济往来多以现金交易为主，外地货款汇入农行后，都以现金方式支付各种费用及配件，特别在东部以生产打火机和电器企业为主，结算大多以现金方式进行，部分资金投入农副产品收购，现金投放数量更大。二是我市的城市规划拆迁费、征地补偿费、个人采购货款等支出继续增加，三是经济发达地区的外来人员（包括民工和外来人才）大量流入，对地区性的现金投放影响较大，特别是近年来国家出台了一系列规范劳动用工制度、加强对外来民工的工资清欠力度，切实维护农民工合法权益，各类外来人员手持现金回乡，外流现金数量相当庞大，对现金净投放需求产生较大压力。

（四）居民收入持续刚性增长，居民消费价格指数攀升，影响居民手持现金量，增加现金净投放需求。

近年来宁波地区经济发展较快，社会的平均工资水平持续稳步增长，2008 年市区居民人均可支配收入 25304 元，农村居民人均纯收入 11450 元，分别增长 13.4% 和 13.9%。居民收入持续刚性增长，增加了社会铺底现金用量，推动现金投放需求。

（中国人民银行宁波市中心支行货币金银处）

第二部分

法规制度篇

·信贷管理·

中国人民银行、银监会关于印发《廉租住房建设贷款管理办法》的通知

银发［2008］355号

中国人民银行上海总部，各分行、营业管理部，各省会（首府）城市中心支行、副省级城市中心支行；各银监局；各政策性银行、国有商业银行、股份制商业银行，中国邮政储蓄银行：

为贯彻落实中央关于扩大内需促进经济平稳较快增长的重大举措和《国务院关于解决城市低收入家庭住房困难的若干意见》（国发〔2007〕24号）精神，支持廉租住房开发建设，保障民生，人民银行、银监会联合制定了《廉租住房建设贷款管理办法》。现印发你们，请遵照执行。

各银行要严格按照《廉租住房建设贷款管理办法》要求，抓紧制定相应的操作细则，做好支持廉租住房开发建设的金融服务工作。人民银行、银监会各分支机构应密切跟踪政策执行情况和各方反映，并及时报告执行过程中出现的新情况、新问题。

请人民银行上海总部，各分行、营业管理部、省会（首府）城市中心支行，各省（自治区、直辖市）银监局将本通知联合转发至辖区内城市商业银行、农村商业银行、农村合作银行、城乡信用社及外资银行。

中国人民银行

中国银行业监督管理委员会

二〇〇八年十二月三日

· 附件 ·

廉租住房建设贷款管理办法

第一条 为支持廉租住房建设，维护借贷双方的合法权益，根据国家有关法律法规，制定本办法。

第二条 本办法所称廉租住房建设贷款是指用于支持廉租住房新建、改建的贷款。

第三条 本办法所称贷款人是指中华人民共和国境内依法设立的、经中国银行业监督管理委员会及其派驻机构批准的银行业金融机构。

本办法所称借款人是指依法设立的，具有房地产开发资质的，从事廉租住房建设的房地产开发企业。

第四条 申请廉租住房建设贷款应具备以下条件：

（一）廉租住房项目应已纳入政府年度廉租住房建设计划，并按规定取得政府有关部门的批准文件。

（二）已与政府签订廉租住房回购协议。

（三）在贷款银行开立专用存款账户。

（四）提供贷款人认可的有效担保。

（五）新建廉租住房项目已取得所需的《国有土地使用证》、《建设用地规划许可证》、《建设工程规划许可证》和《建设工程施工许可证》；改建廉租住房已取得有关部门颁发的许可文件。

（六）新建廉租住房项目资本金不低于项目总投资20%的比例；改建廉租住房项目资本金不低于项目总投资30%的比例。

（七）借款人信用状况良好，无不良记录。

（八）贷款人规定的其他条件。

第五条 贷款人应对借款人和建设项目进行调查、评估，加强贷款审查。借款人应按要求向贷款人提供有关资料。

第六条 贷款申请金额不得高于回购协议确定的回购价款。

第七条 廉租住房建设贷款期限最长不超过5年，具体由借贷双方协商确定。

第八条 廉租住房建设贷款利率应按中国人民银行公布的同期同档次贷款基准利率下浮10%执行。

第九条 一个廉租住房建设项目的贷款业务原则上由一家银行主办。对规模较大的项目，可以由主办银行组织银团贷款。

第十条 贷款人应对廉租住房建设贷款单独管理，设立单独的会计科目进行核算，并进行单项统计。

第十一条 廉租住房建设贷款应实行封闭管理，在项目资本金投入项目建设后，按照工程进度进行资金拨付。贷款人应通过专用存款账户对资金的流入和流出等进行有效监控管理，并建立单独台账，对每笔贷款发生时间、流向、用途、收款单位、金额、审核人等进行详细记录。借贷双方应另行签订封闭管理协议。

第十二条 贷款人应监督借款人按以下原则用款：

（一）专款专用，不得挤占挪用。

（二）先使用项目资本金，后使用贷款。

（三）按项目进度用款。

第十三条 贷款人应逐笔审查贷款使用情况；借款人应按期通报贷款使用情况、廉租住房建设进展情况以及财务状况。

第十四条 廉租住房建设贷款应为担保贷款。借款人不能提供足额抵（质）押的，应由贷款人认可的第三方提供承担连带责任的保证。

第十五条 借款人违约时，贷款人可做如下处理：

借款人挪用贷款，贷款人可以停发贷款，并收回已发放贷款；

借款人不按合同约定使用贷款或归还贷款本息的，贷款人可以按合同约定计收罚息；

经借贷双方协商，借款人可以提前归还贷款，贷款人可以不收取提前还款违约金。

第十六条 凡开办廉租住房建设贷款业务的银行业金融机构，应依据本办法制定相应的操作细则。

第十七条 本办法由中国人民银行会同中国银行业监督管理委员会负责解释。中国人民银行将会同有关部门定期对各城市和地区的廉租住房建设贷款质量等信息进行披露。

第十八条 本办法自颁布之日起30日后施行。

中国人民银行、银监会关于印发《经济适用住房开发贷款管理办法》的通知

银发［2008］13 号

中国人民银行上海总部，各分行、营业管理部，各省会（首府）城市中心支行、副省级城市中心支行；各银监局；各政策性银行、国有商业银行、股份制商业银行：

为贯彻落实《国务院关于解决低收入家庭住房困难的若干意见》（国发［2007］24 号）精神，支持国家住房保障制度建设，中国人民银行、中国银行（5.56，0.22，4.12%）业监督管理委员会对中国人民银行 1999 年颁布的《经济适用住房开发贷款管理暂行规定》（银发［1999］129 号）进行了修订，并更名为《经济适用住房开发贷款管理办法》（见附件）。现印发你们，请遵照执行。

各银行要根据《经济适用住房开发贷款管理办法》和相关规定要求，抓紧制定或完善经济适用住房开发贷款管理操作细则，并于本通知发布之日起 30 日内向中国人民银行、中国银行业监督管理委员会报备。

请中国人民银行上海总部，各分行、营业管理部、省会（首府）城市中心支行，各省（自治区、直辖市）银监局将本通知联合转发至辖区内城市商业银行、农村商业银行、农村合作银行、城乡信用社及外资银行。

中国人民银行中国银行业监督管理委员会

二○○八年一月十八日

· 附件 ·

经济适用住房开发贷款管理办法

第一条为支持经济适用住房建设，维护借贷双方的合法权益，根据《中华人民共和国中国人民银行法》、《中华人民共和国银行业监督管理法》、《中华人民共和国商业银行法》、《中华人民共和国物权法》、《中华人民共和国担保法》、《经济适用住房管理办法》等国家有关法律和政策规定制定本办法。

第二条本办法所称经济适用住房开发贷款是指贷款人向借款人发放的专项用于经济适用住房项目开发建设的贷款。

第三条本办法所称贷款人是指中华人民共和国境内依法设立的商业银行和其他银行业金融机构。

本办法所称借款人是指具有法人资格，并取得房地产开发资质的房地产开发企业。

各政策性银行未经批准，不得从事经济适用住房开发贷款业务。

第四条经济适用住房开发贷款条件：

（一）借款人已取得贷款证（卡）并在贷款银行开立基本存款账户或一般存款账户。

（二）借款人产权清晰，法人治理结构健全，经营管理规范，财务状况良好，核心管理人员素质较高。

（三）借款人实收资本不低于人民币1000万元，信用良好，具有按期偿还贷款本息的能力。

（四）建设项目已列入当地经济适用住房年度建设投资计划和土地供应计划，能够进行实质性开发建设。

（五）借款人已取得建设项目所需的《国有土地使用证》、《建设用地规划许可证》、《建设工程规划许可证》和《建设工程开工许可证》。

（六）建设项目资本金（所有者权益）不低于项目总投资的30%，并在贷款使用前已投入项目建设。

（七）建设项目规划设计符合国家相关规定。

（八）贷款人规定的其他条件。

第五条经济适用住房开发贷款必须专项用于经济适用住房项目建设，不得挪作他用。

严禁以流动资金贷款形式发放经济适用住房开发贷款。

第六条经济适用住房开发贷款期限一般为3年，最长不超过5年。

第七条经济适用住房开发贷款利率按中国人民银行利率政策执行，可适当下浮，但下浮比例不得超过10%。

第八条经济适用住房开发贷款应以项目销售收入及借款人其他经营收入作为还款来源。

第九条贷款人应当依法开展经济适用住房开发贷款业务。

贷款人应对借款人和建设项目进行调查、评估，加强贷款审查。借款人应按要求向贷款人提供有关资料。

任何单位和个人不得强令贷款人发放经济适用住房开发贷款。

第十条借款人申请经济适用住房贷款应提供贷款人认可的有效担保。

第十一条贷款人应与借款人签订书面合同，办妥担保手续。采用抵（质）押担保方式的，贷款人应及时办理抵（质）押登记。

第十二条经济适用住房开发贷款实行封闭管理。借贷双方应签订资金监管协议，设定资金监管账户。贷款人应通过资金监管账户对资金的流出和流入等情况进行有效监控管理。

第十三条贷款人应对经济适用住房开发贷款使用情况进行有效监督和检查，借款人应定期向贷款人提供项目建设进度、贷款使用、项目销售等方面的信息以及财务会计报表等有关资料。

第十四条中国银行（5.57，0.23，4.31%）业监督管理委员会及其派出机构依法对相关借贷经营活动实施监管。中国人民银行及其分支机构可以建议中国银行业监督管理委员会及其派出机构对相关借贷经营活动进行监督检查。

第十五条经济适用住房开发贷款列入房地产贷款科目核算。

第十六条经有关管理部门批准，符合相关政策规定的单位集资合作建房项目的贷款业务参照本办法执行。

第十七条本办法由中国人民银行、中国银行业监督管理委员会负责解释。

第十八条本办法自发布之日起 30 日后实施。《经济适用住房开发贷款管理暂行规定》（银发［1999］129 号文件印发）同时废止。

中国人民银行、银监会、证监会
保监会、关于金融支持服务业加快发展的若干意见

银发［2008］90号

中国人民银行上海总部；各分行、营业管理部；省会（首府）城市中心支行；副省级城市中心支行；国家外汇管理局；各银监局、证监局、保监局：

为落实《国务院关于加快发展服务业的若干意见》（国发〔2007〕7号，以下简称国发7号文件），现就金融支持服务业加快发展提出以下意见：

一、高度重视，提高认识，大力支持服务业加快发展

服务业发展水平是体现经济社会发达程度的重要标志。加快发展服务业，是实现全面建设小康社会奋斗目标的内在要求，是扩大就业、解决民生问题的迫切需要。党中央、国务院要求从贯彻落实科学发展观和构建社会主义和谐社会的战略高度，抓紧抓好加快发展服务业这项重大任务，促进经济结构战略性调整，实现国际竞争力整体跃升，推动国民经济走上又好又快的科学发展轨道。

金融系统各部门和金融机构要充分认识加快发展服务业的重要性和紧迫性，增强大局意识、发展意识、创新意识、责任意识，积极组织学习国发7号文件精神，切实把思想和行动统一到中央的决策和要求上来。要解放思想，开拓进取，把金融支持服务业加快发展作为顺应经济社会发展趋势、适应建设创新型国家要求、促进经济发展方式转变和国民经济全面协调可持续发展的重大举措，狠抓贯彻落实，务求取得实效。要按照各自的职责范围，充分考虑服务业特点和自身实际情况，坚持重点支持与统筹发展相结合，市场导向与政策扶持相结合，抓紧研究制定加快服务业发展的配套实施方案和具体政策措施。要建立健全支持服务业加快发展的工作机制、评价体系和考核机制、宣传教育机制，科学制定指标，完善考评程序，努力为服务业加快发展创造良好的外部环境。要强化监督检查，落实工作责任，逐步形成支持服务业加快发展的长效工作机制。

二、深化改革，完善机制，为服务业加快发展创造良好金融环境

进一步提升银行业整体实力。积极培育银行类金融机构核心竞争力，提高银行业对经济增长贡献率，发挥银行业在促进服务业加快发展中的作用。创造公开、公平、公正的市场竞争环境。鼓励银行类金融机构上市融资和探索推进综合化经营，积极提供综合性、多样化、优势互补的金融服务。引导银行类金融机构坚持以市场需求为导向，整合营业网点，拓展电子服务渠道，优化业务流程，积极加强和改进对客户的全方位金融服务。倡导银行业实施品牌战略，提升银行业服务质量，规范服务行为，完善服务机制。探索建立有利于服务业发展的商业银行社会责任评价体系，积极引导资金流向加快发展服务业的领域。进一步提升证券业的综合竞争力。适当放松管制措施，抓紧落实基础性制度，丰富证券市场产品，继续发挥经纪业务、自营业务、承销业务、资产管理业务等传统业务的支撑作用，提高综合经营水平。积极引导和支持证券公司在风险可测、可控的前提下开展创新活动，增强自主创新能力，提高核心竞争力，改善盈利模式，提高直接融资比重。推动基金管理公司组织制度创新和业务创新，完善产品结构，提高公司的核心竞争力。加强对证券公司、基金管理公司和期货经纪公司的监管和指导，提升安全运行水平、优质服务水

准和市场运作效率。继续加强市场稽查和执法工作，加大对证券业违法违规行为的查处力度，切实保护投资者合法权益。

进一步促进保险业加快发展。因势利导，推动国有保险公司重组改制，深化保险资产管理体制改革，推进保险业综合经营试点，促进保险机构产品和服务创新，完善保险市场准入、退出机制，健全保险市场体系。完善责任保险配套法规体系，积极采取市场运作、政策引导、政府推动等方式，加快发展责任保险。支持保险机构投资医疗机构，探索保险机构参与新型农村合作医疗管理的有效方式，加快发展健康保险。完善商业养老保险税收政策，支持保险机构参与企业年金市场，发挥商业保险在完善多层次社会保障体系中的作用，加快发展商业养老保险。

正确处理支持服务业加快发展与防范金融风险的关系。金融系统各部门要密切关注银行业、证券业、保险业和金融业综合经营的发展状况，建立和完善风险监测信息系统，加强金融风险监测和评估，进一步提高金融风险预警能力，切实防范系统性风险，有效保障国家金融安全。金融机构要强化忧患意识和前瞻意识，规范和完善公司治理结构，及时反馈金融改革和金融发展动态信息，有效防止金融发展中的新生因素对金融稳定的冲击，不断提高抵御风险综合能力。

三、科学发展，统筹兼顾，加大对服务业发展的金融支持力度

鼓励多领域开发适应服务业发展的金融产品。引导金融机构适应金融市场的发展变化趋势，研究服务企业个性化信贷需求特征，建立符合服务业特点的内外部信用评级体系，加快开发面向服务企业的多元化、多层次信贷产品。大力发展债券市场，完善市场定价机制和约束机制，积极创新适应服务企业融资需求的债券品种。发展外汇、黄金和金融衍生产品市场，为服务企业提供外汇避险工具和对冲利率风险工具。引导保险集团公司发挥子公司协同效应和集团优势，推动金融业务的交叉销售和综合拓展，促进保险服务多元化发展。加强和规范应收账款融资管理，推进应收账款融资业务顺利开展。逐步将收费权质押贷款范围扩大到城市供水、供热、公交等城市基础设施项目。对具有一定还贷能力的水利开发项目和城市环保项目，逐步探索开办以项目收益权或收费权为质押的贷款业务，促进公共服务业加快发展。

鼓励多层次拓宽服务业融资渠道。努力消除市场分隔、部门利益和地方保护对服务业发展的阻碍，促进生产要素合理流动和优化配置。加快创业板市场建设，形成高效率的场外交易市场，建立适合国情特点的多层次市场体系，拓宽服务企业融资渠道。积极支持符合条件的服务企业通过发行股票和企业债券等方式进入境内外资本市场融资。制订和完善股票和债券发行的相关规则以及信息披露准则时，要充分考虑服务企业的特点，为服务业加快发展提供直接融资便利。在符合条件的前提下，优先考虑批准服务企业集团设立财务公司等非银行金融机构。调整监管政策，鼓励信托公司、金融租赁公司等非银行金融机构为服务业提供优质高效的信托、融资租赁服务。支持保险资产管理公司扩大受托范围，培育市场竞争力和风险管控能力强的保险机构投资者。发挥民间借贷支持服务业发展的积极作用。引导外资依法进入服务业重点发展领域。

四、突出重点，优化结构，大力支持服务业关键领域和薄弱环节加快发展

大力发展农村服务业。稳步调整放宽农村地区银行业金融机构准入政策试点范围，加快发展适合“三农”特点的新型农村金融机构。综合运用多种货币信贷政策手段，引导农村信用社加大对农村服务业的信贷资金支持力度。鼓励农业发展银行大力支持生产型的农村服务业。全面推动小额贷款，大力扶持经营分散、资金需求规模小的农村服务业发展。加快推进农业保险法律法规体系建设，积极探索面向农村服务业的农业保险发展模式。积极研究建立国家政策支持的农业再保险体系和巨灾风险保险体系。逐步实行并推广对粮棉主产区主要农产品品种和养殖业的农业保险试点。加快农村信用体系建设，逐步扩大企业和个人信用信息基础数据库在农村地区的信息采集和使用范围。鼓励和引导金融机构和信用评级机构研究农村服务企业和农户信用评价体系。支持农村金融机构采用多种方式，低成本接入现代化支付系统，逐步扩展支付清算网络在农村地区的覆盖范围，为农村服务企业提供安全、高效的资金清算服务。推广农民工银行卡特色服务，改善业务管理，提高服务效率，为农民工提供方便、快捷、安全的资金汇划服务。

大力扶持中小服务企业发展。加大面向中小服

务企业的金融产品创新力度，完善信贷管理制度，加强针对中小服务企业的风险管控能力，促进中小服务企业规范可持续发展。对符合条件的中小服务企业，积极提供融资支持。进一步完善监管协调机制，加强部门间沟通合作，完善中小企业信用体系，优化中小服务企业融资环境。探索发展中小服务企业联保贷款业务。大力支持劳动密集型中小服务企业发展，充分发挥劳动密集型中小服务企业促进就业的积极作用。积极开展对信用担保机构和中小服务企业的信用评级，鼓励各类创业投资机构和信用担保机构对发展前景好、吸纳就业多以及运用新技术的中小服务企业开展业务。

大力支持电子商务和物流业等现代服务业发展。大力推广非现金支付工具，特别是电子支付工具，加强非现金支付法规建设，防范非现金支付风险，加快支付服务领域价格改革和市场化步伐，营造公平合理的竞争环境，促进电子商务和物流业加快发展。加快人民银行与税务、质（技）检部门相关信息系统的联网进程，为现代物流业发展提供便捷高效的服务。大力支持重点区域的服务业加快发展。西部开发、东北振兴、中部崛起为服务业加快发展提供了良好机遇。加快发展服务业有利于促进重点区域产业结构调整和优化、实现东中西部良性互动和优势互补。金融机构要研究完善支持服务业发展的区域策略和激励约束机制，建立健全服务业贷款利率差别化定价机制，注意发挥重点区域的区位优势和特色产业的辐射拉动作用，推动餐饮、商贸、旅游等传统服务业改造升级，培育信息服务、环保服务、中介服务等现代服务业发展壮大，促进产业关联度高的生产性服务业和带动效应强的消费性服务业加快发展，推进重点区域一、二、三产业统筹协调发展。

大力支持服务企业“走出去”。适应国际市场竞争新形势，积极支持服务贸易发展。完善服务贸易外汇管理政策，健全服务贸易非现场监管体系，简化境内服务贸易企业对外支付手续，满足服务贸易企业合理用汇需求。对“走出去”服务企业的后续用汇及境外融资提供便利，支持有实力的中资服务企业开展境外投资和跨国经营。完善服务企业出口信贷、服务产品买方信贷政策措施，对服务贸易给予与货物贸易同等的便利和支持。鼓励政策性金融机构对列入《文化产品和服务出口指导目录》的出口项目或企业，按规定给予贷款支持，推动文化产品和服务出口。适应国际产业转移新趋势，重点支持服务外包发展，鼓励政策性金融机构在自身业务范围内积极支持服务外包发展；鼓励出口信用保险机构积极开发新型险种支持服务外包产业发展；对服务外包企业办理外汇收支提供便利，大力支持服务企业对外承揽服务外包业务。

五、加快金融业基础设施建设，打造支持服务业加快发展的金融服务平台

推进征信体系建设。完善企业和个人信用信息基础数据库，为服务企业普遍建立信用档案，充分发挥信息整合和共享功能。有效发挥政府推动作用，培育信用服务市场需求，扩大征信产品使用范围。完善市场筛选机制和市场监管体系，培养具有民族品牌、社会公信力的征信机构，建立各具特色、功能互补的征信机构体系，满足全社会多层次、专业化的信息服务需求，为服务业加快发展提供基础支撑。

健全反洗钱体系建设。进一步完善反洗钱法律法规制度，推进反洗钱工作从银行业向证券业、保险业等行业纵深发展，研究制定支付清算组织、彩票、贵金属、房地产和汽车销售等特定非金融行业的反洗钱规章。完善工作协调机制，提升依法行政水平，加快监测分析系统和业务综合管理系统建设，建立健全非现场监管体系，促进包括金融服务业在内的国民经济相关行业的合法规范经营。

加快国库信息化体系建设。推进财税库银横向联网系统建设，抓紧国库会计数据集中系统建设，加快政府对服务业扶持资金拨付，加强税收入库全程监控，为服务企业创造良好的纳税环境。推动通过人民银行国库系统将政府性资金直接拨付到最终收款人账户的试点工作，推进由国库直接收缴和拨付社保资金业务，逐步将所有政府资金收支活动纳入国库单一账户进行管理，提高政府公共服务的效率和水平。

完善支付体系基础设施建设。建设第二代现代化支付系统和具有快速生产恢复能力、业务切换能力和数据查找功能的灾难备份系统，保障支付清算业务连续、安全运行，提高支付系统应对突发事件的能力。建设境内外币支付系统，为企业和个人提供低成本、高效率的外币支付服务。完善现代化支付系统运行维护机制，督促银行加强流动性和支付风险管理，保障各类支付系统安全、高效、稳定运行。

抓紧新型金融人才队伍建设。金融支持服务业加快发展的前提条件和关键环节是人才战略。要尊

重人才，尊重知识，健全人才工作机制，激发人才创造活力，着力培养掌握市场规律、熟悉国际规则、具备创新能力的高级金融人才，大力提高金融系统干部队伍的综合能力和素质，增强服务意识和服务能力，为加强和改进金融服务、支持服务业加快发展提供金融人才支持。

中国人民银行
中国银行业监督管理委员会
中国证券监督管理委员会
中国保险监督管理委员会
二〇〇八年三月十九日

中国人民银行、银监会关于做好金融服务促进我国奶业持续健康发展有关工作的通知

银发［2008］275号

中国人民银行上海总部，各分行、营业管理部、省会（首府）城市中心支行、副省级城市中心支行；各省、自治区、直辖市银监局；各政策性银行、国有商业银行、股份制商业银行；中国邮政储蓄银行：

“三鹿”奶粉事件发生以来，我国奶业发展受到明显冲击。为维护我国奶业发展的根基，保持奶业市场稳定，支持和促进我国奶业持续健康发展，现就有关金融服务工作通知如下：

一、全力保证当前奶业生产和发展正常合理的资金供应

人民银行各分支机构和各地银监局要高度重视当前对奶业的金融支持和服务工作，加强联合调研和政策指导，鼓励和引导金融机构及时加大对鲜奶收购和奶业发展必要的信贷支持，并做好配套金融服务工作。各商业银行总行要组织系统内各分支机构对奶农和奶品企业客户目前的资金需求情况进行一次全面摸底排查。按照“扶优限劣、区别对待”的原则，对诚信守法经营的奶农和奶品企业因遭受“三鹿”奶粉事件冲击、出现资金暂时周转困难的，金融机构对其符合信贷条件的资金需求要及时给予足额支持。已经受理的贷款申请，要加快审批；已经签订合同的贷款，要按合同规定及时发放。中央财政对奶制品企业收购原料奶贷款实施贴息政策，具体贴息条件、标准和程序按财政部规定执行。

二、采取妥善措施有效降低奶业贷款的信贷风险

人民银行各分支机构和各地银监局对辖区内各金融机构新发放的各类奶业贷款的数量、用途和信贷资产质量要全面加强动态跟踪监测，防止资金挤占挪用和产生新的不良贷款。对于因遭受“三鹿”奶粉事件冲击、贷款偿还暂时有困难的奶农和奶品企业，借贷双方要加强沟通协商，及时采取妥善有效措施，降低信贷风险，依法维护债权安全；对申请延长贷款偿还期限的客户，金融机构要按规定对其贷款给予适当展期；对经贷款金融机构同意展期的逾期贷款免收罚息。贷款合同明确约定还款日期的，金融机构不得提前催促企业还贷。积极支持鲜奶收购和奶品企业履行社会责任，保护奶农利益。对于产品不符合奶业市场准入和质检标准、违法从事奶品生产销售、蓄意拖欠贷款的奶农和奶品企业，要坚决停止任何形式的新增授信支持。经质检部门或工商部门认定的产品质量不达标或者违法生产销售奶品的企业名单，要及时录入人民银行的企业信用信息基础数据库。

三、全面加强和提高对奶业的金融支持和服务水平

人民银行各分支机构和各地银监局对已经出台的奶业扶持政策要进行全面梳理和加强政策实施效果跟踪评估。要着眼于支持我国奶业长远健康发展，鼓励和支持各金融机构进一步创新金融产品，完善信贷管理制度，全面改进和提升对奶业的金融服务水平，积极支持民族奶品企业提升产品质量，提高产品市场竞争力。要深入基层加强调研，及时了解奶农和奶品企业对金融服务的多元化实际需求，积极探索多种方式拓宽奶业融资渠道，完善金融服务方式，系统总结有代表性的典型经验和做法并加以推广，进一步增强对奶农和奶品企业金融服务的针对性，全方位提高金融服务的质量和效率。对国家重点奶业生产基地和重点优质奶品生产企业购买奶品检验检疫设备、加强企业技术改造、提升奶品质量的信贷资金需求，各金融机构要进一

步加大扶持力度。积极支持国内有实力的优质奶品企业实施兼并重组和“走出去”战略，做强做大民族奶品品牌。进一步抓好《国务院关于促进奶业持续健康发展的意见》（国发〔2007〕31号）的贯彻落实工作，积极支持和配合政府及政府相关部门，做好我国奶业整体发展规划，加强奶品产业整合，提升市场信心，促进扩大奶品消费，维护和巩固我国奶业健康可持续发展的根基。

四、加强数据信息统计报送和政策宣传解释工作

人民银行各分支机构和各地银监局要加强对奶农和奶品企业融资活动的动态监测，探索建立和完善符合实际需要的奶业信贷统计数据信息报告制度，向上级单位动态报告辖区内扶持奶业发展的相关数据和政策信息，为决策提供有益参照。要密切关注辖区奶业发展动态变化情况对当地物价、就业、货币信贷供应、居民心理预期和社会稳定的影响。积极采取群众喜闻乐见的方式，加强金融扶持奶业发展政策的宣传和解释工作，营造良好的舆论氛围，提高政策实施效果。

请人民银行各分支机构联合当地银监局将本通知速转发至辖区内相关金融机构，并根据辖区特点细化落实措施，认真协调组织好贯彻落实工作。政策执行过程中发现的新情况、新问题，请及时报告人民银行总行和银监会。

中国人民银行
中国银行业监督管理委员会
二〇〇八年九月二十八日

·利率管理·

中国人民银行关于扩大商业性个人住房贷款利率下浮幅度等有关问题的通知

银发［2008］302号

中国人民银行上海总部，各分行、营业管理部，各省会（首府）城市中心支行、深圳市中心支行，各国有商业银行、股份制商业银行，中国邮政储蓄银行：

为应对国际金融危机对我国可能产生的影响，支持居民住房消费，促进扩大内需，中国人民银行决定，自2008年10月27日起，扩大商业性个人住房贷款利率下浮幅度，调整最低首付款比例。现就有关事宜通知如下：

一、商业性个人住房贷款利率的下限扩大为贷款基准利率的0.7倍；最低首付款比例调整为20%。

（一）金融机构对客户的贷款利率、首付款比例，应根据借款人是首次购房或非首次购房、自住房或非自住房、套型建筑面积等是否系普通住房，以及借款人信用记录和还款能力等风险因素在下限以上区别确定。

（二）对居民首次购买普通自住房和改善型普通自住房的贷款需求，金融机构可在贷款利率和首付款比例上按优惠条件给予支持；对非自住房、非普通住房的贷款条件，金融机构适当予以提高。

（三）已发放的商业性个人住房贷款尚未偿还部分的利率水平，金融机构应根据第一款的原则，在合理评估贷款风险的基础上，按照原贷款合同约定条款自主确定；首付款比例按原贷款合同执行。

（四）借款人偿还住房贷款月支出不高于其月收入50%的政策保持不变。

二、金融机构应在实施日之前抓紧制定具体操作细则。要切实完善贷前调查和贷后跟踪制度，及时评估贷款风险并调整定价和抵押策略。加强与地方房产管理部门的合作，及时获取居民房产产权登记信息，准确区分借款人是否属首次购房，并将个人住房贷款的相关信息及时录入信贷征信系统。

三、下调个人住房公积金贷款利率。其中，五年期以下（含）由现行的4.32%调整为4.05%，五年期以上由现行的4.86%调整为4.59%，分别下调0.27个百分点。

四、汶川地震灾区居民灾后购置自住房的贷款利率下限为基准利率的0.6倍、最低首付款比例为10%，住房公积金贷款利率各档次优惠1个百分点的政策保持不变。

五、人民银行上海总部、各分行（营业管理部）、省会（首府）城市中心支行、深圳市中心支行要将本通知立即转发至辖区内城市（农村）商业银行、农村合作银行、城乡信用社、开办人民币业务的外资银行等金融机构及住房公积金管理中心，并督促按时执行。

六、各国有商业银行、股份制商业银行、中国邮政储蓄银行要将本通知立即转发至各分支机构并按时执行。

中国人民银行

二〇〇八年十月二十二日

·外汇管理·

中华人民共和国国务院令

第532号

《中华人民共和国外汇管理条例》已经2008年8月1日国务院第20次常务会议修订通过，现将修订后的《中华人民共和国外汇管理条例》公布，自公布之日起施行。

总理 温家宝

二〇〇八年八月五日

中华人民共和国外汇管理条例

（1996年1月29日中华人民共和国国务院令第193号发布 根据1997年

1月14日《国务院关于修改〈中华人民共和国外汇管理条例〉的决定》

修订 2008年8月1日国务院第20次常务会议修订通过）

第一章 总 则

第一条 为了加强外汇管理，促进国际收支平衡，促进国民经济健康发展，制定本条例。

第二条 国务院外汇管理部门及其分支机构（以下统称外汇管理机关）依法履行外汇管理职责，负责本条例的实施。

第三条 本条例所称外汇，是指下列以外币表示的可以用作国际清偿的支付手段和资产：

（一）外币现钞，包括纸币、铸币；

（二）外币支付凭证或者支付工具，包括票据、银行存款凭证、银行卡等；

（三）外币有价证券，包括债券、股票等；

（四）特别提款权；

（五）其他外汇资产。

第四条 境内机构、境内个人的外汇收支或者外汇经营活动，以及境外机构、境外个人在境内的外汇收支或者外汇经营活动，适用本条例。

第五条 国家对经常性国际支付和转移不予限制。

第六条 国家实行国际收支统计申报制度。

国务院外汇管理部门应当对国际收支进行统计、监测，定期公布国际收支状况。

第七条 经营外汇业务的金融机构应当按照国务院外汇管理部门的规定为客户开立外汇账户，并通过外汇账户办理外汇业务。

经营外汇业务的金融机构应当依法向外汇管理机关报送客户的外汇收支及账户变动情况。

第八条 中华人民共和国境内禁止外币流通，并不得以外币计价结算，但国家另有规定的除外。

第九条 境内机构、境内个人的外汇收入可以调回境内或者存放境外；调回境内或者存放境外的条件、期限等，由国务院外汇管理部门根据国际收支状况和外汇管理的需要作出规定。

第十条 国务院外汇管理部门依法持有、管理、经营国家外汇储备，遵循安全、流动、增值的原则。

第十一条 国际收支出现或者可能出现严重失衡，以及国民经济出现或者可能出现严重危机时，国家可以对国际收支采取必要的保障、控制等措施。

第二章 经常项目外汇管理

第十二条 经常项目外汇收支应当具有真实、合法的交易基础。经营结汇、售汇业务的金融机构应当按照国务院外汇管理部门的规定，对交易单证的真实性及其与外汇收支的一致性进行合理审查。

外汇管理机关有权对前款规定事项进行监督检查。

第十三条 经常项目外汇收入，可以按照国家有关规定保留或者卖给经营结汇、售汇业务的金融机构。

第十四条 经常项目外汇支出，应当按照国务院外汇管理部门关于付汇与购汇的管理规定，凭有效单证以自有外汇支付或者向经营结汇、售汇业务的金融机构购汇支付。

第十五条 携带、申报外币现钞出入境的限额，由国务院外汇管理部门规定。

第三章 资本项目外汇管理

第十六条 境外机构、境外个人在境内直接投资，经有关主管部门批准后，应当到外汇管理机关办理登记。

境外机构、境外个人在境内从事有价证券或者衍生产品发行、交易，应当遵守国家关于市场准入的规定，并按照国务院外汇管理部门的规定办理登记。

第十七条 境内机构、境内个人向境外直接投资或者从事境外有价证券、衍生产品发行、交易，应当按照国务院外汇管理部门的规定办理登记。国家规定需要事先经有关主管部门批准或者备案的，应当在外汇登记前办理批准或者备案手续。

第十八条 国家对外债实行规模管理。借用外债应当按照国家有关规定办理，并到外汇管理机关办理外债登记。

国务院外汇管理部门负责全国的外债统计与监测，并定期公布外债情况。

第十九条 提供对外担保，应当向外汇管理机关提出申请，由外汇管理机关根据申请人的资产负债等情况作出批准或者不批准的决定；国家规定其经营范围需经有关主管部门批准的，应当在向外汇管理机关提出申请前办理批准手续。申请人签订对外担保合同后，应当到外汇管理机关办理对外担保登记。

经国务院批准为使用外国政府或者国际金融组织贷款进行转贷提供对外担保的，不适用前款规定。

第二十条 银行业金融机构在经批准的经营范围内可以直接向境外提供商业贷款。其他境内机构向境外提供商业贷款，应当向外汇管理机关提出申请，外汇管理机关根据申请人的资产负债等情况作出批准或者不批准的决定；国家规定其经营范围需经有关主管部门批准的，应当在向外汇管理机关提出申请前办理批准手续。

向境外提供商业贷款，应当按照国务院外汇管理部门的规定办理登记。

第二十一条 资本项目外汇收入保留或者卖给经营结汇、售汇业务的金融机构，应当经外汇管理机关批准，但国家规定无需批准的除外。

第二十二条 资本项目外汇支出，应当按照国务院外汇管理部门关于付汇与购汇的管理规定，凭有效单证以自有外汇支付或者向经营结汇、售汇业务的金融机构购汇支付。国家规定应当经外汇管理机关批准的，应当在外汇支付前办理批准手续。

依法终止的外商投资企业，按照国家有关规定进行清算、纳税后，属于外方投资者所有的人民币，可以向经营结汇、售汇业务的金融机构购汇汇出。

第二十三条 资本项目外汇及结汇资金，应当按照有关主管部门及外汇管理机关批准的用途使用。外汇管理机关有权对资本项目外汇及结汇资金使用和账户变动情况进行监督检查。

第四章 金融机构外汇业务管理

第二十四条 金融机构经营或者终止经营结汇、售汇业务，应当经外汇管理机关批准；经营或者终止经营其他外汇业务，应当按照职责分工经外汇管理机关或者金融业监督管理机构批准。

第二十五条 外汇管理机关对金融机构外汇业务实行综合头寸管理，具体办法由国务院外汇管理部门制定。

第二十六条 金融机构的资本金、利润以及因本外币资产不匹配需要进行人民币与外币间转换的，应当经外汇管理机关批准。

第五章　人民币汇率和外汇市场管理

第二十七条　人民币汇率实行以市场供求为基础的、有管理的浮动汇率制度。

第二十八条　经营结汇、售汇业务的金融机构和符合国务院外汇管理部门规定条件的其他机构，可以按照国务院外汇管理部门的规定在银行间外汇市场进行外汇交易。

第二十九条　外汇市场交易应当遵循公开、公平、公正和诚实信用的原则。

第三十条　外汇市场交易的币种和形式由国务院外汇管理部门规定。

第三十一条　国务院外汇管理部门依法监督管理全国的外汇市场。

第三十二条　国务院外汇管理部门可以根据外汇市场的变化和货币政策的要求，依法对外汇市场进行调节。

第六章　监督管理

第三十三条　外汇管理机关依法履行职责，有权采取下列措施：

（一）对经营外汇业务的金融机构进行现场检查；

（二）进入涉嫌外汇违法行为发生场所调查取证；

（三）询问有外汇收支或者外汇经营活动的机构和个人，要求其对与被调查外汇违法事件直接有关的事项作出说明；

（四）查阅、复制与被调查外汇违法事件直接有关的交易单证等资料；

（五）查阅、复制被调查外汇违法事件的当事人和直接有关的单位、个人的财务会计资料及相关文件，对可能被转移、隐匿或者毁损的文件和资料，可以予以封存；

（六）经国务院外汇管理部门或者省级外汇管理机关负责人批准，查询被调查外汇违法事件的当事人和直接有关的单位、个人的账户，但个人储蓄存款账户除外；

（七）对有证据证明已经或者可能转移、隐匿违法资金等涉案财产或者隐匿、伪造、毁损重要证据的，可以申请人民法院冻结或者查封。

有关单位和个人应当配合外汇管理机关的监督检查，如实说明有关情况并提供有关文件、资料，不得拒绝、阻碍和隐瞒。

第三十四条　外汇管理机关依法进行监督检查或者调查，监督检查或者调查的人员不得少于2人，并应当出示证件。监督检查、调查的人员少于2人或者未出示证件的，被监督检查、调查的单位和个人有权拒绝。

第三十五条　有外汇经营活动的境内机构，应当按照国务院外汇管理部门的规定报送财务会计报告、统计报表等资料。

第三十六条　经营外汇业务的金融机构发现客户有外汇违法行为的，应当及时向外汇管理机关报告。

第三十七条　国务院外汇管理部门为履行外汇管理职责，可以从国务院有关部门、机构获取所必需的信息，国务院有关部门、机构应当提供。

国务院外汇管理部门应当向国务院有关部门、机构通报外汇管理工作情况。

第三十八条　任何单位和个人都有权举报外汇违法行为。

外汇管理机关应当为举报人保密，并按照规定对举报人或者协助查处外汇违法行为有功的单位和个人给予奖励。

第七章　法律责任

第三十九条　有违反规定将境内外汇转移境外，或者以欺骗手段将境内资本转移境外等逃汇行为的，由外汇管理机关责令限期调回外汇，处逃汇金额30%以下的罚款；情节严重的，处逃汇金额30%以上等值以下的罚款；构成犯罪的，依法追究刑事责任。

第四十条　有违反规定以外汇收付应当以人民币收付的款项，或者以虚假、无效的交易单证等向经营结汇、售汇业务的金融机构骗购外汇等非法套汇行为的，由外汇管理机关责令对非法套汇资金予以回兑，处非法套汇金额30%以下的罚款；情节严重的，处非法套汇金额30%以上等值以下的罚款；构成犯罪的，依法追究刑事责任。

第四十一条　违反规定将外汇汇入境内的，由外汇管理机关责令改正，处违法金额30%以下的罚款；情节严重的，处违法金额30%以上等值以下的罚款。

非法结汇的，由外汇管理机关责令对非法结汇资金予以回兑，处违法金额30%以下的罚款。

第四十二条　违反规定携带外汇出入境的，由外汇管理机关给予警告，可以处违法金额20%以下的罚款。法律、行政法规规定由海关予以处罚的，从其规定。

第四十三条 有擅自对外借款、在境外发行债券或者提供对外担保等违反外债管理行为的，由外汇管理机关给予警告，处违法金额30%以下的罚款。

第四十四条 违反规定，擅自改变外汇或者结汇资金用途的，由外汇管理机关责令改正，没收违法所得，处违法金额30%以下的罚款；情节严重的，处违法金额30%以上等值以下的罚款。

有违反规定以外币在境内计价结算或者划转外汇等非法使用外汇行为的，由外汇管理机关责令改正，给予警告，可以处违法金额30%以下的罚款。

第四十五条 私自买卖外汇、变相买卖外汇、倒买倒卖外汇或者非法介绍买卖外汇数额较大的，由外汇管理机关给予警告，没收违法所得，处违法金额30%以下的罚款；情节严重的，处违法金额30%以上等值以下的罚款；构成犯罪的，依法追究刑事责任。

第四十六条 未经批准擅自经营结汇、售汇业务的，由外汇管理机关责令改正，有违法所得的，没收违法所得，违法所得50万元以上的，并处违法所得1倍以上5倍以下的罚款；没有违法所得或者违法所得不足50万元的，处50万元以上200万元以下的罚款；情节严重的，由有关主管部门责令停业整顿或者吊销业务许可证；构成犯罪的，依法追究刑事责任。

未经批准经营结汇、售汇业务以外的其他外汇业务的，由外汇管理机关或者金融业监督管理机构依照前款规定予以处罚。

第四十七条 金融机构有下列情形之一的，由外汇管理机关责令限期改正，没收违法所得，并处20万元以上100万元以下的罚款；情节严重或者逾期不改正的，由外汇管理机关责令停止经营相关业务：

（一）办理经常项目资金收付，未对交易单证的真实性及其与外汇收支的一致性进行合理审查的；

（二）违反规定办理资本项目资金收付的；

（三）违反规定办理结汇、售汇业务的；

（四）违反外汇业务综合头寸管理的；

（五）违反外汇市场交易管理的。

第四十八条 有下列情形之一的，由外汇管理机关责令改正，给予警告，对机构可以处30万元以下的罚款，对个人可以处5万元以下的罚款：

（一）未按照规定进行国际收支统计申报的；

（二）未按照规定报送财务会计报告、统计报表等资料的；

（三）未按照规定提交有效单证或者提交的单证不真实的；

（四）违反外汇账户管理规定的；

（五）违反外汇登记管理规定的；

（六）拒绝、阻碍外汇管理机关依法进行监督检查或者调查的。

第四十九条 境内机构违反外汇管理规定的，除依照本条例给予处罚外，对直接负责的主管人员和其他直接责任人员，应当给予处分；对金融机构负有直接责任的董事、监事、高级管理人员和其他直接责任人员给予警告，处5万元以上50万元以下的罚款；构成犯罪的，依法追究刑事责任。

第五十条 外汇管理机关工作人员徇私舞弊、滥用职权、玩忽职守，构成犯罪的，依法追究刑事责任；尚不构成犯罪的，依法给予处分。

第五十一条 当事人对外汇管理机关作出的具体行政行为不服的，可以依法申请行政复议；对行政复议决定仍不服的，可以依法向人民法院提起行政诉讼。

第八章 附 则

第五十二条 本条例下列用语的含义：

（一）境内机构，是指中华人民共和国境内的国家机关、企业、事业单位、社会团体、部队等，外国驻华外交领事机构和国际组织驻华代表机构除外。

（二）境内个人，是指中国公民和在中华人民共和国境内连续居住满1年的外国人，外国驻华外交人员和国际组织驻华代表除外。

（三）经常项目，是指国际收支中涉及货物、服务、收益及经常转移的交易项目等。

（四）资本项目，是指国际收支中引起对外资产和负债水平发生变化的交易项目，包括资本转移、直接投资、证券投资、衍生产品及贷款等。

第五十三条 非金融机构经营结汇、售汇业务，应当由国务院外汇管理部门批准，具体管理办法由国务院外汇管理部门另行制定。

第五十四条 本条例自公布之日起施行。

·金融服务·

中国人民银行关于印发《境内外币支付系统管理办法（试行）》的通知

银发［2008］125号

中国人民银行上海总部，各分行、营业管理部，各省会（首府）城市中心支行，深圳市中心支行；各政策性银行、国有商业银行、股份制商业银行，中国邮政储蓄银行：

为加强境内外币支付系统的管理，保障境内外币支付系统的安全、稳定、高效运行，现将《境内外币支付系统管理办法（试行）》印发给你们，请遵照执行。

请中国人民银行上海总部，各分行、营业管理部，各省会（首府）城市中心支行，深圳市中心支行将本通知转发至辖内各城市商业银行、农村商业银行、农村合作银行和外资银行。

本通知实施过程中如遇问题，请及时报告中国人民银行支付结算司。

附件：境内外币支付系统管理办法（试行）

中国人民银行

二〇〇八年四月二十四日

·附件·

境内外币支付系统管理办法（试行）

第一章　总　　则

第一条　为加强境内外币支付系统（以下简称外币支付系统）的管理，保障外币支付系统的安全、稳定、高效运行，依据《中华人民共和国中国人民银行法》及有关法律法规，制定本办法。

第二条　本办法所称外币支付系统是指为中华人民共和国境内的银行业金融机构（以下简称银行）和外币清算机构提供外币支付服务的实时全额支付系统。

第三条　外币支付系统由外币清算处理中心负责对参与者和特许参与者提交的支付指令进行接收、清算和转发，由代理结算银行负责对外币清算处理中心提交的清算结果进行结算。

参与者是指参加外币支付系统并在代理结算银行开立外币结算账户的银行。特许参与者是指参加外币支付系统未在代理结算银行开立外币结算账户的外币清算机构。

代理结算银行是指根据其与参与者签订的外币结算服务协议，负责对外币清算处理中心提交的清算结果进行结算的银行。

外币结算账户是指参与者在代理结算银行开立的，用于外币结算的外币同业存款账户。

第四条　银行参加外币支付系统应以境内法人或管理行为单位接入外币支付系统，并在代理结算银行开立外币结算账户。

本办法所称管理行是指由外国银行总行或者经授权的地区总部指定的，统筹负责该行在中国境内业务管理以及该行在中国境内所有分行合并财务信息和综合信息报送工作的外国银行分行。管理行应取得其外国银行总行或者经授权的地区总部指定其为管理行的授权书。

第五条　参与者可采用直连方式或间连方式接入外币支付系统，特许参与者应以直连方式接入外币支付系统。

直连方式是指参与者或特许参与者将其相关业务系统与外币清算处理中心连接，并通过其相关业务系统直接发起和接收业务的连接方式。

间连方式是指参与者通过外币支付系统共享前置机客户端发起和接收业务的连接方式。

第六条　外币支付系统受理多个币种的外币支付业务。

中国人民银行可根据需要调整外币支付系统受理的币种。

第七条　参与者、特许参与者、代理结算银行和外币清算处理中心应按照中国人民银行的规定，准确、完整、及时地办理外币支付系统相关业务。

第八条　参与者和特许参与者通过外币支付系统办理的外币支付业务应符合国家外汇管理有关政策法规。

第九条　参与者、特许参与者、代理结算银行和外币清算处理中心应使用规定的报文格式发起业务。

参与者和特许参与者应按规定对其发起的支付指令进行加密，支付指令一经发出即具有支付效力。

第十条　外币支付系统对支付指令逐笔实时全额结算，参与者和特许参与者发起的支付指令一经结算即具有最终性。

第十一条　外币清算处理中心和代理结算银行应签订协议，明确双方在外币支付业务清算与结算方面的责任。

第十二条　外币清算处理中心应确保支付指令的接收、清算、转发的准确无误，代理结算银行应确保可用额度日初设置、日间申请调整、日间定时调整以及清算结果记账的准确无误。

本办法所称可用额度是指参与者在某一时点可清算贷记业务的额度。可用额度由参与者的圈存资金、授信额度以及已清算的外币支付业务的金额组成。

本办法所称圈存资金是指代理结算银行根据

参与者的指令，圈定其外币结算账户部分或全部金额用于外币支付系统结算的资金。

本办法所称授信额度是指代理结算银行根据其与参与者签订的协议，授予参与者用于外币支付系统结算的资金额度。

第十三条　参与者、特许参与者、代理结算银行和外币清算处理中心应采取有效措施，建立健全与外币支付系统相关的内部管理制度，防范与外币支付系统相关的信用风险、流动性风险、运行风险、法律风险和系统性风险。

第十四条　外币清算处理中心为参与者和特许参与者提供外币清算服务可按中国人民银行的规定收取有关费用。

代理结算银行为参与者提供外币结算服务可按双方签订的协议收取有关费用。

第十五条　参与者、特许参与者、代理结算银行和外币清算处理中心应建立健全故障处理和应急处置机制，保证外币支付系统的安全、稳定运行和业务的正常处理。

第十六条　外币支付系统运行工作日为国家法定工作日，运行时间由中国人民银行统一规定。

中国人民银行可根据需要调整外币支付系统的运行工作日和运行时间。

第十七条　中国人民银行依法对外币支付系统的参与者、特许参与者、代理结算银行和外币清算处理中心的外币清算、结算活动进行检查监督，以确保外币支付系统正常运行。

第二章　参与者和特许参与者的加入与退出

第十八条　以参与者身份加入外币支付系统的银行应具备下列条件：

（一）具有境内法人或管理行资格；

（二）具有国务院银行业监督管理机构批准的办理相关外汇业务资格；

（三）具有相应数量的熟悉外币支付业务和外币支付系统的管理人员和操作人员；

（四）满足加入外币支付系统的相关技术及安全性要求；

（五）具有健全的外币支付系统相关内部管理制度；

（六）具有切实可行的防范和化解外币支付风险预案。

第十九条　以特许参与者身份加入外币支付系统的外币清算机构应具备下列条件：

（一）具有国家有关部门批准的办理外币清算资格；

（二）满足加入外币支付系统的相关技术及安全性要求；

（三）具有健全的外币支付系统相关内部管理制度；

（四）其所有成员是外币支付系统的参与者或可委托外币支付系统的参与者进行结算；

（五）具有健全的风险保证金制度，并与所有成员签订风险共担的协议；

（六）具有切实可行的防范和化解外币支付风险预案。

第二十条　政策性银行、国有商业银行、股份制商业银行和外币清算机构需加入外币支付系统的，应向中国人民银行总行提出书面申请。

城市商业银行、农村商业银行、农村合作银行、外资银行需加入外币支付系统的，应通过中国人民银行当地分支机构向中国人民银行上海总部、分行、营业管理部、省会（首府）城市中心支行（以下简称中国人民银行省一级分支机构）提出书面申请。

第二十一条　银行和外币清算机构申请加入外币支付系统，应按中国人民银行规定的标准编制外币支付系统行号信息（以下简称行号信息），并确保行号信息的真实、准确和完整。

银行分支机构以行内业务系统发起行（以下简称发起行）或行内业务系统接收行（以下简称接收行）办理外币支付业务的，应由其法人或管理行按中国人民银行规定的标准为其编制行号信息。

行号信息包括行号、机构名称、行别代码、金融机构代码、省属代码、地市代码、地址、电话等内容。

第二十二条　银行或外币清算机构申请加入外币支付系统，应按照本办法第二十条的规定向中国人民银行报送以下材料：

（一）申请书，应载明本机构的行号信息、相关人员状况、外币业务状况、相关业务系统状况、内部管理状况、拟采用的连接方式等内容；

（二）银行法人应出具工商营业执照和金融机构法人许可证原件及复印件，管理行应出具工商营业执照、金融机构营业许可证和授权书原件及复印件，外币清算机构应出示有关部门批件原件及复印件；

（三）防范和化解外币支付风险预案。

外币清算机构除提供上述材料外，还应提供以下材料：

（四）其所有成员是外币支付系统的参与者或可委托外币支付系统的参与者进行结算的相关证明材料；

（五）风险保证金制度和风险共担协议相关材料。

第二十三条　中国人民银行省一级分支机构受理申报材料后，应在60个工作日内完成初审；对于符合加入条件的，应将初审意见（附申报材料复印件）上报总行。

中国人民银行总行收到申请机构提交的申报材料或中国人民银行省一级分支机构上报的初审意见后，及时组织审查并予以书面批复。

中国人民银行省一级分支机构收到总行的书面批复后，应及时将书面批复转发相关申请机构。

第二十四条　银行和外币清算机构在收到中国人民银行同意其加入外币支付系统的书面批复后，应在2个月内完成以下准备工作，并向中国人民银行报告：

（一）按照规定配置网络和其他硬件设施；

（二）完成外币支付系统相关业务、技术、操作培训；

（三）拟以直连方式接入的银行和外币清算机构应根据外币支付系统接口规范完成接口程序开发及相关业务系统改造，拟以间连方式接入的银行应根据外币支付系统共享前置机客户端配置要求完成相关技术准备。

第二十五条　中国人民银行组织对银行和外币清算机构加入外币支付系统相关准备工作的实施情况进行验收。

中国人民银行省一级分支机构应在验收完毕后出具验收报告，并及时将验收报告（附相关证明材料）上报总行。

银行和外币清算机构未在规定时间内完成有关准备工作且无正当理由的，在规定期满6个月后方可再次申请加入外币支付系统。

第二十六条　对于通过验收的银行和外币清算机构，中国人民银行总行确定其作为参与者或特许参与者加入外币支付系统。

第二十七条　参与者和特许参与者需变更其行号信息中的机构名称、地址、电话等要素的，应按照本办法第二十条的规定向中国人民银行提出书面申请。

对符合变更条件的参与者和特许参与者，中国人民银行总行确定其变更信息的生效日期并通过外币支付系统予以公布。

第二十八条　参与者需变更连接方式的，应按照本办法第二十条的规定向中国人民银行提出书面申请，并完成相关技术准备。

对符合变更条件的参与者，中国人民银行总行组织对其连接方式进行变更。

第二十九条　参与者需变更其发起行或接收行行号信息中的机构名称、地址、电话等要素或撤销分支机构行号信息的，应通过外币支付系统向中国人民银行总行进行备案。

中国人民银行总行收到参与者的变更或撤销发起行或接收行行号信息后，确定其生效日期并通过外币支付系统予以公布。

第三十条　参与者和特许参与者需退出外币支付系统的，应按照本办法第二十条的规定向中国人民银行提出书面申请。其中，参与者应事先通过外币支付系统撤销其所有发起行或接收行行号信息。

对符合退出条件的参与者和特许参与者，中国人民银行总行确定其退出外币支付系统的生效日期并通过外币支付系统予以公布。

第三章　业务处理

第三十一条　参与者、特许参与者、代理结算银行与外币清算处理中心之间应采用联机方式发送和接收业务；当出现联机中断或其他特殊情况时，可采用磁介质方式发送和接收业务。

第三十二条　外币支付系统处理的基本业务包括支付类业务和信息类业务。

支付类业务是指由外币清算处理中心清算和代理结算银行结算的资金收付业务。

信息类业务是指利用外币清算处理中心作为信息通道，无需外币清算处理中心清算和代理结算银行结算的信息发送与接收业务。

第三十三条　外币支付系统处理的支付类业务包括境内跨行贷记业务、轧差净额业务、付款交割业务。

境内跨行贷记业务是指境内付款银行向境内收款银行主动发起的付款业务。

轧差净额业务是指外币清算机构提交的多边支付业务。

付款交割业务是指证券存管机构为同时完成

债券交割与资金结算发起的支付业务。

第三十四条 代理结算银行作为境外业务代理行可通过外币支付系统办理转汇业务。

转汇业务是指参与者向作为境外业务代理行的代理结算银行发起并由该代理结算银行结算的汇出业务。

代理结算银行为参与者办理转汇业务时的收费项目和标准以及流动性支持条件由其与相关参与者自行协商。

第三十五条 外币支付系统处理的信息类业务包括转汇信息业务、查询查复业务、撤销申请业务、退汇申请业务、退汇应答业务、圈存资金调整业务、授信额度调整业务、质押和解押业务、通用信息业务。

查询业务是指参与者对与其相关的外币支付业务进行查询，查复业务是指参与者收到查询请求后向发出查询的参与者进行答复。

撤销申请业务是指参与者申请撤销已发送但未清算的外币支付业务。退汇申请业务是指参与者申请退回已清算的外币支付业务，退汇应答业务是指参与者收到退汇请求后向发起申请的参与者进行应答。

圈存资金调整业务是指代理结算银行通过外币清算处理中心调增、调减圈存资金。授信额度调整业务是指代理结算银行通过外币清算处理中心调增、调减授信额度。

债券质押业务是指参与者依据其与代理结算银行签订的协议，将其存放在债券存管机构的合格债券质押给代理结算银行进行融资，以用于外币支付系统的流动性支持。债券解押业务是指参与者依据其与代理结算银行签订的协议，从其外币结算账户中扣除质押融资金额归还代理结算银行，以换回原质押债券。

转汇信息业务是指参与者将跨境汇出汇款业务信息发送给作为境外业务代理行的参与者，由其按信息中约定转汇至境外收款行。

通用信息业务是指参与者、特许参与者、代理结算银行和外币清算处理中心之间通过自由格式报文进行信息交流。

第三十六条 外币支付系统处理的境内跨行贷记业务的信息从发起清算行起，经外币清算处理中心、代理结算银行至接收清算行止。

发起清算行是指向外币清算处理中心提交外币支付业务的参与者。接收清算行是指从外币清算处理中心接收外币支付业务的参与者。

第三十七条 外币支付系统处理的轧差净额业务和付款交割业务的信息从特许参与者起，经外币清算处理中心、代理结算银行至接收清算行止。

第三十八条 外币支付系统运行按时序分为营业准备、日间运行、业务截止、清算窗口和日终处理五个阶段。

各运行阶段的起止时间由外币清算处理中心根据中国人民银行总行的规定进行设置和调整。

第三十九条 在系统营业准备阶段，参与者、特许参与者、代理结算银行和外币清算处理中心可进行机构管理、币种管理等业务处理。

代理结算银行应根据其与参与者签订的协议，向外币清算处理中心上传各参与者的当日日初可用额度。

第四十条 在系统日间运行阶段，参与者和特许参与者可在各业务种类的业务截止时间前，通过外币支付系统办理相关外币支付业务。

第四十一条 在系统日间运行阶段，参与者可对其发起和接收的外币支付业务进行查询，相关参与者应在收到查询申请当日至迟下 1 个工作日内进行查复。

第四十二条 在系统日间运行阶段，参与者可申请退回其发起的已清算的外币支付业务，相关参与者应在收到退汇申请的当日至迟下 1 个工作日内进行答复。相关款项尚未贷记收款人账户，且参与者同意退回的，应当另行发起外币支付指令。

第四十三条 对于支付金额不超过参与者可用额度的外币支付业务，外币清算处理中心应实时全额清算；对于支付金额超过可用额度的外币支付业务，外币清算处理中心应按照下列排队释放优先级别（以下简称优先级别）进行排队：

（一）轧差净额业务；

（二）付款交割业务；

（三）紧急境内跨行贷记业务；

（四）非紧急境内跨行贷记业务。

第四十四条 在系统日间运行阶段，外币清算处理中心应对处于排队状态的外币支付业务按照优先级别顺次进行清算，对处于同一优先级别的外币支付业务按照“先进先出规则”进行清算。

第四十五条 参与者可对其发起的处于排队状态的外币支付业务在同一优先级别中调整排队顺序，但不能跨优先级别调整。特许参与者不得调整其处于排队状态的轧差净额业务的排队顺序。

参与者可撤销其发起的处于排队状态的外币支付业务。

第四十六条 在日间可用额度定时调整时点，外币清算处理中心应对自系统日间运行开始至可用额度定时调整时点期间发生的外币支付业务的清算结果进行试算平衡，并将试算平衡后的清算结果提交相关币种的代理结算银行。

当某参与者在日间可用额度定时调整时点其清算差额为净贷记且可用额度的锁定额大于圈存资金和授信额度之和时，外币清算处理中心应将需调增圈存资金的情况通知代理结算银行。

第四十七条 代理结算银行收到外币清算处理中心提交的清算结果后，应及时完成记账并向外币清算处理中心返回记账处理结果。

代理结算银行收到外币清算处理中心发送的需调增圈存资金的通知后，应按照其与参与者的协议及时通知相关参与者，并根据相关参与者的指令及时调增其圈存资金。

第四十八条 当系统业务截止时外币支付业务仍处于排队状态的，外币清算处理中心应开启清算窗口，受理信息类业务和贷记可用额度不足的参与者的支付类业务。

外币清算处理中心应在清算窗口关闭前对处于排队状态的外币支付业务，依次按照“级别优先、金额优先、时间优先”的原则进行清算。

外币清算处理中心可根据中国人民银行总行的要求，对处于排队状态的外币支付业务进行撮合，以完成对相关外币支付业务的清算。

对于在清算窗口关闭时仍处于排队状态的外币支付业务，外币清算处理中心应予以退回，轧差净额业务除外。

第四十九条 在系统日终时，外币清算处理中心应对日间可用额度定时调整时点至系统日终期间发生的外币支付业务的清算结果进行试算平衡，并将试算平衡后的清算结果提交相关币种的代理结算银行。

外币清算处理中心收到代理结算银行返回的记账处理结果后，分别与参与者、特许参与者和代理结算银行进行分币种账务核对。核对不符的，参与者、特许参与者和代理结算银行应以外币清算处理中心的数据为准进行调整，同时应及时查明原因并进行相应处理。

外币清算处理中心应在系统日终完成后将参与者的可用额度归零。

第五十条 在系统年终时，参与者、特许参与者、代理结算银行和外币清算处理中心相关业务处理的流程和方法与系统日终处理相同。

第四章 风险管理

第五十一条 外币支付系统分币种实时计算各参与者的可用额度，以防范信用风险。

第五十二条 代理结算银行应依据其与参与者签订的协议，在外币支付系统中对相关参与者的可用额度进行日初设置和日间申请调整。

代理结算银行应在日间可用额度定时调整时点，统一更新相关参与者的可用额度。

第五十三条 参与者应在外币清算处理中心保持充足的可用额度，以确保系统外币支付业务的及时清算。

第五十四条 特许参与者收到外币清算处理中心返回的轧差净额业务已排队信息时，应及时通知并督促相关参与者筹措资金。

清算窗口关闭前，相关参与者无法筹措足够资金的，特许参与者应启动风险保证金、风险共担机制，确保系统外币支付业务的及时清算。

第五十五条 代理结算银行应根据其与参与者签订的协议，向参与者提供透支便利、质押融资等流动性支持，以防范流动性风险。

第五十六条 参与者、特许参与者、代理结算银行和外币清算处理中心应加强对相关业务系统的日常运行维护，建立健全内部控制制度，以防范运行风险。

第五十七条 外币清算处理中心应将其业务数据在外币支付系统中至少保存30个工作日；对于脱机业务信息，应按照同类会计档案的保存要求进行保存。

第五十八条 参与者可向外币支付系统查询其圈存资金、授信额度、可用额度、排队往账累计额、排队来账累计额等情况，以加强风险管理。

第五章 故障处理和应急处置

第五十九条 参与者、特许参与者、代理结算银行和外币清算处理中心应建立健全外币支付系统故障处理和突发事件应急处置机制，保障系统运行的不间断性、业务处理的连续性、数据的完整性和资金的安全性。

本办法所称外币支付系统突发事件（以下简称突发事件）是指影响外币支付系统正常运行的突发自然灾害、事故灾难、公共卫生事件、社会安全事件等突发事件。

第六十条　参与者、特许参与者、代理结算银行和外币清算处理中心应做好外币支付系统运行异常信息和突发事件信息的收集、分析和报告，建立健全系统运行异常和突发事件预警机制，做到早发现、早报告、早准备。

第六十一条　参与者、特许参与者、代理结算银行和外币清算处理中心发生外币支付系统故障时，应按照"先报告、后处理，尽快恢复运行，优先保障外币清算处理中心运行"的原则进行处置。

参与者、特许参与者和代理结算银行发生外币支付系统故障时，应及时向外币清算处理中心报告。代理结算银行和外币清算处理中心发生外币支付系统重大故障时，应在故障发生后 1 小时内报告中国人民银行总行。

第六十二条　故障报告内容应包括故障性质、影响系统运行情况、影响业务处理情况、现场处置情况、启动技术应急处置预案情况等。

故障报告应采用书面报告的形式，情况紧急的，可采用先电话报告后书面报告的形式。

第六十三条　外币清算处理中心收到参与者或特许参与者的故障报告后，应将相关情况通知其他参与者和特许参与者，暂存接收清算行为故障参与者的业务，同时协助其排除故障；在收到故障报告后 2 小时内参与者、特许参与者仍不能排除故障的，外币清算处理中心应将相关情况报送中国人民银行总行。系统日终时参与者、特许参与者仍不能排除故障的，外币清算处理中心应采用磁介质等方式向参与者、特许参与者传递相关数据，并由其进行后续处理。

外币清算处理中心收到代理结算银行报送的故障报告后，应正常受理业务、暂存清算结果，同时协助其在最短时间内排除故障；在收到故障报告后 1 小时内代理结算银行仍不能排除故障的，外币清算处理中心应将相关情况报送中国人民银行总行；系统日终时代理结算银行仍不能排除故障的，外币清算处理中心和代理结算银行应采用磁介质等方式传递相关数据并进行后续处理。

第六十四条　参与者、特许参与者、代理结算银行和外币清算处理中心发生外币支付系统故障后，应立即按照相关故障处理规定排除故障或按规定启动技术应急预案。

第六十五条　外币支付系统故障排除后，参与者、特许参与者、代理结算银行和外币清算处理中心应尽快做好业务数据的恢复和核对工作，尽快恢复外币支付系统的正常运行和业务的正常办理。

第六十六条　代理结算银行和外币清算处理中心发生外币支付系统重大故障且在可容忍时间内无法排除的，中国人民银行总行可宣布外币支付系统暂停运行，并按有关规定启动故障救援程序。

第六十七条　代理结算银行和外币清算处理中心应研究建立与外币支付系统相关的灾难备份系统，定期不定期进行生产环境切换到灾难备份环境的演练，确保灾难备份系统在危机情况下能够快速、高效地投入使用。

第六章　纪律与责任

第六十八条　参与者有下列行为之一的，中国人民银行可视其情节及影响程度，对其进行通报、暂停其外币支付系统业务、责令其退出外币支付系统。

（一）提供虚假申请材料，采取欺骗手段加入外币支付系统；

（二）通过外币支付系统办理不符合国家外汇管理有关政策法规的业务；

（三）收到查询后未查复或未及时查复；

（四）收到退汇申请后未按规定办理退汇；

（五）可用额度不足造成外币支付系统多次开启清算窗口；

（六）存在重大风险隐患，影响外币支付系统的安全、稳定运行；

（七）发生外币支付系统故障或突发事件后，未按规定报告或未积极采取有效措施，影响外币支付系统的安全、稳定运行。

第六十九条　特许参与者有下列行为之一的，中国人民银行可视其情节及影响程度，对其进行通报、暂停其外币支付系统业务、责令其退出外币支付系统。

（一）提供虚假申请材料，采取欺骗手段加入外币支付系统；

（二）通过外币支付系统办理不符合国家外汇管理有关政策法规的业务；

（三）未对其发起的轧差净额业务进行风险控制，导致外币支付系统日终无法正常结算；

（四）存在重大风险隐患，影响外币支付系统的安全、稳定运行；

（五）发生外币支付系统故障或突发事件后，未按规定报告或未积极采取有效措施，影响外币支付系统的安全、稳定运行。

第七十条 代理结算银行有下列行为之一的，中国人民银行可视其情节及影响程度，对其进行通报、提前终止其代理结算银行资格。

（一）未按照外币清算处理中心提交的清算结果进行记账；

（二）未及时向外币清算处理中心反馈记账处理结果，影响外币支付系统正常日终；

（三）未报送中国人民银行备案或未征求参与者意见，擅自增加外币支付系统相关收费项目或提高收费标准；

（四）未按照其申请代理结算银行资格时提出的服务标准向参与者提供流动性支持；

（五）存在重大风险隐患，影响外币支付系统的安全、稳定运行；

（六）发生外币支付系统故障或突发事件后，未按规定报告或未积极采取有效措施，影响外币支付系统的安全、稳定运行。

第七十一条 被中国人民银行责令退出外币支付系统的参与者和特许参与者，自退出之日起2年内不得申请加入外币支付系统。

被中国人民银行提前终止某一币种代理结算银行资格的银行，自资格终止之日起2年内不得申请成为该币种的代理结算银行。

第七十二条 参与者、特许参与者、代理结算银行、外币清算处理中心不按规定办理外币支付业务造成资金损失的，依法承担赔偿责任；构成犯罪的，依法追究刑事责任。

第七章 附 则

第七十三条 外币清算处理中心的外币清算服务收费方案由中国人民银行规定。

代理结算银行的外币结算服务收费方案由其按照国家有关规定自行制定，但应事先报送中国人民银行备案并在实施前向银行业金融机构公布。

第七十四条 本办法由中国人民银行负责解释、修改。

第七十五条 本办法自发布之日起施行。

中国人民银行、银监会关于加快推进农村金融产品和服务方式创新的意见

银发［2008］295号

中国人民银行上海总部，各分行、营业管理部、省会（首府）城市中心支行、副省级城市中心支行；各省、自治区、直辖市银监局；各政策性银行，国有商业银行，股份制商业银行，中国邮政储蓄银行：

推进农村金融产品和服务方式创新是新形势下深化农村金融改革、加强和改进农村金融服务、促进信贷结构优化调整的重要内容，对于支持和推进社会主义新农村建设具有重要意义。近年来，适应农村经济和社会发展变化以及农民金融服务需求多元化的特点，中国人民银行各分支机构、银监会各派出机构和相关金融机构在推进农村金融产品和服务方式创新方面进行了积极探索，取得了明显成效。但是，在我国农村不少地区金融产品少、金融服务方式单一、金融服务质量和效率不适应农村经济社会发展和农民多元化金融服务需求的问题仍然突出。在继续优化农村金融基层网点布局、放宽农村金融机构市场准入条件、完善农村金融服务网络、加强农村金融基础设施建设的同时，为了进一步推进农村金融产品和服务方式创新，以点带面，推进建立和完善多层次、广覆盖、可持续的农村金融服务体系，中国人民银行、银监会决定在全国选择粮食主产区或县域经济发展有扎实基础的部分县、市深入组织开展农村金融产品和服务方式创新试点。现就试点工作提出如下意见：

一、指导思想

全面贯彻落实党的十七大和十七届三中全会精神，以邓小平理论和“三个代表”重要思想为指导，深入学习实践科学发展观，以推动农村金融产品和服务方式创新为着力点，促进金融机构加大对“三农”可持续的有效资金投入，进一步改进和提升农村金融服务，努力满足多层次、多元化的“三农”金融服务需求，推动城乡金融协调发展，促进农业增产、农民增收和农村经济发展，大力支持和促进社会主义新农村建设。

二、试点的目的和原则

试点目的是通过积极不懈的努力，在试点地区努力创造和发展一些适合农村实际需求特点的金融产品和服务方式，创新和完善涉农金融服务新机制，不断满足农村多元化金融服务需求，让农村和农民得到更实惠、更便捷的金融服务，试点模式力争可复制，易推广，在更大范围内和更高层次上全面提升农村金融服务水平。

试点工作坚持以下原则，一要坚持市场化和政策扶持相结合的原则，以市场化为导向，以政策扶持为支撑，健全和完善正向激励机制，充分调动和激发各类市场主体内在积极性和创造性；二要坚持因地制宜原则，根据农村经济社会发展变化实际特点，积极探索、创新适合当地实际、可操作性强的金融产品与服务方式，重在实际效果；三要坚持优化服务和风险可控原则，积极运用现代商业网络信息技术和现代化管理手段，改进和提升面向“三农”的金融服务，审慎稳健开展金融创新，合理分散金融风险。

三、试点内容

（一）大力推广农户小额信用贷款和农户联保贷款。鼓励金融机构加强与信用协会或信用合作社等信用共同体的合作，运用联保、担保基金和风险保证金等联合增信方式，积极探索发展满足信用共同体成员金融需求的联合信用贷款。通过规范信用共同体内部的资信公开、信用评估、贷款催收等程序，完善内在激励约束机制，调动成员自我管理的积极性，促进金融机构有效降低信息采集、贷前调

查、资信评估和贷后管理等成本，在有效控制和防范信贷风险的基础上扩大信用贷款发放。鼓励农村合作金融机构、中国邮政储蓄银行和新型农村金融机构等利用多种方式建立和完善农户资信评价体系，积极发放不需要抵押担保的小额信用贷款和农户联保贷款，扩大农户贷款覆盖面，提高贷款满足率。支持政策性银行、国有商业银行、股份制商业银行、城市商业银行等银行业金融机构通过批发或转贷方式间接参与小额信用贷款业务。鼓励和支持涉农金融机构对守信用、按时归还贷款的借款人实施贷款利率优惠、扩大贷款额度等激励措施，促进农民和涉农企业提高信用意识。

（二）创新贷款担保方式，扩大有效担保品范围。鼓励金融机构根据试点地区农业发展情况和农村经济特点，依照相关法律，进一步扩大农户和农村企业申请贷款可用于担保的财产范围，积极规范和完善涉农担保贷款业务操作流程，建立健全涉农贷款担保财产的评估、管理、处置机制。按照因地制宜、灵活多样的原则，探索发展大型农用生产设备、林权、水域滩涂使用权等抵押贷款，规范发展应收账款、股权、仓单、存单等权利质押贷款。原则上，凡不违反现行法律规定、财产权益归属清晰、风险能够有效控制、可用于贷款担保的各类动产和不动产，都可以试点用于贷款担保。积极推进和完善多元化的农村信贷担保体系建设，鼓励各类信贷担保机构通过再担保、联合担保以及担保与保险相结合等多种方式，加大对农村的融资担保服务。

（三）探索发展基于订单与保单的金融工具，提高农村信贷资源的配置效率，分散农业信贷风险。鼓励金融机构根据农业资金需求的季节性特点，围绕形成订单农业的合理定价机制、信用履约机制和有效执行机制，建立和完善农业订单贷款管理制度。积极推动和发展“公司+农户”、“公司+中介组织+农户”、“公司+专业市场+农户”等促进农业产业化经营的信贷模式，充分发挥农业产业化经营的辐射拉动作用，推进优质高效特色农业加快发展。鼓励涉农银行业金融机构、农村信贷担保机构及相关中介机构加强与保险公司的合作，以订单和保单等为标的资产，探索开发“信贷+保险”金融服务新产品。鼓励和支持有条件的农村种养大户和有资质的农业生产企业通过投资“信贷+保险”和信托理财产品，有效防范和分散涉农信贷风险。

（四）在银行间市场探索发行涉农中小企业集合债券，拓宽涉农小企业的融资渠道。鼓励产品有发展前景、业务经营好、资信优良的涉农中小企业，采用“分别负债、统一担保、集合发行”的方式，在银行间市场探索发行涉农中小企业集合债券。鼓励有实力、经营稳健、信用好的涉农金融机构利用信息、技术优势和在银行间市场的销售渠道，为农业产业化龙头企业发行短期融资券和涉农中小企业发行集合债券提供增信和承销服务。鼓励各类担保机构联合提供担保服务，提高集合债券信用等级，促进涉农中小企业集合债券顺利发行。

（五）改进和完善农村金融服务方式，提高涉农金融服务质量和服务效率。鼓励涉农金融机构进一步加大农村金融产品营销力度，扩大对农村贫困地区的金融服务覆盖面。对符合条件的县级分支机构合理扩大信贷管理权限，优化审贷程序，简化审批手续。推广金融超市“一站式”服务和农贷信贷员包村服务。结合试点地区的新农村建设规划，通过推行手机银行、联网互保、农民工银行卡、信用村镇建设等多种方式，积极推进农村金融服务手段电子化、信息化和规范化，逐步普及农村金融产品的网络化交易，发展基于现代信息科技的低成本的商业可持续模式。鼓励拥有网点优势的涉农金融机构大力拓展收费类和服务类资金归集等中间业务，积极开展农村金融咨询、代理保险销售和涉农理财业务。

四、试点的配套政策

（一）综合运用多种货币政策工具，建立推进农村金融产品和服务方式创新的正向激励机制。加大支农再贷款额度调剂力度，拓宽支农再贷款使用范围，根据试点绩效适当向试点地区倾斜。对符合条件的农村信用社，可优先办理支农再贷款；对支农贷款发放比例高的农村信用社，可根据其增加支农信贷投放的合理需求，通过允许其灵活支取特种存款等手段，拓宽其支农信贷资金来源。

（二）通过银行间市场发行资产证券化产品和信用衍生产品，拓宽涉农金融机构的资金来源，分散农业贷款的信用风险。鼓励涉农金融机构根据自身需要和市场状况，积极探索开发以中长期农业基础设施和农业综合开发贷款等涉农贷款为基础资产的证券化产品，防范和控制涉农信贷资产风险。试点开发以涉农贷款为基础资产、由保险公司或者贷款担保机构提供贷款保护的信用衍生产品，为金融机构加大支农惠农力度提供成本低、流动性好的避险工具。

（三）加快农村支付体系建设步伐，提高农村地区支付结算业务的便利程度。支持涉农金融机构建设和完善支付清算系统和业务处理系统。有重点地鼓励和引导涉农金融机构开发和推广适合农村实际的支付结算服务品种。加快推进农村地区支付服务基础设施建设，逐步扩展和延伸支付清算网络在农村地区的辐射范围。

（四）加强农村信用体系建设，改善区域金融生态。中国人民银行试点地区的分支机构要进一步扩大企业和个人信用信息基础数据库在农村地区的信息采集和使用范围，引导金融机构建立健全农户、农民专业合作社和涉农企业的电子信用档案，设计客观、有效的信用信息指标体系，建立和完善科学、合理的资信打分和信用积分制度，推动建立农村信用信息共享机制。

（五）按照“宽准入、严监管”和“区别对待”的原则，完善和实施鼓励农村金融产品和服务方式创新的市场准入扶持政策。对于支农成效显著、风险控制能力强、推动农村金融产品和服务方式有特色的涉农金融机构，在金融产品创新和基层机构网点布局调整方面实施市场准入绿色通道，风险可控的新业务可实行备案制，并支持其跨区域兼并重组、出资设立新型农村金融机构或分支机构。

（六）发挥财政性资金的杠杆作用，增加金融资源向农村投放的吸引力。在有条件的试点地区，鼓励地方政府建立涉农贷款风险补偿制度，用于补偿涉农金融机构由于自然风险和市场风险等原因形成的信贷损失，同时，也可对涉农企业与农户的贷款实行贴息，或者建立保险补贴金制度，为提供涉农业务的保险公司和参保企业与农户提供保费、经营费用和超赔补贴。

五、试点的组织实施与工作步骤

试点地区的中国人民银行省级分支机构会同当地银监局统筹协调组织本省的试点工作并制定试点工作具体实施意见或试点管理办法报中国人民银行和银监会备案。试点地的中国人民银行县级分支机构和当地银监会派出机构要加强与所在地财政、保险和农业等部门的协作配合及信息沟通交流，共同制定和落实试点工作的具体措施，加强试点工作管理，及时向上级部门报告试点进展情况，加强跟踪监测和效果评估。

从2008年下半年起，中部6省和东北3省各选择2~3个有条件的县（市）开展试点方案设计和试点推进落实工作，每个省集中抓好2~3个金融产品创新和推广。2009年至2010年，试点地区的中国人民银行省级分支机构和银监会省级派出机构要及时对试点开展情况进行督促指导和评估报告，全面总结试点地区金融产品和服务方式创新经验，中国人民银行总行会同银监会将适时选择部分成熟的特色创新产品在全国其他有条件的地区宣介推广。

请中部6省和东北3省的中国人民银行省级分支机构、银监会省级派出机构联合将本意见转发至辖区内相关金融机构并抓好协调落实工作。试点过程中发现的情况和问题，请及时报告中国人民银行和银监会。

中国人民银行

中国银行业监督管理委员会

二〇〇八年十月十五日

中国人民银行关于促进支票影像业务健康发展的通知

银发［2008］72号

人民银行上海总部，各分行、营业管理部、省会（首府）城市中心支行，深圳市中心支行；各政策性银行、国有商业银行、股份制商业银行，中国邮政储蓄银行：

为有效解决当前支票影像系统运行中存在的问题，促进支票影像系统业务健康发展，现将有关事宜通知如下：

一、切实规范票据行为

银行业金融机构（以下简称各银行）应指导出票人规范填写支票要素，确保支票票面清晰、准确。支票的“付款行名称”不得与“出票人账号”信息重叠，“出票人账号”应与在银行账户管理系统中登记的账号一致，出票人应在规定位置签章，以避免与其他要素重叠。

各银行应及时告知支票出票人其账户必须有足够资金保证支付，严禁签发空头支票。付款银行出售支票时应在支票指定位置加盖（填写）12位的银行机构代码或指导出票人在支票指定位置填写银行机构代码。

采取集中接入影像交换系统分中心模式的提出行无需在实物支票上加盖票据交换专用章；采取分散接入像交换系统分中心模式的提出行是否加盖票据交换专用章，应按照当地票据交换管理规定办理，加盖票据交换专用章的，不得覆盖票据号码、出票人账号、金额及银行机构代码等要素。

二、提高影像采集质量

人民银行各分支机构应指导辖区内各票据交换所和各银行按照人民银行影像交换系统技术规范设置扫描仪图像采集参数。要组织支票影像扫描机构对参数设置情况进行全面自查，不符合技术规范标准的参数设置应立即修改。

各扫描机构要严格按规定录入和复核电子清算信息，确保电子清算信息与支票影像信息完全相符，不得发出不符合图像标准的业务；录入的电子清算信息中“收款人名称”、“付款人名称”要素项超过系统规定字符长度的，超过部分应在“备注”栏中录入。

提出行应严把支票受理审核关，对要素不全或有瑕疵的支票应及时退还持票人补全或纠正；不得受理未填写银行机构代码、超提示付款期限等不符合规定的支票；审核单位出票人签章时，只需审核是否加盖出票人公章或财务专用章、其法定代表人或其授权的代理人是否签章，不得因签章样式不同拒绝付款；提出行受理未按账户实名制规定开立银行账户发生的支票业务且提入行付款后产生纠纷的，应按反洗钱规定依法进行处罚。

三、严格支票核验和付款纪律

提入行采用电子验印方式核验支票并付款的，应将其客户预留印鉴全部入库，要按照人民银行影像交换系统技术规范合理设置验印参数，避免参数设置过高影响核验、付款通过率；对于电子验印系统核验未通过的影像业务须以人工验印或其他核验方式处理。

提入行采用支付密码核验方式核验支票并付款的，应切实提高支付密码的覆盖率，未与客户约定使用支付密码的，应当采取验印等方式审核付款；不得拒绝受理支付密码未覆盖地区企业签发的、不含有支付密码信息的支票。

各银行必须严格按照《中国人民银行办公厅关于印发全国支票影像交换系统业务处理及系统运行有关管理规定的通知》（银办发［2006］255号）规定，认真做好支票核验和付款工作，不得违反规定随意退票、拒绝付款。如：不得以未加盖票据交换专用章或签章区域不正确为由退票；不得以电子清算信息中未录入最后一手委托收款背书人信息为由退票。对于“收款人名称”、“付款人名称”要素项超过系统规定字符长度，且已在

"备注"栏补充填写完整的，不得以"电子清算信息与支票影像不相符"为由退票。各银行在审核支票过程中对于印鉴、客户签名等存在疑问的，应及时向出票人或提出行查询，严禁未经查询擅自退票。

四、积极推进业务发展

人民银行各分支机构要继续加大对支票全国通用工作的宣传力度，普及支票影像业务知识，引导社会公众广泛使用支票；要组织辖区内银行机构积极开展支票影像系统业务创新，推动有条件的地区开展银行保付支票试点工作，提高支票使用率。鼓励建立付款保障制度，提倡银行与核验系统开发商签订协议，实行核验差错保险制度。鼓励采用分散接入方式的银行积极创造条件，尽快采用集中接入模式办理支票影像系统业务，以提高支付效率，加快资金到账速度。具备条件的城市可逐步将同城支票业务纳入影像交换系统处理，以推进影像系统业务快速发展。

五、强化支付清算监管

人民银行各分支机构要加大支票影像清算业务监管力度，定期或不定期地对辖区内票据交换所和各银行支票影像清算业务开展情况，特别是印鉴入库、系统运行、业务操作、业务受理以及退票制度、清算纪律、业务标准执行情况，进行检查监督，及时通报存在的问题，督促违规机构限期整改，对整改不力或严重违反支付清算纪律的，应责令其退出影像交换系统，并向社会公示。要加大对签发空头支票行为的处罚力度，统计监测出票人签发空头支票情况，对屡次签发空头支票或印鉴不符支票的单位和个人，开户银行可停止为其办理支付结算业务。人民银行将逐步把单位和个人支票违规信息等支付信用信息统一纳入征信体系，供银行、企业和社会公众查询，以约束支票违规行为，完善支票受理市场。

六、加强系统运行管理

影像交换系统各节点运行部门要加强对工作人员的培训教育工作，引导工作人员切实强化责任意识、风险意识和服务意识，提高业务水平。要严格执行影像交换系统运行巡检制度，定期对系统的主机、备机设备及运行环境进行检查，确保影像交换系统主、备设备在故障情况下可自动切换运行。要认真落实运行情况定期报告制度，定期向上级运行部门和业务主管部门报告系统运行情况，发现重大问题要及时报告。建立和完善影像交换系统应急处置预案，定期组织应急演练，提高系统的应急处置能力，确保系统安全、高效、稳定运行。

人民银行各分支机构要高度重视支票影像系统业务推广和监管工作，进一步完善措施，落实责任，强化管理，推动辖区内支票影像系统业务健康发展。对支票影像系统业务宣传工作、辖区内支票影像业务发展状况、支票退票率升降等情况，人民银行总行将纳入对分支机构的年度考核工作。

请人民银行各分支机构收到此通知后尽快转发至辖区内地方性银行机构。

中国人民银行
二〇〇八年三月七日

第三部分

专题与调研篇

2008年宁波市百户工业企业景气监测分析

2008年，宁波市百户工业企业景气监测数据显示：受国内外严峻环境影响，工业经济下行趋势明显，企业家信心指数不断走低；市场销售状况不佳，产成品库存上升；企业盈利能力与投资意愿持续下降。另一方面，工业经济运行中出现的有利因素有：生产要素成本下降，能源原材料供应充足；适度宽松货币政策效应显现，资金供给状况继续改善。

一、企业产销和资产负增长，企业家信心指数创新低

宁波市共有工业景气监测样本企业118家。按规模分①，以中小企业为主：大型企业22家，占18.6%；中小企业96家，占81.4%。按所属行业分，样本企业分布符合宁波工业格局特色：纺织服装业27家，占22.9%；电气机械及家电制造业20家，占16.9%；机械设备制造业16家，占13.6%；电子及通讯设备制造业11家，占9.3%；其余12个行业共44家，占37.3%。

（一）工业总产值和销售产值同比下降。2008年，监测样本企业累计工业总产值（现价）957.26亿元，同比负增长1.63%，增幅同比下降17.13个百分点；累计销售产值（现价）911.54亿元，同比负增长6.05%，增幅同比下降21.03个百分点；工业总产值和销售产值增速近5年来首次为负（见图1）。

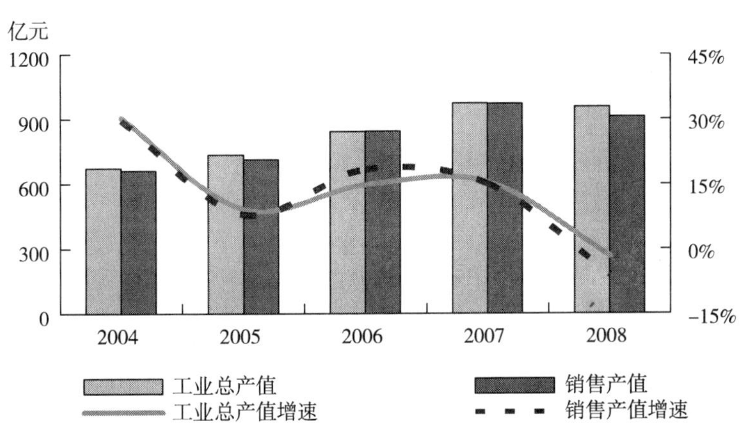

图1　工业总产值和销售产值变动趋势

（二）总资产和净资产同比减少。2008年末，监测样本企业总资产余额1291.32亿元，比上年同期减少8.88亿元，同比负增长0.68%；净资产475亿元，比上年同期减少46.8亿元，同比负增长8.97%；总资产和净资产余额近5年来首次减少（见图2）。

① 企业规模根据国家统计局2003年5月22日颁布的《统计上大中小型企业划分办法（暂行）》划分。

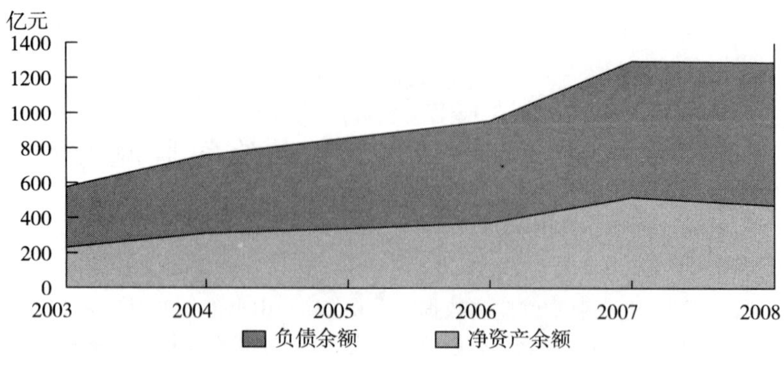

图 2　净资产和负债余额变动趋势

（三）企业家信心不足。2008 年 4 季度，监测企业宏观经济形势指数 -42.19，比上季下降 39.85，单季降幅创监测制度建立以来最大值；所在行业整体经营指数 10.94，比上季下降 19.53，自 2007 年 4 季度以来不断走低；企业总体经营状况指数 19.53，比上季下降 22.66；这三项指数均创历史最低值，且呈加速下降趋势（见图 3），表明企业家对宏观经济、行业状况和本企业生产经营看法较为悲观。

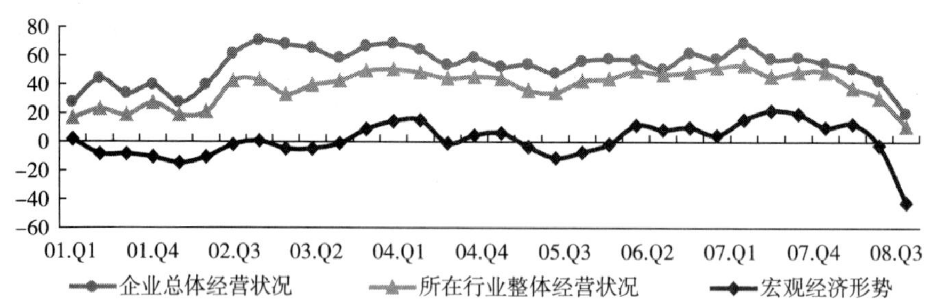

图 3　企业家信心指数走势

二、市场销售状况不佳，产成品库存上升

（一）产品销售收入增速趋降，市场需求景气指数走低。2008 年，监测企业产品销售收入 1143.91 亿元，同比增长 3.17%，增速同比下降 9.64 个百分点。2008 年以来，当季产品销售收入（非累计）增速持续下降（见图 4）；其中 2008 年 4 季度当季同比负增长 9.28%。国内和国际市场需求指数持续走低，2008 年第四季度，国内订货水平指数 -17.97，比上季下降 13.28，自 2007 年 4 季度以来逐季降低；出口产品订单指数 -25，比上季下降 36.72，为监测制度建立以来单季最大降幅；两项指数均创历史新低（见图 5）。

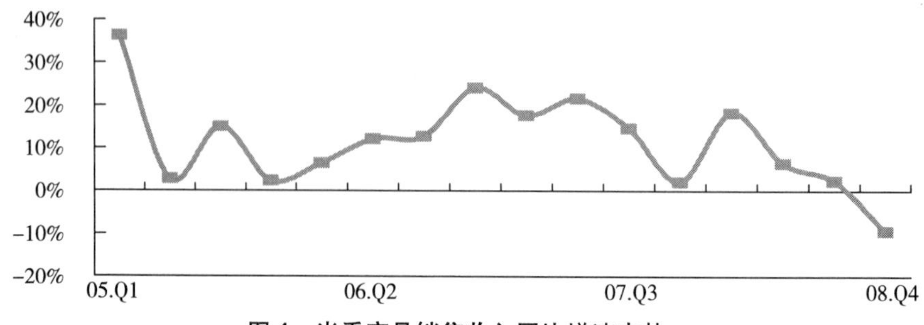

图 4　当季产品销售收入同比增速走势

（二）产成品较快增加。2008年末，监测企业产成品余额73.45亿元，比年初增加10.41亿元，同比多增1.78亿元。2008年4季度企业产成品库存水平指数10.94，与上季持平，处于历史较高水平（见图5）。

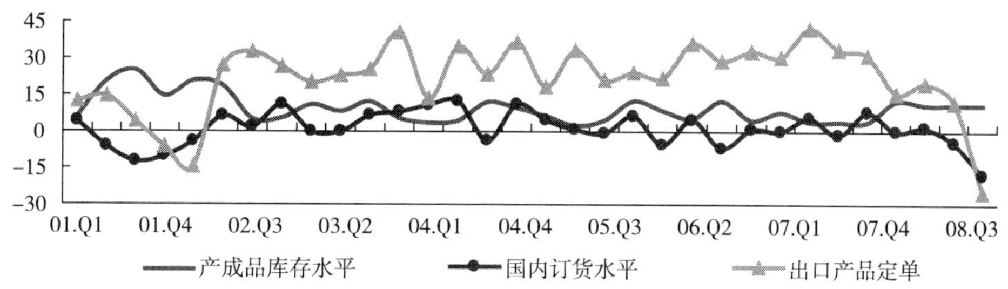

图5　产品需求和产成品库存水平景气指数走势

三、盈利能力大幅下降，企业家对盈利前景不乐观

（一）各项盈利指标全面下滑。2008年，监测样本企业累计利润总额68.54亿元，同比负增长23.6%，增速同比下降72.03个百分点。2008年末，监测企业销售利润率9.08%，同比下降0.58个百分点；净资产收益率13.75%，同比下降6.21个百分点；总资产利润率5.29%，同比下降2.66个百分点。2008年以来，监测企业三项主要盈利指标均呈下降态势（见表1）。

表1　监测企业主要盈利指标变动

	销售利润率	净资产收益率	总资产利润率
2007Q4	9.66	19.96	7.95
2008Q1	11.44	13.80	5.35
2008Q2	10.88	19.03	7.36
2008Q3	9.88	14.31	5.49
2008Q4	9.08	13.75	5.29

（二）盈利景气指数大幅下降。2008年4季度，企业盈利情况景气指数-2.34，比上季下降10.93，2001年以来首次为负，创历史新低（见图6），表明企业家对盈利前景较为悲观。

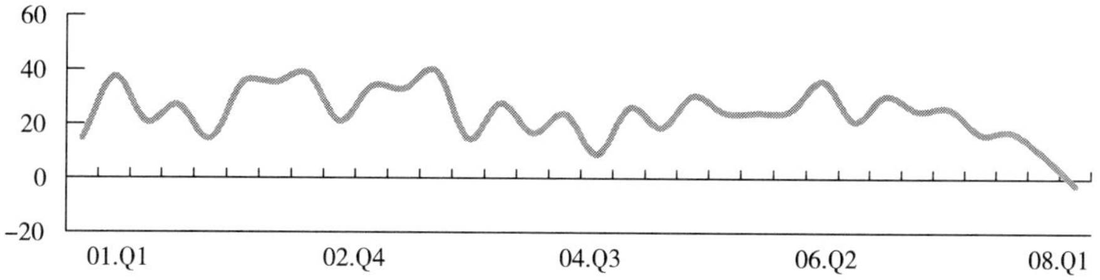

图6　企业盈利景气指数走势

四、生产要素成本下降，能源原材料供应充足

（一）生产要素价格指数快速回落。2008 年 10 月，宁波市原材料燃料动力购进价格指数 92.5%，同比下降 16.5 个百分点；工业品出厂价格指数 96.6%，同比下降 7.06 个百分点；居民消费价格指数 99.4%，同比下降 6.8 个百分点，三项指数均创近两年来的最低值（见图 7）。原材料燃料动力购进价格指数大幅下降，使其与工业品出厂价格指数“倒挂”的幅度大幅减少并消失，有助于企业控制能源和原材料成本；居民消费价格指数的回落，有助于企业控制劳动力成本。

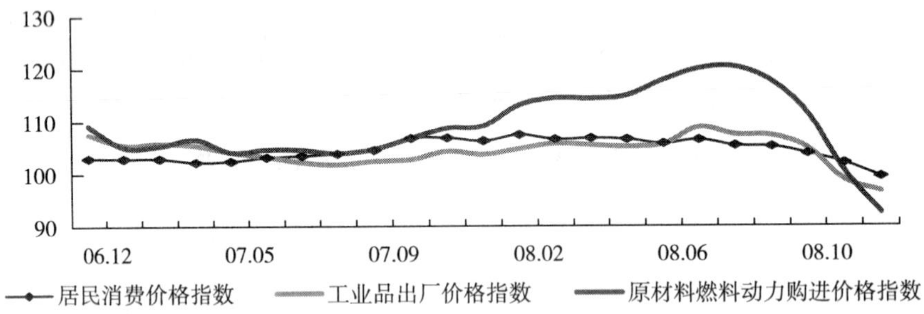

图 7　主要价格指数当月同比走势

（二）企业生产要素供应指数回升。2008 年 4 季度，能源供应情况景气指数 35.16，比上季上升 14.07；电力供应情况景气指数 48.44，比上季上升 29.69；原材料储备水平景气指数 7.81，比上季上升 4.68，已连续 2 个季度回升（见图 8）。

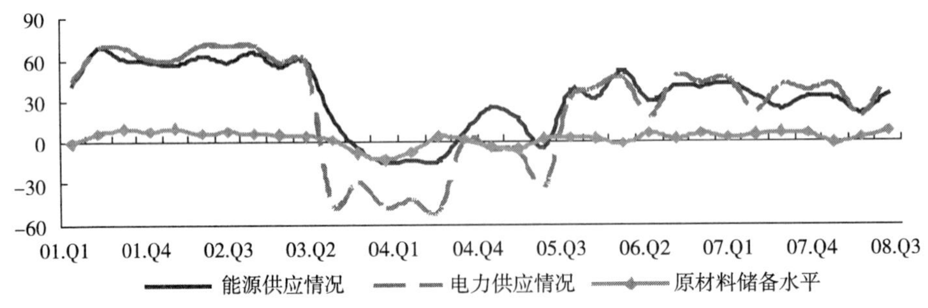

图 8　生产要素供应景气指数走势

五、企业资金链较紧张，银行贷款有所放松

2008 年末，监测企业资产负债率 63.22%，为近 5 年来最高值，同比上升 3.35 个百分点，增幅同比提高 4.08 个百分点；企业银行借款余额 292.64 亿元，同比增长 33.36%。资产负债率较高和银行借款增速较快显示企业资金链较为紧张，外部融资需求加大，这与企业资金状况景气指数走势相吻合。2008 年 4 季度企业资金周转状况景气指数 32.03，比上季下降 3.91；销货款回笼指数 33.59，比上季下降 14.85；两项指数均连续 2 个季度下降（见图 9）。

同时，2008 年 4 季度企业家认为辖内各银行资金供给状况继续改善，本季贷款掌握情况指数 -14.06，比上季回升 4.69，已连续 3 个季度上升；借款利率水平指数 -21.09，比上季回升 10.94，幅度较大，且连续 2 个季度上升。

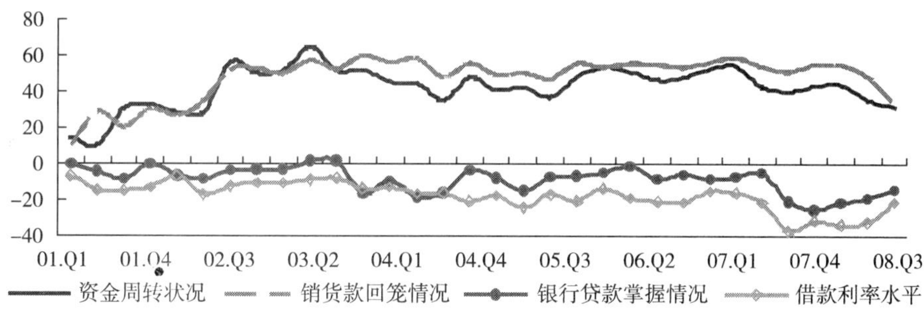

图9　企业资金状况和银行贷款情况景气指数走势

六、企业投资意愿持续下降

2008年四季度，样本企业固定资产投资情况指数为-8.59，比上季下降8.59；设备投资情况指数-10.16，比上季下降10.16；土建工程投资情况指数-23.44，比上季下降11.72；三项指数均创历史最低水平（见图10），表明企业在严峻的经济形势下，投资意愿普遍下降。

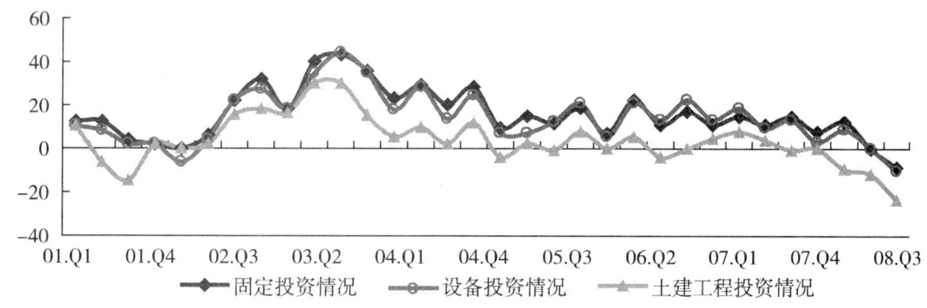

图10　企业投资状况景气指数

（中国人民银行宁波市中心支行统计研究处）

2008年宁波市企业商品交易价格监测分析

纵观2008年，监测的206种商品价格总体运行平稳，总指数波动不大，但是分类看，钢材、塑料等价格指数变化异常显著。钢材类价格指数呈明显的“倒V”运行轨迹；塑料类价格指数上半年运行较为平稳，下半年急转而下，年底暴跌至2004年监测数据以来的最低点；水产品价格指数波动带有明显的季节性，剔除季节效应，全年运行稳中有升。

一、交易价格总指数先升后降，基本平稳

1. 从交易价格指数看，2008年12月宁波市企业商品交易价格总指数为115.5，比上年同期下降2.8（见图1）。从全年月度数据看，1~6月，交易总指数基本呈逐步上升态势，7~11月逐月下降，12月小幅回升。由图1中总指数与CPI的走势对比可以得出，总指数的变化趋势与CPI走势有较强的相关性：从7月份开始，CPI开始回落，并且10月份涨幅3.8%，14个月以来首次回落至4%以内。

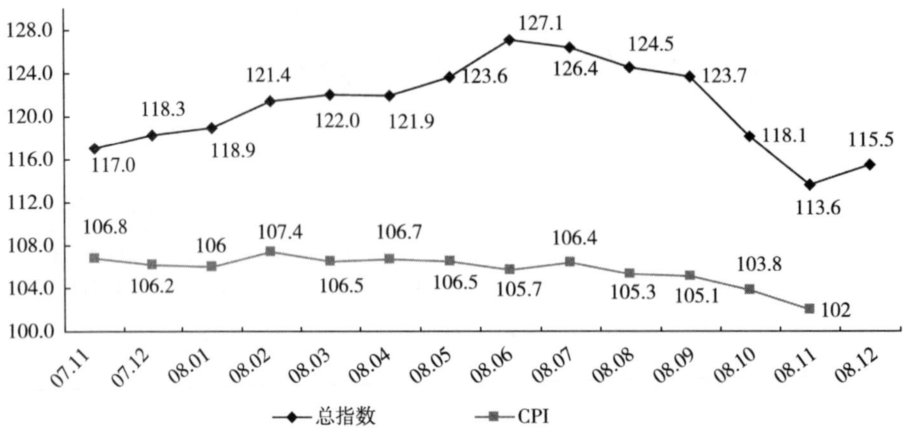

图1　2007年11月以来宁波市企业商品价格指数与CPI走势①

2. 从交易规格品价格变动情况看，价格上涨规格品有29种，比上年减少6种；价格下跌规格品有26种，比上年增加5种。

二、钢材价格指数先扬后抑，大幅下挫

延续2007年以来钢材价格上涨态势，2008年1～7月，钢材价格涨势强劲，价格指数连创新高，7月份达139.0，比年初提高17.2；但8月份起，这一指数连续大幅下挫，其中11月份价格指数为103.6，为两年以来的最低，价格指数比最高点暴跌35.4，全年指数走势呈明显的“倒V”字轨迹（见图2）。

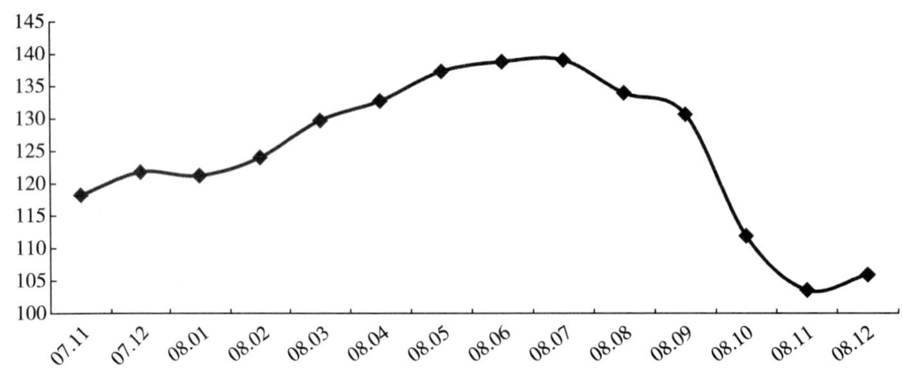

图2　2007年11月以来宁波市钢材价格指数走势

上半年钢材价格持续高位运行，成本高涨是其原动力，而另一方面，年初的一些非市场因素也对钢价的持续上涨起到了推波助澜的作用。

由于目前我国钢铁业对进口铁矿石依存度过高，因此，钢铁业成本较大程度地受到铁矿石价格波动的影响。2008年2月份以来，由于钢铁企业生产所需铁矿石、煤炭、焦炭、原油、海运费价格大幅飙升，推动钢企生产制造成本急剧上升。同时国家实行矿产资源税征收新办法，并取消原来减免40%的规定；征收新的环境保护费用；实施《劳动合同法》，实行职工工资正常增长机制，企业人工成本上升；实行从紧的货币政策带来企业资金周转偏紧和三项费用增加等等，使得钢材成本上升的压力加大，导致钢材价格持续上涨。另外，年初突

① 图中累计总指数是以2003年12月为基期的定基指数，基数为100；总指数是把206种规格品分为12大类，分别计算类指数，然后赋以权重合计成总指数。

发性的雪灾导致运输受阻、电力供应受限，对钢材市场生产、交易也有较大影响。这些市场与非市场因素的叠加，使1～7月份钢材价格连创新高。

下半年钢材价格急转而下的原因总体来说来自两方面。一是由于世界范围内的金融危机，国内国外需求急剧下降；二是由于国际大宗物品价格的下跌，支撑钢价的成本因素消失。

下半年国际经济形势恶化，世界经济陷于衰退，国内经济增速放缓，导致钢材需求萎缩。经济下滑波及钢材市场下游产业，作为钢材消费的三大支柱：住宅、汽车和机械设备首当其冲。继美国、日本汽车制造业销售大幅下降、宣布裁员之后，欧洲各国汽车制造商纷纷发出盈利警讯并进行减产。据报道，雷诺公司4季度产量将减少20%，裁减6000人；意大利菲亚特汽车公司表示2009年可能会出现最糟糕的情况，汽车销量可能最多下降20%。与此同时，国内住宅、汽车、家用电器等耗钢产品的销售也不太理想，一些企业被迫减少产量和施工量。比如9、10、11月份宁波市房地产投资均出现名义增长率的下降；10月份全国汽车销售尽管环比增加，但同比仍为下降；内燃机、机床等机械设备产量同比继续下降，或者是增长水平明显回落。

另一方面，从目前国际石油价格、海运费价格、铁矿石现货价格、废钢价格以及国内原材料燃料动力购进价格的跌落来看，支撑钢价的成本因素已经消失，并且短时间内钢材价格难以重新获得强有力的支撑。

三、塑料价格指数先稳后挫，暴跌谷底

监测数据显示，1～5月，塑料价格指数运行平稳，指数月度变化均在2之内，5月份指数为132.44，仅比1月份上升2.68。而6月份指数陡增14.37，这主要是因为国际油价的突然上涨。之后7月份开始，指数连续下挫，至12月份，比去年同期低44.25，暴跌至2003年12月以来监测数据的最低点（见图3）。

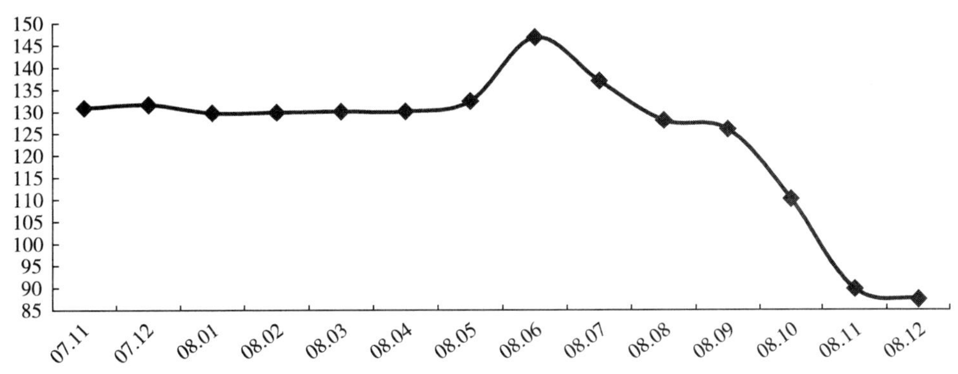

图3　2007年11月以来宁波市塑料价格指数走势

塑料价格指数从7月份开始跌落，可以分为两个阶段：7～9月高成本支撑下的下滑以及10～12月的迅速暴跌。

由于7月是传统需求淡季，而且进入夏季用电高峰，加上劳动力成本增加以及出口退税等多重因素使得下游加工企业利润大幅减少，部分甚至减产或是停工，并且北京奥运会、残奥会期间因国家对化学品的生产和运输进行限制，国内的购买动力减弱等这些因素都是导致塑料原料市场需求萎缩的原因，但高成本的支撑使下滑的空间有限，市场行情维持高位整理下行。

10月份开始，国际原油价格持续下跌、终端需求萎缩造成塑料市场空前低迷。10月份，国际原油每桶下跌约80美元，塑料原料价格在石化价格降价的带动下，不断探底，低位频频出现。虽然不乏欧佩克减产，刺激原油市场反弹的利好举措，但全球恶化的经济形势使市场依然担忧下降的需求。愈演愈烈的金融危机引发美国、欧洲等发达国家经济下行甚至衰退，使美国等国家消费能力下降，我国出口贸易受到很大影响，许多中小制造企业经营形势严峻，面临关停或减产。原油价格暴跌，需求严重匮乏，使塑料原料市场持续走低。

四、水产价格指数季节性波动，略有

上升

水产价格总体略有上升，12 月价格指数比年初上涨 12.1，剔除季节效应，实际上涨 4.02。全年来看，水产价格波动的季节性特点明显：上半年上涨，下半年下跌，年底回升；与之对比，剔除季节效应，运行则较为平稳（见图 4）。

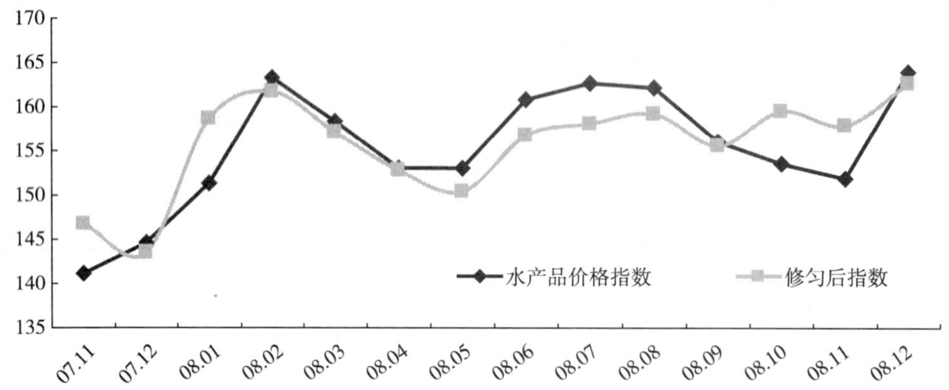

图 4 2007 年 11 月以来宁波市水产品价格指数走势①

春节因素是水产价格年初上涨及年底回升的主要原因。由于冰冻雨雪灾害带来的运输受阻等方面的影响，使修匀价格指数涨幅较大，除此之外，全年修匀指数的运行相对平稳，也进一步印证水产季节波动的特点。5～8 月，因东海休渔，水产价格略有波动，价格主要取决于外地水产品的品质。9～11 月，因东海重新开渔，远洋渔货大量上市，水产价格持续下跌。

（中国人民银行宁波市中心支行统计研究处）

2008 年宁波市银行家问卷调查分析

2008 年，人民银行宁波市中心支行组织实施了四次银行家问卷调查，19 家商业银行（含外资银行）、政策性银行及农村信用社的行长或分管信贷副行长（主任或分管信贷副主任）共 76 人参加了调查。调查结果显示：银行家普遍认为当前经济已步入下行区间，受全球大环境影响，出现偏冷迹象，并且预期继续偏冷，通胀水平虽得以遏制，但未来经济增长不确定因素增多，银行家更加关注下季度经济增长环境；适度宽松的货币政策导向使银行家对当前货币政策预期指数陡增至调查期以来最高点，利率的连续下调对银行的定价水平提出了更高要求，促使银行在未来积极利用利率杠杆调节贷款；贷款需求有所减少，贷款审批条件依然趋紧；银行摆脱资金头寸紧张局面，银行业景气指数明显下降。

一、经济进入下行区间，对下季度经济偏冷的预期加大

1. 未来经济增长的不确定因素增多，银行家对下季度经济偏冷的预期加大。2008 年以来，由于我国经济发展受到国内外一些不利因素的影响，经济增速下滑。而愈演愈烈的国际金融危机，使外

① 修匀后指数是指剔除季节因素后的价格指数，用以反映去除季节影响后的价格运行特点。具体计算方法是将水产品价格指数除以季节指数。这里，季节指数的计算方法为：将 2003 年以来，月份（1～12 月）的指数分别算术平均，然后比上所有月份的算术平均值而得。

部需求急剧减少，对外向型经济冲击明显。特别是对于外贸依存度较高的宁波来说，所受到的影响更为严重。数据显示，前3季度全国GDP同比增长9.9%，宁波市GDP同比增长10.4%，分别较上年同期回落1.6、4.5个百分点（见图1）。图1数据显示，前3季度，银行家对当前全国经济形势感受指数连续回落。本季度以来这一指数骤降24.12，由2007年4季度的历史最高水平77.78降至30.88，累计下降46.90，经济偏冷迹象凸显。其中，认为全国经济形势偏冷的银行家占比由2007年1季度以来连续7个季度的0%猛升至本季度57.89%；另有5.26%的银行家认为目前全国经济形势过冷。银行家对宁波市经济感受指数也连续4个季度下降，由2007年4季度的历史高位73.68下降至本季度29.17，累计下降44.51。其中，认为宁波经济形势偏冷或过冷的银行家占比由2007年1季度以来连续7个季度的0%急升至本季度68.42%；另有5.26%的银行家认为目前宁波经济形势过冷。

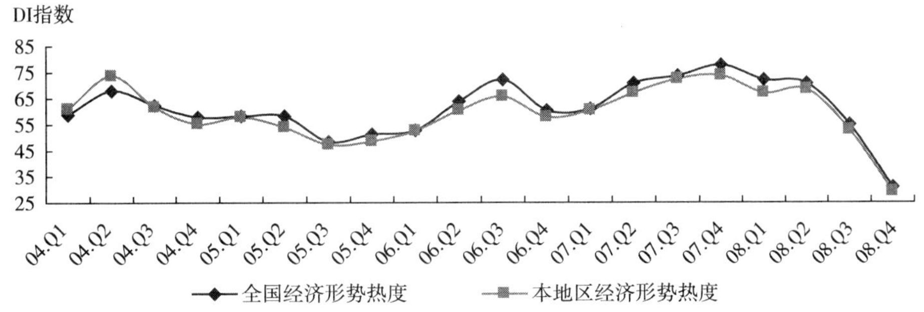

图1 经济形势判断景气指数趋势

4季度调研结果显示，银行普遍认为当前企业经营正在经历近10年以来最严重的外部市场危机。宁波市外向型企业，在经历了上半年的原材料价格上涨、人民币升值压力之后，现在面临的最大压力就是订单的减少。虽然国家出台了扩大内需的十条措施，以刺激经济增长，但是目前效果尚不明显。因此，当前经济下行趋势导致银行家对下季度经济增长信心不足，使得对下季度经济运行偏冷的预期加大。例如，全国经济预期指数由2008年1季度的69.44开始连续4个季度下降，本季度为29.41，累计下降40.03；宁波市经济预期指数也由2季度的69.74骤降至本季度的27.78，累计下降41.96（银行家感受指数指数越大，表明经济越热；对下季经济预期指数越大，表明预期下季经济越热）。

2. 通胀得以遏制，经济增长预期减弱。由于受宏观调控效应的显现、金融危机导致需求下降、国际市场原油、大宗商品价格骤降等因素影响，物价走势发生了根本变化。3季度全国居民消费价格总水平同比上涨7.0%，其中食品类价格上涨17.3%，原材料燃料动力购进价格上涨12.4%，较去年同期提高8.6个百分点。3季度，宁波市居民消费价格总水平上涨6.2%，低于全国平均水平0.8个百分点。但是随着CPI的逐步走低，经济增速减缓带来的影响，是否会由通胀转为通缩，很大程度上有赖于政策效应显现的速度与效果。问卷调查结果显示，银行家对下季度物价的预期指数连续5个季度下降，总体物价走势以及投资品、消费品价格走势预期景气指数分别由2007年3季度的历史最高水平78.95、77.63、81.58下降至本季度的35.53、28.95、36.84，累计分别下降43.42、48.68、44.74（见图2）（对下季物价预期指数越大，表明物价预期越高）。

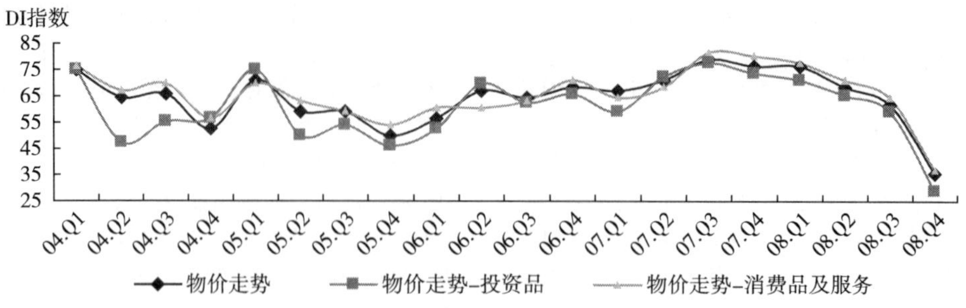

图2　物价走势预期指数趋势

二、银行家货币政策预期指数陡增

1. 认为当前货币政策偏松的银行家占比本季度开始上升，并且预期未来货币政策进一步松动的占比增加。当前国际经济形势严峻，美国、欧洲两大经济体已步入衰退，为了防止通货紧缩，确保我国经济平稳增长，我国已实施了积极的财政政策和“适度宽松”的货币政策。9月份以来，已经4次降息、3次降低存款准备金率。从我国当前及未来经济形势来看，降息在市场预期之中，银行家切实感受到刺激经济的决心。调查数据显示，本季度认为货币政策偏松的银行家占比开始上升，为26.32%，同时银行家货币政策感受预期指数连续3个季度回升，从今年1季度的历史最低值26.32升至60.53，累计上升34.21，为2004年以来的最高位（见图3）（对下季货币政策预期指数越小，表明预期政策越紧）。

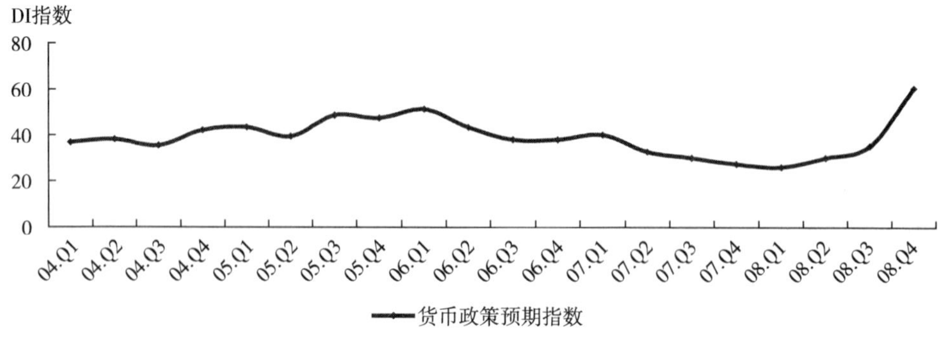

图3　银行家货币政策感受预期指数

2008年11月26日，央行决定下调一年期存贷款基准利率1.08个百分点，如此大幅度降息表明国家刺激经济的决心很大。这使银行家预测未来货币政策将会更趋松动，货币政策感受预期指数回升，预测下季度货币政策过松或偏松的银行家占比本季度开始迅速上升，由此前连续6个季度的0%猛然升至52.63%。

2. 利率的连续下调考验银行的盈利能力，促使银行积极利用利率杠杆调节贷款。本期调查数据显示，认为本季度总体利率水平适度的银行家占比没能延续前3个季度的连续走高，本季度转升为降，较上季度下降36.84个百分点，降至42.11%；其中认为贷款利率水平适度的银行家占比也从上季度的78.95%降至42.11%。适度宽松的货币政策以及近来央行降息的基调，使银行家对下季度降息的预期加强。认为下季度总体利率水平将有所下降的银行家占比达84.21%，上季度仅为5.26%，而这一占比在此前连续7个季度为0%。

调查表明，商业银行普遍认为本次降息幅度之大出乎意料。由于2006年以来，各期限基准利率之间的利差呈下降趋势，此次利率调整，因贷款基准利率大幅下行（即使按相同的上浮水平），再考虑存贷款结构以及居民还贷意愿等因素，存贷款之间的利差将进一步缩小，直接影响商业银行的盈利能力。因此，近期政策对银行的利率定价水平提出了更高的要求。预期下季度贷款利率浮动水平基本不变的银行家占比为 42.11%，与上季度持平，认为将有所下浮的银行家由此前连续 6 个季度的 0% 升至 52.63%。

三、贷款需求景气指数降低，贷款投放景气指数下降

1. 贷款需求减少。调查显示，贷款需求景气指数连续 3 个季度下滑，从今年 1 季度的 75.00 到本季度的 56.94，累计下降 18.06。分行业看，农业贷款需求景气指数也连续 3 个季度下滑，由 1 季度的 69.64 降至 57.35，累计下降 12.29，制造业贷款需求景气指数连续两个季度下滑，由 2 季度的 76.47 降至 57.35，累计下降 19.12，非制造业贷款需求景气指数没能延续上季度回升的态势，本季度由升转降，下滑 13.24，降至 55.89。分企业规模看，大型企业贷款需求景气指数连续两个季度上升之后，本季度下降 8.93，维持在 1 季度的 58.93 的水平，而中、小企业贷款需求景气指数则连续 3 个季度下滑，分别累计下降 9.65、15.28，降至 54.41、61.11。分用途看，固定资产贷款需求景气指数止住连续 3 个季度下滑的趋势，与上季度持平，而个人消费贷款需求景气指数则连续 4 个季度下滑，累计下降 25.00，降至 45.31，其中个人购房贷款景气指数连续 6 个季度下滑，由 2007 年 2 季度的 78.12 降至本季度的 37.50，累计下降 40.62。

本季度银行延续上季度政策继续收紧企业、个人贷款的审批条件。数据显示，本季贷款审批条件选择与上季度“基本不变”的银行家占比为 63.16%，与上季度基本持平，因为上季度银行的审批条件已经大为紧缩，同时选择“有所收紧”或“明显收紧”的银行家占比依然达 21.05%。虽然适度宽松的货币政策放开了规模限制，但在当前情况下，受到金融风暴的冲击，企业经营风险加大，为此银行多为保守操作，谨慎选择放贷对象。

2. 贷款投放景气指数继续下降，贷款投放增长趋缓。贷款投放景气指数连续两个季度下降，数据显示，本季度总体贷款投放景气指数 52.78，下降 16.62，比去年同期低 3.80。分行业看，农业、制造业、非制造业贷款投放景气指数分别比上季度下降 3.31、17.65、13.23，而制造业景气指数已经连续两个季度下滑，累计下降 26.47，这也表明由于外部需求减弱，制造业盈利难度加大，银行“惧怕”风险而保守操作，从而缩减对其贷款的投放。分企业规模看，中、小企业贷款投放景气指数分别下降 7.35、15.28，而大型企业贷款投放景气指数也没能延续 3 个季度以来的上升趋势，本季度下降 7.14，这表明在当前情况下，银行虽更多地会选择投向大型、优质客户，但是谨慎起见，规模相应都加以控制。(贷款投放景气指数越大，表明贷款投放越多)。

四、银行资金头寸紧张局面改善，银行业总体运行指标下降

1. 银行资金头寸紧张程度大为改善（见图 4）。图 4 显示，2007 年 4 个季度以来，银行资金头寸景气指数一直呈下降趋势，2008 年 1 季度低位反弹，至本季度已经连续 4 个季度提高，累计上升 23.68，升至 56.58，从数据看已经处于历史较高水平区域。这一变化，一方面是得益于央行近来的货币政策，准备金率的连续下调使银行有更宽裕的资金头寸；而另一方面，与近期资本市场的波动相互关联，股市、房市的持续低迷使得资金选择回流入银行，并且经济下行趋势使银行谨慎理财的选择者增多，这部分资金在很大程度上充实了银行的头寸。本季度总体资金来源景气指数比上季度提高 2.63，其中储蓄存款、企业存款景气指数分别比上季度上升 6.02、5.28。(资金头寸指数越小，表明资金头寸越紧张；资金来源指数越大，表明资金越充足)。

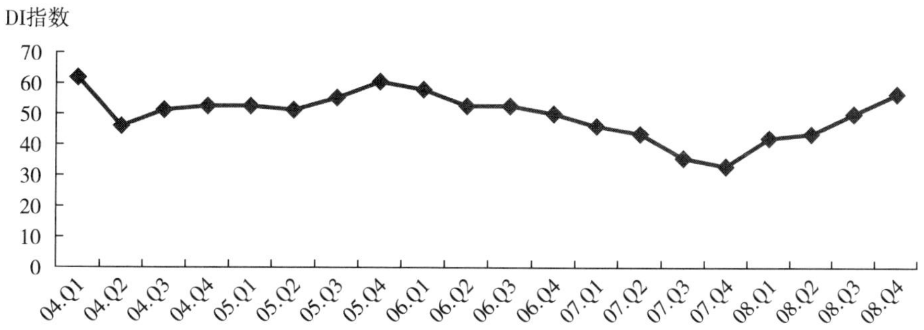

图 4　银行资金头寸景气指数变动趋势

2. 企业、个人贷款逾期增加，银行业资产质量有所下降，经营状况景气指数明显下降。本季度认为该行企业客户、个人客户贷款逾期增加的银行家占比均为57.89%，均比上季度增加26.31个百分点，均高于历史平均水平；资产质量景气指数比上季度下降9.21，银行经营状况景气指数本季度下降明显，比上季度低6.57。从银行目前的经营状况看：业务需求量大幅下降，比上季度降低11.11；财务指标明显下滑，其中存贷利差收入、手续费收入、人均利润景气指数分别较上季度下降13.15、10.53、10.53；银行业竞争力和盈利能力较上季都有所减弱。上述因素促使本季银行业景气指数明显下滑（如图5）（银行业景气指数越大，表明运行状况越好）。

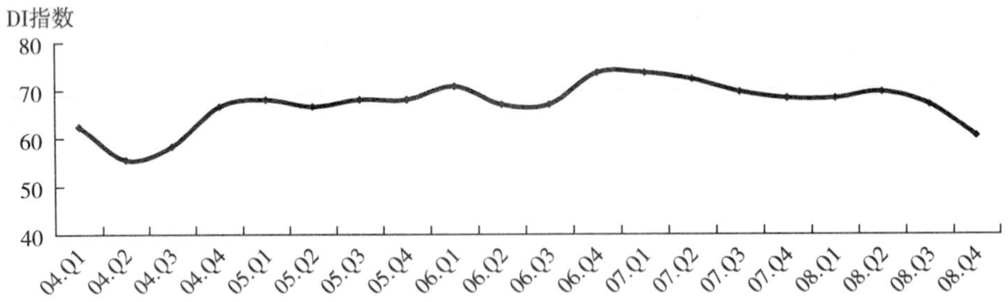

图5 银行业景气指数趋势

（中国人民银行宁波市中心支行统计研究处）

2008年宁波市民间借贷监测分析

2008年49① 个监测点数据显示，宁波市民间借贷活跃，受宏观经济变化影响，监测点民间借贷加权平均利率呈先升后降趋势与金融机构利差持续扩大，现将具体情况报告如下：

一、民间借贷情况

（一）民间借贷利率情况分析

1. 全年民间借贷加权平均利率先升后降，利率区间上移。2008年宏观经济面临国内严重自然灾害和国际金融危机的严峻考验，货币政策经历了从紧到适度宽松的变化，全年5次降低金融机构存贷款基准利率。受此影响，宁波市40个监测点民间借贷利率也呈先高后低走势，从一季度的14.232%上升到三季度的最高点15.237%，四季度下降至14.455%，四个季度同比分别上升2.924个百分点、2.593个百分、2.671个百分点、1.063个百分点，其中最高利率为60%，最低利率为6%（见图1）。从利率分布区间看，高利率区间发生额占比上升，低利率区间发生额占比下降，主要集中在10%至15%区间，一季度至四季度分别占45.3%、56%、46.9%、46.5%，与上年相比，15%至20%区间的占比上升幅度较大，全年四个季度分别较上年上升19.4个百分点、12.6个百分点、12.4个百分点、4.5个百分点（见图2）。

① 2008年新增9个监测点，主要包括典当行、担保公司等从事民间借贷业务的中间机构

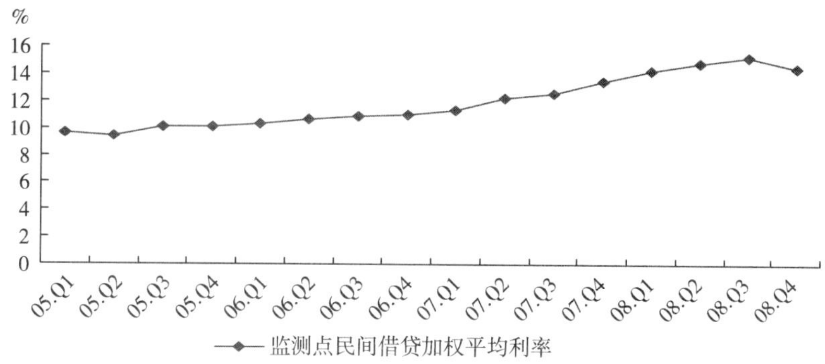

图1　2005～2008年各季度民间借贷加权平均利率走势图

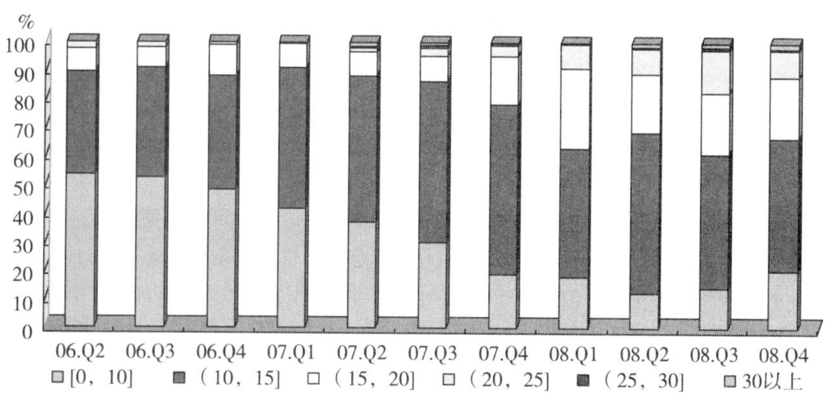

图2　2005～2008年宁波市民借贷监测点利率分布图

2. 民间借贷与金融机构之间利差呈持续扩大趋势。全年四个季度民间借贷加权平均利率较全部金融机构加权平均利率分别高出6.489个百分点、6.795个百分点、7.356个百分点、7.875个百分点，较农信社分别高出5.149个百分点、5.995个百分点、6.676个百分点、7.228个百分点，利差呈持续扩大趋势，尤其是四季度尽管民间借贷、金融机构加权利率都有所回落，但民间借贷加权平均利率下降幅度低于金融机构加权平均利率下降幅度（见图3）。

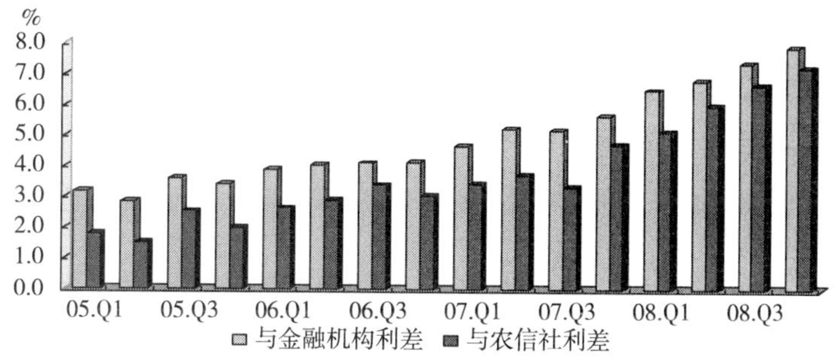

图3　2005～2008年民间借贷、与农信社、金融机构利差情况

3. 1个月以内短期利率较高，6个月～1年期利率较为稳定。各期限结构中，1个月以内短期利率最高，四个季度分别为16.376%、16.173%、17.978%、17.076%，较其他期限利率高2个百分点以上。6个月～1年期利率较为稳定，一季度为全年最低点14.402%，二季度为全年最高点

14.992%，两者相差0.59个百分点，一年以上期限波动较大，全年最高点与最低点的利差达到2.14个百分点（见图4）。

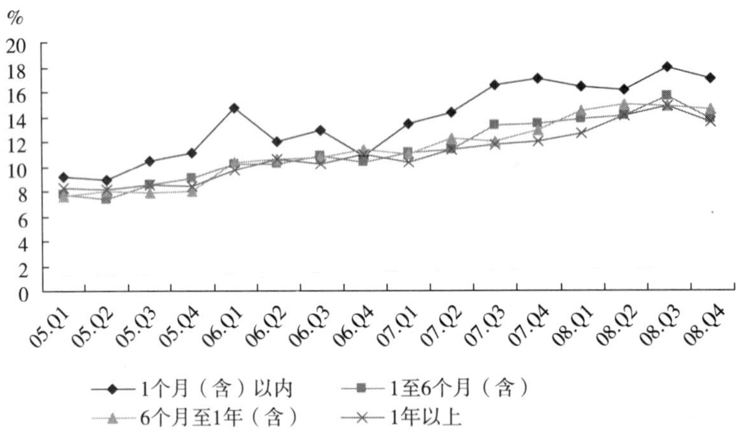

图4 2005～2008年宁波市民间借贷加权平均利率分期限趋势情况

4. 各县市区民间借贷加权平均利率存在较大差异。根据地理位置分类，把慈溪市、余姚市、鄞州区、开发区四个地区作为北部地区，奉化市、宁海县、象山县作为南部地区，全年南部地区民间借贷平均利率①明显高于北部地区，四个季度两者的利差分别为5.412%、5.458%、5.994%、5.131%，从时间序列来看，两地区之间的利差从2007年二季度以来持续扩大（见图5）。各县市区中，一季度民间借贷加权平均利率最低的为鄞州区，其余各季度最低的为慈溪市，四个季度最高的均为宁海县，分别较最低利率高出7.5个百分点、11.9个百分点、9.9个百分点、8.9个百分点。

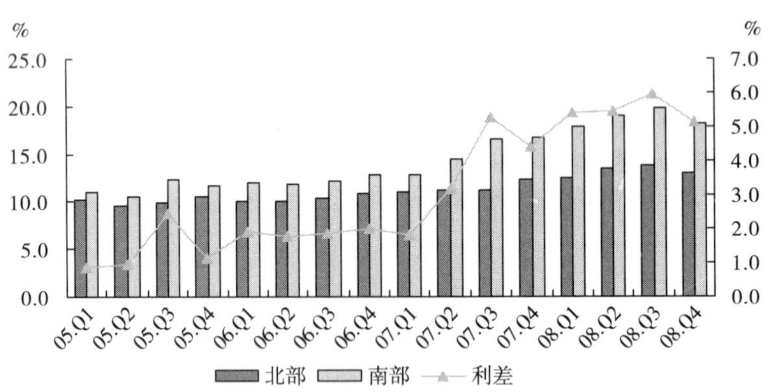

图5 2005～2008年宁波市分地区民间借贷加权平均利率走势

5. 各类型民间借贷利率存在较大差异。从农户、其他样本、中介机构三种类型看，中介机构借贷期限较短，一个月以内为主，其加权平均利率最高，一季度为36.3%且呈逐季上升，四季度达到最高点40%，借贷利率主要集中在30%至40%区间。农户、其他样本加权平均利率相对较低，期限集中在6个月至1年，其中三季度最高分别为20.56%、16.84%，农户样本、其他样本利率主要

① 根据慈溪市、余姚市、鄞州区、开发区四个地区加权平均利率简单算术平均值计算北部地区民间借贷平均利率，南部地区亦然，两者之差为两地区之间的利差。

集中在区间10%至15%（见图6）。

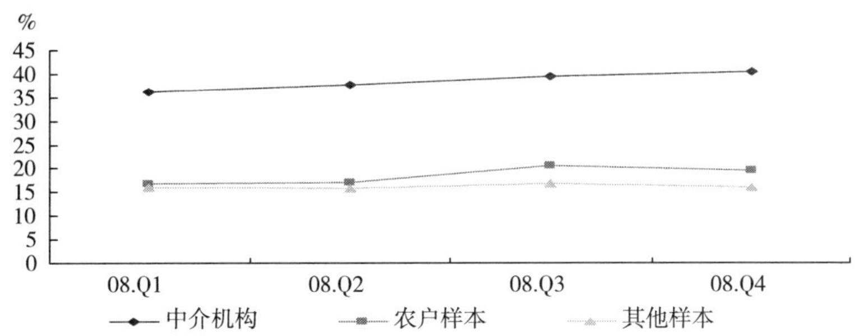

图6 2008年各类型民间借贷加权平均利率情况

6. 信用借贷利率低于抵押、担保利率。从借贷方式来看，全年四个季度信用借贷加权平均利率分别为14.22%、14.38%、15%、14.29%，较抵押、担保加权平均利率分别低2.02个百分点、2.88个百分点、2.22个百分点、1.55个百分点，两者的利差从二季度开始逐缩小（见图7）。

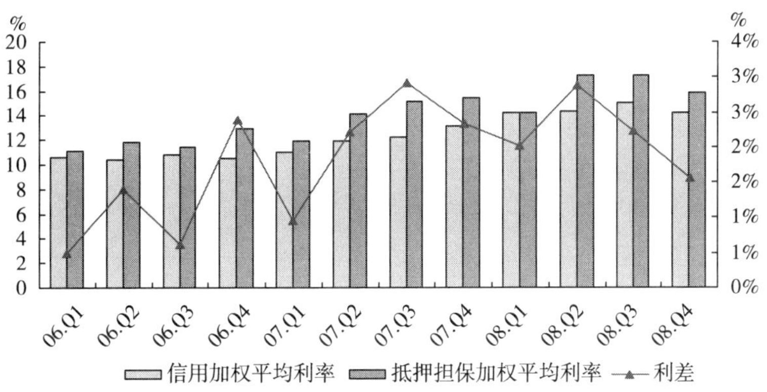

图7 2005～2008年分类型民间借贷加权平均利率走势

（二）民间借贷资金情况分析

1. 全年单笔借贷金额呈小幅下降趋势。从40个监测点的借贷资金情况看，2008年全年累计发生3167笔，金额为7.6亿，单笔借贷金额为24.2万元，较上年增加3.7万元，同比增幅18%。其中一季单笔借贷金额最高达到27.4万元，二、三季度分别小幅下降至22.8万元、22.6万元，四季度回升至24.1万元（见图8）。

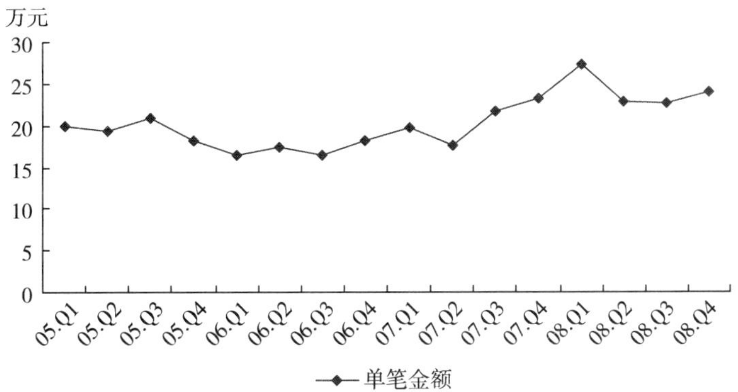

图8 2005～2008年宁波市监测点单笔借贷金额走势

2. 信用借贷占比远高于抵押、担保借贷占比。从借贷方式看，民间借贷以信用借贷为主，全年信用借贷金额占全部发生额的86.46%，较上年略下降0.06个百分点，较抵押、担保借贷金额占比高75个百分点。四个季度各类型民间借贷比例保持稳定（见表1）。

表1　　2008年各类型民间借贷占比情况

	2008Q1	2008Q2	2008Q3	2008Q4	全部
信用借贷	90.78%	83.41%	84.85%	85.94%	86.46%
抵押担保	8.34%	14.67%	12.69%	10.57%	11.40%
其他	0.88%	1.92%	2.47%	3.50%	2.15%

3. 借贷资金主要用于解决流动资金。从民间借贷资金用途看，全年满足流动资金需求占比达到全部发生额77.42%，较上年小幅增长3.7个百分点，用于固定资产投资的资金占比8%，较上年下降0.04个百分点，家用消费6.43%，较上年下降1.2个百分点。四个季度借贷资金用途占比保持稳定（见表2）。

表2　　2008年民间借贷资金用途占比情况

	2008Q1	2008Q2	2008Q3	2008Q4	全部
固定资产	5.50%	9.53%	9.21%	8.25%	8.00%
流动资金	81.06%	74.68%	75.49%	77.68%	77.42%
家用消费	5.17%	6.65%	6.91%	7.19%	6.43%
投资	6.63%	4.93%	6.46%	5.46%	5.90%
其他	1.65%	4.21%	1.93%	1.43%	2.26%

4. 借贷资金期限集中在6个月至1年。从期限结构看，6个月至1年期限占比最高为46.07%，其次为1个月至6个月期限占比为29.96%，1个月以内期限占比最少为10.87%（见表3）。

表3　　2008年各期限民间借贷资金占比情况

	2008Q1	2008Q2	2008Q3	2008Q4	
1个月以内	7.84%	16.58%	9.76%	9.95%	10.87%
1至6个月（含）	27.15%	27.56%	32.12%	33.41%	29.96%
6个月至1年（含）	55.40%	41.35%	43.00%	42.84%	46.07%
1年以上	9.61%	14.51%	15.12%	13.80%	13.09%
合计	100.00%	100.00%	100.00%	100.00%	100.00%

二、监测分析及值得关注的问题

从紧的货币政策使得民间借贷利率水船高，2007年以来监测点加权平均利率按季上升连创新高，2008年三季度达到自监测以来的最高点15.237%，与金融机构的利差也不断扩大。2008年四季度，央行开始实施适度宽松的货币政策，5次下降存贷款基准利率，民间借贷利率也从高点回落至14.455%，但回落幅度低于基准利率下降幅度，而且与金融机构利差进一步扩大。2005 年稳健的货币政策环境下，民间借贷与金融机构的利差在 3.3 个百分点左右，而目前两者的利差仍高达 7.9 个百分点，表明微观层面中小企业资金仍较为紧张，适度宽松货币政策对缓解中小企业融资的实际效果仍需关注。

宁波传统的民间借贷主体以个人为主，此外还有合会、内部集资等形式。但是 2007 年以来，宁波不少典当行、寄售行、担保公司等中介组织参与民间借贷活动，这些机构主要从事类似过桥贷款性质的还贷周转业务，其特点是单笔资金量大、利率高、期限短，一般借贷利率在月息 4、5 分左右，期限在一个星期左右。由于 2007 年宏观经济处于经济周期的高点，企业经营情况良好，在银行资金未到位的空档期通过转贷满足流动资金需求，尽管利率较高，但是期限短且当时产销两旺的情况下，企业也能承受。在违约率较低，利润较高的诱惑下，更多的中介机构加入了转贷业务。但 2008 年下半年以来，受宏观经济增速放缓、微观层面企业资金链断裂情况增多的影响，这些机构的转贷业务开始收缩。据调查，多数机构本身资金来源减少，并只对老客户开展业务，有些机构已发生坏账。此类民间借贷存在的主要原因是银行无法进行借新还旧，其本身对企业发展并没有促进作用，反而增加了企业经营成本，同时在经济高涨周期中这类业务高速增长为经济下行周期产生巨大风险埋下了隐患，因此，应该对从事这类民间借贷业务的中介机构加强监管和引导。

（中国人民银行宁波市中心支行货币信贷管理处）

宁波市企业劳动力成本调查

为了解近几年来企业劳动力成本变化趋势及其对企业经营的影响，人民银行宁波市中心支行通过问卷对 169 家企业进行了抽样调查。调查表明：2003 年以来，宁波市企业名义劳动力成本加速上升，但单位产出的劳动成本明显下降，因此，尽管未来名义劳动力成本仍将上升，但它对企业成本、产品价格与竞争力影响有限，由其造成通货膨胀的可能性很小。

一、企业劳动力成本变化概况

（一）劳动力成本加速上升。从绝对水平看，2007 年，样本企业支付的人均人工成本为 22592 元，比 2003 年提高 5599 元，年均提高 1400 元。从增幅看，2007 年比 2003 年增长 32.9%，年均增长 7.4%；各年增幅呈持续加快的趋势，2007 年人均人工成本提高 11.6%，增幅比 2003 年提高 9.0 个百分点（见图 1）。

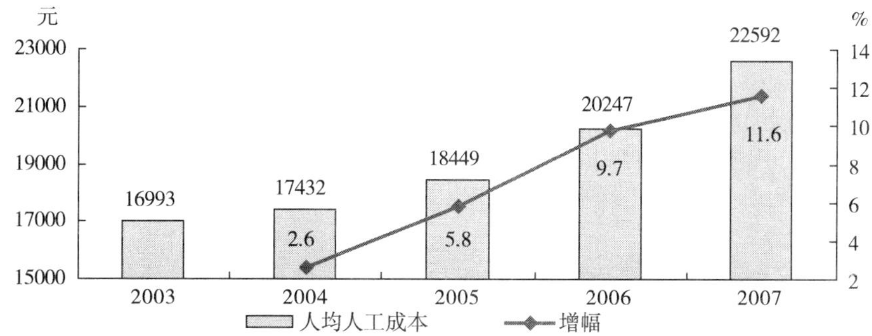

图 1 2003 年以来样本企业人均人工成本变动趋势

（二）单位劳动成本①趋于下降。2007年，样本企业单位劳动成本为0.051元，即企业每获得1元销售收入需要支付人工成本0.051元，比2003年下降0.033元，降幅达到39.3%（见图2）。这表明企业人均人工成本绝对水平上升的背后是平均劳动生产率水平更大幅度的提高，意味着企业从劳动者身上的获益反而随着劳动力成本的上升而增加，也意味着劳动密集型产业竞争力的提升。

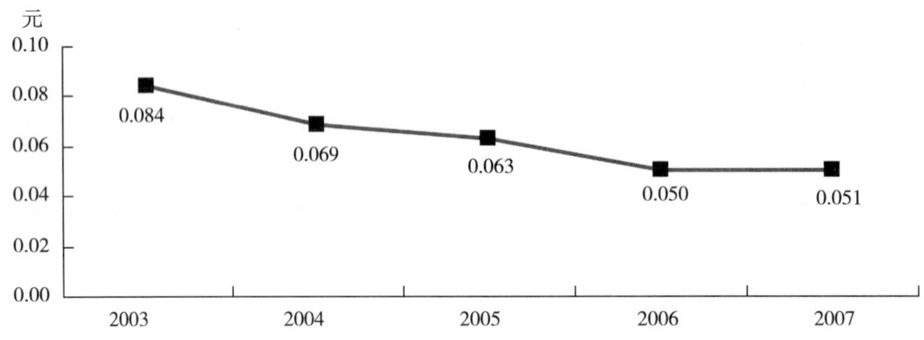

图2　2003年以来样本企业单位劳动成本变动趋势

（三）劳动力成本构成以劳动报酬为主。劳动报酬是企业人工成本的主要支出项目。以制造业为例，根据宁波市劳动和社会保障局发布的数据，从2003～2007年平均值看，劳动报酬在企业人工成本中占67.6%。社会保险费用与福利费用次之，分别占18.3%和6.4%。值得注意的是，劳动报酬占比呈上升趋势（见表1），表明劳动报酬的增长速度相对较快，这意味着企业在支付劳动力成本时，更加注重员工直接报酬的提高。

表1　宁波市制造业企业人工成本构成情况

单位：%

	2003	2004	2005	2006	2007	5年平均
劳动报酬	64.9	67.5	66.9	67.5	71.2	67.6
社会保险费用	18.5	18.1	18.1	18.8	18.1	18.3
福利费用	8.7	5.9	6.8	5.6	5.0	6.4
教育培训费用	1.0	0.9	1.1	0.7	0.8	0.9
劳动保护费用	1.7	1.3	1.3	2.0	1.3	1.5
住房费用	3.2	2.6	3.6	3.4	2.5	3.1
其他	2.0	3.7	2.3	1.9	1.3	2.2

（四）劳动力成本的行业差异较大。房地产业的劳动力成本最高，2007年房地产业人均人工成本为76341元，比样本企业平均水平高2.4倍。建筑业的劳动力成本最低，2007年建筑业人均人工成本17864元，仅相当于样本企业平均水平的79.1%。劳动力成本的行业差异是由行业特性决定的，房地产业属于资金密集型行业，对从业人员的专业技术要求较高，从业人员的人均产出较高，因

① 单位劳动成本是指单位产出上承担的劳动力成本，它由平均人工成本与平均劳动生产率水平决定。基于数据可得性问题，本文用销售收入指标来替代产出。人工成本，又称劳动力成本，是指企业在一定时期内，在生产、经营和提供劳务活动中因使用劳动力而支付的所有直接费用和间接费用的总和。下文的“劳动者报酬”是指劳动者因从事生产活动所获得的全部报酬，其内涵与人工成本相同，区别在于它从劳动者角度出发，人工成本则从企业角度出发。

此企业需支付的人均人工成本较高；而建筑业属于劳动力密集型行业，对劳动者的专业技术要求较低，单位劳动力可资使用的要素较少，从而人均产出率较低，其劳动力成本较低。这可以从两方面来说明：一是样本企业中房地产业人均销售收入最高，达687万元；而建筑业最低，仅11万元；二是样本企业中房地产业员工的农民工占比最低，仅为17.9%；而建筑业最高，达92.5%（见表2）。

表2 2007年样本企业分行业人均人工成本比较

	总计	建筑业	制造业	房地产业	其他服务业
样本企业数（家）	169	5	152	3	9
员工总数（人）	103319	37786	64640	123	770
农民工占比（%）	73.0	92.5	61.9	17.9	56.8
人均销售收入（万元）	44	11	60	687	254
人均人工成本（元）	22592	17864	25218	76341	25545

注：表中的"其他服务业"包括批发零售业、住宿和餐饮业、社会服务业。

二、名义劳动力成本上升的原因分析

（一）员工生活成本上升。员工生活成本是维持劳动力再生产的基础，它的上升直接推高企业劳动力成本：有61%的样本企业认为"员工生活成本上升要求增加工资"是企业劳动力成本上升的首要原因（见图3）。与2003年相比，2007年宁波市居民消费价格上涨10.9%，其中食品类、居住类价格涨幅较大，分别达27.2%和22.4%。这两类支出属于生活必需项目，而且在居民消费支出中的占比较高：2007年，两项合计在市区居民与农村居民消费支出中的占比分别为46.4%和56.1%，大幅涨价对员工生活成本的影响明显。

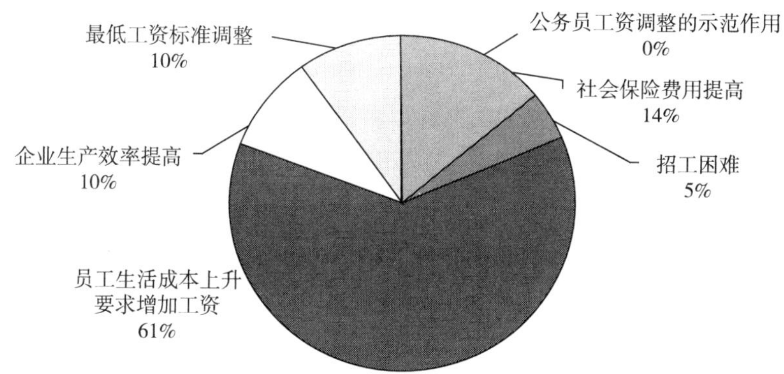

图3 样本企业对企业劳动力成本上升首要原因的认定

（二）社会保障程度提高。近几年来，宁波市不断加强社会保障制度建设与落实，企业员工享受的社会保障程度不断提高，企业所需支付的劳动力成本相应上升：有14%的样本企业认为"社会保险费用的提高"是企业劳动力成本上升的首要原因。一是社会保障覆盖面大幅扩大。2007年，宁波市企业基本养老保险参保人数达197.0万人，比2003年增加78.2万人，增幅达65.8%；城镇职工医疗保险、失业保险、工伤保险、生育保险参保人数增幅分别为80.2%、35.4%、258.6%和176.3%，增幅都远远超过同期全市从业人员13.4%的增幅，意味着各种社会保险覆盖面的扩大。二是社会保险力度加强。2007年，宁波市企业月人均养老金达到1264元，比2003年提高403元，增长46.8%，养老金水平居全省前列；失业保险金标准调至595元/月，比2003年提高287元

/月，提高幅度达93.2%（见表3）。

表3　2007年宁波市社会保障情况与2003年比较

	2003	2007	增量	增幅	年均增幅
企业基本养老保险参保人数（万人）	118.8	197.0	78.2	65.8	13.5
城镇职工医疗保险参保人数（万人）	84.3	151.8	67.6	80.2	15.9
失业保险参保人数（万人）	70.7	95.8	25.1	35.4	7.9
工伤保险参保人数（万人）	47.4	170.0	122.6	258.6	37.6
生育保险参保人数（万人）	33.6	92.9	59.3	176.3	28.9
人均养老金（元/月）	861.0	1264.0	403.0	46.8	10.1
失业保险金（元/月）	308.0	595.0	287.0	93.2	17.9

（三）劳动生产率提高。员工的劳动产出是企业支付其人工成本的依据，因此劳动生产率的提高也将推升人工成本：有10%的样本企业认为“企业生产效率提高”是企业劳动力成本上升的首要原因。统计表明，近几年来，宁波市绝大部分行业的劳动生产率都显著上升，这为企业劳动力成本的上升提供了空间。2007年，宁波市全体从业人员人均生产总值7.84万元，比2003年增长73.1%，增幅高于同期样本企业人均人工成本增幅40.2个百分点，这也就是单位产出劳动成本下降的原因，即平均劳动生产率的提高幅度远远超过平均人工成本的增幅。

（四）最低工资标准调高。调查表明，部分小企业职工平均工资接近最低工资标准，因此，最低工资水平的提高对企业劳动力成本也有明显影响：有10%的样本企业认为“最低工资标准调整”是企业劳动力成本上升的首要原因。2003年以来，宁波市最低工资标准经历了每年1次共5次的上调，2007年9月1日起，宁波市行政区域内的职工最低月工资标准调整为850元和750元两档，分别比2003年初调高410元和340元，上调幅度分别达到93.2%和82.9%；非全日制工作的最低小时工资标准调整为7.2元和6.4元两档，分别比2003年9月调高了2.5元和2.1元，上调幅度分别达到53.2%和48.8%（见图4）。

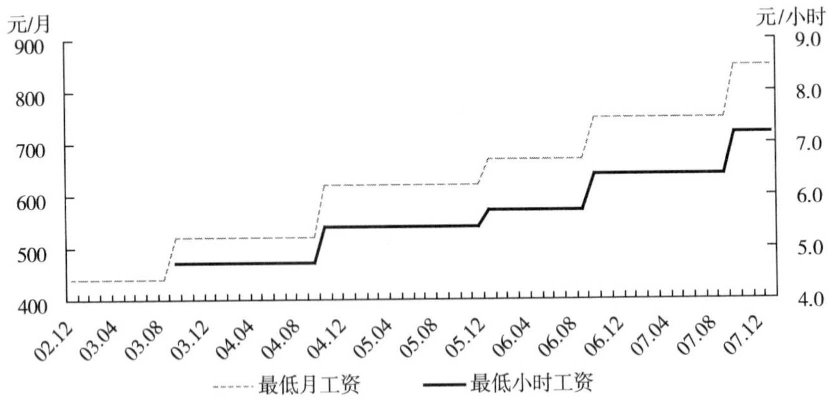

图4　2003年来宁波市最低工资标准调整情况

（五）劳动力供求趋紧。近几年来，宁波市劳动力市场经历了由供过于求转向供不应求的转变，日益趋紧的供求状况推动了劳动力成本的上升：有5%的样本企业认为“招工困难”是企业劳动力成本上升的首要原因。2003年，宁波市劳动力市场供略过于求：全年岗位需求72.05万人次，登记求职80.47万人次，供求缺口8.42万人次，求人倍率①为0.90。但从2004年起，宁波市劳动力市场转向供不应求，而且从2006年起，需求紧张局面呈加剧态势。2007年，宁波市劳动力市场求人倍率1.31，比2003年提高0.41（见图5）。

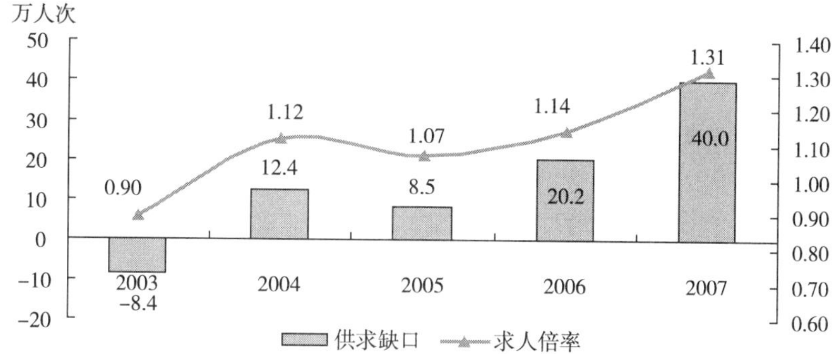

图5 2003年以来宁波市劳动力市场供求变化趋势

三、劳动力成本变化的趋势与影响分析

（一）劳动力成本将继续上升。进入2008年，前几年推动劳动力成本上升的主要因素非但没有减弱，反而进一步强化了，因此，我们认为2008年企业劳动力成本仍将上升。事实上，根据样本企业的估算，2008年企业人均人工成本将达到29251元，比2007年上升29.5%，增幅提高17.9个百分点。

一是消费物价涨幅提高。从消费物价走势看，地区经济已步入物价上涨周期。2007年，宁波市居民消费价格上涨3.9%，涨幅比2006年提高2.0个百分点，并创最近10年的新高。2008年一季度，宁波市居民消费价格同比上涨6.7%，涨幅同比提高4.0个百分点，其中食品类上涨16.9%，涨幅同比提高11.6个百分点。这将进一步提高劳动者的生活成本。

二是新《劳动合同法》的实施。自2008年1月1日起实施的新《劳动合同法》，从更好地保护劳动者合法权益的角度，提高了企业不按规范执行社会保障制度的违法成本，从而迫使企业更加规范地执行社会保障制度，客观上提高了企业劳动力成本水平。92.5%的样本企业认为新《劳动合同法》的实施将导致劳动力成本上升，其中认为上升幅度在15%以上、5%～15%和5%以下的分别占11.8%、68.7%和12.4%，7.1%的样本企业认为影响难以判断或者不明显，没有样本企业认为会导致劳动力成本下降。

三是劳动力供求仍趋紧张。经济的平稳较快增长以及产业结构的不断升级，将使宁波市保持对劳动力需求的稳步增加。但社会主义新农村建设的持续、加快推进与粮食较大幅度的涨价将吸引更多的农民工回乡务农；同时，作为经济发达地区，相对较高而且持续上升的生活成本，也在一定程度上减弱了对外来务工人员的吸引力，两方面的因素相结合将影响到未来作为劳动力净输入地的宁波市的劳动力供给增长。2008年一季度，宁波市劳动力市场仍然供不应求，供求缺口达到12.73万人，同比扩大5.68万人；求人倍率为1.42，同比提高0.20。

此外，随着技术创新的加强，劳动生产效率也将进一步提高。

（二）劳动力成本上升的影响有限。一是对企业成本影响较小。人工成本在样本企业总成本中的占比呈持续下降的态势，2007年，样本企业人工成本占总成本的比重仅为5.3%，比2003年下降4.0个百分点。即使样本企业预测2008年劳动力成本将大幅上升29.5%，它在总成本中的占比也仅上升0.4个百分点（见图6）。而实际上，样本企业的预测存在高估的可能，短期内劳动力成本如此大幅上升的可能性很小，因为企业出于自身利润最大化的考虑和当前利润率下滑的实际，缺乏大幅提高劳动力成本的意愿和空间。因此，劳动力成本上升对企业总成本的影响不大。

① 求人倍率是劳动力市场中需求人数与求职人数之比，它表示市场中每个岗位需求所对应的求职人数。

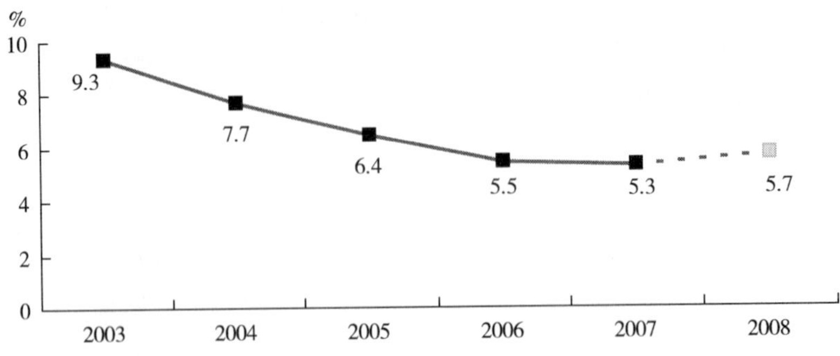

图6 2003年以来样本企业人工成本占总成本比例走势

二是对产品价格上涨影响不大。由于样本企业人工成本占总成本的比例持续下降，三项费用（营业费用、财务费用和管理费用）占比保持稳定，因此，当前影响企业成本最大的因素是原材料价格的过快上涨。事实上，自2003年以来，宁波市原材料、能源购进价格上涨幅度始终超过工业品出厂价格，生产价格指数倒挂幅度①逐年扩大。以2002年为基期，2007年宁波市原料能源购进价格上涨59.9%，涨幅超过工业品出厂价格31.3个百分点，生产价格指数倒挂幅度比2003年扩大25.8个百分点（见图7）。同样，企业产品价格上涨的主要推动力也来自于原材料价格上涨，而非劳动力成本上升。而且，作为劳动力成本上升的应对措施，企业更倾向于选择“加强技术和制度创新降低生产成本”（占76.2%）和“加强管理提高生产效率”（占76.2%），仅有23.8%的样本企业会通过“提高产品价格”来应对。

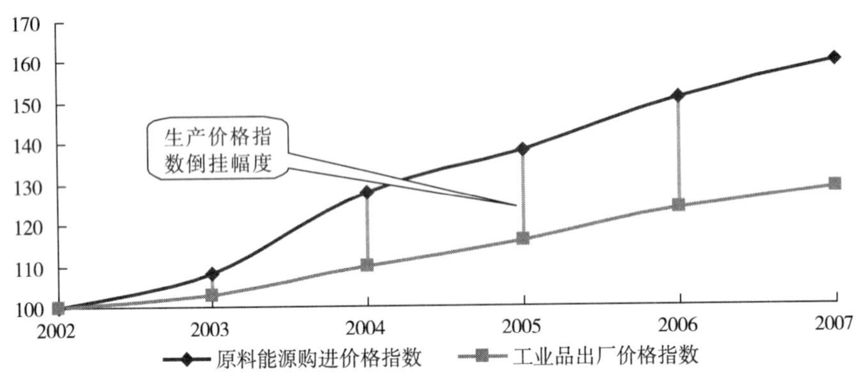

图7 2003年来宁波市生产价格指数倒挂幅度变化趋势

三是劳动力成本上升导致通货膨胀的可能性很小。从理论上看，劳动力成本上升与消费物价上涨之间存在螺旋式的因果关系，但是当前乃至在可预见的将来，宁波市企业劳动力成本上升主要表现为消费物价上涨的结果，即消费物价上涨导致职工生活成本上升，从而推动职工工资提高，而反过来，劳动力成本上升并没有明显推动消费物价上涨。2007年宁波市居民消费价格比2003年上涨10.9%，这主要由占生活成本比重较大的食品类、居住类价格大幅上涨所推动。但食品类价格大幅上涨是由于粮食供求失衡、农业生产资料价格大幅上涨以及国际粮价上涨的传导效应等因素共同推动，居住类价格大幅上升是由水、天然气、煤气等垄断性资源提价以及房价飙升带动的租金价格上涨等因素所推

① 生产价格指数倒挂幅度是指在生产环节中，原料、能源购进价格上涨幅度超过工业品出厂价格涨幅的部分。它的扩大意味着生产企业的利润空间受原料、能源价格过快上涨的侵蚀程度加重。

动，与劳动力成本上升的关系不大。而且，连续多年的劳动力成本上升也并没有导致全面的消费物价上涨，这就是说，劳动力成本上升对于推动消费物价的影响不大，由其造成通货膨胀的可能性很小。

四、存在的问题与对策建议

（一）问题。主要问题是劳动力成本增幅偏慢，劳动者分享价值创造与经济增长的比例降低，也不利于扩大消费。2007 年，样本企业人均人工成本比 2003 年增长 32.9%，扣除物价上涨因素，实际仅增长 19.8%，年均增幅仅为 4.6%，远低于同期宁波市人均生产总值 13.4% 的年均增幅。2007 年，样本企业人均人工成本占全市从业人员人均生产总值的 28.8%，比 2003 年下降 8.7 个百分点。需要指出的是，企业支付的人均人工成本并不能完全由劳动者获得，他们还需要支付个人所得税。在个人所得税应纳税额扣除标准提高幅度明显落后于名义人工成本增幅的情况下，劳动者的个人所得税税负反而增加，他们实际获得的劳动总报酬增幅也要低于名义人工成本的增幅。

（二）建议。

1. 政府方面。一是改变分配政策导向，逐渐确立初次分配向劳动者倾斜的机制。在财政收入持续快速增长的情况下，可以适度降低政府参与初次分配的比例，相应提高劳动者的分配比例。如根据地区物价与生活水平实际情况，及时调高个人所得税应纳税额扣除标准，切实降低劳动者的税负。二是构建与地区从业人员人均生产总值增长率相挂钩的人工成本增长机制，让劳动者充分享受自身素质提高、生产效率改善、地区经济增长所带来的成果。劳动和社会保障部门应定期发布各行业从业人员人均生产总值水平及增幅信息，为企业执行相应的人工成本增长机制提供依据。三是加强对企业工会建设的管理与扶持，把工会建设成真正的劳动者之家，使劳动者在维护自身合法权益过程中有明确而有力的支撑平台。四是加强执法检查，并从严处罚违法行为，敦促企业严格、规范地落实《劳动合同法》有关保障劳动者权益的条款，切实保护劳动者合法权益。五是通过适度的财政补贴，提高职业培训机构、企业与劳动者参与专业技能培训的积极性，推动职业技能培训机构与业务的发展，全面推动地区劳动生产率的提高，继续保持劳动密集型产业的比较优势。

2. 企业方面。一是主动构建与企业经营效益直接挂钩的人工成本增长机制，让员工在更大程度上分享企业经营成果的同时，提高自身的积极性和创造力。二是加强对员工的职业技能培训，通过与专业培训机构的合作，开展针对性的技能培训，形成“职业技能培训投入越多——员工生产效率越高——员工创造的经济价值越大——企业获益越多”的良性循环。

3. 员工方面。一是积极参加职业技能培训，通过提高自身专业素质和劳动产出效率为企业创造更大价值，从而获得更多的劳动者报酬。二是依赖工会及政府有关部门构建的平台积极维护自身的合法权益，争取劳动者报酬的合理增长。

（中国人民银行宁波市中心支行统计研究处）

两税合并对余姚经济和税收影响的调查分析

《中华人民共和国企业所得税法》（以下简称新税法）于 2007 年 3 月经第十三届全国人民代表大会第五次会议通过，并于 2008 年 1 月 1 日起正式施行。新税法实现了包括内外资企业统一适用的企业所得税法，统一并降低了税率，统一和规范了税前扣除办法和标准等。两税合并后对余姚经济、税收将会产生怎样的影响，对此，我们走访了财税部门和部分企业，现将调查情况分析如下。

一、两税合并对余姚经济的影响

（一）对重点产业和行业的影响。

1. 对农业的影响。由于新税法仍保持对从事农、林、牧、渔业等项目的所得税免征或减征优惠政策，这将有利于我市各类经济主体加大对农业的投资，实施农业综合开发，推进农业结构调整，提高农业整体竞争力，促进农业经济可持续发展，同时也有利于鼓励农产品加工企业通过资产重组、资本营运、兼并联合等方式，逐步向规模化、集约化发展，使此类公司享受一定数额的所得税减免。

2. 对高新技术产业的影响。新税法拓宽了对高新技术产业优惠政策的适用范围，并允许这类企业加速折旧，这对我市高新技术企业的发展与推动产业进步将产生积极影响，有利于引导我市的投资热点转向高新技术产业，加快高新技术产业从加工装配为主向自主研发制造的延伸，发展壮大我市电子信息产业、新材料产业、生物医学等新兴产业，促进我市经济结构优化和产业升级。

3. 对电气机械制造、纺织业、塑料制品等传统行业的影响。对我市内资企业来说，两税合并后降低了税率，减轻了税收负担，扩大了企业盈利空间，但对投资传统制造业的外资企业造成了一定的负面影响。2006 年我市外商投资企业中从事制造业的企业实际税负仅为 10.2%，两税合并后这些行业的外商投资企业的税负大幅上升。但同时两税合并也为实现产业升级，提升竞争力提供了机遇，因为新税法规定对企业开发新技术、新产品、新工艺所发生的研发费用在计算应纳所得额时按 150% 加计扣除，这有利于企业提高自主创新能力，以技术创新提升产业设计、制造、装备和管理水平，从而提升企业核心竞争力。

4. 对金融、房地产等现代服务业的影响。

（1）金融业。两税合并后，金融业受惠将十分突出，金融企业的业绩将得到提升，其净利润大幅增加。一季度我市银行业实现账面利润 39982 万元，同比增加 11922 万元。

（2）房地产业。目前内资房地产企业取消计税工资制度，企业真实合理的工资支出可在税前据实扣除，这对高收入、高人力成本支出的房地产企业意味着减少了应纳税额，加上税率降低，其税后净利润会有所增加。

（3）批发零售业。批发零售业是薄利行业，所享受的税收优惠政策相对较少，承担的所得税负担则较重。但两税合并后，内外资企业统一了税前扣除标准，这在同一平台上开展公平竞争，内资批发零售企业的优势较为明显。

（二）对企业投资的影响。税收政策导向是影响企业盈利和投资的重要因素，内外资企业所得税率的调整，必将对企业的投资行为产生影响。从短期来看，税率的降低有利于内资企业特别是民营企业的快速发展。以我市经济结构为例，内、外资企业各占半壁江山。如 2006 年全市规模以上工业企业中，内资企业主营业务收入为 332 亿元，占总收入比重的 56.9%；外资企业主营业务收入 252 亿元，占 43.1%。由于技术水平、创新能力和经营管理水平的不同，外资企业的经济效益要好于内资企业。如 2006 年我市规模以上工业企业中，外资企业的销售利润率为 6.26%，高于规模以上企业平均利润率 5.32%。在外资企业经济效益高于内资企业的状况下，以前实行内外有别的两套企业所得税制，在税收优惠、税前扣除等政策上，对外资企业偏松，对内资企业偏紧，使得内资企业实际税负要高于外资企业，加剧内外资企业之间税负不平的问题，更使得内资企业在产品市场、资本市场和人力资源竞争等方面，由于承担的税负相对较高，导致生产成本提高，技术更新、产品研发滞后，产品缺乏竞争力，盈利能力、对人才的吸引力降低，影响了内资企业的创新能力和竞争能力的提高。两税合并后，内资企业承担的所得税名义税率降低，同时，在税前扣除方面，实行与外资企业统一的标准，使内资企业的利润空间和发展活力进一步拓展，有能力投入更多的资金进行技术研发，引进人才，提高产品的科技含量和价值增值，从而有利于提高内资企业的竞争力，使其获得更广阔的发展空间。

从长远来看，“两税合并”的意义，在于创造了一个公平竞争的税收环境，这是因为市场活动的竞争性和市场关系的平等性，必须要求建立公平的税收环境。两税合一后实现了“四个统一”，改变了内、外资企业税负差异大的现象，为内、外资企业创造公平竞争的税收环境，实现了内、外资企业的无差别待遇。使我市内资企业能在公平、公正的基础上与外资企业开展竞争，体现了现代市场经济公平竞争、促进发展的要求，提升了我市民营企业市场竞争实力，增加其投资意愿，并创造更多潜在的现实税源。

（三）对产业结构的影响。近年来，我市经济保持持续稳定发展，但也存在一些不足。从产业结构看，电气机械制造、纺织业、塑料制品业等传统行业占据主导地位，计算机、电子信息技术、生物制造等高新技术产业所占比重较小；制造行业中，低端加工装配所占比重较大，拥有自主品牌的终端产品比重较少。经济粗放型增长的格局尚未得到改变，资源要素制约和环境承载压力日益增大，土地紧张的矛盾凸现。新税法实行鼓励农业发展、基础设施建设、技术创新、节水节能、保护环境以及发展高新技术产业等以产业优惠为主的税收政策，通过税收的经济调节作用，促进企业建立有利于节约资源、降低能耗、减少污染、提高质量、增加效益的经营机制，加大对基础设施、高新技术产业的投入，加大技术创新和工艺改造，淘汰落后生产能力，逐步实现从高能耗、高污染产业向高端制造业、高技术产业转移。有助于引导我市经济增长方式由粗放型向集约型转变，能源消耗由高消耗向低消耗能源节约型转变，生态环境由生产发展和环境破坏的对立型向环境友好型转变，生产技术由技术发展滞后向技术自主创新转变。

二、两税合并对余姚税收的影响

（一）税率调整对税收的影响。新税法统一了内外资企业所得税税率为25%，对符合条件的微利企业和国家重点扶持的高新技术企业，分别按20%和15%的税率征收企业所得税，税率的调整对我市内外资企业所得税收入产生较大变化。据国库数据反映，今年1至4月份，我市企业所得税总入库5.1亿元，同比下降7.6%，其中：地税入库2.47亿元，同比下降15.1%，财政入库1618万元，增长21.8%。

1. 对内资企业的影响。由于法定名义税率由33%降至25%，降低了8个百分点，导致所得税减少。据市国税局2006年汇算清缴数据测算，我市内资企业应纳所得税税额在10万元以上的企业占总户数的40.1%，应纳税额为45559万元，应纳所得税15034万元，如按新税法25%税率计算，这部分企业应纳所得税11389万元，减少3645万元。应纳税额在10万元以下占59.9%，应纳税额为4115万元，应纳所得税1032万元，如按20%税率计算，这部分企业应税所得税1030万元，减少2万元。可见，税率调整对正常盈利企业的减负比较明显。

2. 对外资企业的影响。由于我市处于沿海经济开放区的税收优惠地区，就外商投资企业的结构而言，大部分是生产性企业，所得税率为26.4%，其他外商投资企业所得税税率33%。两税合并后，使得涉外企业所得税减少。据统计：2006年全市外商投资企业应纳税额为142110万元，应纳所得税14490万元，税率调整后将减少1490万元。原适用33%税率的企业，按新税法25%计算，减少969万元，适用26.4%税率的企业，减少598万元，适用17.4%税率的能源、交通基础设施项目的外商投资企业，按新税法分五年逐步过渡到25%的税率，则每年增加77万元。

（二）扣除项目调整对税收的影响

1. 工资薪金与三项经费。新税法规定，内、外资企业实际发生的职工工资与三项经费可在税前列支，这与现行外资企业所得税工资薪金与福利费在税前扣除政策是一致的，因此，这一政策变化仅体现在内资企业，相当于减税。据市国税局汇算清缴数据反映，2006年，我市内资企业工资薪金和三项经费支出纳税调整增加约1570万元，如按新税法据实扣除，减税约390万元。

2. 其他扣除项目调整。新税法统一了各类企业公益性捐赠的扣除比例，对企业公益性捐赠支出可在年度利润总额12%以内的部分，准予在计算应纳所得税额时扣除；并规定企业广告费支出不超过当年销售15%的部分也可据实扣除，超过比例部分可结转以后年度扣除。据了解，由于我市因公益性捐赠支出和广告费支出而调整的应纳所得税数额很小，估计新政策实施对所得税收入影响不会很大。

（三）优惠政策调整对收入的影响

1. 扩大的税收优惠政策

（1）微利企业。今年3月，国家税务总局发文对小型微利企业所得税预缴问题作了明确规定：凡查账征收企业年度应纳税所得额不超过30万元，从业人数不超过100人，资产总额不超过3000万元的，在季度预缴时，按20%优惠税率申报缴纳企业所得税，比25%的法定税率低5个百分点。据地税部门统计，我市共有506家企业符合此政策规定，如实行优惠税率后，这部分企业可少缴企业所得税411万元，这将对我市小型微利企业带来实实在在的利好。

（2）高新技术企业。现行税法规定，只有在国务院批准的高新技术产业区域内高新技术企业可享受15%的优惠政策，而对区域外的高新技术企业执行24%或33%的税率。而新税法取消了区内、区外的条件限制。据调查了解，目前我市内、外资企业中尚未有企业被认定为高新技术企业，但由于新税法鼓励企业加大科技投入和技术更新，预计今后会有不少企业被认定为高新技术企业，对所得税收入将会有所减少。

（3）环境保护、折旧。在节能环保方面，新税法规定对从事符合条件的环保、节水、节能项目，实行免征、减征企业所得税的优惠，这是一项新增的税收优惠政策，估计在短期内不会对我市减少所得税收入；在折旧方面，由于新税法规定企业的固定资产可以缩短折旧年限，并将范围扩大到所有行业。据了解，我市绝大多数企业很少采用加速折旧法。但这一政策的实施，更多企业会选择加速折旧的办法，在短期内会对所得税收入产生一定的减少，但从长期看，有利于促进企业发展，对扩大税源比较有利。

2. 取消的税收优惠政策

（1）两免三减半。新税法取消了生产性外资企业"两免三减半"的优惠政策。目前我市享受这类定期减免优惠企业的应纳税所得额为116179万元，应纳所得税3067万元，减免所得税21692万元。因新税法规定，享受定期减免优惠的可在新税法实施后，继续享受到期满为止。因此，该政策的取消在短期内对税收影响不会太大，但外商投资企业优惠年限到期后，所得税增收效应将会显现。

（2）国产设备投资抵免。新税法取消了内、外资企业购买国产设备投资抵免政策。2006年，我市享受投资优惠政策的企业共40户，当年国产设备总投资额7823万元，按40%标准计算，可抵免所得税额3129万元，以前年度结转未抵免的所得税余额15177万元，本年度可抵免3396万元，结转以后年度抵免所得税余额尚有14910万元，考虑到五年过渡期存在，按新税法对2006年影响测算，将增加626万元税收。

（3）享受延长减半优惠。现行税法规定，外商举办的产品出口企业，在税法规定免征、减征到期后，凡当年出口产品产值达到当年企业产量70%以上的，可减半征收企业所得税。新税法取消了这一优惠政策。根据我市2006年汇算清缴测算，涉及外资出口企业享受延长减半优惠，应纳税所得额为17754万元，减征所得税2350万元，取消这一政策后，预计将增收企业所得税2350万元。

（中国人民银行余姚市支行）

宁海县农地经营制度创新情况调查

在土地使用权流转机制建设、推进农业适度规模经营方面，宁波市一直走在全国前列。2003年10月始，该市宁海县以市场为导向，在稳定家庭承包经营的基础上，坚持"依法、自愿、有偿"的原则，积极推行农村土地承包经营权流转。据统计，目前全县土地流转面积已达36.97万亩，占总数的82%，而同期全市农地流转的比例为27%。土地经营权的流转，有力推动了全县农业产业结构调整，推进了农业规模化经营，提升了农业产业化经营水平，加快了农村生产力转移和农民增收的步伐，走出了一条促进现代农业发展的成功之路。

一、主要做法

（一）抓土地整理，积极创造土地流转条件。近年来，宁海县把土地整理和综合开发作为开展土地流转的一项基础性工作，加大投入，积极推进标准农田建设，为土地流转、规模经营创造了条件。据统计，自1998年以来，全县共投入土地开发整理资金3.19亿元，完成土地整理项目156个，整理面积达到25.53万亩，建成标准农田20.90万亩，建成了"田成方、路成行、渠成网"的标准农田，大大改善了农田基础设施，吸引广大种养大户、农业龙头企业等参与土地流转。

（二）抓主体培育，不断拓展土地流转渠道。按照"政府引导、法人投资、企业经营、产业化开发"的思路，大力引导各类组织和个人参与土地流转，促进流转主体多元化，使土地流转从以前单一的农户之间的流转向农业企业、工商企业、科技人员、专业大户等参与流转转变。一是引导农业企业建基地。全县农业企业通过土地流转，以"公司+基地+农户"和发展订单等模式，建立西兰花、雪菜、榨菜、高菜等原料基地达到6.7万亩，有力地促进了土地流转。二是引导种养大户和合作经济组织开展规模经营。全县种养大户和合作经济组织通过土地流转，种植水稻、西瓜、蔬菜等流转总面积11.7万亩。三是鼓励工商企业投资效益农业，参与土地流转和基地建设开发。

（三）抓形式创新，切实提高土地流转实效。立足实际，在坚持自愿的基础上，大胆创新，开展多种形式的土地流转。一是开展委托转包。农户将土地承包经营权委托给村经济合作社，由村经济合作社统一发包给大户或农业企业。目前全县委托转包的土地流转总面积达9.74万亩，占流转总面积的33.9%。二是实行股份合作。由村集体将农户土地承包权量化入股，土地由村统一经营或发包给公司、规模大户经营，村集体按股份将土地经营所得在年终进行分配。三是开展季节性流转。经营者根据生产需要，向农户包租土地的一个生产季节，同块土地在不同季节由不同经营者经营。此外有些地方还实行了土地互换，确保了土地成片流转，促进规模经营的发展。

（四）抓机制建设，建立土地流转保障。建立健全土地流转机制和政策引导机制，为土地流转提供保障。一是规范土地流转管理。制订相应的规范操作程序，规定土地流转合同必须由村经济合作社备案，镇乡合同管理委员会鉴证，对涉及时间较长、面积较大的流转合同规定要经县公证处公证。涉及全村农户利益的土地流转经村民代表会议通过才能开展。同时，制订科学的土地流转价格体系，切实保障农民的利益。二是加强土地流转服务。健全土地流转管理机构，充分发挥县农业承包合同管理委员会的组织协调作用，加强对土地流转的监督和管理。各镇乡、街道也建立健全土地流转服务中心，为农户开展流转前、流转后的各种服务。三是建立健全政策引导机制。县政府出台鼓励开展土地经营权流转、工商企业投资农业、龙头企业建设农产品原料基地等一系列政策意见，每年从土地出让金纯收入中提取3%用于基地的基础设施和产业建设，并安排100万元用于土地经营权流转奖励，多管齐下推进土地流转和规模经营。

二、有待进一步完善的问题

（一）流转机制还不够完善。土地流转必须要一个交易的载体，为交易双方提供中介服务。虽然全县镇乡、街道都建立流转服务中心，一些村也有中介服务，但总不是十分到位、供求信息不能及时有效沟通，由于流转市场不太健全，有的竞相压价，损害农户利益；有的漫天要价、造成流转成本增大；有的人为抵触，阻碍土地合理流转。

（二）流转行为还不够规范。宁海县土地流转有一部分只是以口头约定为主，即使签订合同一些条款也不规范，内容过于简单，对双方权利和义务及违约责任不够明确。特别是自行流转的农户，大多不报村集体经济组织登记备案和镇乡街道鉴证，一旦产生矛盾纠纷，农户的权益将无法得到保障。

（三）流转价格制定还不够科学。多数土地流转只是事先简单约定价格。特别是流转期限较长的土地，随着农村经济的发展，物价指数的变化，产业效益的波动，土地流转的远期价格难以评估，流出方农户的利益容易受到损害，造成不稳定因素。

（四）流转主体培育力度还不够大。规模种养大户不多，效益不明显，市场开拓能力差；农业企业规模小，超亿元产值销售的龙头企业不多，带动力有限；农民专业合作组织服务层次低，开展产、加、销一体化运作的不多。

三、政策建议

（一）加大农田基础设施建设力度。土地流转的开展，必须要有完备的农田设施作为基础条件，标准化的农田可以大大吸引种养大户、合作组织、农业企业参与土地流转。为此，县政府要指导土整理和农业综合开发作为土地流转的一项基础性工作来抓，加大财政投入，积极推进农田基础设施建设。

（二）加大农村劳动力转移力度。土地流转的推进，必须要加快农村劳动力的转移，不能把农民从赖以生存的土地上转移出来，土地流转就不能有效果地深入实施。农村劳动力的转移，一是要加快城镇化建设步伐和二、三产业的发展。拓宽农民就业门路，真正使农民从土地上解放出来。二是要加大新型现代化职业农民的培训力度。各级党委政策、有关涉及部门，要注重农民的技能培训，农民有了一技之长，就可以到各个行业一展身手，实行有效转移。

（三）加大土地流转主体培育力度。土地流转要利于农村生产要素的合理流动和优化配置，有利于农民增收，应加强对土地流转的积极引导，创造良好的流转环境，坚持多主体创办、多形式发展。精心培育农业规模经营大户，发展壮大农业龙头企业、农民专业合作社，推进农业产业化经营，促进现代农业又快又好发展。

（四）加大土地流转规范化管理力度。土地流转事关农民群众的切身利益、事关农村经济发展和社会稳定的大局，必须高度重视，切实加强管理，管理部门要做好指导、协调、监管等服务工作。一是要有专人负责，明确任务，落实责任；二是加强业务指导、规范土地流转行为，统一流转合同，保证流转合同条款齐全、手续完备；三是建立流转纠纷处理机制、维护土地承包当事人的合法权益。

（五）加大土地流转机制建设力度。土地流转要坚持“依法、自愿、有偿”的原则，严格按流转程序实施操作，建立健全土地流转中介服务组织，开展好流转信息的收集发布、政策咨询、档案管理等服务工作，按照市场经济规律确定科学的土地流转价格标准，如实行“实物计价、货币估算”或招标的办法，保证价格的合理性。

（中国人民银行宁海县支行）

海域使用权抵押贷款的探索与实践

一、象山开展海域使用权抵押贷款试点的背景

随着海洋经济的快速发展和海域使用权制度建设的逐步推进，沿海农村地区发展海洋经济的热情普遍高涨，但是资金瓶颈问题未能得到有效解决，海域使用权人融资难的问题日益突出，而其中的主要症结又在于担保难，成为影响“三农”经济发展的重要因素之一，海域使用权的融资担保愈发成为海域使用权人呼声最高和地方政府部门关心的一大问题。由于海域使用权抵押配套的法规不够健全、可供抵押的海域使用权证少、市场流转体系尚未建立、缺少海域使用权价值评估机构和风险难以控制等问题，使得金融机构的信贷投入遭遇到担保难、收回难，给海域使用权人融资带来十分不利的影响。随着《物权法》、《海域使用权管理法》、《担保法》、《海域使用权登记办法》以及财政部和国家海洋局《关于加强海域使用金征收管理的通知》等措施的陆续出台，地方政府相关管理部门对海域使用权管理、交易、流转等服务机构的建立和完善，为金融部门在风险可控的前提下开展海域使用权抵押贷款的金融创新提供了有利条件，适时推出海域使用权抵押贷款，实现“三农”融资中抵押资产的突破面临新的契机。

作为重要的三大海洋经济区域，长江三角洲经济区海洋生产总值在2007年达到了7748亿元，占全国海洋生产总值的比重为31.1%。宁波市地处长三角南翼，是我国东南沿海重要的港口城市，海洋经济具有很大的发展空间。象山县地处宁波市东南，北濒象山港，南临三门湾，三面环海，海域资源丰富，海岸线长800多公里，岛屿608个，有着6628平方公里的海域。随着长三角地区经济增长联动作用进一步发挥，宁波国际港口城市的带动作用增强，象山港区域开发力度的加大，建设生态经济型港湾和海洋产业基地已成为象山新一轮发展的战略重点。近年来，象山县对海域资源的利用日益扩大，不但集中在渔业、盐业、港口和海运上，随着海洋科技的飞速发展，许多效益高、产量大的海洋新兴产业也不断出现，特别是船舶制造业、海洋工程建筑业、港口物流仓储业、滨海旅游业等，这几个产业已经成为象山经济新的增长点。如何利用好海洋资源，拓宽海域使用权人融资渠道，成为摆在我们面前的一大问题。2007年，人民银行宁波市中心支行创新“三农”信贷投入机制，加强与宁波市海洋与渔业局等政府部门的配合，引导金融部门大力推行海域使用权抵押贷款，并将宁波市象山县作为试点县。随着海域使用权融资功能的逐步发挥，这一举措将对推动“三农”经济发展起到十分重要的作用。

二、象山海域使用权抵押贷款开展的基本情况和现实意义

海域使用权抵押贷款，是指海域使用权人在不转移海域使用权①占有的情况下，将海域使用权作为债权的担保，向金融机构获得贷款的行为。发放海域使用权抵押贷款的前提条件，是抵押人应依法取得海域使用权。作为一种有益物权，当债务人不履行债务时，债权人（金融机构）有权依法处分该海域使用权，并由处分所得的价款优先受偿。在

① 2007年10月1日开始实行的《物权法》首次以基本法的形式明确规定了包括海域所有权和海域使用权的海域物权制度，即物权法第四十六条规定：“矿藏、水流、海域属于国家所有”；第一百二十二条规定：“依法取得的海域使用权受法律保护”。从实践层面而言，《物权法》对于海域物权制度的确立是对我国当下行之有效的《海域使用管理法》等相关法律制度的科学总结和继承。

这一关系中，提供海域使用权作为担保的为抵押人，接受海域使用权担保的金融机构为抵押权人。它的内涵主要包括两个层面：一是海域使用权抵押贷款的抵押物是海域的使用权以及该海域上的建筑物、构筑物及其他设施，抵押时两者必须一并抵押，不能分开抵押。二是海域使用权抵押贷款的发放是以海域经营者的产权归属清晰、经营主体落实、权责划分明确、利益保障严格和海域使用权流转顺畅规范为前提，即海域使用权证是开办海域使用权抵押贷款业务的基础。

随着2007年象山辖区海域使用权抵押贷款工作的全面开展，人民银行宁波市中心支行、宁波海洋与渔业局加强沟通和协调，结合宁波实际，先后制定出台了《宁波市海域使用权抵押贷款实施意见》（甬银发［2007］70号）和《宁波市海域使用权抵押登记办法》（甬海［2007］81号），为金融机构规范开展海域使用权抵押贷款业务提供了强有力的政策支持，而且，随着象山海洋与渔业局大力推进《海域使用权证》的发放工作，为海域使用权证流转以及海域使用权抵押贷款业务的开展奠定了基础。海域使用权抵押贷款作为金融机构创新支农信贷机制的一次有益的尝试，开办海域使用权抵押贷款业务在现实中产生了“多赢”的效果。据初步统计，2008年6月末，全县已有5家金融机构为8家企业和个人发放海域使用权抵押贷款8500万，授信额已达2.3亿元，有效地缓解了广大海域使用权人抵押物不足的问题，有力地推进了地方“三农”经济发展。当前开展海域使用权抵押贷款的创新主要有以下几点意义：

1. 找到了破解“三农”融资难问题的有效途径，有利于解决养殖户贷款担保难问题，促进了养殖户增收和养殖业的增效。由于农村集体土地无法抵押，农户基本无法提供有效的抵押担保物，通常基层信用社贷款均采取小额信用贷款和联保贷款方式，贷款发放的额度较小，一般都在5万元以内，远远不能满足养殖户的资金需求，其资金缺口只能依靠民间借贷弥补，高昂的利息加重了养殖户负担，因此，养殖户对贷款难的问题反应比较强烈，而开办海域使用权抵押贷款，使养殖户手中的海域权证由“死财产”变为活资金，养殖户通过海域权抵押贷款可以获得发展生产和扩大养殖规模急需的资金，化解了制约养殖业发展的资金瓶颈难题，促进了海洋经济的发展。

2. 促进了金融机构信贷机制的创新，有利于农村信用社等金融机构进一步拓展农村金融市场。长期以来，农村信用社等金融机构对养殖业等海域使用权人信贷投入的最大顾虑是风险大、缺乏有效抵押担保，而通过这种资产抵押创新，扩大了可用于担保的财产范围，方便了个人、企业贷款融资，使海域使用权人手中的海域使用权证通过抵押贷款形式变为流动资金，金融机构通过开展海域使用权抵押贷款，拓展了信贷市场、降低了信贷风险，实现信贷资产的良性循环，同时也培育了新的业务增长点，提高了自身的经营效益。

3. 有利于提高养殖户等海域使用人办理海域使用权证的积极性，推进海洋工作管理。长期以来，由于养殖户等海域使用人对海域国土意识认识不到位，再加上农村本土观念较强，在对海域使用权没有争议的情况下，海域使用人就认为海域使用权证并没有多大的用处，再加上还要缴纳海域使用金和办证测量费等费用，部分群众不理解，导致办证积极性不高。而通过海域权抵押贷款的办理可以产生良好的示范效应，使养殖户看到办证带来的实惠，认识到《海域使用权证书》的法律效力，扭转“有无海域权证无所谓”的传统观念，提高办证的积极性，这样主管部门对海洋使用权的确认和办理就能顺利开展，海洋使用金也能顺利增收，减少了海域纠纷，做到依法管海，科学用海，有力地推进了海洋管理工作。

4. 有利于创建良好的县域金融生态环境，促进经济金融协调发展。首先，开办海域使用权抵押贷款是央行基层分支机构充分发挥信贷政策“窗口”指导作用，推动金融机构创新金融产品的一次尝试，创新了央行基层分支机构货币信贷政策传导机制，促使金融机构更新观念，积极探索适应县域经济发展的信贷模式，扩大了信贷投入，服务和支持了地方经济发展；其次，金融机构加大了对养殖业的信贷投入，有效解决了制约农户发展生产的资金瓶颈问题，促进了三农经济的健康发展；第三，有利于抑制民间高利贷等非正规金融行为，引导民间资金投向，促使社会闲散资金回流银行，有效防止“抬会”等非法金融活动的发生，维护了地方金融稳定；第四，促进了养殖业的规模经营和集约经营，有利于地方政府发展养殖业的重点产业政策落到实处，有效提高经济增长能力。

三、象山县开展海域使用权抵押贷款的主要做法

人民银行象山县支行一直把落实海域使用权抵押贷款作为工作重点来抓，分阶段、有计划地稳

步推进，现已探索出一套符合当地特点的海域使用权抵押贷款运作机制，其主要做法如下：

1. 深入调研，反复论证创新思路，研究设计信贷模式。为详细了解全县海域使用权现状及资金需求，象山县支行和人行宁波市中支有关处室组成联合调研组，深入鹤浦镇（南田岛）等重点地区进行调研。通过与象山县辖内金融机构座谈，反复论证创新海域使用权抵押贷款的思路，研究设计贷款业务涉及的抵押物登记、监管等具体操作方法，充分利用象山金融机构多年来对海洋产业的融资经验，研究设计适合本地经济特点的信贷模式。

2. 依据市中心支行制定的专项信贷政策，加强窗口指导。支行依据《宁波市海域使用权抵押贷款实施意见》（甬银发［2007］70号）和《宁波市海域使用权抵押登记办法》（甬海［2007］81号）文件精神，指导金融机构积极创新，支持海域使用权抵押贷款的实践。2007年7月支行会同海洋渔业局组织辖内各金融机构、部分养殖户及临港企业代表，在象山县岳浦镇举行海域使用权抵押贷款正式启动仪式，并落实3家金融机构为5家海域使用权证持有的企业和个人进行现场签约授信，授信额度2950万元。随着海域使用权抵押贷款工作的推进，其广阔的发展前景也吸引了象山辖区以外的商业银行加入，促使海域使用权抵押贷款实践工作取得了阶段性的成果。

3. 建立长效协作机制，及时总结经验。为加强协调和沟通，人行象山县支行与金融机构和相关政府部门建立了长效协作机制，通过多层次的会商、座谈、季度金融联席会议等方式跟踪海域使用权抵押贷款办理情况，研究协调海域使用权政策与信贷政策在试点中遇到的重大问题，及时总结经验，协调解决问题，并做好与上级行的信息通报工作，以推动海域使用权抵押贷款的有序开展。

4. 加强信贷管理，把好信贷风险关。为推动海域使用权抵押贷款试点工作的顺利开展，象山县支行在加强部门协作、促进改善贷款投放外部环境的同时，引导金融机构从抵押物的选择、抵押率、抵押物登记、资金监管和资金回收等环节，加强内部风险控制，防范信贷风险。一是在抵押物的选择上，要求以取得《海域使用权证》为前提，金融机构在对申请人提供的材料进行审查时，要重点审查海域使用权证是否真实有效、申请人是否有权将该海域使用权证进行抵押、是否有重复设定抵押的情况。二是在抵押率上，由贷款银行根据海域使用权评估价值结果进行确定，并合理考虑和设定海域使用权抵押期限及贷款额度，其中抵押期限应小于海域使用权有效期1年以上。三是在抵押物登记上，要求海域使用权抵押人和金融机构在抵押合同签订之日起15日内持合同到原批准用海的人民政府海洋行政主管部门办理抵押登记。四是信贷资金的监管上，要求贷款金融机构对已抵押海域使用权的经营和管理情况进行监督、检查，并加强资金用途监管，对违规挪用贷款的，由海域使用权主管部门协助收回。五是在资金收回上，如果抵押人到期不能清偿债务，发放抵押贷款的金融机构可以依法处置抵押的海域使用权，并就处置所得优先受偿。

四、象山开展海域使用权抵押贷款运作的主要模式

1. 对开展海域使用权抵押贷款，目前还处于探索阶段，在实际的操作过程当中，象山海域使用权抵押贷款主要涉及如下四种类型：

（1）填海用海类。主要是一些临港型企业，在征用了土地后，为扩大用地面积，将附近浅海滩涂围填，与征用土地连成一片。一般围填成本为3～5万元/亩，其抵押价值相对较高（包含海岸线部份），而且在一年后可以将海域使用权证置换成土地证。

（2）围塘类用海。把浅海滩涂通过围垦，变成养殖塘，其价值根据塘坝抗风浪级别而定，近年新围垦塘坝设计部门都要求在30年一遇以上标准，围塘成本在2.5万～3万元/亩（包括内塘改造费用）。围塘海域使用权人，除部分自己养殖外，大部分以出租为主，年租金一般为1500～2000元/亩。

（3）开发式用海。主要是航运、仓储、油库、冷库、船舶舾装码头及其临港企业的岸线周围海域，其价值根据实体投资额而定。

（4）特殊用海。主要是塘外滩涂养殖及网箱水体养殖用海，海洋管理部门发放海域使用权证的主要目的是为保护养殖户的利益不受侵犯。

2. 考虑到抵押物价值和风险控制，金融机构一般是选择前三种作为海域使用权抵押物，限于目前的市场环境和制约条件，结合象山开展海域使用权抵押贷款业务的实际经验，我们总结出如下几种可行性模式：

（1）直接抵押登记模式。养殖用海的抵押融资可用此模式融资。由于养殖用海抵押融资已在全国很多地方进行过实践，因此，这种方式相对比较简单，由海域使用人根据依法取得有关部门的海域

使用权证，向有关金融机构提出贷款申请，经金融机构审查同意后由双方委托相关机构进行资产评估确定海域使用权的价值，进行海域使用权抵押登记后发放贷款。

（2）与临海用地或其他资产共同抵押模式。主要适用于海域用途同临海土地结合比较紧密的工业、交通、旅游等用途的海域使用权抵押融资。对这种方式的抵押融资，应由用海人以临海土地使用权证或者临海码头、仓库资产等固定资产，加上用海人取得海域使用权证进行共同抵押向银行提出贷款申请，由双方认同的有关资产评估机构进行评估，通过评估确定临海土地使用权或者临海码头、仓库资产等固定资产和临海海域使用权的共同价值。抵押登记则可以由各自的抵押登记机构分别进行登记。

（3）征得临海资产拥有人同意后的单独抵押登记模式。海域使用相对可以和临海用地分离的工业、交通、旅游等用途的海域使用权抵押融资可以用这种方式。对这种抵押融资，可以先征得临海土地所有权人和抵押权人的同意，对海域使用权实施单独抵押。在临海土地使用权人和抵押权人的签属同意意见后，由海域使用权人向有关金融机构提出贷款申请，再由双方认可的评估机构进行价值的评估，经抵押登记机构对海域使用权进行单独登记后发放贷款。

五、当前开展海域使用权抵押贷款业务的难点分析

开展海域使用权抵押融资，对海洋经济发展的作用是明显的。但由于目前海域使用权抵押贷款仍处于摸索阶段，从象山县试点的情况来看，在实践中仍有不少问题有待于我们解决，海域使用权抵押贷款推广仍面临现实障碍。

1. 海域使用权评估机构缺位，成为推广海域使用权抵押贷款业务面临的首要难题。

开办海域使用权抵押贷款业务，首先要有一个有资质的评估机构，负责对作为抵押物的海域使用权进行科学的评估，并确保抵押物的评估价值真实。但是，在现实当中，象山县尚无一家“海域使用权评估机构”。从我们调查的情况来看，目前金融机构大都采用和申请者相互间自主协商的方法来确定评估价值，金融机构为了降低风险，存在主观降低评估价值的可能，同时相关知识的欠缺也难以准确把握评估价值的真实性。如果由海洋渔业部门负责对海域价值评估和执法管理，则容易导致权益失衡，不利于提高评估的权威性。那么有谁来负责海域使用权价值评估呢？海域使用权评估机构的缺位，对拓展以海域使用权为抵押物的抵押贷款业务的金融机构来说是一个很大的难点。

2. 可供抵押的海域使用权证少，发证率偏低，在一定程度上影响了海域权抵押贷款的推广。

海域属于国有，单位和个人要使用海域，必须通过申请，并经有批准权的人民政府的批准取得，或者通过招标、拍卖的方式取得。发放海域使用权抵押贷款的前提条件是抵押人应依法取得海域使用权。长期以来，农民对用海认识不足，没有一个有偿用海的概念，大部分用海者就不愿到有关部门办理海域使用权证，造成了大部分海域使用没有法律保障。2008 年 6 月末，象山县海洋与渔业局发放海域使用权证仅 160 本，涉及海域面积仅为 893. 89 公顷（13408 亩），主要涉及养殖、临港工业、停泊装卸等用途。在海域使用权抵押贷款业务试点期间，一些目前想办理使用权证的用海者，因海域界线难以划清、海域使用权归属不清等问题而无法确认权利，政府部门发证难，而未取得权证的养殖户，往往是迫切需要解决生产资金的扶持重点，但农村信用社等金融机构因此难以放出贷款。

3. 海域使用权流转市场尚未建立，抵贷资产变现难极大地制约了金融机构开办此业务的积极性。

“合法、足额、易变现”是金融机构对抵押物的基本要求，而抵押物“易变现”的先决条件是拥有一个与抵押物处置相配套的流转市场，使抵押物在市场中随时处置套现。从资产流动性角度来讲，抵押资产的流动性是实现贷款抵押的必要条件，是实现信贷资产正常循环的前提。从象山县来看，海域使用权的转让目前还停留在由供需双方自行寻找供需信息的阶段，在实际操作中，海域使用权的流转受多种因素的制约，特别是海域使用权的两级市场发展不够发达，限制了海域使用权及时转让，使得银行对发生坏账后资产如何处置有所担心，从而大大地削减了金融机构拓展海域使用权抵押贷款业务的积极性。

4. 海域使用权抵押贷款风险较大，风险防范难。

目前，象山开展的海域使用权抵押贷款主要涉及如下三种海域使用权：第一种是围海养殖用海，主要是一些按照一定标准建立的海塘；第二种是填海造地用海，主要涉及一些临港型工业比如船厂等附近一定区域的海域；第三种是一些冷库、油库码

头、仓储用海等。水产养殖类受台风等季节性因素影响较大，抗风险能力较弱，收益存在不确定性；船舶建造类等临港型工业企业受制于生产效益影响，同时如果企业缺少科技支撑，估值水平将逐步下降，信贷风险也难以把握。商业银行、农村信用社尚未找到较为妥善的办法来规避海域使用权抵押贷款风险，如兴业银行总行就规定，对海水养殖类贷款在同一水平的基础上下调一级贷款质量分类，以次来降低信贷风险。另外，随着2007年以来国家宏观调控措施效应的逐渐显现，农村信用社等金融机构银行普遍感到信贷资金来源趋紧，而海域使用权抵押贷款业务的推出，不免在资金供应方面给农村信用社等金融机构造成比较大的压力，出于信贷风险控制的考虑，农村信用社等金融机构对该项业务都持较为谨慎的态度。

5. 部门协作机制缺位，在一定程度上影响了海域使用权抵押贷款业务推广的后续开展。

海域使用权抵押贷款业务涉及的不只是金融机构对海域使用权人的信贷资金投放，它还涉及抵押物的确认、流转、保全、变现等诸多环节的工作，必须协调海洋与渔业局、金融、保险、司法等相关部门，紧密合作，才能形成工作合力，才能推广海域使用权抵押贷款业务，真正让广大海域使用权人收益，如果仅仅靠金融机构“单兵作战”，很容易落入抵押资产评估难、变现难、贷款回收难的尴尬境地。就拿与海域使用权抵押贷款业务比较类似的林权抵押贷款业务来说，浙江丽水市的遂昌县、庆元县农村信用联社早在1997年就尝试开展了林权抵押贷款业务，结果由于部门协作机制缺位，一度让林权抵押贷款业务陷入困境。

六、推动和完善海域使用权抵押贷款的几点建议

根据对象山海域使用权抵押贷款业务开展现状、难点成因的分析，借鉴其他省、市海域使用权抵押贷款业务发展经验和参照林权抵押贷款的做法，我们认为：海域使用权抵押贷款业务的推广，必须要把着力点放在建立健全海域使用权评估机制体系、加强风险控制和加大政策扶持平等三大方面，并在此基础上审慎选择合理的信贷模式，积极探索海域使用权抵押贷款管理办法和操作流程，走风险防范与业务拓展并重的规范化之路。在海域使用权抵押贷款业务中存在的难点，需要相关涉海部门及金融部门共同研究，积极落实有关措施，不断在实践中进行完善。

1. 建立健全评估机制体系，完善海域使用权抵押登记制度是推广海域使用权抵押贷款业务的当务之急。

开展海域使用权抵押贷款的基本条件是对抵押物的评估要有一套健全的机制体系。从象山的情况来看，目前海域使用权评估主要涉及养殖用海，具体有围圈养殖、人工渔礁、底播养殖等。因养殖海产品，在使用年限内业主可获得可观的经济效益，故可采用收益法进行评估；近年来由于海珍品养殖经济的兴起，养殖海域出租及转让的案例较多，对此可用市场比较法进行评估。

鉴于目前刚开始探索海域使用权抵押贷款，对海域使用权的评估，建议政府及海洋渔业部门尽快建立类似房地产评估的专业性海域使用权评估机构，健全有关评估程序和标准。在评估过程中，应注意以下几点：一是要以海域使用证为依据，确定面积、用途、剩余使用年限等。二是了解海域自然条件及海珍品的习性及养殖生产过程，充分了解不同养殖品种的自然条件、养殖周期等，正确判断和评估海域适宜养殖品种及未来收益情况，客观地评估出养殖用海域使用权价值。三是充分考虑风险。从多年来海珍品的养殖经验看，因海珍品养殖属于高风险高回报行业。其风险主要有自然风险、市场风险、经营风险等。在评估时，要结合当地的实际情况，考虑上述风险大小，合理确定风险利率的取值。

同时，从现实情况来看，海域使用权抵押登记制度也有待完善，相关政府部门应在《宁波市海域使用权抵押登记办法》的基础上，完善有关流程，落实相应的操作制度，规范操作流程。在此过程中，应加强对海域使用权登记数据库管理，建立电子台账，完善登记的信息化处理。为保证登记制度长期进行，对抵押登记应该实行有偿服务。同时要明确抵押登记机构的法律责任，促进抵押登记行为的规范化。要理顺临海土地抵押登记部门与海域使用权登记部门之间的工作关系，方便抵押融资人及时进行登记。要研究海域使用权与临海用地土地使用权共同抵押的方式，并不断在实践中进行完善，使得海域使用权抵押融资不仅仅在渔业养殖用海中得到开展，同时更重要的是在临港工业用海的抵押融资中得到广泛开展。

2. 建立海域使用权流转市场和相关的监督管理制度是开拓海域使用权抵押贷款业务的前提，是业务发展的长期保证。

开展海域使用权抵押贷款业务除了建立健全

评估机制体系和完善海域使用权抵押登记制度以外，流转市场和相关的监督管理制度的建立也非常重要，它是抵押标的物、海域使用权价值得以顺利变更、流转、套现的重要基础。加快流转市场建设和构建统一、快速、高效、安全的海域使用权标的交易平台，夯实发展基础，要把流转市场逐步建成类似于股票二级交易市场的海域使用权交易市场。

结合当前实际，政府有关部门首要的是要完善海域资源流转办法，然后逐步按市场经济原则建立健全海域使用权流转机制。一是要制定比较合理而又具有可操作性的海域使用权流转管理条例，以法律形式对参与海域市场的主体、海域转让条件、转让程序、转让价格、违约责任、利益调节等问题进行规范，并通过限定海域使用权的最大持有量或地域，有效防止海域使用权转让中的垄断行为发生。二是建立网上交易信息平台。鉴于目前海域使用权市场的流转量比较小，所以不必急于建立实体交易市场，可考虑由有关海洋管理部门建立网上交易信息平台，提供交易信息服务。同时，建议政府部门加大对海域使用权抵押贷款宣传力度，适当降低收费标准，放宽延长年检期限，推进海域使用管理制度化、法制化。三是要建立相关的监督管理制度。海域使用权的转让不能完全由市场配置来实现，还应该对其实施必要的宏观调控和管理监督，实行有约束的海域使用权转让，使海域使用权市场健康地运行，真正让海域使用权健康地流转起来。

3. 完善海域使用权抵押贷款的操作流程，健全管理制度，有效控制信贷风险。

金融机构参与的主动性和积极性是海域使用权抵押贷款业务能否深入实施的关键环节，而影响金融机构参与积极性的核心又在于风险的可控性和赢利性。因此，完善海域使用权抵押贷款的操作流程和健全管理制度来有效控制信贷风险，是保证海域使用权抵押贷款开展的核心所在。地方政府部门应结合实际，尽快做好“海域使用权抵押贷款工作流程”、“海域使用权评估暂行办法”等一系列配套措施的制定和实施，为海域使用权抵押贷款业务的深入开展提供强有力的制度保障。

各金融机构一要认真做好贷前审查，重点审查海域使用权证的有效性，了解掌握海域使用权的有效年限、用途、价值。二要严把贷款发放关。只有取得海域使用权证书并经过登记，海域使用权才能生效。三要做好贷后管理。金融机构要适时监控借款人贷后资金运用情况，关注资金流向，防止借款人转移资金用途。在合同期间，借款人出现企业合并、分立或与他人合资、合作经营的，或海域使用类型、使用期限出现变更的，必须督促海域使用权人及时到原批准用海的人民政府办理变更手续。借款人发生变更事项的，应根据有关信贷管理规定完善或重新办理抵押登记手续。

4. 建立健全部门协作机制，加强政府扶持，建立贷款贴息制度及专业化的担保机构或者担保基金。

建议政府首先成立一个推进海域使用权流转工作的领导小组，加强对流转市场、海域使用权评估等方面工作的领导和协调，统领整个工作。然后人民银行、海洋与渔业局、商业银行、保险等相关部门成立相应的工作组织，负责本部门推进海域使用权抵押贷款相关配套工作的组织和实施。通过建立全方位多层次的领导小组及人民银行和海洋与渔业局相互积极配合，商业银行、保险等相关部门主动参与的工作格局，为海域使用权业务的有序运作提供强有力的组织保障。

为拓展海域使用权抵押贷款业务的开展，建议政府出台相关的扶持政策，切实提高渔民收入。鉴于目前海域使用权流转市场化程度不高的情况，一方面政府要建立贷款贴息制度，采取金融机构贷款利率降一点、市级和县级政府各补一点的方式，降低海域使用权抵押贷款成本。另外一方面，建议由有关部门成立海域使用权的专业化担保机构或者担保基金。担保机构或者担保基金在按市场化进行运作的同时，应该承担一部分政策性业务，对符合政策性业务的海域使用权的抵押进行再担保，如果发生融资风险，在海域使用权流转不畅的情况下，由担保机构或担保基金进行资产收购，在合适的情况下再进行资产流转或者处置，从而保证抵押融资各个环节的畅通。

（中国人民银行象山县支行）

宁海县民间担保发展现状、存在问题及对策

随着近年国家宏观调控政策措施影响，宁海县金融机构贷款规模趋紧，民间借贷再次活跃，民间利率攀升，从某种程度上说，担保公司已成为中小企业和银行之间不可或缺的一环，因此分析民间担保公司和中小企业及银行业间的关系显得尤为必要。

一、宁海县民间信用、担保行业的现状

据有关部门提供数据表明，2008 年末，全县担保企业有 22 家（其中一家非法人机构），总注册资金 3.95 亿元。其中担保中心和农业担保企业各一家，注册资金分别为 5000 万元和 800 万元。投资公司 65 家，注册资金近 7.2 亿元。调剂商行 50 家，注册资金 300 余万元。后两类机构主要依靠提供高息短期融资生存，如临时性的转贷，或提供工程承包保证金等服务。

二、宁海县信用担保行业产生的背景

1. 民间借贷的活跃为民间信用担保行业产生提供了基础。我国的非公有制经济发展，在工业、农业领域都取得了巨大成就，但在金融领域，坚冰难破。一方面是非公有制企业由于无法提供有效担保，难以从金融有关部门获得融资；另一方面是银行储蓄仍然是民间闲置资金的主要渠道。但由于银行存款利息低，开始出现了民间“标会”等互助性向赢利性转移的民间借贷群体；此外，由于银行存在贷后监管不力，部分信贷资金通过各种形式转变为民间借贷资金；随后，作为“中间人”的担保公司在借贷链条上开始扮演着重要角色，从下游那些手中握有资金的散户和企业中融资——多数是自己亲朋好友，也有一些是自己关系熟悉的小企业，然后交由上游的担保公司贷给需要资金的客户。这其中，下游和上游借贷双方自愿签订协议，而担保公司则赚取利差，正是这种借贷关系的存在，催生了民间担保行业。

2. 中小企业和个体经营者自身资金需求旺盛，促进民间担保行业的发展。近几年来，宁海县中小企业发展迅猛，对资金的需求也快速膨胀，但企业的自身积累相对较弱。从当前的宏观形势分析，由于金融同业之间竞争激烈，特别是近两年一些股份制银行的渗入，在宽松的金融环境下，纷纷给企业注入资金，从而带来企业对投资的冲动，把大量的短期资金投到固定资产或进行一些投机行为，短期资金长期化现象比较明显；另外由于中小企业自身积累少，无法提供金融机构认可的房产抵押或所征用的土地为非国有出让土地，也无法在金融机构获得更多的资金支持；这样担保公司在探索为民间闲置资本和急需资金的中小企业之间搭建交流平台，他们以项目合作的形式，突破了融资“瓶颈”，促进了民间担保行业的发展。

3. 宏观调控加快催助民间担保行业的发展。从 2008 年 1 月 25 日起，央行上调存款类金融机构人民币存款准备金率 0.5 个百分点。宏观调控政策的不断出台已对市场资金供求关系产生显著影响，当信贷客户融资环境趋紧时，融资成本增加，生产经营资金链压力在加大。央行每上调存款准备金率 0.5 个百分点，就意味着银行资金冻结额又多增了 2000 亿元，中小企业贷款难度会更大。在货币政策从紧时，不少企业纷纷借高息的民间资金以实现生产经营的正常周转资金需要，暂时缓解资金压力。

二、当前信用担保行业存在的问题

担保机构在缓解中小企业和个体工商户融资难和促进经济增长等方面起到了“催化剂”的作用。一批具有发展潜力，但经济积累不多、缺少贷款有效抵押物的中小企业通过信用担保而迅速成长，成为新的经济增长点，但民间担保公司这种新兴行业在迅速发展过程中，潜在风险也逐渐显现。

1. 民间担保企业资金规模普遍偏小，抗风险能力弱。一是民间担保产业资金普遍偏低，从宁海县的情况分析，民间担保行业平均注册资产为 1780 万元，投资公司平均注册资金为 1100 万元，调剂商行注册资金则更低，平均为 6.54 万元，与国家要求的最低注册资金 5000 万元相去甚远。二是担保机构主要通过自身积累来弥补风险，外部风

险补偿机制不完善。宁海县仅中小企业信用担保中心和农业担保中心享受财政风险准备金补贴和所得税免征政策。三是担保企业经营规模小，各自为政，自身承担的风险较大，无再担保、再保险等风险分担机制。

2. 担保企业超范围经营，违规从事融资业务。目前大部分担保机构都从事转贷业务，月息一般5% ~6%，最低也达3%，据调查其短期融资资金回报率高达40% ~50%，有的甚至更高。同时也存在因信息不对称，部分融资用于赌博等非法行为，扰乱了正常的金融秩序，埋下了金融风险隐患。

3. 担保体系不健全，缺乏有效监管。目前国家有关中小企业信用担保管理办法尚未出台，担保行业立法不完善。监管涉及经贸、工商、人行、财政、税务等多个职能部门，执照在工商部门审批，日常管理归属经贸局管理，但经营范围为担保业务，实际属银行融资业务，应由银监会监管，而多部门监管实际上就是无人监管，大部分担保机构的具体情况无从掌握。

4. 法制建设不健全，一些担保企业钻法律漏洞。部分担保机构偏离主业，违规从事融资业务。一些非担保机构借担保之名，进行非法集资借贷。一些投资有限公司、投资咨询服务公司以担保名义从事非法集资、高利借贷活动，赚取高额利差。民营担保公司利用企业转贷资金来源短缺时机谋取高额利润，这些公司借助多种渠道得到银行贷款信息（据了解担保公司放贷前必须向银行信贷人员或信贷负责人证实，在确信银行承诺续贷的前提下才出借资金），借款利率维持在年利率50% ~60%水平，据初步估算，企业贷款规模28亿的银行，当地有担保机构能获得至少300万元转贷利润。

三、建议和对策

1. 加强担保企业行业整顿，确保规范营运。鉴于目前部分担保机构存在明显的不规范行为，并潜在较大的风险隐患，建议加快金融体制改革。一要成立股份制、股份合作制的民营银行，吸收社会资本进入金融领域。二要进一步实行利率市场化改革，一方面让非公有制企业能从正规的金融机构获得贷款，正规的金融机构可以根据高风险高收益原则，对非公有制企业发放较高利率的贷款，改变过去为了避免风险而不敢贷款的状况；另一方面，让民营金融机构可以以更高的利率获得存款。近年来，我国的民间资本迅速成长，为适应民间资本多样化的投资需要，应当建立多样化的投资渠道。如把资金存入国有银行，可以有更好的保障，但存入民营银行，有较高的利率。这样，可以引导民间资金分流，实现金融资源合理配置，促进非公有制经济发展，同时也解决了民营金融机构筹资难的问题。

2. 加强风险管理，防范担保风险。一是银行要强化担保贷款审查，尤其要加强对担保机构合作伙伴及关联客户贷款的审查和管理，防止信贷资金流入民间担保机构从事非法融资业务；二是加强对担保协作对象的审查，制订担保协作对象审查条件和程序，严格审查和评估担保机构的担保能力和代偿能力，合理控制担保放大倍率，防止担保机构的风险转移；三是加强对担保机构的业务指导，加大检查、监督力度，督促其加强内部管理，规范经营行为，落实各项风险管理制度。鼓励其增加资本金，努力提高担保机构的经营水平和抗风险能力；四是加强担保机构大额现金支取管理，严格监督和控制担保机构大额取现用途，防范担保机构的短期套利融资带来的高风险行为；五是加强从业人员管理，增强从业人员自律意识和风险意识，严防道德风险，严禁银行工作人员参与担保机构经营活动。

3. 健全监管体系建设，加强有效监管。建议由当地政府牵头，成立由人行、银监局、财税、工商、公安、经贸局等各部门参与的担保机构管理领导小组，对民营担保机构经营进行指导、服务和监管；在加强监管的同时，适当放开民办金融，让目前社会上存在的融资形式合法化，如担保公司、调剂商行、投资公司、企业间相互融资等形式，获得合法地位，纳入银监会的监管范围。

4. 加强法制建设。一要尽快出台有关中小企业信用担保管理办法等民间信用及担保行业融资法律。建议通过出台民间信用及担保行业融资法律，给予其司法界定，规范正常的民间担保融资活动，引导担保融资合规经营。二要加强法规宣传和风险教育，确保辖区金融和社会稳定。要积极宣传《中国人民银行法》、《银行业监督管理法》、《商业银行法》、《非法金融机构和非法金融业务活动取缔办法》等有关涉及非法金融机构和非法金融业务的法律法规，增强居民的金融意识、诚信意识和风险意识，努力营造良好的信用环境和金融秩序，坚决打击非法集资、高利贷等非法金融行为，取缔非法金融组织，维护辖区金融生态环境和社会秩序。

（宁海县农村金融学会）

第四部分

统计篇

一、金融业务综合统计

（一）信贷

表 1　宁波市金融机构（含外资）本外币信贷资金来源运用分月统计

2008 年

汇率：6.8346　　　　单位：万元

行列名称	年初	一月	二月	三月	四月	五月	六月	七月	八月	九月	十月	十一月	十二月	增减数	增减数可比
一、各项存款	52811906	53337307	54737247	56019735	58277977	59734018	60484144	61619668	63284973	62935720	62704576	63555880	63536047	10724140	10724140
1. 企事业单位存款	20098526	19570203	19720384	20149051	21274110	21669551	21624101	22048910	22389646	21971249	21555732	21878356	21733911	1635385	1635385
（1）活期存款	13398130	12638256	12640729	12783195	13249906	13611510	13530926	13760262	14076157	13557088	13616411	13849820	13815651	417521	417521
（2）定期存款	6700395	6931947	7079655	7365856	8024204	8058041	8093175	8288648	8313489	8414161	7939321	8028536	7918260	1217865	1217865
2. 储蓄存款	18553269	18737086	19809801	19930658	19871591	20116652	20579657	20904724	21579302	22118898	22485070	23104334	23963112	5409843	5409843
（1）活期储蓄	6858473	7079518	7174626	6927814	6807157	6888410	6968700	7088414	7368013	7374114	7399389	7536028	7970876	1112403	1112403
（2）定期储蓄	11694795	11657568	12635174	13002845	13064434	13228242	13610958	13816310	14211289	14744784	15085681	15568305	15992236	4297440	4297440
3. 信托存款															
4. 委托存款	211928	311202	386463	417144	456907	463773	439370	438324	486685	515579	522216	522496	437731	225803	225803
5. 其他存款	13948184	14718816	14820600	15522883	16675368	17484043	17841016	18227709	18829340	18329993	18141559	18050694	17401293	3453109	3453109
二、所有者权益	2384679	2206241	1992955	1922287	1982077	2093302	2239097	2340607	2531577	2594562	2624758	2811282	2778013	393333	393333
其中：实收资本	561561	560517	559820	545557	545394	544927	544160	553683	553644	553502	553612	556975	596931	35370	35370
当年结益		142551	287025	455591	595156	764123	938294	1097687	1279437	1385069	1551176	1751376	1685813	1685813	1685813
三、其他	-3125381	-1239938	-2180877	-3403840	-4134331	-5064813	-5690283	-6185080	-7496793	-6542154	-6540248	-7092212	-6347954	-3222573	-3075078
资金来源总计	**52071204**	**54303610**	**54549325**	**54538182**	**56125723**	**56762508**	**57032957**	**57775195**	**58319757**	**58988127**	**58789087**	**59274951**	**59966105**	**7894900**	**8042399**

续表

行列名称	年初	一月	二月	三月	四月	五月	六月	七月	八月	九月	十月	十一月	十二月	增减数	增减数可比
一、各项贷款	49493974	51676388	51907564	52371946	53870286	54509403	54926116	55732181	56350309	57002972	56794729	57331386	58146033	8652060	8799558
1. 短期贷款	28812855	30032798	30154075	30352017	31159472	31543105	31705288	31959139	32163481	32365722	32145822	31958420	32429232	3616377	3735921
2. 中长期贷款	18164457	18775524	18931220	19229426	19733480	19900636	20176181	20439862	20744620	21061333	21133236	21573726	21847662	3683205	3710266
3. 信托贷款															
4. 委托贷款															
5. 其他贷款	1139785	1195993	1202026	1257789	1336927	1322725	1304612	1279407	1234677	1125181	935826	822810	713220	-426566	-426086
6. 票据融资	1370270	1665413	1611921	1523280	1630242	1731990	1727368	2034806	2167563	2405070	2486099	2835612	3053041	1682771	1682771
7. 各项垫款	6607	6660	8322	9434	10165	10949	12667	18967	39967	45666	93745	140819	102880	96273	96686
二、有价证券及投资	2577231	2627221	2641761	2166237	2255437	2253105	2106841	2043014	1969448	1985155	1994359	1943565	1820072	-757159	-757159
资金运用总计	**52071204**	**54303610**	**54549325**	**54538182**	**56125723**	**56762508**	**57032957**	**57775195**	**58319757**	**58988127**	**58789087**	**59274951**	**59966105**	**7894900**	**8042399**

注：1. 农业银行年底剥离 14.75 亿元不良贷款，按“余额真实，比较数可比”的统计原则，将增减数作可比处理。

2. 根据人民银行统计制度规定，2008 年 10、11、12 三个月单家行信贷收支表中邮政储蓄定期存放归入同业往来统计，不计入其他存款，涉及的机构有商业银行、国有商业银行、股份制商业银行、城市商业银行、建行、浦发、兴业、民生、浙商、宁波银行，年初有该业务的机构相应对增减数作可比处理。

表 2　　**宁波市金融机构（不含外资）本外币信贷资金来源运用分月统计**

汇率：6.8346　　2008 年　　单位：万元

行列名称	年初	一月	二月	三月	四月	五月	六月	七月	八月	九月	十月	十一月	十二月	增减数	增减数可比
一、各项存款	52762277	53295509	54689342	55966846	58216306	59652837	60403364	61535639	63193217	62845211	62608857	63456349	63431429	10669152	10669152
1. 企事业单位存款	20097966	19569349	19719474	20138516	21261456	21651841	21601763	22021660	22358300	21942563	21525548	21844925	21694009	1596043	1596043
（1）活期存款	13397571	12637402	12640319	12780868	13247937	13607385	13526877	13755454	14070315	13555597	13613021	13837057	13810250	412679	412679
（2）定期存款	6700395	6931947	7079155	7357648	8013519	8044456	8074886	8266206	8287985	8386966	7912527	8007868	7883759	1183364	1183364
2. 储蓄存款	18552569	18735277	19805370	19924675	19863851	20106299	20566415	20889651	21562329	22098652	22463616	23081820	23939573	5387004	5387004
（1）活期储蓄	6857820	7078289	7172765	6926545	6805461	6886228	6966901	7086812	7365865	7372869	7397723	7534253	7968771	1110951	1110951
（2）定期储蓄	11694749	11656988	12632605	12998130	13058390	13220071	13599514	13802839	14196464	14725783	15065893	15547567	15970802	4276053	4276053
3. 信托存款															
4. 委托存款	211929	311203	386462	417144	456906	463772	439370	438323	486685	515580	522216	522495	437732	225803	225803
5. 其他存款	13899813	14679680	14778036	15486511	16634093	17430925	17795816	18186005	18785903	18288416	18097477	18007109	17360115	3460302	3460302
二、所有者权益	2247829	2070929	1858504	1788769	1848730	1960349	2107223	2208719	2399509	2462457	2492112	2691296	2649666	401837	401837
其中：实收资本	445824	445824	445823	432319	432321	432318	432321	442022	442021	442021	442019	445349	475307	29483	29483
当年结益		141919	285838	453755	593135	761600	935247	1094252	1275738	1381073	1546849	1746858	1682825	1682825	1682825
三、其他	-2981608	-1099652	-2019629	-3252482	-3975527	-4897109	-5520319	-6021377	-7328916	-6379429	-6369394	-6932073	-6162765	-3181157	-3033655
资金来源总计	**52028498**	**54266786**	**54528217**	**54503133**	**56089509**	**56716077**	**56990268**	**57722981**	**58263810**	**58928239**	**58731575**	**59215572**	**59918330**	**7889832**	**8037334**
一、各项贷款	49455650	51643876	51890720	52341108	53838272	54467140	54885485	55682019	56296412	56945130	56739264	57274058	58100077	8644427	8791929
1. 短期贷款	28790572	30020355	30148924	30337594	31143780	31516472	31682108	31934783	32139034	32343827	32124372	31939394	32413771	3623199	3742745
2. 中长期贷款	18164424	18775491	18931187	19229393	19733449	19900604	20172721	20430257	20735021	21051757	21123650	21554128	21828075	3663651	3690713
3. 信托贷款															
4. 委托贷款															
5. 其他贷款	1123777	1175957	1190365	1241408	1320637	1307125	1290620	1263205	1214827	1098810	911398	804104	702311	-421466	-420986
6. 票据融资	1370270	1665413	1611921	1523279	1630241	1731990	1727368	2034806	2167563	2405070	2486099	2835612	3053041	1682771	1682771
7. 各项垫款	6607	6660	8323	9434	10165	10949	12668	18968	39967	45666	93745	140820	102879	96272	96686
二、有价证券及投资	2572848	2622910	2637497	2162025	2251237	2248937	2104783	2040962	1967398	1983109	1992311	1941514	1818253	-754595	-754595
资金运用总计	**52028498**	**54266786**	**54528217**	**54503133**	**56089509**	**56716077**	**56990268**	**57722981**	**58263810**	**58928239**	**58731575**	**59215572**	**59918330**	**7889832**	**8037334**

表 3　　**宁波市金融机构（不含外资）本外币信贷资金来源运用分县统计**

汇率：6.8346　　2008 年　　单位：万元

行列名称	全市合计	市区	开发区	鄞州区	奉化	余姚	慈溪	宁海	象山
一、各项存款	63431429	27769728	8781554	8343392	1660022	5703752	7914894	1711583	1546504
1. 企事业单位存款	21694009	10666178	3648260	2296578	467607	1736919	1855170	547665	475632
（1）活期存款	13810250	6793405	2353531	1482583	300583	1113806	1075752	380595	309995
（2）定期存款	7883759	3872773	1294729	813995	167024	623113	779418	167070	165637
2. 储蓄存款	23939573	7261069	3443938	3841537	969870	2823428	4201662	716569	681500
（1）活期储蓄	7968771	2333636	876166	1088334	374153	830352	1555077	449135	461918
（2）定期储蓄	15970802	4927433	2567772	2753203	595717	1993076	2646585	267434	219582
3. 信托存款									
4. 委托存款	437732	298301	52518	45582	237	23238	17478	235	143
5. 其他存款	17360115	9544180	1636838	2159695	222308	1120167	1840584	447114	389229
二、所有者权益	2649666	1164200	272347	399837	68952	216299	354978	77597	95456
其中：实收资本	475307	311288	17070	56316	8983	10000	40259	11704	19687
当年结益	1682825	551291	280033	248797	56148	167758	232275	74588	71935
三、其他	-6162765	-1097487	-1172092	-1546632	-80224	-1146432	-1777212	336357	320957
资金来源总计	**59918330**	**27836441**	**7881809**	**7196597**	**1648750**	**4773619**	**6492660**	**2125537**	**1962917**
一、各项贷款	58100077	26271568	7864929	7064020	1648045	4746699	6422264	2124995	1957557
1. 短期贷款	32413771	12236493	4238438	4618467	1108562	3180359	4597733	1217538	1216181
2. 中长期贷款	21828075	11809722	3169847	1912109	527431	1387253	1440499	886040	695174
3. 信托贷款									
4. 委托贷款									
5. 其他贷款	702311	347638	87106	59536	3540	40376	119216	12960	31939
6. 票据融资	3053041	1795113	359918	469988	8512	135094	263451	7002	13963
7. 各项垫款	102879	82602	9620	3920		3617	1365	1455	300
二、有价证券及投资	1818253	1564873	16880	132577	705	26920	70396	542	5360
资金运用总计	**59918330**	**27836441**	**7881809**	**7196597**	**1648750**	**4773619**	**6492660**	**2125537**	**1962917**

表 4

宁波市金融机构（含外资）人民币信贷资金来源分月统计

2008 年

单位：万元

行列名称	年初	一月	二月	三月	四月	五月	六月	七月	八月	九月	十月	十一月	十二月	增减数	增减数可比
一、各项存款	51529142	52179389	53622396	54875210	57132478	58417187	59157086	60006256	61663698	61512386	61250588	62095450	62164580	10635438	10635438
1. 企业存款	19207238	18775554	18951080	19349709	20468304	20719561	20689759	20844166	21160483	20900003	20466456	20787809	20763515	1556277	1556277
（1）活期存款	12717334	12012059	12020707	12121143	12632146	12857045	12793657	12905920	13271365	12872832	12841593	13093415	13115343	398009	398009
工业存款	1750381	1736816	1811793	1771060	1917224	2085742	2037020	2039977	2140999	1983602	2044419	2083883	2141249	390868	390868
商业存款	2467961	2325462	2361444	2313087	2461314	2509684	2551836	2577460	2623551	2560635	2570277	2607570	2776613	308652	308652
建筑企业存款	984835	909478	833015	923667	941427	945504	882311	953940	1106283	972520	933130	971291	921058	-63777	-63777
城镇集体企业存款	63181	52628	52849	53377	49532	49228	63567	51007	45944	46812	39005	42505	42783	-20398	-20398
乡镇企业存款	6854	7430	8595	6261	8456	9270	6884	6661	5415	5894	24562	23640	18018	11164	11164
三资企业存款	441701	411782	374555	397830	403360	408168	378369	407538	422650	439374	452675	453634	416508	-25193	-25193
私营企业及个体户存款	248162	274876	237982	260869	255494	261243	253744	269253	251544	248136	260951	245299	269483	21321	21321
其他企业存款	6750607	6289675	6336964	6386878	6591716	6565030	6598373	6576005	6650072	6594942	6494417	6652064	6519738	-230869	-230869
单位银行卡活期存款	3652	3912	3510	8034	2281	19837	19825	19816	20123	20114	20094	2405	5320	1668	1668
外资机构活期存款				80	1342	3339	1728	4263	4784	803	2063	11124	4573	4573	4573
（2）定期存款	6489904	6763495	6930373	7228566	7836158	7862516	7896102	7938246	7889118	8027171	7624863	7694394	7648172	1158268	1158268
企事业单位定期存款	6252775	6522594	6671632	6962051	7467600	7552654	7570799	7599496	7552817	7691404	7274118	7362864	7284405	1031630	1031630
单位银行卡定期存款	133	133	124	123	122	120	120	119	120	120	119	119	118	-15	-15
其他定期存款	236996	240768	258117	258185	357752	296158	306894	316189	311131	310231	326184	310743	329149	92153	92153
外资机构定期存款			500	8207	10684	13584	18289	22442	25050	25416	24442	20668	34500	34500	34500
2. 财政存款	454161	775859	934858	1041116	1260953	1241583	1283839	1301548	1235731	1249379	1355929	1186716	596176	142015	142015
3. 机关团体存款	2489239	2553396	2660478	2521219	2538062	2682481	2711842	2703827	2800771	2783333	2662625	2680547	2674492	185253	185253

续表

行列名称	年初	一月	二月	三月	四月	五月	六月	七月	八月	九月	十月	十一月	十二月	增减数	增减数可比
4. 城乡储蓄	18264570	18470430	19555884	19681064	19628758	19873131	20335950	20658601	21324684	21867259	22216650	22832366	23670651	5406081	5406081
（1）活期储蓄	6774929	7006635	7108035	6858147	6739567	6820258	6903226	7018088	7291786	7301198	7311997	7450446	7876180	1101251	1101251
（2）定期储蓄	11489641	11463795	12447849	12822917	12889191	13052873	13432724	13640513	14032898	14566061	14904653	15381920	15794471	4304830	4304830
5. 农业存款	1897508	1949349	1737480	1756557	1781047	1864054	1874718	1988055	1928103	1860306	1891590	1864522	1826024	－71484	－71484
6. 信托存款															
7. 委托存款	211571	310850	386108	416828	456591	463453	439054	438008	485945	514855	521491	521789	437040	225469	225469
8. 其他存款	9004855	9343951	9396508	10108717	10998763	11572924	11821924	12072051	12727981	12337251	12135847	12221701	12196682	3191827	3191827
二、金融债券	54710	65010	65010	65010	65010	65010	65010	65010	65010	65010	65010	65010	65010	10300	10300
三、应付及暂收款	1398107	1502931	1492712	1936373	1667546	1671424	1862669	1581965	1552405	1628569	1499413	1424013	1513162	115055	115055
其中：应付利息	482927	492819	512015	558837	571805	592483	679611	679683	665165	714804	715397	717522	690794	207867	207867
四、同业往来	823511	851463	1139848	727096	897907	813225	575480	632266	547148	364298	313705	292466	294362	－529149	－529149
五、行内资金往来		1814351	480195												
六、各项准备	451928	453027	457391	486084	495312	496371	535493	534183	541314	583818	589496	598479	653789	201861	201861
其中：贷款损失准备	448736	449365	453793	482313	491419	492447	531515	530776	537985	580351	586001	595012	650606	201870	201870
七、所有者权益	2181811	2041567	1828763	1756872	1815924	1922288	2069537	2138178	2319584	2378903	2404585	2599903	2597341	415530	415530
其中：实收资本	432696	432696	432697	419192	419192	419191	419193	408412	408412	412065	413527	418314	458272	25576	25576
当年结益		137128	276503	434173	571100	734153	906859	1053470	1226579	1324781	1485260	1680083	1645117	1645117	1645117
八、其他	－4102643	－4353497	－4372094	－5093555	－5722466	－5791162	－6420112	－6380551	－6329447	－6317314	－6000730	－5290722	－5142887	－1040244	－1046463
资金来源总计	**52336566**	**54554241**	**54714221**	**54753090**	**56351711**	**57594343**	**57845163**	**58577307**	**60359712**	**60215670**	**60122067**	**61784599**	**62145357**	**9808791**	**9802572**

表 5

宁波市金融机构（含外资）人民币信贷资金运用分月统计

2008 年

单位：万元

行列名称	年初	一月	二月	三月	四月	五月	六月	七月	八月	九月	十月	十一月	十二月	增减数	增减数可比
一、各项贷款	47234224	49296210	49571935	50035546	51504256	52206393	52619999	53464400	54193197	55057084	55037906	55717808	56727416	9493192	9632625
1. 短期贷款	28069606	29221572	29377436	29627740	30466031	30879750	31011419	31290855	31563517	31856578	31657573	31512630	32059939	3990333	4103379
（1）工业贷款	10774660	11255888	11331306	11345481	11715869	11873516	11869184	11898701	12029857	12146967	11983701	11880083	12179645	1404985	1449395
（2）商业贷款	2780894	2824973	2783899	2812953	2927891	2953245	3034464	3035598	3044458	3001856	2994524	2963940	2964562	183668	233810
（3）建筑业贷款	922081	990078	972706	986178	1040414	1050696	1061474	1110838	1120881	1141013	1134255	1149076	1205217	283136	283530
（4）农业贷款	1275077	1318798	1320910	1352119	1394741	1414215	1428854	1416029	1414940	1429901	1413070	1401644	1525812	250735	255522
（5）乡镇企业贷款	3083537	3137289	3151639	3207752	3243149	3261987	3255817	3248722	3244740	3264198	3253434	3337702	3369373	285836	285836
（6）三资企业贷款	1093264	1187001	1135167	1140232	1179603	1146307	1105340	1143683	1133138	1108140	1171794	1109696	1110514	17250	17250
（7）私营企业及个体户贷款	1068927	1082849	1082661	1091114	1130388	1175400	1160188	1165936	1185760	1165740	1179463	1177353	1135030	66103	66103
（8）其他短期贷款	7071166	7424696	7599148	7691911	7833976	8004384	8096098	8271348	8389743	8598763	8527332	8493136	8569786	1498620	1511933
其中：个人短期消费贷款	2521837	2562653	2520285	2519170	2510259	2522887	2592948	2614230	2653709	2679388	2692832	2718891	2752618	230781	230782
2. 中长期贷款	17769054	18379074	18541293	18841663	19344378	19526819	19804879	20048334	20357602	20688670	20760815	21222862	21483695	3714641	3740848
（1）基本建设贷款	9441162	9811979	10011370	10262809	10573281	10577579	10641089	10707959	10846245	11042269	11088575	11496145	11666147	2224985	2240670
（2）技术改造贷款	117689	112170	111968	107967	111958	116274	140963	141951	144848	143437	130097	125950	126671	8982	8982
（3）其他中长期贷款	8210203	8454925	8417955	8470887	8659139	8832966	9022827	9198424	9366509	9502964	9542143	9600767	9690877	1480674	1491196
其中：个人中长期消费贷款	4282368	4417558	4433988	4506161	4612833	4742605	4877792	4982041	5074372	5155204	5144764	5147955	5201780	919412	920140
3. 信托贷款															
4. 融资租赁	28608	31832	40159	39376	59385	66883	71088	83762	84854	83663	78127	77530	77841	49233	49233
5. 委托贷款															
6. 票据融资	1362074	1658838	1606748	1519145	1626188	1723695	1721572	2028138	2163975	2400086	2482277	2831586	3048400	1686326	1686326
其中：贴现	1362074	1658838	1606748	1519145	1626188	1723695	1721572	2028138	2163975	2400086	2482277	2831586	3048400	1686326	1686326
7. 各项垫款	4882	4894	6299	7622	8274	9246	11041	13311	23249	28087	59114	73200	57541	52659	52839
二、有价证券及投资	2977554	3040974	3037533	2574150	2700614	2707379	2521635	2497921	2425045	2488515	2570562	2814574	2468821	-508733	-508733
三、应收及预付款	549661	950687	1029833	916578	1041835	1055433	897039	878220	943489	673664	667107	774501	453618	-96043	-241695
其中：应收利息	63947	112971	162622	79367	137422	193910	95641	155180	213945	105306	155203	212645	120374	56427	56434
四、同业往来	67072	47612	44612	22192	13293	5667	2747	2748	28798	28687	22739	758	75184	8112	8112
五、行内资金往来	442470			383478	331141	798632	1019089	933654	1903694	875977	824631	1344629	769740	327270	327270
六、金银占款															
七、外汇占款	-25957	38718	-32530	-207553	-240400	-213571	-244294	-228193	-209808	15509	-60824	44640	448777	474734	474734
八、固定资产	724658	728848	725294	727593	728028	736863	735520	740314	746663	747652	748751	757530	842497	117839	117839
九、库存现金	366884	451192	337544	301106	272944	297547	293428	288243	328634	328582	311195	330159	359304	-7580	-7580
资金运用总计	**52336566**	**54554241**	**54714221**	**54753090**	**56351711**	**57594343**	**57845163**	**58577307**	**60359712**	**60215670**	**60122067**	**61784599**	**62145357**	**9808791**	**9802572**

注：1. 农业银行年底剥离 139433 亿元人民币不良贷款，按“余额真实，比较数可比”的统计原则，将增减数作可比处理。

2. 根据人民银行统计制度规定，2008 年 10、11、12 三个月单家行信贷收支表中邮政储蓄定期存放归入同业往来统计，不计入其他存款，涉及的机构有商业银行、国有商业银行、股份制商业银行、城市商业银行、建行、浦发、兴业、民生、浙商、宁波银行，年初有该业务的机构相应对增减数作可比处理。

表 6

宁波市金融机构（不含外资）人民币信贷资金来源分县统计

2008 年

单位：万元

行列名称	全市合计	市区	开发区	鄞州区	奉化	余姚	慈溪	宁海	象山
一、各项存款	62104691	27118643	8429658	8252670	1637680	5635479	7806004	1691239	1533318
1. 企业存款	20724442	10235749	3332790	2229263	453400	1694156	1777227	533117	468740
（1）活期存款	13110770	6488912	2163689	1431495	286697	1072300	998322	366047	303308
工业存款	2141249	1019083	375237	261593	53149	151267	158956	78243	43721
商业存款	2776613	1364440	478291	242128	57678	244196	237330	56933	95617
建筑企业存款	921058	550705	109408	95450	18142	25829	61566	17932	42026
城镇集体企业存款	42783	23574	1745	1084	1372	14300	681	27	
乡镇企业存款	18018	13708	129	833		2491	857		
三资企业存款	416508	169458	137945	30653	4975	35366	35304	2063	744
私营企业及个体户存款	269483	111101	33093	25175	4621	64884	18365	7939	4305
其他企业存款	6519738	3233778	1026426	774282	146760	533737	485011	202867	116877
单位银行卡活期存款	5320	3065	1415	297		230	252	43	18
（2）定期存款	7613672	3746837	1169101	797768	166703	621856	778905	167070	165432
企事业单位定期存款	7284405	3544622	1127373	735090	158523	618219	772726	165104	162748
单位银行卡定期存款	118	13	71	12				16	6
其他定期存款	329149	202202	41657	62666	8180	3637	6179	1950	2678
2. 财政存款	596176	419718	69569	98311	1838	3961	1945	273	561
3. 机关团体存款	2674492	1341473	317416	231808	112041	133638	240814	214805	82497
4. 城乡储蓄	23651493	7096303	3414194	3820632	961839	2799048	4172638	710911	675928
（1）活期储蓄	7875558	2276127	868520	1082275	371667	824031	1546264	446538	460136
（2）定期储蓄	15775935	4820176	2545674	2738357	590172	1975017	2626374	264373	215792
5. 农业存款	1826024	110246	193877	750667	62872	215839	350243	70963	71317
6. 信托存款									
7. 委托存款	437040	297710	52504	45582	237	23228	17401	235	143
8. 其他存款	12195024	7617444	1049308	1076407	45453	765609	1245736	160935	234132
二、金融债券	65010	6	1	40001		25001	1		
三、应付及暂收款	1512048	908743	126158	150073	29575	102460	125468	44884	24687
其中：应付利息	689810	365515	76282	80275	15432	57353	76026	9625	9302
四、同业往来	309898	275958	311	9610	4	9488	1846	2332	10349
五、行内资金往来		－952799			48015			471506	433278
六、各项准备	653789	388872	25658	82025	18326	45449	54507	16135	22817
其中：贷款损失准备	650606	385958	25490	81984	18326	45421	54496	16134	22797
七、所有者权益	2577994	1116653	251649	396345	68264	214222	354400	79019	97442
其中：实收资本	438272	274253	17070	56316	8983	10000	40259	11704	19687
当年结益	1645601	538192	259335	245305	55460	165681	231697	76010	73921
八、其他	－5036161	－2062394	－614522	－649892	－123255	－369404	－948587	－130133	－137974
资金来源总计	**62187269**	**26793682**	**8218913**	**8280832**	**1678609**	**5662695**	**7393639**	**2174982**	**1983917**

表 7

宁波市金融机构（不含外资）人民币信贷资金运用分县统计

2008 年

单位：万元

行列名称	全市合计	市区	开发区	鄞州区	奉化	余姚	慈溪	宁海	象山
一、各项贷款	56704409	25570774	7520497	6991594	1643712	4674121	6268593	2111509	1923609
1. 短期贷款	32046932	12049633	4111754	4605577	1108357	3167683	4572744	1217012	1214172
（1）工业贷款	12179645	3881133	1502398	1810493	406007	1459104	2095846	561851	462813
（2）商业贷款	2964562	1526349	383112	280900	28891	333955	291479	49017	70859
（3）建筑业贷款	1205217	777801	44571	158446	35276	91080	35667	30625	31751
（4）农业贷款	1525812	135094	139575	470675	115078	147786	323467	87386	106751
（5）乡镇企业贷款	3369373	312887	397096	962286	105049	524198	932248	84740	50869
（6）三资企业贷款	1110514	390591	399993	101722	14470	30415	145147	25426	2750
（7）私营企业及个体户贷款	1135030	502208	75193	118110	86275	68761	135070	33204	116209
（8）其他短期贷款	8556779	4523570	1169816	702945	317311	512384	613820	344763	372170
其中：个人短期消费贷款	2752563	1073869	219712	178395	164744	202167	347296	276073	290307
2. 中长期贷款	21473695	11609023	3041659	1912109	526843	1371144	1431703	886040	695174
（1）基本建设贷款	11666147	6518402	1817353	911687	262650	801115	759196	362984	232760
（2）技术改造贷款	126671	79060	6133	3000	1700	2200	21400	12178	1000
（3）其他中长期贷款	9680877	5011561	1218173	997422	262493	567829	651107	510878	461414
其中：个人中长期消费贷款	5201780	2496646	479899	561459	209857	343442	367972	360758	381747
3. 信托贷款									
4. 融资租赁	77841	77841							
5. 委托贷款									
6. 票据融资	3048400	1790472	359918	469988	8512	135094	263451	7002	13963
其中：贴现	3048400	1790472	359918	469988	8512	135094	263451	7002	13963
7. 各项垫款	57541	43805	7166	3920		200	695	1455	300
二、有价证券及投资	2468821	1880779	25130	403933	4705	44920	94052	4942	10360
三、应收及预付款	452280	291823	21442	57761	5660	21291	27555	21878	4870
其中：应收利息	119133	83401	9209	8183	1730	5055	6413	2734	2408
四、同业往来	141564	66380	214	74970					
五、行内资金往来	769740	-2190472	567108	655363		839349	898392		
六、金银占款									
七、外汇占款	448777	438483	1026	8858	-189	1402	206	2	-1011
八、固定资产	842497	624336	44763	45534	9265	44958	37544	14316	21781
九、库存现金	359181	111579	38733	42819	15456	36654	67297	22335	24308
资金运用总计	**62187269**	**26793682**	**8218913**	**8280832**	**1678609**	**5662695**	**7393639**	**2174982**	**1983917**

表 8

宁波市金融机构（含外资）外汇信贷资金来源分月统计

2008 年

单位：万美元

行列名称	年初	一月	二月	三月	四月	五月	六月	七月	八月	九月	十月	十一月	十二月	增减数	增减数可比
一、各项存款	175611	161150	156891	163061	163638	189547	193472	235921	237220	208751	213012	213671	200665	25054	25054
1. 单位活期存款	93202	87150	87255	94322	88249	108600	107488	124926	117754	100356	113513	110668	102465	9263	9263
其中：中资企业存款	36282	35419	32009	40748	44361	55612	46352	50070	40670	34459	42671	40415	37618	1336	1336
外商投资企业存款	34907	34751	37376	35792	27301	31418	41625	46002	47066	36721	44752	45972	40121	5214	5214
2. 单位定期存款	28816	23444	21008	19559	26863	28145	28731	51237	62093	56757	46069	48888	39518	10702	10702
其中：中资企业存款	10546	10053	9857	9885	14013	11855	14387	33029	42608	41921	27887	25064	24447	13901	13901
外商投资企业存款	1515	1599	1565	1280	727	525	304	823	456	1750	1264	1780	2090	575	575
3. 储蓄存款	39523	37112	35733	35561	34690	35052	35530	35989	37254	36907	39324	39791	42791	3268	3268
其中：定期存款	28086	26968	26362	25635	25035	25242	25985	25706	26101	26213	26521	27270	28936	850	850
4. 信托存款															
5. 委托存款（比较口径）	49	49	50	45	45	46	46	46	108	106	106	103	101	52	52
6. 其他类存款	7398	7948	6854	8434	7982	10167	15208	17783	13824	8700	7772	8079	10006	2608	2608
7. 境外存款	6623	5447	5991	5140	5809	7537	6469	5940	6187	5925	6228	6142	5784	-839	-839
二、境外筹资	335	335	335	335	335	335	308	308	308	308	308	308	281	-54	-54
三、同业存放	3229	2083	1361	1889	1729	2163	1601	530	433	415	1513	436	486	-2743	-2743
其中：境外同业存放	1631	786	262	683	637	1198	1199	134	56	17	6	6	44	-1587	-1587
四、应付及暂收款	59713	82434	90000	88456	96270	96758	93022	82942	71776	57911	48263	41709	42125	-17588	-17588
其中：应付及预提利息	2113	2370	2484	2559	2671	2608	2830	2507	2750	2422	2275	2465	1749	-364	-364
五、同业拆入				500	900	400	400	1460	1460	1460	1460	1960	2229	2229	2229
其中：境外同业拆入				500	900	400	400	1460	1460	1460	1460	1960	2229	2229	2229
六、外汇买卖	-23081	-13550	-21583	-41306	-43189	-41524	-41698	-42608	-41172	-12681	-16959	-11662	40317	63398	63398
其中：结售汇	3097	-16189	-41926	-67744	-75966	-77760	-78718	-73904	-76588	-57854	-56029	-30428	13285	10188	10188
七、境内联行存放	130369	161548	164412	174351	167376	148656	146957	88001	61136	43533	26771	6977		-130369	-130369
八、境外联行存放							4139	5181	4310	1266	410	341	122	122	122
九、证券业务款项															
十、各项准备	2919	3104	3061	3009	2925	2897	3564	3312	3250	3354	3308	3288	6928	4009	4009
其中：贷款损失准备	2823	3002	2963	2892	2835	2800	3462	3191	3115	3195	3115	3099	3870	1047	1047
十一、所有者权益	27773	22918	23108	23567	23736	24616	24720	29600	31018	31630	32256	30927	26435	-1338	-1338
其中：实收资本	17375	17470	17536	17608	17624	17670	17747	20765	20769	20284	20084	19869	19869	2494	2494
当年结益		755	1480	3052	3437	4314	4583	6466	7734	8842	9657	10431	5954	5954	5954
十二、其他	7309	1197	473	17000	28405	14178	17210	19149	29184	15851	8806	5917	-23127	-30436	-30437
资金来源总计	**384177**	**421219**	**418058**	**430862**	**442125**	**438026**	**443695**	**423796**	**398923**	**351798**	**319148**	**293872**	**296461**	**-87716**	**-87717**

表 9

宁波市金融机构（含外资）外汇信贷资金运用分月统计

2008 年

单位：万美元

行列名称	年初	一月	二月	三月	四月	五月	六月	七月	八月	九月	十月	十一月	十二月	增减数	增减数可比
一、各项贷款	309361	331256	328695	332868	337995	331502	336215	331605	315621	285393	257382	236079	207565	-101796	-100616
1. 短期贷款	101751	112900	109298	103188	99060	95485	101161	97720	87785	74674	71531	65223	54033	-47718	-46767
（1）境内短期贷款	98863	111315	108819	103021	98933	95379	101018	97583	87597	74565	71379	65112	53920	-44943	-43992
其中：中资企业贷款	66627	74858	74100	71229	69550	69004	67354	65718	58906	46271	45066	41246	31235	-35392	-34845
外商投资企业贷款	22827	25280	24243	23009	21687	18887	26108	23597	20575	20873	19617	17942	16803	-6024	-5928
（2）境外短期贷款	2888	1585	479	167	127	106	143	137	188	109	152	111	113	-2775	-2775
2. 中长期贷款	54131	55175	54874	55245	55585	53809	54134	57251	56627	54656	54561	51334	53254	-877	-752
（1）境内中长期贷款	54129	55173	54872	55243	55583	53807	54132	57249	56625	54654	54559	51332	53254	-875	-750
其中：中资企业贷款	10699	10702	9708	9684	9689	9689	10024	10420	10197	8640	8649	8575	8437	-2262	-2171
外商投资贷款	17313	18360	18236	18224	18121	17916	18359	20278	20006	19886	19797	17897	21176	3863	3883
（2）境外中长期贷款	2	2	2	2	2	2	2	2	2	2	2	2		-2	-2
3. 进出口贸易融资	151652	161555	163045	173123	182036	180303	179400	174397	167803	152319	125221	108605	92557	-59095	-59025
4. 票据融资	1122	915	728	589	579	1194	845	975	525	731	560	589	679	-443	-443
其中：贴现	679	723	682	567	453	656	622	673	522	527	450	415	534	-145	-145
5. 融资租赁（比较口径）															
6. 信托贷款															
7. 委托贷款（比较口径）															
8. 各项垫款	236	246	285	258	270	245	237	827	2446	2578	5074	9893	6634	6398	6432
9. 境外筹资转贷款	469	465	465	465	465	466	438	435	435	435	435	435	408	-61	-61
二、有价证券及投资	701	701	702	702	702	702	403	403	403	300	300	300	266	-435	-435
三、应收及预付款	56422	77530	81102	87120	94020	93501	97369	75066	65195	53771	48831	41415	40504	-15918	-17099
其中：应收及预付利息	1812	2478	2869	2525	2956	3186	3030	3376	3415	2656	2866	2942	1937	125	125
四、存放同业	8497	7724	3562	6075	5908	8924	6530	13270	14379	8504	9207	12914	28387	19890	19890
其中：存放境外同业	8497	7724	3562	6075	5908	8924	6530	13270	14379	8504	9207	12914	28387	19890	19890
五、拆放同业	5464	194	197	545						500			1117	-4347	-4347
其中：拆放境外同业	5464	194	197	545						500			1117	-4347	-4347
六、存放境内联行													15421	15421	15421
七、存放境外联行	66	81	63	33	119	80	47	44	49	249	104	38	60	-6	-6
八、证券业务占款															
九、库存现金	3666	3733	3737	3519	3381	3317	3131	3408	3276	3081	3324	3126	3141	-525	-525
资金运用总计	**384177**	**421219**	**418058**	**430862**	**442125**	**438026**	**443695**	**423796**	**398923**	**351798**	**319148**	**293872**	**296461**	**-87716**	**-87717**

表 10

宁波市金融机构（不含外资）外汇信贷资金来源分县统计

2008 年

单位：万美元

行列名称	全市	市区	开发区	鄞州	奉化	余姚	慈溪	宁海	象山
一、各项存款	194121	95266	51486	13274	3269	9989	15931	2977	1929
1. 单位活期存款	102344	44553	27776	7475	2032	6073	11329	2128	978
其中：中资企业存款	37529	22013	2316	4105	127	1935	6031	820	182
外商投资企业存款	40089	13986	17374	1422	1551	1828	2569	750	609
2. 单位定期存款	39518	18427	18381	2374	47	184	75		30
其中：中资企业存款	24447	10015	12515	1610	47	155	75		30
外商投资企业存款	2090	1433	542	115					
3. 储蓄存款	42150	24107	4352	3059	1175	3567	4246	828	816
其中：定期存款	28512	15694	3233	2172	811	2642	2957	448	555
4. 信托存款									
5. 委托存款（比较口径）	101	87	2			1	11		
6. 其他类存款	10006	8091	975	366	15	164	269	21	105
7. 境外存款	2	1					1		
二、境外筹资	281	281							
三、向中央银行借款									
四、中央银行存款									
五、同业存放	14152	14066	11	3	9	60	3		
其中：境外同业存放									
六、应付及暂收款	39090	24204	1841	4980	355	2191	2583	2812	124
其中：应付及预提利息	1722	1121	349	96	16	52	42	35	11
七、同业拆入	500	500							
其中：境外同业拆入	500	500							
八、外汇买卖	40317	38812	148	1298	-28	204	31		-148
其中：结售汇	13285	11780	148	1298	-28	204	31		-148
九、境内联行存放		-9672					6301		3371
十、境外联行存放	122	122							
十一、证券业务款项									
十二、各项准备	6630	2684	610	365	3	551	1337	514	566
其中：贷款损失准备	3612	2683	565	75	3	86	144	16	40
十三、所有者权益	10487	6957	3028	511	101	304	85	-208	-291
其中：实收资本	5000	5000							
当年结益	5446	1916	3028	511	101	304	85	-208	-291
十四、其他	-11731	-23684	7150	2376	622	664	749	224	168
资金来源总计	**293969**	**149536**	**64274**	**22807**	**4331**	**13963**	**27020**	**6319**	**5719**

表 11

宁波市金融机构（不含外资）外汇信贷资金运用分县统计

2008 年

单位：万美元

行列名称	全市	市区	开发区	鄞州	奉化	余姚	慈溪	宁海	象山
一、各项贷款	204207	102535	50396	10597	634	10620	22485	1973	4967
1. 短期贷款	53674	27339	18536	1886	30	1855	3657	77	294
（1）境内短期贷款	53674	27339	18536	1886	30	1855	3657	77	294
其中：中资企业贷款	31235	12620	11825	1607		1757	3055	77	294
外商投资企业贷款	16603	13167	2885	279	30		242		
（2）境外短期贷款									
2. 中长期贷款	51851	29365	18756		86	2357	1287		
（1）境内中长期贷款	51851	29365	18756		86	2357	1287		
其中：中资企业贷款	7537	6486	609			442			
外商投资贷款	20676	17199	875			1315	1287		
（2）境外中长期贷款									
3. 进出口贸易融资	90961	39067	12745	8711	518	5908	17443	1896	4673
4. 票据融资	679	679							
其中：贴现	534	534							
5. 融资租赁（比较口径）									
6. 信托贷款									
其中：境外									
7. 委托贷款（比较口径）									
8. 各项垫款	6634	5677	359			500	98		
9. 境外筹资转贷款	408	408							
二、有价证券及投资									
其中：境外									
三、应收及预付款	40107	21975	1715	5786	309	2603	3692	3360	667
其中：应收及预付利息	1735	819	264	219	1	111	188	99	34
四、存放中央银行	1245	1154		51		15	25		
其中：缴存准备金	775	684		51		15	25		
五、存放同业	24670	22883		1062		224	501		
存放境外同业	24670	22883		1062		224	501		
六、拆放同业									
拆放境外同业									
七、存放境内联行	20596	－1050	11903	5169	3335	325		914	
八、存放境外联行	60	60							
九、证券业务占款									
十、库存现金	3084	1979	260	142	53	176	317	72	85
资金运用总计	**293969**	**149536**	**64274**	**22807**	**4331**	**13963**	**27020**	**6319**	**5719**

表 12

宁波市金融机构个人消费贷款分县统计表

2008 年

单位：万元

行列名称	全市合计	市区	开发区	镇海	北仑	大榭	鄞州区	奉化	余姚	慈溪	宁海	象山
个人消费贷款	7954599	3570773	699611	172266	518434	8911	739854	374601	545609	715268	636831	672054
个人住房贷款	4679376	2243450	450798	93600	351167	6032	559715	181252	298863	322834	262342	360121
个人住房装修贷款	106887	58943	1970	231	1739		16981	7805	1240	9400	3867	6682
汽车贷款	273265	150385	9000	5551	3449		2891	1522	42778	58317	7256	1116
助学贷款	12313	10948	107		107		121	134	180	627	151	45
大件耐用消费品贷款												
旅游贷款	5	5										
其他贷款	2662733	887054	237726	72878	161969	2879	160143	183881	202544	324090	363209	304084
个人信用卡透支	220019	219985	8	5	3		2	7	5	1	5	6

表 13

宁波市金融机构个人消费贷款分机构统计表

2008 年

单位：万元

行列名称	工行	农行	中行	建行	交行	中信	光大	华夏	广发	深发	招商	浦发	兴业	民生	浙商	宁波	上海	包商	城信	农村合作	邮储	全市
个人消费贷款	1270645	832066	857840	1467825	227687	146608	392788	34067	52460	237192	255024	459417	230532	106060	13238	1229882	35040	2276	13739	89481	730	7954598
个人住房贷款	788395	587695	741687	1055180	120424	101281	206694	3442	41063	132173	171133	117882	224664	95891	4274	177266	12794	202	8439	88796		4679376
个人住房装修贷款	32		681	9	11290		326		2877		3081		163		7	82191		1115	5026		89	106887
汽车贷款	6643	22761	37975	132696	14883	66	40475		1269	4	2733	828		3		11654		959	274		41	273265
助学贷款	6072	497	786	2700		620						952								685		12313
大件耐用消费品贷款																						
旅游贷款																					5	5
其他贷款	469503	212366	76711	277160	81075	44641	145293	30625	7251	105015	78077	338396	5705	10166	8957	748952	22246				595	2662733
个人信用卡透支		8747		80	15							1359				209819						220019

表 14

2001～2008 年宁波市金融机构个人消费贷款明细表

2008 年

单位：万元

行列名称	2001 年	2002 年	2003 年	2004 年	2005 年	2006 年	2007 年	2008 年
个人消费贷款	849547	1421486	2319200	3088380	3233683	4308666	6833288	7954597
个人住房贷款	613759	986155	1462895	2155037	2406901	2782732	4199514	4679376
个人住房装修贷款				107802	63017	31356	17240	106887
汽车贷款	70879	137201	244473	205596	143679	136665	206517	273265
助学贷款	2701	5174	7873	8036	10237	12336	14186	12313
大件耐用消费品贷款	299	5950	3599	71	277	80		
旅游贷款	2390							5
其他贷款	159519	287005	600361	607198	602465	1332275	2350344	2662733
个人信用卡透支				4640	7107	13222	45487	220019

表 15

2001～2008 年宁波市金融机构不良贷款情况表

单位：亿元、%

项目		2001 年	2002 年	2003 年	2004 年	2005 年	2006 年	2007 年	2008 年
不良贷款额	本外币	154. 91	132. 16	106. 95	83. 11	81. 33	68. 71	69. 55	86. 16
	本币	125. 28	106. 97	84. 85	79. 46	75. 49	62. 28		
	外币	29. 63	25. 19	22. 10	3. 65	5. 83	6. 43		
不良贷款率	本外币	14. 30	8. 74	4. 95	3. 20	2. 64	1. 76	1. 40	1. 48
	本币	12. 11	7. 32	4. 10	3. 21	2. 56	1. 67		
	外币	67. 97	50. 44	23. 69	3. 04	4. 50	3. 52		

注：2001～2003 采用“一逾两呆”分类。

2004～2006 年主要金融机构采用“贷款五级”分类。

2007 年全部金融机构采用“贷款五级”分类。

（二）金融市场

表 16

宁波市金融机构资金融通业务统计表

2008 年

同业拆借统计　　　　单位：万元

期限结构	2008 年 1 月		2008 年 2 月		2008 年 3 月		2008 年 4 月		2008 年 5 月		2008 年 6 月	
	拆借金额	加权利率	拆借金额	加权利率	拆借金额	加权利率	拆借金额	加权利率	拆借金额	加权利率	拆借金额	加权利率
1 天	10000	1. 8920					40000	4. 4679	40000	2. 3925	90000	2. 7938
7 天	70000	3. 4193	120000	3. 9027	40000	2. 6500	80000	3. 2038			10000	3. 0700
14 天	120000	3. 3333							40000	3. 4800		
21 天			40000	3. 2000								
1 个月					70000	3. 1004						
3 个月							80108	4. 4489				
合计	200000	3. 2686	160000	3. 6576	110000	2. 9366	200108	3. 9512	80000	2. 9363	100000	2. 8214
期限结构	2008 年 7 月		2008 年 8 月		2008 年 9 月		2008 年 10 月		2008 年 11 月		2008 年 12 月	
	拆借金额	加权利率	拆借金额	加权利率	拆借金额	加权利率	拆借金额	加权利率	拆借金额	加权利率	拆借金额	加权利率
1 天	448000	2. 5639	600000	2. 6629	230000	2. 7797	240000	2. 505625	70000	2. 1986	2000	1. 5500
7 天	120000	3. 2203	115000	3. 8626	100000	3. 0700			3000	2. 8800		
14 天	10000	3. 9000										
21 天												
1 个月	50000	3. 2700			30000	3. 2200						
3 个月	50000	4. 4656										
4 个月			30000	4. 4540								
合计	678000	3. 148734218	745000	3. 2563	360000	2. 9044	240000	2. 505625	73000	2. 2801	2000	1. 5500

表 17

宁波市金融机构再贴现及相关数据统计表

2008 年

单位：万元

项目	商业汇票				贴现				再贴现			
	余额	比同期	年累计发生额	比同期	余额	比同期	年累计发生额	比同期	余额	比同期	年累计发生额	比同期
银行承兑汇票	12590248	2953507	27742733	5923742	2606152	1400559	19372947	4954768			2735	2735
工商银行	662029	16792	1582382	275775	306324	244544	1223873	-33492				
农业银行	537783	41222	1235155	52797	628134	374484	4932722	1164355				
中国银行	811901	143599	1818088	134728	66391	35527	157597	-68017				
建设银行	619451	288803	1333176	597334	180054	-3775	528517	-35214				
其他银行	8041646	1985708	17355867	3635979	501925	247541	6736467	1129700				
政策性银行	7400	300	9280	-8380	1200	-5426	12715	1271				
城市商业银行	1426964	337200	3126193	729096	292390	182754	1547263	784956				
城市信用社	16371	7913	30435	11560	8506	-1236	27712	138				
农村信用社	466703	131970	1252157	494853	621228	326146	4206081	2011071			2735	2735
信托（财务）公司												
其他非银行金融机构												
商业承兑汇票					449138	284171	4219227	438322				
总计	12590248	2953507	27742733	5923742	3055290	1684730	23592174	5393090			2735	2735

表 18 宁波市金融机构票据转贴现业务相关情况统计表

2008 年 单位：万元

项目	余额	比同期	年累计发生额	比同期
一、银行承兑汇票	12590248	2953507	27742733	5923742
其中：保证金	6803717	2256727	—	—
存单质押	636564	-76450	—	—
二、贴现及买断式转贴现	3055290	1684730	23592174	5393090
1. 企业贴现	1618177	623920	11825584	1311933
其中：异地	610150	541230	786964	-124507
银行承兑汇票	1249133	385193	8877815	1041422
商业承兑汇票	369044	238727	2947769	270511
2. 买断式转贴现（转入）	1437113	1060810	11766590	4081157
其中：异地	311107	263886	5271070	2316345
系统外	398617	296122	6165856	2137992
银行承兑汇票	1357019	1015366	10495132	3913346
商业承兑汇票	80094	45444	1271458	167811
3. 买断式转贴现（转出）	—	—	15754640	2863534
其中：异地	—	—	9762658	1487169
系统外	—	—	6142532	921907
三、回购式转贴现	—	—	—	—
1. 买入返售票据	1209809	1020773	3355783	949268
其中：异地	1209809	1096118	3218430	1262354
系统外	1209809	1026505	3071206	670423
国有银行	0	-11000	5000	-55779
其他商业银行	275279	210934	903250	709833
外资银行	0	0	0	0
其他金融机构	934530	820839	2447533	295214
2. 卖出回购票据	503367	286185	1677077	1320417
其中：异地	503367	286185	1403151	1161076
系统外	469867	252685	1586506	1244846
国有银行	70175	-106205	344418	152365
其他商业银行	433192	392390	1100864	971257
外资银行	0	0	0	0
其他金融机构	0	0	231795	196795

表 19

宁波市证券业股票、基金、国债交易业务统计表

2008 年

单位：万元

项目名称 机构名称	A 股代理成交额	基金（封闭式）代理成交额	B 股代理成交额（折人民币）	国债代理成交额	权证代理成交额	其他债券、证券代理成交额	代理成交额合计
太平洋证券宁波中山东路证券营业部	13952. 70	31. 17	13. 75	0. 20	635. 63	3. 59	14637. 04
齐鲁证券宁波中兴路证券营业部	47291. 71	552. 42	277. 76	0. 00	17367. 82	300. 03	65789. 74
国信证券宁波百丈东路证券营业部	77189. 89	94. 54	13. 19	0. 00	4646. 71	36. 08	81980. 41
财通证券宁波天童北路证券营业部	508312. 39	12701. 19	0. 00	4. 62	224583. 68	319. 37	745921. 25
齐鲁证券慈溪天九街证券营业部	1235433. 13	21636. 97	437. 25	0. 00	150197. 69	136. 82	1407841. 86
金元证券宁波灵桥路证券营业部	1070279. 10	9178. 50	24. 49	1434. 49	140819. 76	6442. 35	1228178. 69
方正证券宁波镇明路证券营业部	1421576. 35	2714. 93	1337. 83	23. 16	149091. 62	113. 37	1574857. 26
国泰君安证券余姚阳明西路营业部	760199. 89	67648. 25	314. 26	0. 00	582237. 08	269. 35	1410668. 83
山西证券宁波百丈东路营业部	581478. 32	17071. 72	2053. 09	88. 39	124354. 41	389. 01	725434. 94
民族证券宁波中山西路营业部	1169973. 52	43575. 97	2287. 59	0. 00	507653. 92	54764. 54	1778255. 54
光大证券解放南路营业部	6331002. 00	33599. 00	4119. 00	250. 00	1605548. 00	25974. 00	8000492. 00
光大证券开明街营业部	2357891. 00	29336. 00	3219. 00	1381. 00	301662. 00	4610. 00	2698099. 00
光大证券彩虹南路营业部	2118467. 58	20986. 08	2617. 01	295. 89	571867. 71	15180. 07	2729414. 34
光大证券灵桥路营业部	5318932. 00	28001. 00	5131. 00	178. 00	1028664. 00	11689. 00	6392595. 00
光大证券槐树路营业部	1299394. 00	10338. 00	1858. 00	45. 00	107334. 00	665. 00	1419634. 00
光大证券孝闻街营业部	5844559. 00	38514. 00	7380. 00	2160. 00	1135149. 00	37545. 00	7065307. 00
光大证券新契营业部	2452316. 00	22783. 00	9876. 00	262. 00	361725. 00	6741. 00	2853703. 00
光大证券镇海城关镇营业部	2549353. 27	34024. 01	8508. 70	952. 07	244586. 18	6436. 22	2843860. 45
光大证券慈溪浒山营业部	5932074. 50	113150. 33	12311. 38	97. 61	505484. 15	3863. 42	6566981. 39
光大证券奉化大桥营业部	2333559. 00	12741. 00	7095. 00	98. 00	264789. 00	2467. 00	2620749. 00

续表

项目名称 机构名称	A 股代理成交额	基金（封闭式）代理成交额	B 股代理成交额（折人民币）	国债代理成交额	权证代理成交额	其他债券、证券代理成交额	代理成交额合计
海通证券宁波解放北路营业部	2767659.00	33424.00	26680.00	1544.00	906729.00	15040.00	3751076.00
海通证券宁波百丈东路营业部	1942600.00	41353.00	5114.00	97.00	293183.00	1936.00	2284283.00
银河证券宁波和义路营业部	4630556.00	86872.00	14191.00	550.00	353113.00	4514.00	5089796.00
银河证券宁波解放南路营业部	5060014.77	92749.25	13882.58	341.59	1173125.02	10871.86	6350985.07
银河证券宁波翠柏路营业部	3071842.00	30836.00	16577.00	416.00	931080.00	3296.00	4054047.00
银河证券长春路营业部	1610147.87	16915.81	4617.26	157.16	152008.90	8284.28	1792131.28
申银万国宁波大梁街营业部	2797269.00	28615.00	16094.00	85.00	187706.00	5481.00	3035250.00
申银万国宁波中山东路营业部	1570830.50	19406.01	21122.19	287.47	192379.21	56934.35	1860959.73
国泰君安宁波彩虹北路营业部	4649862.30	76330.52	16787.62	414.58	1540222.18	14120.01	6297737.21
中信证券宁波江东北路营业部	3317726.42	45589.96	15632.38	342.20	389998.99	17686.64	3786976.59
华泰证券宁波柳汀街营业部	1728299.86	31004.39	4235.24	395.50	945205.68	2521.45	2711662.12
金通证券余姚营业部	4114008.00	38850.00	23286.00	4219.00	681333.00	4269.00	4865965.00
中信建投证券曙光路营业部	1911084.10	40554.83	2874.93	212.59	183196.71	16767.87	2154691.03
爱建证券人民路营业部	479419.00	5617.00	318.00	29.00	39473.92	165.00	525021.92
爱建证券中山西路营业部	1057581.00	14883.00	2939.00	53.00	72248.00	1831.00	1149535.00
爱建证券石板巷营业部	1811042.00	5617.00	3163.00	10.00	1240217.00	3817.00	3063866.00
爱建证券兴宁路营业部	734442.00	3215.00	4663.00	10.00	147274.00	151.00	889755.00
广发证券宁波环城西路营业部	1258332.90	7675.46	569.88	1295.52	147510.23	66214.01	1481598.00
安信证券宁波和义路营业部	500566.80	17358.69	9991.48	128752.00	1312031.00	43325.43	2012025.40
合计	88436518.87	1155545.00	271612.86	146482.04	18916432.20	455171.12	109381762.09

表 20

宁波市期货交易业务统计表

2008 年

单位：万元

机构名称	交易金额
宁波杉立期货经纪有限公司	29441847
宁波杉立期货经纪有限公司慈溪营业部	8173169
浙江省永安期货经纪有限公司宁波营业部	18444625
南华期货经纪有限公司宁波营业部	17928720
上海浙石期货经纪有限公司宁波营业部	4124010
光大期货有限公司宁波营业部	13280341
浙江大地期货经纪公司宁波营业部	11771634
浙江大越期货经纪有限公司余姚营业部	9904549
中国国际期货经纪有限公司宁波营业部	2898986
浙江省永安期货经纪有限公司余姚营业部	3095920
南华期货经纪有限公司慈溪营业部	2856267
浙江天马期货经纪有限公司宁波营业部	999285
国泰君安期货有限公司宁波营业部	538128
东海期货有限责任公司宁波营业部	62632
合计	123520113

表 21 **人民币存、贷款利率表（1）**

金融机构人民币存款基准利率 单位：年利率%

	2008－10－9	2008－10－30	2008－11－27	2008－12－23
一、活期存款	0.72	0.72	0.36	0.36
二、定期存款				
（一）整存整取				
三个月	3.15	2.88	1.98	1.71
半年	3.51	3.24	2.25	1.98
一年	3.87	3.60	2.52	2.25
二年	4.41	4.14	3.06	2.79
三年	5.13	4.77	6.60	3.33
五年	5.58	5.13	3.87	3.60
（二）零存整取、整存零取、存本取息				
一年	3.15	2.88	1.98	1.71
三年	3.51	3.24	2.25	1.98
五年	3.87	3.6	2.52	2.25
（三）定活两便	按一年以内定期整存整取同档次利率六折执行			
三、协定存款	1.53	1.53	1.17	1.17
四、通知存款				
一天	1.17	1.17	0.81	0.81
七天	1.71	1.71	1.35	1.35

表 22 **人民币存、贷款利率表（2）**

金融机构人民币贷款基准利率 单位：年利率%

	2008－9－16	2008－10－9	2008－10－30	2008－11－27	2008－12－23
一、短期贷款					
六个月以内（含六个月）	6.21	6.12	6.03	5.04	4.86
六个月至一年（含一年）	7.20	6.93	6.66	5.58	5.31
二、中长期贷款					
一至三年（含三年）	7.29	7.02	6.75	5.67	5.40
三至五年（含五年）	7.56	7.29	7.02	5.94	5.76
五年以上	7.74	7.47	7.20	6.12	5.94
三、贴现	以再贴现利率为下限加点确定				
四、个人住房公积金贷款					
五年以下（含五年）	4.59	4.32	4.05	3.51	3.33
五年以上	5.13	4.86	4.59	4.05	3.87

表 23

人民币存、贷款利率表（3）

人民银行对金融机构存、贷款利率

单位：年利率%

	2008－11－27	2008－12－23
一、人民银行对金融机构存款利率		
（一）法定准备金	1．62	1．62
（二）超额准备金	0．72	0．72
二、人民银行对金融机构贷款利率		
（一）流动性再贷款（不含农村信用社）		
二十天	3．06	2．79
三个月	3．33	3．06
六个月	3．51	3．24
一年	3．60	3．33
（二）再贴现	2．97	1．80
（三）对农村信用社再贷款（不含紧急贷款）		
二十天	2．88	2．34
三个月	3．15	2．61
六个月	3．33	2．79
一年	3．42	2．88
（四）专项政策性再贷款（超限额及新发放部分）	4．68	4．27
（五）金融稳定再贷款（延期期间）	4．68	4．27

表 24　　宁波市同城支付清算人民币业务量统计表

2008 年　　单位：笔、万元

行名	电子交换		手工交换	
	往账笔数	往账金额	提出笔数	提出金额
人民银行	159508	15616126		
国开银行	127	213129		
农发银行	3875	275913	91	1369
工商银行	2566342	58774868	17041	371083
农业银行	1501851	46415298	30709	447443
中国银行	1153035	29369983	14237	415691
建设银行	1340940	41031577	10930	260667
交通银行	606872	20742934	6638	185473
浦发银行	508143	17026547	8062	158949
深发银行	75684	4697532	580	66079
广发银行	108695	5930219	884	50596
光大银行	79768	6035601	1263	218623
招商银行	164210	8093672	991	107513
中信银行	125429	8357182	2385	137976
兴业银行	93167	5709229	713	157025
民生银行	40574	4317553	417	127505
浙商银行	15064	1725817	182	25311
华夏银行	4839	821673	94	63684
邮储银行	989	61444	10	589
宁波银行	1826521	47483182	26345	445355
上海银行	11170	1584953	109	21660
包商银行	1265	297020	24	21132
省联宁波	1772400	36104776	30654	452430
鄞州银行	755017	8336352	3563	54138
象山绿叶	27240	921782	474	7162
恒生银行	827	51015		
其他机构	4406965	334928		
合计	17350517	370330305	156396	3797453

表 25 **宁波市银联成员机构基本情况表**

2008 年止 单位：张、个

机构名称	总发卡量	信用卡	借记卡	ATM
工商银行	3004979	486682	2518297	268
农业银行	4311152	145257	4165895	412
中国银行	1641476	242721	1398755	170
建设银行	2553182	295526	2257656	316
交通银行	823170	171331	651839	152
浦发银行	752969	261496	491473	149
广发银行	320138	205348	114790	40
光大银行	774547	120184	654363	75
招商银行	938939	307637	631302	98
深发银行	312310	22788	289522	11
中信银行	318712	84362	234350	68
兴业银行	365911	132383	202004	43
民生银行	299265	146455	152810	78
宁波银行	2468327	792598	1806001	173
邮储银行	2738337	0	2792464	99
浙商银行	11560	0	11560	5
鄞州银行	915820	51676	864144	143
上海银行	39868	25221	14647	6
华夏银行	9652	4440	5212	3
宁波农信	669947	0	669947	160
合计	23270261	3496105	19927031	2469

二、金融机构业务统计

（一）银行

1. 资产、负债

表 26

宁波银行资产负债表

2008 年

单位：元

资产	期初数	期末数	负债及所有者权益	期初数	期末数
资产：			负债：		
现金及存放中央银行款项	12375865818. 79	13346726265. 07	同业及其他金融机构存放款项	1688842890. 45	594017350. 41
存放同业款项	2390643963. 62	6444372416. 24	拆入资金	702174799. 06	133048500. 00
拆出资金		880167000. 00	衍生金融负债	27346090. 00	152272011. 44
交易性金融资产		1575561080. 00	卖出回购金融资产款	6989873600. 00	10621096632. 00
衍生金融资产	28345709. 00	225572210. 81	吸收存款	55514044344. 29	76221739664. 41
买入返售金融资产	4258450324. 16	9718457880. 00	应付职工薪酬	120967161. 42	120967161. 42
应收利息	345470759. 34	427812841. 75	应交税费	114291314. 79	151927090. 83
发放贷款和垫款	36034180016. 59	48466377755. 41	应付利息	234348349. 05	461330593. 89
可供出售金融资产	593159545. 25	113775850. 00	预计负债		19065928. 17
持有至到期投资	16633472614. 17	14102996773. 68	递延所得税负债	47825286. 63	88966003. 87
应收款项债券投资		1000000000. 00	其他负债	2048740185. 63	5893756162. 39
长期股权投资	8250000. 00	13250000. 00	负债合计	67488454021. 32	94458187098. 83
投资性房地产	197586437. 00	197047940. 77	所有者权益：		
固定资产	672996406. 66	835962808. 28	股本	2500000000. 00	2500000000. 00
无形资产	19812285. 67	85900041. 50	资本公积	3967722491. 93	3918671554. 23
递延所得税资产	43496893. 29	107205899. 37	盈余公积	243020066. 48	376193807. 74
其他资产	1909040295. 02	5722003858. 04	一般风险准备	70973394. 62	389167244. 12
			未分配利润	1240601094. 21	1620970916. 00
			所有者权益合计	8022317047. 24	8805003522. 09
资产总计	**75510771068. 56**	**103263190620. 92**	**负债及所有者权益总计**	**75510771068. 56**	**103263190620. 92**

表 27

象山县绿叶城市信用社资产负债表

2008 年

单位：元

资产	期初数	期末数	负债及所有者权益	期初数	期末数
流动资产：			流动负债：		
现金及银行存款	29764057.73	42689891.33	短期存款	583290711.22	750086617.62
贵金属	0.00	0.00	短期储蓄存款	280330332.63	338508828.13
存放中央银行款项	146922171.66	134120456.90	财政性存款	0.00	0.00
存放联行款项	0.00	0.00	向中央银行借款	0.00	0.00
存放同业款项	305892793.54	422499905.01	联行存放款项	0.00	0.00
拆出资金	0.00	0.00	同业存放款项	91000000.00	100000000.00
贴现	97417321.99	85059288.00	拆入资金	0.00	0.00
短期贷款	718500500.00	846286000.00	应付账款	0.00	0.00
其中：抵押、质押贷款	213401000.00	241336000.00	其他应付款	5207972.97	2102337.45
应收进出口押汇	0.00	0.00	卖出回购证券款	0.00	0.00
应收账款	1904721.14	3284497.50	存入短期保证金	83072585.10	170274812.63
其中：应收利息	1904721.14	3284497.50	应解汇款	300000.00	2597425.00
减：坏帐准备	197568.02	197568.02	汇出汇款	4600000.00	7000000.00
其他应收款	825165.99	3878006.27	应付利息	5972958.21	10028360.41
待摊费用	287713.54	249359.77	应付工资	0.00	0.00
短期投资	0.00	0.00	应付福利费	0.00	0.00
其中：国库券	0.00	0.00	应交税金	4099174.23	3573811.43
减：短期投资跌价准备			应付利润	7954.12	7954.12
委托贷款及委托投资	0.00	0.00	预提费用	0.00	0.00
自营证券	0.00	0.00	发行短期债券	0.00	0.00
代理证券	0.00	0.00	委托存款	0.00	0.00
买入返售证券	0.00	0.00	一年内到期的长期负债	0.00	0.00
一年内到期的长期投资	0.00	0.00	其他流动负债	0.00	0.00
其中：国库券	0.00	0.00	流动负债合计	1057881688.48	1384180146.79
待处理流动资产净损失	0.00	0.00	长期负债：		
其他流动资产	0.00	0.00	长期存款	149863117.11	34222634.47
流动资产合计	1301316877.57	1537869836.76	长期储蓄存款	78407403.37	103938922.51

续表

资产	期初数	期末数	负债及所有者权益	期初数	期末数
长期资产：			应付转租赁租金	0.00	0.00
中长期贷款	36650000.00	37040000.00	存入长期保证金	0.00	0.00
其中：抵押、质押贷款	2400000.00	1650000.00	发行长期债券	0.00	0.00
逾期贷款	5505113.69	23782184.59	长期借款	0.00	0.00
减：呆账准备	24671600.00	28244811.55	长期应付款	0.00	0.00
应收租赁款	0.00	0.00	其他长期负债	0.00	0.00
减：未实现租赁收益	0.00	0.00	长期负债合计	228270520.48	138161556.98
应收转租赁款	0.00	0.00	所有者权益：		
租赁资产	0.00	0.00	实收资本（股本）	139000000.00	139000000.00
减：待转租赁资产	0.00	0.00	资本公积	18635377.81	17293543.77
经营租赁资产	0.00	0.00	盈余公积	5593734.09	5593734.09
减：经营租赁资产折旧	0.00	0.00	未分配利润	-9207999.72	5013282.58
长期投资	0.00	0.00	其中：本年利润	0.00	13945640.28
其中：长期股权投资	0.00	0.00	所有者权益合计	154021112.18	166900560.44
长期债权投资	42427732.12	42243860.16			
固定资产原价	90672189.44	89466271.13			
减：累计折旧	20522288.45	23816803.42			
固定资产清理	0.00	0.00			
在建工程	552776.50	2165136.50			
减：在建工程减值准备	0.00	0.00			
待处理固定资产净损失	0.00	0.00			
其他长期资产	0.00	0.00			
长期资产合计	130613923.30	142635837.41			
无形、递延及其他资产：					
无形资产	5730653.31	6138379.85			
递延资产	2499866.96	2586210.19			
其他资产	12000.00	12000.00			
无形、递延及其他资产合计	8242520.27	8736590.04			
资产总计	**1440173321.14**	**1689242264.21**	**负债及所有者权益总计**	**1440173321.14**	**1689242264.21**

表 28

宁波市农村合作金融机构资产负债表

2008 年

单位：元

资产	期初数	期末数	负债及所有者权益	期初数	期末数
流动资产：			流动负债：		
现金及周转金	1041066348.91	944485473.44	短期存款	19577592354.82	20498864377.11
存放中央银行款项	12376135251.35	15339194499.25	短期储蓄存款	15007606743.35	28865581821.84
专项央行票据			向中央银行借款	251170000.00	331170000.00
央行专项扶持资金	941510000.00	941510000.00	央行拨付专项票据资金	941510000.00	941510000.00
存放同业款项	7495281601.22	13363906933.36	同业存放款项	3444668717.60	3393546287.21
存放联行款项	285203044.79		联行存放款项	63475302.36	14927870.85
拆放同业	470000000.00		同业拆入	470000000.00	130000000.00
拆放金融性公司			卖出回购证券款	150000000.00	39315000.00
买入返售资产	58320000.00	1734800000.00	金融性公司拆入		
短期贷款	44840695603.66	49130331135.37	应解汇款	70954339.23	53225875.28
待处理抵债资产	491850263.28	442302809.74	汇出汇款	471402398.61	1568803882.66
应收账款	11984515.23	26991803.31	应付账款	1456711624.74	1078231392.19
拨付营运资金			拨入营运资金		
其他应收款	92063824.72	216243231.29	其他应付账款	499112722.33	717409903.40
贴现	2981319905.50	6222268436.09	应付工资	54400222.88	72360762.42
短期投资	879814902.29	495482623.91	应付福利费		
待处理流动资产净损失			应缴税金	198244764.85	282065103.65
一年内到期的长期投资	400000000.00		应缴代扣利息税	9746064.88	4941496.35
预计资产	3347333843.19	4667027977.93	应付利润	1056597.79	1076261.14
流动资产合计	75712579104.14	93524544923.69	预提费用		
			发行短期债券		
长期资产：			一年内到期的长期负债	25575619209.00	23879855801.06

续表

资产	期初数	期末数	负债及所有者权益	期初数	期末数
中长期贷款	2180478018. 45	1536275719. 66	预计负债	3347333843. 19	4667027977. 93
逾期贷款	211594314. 02	198414127. 64	流动负债合计	71590604905. 63	86539913813. 09
呆滞贷款	1049623479. 85	1212618176. 04	长期负债：		
呆帐贷款	69171541. 00	50739591. 00	长期存款	1815916840. 61	841349398. 59
减：贷款呆帐准备	1376088121. 12	2084482575. 57	长期储蓄存款	4612230944. 56	4010907004. 65
长期存放银行款项	1173241906. 01		保证金	2235461604. 63	2681836516. 88
长期投资	4782309657. 69	5187675723. 10	发行长期债券	565850000. 00	675120000. 00
固定资产原值	1662329680. 42	1704599403. 33	长期借款		
减：累计折旧	639840519. 73	715786975. 86	长期应付款	391600. 00	
固定资产净值	1022489160. 69	988812427. 47	待转资产价值		
固定资产清理	10758245. 14	6592042. 76	长期负债合计	9229850989. 80	8209212920. 12
在建工程	154617137. 96	293609455. 90	负债总计	80820455895. 43	94749126733. 21
待处理固定资产净损失	1200000. 00	1200000. 00	所有者权益：		
长期资产合计	9279395339. 69	7391454688. 00	实收资本	1277194927. 00	1707070727. 00
			其中：股本金	1277194927. 00	1707070727. 00
无形、递延资产：			资本公积	78470868. 75	126107563. 90
无形资产	112753950. 79	111164432. 45	盈余公积	518949536. 13	706200933. 21
递延资产	21933261. 11	17965885. 05	其中：公益金		1280237. 74
无形、递延资产合计	134687211. 90	129130317. 50	一般准备	1567756187. 80	1901567847. 01
			本年利润		
			未分配利润	863834240. 62	1855056124. 86
			减：未弥补历年亏损		
			所有者权益合计	4306205760. 30	6296003195. 98
资产总计	**85126661655. 73**	**101045129929. 19**	**负债及所有者权益总计**	**85126661655. 73**	**101045129929. 19**

表 29

宁波国际银行资产负债表

2008 年

单位：美元

资产	期初数	期末数	负债及所有者权益	期初数	期末数
资产：			负债：		
现金及存放中央银行款项	22991129	16845427	同业及其他金融机构存放款项	15947451	465185
存放同业款项	88613151	167375224	吸收存款	111129443	107511607
拆出资金	91145552	59654804	应付职工薪酬	59083	53364
以公允价值计量且其变动计入当期损益的金融资产	5622840	2661300	应交税费	1000446	269839
应收利息	1171400	1785939	应付利息	163711	66850
发放贷款和垫款	56433611	31270602	其他负债	2607866	51893632
固定资产	1406702	1125735			
无形资产	305180	181812	负债合计	130908000	160260477
递延所得税资产	94290	84675			
其他资产	178866	218546	所有者权益：		
			实收资本	100000000	100000000
			储备基金	6811048	7499935
			一般风险准备	2425415	2583107
			未分配利润	27818258	10860545
			外币折算差额		
			所有者权益合计	137054721	120943587
资产总计	**267962721**	**281204064**	**负债及所有者权益总计**	267962721	281204064

表 30 **象山国民村镇银行资产负债表**

2008 年 单位：元

资产	期初数	期末数	负债及所有者权益	期初数	期末数
流动资产：			流动负债：		
资金及周转资金		5494650.98	短期存款		53685808.28
存放中央银行款项		9025122.58	短期储蓄存款		73113920.98
存放农业银行款项			向中央银行借款		
存放农业款项		92565853.84	向农业银行借款		
存放联行款项			同业存放款项		
拆放同业款项			联行存放款项		
拆放金融性公司款项			同业拆入		
短期贷款		97150000.00	金融性公司拆入		
减：呆账准备		971500.00	应解汇款		
待处理抵贷资产			汇出汇款		
应收账款			应付账款		59981.71
其他应收款		80551.46	其他应付款		80465.80
贴现			应付工资		350000.00
短期投资			应付福利费		
待处理流动资产净损失			应交税金		88325.53
一年内到期的长期投资			应缴代扣利息税		590.51
流动资产合计		203344678.86	应付利润		
长期资产：			预提费用		
长期贷款			发行短期债券		
中长期贷款			一年内到期的长期负债		
逾期贷款					
呆滞贷款			流动负债合计		127379092.81
呆账贷款			长期负债：		
长期存放银行款项			长期存款		
长期投资			长期储蓄存款		1700.00
固定资产原值		899195.00	保证金		
减：累计折旧		37806.86	发行长期债券		
固定资产净值		861388.14	长期借款		
固定资产清理			长期应付款		
在建工程			长期负债合计		1700.00
待处理固定资产净损失					
长期资产合计		861388.14	负债合计		127380792.81
			所有者权益：		
无形、递延资产：			实收资本		80000000.00
无形资产			资本公积		
			盈余公积		
递延资产		1803831.57	其中：公益金		
			本年利润		
			未分配利润		-1370894.24
			减：未弥补历年亏损		
无形、递延资产合计		1803831.57	所有者权益合计		78629105.76
资产总计		**206009898.57**	**负债及所有者权益合计**		**206009898.57**

2. 经营成果

表 31　　**宁波银行损益表**

2008 年　　单位：元

项目	金额	项目	金额
一、营业收入	3403794331.49	业务及管理费	1369250632.84
利息净收入	2890737791.20	资产减值损失	256578195.27
利息收入	4959221748.74	其他业务成本	382868.06
利息支出	2068483957.54	三、营业利润（亏损以“－”号填列）	1550897770.98
手续费及佣金净收入	375327686.70	加：营业外收入	3708476.35
手续费及佣金收入	429296406.03	减：营业外支出	31722948.61
手续费及佣金支出	53968719.33	四、利润总额（亏损总额以“－”号填列）	1522883298.72
投资收益（损失以“－”号填列）	55673196.27	减：所得税费用	191145886.17
公允价值变动收益（损失以“－”号填列）	94877004.42	五、净利润（净亏损以“－”号填列）	1331737412.55
汇兑收益（损失以“－”号填列）	－23275543.61	六、每股收益：	
其他业务收入	10454196.51	（一）基本每股收益	0.53
二、营业支出	1852896560.51	（二）稀释每股收益	0.53
营业税金及附加	226684864.34		

表 32　　**象山县绿叶城市信用社损益表**

2008 年　　单位：元

项目	金额	项目	金额
一、营业收入	92787686.97	固定资产折旧费	3650354.01
利息收入	77278069.09	提取呆坏账准备	4231000.00
金融机构往来利息收入	12296375.30	三、营业税金及附加	4427022.21
手续费收入	421326.77	四、营业利润	12813983.10
其他营业收入	2791915.81	加：投资收益	1276128.04
二、营业支出	75546681.66	营业外收入	4966127.78
利息支出	34165812.00	减：营业外支出	453059.31
金融机构往来利息支出	3820683.90	加：以前年度损益调整	
手续费支出	262129.10	五、利润总额	18603179.61
营业费用	29416702.65	减：所得税	4657539.33
其他营业支出		六、净利润	13945640.28

表 33 宁波市农村合作金融机构损益表

2008 年 单位：元

项目	金额	项目	金额
一、营业收入	5908433154.92	三、营业税金及附加	178132863.40
利息收入	5143596350.73	四、营业利润	1354757515.98
金融机构往来收入	654491254.25	加：投资收益	214777925.46
手续费收入	87633244.79	营业外收入	40919936.57
其他营业收入	22712305.15	减：营业外支出	28191967.49
二、营业支出	4375542775.54	加：以前年度损益调整	-716180.04
利息支出	1770184302.94	五、利润总额	1581547230.48
金融机构往来利息支出	324851705.41	减：所得税	450988457.16
手续费支出	29189055.95	六、净利润	1130558773.32
营业费用	1145407422.24	盈余社数	9.00
其他营业支出	1105910289.00	盈余金额	1581547230.48

表 34 宁波国际银行损益表

2008 年 单位：美元

项目	金额	项目	金额
一、营业收入		二、营业支出	
利息收入	12811217	营业税金及附加	322955
利息支出	1144001	业务及管理费	5589657
利息净收入	11667216	资产减值损失	—
手续费及佣金收入	2400632	营业支出合计	5912612
手续费及佣金支出	376829	三、营业利润	9190788
手续费及佣金净收入	2023803	加：营业外收入	13665
投资收益	-970500	减：营业外支出	3901
公允价值变动损益	38460	四、利润总额	9200552
汇兑损益	2344421	减：所得税费用	2311686
营业收入合计	15103400	五、净利润	6888866

表 35

象山国民村镇银行损益表

2008 年　　　　单位：元

项目	金额	项目	金额
一、营业收入	1756567.33	三、营业税金及附加	89219.49
利息收入	1620013.94	四、营业利润	-1320894.24
金融机构往来收入	134514.74	加：投资收益	
手续费收入	2038.65	营业外收入	
其他营业收入		减：营业外支出	50000.00
二、营业支出	2988242.08	加：以前年度损益调整	
利息支出	89610.57	五、利润总额	-1370894.24
金融机构往来利息支出		减：所得税	
手续费支出	633.60	六、净利润	-1370894.24
营业费用	1887068.88		
其他营业支出	1010929.03		

3. 信贷

表 36

宁波市政策性银行本外币信贷资金来源运用分月统计

汇率：6.8346　　2008 年　　单位：万元

行列名称	年初	一月	二月	三月	四月	五月	六月	七月	八月	九月	十月	十一月	十二月	增减数
一、各项存款	110166	111604	126883	156917	216210	323203	370571	452197	392953	341440	365486	418802	424032	313866
1. 企事业单位存款	103554	104765	120603	151330	208354	315591	363506	444475	383029	332431	356671	409737	416389	312835
（1）活期存款	74459	92920	109166	134893	193242	299979	341744	420633	351392	314521	339286	393302	398254	323795
（2）定期存款	29095	11845	11437	16437	15112	15612	21762	23842	31637	17910	17385	16435	18135	-10960
2. 储蓄存款														
（1）活期储蓄														
（2）定期储蓄														
3. 其他存款	6612	6839	6280	5587	7856	7612	7065	7722	9924	9009	8815	9065	7643	1031
二、债券发行及境外筹资														
三、应付及暂收款	3710	1580	1532	3716	1502	1500	3813	1307	1729	4094	1315	1779	4495	785
其中：应付及预收利息	96	165	250	68	190	346	154	527	932	147	499	815	152	56
四、卖出回购资产														
五、向中央银行借款														
六、同业往来	38283	38283	36283	20000	22000	22000	22000	22000	23140	23140	23140	23140	13140	-25143
七、代理境内贷款资金														
八、各项准备														
其中：贷款损失准备														
九、所有者权益	37598	42578	47520	36223	42112	48027	50664	58394	68266	54239	60667	67506	64510	26912
其中：实收资本	13504	13504	13504											-13504
当年结益		5021	9963	12170	18059	23974	26611	34342	44214	47842	54270	61113	64510	64510
十、其他	2153083	2286115	2368434	2392294	2397920	2278146	2287412	2280131	2375134	2398030	2443721	2815853	2797198	644115
资金来源总计	**2342840**	**2480160**	**2580652**	**2609150**	**2679744**	**2672876**	**2734460**	**2814029**	**2861222**	**2820943**	**2894329**	**3327080**	**3303375**	**960535**

续表

行列名称	年初	一月	二月	三月	四月	五月	六月	七月	八月	九月	十月	十一月	十二月	增减数
一、各项贷款	2324175	2432867	2524063	2568417	2612279	2597550	2708262	2737087	2769103	2759219	2776888	3209264	3225414	901239
1. 短期贷款	355187	358983	366876	395284	390583	374943	412757	420598	402982	382397	373050	423044	465868	110681
2. 中长期贷款	1962362	2067307	2150837	2166404	2215674	2216678	2289051	2311812	2360949	2372454	2400063	2783050	2758346	795984
3. 其他贷款														
4. 票据融资	6626	6577	6350	6729	6022	5929	6454	4677	5172	4368	3775	3170	1200	-5426
5. 各项垫款														
二、有价证券及投资														
三、应收及预付款	4869	17879	30545	8137	21155	32554	5483	20829	36145	8614	24370	41463	6481	1612
其中：应收利息	4805	17798	30459	8050	21071	32451	5345	20623	35947	8342	23988	40865	6157	1352
四、买入返售资产														
五、存放中央银行存款	13000	28711	25228	31822	45452	42060	19973	55271	55236	52278	92443	75675	70829	57829
六、同业往来	769	639	714	682	771	638	656	773	630	791	576	613	606	-163
七、库存现金	27	64	102	92	87	74	86	69	108	41	52	65	45	18
资金运用总计	**2342840**	**2480160**	**2580652**	**2609150**	**2679744**	**2672876**	**2734460**	**2814029**	**2861222**	**2820943**	**2894329**	**3327080**	**3303375**	**960535**

表 37

国家开发银行宁波市分行本外币信贷资金来源运用分月统计

2008 年

汇率：6.8346　　　　单位：万元

行列名称	年初	一月	二月	三月	四月	五月	六月	七月	八月	九月	十月	十一月	十二月	增减数
一、各项存款	69582	79301	96713	122311	178854	272652	327848	409240	349532	296000	327716	391083	388650	319068
1. 企事业单位存款	69360	79009	96391	121988	178531	272329	327524	408916	349208	295401	326973	389530	388304	318944
（1）活期存款	42110	68509	86391	106488	164381	258079	307124	387216	319008	278881	310953	374260	371334	329224
（2）定期存款	27250	10500	10000	15500	14150	14250	20400	21700	30200	16520	16020	15270	16970	-10280
2. 储蓄存款														
（1）活期储蓄														
（2）定期储蓄														
3. 其他存款	222	292	322	323	323	323	324	324	324	599	743	1553	346	124
二、债券发行及境外筹资														
三、应付及暂收款	2716	714	768	2772	913	854	2811	779	1167	3256	776	1029	3323	607
其中：应付及预收利息	96	165	250	68	190	346	154	527	932	147	499	815	152	56
四、卖出回购资产														
五、向中央银行借款														
六、同业往来	16283	16283	16283						140	140	140	140	140	-16143
七、代理境内贷款资金														
八、各项准备														
其中：贷款损失准备														
九、所有者权益	17695	21376	25010	27963	32018	36706	40353	45468	53902	39993	45248	51120	54859	37164
其中：实收资本														
当年结益		3720	7354	10307	14362	19050	22697	27813	36247	39993	45248	51124	54859	54859
十、其他	1889068	2011943	2089411	2084013	2104238	1982403	1991323	1981773	2085452	2129342	2172380	2527805	2482637	593569
资金来源总计	**1995344**	**2129617**	**2228185**	**2237059**	**2316023**	**2292615**	**2362335**	**2437260**	**2490193**	**2468731**	**2546260**	**2971177**	**2929609**	**934265**

续表

行列名称	年初	一月	二月	三月	四月	五月	六月	七月	八月	九月	十月	十一月	十二月	增减数
一、各项贷款	1983785	2087734	2176866	2200999	2253675	2231546	2344386	2367936	2408868	2421613	2432804	2856890	2866583	882798
1. 短期贷款	76523	75927	82529	91095	94501	76368	121835	122624	116419	125659	109241	150340	184737	108214
2. 中长期贷款	1907262	2011807	2094337	2109904	2159174	2155178	2222551	2245312	2292449	2295954	2323563	2706550	2681846	774584
3. 其他贷款														
4. 票据融资														
5. 各项垫款														
二、有价证券及投资														
三、应收及预付款	4805	17558	29980	7350	20880	32391	5295	20540	35814	8328	24090	40996	6310	1505
其中：应收利息	4805	17558	29980	7346	20877	32388	5295	20525	35799	8236	23938	40855	6143	1338
四、买入返售资产														
五、存放中央银行存款	6754	24325	21339	28710	41468	28678	12654	48784	45511	38790	89366	73291	56716	49962
六、同业往来														
七、库存现金														
资金运用总计	**1995344**	**2129617**	**2228185**	**2237059**	**2316023**	**2292615**	**2362335**	**2437260**	**2490193**	**2468731**	**2546260**	**2971177**	**2929609**	**934265**

表 38

中国农业发展银行宁波市分行本外币信贷资金来源运用分月统计

2008 年

汇率：6. 8346　　　　单位：万元

行列名称	年初	一月	二月	三月	四月	五月	六月	七月	八月	九月	十月	十一月	十二月	增减数
一、各项存款	40584	32303	30170	34606	37356	50551	42723	42957	43421	45440	37770	27719	35382	-5202
1. 企事业单位存款	34194	25756	24212	29342	29823	43262	35982	35559	33821	37030	29698	20207	28085	-6109
（1）活期存款	32349	24411	22775	28405	28861	41900	34620	33417	32384	35640	28333	19042	26920	-5429
（2）定期存款	1845	1345	1437	937	962	1362	1362	2142	1437	1390	1365	1165	1165	-680
2. 储蓄存款														
（1）活期储蓄														
（2）定期储蓄														
3. 其他存款	6390	6547	5958	5264	7533	7289	6741	7398	9600	8410	8072	7512	7297	907
二、债券发行及境外筹资														
三、应付及暂收款	994	866	764	944	589	646	1002	528	562	838	539	750	1172	178
其中：应付及预收利息														
四、卖出回购资产														
五、向中央银行借款														
六、同业往来	22000	22000	20000	20000	22000	22000	22000	22000	23000	23000	23000	23000	13000	-9000
七、代理境内贷款资金														
八、各项准备														
其中：贷款损失准备														
九、所有者权益	19903	21202	22510	8260	10094	11321	10311	12926	14364	14246	15419	16386	9651	-10252
其中：实收资本	13504	13504	13504											-13504
当年结益		1301	2609	1863	3697	4924	3914	6529	7967	7849	9022	9989	9651	9651
十、其他	264015	274172	279023	308281	293682	295743	296089	298358	289682	268688	271341	288048	314561	50546
资金来源总计	**347496**	**350543**	**352467**	**372091**	**363721**	**380261**	**372125**	**376769**	**371029**	**352212**	**348069**	**355903**	**373766**	**26270**

续表

行列名称	年初	一月	二月	三月	四月	五月	六月	七月	八月	九月	十月	十一月	十二月	增减数
一、各项贷款	340390	345133	347197	367418	358604	366004	363876	369151	360235	337606	344084	352374	358831	18441
1. 短期贷款	278664	283056	284347	304189	296082	298575	290922	297974	286563	256738	263809	272704	281131	2467
2. 中长期贷款	55100	55500	56500	56500	56500	61500	66500	66500	68500	76500	76500	76500	76500	21400
3. 其他贷款														
4. 票据融资	6626	6577	6350	6729	6022	5929	6454	4677	5172	4368	3775	3170	1200	-5426
5. 各项垫款														
二、有价证券及投资														
三、应收及预付款	64	321	565	787	275	163	188	289	331	286	280	467	171	107
其中：应收利息		240	479	704	194	63	50	98	148	106	50	10	14	14
四、买入返售资产														
五、存放中央银行存款	6246	4386	3889	3112	3984	13382	7319	6487	9725	13488	3077	2384	14113	7867
六、同业往来	769	639	714	682	771	638	656	773	630	791	576	613	606	-163
七、库存现金	27	64	102	92	87	74	86	69	108	41	52	65	45	18
资金运用总计	**347496**	**350543**	**352467**	**372091**	**363721**	**380261**	**372125**	**376769**	**371029**	**352212**	**348069**	**355903**	**373766**	**26270**

表 39 **宁波市商业银行（汇总）本外币信贷资金来源运用分月统计**

汇率：6. 8346 2008 年 单位：万元

行列名称	年初	一月	二月	三月	四月	五月	六月	七月	八月	九月	十月	十一月	十二月	增减数	增减数可比
一、各项存款	44027257	43944423	44930981	46114719	47793971	48930699	49505689	50211202	52132459	51703764	50635883	51471484	51902531	7875274	8450274
1. 企事业单位存款	19322050	18767253	18891747	19279808	20221734	20492662	20391237	20680512	21051537	20643047	20464985	20736756	20543256	1221206	1221206
（1）活期存款	13292915	12516756	12503122	12619022	13028899	13282153	13159461	13303000	13675172	13185216	13217459	13387986	13313231	20316	20316
（2）定期存款	6029135	6250497	6388625	6660786	7192835	7210509	7231776	7377512	7376365	7457831	7247526	7348770	7230025	1200890	1200890
2. 储蓄存款	12837869	12935972	13635788	13872495	13795704	13950992	14335704	14491880	15066816	15487792	15670438	16133476	16762239	3924370	3924370
（1）活期储蓄	4960142	5157158	5223618	5106720	4982666	5030418	5096711	5137677	5385705	5350910	5309709	5401991	5714732	754590	754590
（2）定期储蓄	7877727	7778814	8412170	8765775	8813038	8920574	9238993	9354203	9681111	10136882	10360729	10731485	11047507	3169780	3169780
3. 其他存款	11867338	12241198	12403446	12962416	13776533	14487045	14778748	15038810	16014106	15572925	14500460	14601252	14597036	2729698	3304698
二、债券发行及境外筹资	1817	1777	1750	1721	1715	1697	1483	1476	1475	1470	1472	1475	1291	-526	-526
三、应付及暂收款	1571312	1849485	1893655	2268705	2060235	2064625	2165496	1832621	1749511	1691818	1519746	1396621	1510839	-60473	-60473
其中：应付及预收利息	341358	359070	382797	391797	409897	434277	488694	489288	506489	525740	530813	540286	570241	228883	228883
四、卖出回购资产	499627	605946	621946	848949	1140354	1428293	870193	1117776	1420974	1112246	583417	888266	801480	301853	301853
五、向中央银行借款															
六、同业往来	1507644	1415216	1915955	1349629	1547108	1316038	1081703	1457281	1377397	1263330	2124561	2487729	2599941	1092297	110579
七、代理境内贷款资金	80000	80000	80000	80000	80000	80000	80000	80000	80000	80000	80000	80000	80000		
八、各项准备	330335	335570	339369	349908	360420	362729	393118	392074	398717	418388	423538	431637	486462	156127	156127
其中：贷款损失准备	326729	331825	335728	345966	356549	358781	389080	388481	395109	414482	419375	427521	463154	136425	136425
九、所有者权益	1708202	1503969	1261558	1237434	1274300	1353764	1505724	1564473	1694069	1792951	1793112	1953459	1836383	128181	128181
其中：实收资本	250000	250000	249999	249999	250000	249999	250000	250000	250000	250000	250000	250000	250000		
当年结益		112229	226036	423303	530696	666664	844190	967723	1111330	1222478	1356772	1522882	1448735	1448735	1448735
十、其他	-1407654	1045903	-428851	-1157958	-1040521	-1517197	-1624917	-1837935	-3050088	-2224351	-2158048	-2788745	-2699762	-1292108	-1237889
资金来源总计	**48318540**	**50782289**	**50616363**	**51093107**	**53217582**	**54020648**	**53978489**	**54818968**	**55804514**	**55839616**	**55003681**	**55921926**	**56519165**	**8200625**	**7848126**

续表

行列名称	年初	一月	二月	三月	四月	五月	六月	七月	八月	九月	十月	十一月	十二月	增减数	增减数可比
一、各项贷款	41879106	43798468	43868502	44237434	45635895	46192849	46426519	47112909	47657409	48214256	48046784	48112753	48836589	6957483	7104984
1. 短期贷款	23680452	24796763	24893803	24952428	25670579	26013005	26123786	26380570	26605745	26789367	26590020	26340102	26734397	3053945	3173490
2. 中长期贷款	16060280	16553924	16620843	16902575	17368913	17533101	17726820	17966415	18221002	18528803	18577332	18677759	18971542	2911262	2938323
3. 其他贷款	1076162	1124566	1126743	1176679	1237661	1219108	1197350	1158845	1110030	996656	815729	709801	607971	-468191	-467710
4. 票据融资	1055620	1316570	1218844	1196482	1348740	1416996	1366306	1588521	1681075	1854175	1970368	2244429	2421154	1365534	1365534
5. 各项垫款	6592	6645	8269	9270	10002	10639	12257	18558	39557	45255	93335	140662	101525	94933	95347
二、有价证券及投资	2357102	2358234	2379427	1928844	2058647	2078918	1942389	1932862	1862659	1874997	1874801	1952641	1885488	-471614	-471614
三、应收及预付款	925941	1447854	1528759	1480950	1632585	1625819	1513716	1311465	1297305	989938	925042	958579	685425	-240516	-240516
其中：应收利息	70077	105891	140593	85834	129610	171287	106725	148553	187068	110775	140309	174454	121755	51678	51678
四、买入返售资产	348017	573149	512097	998750	1398460	1693169	1296017	1652060	2212491	1906811	1567907	1861698	1818763	1470746	1470746
五、存放中央银行存款	2327050	1998482	1850081	1996126	2096369	2009725	2371628	2228769	2189813	2336101	2033561	1990702	2208094	-118956	-118956
六、同业往来	235521	274004	228237	211307	191708	198239	194789	358968	324617	275981	317244	794608	823404	587883	87883
七、库存现金	245803	332098	249260	239696	203918	221929	233431	221935	260220	241532	238342	250945	261402	15599	15599
资金运用总计	**48318540**	**50782289**	**50616363**	**51093107**	**53217582**	**54020648**	**53978489**	**54818968**	**55804514**	**55839616**	**55003681**	**55921926**	**56519165**	**8200625**	**7848126**

表 40

宁波市国有商业银行本外币信贷资金来源运用分月统计

2008 年

汇率：6.8346　　　　单位：万元

行列名称	年初	一月	二月	三月	四月	五月	六月	七月	八月	九月	十月	十一月	十二月	增减数	增减数可比
一、各项存款	23220705	22874113	23826215	24390615	24822604	25463178	25680303	26120970	27656416	26971185	26856257	27612973	27251332	4030627	4030627
1. 企事业单位存款	8606931	8137943	8415095	8620538	8752817	8881715	8947942	9115368	9493928	9141673	9224690	9492854	9054873	447942	447942
（1）活期存款	6432401	5885055	6045638	6238741	6261013	6388725	6470086	6403324	6743352	6412750	6540242	6793096	6414458	-17943	-17943
（2）定期存款	2174530	2252888	2369457	2381797	2491804	2492990	2477856	2712044	2750576	2728923	2684448	2699758	2640415	465885	465885
2. 储蓄存款	9804335	9932789	10484347	10607042	10535110	10579291	10844668	10960267	11435913	11661008	11793965	12114046	12413175	2608840	2608840
（1）活期储蓄	3812385	3975733	4046432	3939852	3858898	3865157	3947756	3967749	4213269	4160433	4114313	4192941	4350108	537723	537723
（2）定期储蓄	5991950	5957056	6437915	6667190	6676212	6714134	6896912	6992518	7222644	7500575	7679652	7921105	8063067	2071117	2071117
3. 其他存款	4809439	4803381	4926773	5163035	5534677	6002172	5887693	6045335	6726575	6168504	5837602	6006073	5783284	973845	973845
二、债券发行及境外筹资	2457	2417	2390	2361	2355	2337	2123	2116	2115	2110	2112	2115	1931	-526	-526
三、应付及暂收款	889480	1038838	1043903	1388002	1131109	1102538	1138812	1136475	1053158	1020821	933760	914990	1009953	120473	120473
其中：应付及预收利息	208977	227215	248093	240159	262690	286948	284737	307722	335018	320453	343420	365404	357680	148703	148703
四、卖出回购资产															
五、向中央银行借款															
六、同业往来	1129520	1165288	1620633	1108976	1247310	1122381	917281	1159088	1145541	1054840	1294340	1339658	1256945	127425	127425
七、代理境内贷款资金	80000	80000	80000	80000	80000	80000	80000	80000	80000	80000	80000	80000	80000		
八、各项准备	137536	140123	139854	140761	143215	141241	146745	146825	149405	152408	154102	154385	166494	28958	28958
其中：贷款损失准备	135773	138244	138081	138797	141460	139491	144872	145472	147952	150673	152170	152490	145223	9450	9450
九、所有者权益	596807	560308	337594	257878	277381	363794	456785	475174	564979	594167	556181	682571	624284	27477	27477
其中：实收资本															
当年结益		76322	153828	265025	340825	431251	527973	608501	703059	737730	831179	961674	930345	930345	930345
十、其他	-944325	295373	-785930	-835755	-346125	-836409	-811889	-1182241	-2437587	-1742497	-1869531	-2696741	-2075383	-1131058	-1137277
资金来源总计	**25112180**	**26156460**	**26264659**	**26532838**	**27357849**	**27439060**	**27610160**	**27938407**	**28214027**	**28133034**	**28007221**	**28089951**	**28315556**	**3203376**	**3197157**

续表

行列名称	年初	一月	二月	三月	四月	五月	六月	七月	八月	九月	十月	十一月	十二月	增减数	增减数可比
一、各项贷款	23698277	24392300	24689516	24929449	25575237	25817408	25898125	26246213	26616552	26725057	26602877	26567609	27116627	3418350	3565849
1. 短期贷款	10452408	10837852	11007899	11032804	11297012	11419336	11506551	11577406	11711288	11792082	11713777	11539108	11649059	1196651	1316196
2. 中长期贷款	11856001	12122929	12208188	12368255	12673421	12786086	12849182	13010476	13202668	13369113	13418212	13452896	13666805	1810804	1837864
3. 其他贷款	814323	834863	849158	902190	934769	901464	900127	871130	826067	728707	566062	509027	442788	-371535	-371054
4. 票据融资	570702	591752	619368	621177	665015	706051	637421	779044	861139	820431	879871	1027020	1312056	741354	741354
5. 各项垫款	4843	4904	4903	5023	5020	4471	4844	8157	15390	14724	24955	39558	45919	41076	41489
二、有价证券及投资	113211	115155	114708	116555	111924	111807	112450	110276	102844	101054	100217	99473	95483	-17728	-17728
三、应收及预付款	476370	718058	777375	751065	817840	779231	735643	751019	674818	527101	494548	618493	448951	-27419	-181137
其中：应收利息	43137	67793	88540	45228	67818	92877	46725	74104	98612	48187	74958	98249	49387	6250	6257
四、买入返售资产	64345	44884	41884	19446	10546	1000								-64345	-64345
五、存放中央银行存款	597233	663297	477376	556219	707699	584170	709249	683664	640477	625218	656854	643864	491241	-105992	-105992
六、同业往来	3607	3828	2924	4362	4738	3472	3765	3927	4457	4221	2385	1954	2769	-838	-838
七、库存现金	159137	218938	160876	155742	129865	141972	150928	143308	174879	150383	150340	158558	160485	1348	1348
资金运用总计	**25112180**	**26156460**	**26264659**	**26532838**	**27357849**	**27439060**	**27610160**	**27938407**	**28214027**	**28133034**	**28007221**	**28089951**	**28315556**	**3203376**	**3197157**

表 41

中国工商银行宁波市分行本外币信贷资金来源运用分月统计

2008 年

汇率：6.8346　　单位：万元

行列名称	年初	一月	二月	三月	四月	五月	六月	七月	八月	九月	十月	十一月	十二月	增减数
一、各项存款	7386387	7255427	7504813	7819791	8077113	8382975	7912026	8332142	8602534	8264301	8606089	8684121	8465749	1079362
1. 企事业单位存款	2425135	2302785	2320197	2375197	2425824	2437638	2187449	2398978	2264711	2302509	2548033	2480489	2314224	-110911
（1）活期存款	1834823	1703520	1665357	1812386	1828208	1897934	1693871	1797942	1637576	1679367	1957785	1923817	1790047	-44776
（2）定期存款	590312	599265	654840	562811	597616	539704	493578	601036	627135	623142	590248	556672	524177	-66135
2. 储蓄存款	2578015	2619096	2743384	2800109	2758610	2752413	2832766	2846188	2909267	3070789	3095610	3161369	3250909	672894
（1）活期储蓄	960665	994358	1018037	1022575	974200	954982	988425	973174	991024	1056067	1019001	1013497	1068836	108171
（2）定期储蓄	1617350	1624738	1725347	1777534	1784410	1797431	1844341	1873014	1918243	2014722	2076609	2147872	2182073	564723
3. 其他存款	2383237	2333546	2441232	2644485	2892679	3192924	2891811	3086976	3428556	2891003	2962446	3042263	2900616	517379
二、债券发行及境外筹资														
三、应付及暂收款	210821	175348	136478	471310	187428	184216	209598	229942	204852	283057	271603	283626	295860	85039
其中：应付及预收利息	71712	79603	87370	85610	94799	104695	104410	116288	127159	125327	133955	142929	143520	71808
四、卖出回购资产														
五、向中央银行借款														
六、同业往来	347962	356310	381588	322019	336149	205796	175611	244683	187663	176316	160895	169885	161718	-186244
七、代理境内贷款资金														
八、各项准备	17499	17169	16687	17144	16985	16898	17479	17602	19863	19781	24033	25819	29345	11846
其中：贷款损失准备	17466	17135	16654	17109	16951	16864	17445	17564	19825	19740	23992	25778	29288	11822
九、所有者权益	295969	324826	56594	97097	121148	154330	189194	214141	241958	211362	240740	267861	264916	-31053
其中：实收资本														
当年结益		28858	56961	97120	121171	154353	189058	214005	241822	211221	308518	335639	353948	353948
十、其他	-134457	426259	514959	14850	337775	108999	537379	98203	-75775	283350	26074	-116573	90007	224464
资金来源总计	**8124181**	**8555339**	**8611119**	**8742211**	**9076598**	**9053214**	**9041287**	**9136713**	**9181095**	**9238167**	**9329434**	**9314739**	**9307595**	**1183414**

续表

行列名称	年初	一月	二月	三月	四月	五月	六月	七月	八月	九月	十月	十一月	十二月	增减数
一、各项贷款	7769875	8091576	8236370	8307941	8614264	8643571	8584767	8661784	8746498	8760133	8869116	8886265	8993921	1224046
1. 短期贷款	3105222	3223017	3296078	3299337	3400979	3422304	3401005	3404799	3422454	3465052	3499869	3483947	3464763	359541
2. 中长期贷款	4373820	4571354	4592733	4617288	4786781	4856366	4867111	4963109	5023481	5055242	5117365	5120949	5129325	755505
3. 其他贷款	229053	230647	287368	329730	346466	302861	255355	228356	219905	153470	101302	84597	87415	-141638
4. 票据融资	61780	66558	60191	61586	80038	62040	61296	65520	80458	86169	149507	192688	306324	244544
5. 各项垫款									200	200	1073	4084	6094	6094
二、有价证券及投资	53520	54520	54998	56795	54081	54259	54970	53942	46375	46813	46331	46542	42820	-10700
三、应收及预付款	4558	9078	11859	27472	30953	20298	29213	23925	10631	9917	9824	10696	4735	177
其中：应收利息	4404	4586	4708	4881	4631	4788	5012	5075	4273	4494	4708	5018	4596	192
四、买入返售资产														
五、存放中央银行存款	237629	334855	255640	299555	331048	286445	317638	344958	318705	354290	351548	320368	208179	-29450
六、同业往来	19302	9918	9728	6695	12246	11573	12716	15828	10463	24988	13144	9191	17885	-1417
七、库存现金	39297	55392	42524	43753	34006	37068	41983	36276	48423	42026	39471	41677	40055	758
资金运用总计	**8124181**	**8555339**	**8611119**	**8742211**	**9076598**	**9053214**	**9041287**	**9136713**	**9181095**	**9238167**	**9329434**	**9314739**	**9307595**	**1183414**

表 42

中国农业银行宁波市分行本外币信贷资金来源运用分月统计

2008 年

汇率：6.8346　　单位：万元

行列名称	年初	一月	二月	三月	四月	五月	六月	七月	八月	九月	十月	十一月	十二月	增减数
一、各项存款	5941385	5860227	6067534	6224661	6183926	6301187	6481964	6549049	6615079	6743026	6726489	6911807	6737473	796088
1. 企事业单位存款	2194788	1969288	2034328	2195215	2135756	2204048	2300057	2268963	2222477	2334069	2231002	2329499	2082377	-112411
（1）活期存款	1744975	1542350	1611705	1729533	1639628	1661062	1737481	1681579	1637665	1734345	1661606	1747974	1474655	-270320
（2）定期存款	449813	426938	422623	465682	496128	542986	562576	587384	584812	599724	569396	581525	607722	157909
2. 储蓄存款	3304099	3400597	3576772	3566752	3560135	3599727	3640740	3747515	3835592	3855478	3971896	4067912	4179355	875256
（1）活期储蓄	1512390	1603170	1620215	1558731	1548029	1569078	1567168	1637397	1684939	1654780	1708529	1733990	1797136	284746
（2）定期储蓄	1791709	1797427	1956557	2008021	2012106	2030649	2073572	2110118	2150653	2200698	2263367	2333922	2382219	590510
3. 其他存款	442498	490342	456434	462694	488035	497412	541167	532571	557010	553479	523591	514396	475741	33243
二、债券发行及境外筹资	10	10	10	10	10	10	10	10	10	10	10	10	10	
三、应付及暂收款	504262	704175	708969	731939	774882	732108	680066	719437	643772	537241	471991	418203	490112	-14150
其中：应付及预收利息	44488	46624	50456	45893	51527	57512	55444	61823	67924	63171	68650	74947	75804	31316
四、卖出回购资产														
五、向中央银行借款														
六、同业往来	399420	373176	592401	456049	411919	460036	427428	557566	572336	497436	620794	599217	547134	147714
七、代理境内贷款资金	80000	80000	80000	80000	80000	80000	80000	80000	80000	80000	80000	80000	80000	
八、各项准备	54485	55609	55950	56941	58287	58826	59158	60015	60691	62246	60964	60966	65980	11495
其中：贷款损失准备	54277	55282	55717	56534	58084	58624	58870	59814	60524	61962	60598	60600	45569	-8708
九、所有者权益	188018	201301	219046	63439	80914	95572	124676	140433	159412	195742	153429	219032	205074	17056
其中：实收资本														
当年结益		13282	31029	63439	80914	95803	124907	140665	159644	196317	154003	219676	205471	205471
十、其他	-761997	-598861	-1046003	-825973	-607605	-749441	-920225	-1023084	-1077887	-1018118	-1093075	-1270180	-968336	-206339
资金来源总计	**6405583**	**6675637**	**6677907**	**6787066**	**6982333**	**6978298**	**6933077**	**7083426**	**7053413**	**7097583**	**7020602**	**7019055**	**7157447**	**751864**

续表

行列名称	年初	一月	二月	三月	四月	五月	六月	七月	八月	九月	十月	十一月	十二月	增减数
一、各项贷款	5545767	5671241	5756685	5843083	5991085	6052591	6027959	6164848	6253393	6410225	6348504	6265025	6510202	964435
1. 短期贷款	3212980	3301327	3326164	3371433	3448010	3472590	3539297	3506627	3549412	3690396	3624738	3506135	3600277	387297
2. 中长期贷款	1974060	1995731	2030380	2066450	2108964	2123738	2094225	2099716	2120721	2176656	2159319	2114413	2137373	163313
3. 其他贷款	80507	89814	79790	82148	84303	94153	100632	95602	82980	66209	54025	42229	32397	-48110
4. 票据融资	277790	283874	319860	322632	349389	361693	293391	462489	499866	476551	509907	599201	734520	456730
5. 各项垫款	430	495	491	420	419	417	414	414	414	413	515	3047	5635	5205
二、有价证券及投资	24387	24810	24621	24545	24205	24041	23857	23758	23842	22894	22540	22462	22413	-1974
三、应收及预付款	424574	629218	633014	661287	706781	648561	602090	638190	544140	460579	404132	496140	389897	-34677
其中：应收利息	116	129	179	190	181	182	238	221	236	352	361	349	1020	904
四、买入返售资产	64345	44884	41884	19446	10546	1000								-64345
五、存放中央银行存款	278956	219698	154168	163069	198906	194596	222191	205415	175222	150545	190548	181086	168698	-110258
六、同业往来	13500	16505	12907	26122	6950	11726	14765	7247	7629	8435	5631	6046	7780	-5720
七、库存现金	54054	69281	54628	49514	43860	45783	42215	43968	49187	44905	49247	48296	58457	4403
资金运用总计	**6405583**	**6675637**	**6677907**	**6787066**	**6982333**	**6978298**	**6933077**	**7083426**	**7053413**	**7097583**	**7020602**	**7019055**	**7157447**	**751864**

表 43

中国农业银行宁波市分行本外币信贷资金来源运用剥离分月统计

2008 年

汇率：6. 8346　　　　单位：万元

行列名称	年初	一月	二月	三月	四月	五月	六月	七月	八月	九月	十月	十一月	十二月	增减数
一、各项存款														
1. 企事业单位存款														
（1）活期存款														
（2）定期存款														
2. 储蓄存款														
（1）活期储蓄														
（2）定期储蓄														
3. 其他存款														
二、债券发行及境外筹资														
三、应付及暂收款														
其中：应付及预收利息														
四、卖出回购资产														
五、向中央银行借款														
六、同业往来														
七、代理境内贷款资金														
八、各项准备														
其中：贷款损失准备														
九、所有者权益														
其中：实收资本														
当年结益														
十、其他												-6218	-6218	-6218
资金来源总计												**-6218**	**-6218**	**-6218**

续表

行列名称	年初	一月	二月	三月	四月	五月	六月	七月	八月	九月	十月	十一月	十二月	增减数
一、各项贷款												139434	147500	147500
1. 短期贷款												113047	119545	119545
2. 中长期贷款												26207	27061	27061
3. 其他贷款													480	480
4. 票据融资														
5. 各项垫款												180	414	414
二、有价证券及投资														
三、应收及预付款												-145652	-153718	-153718
其中：应收利息												7	7	7
四、买入返售资产														
五、存放中央银行存款														
六、同业往来														
七、库存现金														
资金运用总计												**-6218**	**-6218**	**-6218**

表 44

中国银行宁波市分行本外币信贷资金来源运用分月统计

汇率：6.8346　　2008 年　　单位：万元

行列名称	年初	一月	二月	三月	四月	五月	六月	七月	八月	九月	十月	十一月	十二月	增减数
一、各项存款	4374460	4409600	4638822	4753766	4870252	4989585	5092927	5221634	5311881	5208892	5211675	5321803	5253324	878864
1. 企事业单位存款	2126694	2166887	2294796	2286355	2343438	2406601	2419711	2532194	2525083	2375455	2410331	2458013	2374576	247882
（1）活期存款	1490989	1426879	1513197	1462402	1486689	1496854	1544498	1559287	1582944	1498193	1575705	1639083	1603665	112676
（2）定期存款	635705	740008	781599	823953	856749	909747	875213	972907	942139	877262	834626	818930	770911	135206
2. 储蓄存款	1856756	1826832	1930714	1987009	1973575	1991966	2023256	2034544	2134469	2189735	2198092	2268723	2313237	456481
（1）活期储蓄	508200	506494	509190	502411	493822	505337	505210	504199	551504	539850	527205	543325	554936	46736
（2）定期储蓄	1348556	1320338	1421524	1484598	1479753	1486629	1518046	1530345	1582965	1649885	1670887	1725398	1758301	409745
3. 其他存款	391010	415881	413312	480402	553239	591018	649960	654896	652329	643702	603252	595067	565511	174501
二、债券发行及境外筹资														
三、应付及暂收款	104900	84109	89408	105134	90207	100439	115386	94393	101894	113596	99492	111495	123422	18522
其中：应付及预收利息	51993	57015	62721	65140	67812	72196	73530	73873	79199	75706	78207	83066	76548	24555
四、卖出回购资产														
五、向中央银行借款														
六、同业往来	174606	160699	169679	183878	174892	188690	212657	214140	225668	314227	220706	289640	261163	86557
七、代理境内贷款资金														
八、各项准备	64646	66440	66312	65771	67037	64611	69196	68894	68538	70086	68810	67305	70855	6209
其中：贷款损失准备	64030	65827	65710	65154	66424	64003	68557	68095	67603	68971	67581	66112	70366	6336
九、所有者权益	94923	15383	24481	45785	53412	68995	82666	95742	111757	123734	135638	145544	147673	52750
其中：实收资本														
当年结益		15383	28366	52794	66011	85375	102936	120326	141094	158215	174890	188831	196910	196910
十、其他	-121627	168732	-77172	-260808	-213730	-314517	-420873	-438873	-594382	-707754	-657794	-788966	-821133	-699506
资金来源总计	**4691908**	**4904963**	**4911530**	**4893526**	**5042070**	**5097803**	**5151959**	**5255930**	**5225356**	**5122781**	**5078527**	**5146821**	**5035304**	**343396**

续表

行列名称	年初	一月	二月	三月	四月	五月	六月	七月	八月	九月	十月	十一月	十二月	增减数
一、各项贷款	4559969	4725978	4749356	4740593	4831957	4907415	4959288	5064312	5044268	4971667	4917573	4929455	4877542	317573
1. 短期贷款	1991037	2117517	2155343	2121078	2139433	2167760	2133029	2186349	2159870	2096650	2109083	2086576	2005692	14655
2. 中长期贷款	2117356	2143690	2169223	2201776	2251168	2284847	2316574	2357951	2385461	2408559	2412302	2443712	2499252	381896
3. 其他贷款	414208	426943	395964	393639	419788	424064	472249	479017	455294	422660	350314	330672	286090	-128118
4. 票据融资	35824	36295	27300	22786	20255	29976	36674	39630	37997	38803	36342	53135	70058	34234
5. 各项垫款	1544	1533	1526	1314	1313	768	762	1365	5646	4995	9532	15360	16450	14906
二、有价证券及投资	19048	19337	19277	18924	19016	19093	18979	17885	17918	17591	17718	16771	16482	-2566
三、应收及预付款	21766	39267	55628	27052	44410	58207	26171	44121	63370	24593	43405	60261	25681	3915
其中：应收利息	18041	37249	53399	19246	37872	56593	21059	41708	60631	20284	39738	57887	20780	2739
四、买入返售资产														
五、存放中央银行存款	51352	64644	48943	69782	115502	78121	111548	91056	63510	74633	65135	104627	80181	28829
六、同业往来	1495	1495	1495	1498	1498	1498	1501	1501	1501	1503	1503	1503	1506	11
七、库存现金	38278	54242	36831	35677	29687	33469	34472	37055	34789	32794	33193	34204	33912	-4366
资金运用总计	**4691908**	**4904963**	**4911530**	**4893526**	**5042070**	**5097803**	**5151959**	**5255930**	**5225356**	**5122781**	**5078527**	**5146821**	**5035304**	**343396**

表 45

中国建设银行宁波市分行本外币信贷资金来源运用分月统计

2008 年

汇率：6.8346　　　　单位：万元

行列名称	年初	一月	二月	三月	四月	五月	六月	七月	八月	九月	十月	十一月	十二月	增减数
一、各项存款	5518471	5348858	5615048	5592396	5691310	5789428	6193386	6018143	7126923	6754967	6312005	6695238	6794788	1276317
1. 企事业单位存款	1860312	1698982	1765774	1763770	1847799	1833426	2040724	1915231	2481656	2129640	2035325	2224852	2283697	423385
（1）活期存款	1361613	1212306	1255379	1234418	1306488	1332875	1494235	1364515	1885166	1500845	1345145	1482222	1546092	184479
（2）定期存款	498699	486676	510395	529352	541311	500551	546489	550716	596490	628795	690180	742630	737605	238906
2. 储蓄存款	2065464	2086264	2233477	2253172	2242788	2235184	2347907	2332019	2556585	2545008	2528366	2616041	2669675	604211
（1）活期储蓄	831129	871710	898989	856134	842846	835759	886954	852979	985802	909736	859578	902129	929200	98071
（2）定期储蓄	1234335	1214554	1334488	1397038	1399942	1399425	1460953	1479040	1570783	1635272	1668788	1713912	1740475	506140
3. 其他存款	1592695	1563612	1615797	1575454	1600723	1720818	1804755	1770893	2088682	2080319	1748314	1854345	1841416	248721
二、债券发行及境外筹资	2447	2407	2380	2351	2345	2327	2113	2106	2105	2100	2102	2105	1921	-526
三、应付及暂收款	69498	75205	109047	79620	78591	85775	133762	92703	102639	86926	90673	101665	100560	31062
其中：应付及预收利息	40785	43972	47546	43517	48550	52545	51354	55738	60736	56248	62609	64461	61808	21023
四、卖出回购资产														
五、向中央银行借款														
六、同业往来	275292	333714	543469	227824	374153	334476	174550	204929	228890	148613	346924	337166	337731	62439
七、代理境内贷款资金														
八、各项准备	906	906	906	906	906	906	912	313	313	295	295	295	315	-591
其中：贷款损失准备														
九、所有者权益	17897	18798	37473	51558	21906	44896	60250	24858	51852	63330	26375	50134	6621	-11276
其中：实收资本														
当年结益		18798	37473	51673	72729	95719	111073	133506	160500	171978	193769	217528	174015	174015
十、其他	50202	276916	-209895	199767	109199	91206	-42528	148568	-722104	-326216	-170246	-550663	-393917	-444119
资金来源总计	**5934713**	**6056804**	**6098428**	**6154422**	**6278410**	**6349014**	**6522445**	**6491620**	**6790618**	**6730015**	**6608128**	**6635940**	**6848019**	**913306**

续表

行列名称	年初	一月	二月	三月	四月	五月	六月	七月	八月	九月	十月	十一月	十二月	增减数
一、各项贷款	5822665	5903506	5947106	6037833	6137930	6213832	6326112	6355271	6572393	6583033	6467687	6486863	6734961	912296
1. 短期贷款	2143169	2195992	2230314	2240957	2308589	2356683	2433221	2479632	2579552	2539984	2480088	2462450	2578326	435157
2. 中长期贷款	3390764	3412153	3415852	3482742	3526508	3521135	3571272	3589700	3673005	3728657	3729226	3773821	3900854	510090
3. 其他贷款	90555	87459	86037	96672	84212	80386	71891	68155	67887	86367	60422	51528	36887	-53668
4. 票据融资	195308	205026	212017	214173	215333	252342	246060	211405	242818	218908	184115	181996	201154	5846
5. 各项垫款	2869	2876	2886	3289	3288	3286	3668	6379	9131	9117	13836	17068	17740	14871
二、有价证券及投资	16256	16488	15812	16290	14622	14414	14644	14691	14709	13757	13628	13698	13768	-2488
三、应收及预付款	25473	40495	76873	35254	35696	52165	78170	44783	56676	32012	37186	51396	28638	3165
其中：应收利息	20576	25829	30254	20912	25133	31313	20415	27098	33471	23056	30150	34994	22991	2415
四、买入返售资产														
五、存放中央银行存款	29295	44100	18625	23812	62243	25008	57872	42235	83041	45750	49624	37782	34182	4887
六、同业往来	13515	12193	13120	14434	5607	17944	13390	8630	21319	24804	11576	11821	8410	-5105
七、库存现金	27509	40022	26892	26799	22312	25651	32257	26010	42480	30659	28427	34380	28060	551
资金运用总计	**5934713**	**6056804**	**6098428**	**6154422**	**6278410**	**6349014**	**6522445**	**6491620**	**6790618**	**6730015**	**6608128**	**6635940**	**6848019**	**913306**

表 46

宁波市股份制商业银行本外币信贷资金来源运用分月统计

2008 年

汇率：6.8346　　　　单位：万元

行列名称	年初	一月	二月	三月	四月	五月	六月	七月	八月	九月	十月	十一月	十二月	增减数	增减数可比
一、各项存款	15337091	15466503	15501885	15991599	16982151	17323805	17613238	17588761	17821600	17972790	17255427	17299063	17898543	2561452	2935452
1. 企事业单位存款	7349788	7265652	7163363	7338088	7955530	8046510	7850649	7825388	7757652	7696029	7402432	7448606	7636202	286414	286414
（1）活期存款	4200658	3984822	3877116	3836316	4099202	4164084	3976101	4047619	4056388	3966065	3867712	3842793	4080756	－119902	－119902
（2）定期存款	3149130	3280830	3286247	3501772	3856328	3882426	3874548	3777769	3701264	3729964	3534720	3605813	3555446	406316	406316
2. 储蓄存款	2001751	1884445	1984166	2063483	2053766	2092279	2214372	2151286	2206664	2330123	2299228	2365230	2573817	572066	572066
（1）活期储蓄	720458	681724	690002	664750	628187	630482	650097	617687	624263	639104	613090	625628	710777	－9681	－9681
（2）定期储蓄	1281293	1202721	1294164	1398733	1425579	1461797	1564275	1533599	1582401	1691019	1686138	1739602	1863040	581747	581747
3. 其他存款	5985552	6316406	6354356	6590028	6972855	7185016	7548217	7612087	7857284	7946638	7553767	7485227	7688524	1702972	2076972
二、债券发行及境外筹资	－640	－640	－640	－640	－640	－640	－640	－640	－640	－640	－640	－640	－640		
三、应付及暂收款	618765	744157	786845	813029	841903	892472	907311	633553	629747	569966	508590	413267	408757	－210008	－210008
其中：应付及预收利息	105624	108046	113999	120839	119745	123142	153047	145928	142212	153178	147957	141983	163688	58064	58064
四、卖出回购资产	182020	5640	5640	91457	91457	167304	291648	263487	218772	82271	224753	188310	70175	－111845	－111845
五、向中央银行借款															
六、同业往来	346653	201160	285704	220716	259847	248711	190082	258564	178635	166946	576980	544219	683104	336451	－37549
七、代理境内贷款资金															
八、各项准备	137407	140058	144130	149147	157266	161550	182516	181393	185458	198871	202327	210142	236352	98945	98945
其中：贷款损失准备	136471	139102	143171	148115	156095	160298	181296	180098	184248	197644	201041	208866	235260	98789	98789
九、所有者权益	309101	132862	105614	141423	153788	178657	227538	250845	270673	335848	359358	375682	329621	20520	20520
其中：实收资本															
当年结益		25988	50523	120647	141628	168880	234640	260539	289604	355765	381970	399599	367745	367745	367745
十、其他	－1219810	－17785	－234845	－659224	－1036012	－1118058	－1414778	－1011069	－851109	－865145	－589777	－606578	－877057	342753	342753
资金来源总计	**15710587**	**16671955**	**16594333**	**16747507**	**17449760**	**17853801**	**17996915**	**18164894**	**18453136**	**18460907**	**18537018**	**18423465**	**18748855**	**3038268**	**3038268**

续表

行列名称	年初	一月	二月	三月	四月	五月	六月	七月	八月	九月	十月	十一月	十二月	增减数	增减数可比
一、各项贷款	14176555	15005574	14900917	15026345	15742229	15968137	15979452	16212923	16326908	16670564	16575520	16698601	16842282	2665727	2665727
1. 短期贷款	10126112	10689453	10653683	10692272	11048195	11221300	11170201	11238478	11267118	11287821	11118526	11065066	11284188	1158076	1158076
2. 中长期贷款	3525488	3753060	3754513	3874308	4053572	4118021	4246169	4340932	4395661	4516489	4538732	4610435	4647175	1121687	1121687
3. 其他贷款	180546	191840	187149	185782	204525	214638	192704	183532	175417	164597	156986	113567	89298	-91248	-91248
4. 票据融资	343192	370004	303002	270806	432317	409055	364045	440549	471021	681114	709749	834344	777973	434781	434781
5. 各项垫款	1217	1217	2570	3177	3620	5123	6333	9432	17691	20543	51527	75189	43648	42431	42431
二、有价证券及投资	140133	130905	130834	133034	129113	128848	107935	106357	106058	105872	107220	106914	107538	-32595	-32595
三、应收及预付款	443228	698624	727252	710619	768947	808748	738090	517428	570980	411304	387963	291127	191264	-251964	-251964
其中：应收利息	25042	34813	43314	31587	39382	51912	35506	43522	51594	29360	39908	48533	31971	6929	6929
四、买入返售资产	283672	330250	272300	496660	342115	482822	762603	824509	999696	878414	1050985	934202	997091	713419	713419
五、存放中央银行存款	542130	368223	440713	273477	356187	339251	287173	386930	332109	269425	304189	271164	436637	-105493	-105493
六、同业往来	66051	69586	65271	53481	64236	75234	66854	67632	65704	69392	60598	67161	115275	49224	49224
七、库存现金	58818	68793	57046	53891	46933	50761	54808	49115	51681	55936	50543	54296	58768	-50	-50
资金运用总计	**15710587**	**16671955**	**16594333**	**16747507**	**17449760**	**17853801**	**17996915**	**18164894**	**18453136**	**18460907**	**18537018**	**18423465**	**18748855**	**3038268**	**3038268**

表 47 交通银行宁波分行本外币信贷资金来源运用分月统计

汇率：6.8346　　2008 年　　单位：万元

行列名称	年初	一月	二月	三月	四月	五月	六月	七月	八月	九月	十月	十一月	十二月	增减数
一、各项存款	2413509	2332812	2389891	2450843	2652594	2695041	2821235	2789209	2782233	2834015	2786865	2727017	2829959	416450
1. 企事业单位存款	1269986	1167223	1181628	1212578	1393711	1404731	1392479	1360901	1325705	1344038	1303481	1287310	1379876	109890
（1）活期存款	985865	836746	840944	839364	880258	923473	903247	907540	878490	872825	888235	890527	945146	-40719
（2）定期存款	284121	330477	340684	373214	513453	481258	489232	453361	447215	471213	415246	396783	434730	150609
2. 储蓄存款	485064	480768	483760	507521	505046	511731	536063	532523	543103	572713	571297	576615	605054	119990
（1）活期储蓄	203832	213360	201509	196217	196762	199094	198550	197779	195255	204393	194618	198242	210927	7095
（2）定期储蓄	281232	267408	282251	311304	308284	312637	337513	334744	347848	368320	376679	378373	394127	112895
3. 其他存款	658459	684821	724503	730744	753837	778579	892693	895785	913425	917264	912087	863092	845029	186570
二、债券发行及境外筹资														
三、应付及暂收款	198005	222616	254408	276500	308620	342069	311934	239566	188113	161485	119616	85656	120738	-77267
其中：应付及预收利息	12707	10915	9671	16259	14106	12166	21813	13670	10740	20128	17068	14740	23830	11123
四、卖出回购资产														
五、向中央银行借款														
六、同业往来	1064	1968	1575	7840	6458	6446	6202	6764	6185	17096	21947	21815	11689	10625
七、代理境内贷款资金														
八、各项准备	17110	17102	20594	20586	20591	20579	20571	20352	20352	20350	20351	20352	20359	3249
其中：贷款损失准备	17110	17102	20594	20586	20591	20579	20571	20352	20352	20350	20351	20352	20359	3249
九、所有者权益	44161	44574	-415	20354	20555	20807	41044	40353	40215	60416	59404	57961	73901	29740
其中：实收资本														
当年结益		466	-416	20354	20555	20807	41044	40353	40215	60417	59404	57961	73901	73901
十、其他.	-408423	-300578	-323794	-367691	-511357	-534034	-688454	-616953	-553489	-617805	-595849	-536907	-531080	-122657
资金来源总计	**2265426**	**2318494**	**2342259**	**2408432**	**2497461**	**2550908**	**2512532**	**2479291**	**2483609**	**2475557**	**2412334**	**2375894**	**2525566**	**260140**

续表

行列名称	年初	一月	二月	三月	四月	五月	六月	七月	八月	九月	十月	十一月	十二月	增减数
一、各项贷款	1952192	2041246	2042347	2063268	2128703	2135767	2124247	2169395	2175872	2221505	2211434	2203292	2271943	319751
1. 短期贷款	1431144	1480085	1474266	1481394	1516458	1531526	1513063	1540558	1550791	1576322	1572881	1542016	1558620	127476
2. 中长期贷款	477771	518977	520267	533666	567711	574287	585194	603467	598530	620398	616363	637438	686558	208787
3. 其他贷款	30818	32032	38336	37334	35183	23426	19734	20653	22028	20578	18273	17887	10703	-20115
4. 票据融资	12242	9935	7908	9357	7391	3111	2549	1467	1273	857	567	939	781	-11461
5. 各项垫款	217	217	1570	1517	1960	3417	3707	3250	3250	3350	3350	5012	15281	15064
二、有价证券及投资	45908	45908	45908	46052	41869	41515	41647	38578	38578	38705	38701	38853	39005	-6903
三、应收及预付款	152978	182232	218989	233561	275033	309124	268229	211817	180757	143325	104830	69836	95365	-57613
其中：应收利息	1087	806	721	1374	1033	791	1184	951	835	1223	1010	1001	1838	751
四、买入返售资产														
五、存放中央银行存款	93467	21549	19803	47296	32075	43363	49856	36262	64026	50073	35844	42754	85117	-8350
六、同业往来	4197	5684	-1291	4011	5904	8065	12512	9073	11932	9010	7038	7420	17801	13604
七、库存现金	16684	21875	16503	14244	13877	13074	16041	14166	12444	12939	14487	13739	16335	-349
资金运用总计	**2265426**	**2318494**	**2342259**	**2408432**	**2497461**	**2550908**	**2512532**	**2479291**	**2483609**	**2475557**	**2412334**	**2375894**	**2525566**	**260140**

表 48

中信银行宁波分行本外币信贷资金来源运用分月统计

2008 年

汇率：6. 8346　　单位：万元

行列名称	年初	一月	二月	三月	四月	五月	六月	七月	八月	九月	十月	十一月	十二月	增减数
一、各项存款	1331478	1272181	1299977	1410012	1451564	1498972	1531183	1476146	1455288	1469173	1429941	1509047	1709426	377948
1. 企事业单位存款	632191	609687	609686	723765	755188	801848	796828	796894	836512	856951	827637	873349	935798	303607
（1）活期存款	388477	339516	346787	389387	391113	407787	398228	385406	409320	386924	365835	376243	445845	57368
（2）定期存款	243714	270171	262899	334378	364075	394061	398600	411488	427192	470027	461802	497106	489953	246239
2. 储蓄存款	283628	186498	205640	191888	176966	169753	208349	199159	178096	218647	211614	233212	333821	50193
（1）活期储蓄	110432	59885	63987	52733	45222	36045	57296	44149	30223	42274	35363	33003	60561	-49871
（2）定期储蓄	173196	126613	141653	139155	131744	133708	151053	155010	147873	176373	176251	200209	273260	100064
3. 其他存款	415659	475996	484651	494359	519410	527371	526006	480093	440680	393575	390690	402486	439807	24148
二、债券发行及境外筹资														
三、应付及暂收款	31226	26351	27792	18364	18369	22586	25548	25983	37594	32102	31644	34134	34023	2797
其中：应付及预收利息	6243	6848	7895	7580	8643	10362	10805	10731	12154	11040	11713	12492	11654	5411
四、卖出回购资产														
五、向中央银行借款														
六、同业往来	17251	13101	36104	2855	8480	20806	8798	6067	22436	16191	22229	11660	14965	-2286
七、代理境内贷款资金														
八、各项准备	9569	9552	9978	10290	9534	9758	11553	11008	11529	11672	12852	13285	12644	3075
其中：贷款损失准备	9569	9552	9978	10290	9534	9758	11553	11008	11529	11672	12852	13285	12644	3075
九、所有者权益	20553	24338	26962	10416	14809	18157	19765	23440	25469	28753	30727	32708	35396	14843
其中：实收资本														
当年结益		5829	9420	14006	19905	24363	26806	31524	34213	38831	41722	44583	48164	48164
十、其他	-62520	110549	28379	-8727	-47476	-69255	-43202	8181	16038	65703	129561	55872	-172404	-109884
资金来源总计	**1347557**	**1456072**	**1429192**	**1443210**	**1455280**	**1501024**	**1553645**	**1550825**	**1568354**	**1623594**	**1656954**	**1656706**	**1634050**	**286493**

续表

行列名称	年初	一月	二月	三月	四月	五月	六月	七月	八月	九月	十月	十一月	十二月	增减数
一、各项贷款	1309203	1372495	1389021	1405884	1413881	1457405	1491487	1506992	1521474	1539309	1608062	1593364	1577148	267945
1. 短期贷款	897133	965345	992017	1003815	991666	988796	1013408	1031630	1029723	1038164	1046334	1035036	1049962	152829
2. 中长期贷款	283621	262251	266333	304159	309457	302543	355480	361315	364195	359520	359828	356199	348760	65139
3. 其他贷款	41861	44671	40498	41274	36637	44604	37187	30377	23485	24650	24911	21621	20139	－21722
4. 票据融资	86588	100228	90173	56636	76121	121462	85412	83670	100686	113464	172060	176198	154129	67541
5. 各项垫款									3385	3511	4929	4310	4158	4158
二、有价证券及投资	2894	2973	2975	3035	3038	3081	3094	3097	3124	3140	3385	3685	3634	740
三、应收及预付款	4598	56765	7395	6263	4920	5761	5572	5369	6095	7104	6270	6744	4721	123
其中：应收利息	3443	4593	4744	4192	4308	4983	3959	4673	5307	3863	4714	4973	3827	384
四、买入返售资产														
五、存放中央银行存款	13473	11825	16865	10980	15710	18966	39522	19242	19779	21545	24063	27169	29511	16038
六、同业往来	9831	8039	9294	11936	13608	11366	9833	12257	13875	9084	11402	20571	13158	3327
七、库存现金	7558	3975	3642	5112	4123	4445	4137	3868	4007	6110	3772	5173	5878	－1680
资金运用总计	**1347557**	**1456072**	**1429192**	**1443210**	**1455280**	**1501024**	**1553645**	**1550825**	**1568354**	**1623594**	**1656954**	**1656706**	**1634050**	**286493**

表 49

中国光大银行宁波分行本外币信贷资金来源运用分月统计

2008 年

汇率：6.8346　　单位：万元

行列名称	年初	一月	二月	三月	四月	五月	六月	七月	八月	九月	十月	十一月	十二月	增减数
一、各项存款	1493142	1728339	1717651	1666838	1885969	1805139	1822165	1747172	1817521	1777732	1726150	1653377	1712850	219708
1. 企事业单位存款	695740	871622	779571	700465	878615	803893	766455	747444	752234	719309	673854	620332	629581	-66159
（1）活期存款	308448	410161	332142	256185	408621	327015	320471	308360	346445	350986	317587	318399	326337	17889
（2）定期存款	387292	461461	447429	444280	469994	476878	445984	439084	405789	368323	356267	301933	303244	-84048
2. 储蓄存款	178576	196368	222229	264677	262396	270034	311354	256473	301828	302151	280600	273963	263731	85155
（1）活期储蓄	52047	54581	64795	63577	57480	56696	62787	55223	75344	63706	55415	50633	57015	4968
（2）定期储蓄	126529	141787	157434	201100	204916	213338	248567	201250	226484	238445	225185	223330	206716	80187
3. 其他存款	618826	660349	715851	701696	744958	731212	744356	743255	763459	756272	771696	759082	819538	200712
二、债券发行及境外筹资														
三、应付及暂收款	234322	228881	230152	221621	221777	222048	201020	23241	25457	23047	21939	23639	37827	-196495
其中：应付及预收利息	10555	12676	15209	13850	15135	17693	18730	20022	21108	15435	16100	16892	12916	2361
四、卖出回购资产														
五、向中央银行借款														
六、同业往来	191167	112058	116973	93420	78329	69402	33874	116078	39889	35003	3470	3450	37442	-153725
七、代理境内贷款资金														
八、各项准备							14485	14474	14473	18687	18689	19602	40614	40614
其中：贷款损失准备							14485	14474	14473	18687	18689	19602	40614	40614
九、所有者权益	22024	6614	15218	19487	23211	28436	18161	23753	38005	38916	43735	46321	12982	-9042
其中：实收资本														
当年结益		6614	11078	15347	19072	24297	27622	33211	38026	38937	43755	46341	27214	27214
十、其他	-81630	105497	-6421	72148	51223	171752	73157	108564	63912	259718	239181	280621	168250	249880
资金来源总计	**1859025**	**2181389**	**2073573**	**2073514**	**2260509**	**2296777**	**2162862**	**2033282**	**1999257**	**2153103**	**2053164**	**2027010**	**2009965**	**150940**

续表

行列名称	年初	一月	二月	三月	四月	五月	六月	七月	八月	九月	十月	十一月	十二月	增减数
一、各项贷款	1579640	1912383	1803256	1819194	1958694	2008571	1932410	1927431	1943496	2097353	1996768	1967290	1937565	357925
1. 短期贷款	1045026	1289764	1219079	1221504	1323720	1350687	1264547	1237361	1199842	1161092	1112169	1088022	1076661	31635
2. 中长期贷款	448701	541445	516945	534066	576304	592114	606364	616221	634490	657235	652650	668858	724434	275733
3. 其他贷款	37721	32427	24686	30385	39327	49033	44564	38680	33790	27048	27761	13253	6486	-31235
4. 票据融资	48192	48747	42546	32579	18683	16077	16275	34456	72421	249532	193588	173276	126438	78246
5. 各项垫款				660	660	660	660	713	2953	2446	10600	23881	3546	3546
二、有价证券及投资	7523	7615	7640	7846	7426	7535	5947	7651	8065	7463	7757	7142	7085	-438
三、应收及预付款	209920	220622	220382	211896	213215	213207	188688	12402	11592	7827	8758	9361	5239	-204681
其中：应收利息	4619	6814	7771	7105	8640	10697	9574	11128	10352	6531	7228	7837	4850	231
四、买入返售资产														
五、存放中央银行存款	49325	24925	28013	24064	64049	49662	26056	71194	23903	19833	30220	30127	42352	-6973
六、同业往来	7101	6554	5081	5417	12234	12707	4959	9443	7290	15811	5305	7530	12032	4931
七、库存现金	5516	9290	9201	5097	4891	5095	4802	5161	4911	4816	4356	5560	5692	176
资金运用总计	**1859025**	**2181389**	**2073573**	**2073514**	**2260509**	**2296777**	**2162862**	**2033282**	**1999257**	**2153103**	**2053164**	**2027010**	**2009965**	**150940**

表 50

华夏银行宁波分行本外币信贷资金来源运用分月统计

2008 年

汇率：6.8346　　单位：万元

行列名称	年初	一月	二月	三月	四月	五月	六月	七月	八月	九月	十月	十一月	十二月	增减数
一、各项存款	275302	339505	365469	380752	422687	428286	436652	421183	406082	388067	342735	323680	412272	136970
1. 企事业单位存款	232478	288685	308744	314694	343726	323283	316116	263098	227812	205657	146358	139564	136980	－95498
（1）活期存款	48949	52982	55589	37470	31721	30130	46424	58499	61087	58932	53740	51311	36322	－12627
（2）定期存款	183529	235703	253155	277224	312005	293153	269692	204599	166725	146725	92618	88253	100658	－82871
2. 储蓄存款	17620	17764	20998	23337	25039	24458	24864	24685	25076	28373	28327	27033	30560	12940
（1）活期储蓄	3137	1607	3247	1230	2614	1985	1763	1745	2042	5185	3360	2168	3694	557
（2）定期储蓄	14483	16157	17751	22107	22425	22473	23101	22940	23034	23188	24967	24865	26866	12383
3. 其他存款	25204	33056	35727	42721	53922	80545	95672	133400	153194	154037	168050	157083	244732	219528
二、债券发行及境外筹资														
三、应付及暂收款	13769	6515	6945	8235	9424	11121	14148	14598	8393	16237	17389	5432	20520	6751
其中：应付及预收利息	1968	2483	2496	2436	3064	3621	4162	3804	3860	4107	3989	1834	3546	1578
四、卖出回购资产	176380			91457	91457	167304	224908	345256	440287	341016	496774	444358	399711	223331
五、向中央银行借款														
六、同业往来	25002	2	20002	20007	20002	20002	20000	20000	20000	20000	20000	20000	20000	－5002
七、代理境内贷款资金														
八、各项准备	3569	3568	3568	4126	4126	4125	4555	4555	4555	4579	4579	4579	4513	944
其中：贷款损失准备	3569	3568	3568	4126	4126	4125	4555	4555	4555	4579	4579	4579	4513	944
九、所有者权益	991	1044	228	2607	2160	1877	3097	2977	3173	6956	5991	6164	9180	8189
其中：实收资本														
当年结益		54	－763	1616	1170	887	3201	3151	3347	6214	5249	5422	8508	8508
十、其他	86977	188962	82998	92658	71313	101040	100744	49688	121782	119338	111746	97475	88196	1219
资金来源总计	**581990**	**539596**	**479210**	**599842**	**621169**	**733755**	**804104**	**858257**	**1004272**	**896193**	**999214**	**901688**	**954392**	**372402**

续表

行列名称	年初	一月	二月	三月	四月	五月	六月	七月	八月	九月	十月	十一月	十二月	增减数
一、各项贷款	307733	414132	412888	398813	474744	427118	437689	411631	428386	444429	441435	421572	429193	121460
1. 短期贷款	246338	292972	303976	314459	319378	312887	316915	303320	311874	337586	326533	309022	310389	64051
2. 中长期贷款	58874	58861	79208	80239	80225	83135	83122	105196	105182	103248	102569	102506	109192	50318
3. 其他贷款	694	359	433	1446	4375	3057	2723	602	212	368	812	1223	745	51
4. 票据融资	1827	61940	29271	2669	70766	28039	34929		8606	720	6038	8800	8867	7040
5. 各项垫款								2513	2512	2507	5483	21		
二、有价证券及投资	463	473	474	494	494	501	507	507	507	516	517	529	535	72
三、应收及预付款	9998	5473	4113	6245	5944	7556	9145	11432	13631	13707	14502	16487	17138	7140
其中：应收利息										7	10	14		
四、买入返售资产	242870	105963	48013	173976	128792	283028	344844	418024	540254	427517	529914	455322	487589	244719
五、存放中央银行存款	18789	10842	9391	18006	9583	13837	9132	15097	18400	8365	11040	6363	15524	-3265
六、同业往来	1888	2560	4211	2186	1500	1564	2617	1340	2804	1288	1485	1120	4103	2215
七、库存现金	249	153	120	122	112	151	170	226	290	371	321	295	310	61
资金运用总计	**581990**	**539596**	**479210**	**599842**	**621169**	**733755**	**804104**	**858257**	**1004272**	**896193**	**999214**	**901688**	**954392**	**372402**

表 51

广东发展银行宁波分行本外币信贷资金来源运用分月统计

汇率：6. 8346　　2008 年　　单位：万元

行列名称	年初	一月	二月	三月	四月	五月	六月	七月	八月	九月	十月	十一月	十二月	增减数
一、各项存款	1017297	965984	943166	972800	991484	1020933	1043206	1100888	1105462	1111390	1164616	1161875	1195223	177926
1. 企事业单位存款	512747	452226	459822	473686	475637	488348	493146	540920	522650	504793	491621	468374	499864	－12883
（1）活期存款	217963	174697	199657	192661	194812	197063	178432	204503	187911	176513	192351	188466	245601	27638
（2）定期存款	294784	277529	260165	281025	280825	291285	314714	336417	334739	328280	299270	279908	254263	－40521
2. 储蓄存款	107710	98884	93166	106176	112583	110656	115132	113525	111178	118138	115486	122277	132402	24692
（1）活期储蓄	36283	33856	29727	39913	36792	32662	32454	31490	30726	32808	29223	30572	36978	695
（2）定期储蓄	71427	65028	63439	66263	75791	77994	82678	82035	80452	85330	86263	91705	95424	23997
3. 其他存款	396840	414874	390178	392938	403264	421929	434928	446443	471634	488459	557509	571224	562957	166117
二、债券发行及境外筹资														
三、应付及暂收款	18524	61559	73598	67280	79169	79707	102229	83457	124825	82733	70559	27992	27020	8496
其中：应付及预收利息	5882	4581	2962	6143	4257	2773	7781	5835	3867	8399	5984	3830	8900	3018
四、卖出回购资产	40802	40802	40802											－40802
五、向中央银行借款														
六、同业往来	16996	2293	2269	2194	22108	22092	22071	5	4					－16996
七、代理境内贷款资金														
八、各项准备	718	732	732	2690	2690	2690	1917	1917	1570	1176	1176	7748	8441	7723
其中：贷款损失准备	698	712	712	2671	2671	2671	1899	1899	1552	1158	1158	7730	8423	7725
九、所有者权益	30022	25606	19834	5694	10477	14412	14139	18499	23268	23656	28513	26119	24429	－5593
其中：实收资本														
当年结益		4585	7813	5694	10477	14412	14139	18499	23268	23656	28513	26119	24429	24429
十、其他	－194378	－140719	－104048	－121493	－158803	－180675	－251862	－221940	－189236	－218234	－247156	－264026	－282168	－87790
资金来源总计	**929981**	**956257**	**976353**	**929165**	**947125**	**959159**	**931700**	**982826**	**1065893**	**1000721**	**1017708**	**959708**	**972945**	**42964**

续表

行列名称	年初	一月	二月	三月	四月	五月	六月	七月	八月	九月	十月	十一月	十二月	增减数
一、各项贷款	800328	814915	784572	803448	799086	834969	841414	896497	922505	903669	895816	930818	927634	127306
1. 短期贷款	670234	682299	665866	698147	685726	713554	727067	730904	724787	729329	727795	728758	725697	55463
2. 中长期贷款	104581	104353	104547	83768	81829	90724	97986	95837	94904	93056	90771	90139	89232	－15349
3. 其他贷款	16538	15362	13181	13645	13244	13311	12278	13582	16943	17878	16846	13431	15966	－572
4. 票据融资	8975	12901	978	7888	18287	17380	4083	56027	85871	63406	60404	98490	94453	85478
5. 各项垫款								147					2286	2286
二、有价证券及投资	121	121	121	119	134	134	120	119	119	119	1036	904	904	783
三、应收及预付款	9421	66757	106976	72732	105935	92927	80066	74925	132627	79417	81848	20988	8968	－453
其中：应收利息	390	347	385	879	552	431	845	650	705	1129	1133	1106	1461	1071
四、买入返售资产	40802	40802	40802	40802										－40802
五、存放中央银行存款	55924	10263	21243	6154	36308	26388	4454	6889	4686	8022	31414	1339	31352	－24572
六、同业往来	19707	19595	20020	3276	3436	2238	2630	2126	3531	6377	5301	2773	1381	－18326
七、库存现金	3678	3804	2619	2634	2226	2503	3016	2270	2425	3117	2293	2886	2706	－972
资金运用总计	**929981**	**956257**	**976353**	**929165**	**947125**	**959159**	**931700**	**982826**	**1065893**	**1000721**	**1017708**	**959708**	**972945**	**42964**

表 52

深圳发展银行宁波分行本外币信贷资金来源运用分月统计

汇率：6.8346　　2008 年　　单位：万元

行列名称	年初	一月	二月	三月	四月	五月	六月	七月	八月	九月	十月	十一月	十二月	增减数
一、各项存款	949018	965885	944416	994569	1104899	1148790	1202619	1254818	1263583	1250027	1201872	1159844	1243378	294360
1. 企事业单位存款	238261	202269	212306	186646	202898	206443	200704	250883	257110	244317	255575	261383	311256	72995
（1）活期存款	151695	123490	132591	102541	131527	139470	125244	176001	150972	118373	141688	149900	183423	31728
（2）定期存款	86566	78779	79715	84105	71371	66973	75460	74882	106138	125944	113887	111483	127833	41267
2. 储蓄存款	105451	109341	106767	102652	121420	133098	141227	139691	139386	137320	130827	127591	142192	36741
（1）活期储蓄	19594	23891	23260	18806	25319	25857	28667	24973	25508	24834	24841	23276	27471	7877
（2）定期储蓄	85857	85450	83507	83846	96101	107241	112560	114718	113878	112486	105986	104315	114721	28864
3. 其他存款	605306	654275	625343	705271	780581	809249	860688	864244	867087	868390	815470	770870	789930	184624
二、债券发行及境外筹资														
三、应付及暂收款	10868	11740	10911	12349	11235	13104	23023	31199	30520	25495	24710	25182	14492	3624
其中：应付及预收利息	7315	6601	7312	7524	8002	8616	9842	10779	12593	12129	11555	10502	9771	2456
四、卖出回购资产											267439	267439	100356	100356
五、向中央银行借款														
六、同业往来	6	40	45	8	10504	10381	10770	10865	20802	10709	11049	11131	1127	1121
七、代理境内贷款资金														
八、各项准备	4530	4870	4625	4339	8422	11532	11313	11120	12448	15755	17396	17758	2506	-2024
其中：贷款损失准备	4462	4802	4558	4227	8287	11391	11174	10978	12301	15583	17186	17577	2408	-2054
九、所有者权益	24344	2871	5750	8289	6218	5119	6053	7859	8448	6923	7942	10681	-34743	-59087
其中：实收资本														
当年结益		2871	5750	8289	6218	5119	6053	7859	8448	6923	7942	10681	-34743	-34743
十、其他	-5631	42005	71794	4782	-106447	-115961	-166382	-166941	-143414	5073	-39770	-56075	183544	189175
资金来源总计	**983135**	**1027411**	**1037541**	**1024336**	**1034831**	**1072965**	**1087396**	**1148920**	**1192387**	**1313982**	**1490638**	**1435960**	**1510660**	**527525**

续表

行列名称	年初	一月	二月	三月	四月	五月	六月	七月	八月	九月	十月	十一月	十二月	增减数
一、各项贷款	951442	1001412	1008199	1000511	1012066	1052205	1052143	1094500	1149178	1157922	1182392	1142106	1162108	210666
1. 短期贷款	685990	734917	764503	753617	722841	737542	778102	798264	826362	809668	811960	812488	847638	161648
2. 中长期贷款	231901	231427	230557	230022	233481	243175	250188	258049	266035	270708	273371	274537	231648	-253
3. 其他贷款	6085	6582	7056	4303	3752	4523	6159	7967	7415	6211	4382	4285	1592	-4493
4. 票据融资	26466	27486	5083	11569	50992	65965	15728	28254	47332	69103	87782	40736	77680	51214
5. 各项垫款	1000	1000	1000	1000	1000	1000	1966	1966	2034	2232	4897	10060	3550	2550
二、有价证券及投资	353	353	330	303	266	260	201	87	87	87	57			-353
三、应收及预付款	2240	3500	4223	2940	4001	5058	11437	20366	18314	12925	13567	14842	3503	1263
其中：应收利息	1982	3039	3785	2633	3446	4580	2325	3262	4114	2571	3712	4587	2600	618
四、买入返售资产										124957	267439	267439	275279	275279
五、存放中央银行存款	20591	14129	19014	13935	14192	7914	15599	29151	15887	10370	20285	6174	26349	5758
六、同业往来	6356	6445	3757	3388	2515	5855	5501	2700	6579	6003	5519	4055	42226	35870
七、库存现金	2153	1572	2018	3259	1791	1673	2515	2116	2342	1718	1379	1344	1195	-958
资金运用总计	**983135**	**1027411**	**1037541**	**1024336**	**1034831**	**1072965**	**1087396**	**1148920**	**1192387**	**1313982**	**1490638**	**1435960**	**1510660**	**527525**

表 53

招商银行宁波分行本外币信贷资金来源运用分月统计

2008 年

汇率：6.8346　　　　单位：万元

行列名称	年初	一月	二月	三月	四月	五月	六月	七月	八月	九月	十月	十一月	十二月	增减数
一、各项存款	1459897	1431171	1393376	1556547	1515414	1570499	1647546	1696596	1693853	1650298	1595849	1623292	1694657	234760
1. 企事业单位存款	832195	757803	735487	818338	875694	889795	936487	885623	840772	793904	756755	771491	775452	-56743
（1）活期存款	337262	299002	268508	341478	313170	311167	382282	347000	329616	304156	284412	299053	352460	15198
（2）定期存款	494933	458801	466979	476860	562524	578628	554205	538623	511156	489748	472343	472438	422992	-71941
2. 储蓄存款	137427	134860	138077	153923	147081	155105	161489	156366	156651	165109	167360	180207	204492	67065
（1）活期储蓄	74128	74830	70264	83180	70744	76031	73611	70754	71111	76652	75687	82580	101662	27534
（2）定期储蓄	63299	60030	67813	70743	76337	79074	87878	85612	85540	88457	91673	97627	102830	39531
3. 其他存款	490275	538508	519812	584286	492639	525599	549570	654607	696430	691285	671734	671594	714713	224438
二、债券发行及境外筹资														
三、应付及暂收款	23449	21643	21901	28991	25436	26733	36923	28180	32522	31891	31475	34932	32669	9220
其中：应付及预收利息	10009	10827	12082	10571	11541	13385	13612	14332	15250	13579	15521	16603	16017	6008
四、卖出回购资产	13640	5640	5640											-13640
五、向中央银行借款														
六、同业往来	2028	2030	2028	4543	2302	2424	2452	422	218	30080	50092	40090	116767	114739
七、代理境内贷款资金														
八、各项准备	28079	28174	28966	29287	31972	32493	32845	33050	35231	36768	36893	37463	44571	16492
其中：贷款损失准备	28063	28158	28950	29271	31956	32477	32829	33034	35215	36752	36877	37447	44555	16492
九、所有者权益	20557	3748	6636	10099	11931	15824	19783	23908	26594	30985	34023	36068	32403	11846
其中：实收资本														
当年结益		5595	8848	13461	15897	21061	26373	31944	35645	40605	45366	47835	43203	43203
十、其他	-56658	22759	107372	-7364	198077	152717	192874	230928	325352	450124	530288	545761	529831	586489
资金来源总计	**1490992**	**1515165**	**1565919**	**1622103**	**1785132**	**1800690**	**1932423**	**2013084**	**2113770**	**2230146**	**2278620**	**2317606**	**2450898**	**959906**

续表

行列名称	年初	一月	二月	三月	四月	五月	六月	七月	八月	九月	十月	十一月	十二月	增减数
一、各项贷款	1459071	1474971	1525665	1568664	1739826	1741026	1765319	1815305	1774400	1794380	1832444	1922191	1952576	493505
1. 短期贷款	1248038	1227769	1228038	1242116	1332064	1349665	1335577	1342237	1324635	1311280	1302088	1328426	1405446	157408
2. 中长期贷款	159346	185266	190813	192701	228036	246191	265809	271055	320691	363738	366249	374902	438844	279498
3. 其他贷款	14317	22346	24998	18846	24970	28768	24048	27930	34049	27846	26948	9275	8598	-5719
4. 票据融资	37370	39590	81816	115001	154756	116402	139885	173953	94533	90548	120644	191565	98451	61081
5. 各项垫款								130	492	968	16515	18023	1237	1237
二、有价证券及投资	3908	3973	3983	4034	4069	4077								-3908
三、应收及预付款	5001	6755	6394	12957	6345	8003	7703	11287	7626	6338	8312	5593	4820	-181
其中：应收利息	2596	3509	3646	3666	4024	4866	4094	4599	4027	3161	4263	4310	3695	1099
四、买入返售资产						8079	123953	145233	296979	384157	384157	362878	439328	439328
五、存放中央银行存款	12353	14365	13158	14923	13961	13090	11150	15158	9381	13374	17637	6636	45185	32832
六、同业往来	4430	9765	11211	16162	16463	21510	19589	22010	21080	26970	31906	15002	3336	-1094
七、库存现金	6229	5336	5508	5363	4468	4905	4709	4091	4304	4927	4164	5306	5653	-576
资金运用总计	**1490992**	**1515165**	**1565919**	**1622103**	**1785132**	**1800690**	**1932423**	**2013084**	**2113770**	**2230146**	**2278620**	**2317606**	**2450898**	**959906**

表 54

上海浦东发展银行宁波分行本外币信贷资金来源运用分月统计

2008 年

汇率：6.8346　　单位：万元

行列名称	年初	一月	二月	三月	四月	五月	六月	七月	八月	九月	十月	十一月	十二月	增减数	增减数可比
一、各项存款	3318889	3430690	3473295	3382372	3465159	3483511	3480222	3523824	3654621	3769661	3808025	3939656	3765730	446841	496841
1. 企事业单位存款	1727287	1813652	1812673	1726962	1805509	1778873	1704519	1805049	1778979	1761160	1807052	1934254	1760267	32980	32980
（1）活期存款	1116939	1200465	1175595	1071985	1104117	1094792	1011829	1097236	1083183	1044505	1078286	1077747	940903	-176036	-176036
（2）定期存款	610348	613187	637078	654977	701392	684081	692690	707813	695796	716655	728766	856507	819364	209016	209016
2. 储蓄存款	418773	422436	446802	425796	418712	435664	448240	461021	474418	488381	497885	520528	534692	115919	115919
（1）活期储蓄	150144	164019	166103	141586	128765	136069	140458	138865	140081	133832	138752	149800	149483	-661	-661
（2）定期储蓄	268629	258417	280699	284210	289947	299595	307782	322156	334337	354549	359133	370728	385209	116580	116580
3. 其他存款	1172829	1194602	1213820	1229614	1240938	1268974	1327463	1257754	1401224	1520120	1503088	1484874	1470771	297942	347942
二、债券发行及境外筹资															
三、应付及暂收款	45421	120548	114182	136556	125498	126007	140642	127623	122895	144497	133772	114662	65562	20141	20141
其中：应付及预收利息	24875	21093	19462	28303	24720	19605	36051	28302	20004	34876	27539	20304	39370	14495	14495
四、卖出回购资产	27000	20000	27000	47000	27000		12000	20000						-27000	-27000
五、向中央银行借款															
六、同业往来	43242	71935	64358	9476	15475	42337	27643	24437	34069	19080	133962	508312	679835	636593	586593
七、代理境内贷款资金															
八、各项准备	31790	31790	31790	32224	32224	32224	34629	34629	34629	35755	35756	35756	38522	6732	6732
其中：贷款损失准备	31131	31131	31131	31568	31568	31568	33973	33973	33973	35097	35098	35098	37818	6687	6687
九、所有者权益	93413	-5867	-5125	18312	19396	22300	45393	43766	48423	74935	77784	83507	104052	10639	10639
其中：实收资本															
当年结益		-5867	-5125	18312	19396	22300	45393	43766	48423	74935	77784	83507	104052	104052	104052
十、其他	-482823	-443275	-445134	-535570	-538064	-524107	-587169	-506196	-643052	-751496	-916906	-1376708	-1015208	-532385	-532385
资金来源总计	**3076932**	**3225821**	**3260366**	**3090370**	**3146688**	**3182272**	**3153360**	**3268083**	**3251585**	**3292432**	**3272393**	**3305185**	**3638493**	**561561**	**561561**

续表

行列名称	年初	一月	二月	三月	四月	五月	六月	七月	八月	九月	十月	十一月	十二月	增减数	增减数可比
一、各项贷款	2769648	2823185	2833721	2806672	2842266	2878948	2905754	2971184	2949461	3003677	2988784	3034800	3025123	255475	255475
1. 短期贷款	2099958	2161905	2169528	2131675	2173104	2201635	2234200	2273322	2265885	2310989	2274605	2303355	2340388	240430	240430
2. 中长期贷款	600267	605519	609789	625301	616907	625273	621047	650153	642633	650126	668233	687342	644634	44367	44367
3. 其他贷款	22652	29374	31720	30069	34287	33534	34680	35056	28363	31173	28163	22651	16670	-5982	-5982
4. 票据融资	46771	26387	22684	19627	17968	18460	15827	12528	12380	10699	16873	19585	21564	-25207	-25207
5. 各项垫款						46		125	200	690	910	1867	1867	1867	1867
二、有价证券及投资	67609	68149	68058	69904	70581	70498	55435	55337	54599	54883	54807	54825	55428	-12181	-12181
三、应收及预付款	38313	120532	108430	124970	118250	122614	124780	114962	121180	122899	118490	108013	39111	798	798
其中：应收利息	4412	1898	1607	4866	2258	1921	6022	2660	2319	5148	3812	3363	5133	721	721
四、买入返售资产															
五、存放中央银行存款	184946	182571	227911	70319	100111	88997	49613	107571	107949	91142	91378	90280	97943	-87003	-87003
六、同业往来	7227	15205	11745	8654	7494	9319	5637	8600	4923	7625	6460	5536	408285	401058	401058
七、库存现金	9189	16179	10501	9851	7986	11896	12141	10429	13473	12206	12474	11731	12603	3414	3414
资金运用总计	**3076932**	**3225821**	**3260366**	**3090370**	**3146688**	**3182272**	**3153360**	**3268083**	**3251585**	**3292432**	**3272393**	**3305185**	**3638493**	**561561**	**561561**

表 55

兴业银行宁波分行本外币信贷资金来源运用分月统计

2008 年

汇率：6.8346　　单位：万元

行列名称	年初	一月	二月	三月	四月	五月	六月	七月	八月	九月	十月	十一月	十二月	增减数
一、各项存款	1437387	1406171	1373092	1444457	1661160	1784082	1593884	1604928	1598073	1600634	1490157	1483601	1529820	92433
1. 企事业单位存款	599642	566373	529756	522083	541111	643070	529415	526928	506678	524216	503922	492268	522179	-77463
（1）活期存款	296181	265261	243428	243794	243964	345315	227882	234039	226011	235658	210748	194901	237403	-58778
（2）定期存款	303461	301112	286328	278289	297147	297755	301533	292889	280667	288558	293174	297367	284776	-18685
2. 储蓄存款	132869	122297	138909	154958	158091	153807	147791	148954	151441	153370	159967	156160	162499	29630
（1）活期储蓄	36945	29971	40804	34939	37462	37907	27033	29417	28902	29425	30570	25297	31167	-5778
（2）定期储蓄	95924	92326	98105	120019	120629	115900	120758	119537	122539	123945	129397	130863	131332	35408
3. 其他存款	704876	717501	704427	767416	961958	987205	916678	929046	939954	923048	826268	835173	845142	140266
二、债券发行及境外筹资														
三、应付及暂收款	21007	19428	20265	21851	21231	21913	24339	24678	25788	24509	25346	27960	28006	6999
其中：应付及预收利息	14083	15697	15558	16499	18206	18628	16812	19144	18608	18914	20450	22998	22726	8643
四、卖出回购资产														
五、向中央银行借款														
六、同业往来	24345	24880	32584	16024	36199	36516	21244	34073	31316	25017	79144	69773	498971	474626
七、代理境内贷款资金														
八、各项准备	31498	33726	33333	33918	36021	36462	36297	35936	36321	38937	39445	39154	44688	13190
其中：贷款损失准备	31371	33579	33182	33735	35722	36088	35952	35519	35994	38620	39107	38797	44493	13122
九、所有者权益	30392	4825	9160	13123	15403	19292	23923	27510	31949	31011	34198	37774	33199	2807
其中：实收资本														
当年结益		3356	9160	13123	15403	19292	23923	27510	31949	31011	34198	37774	33199	33199
十、其他	-102796	224012	219022	249293	76383	-65858	105655	41833	-41946	-159814	-72597	387058	-78635	24161
资金来源总计	**1441833**	**1713042**	**1687456**	**1778666**	**1846397**	**1832407**	**1805342**	**1768958**	**1681501**	**1560294**	**1595693**	**2045320**	**2056049**	**614216**

续表

行列名称	年初	一月	二月	三月	四月	五月	六月	七月	八月	九月	十月	十一月	十二月	增减数
一、各项贷款	1421674	1498763	1459480	1471258	1603135	1602881	1552033	1533052	1540248	1540464	1540377	1595958	1628326	206652
1. 短期贷款	831342	885707	850404	844012	941552	929988	881202	860916	862409	875645	855118	849071	863124	31782
2. 中长期贷款	532721	596952	595355	613019	647982	654097	656019	657276	657368	648703	657536	652353	637090	104369
3. 其他贷款	5661	4462	2004	4317	9730	11637	8546	6511	7429	7296	7269	8188	7853	2192
4. 票据融资	51950	11642	11717	9910	3871	7159	6266	7761	10178	4962	16592	75312	110499	58549
5. 各项垫款								588	2864	3858	3862	11034	9760	9760
二、有价证券及投资	534	548	551	570	557	565	565	557	552	552	551	585	581	47
三、应收及预付款	4270	13493	20962	5850	13334	22340	7121	14252	20782	4353	12211	18404	6707	2437
其中：应收利息	3786	10510	16801	4371	11602	19160	4659	11739	18625	2818	10367	17272	5810	2024
四、买入返售资产		183485	183485	281882	213323	191715	227066	194512	95723		19660			
五、存放中央银行存款	8607	10992	15129	13110	10977	8690	11820	21420	18766	9972	17195	25468	15868	7261
六、同业往来	4198	3682	5189	3268	2796	3945	4625	2867	3009	2104	3302	402684	402020	397822
七、库存现金	2550	2079	2660	2728	2275	2271	2112	2298	2421	2849	2397	2221	2547	-3
资金运用总计	**1441833**	**1713042**	**1687456**	**1778666**	**1846397**	**1832407**	**1805342**	**1768958**	**1681501**	**1560294**	**1595693**	**2045320**	**2056049**	**614216**

表 56

中国民生银行宁波分行本外币信贷资金来源运用分月统计

2008 年

汇率：6.8346　　　　单位：万元

行列名称	年初	一月	二月	三月	四月	五月	六月	七月	八月	九月	十月	十一月	十二月	增减数	增减数可比
一、各项存款	1062966	1038449	1035561	1134782	1224603	1267356	1363822	1325951	1358088	1427046	1121826	1134858	1180375	117409	297409
1. 企事业单位存款	324695	274038	263766	350206	381099	401611	363007	334704	360811	405612	329581	316286	385827	61132	61132
（1）活期存款	179275	137448	123409	209969	263497	261077	231564	202791	219795	261549	205035	187237	234053	54778	54778
（2）定期存款	145420	136590	140357	140237	117602	140534	131443	131913	141016	144063	124546	129049	151774	6354	6354
2. 储蓄存款	106677	98284	114217	116436	112450	108974	102425	101043	103582	121491	109202	119766	132921	26244	26244
（1）活期储蓄	17142	17134	21069	25157	21502	20320	21551	17241	17949	19505	16718	20317	23933	6791	6791
（2）定期储蓄	89535	81150	93148	91279	90948	88654	80874	83802	85633	101986	92484	99449	108988	19453	19453
3. 其他存款	631594	666127	657578	668140	731054	756771	898390	890204	893695	899943	683043	698806	661627	30033	210033
二、债券发行及境外筹资															
三、应付及暂收款	16109	19141	23749	16459	15845	19705	21697	25106	29887	22483	24385	29216	22647	6538	6538
其中：应付及预收利息	11231	15358	21260	11600	11442	15359	12415	17976	23886	14456	17844	21658	14900	3669	3669
四、卖出回购资产		15800					66740	66740	66740	66740	66740	45828			
五、向中央银行借款															
六、同业往来	418	32036	40036	40009	40007	7	14	100007	100007	60226	180226	180226	180011	179593	-407
七、代理境内贷款资金															
八、各项准备	10544	10544	10544	11686	11686	11686	14351	14351	14351	15190	15190	14445	19494	8950	8950
其中：贷款损失准备	10498	10498	10498	11640	11640	11640	14305	14305	14305	15144	15144	14399	19433	8935	8935
九、所有者权益	17000	20200	23023	23374	27538	31500	29981	34085	21908	24170	28965	31282	27611	10611	10611
其中：实收资本															
当年结益		3200	6023	6374	10538	14500	12981	17085	21908	24170	28965	31282	27611	27611	27611
十、其他	82478	72598	72982	15779	-1885	37310	-34342	-78388	-107123	-103006	5292	19748	8055	-74423	-74423
资金来源总计	**1189515**	**1208768**	**1205895**	**1242089**	**1317794**	**1367564**	**1462263**	**1487852**	**1483858**	**1512849**	**1442624**	**1455603**	**1438193**	**248678**	**248678**

续表

行列名称	年初	一月	二月	三月	四月	五月	六月	七月	八月	九月	十月	十一月	十二月	增减数	增减数可比
一、各项贷款	1138777	1174637	1164341	1208760	1281195	1322069	1355072	1360132	1365928	1405293	1342468	1356817	1371080	232303	232303
1. 短期贷款	595884	596761	611084	615482	644837	688462	673012	682087	706537	681769	645048	636299	659713	63829	63829
2. 中长期贷款	527052	547829	546702	587878	623046	621378	639969	637926	629785	666332	667238	683494	657009	129957	129957
3. 其他贷款															
4. 票据融资	15841	30047	6555	5400	13312	12229	42091	40119	29606	56211	29201	36043	52396	36555	36555
5. 各项垫款										981	981	981	1962	1962	1962
二、有价证券及投资	11460	1432	1434	1317	1319	1322	1059	1064	1067	1047	1049	1031	1006	-10454	-10454
三、应收及预付款	5915	9237	16918	15664	14984	13469	14561	19178	19160	7571	9840	12670	5311	-604	-604
其中：应收利息	2726	3298	3854	2500	3519	4485	2841	3863	5310	2908	3658	4072	2750	24	24
四、买入返售资产							66740	66740	66740	66740	66740	45828			
五、存放中央银行存款	25956	14590	11489	7817	11784	20249	17789	31944	20597	18813	12968	25344	40987	15031	15031
六、同业往来	3528	5214	8452	3875	4112	6524	2966	5097	6296	7677	5563	8982	14940	11412	11412
七、库存现金	3879	3658	3261	4656	4400	3931	4076	3697	4070	5708	3996	4931	4869	990	990
资金运用总计	**1189515**	**1208768**	**1205895**	**1242089**	**1317794**	**1367564**	**1462263**	**1487852**	**1483858**	**1512849**	**1442624**	**1455603**	**1438193**	**248678**	**248678**

表 57

浙商银行宁波分行本外币信贷资金来源运用分月统计

2008 年

汇率：6. 8346　　单位：万元

行列名称	年初	一月	二月	三月	四月	五月	六月	七月	八月	九月	十月	十一月	十二月	增减数	增减数可比
一、各项存款	578207	555319	565991	597626	606609	621199	670704	648045	686797	694746	587391	582815	624852	46645	130645
1. 企事业单位存款	284570	262077	269923	308668	302338	304617	351492	312941	348390	336073	306599	283995	299123	14553	14553
（1）活期存款	169606	145058	158466	151485	136400	126796	150499	126244	163558	155644	129794	109007	133261	-36345	-36345
（2）定期存款	114964	117019	111457	157183	165938	177821	200993	186697	184832	180429	176805	174988	165862	50898	50898
2. 储蓄存款	27956	16945	13601	16117	13978	19000	17440	17845	21906	24427	26662	27877	31451	3495	3495
（1）活期储蓄	16775	8589	5237	7412	5524	7817	5928	6049	7123	6489	8543	9740	7886	-8889	-8889
（2）定期储蓄	11181	8356	8364	8705	8454	11183	11512	11796	14783	17938	18119	18137	23565	12384	12384
3. 其他存款	265681	276297	282467	272841	290293	297582	301772	317259	316501	334246	254130	270943	294278	28597	112597
二、债券发行及境外筹资															
三、应付及暂收款	6066	5735	2942	4822	5300	7480	5808	9922	3752	5488	7754	4463	5255	-811	-811
其中：应付及预收利息	757	966	94	75	629	935	1026	1333	143	114	193	129	59	-698	-698
四、卖出回购资产															
五、向中央银行借款															
六、同业往来	60000	60000	63000	68959	68959	68959	68991	68991	38991	40025	123035	111035	106060	46060	-37940
七、代理境内贷款资金															
八、各项准备															
其中：贷款损失准备															
九、所有者权益	5645	4909	4345	9668	2090	935	6199	4694	3220	9126	8076	7098	11211	5566	5566
其中：实收资本															
当年结益		-713	-1265	4071	2997	1841	7106	5635	4161	10067	9071	8093	12206	12206	12206
十、其他	-95406	-78597	-84796	-132287	-135451	-130107	-152272	-145788	-104968	-157641	-165036	-152563	-175024	-79618	-79618
资金来源总计	**554512**	**547366**	**551482**	**548788**	**547507**	**568466**	**599430**	**585864**	**627792**	**591744**	**561220**	**552848**	**572354**	**17842**	**17842**

续表

行列名称	年初	一月	二月	三月	四月	五月	六月	七月	八月	九月	十月	十一月	十二月	增减数	增减数可比
一、各项贷款	486846	477431	477428	479873	488633	507178	521883	526806	555960	562561	535539	530390	559585	72739	72739
1. 短期贷款	375023	371928	374923	386050	396850	416559	433108	437879	464274	455976	443994	432572	446550	71527	71527
2. 中长期贷款	100653	100179	93998	89490	88594	85104	84990	84437	81848	83424	83924	82666	79774	-20879	-20879
3. 其他贷款	4200	4224	4237	4163	3019	2745	2785	2175	1703	1549	1621	1752	546	-3654	-3654
4. 票据融资	6970	1100	4270	170	170	2770	1000	2315	8135	21612	6000	13400	32715	25745	25745
5. 各项垫款															
二、有价证券及投资															
三、应收及预付款	574	13257	12470	17542	6986	8691	20788	21440	39216	5837	9334	8192	381	-193	-193
其中：应收利息							4						7	7	7
四、买入返售资产															
五、存放中央银行存款	58699	52172	58696	46873	47437	48095	52182	33002	28735	17915	12145	9510	6449	-52250	-52250
六、同业往来	7260	3634	1876	3675	3668	3684	3487	3822	2886	4256	3299	3646	4959	-2301	-2301
七、库存现金	1133	872	1012	825	783	818	1090	794	995	1175	903	1110	980	-153	-153
资金运用总计	**554512**	**547366**	**551482**	**548788**	**547507**	**568466**	**599430**	**585864**	**627792**	**591744**	**561220**	**552848**	**572354**	**17842**	**17842**

表 58

宁波市城市商业银行合计本外币信贷资金来源运用分月统计

2008 年

汇率：6. 8346　　　　单位：万元

行列名称	年初	一月	二月	三月	四月	五月	六月	七月	八月	九月	十月	十一月	十二月	增减数	增减数可比
一、各项存款	5469462	5603809	5602880	5732506	5989217	6143718	6212147	6501474	6654446	6759792	6524201	6559450	6752652	1283190	1484190
1. 企事业单位存款	3365331	3363659	3313289	3321182	3513385	3564438	3592645	3739758	3799959	3805346	3837863	3795296	3852178	486847	486847
（1）活期存款	2659856	2646879	2580368	2543965	2668682	2729345	2713274	2852057	2875434	2806402	2809506	2752096	2818015	158159	158159
（2）定期存款	705475	716780	732921	777217	844703	835093	879371	887701	924525	998944	1028357	1043200	1034163	328688	328688
2. 储蓄存款	1031783	1118740	1167276	1201969	1206830	1279422	1276663	1380328	1424241	1496663	1577247	1654200	1775247	743464	743464
（1）活期储蓄	427299	499703	487185	502118	495582	534779	498857	552241	548173	551375	582307	583422	653847	226548	226548
（2）定期储蓄	604484	619037	680091	699851	711248	744643	777806	828087	876068	945288	994940	1070778	1121400	516916	516916
3. 其他存款	1072348	1121410	1122315	1209355	1269002	1299858	1342839	1381388	1430246	1457783	1109091	1109954	1125227	52879	253879
二、债券发行及境外筹资															
三、应付及暂收款	63067	66490	62907	67674	87222	69615	119374	62594	66606	101030	77397	68364	92128	29061	29061
其中：应付及预收利息	26757	23808	20705	30799	27462	24187	50909	35637	29258	52109	39436	32900	48873	22116	22116
四、卖出回购资产	698988	1083197	877227	960493	1175598	1365990	852889	978633	1411546	1276935	702886	937766	961480	262492	262492
五、向中央银行借款															
六、同业往来	93391	91084	84463	220791	303287	232008	183234	258033	218094	157001	332546	304511	338260	244869	43869
七、代理境内贷款资金															
八、各项准备	55392	55388	55385	60000	59939	59937	63857	63856	63856	67109	67110	67110	83616	28224	28224
其中：贷款损失准备	54484	54480	54477	59055	58994	58992	62912	62911	62911	66164	66165	66165	82671	28187	28187
九、所有者权益	802295	810799	818348	838134	843130	811313	821400	838454	858416	862937	877573	895206	882477	80182	80182
其中：实收资本	250000	250000	249999	249999	250000	249999	250000	250000	250000	250000	250000	250000	250000		
当年结益		9920	21685	37633	48243	66534	81576	98683	118667	128982	143622	161609	150645	150645	150645
十、其他	416974	364107	411018	197079	161304	298187	322623	339792	344693	334247	215350	372787	383069	－33905	－33905
资金来源总计	**7599569**	**8074874**	**7912228**	**8076677**	**8619697**	**8980768**	**8575524**	**9042836**	**9617657**	**9559051**	**8797063**	**9205194**	**9493682**	**1894113**	**1894113**

续表

行列名称	年初	一月	二月	三月	四月	五月	六月	七月	八月	九月	十月	十一月	十二月	增减数	增减数可比
一、各项贷款	4004273	4400595	4278070	4281639	4318429	4407304	4548941	4653771	4713952	4818636	4868389	4846540	4877682	873409	873409
1. 短期贷款	3101931	3269459	3232221	3227352	3325371	3372369	3447033	3564686	3627339	3709464	3757717	3735928	3801150	699219	699219
2. 中长期贷款	678791	677934	658143	660012	641920	628994	631469	615007	622673	643202	620389	614428	657564	－21227	－21227
3. 其他贷款	81293	97864	90436	88706	98367	103006	104519	104182	108546	103352	92681	87206	75885	－5408	－5408
4. 票据融资	141726	354814	296474	304499	251409	301889	364840	368928	348917	352630	380749	383063	331125	189399	189399
5. 各项垫款	532	524	796	1070	1362	1046	1080	968	6477	9988	16853	25915	11958	11426	11426
二、有价证券及投资	2103759	2112175	2133886	1679255	1817610	1838262	1722005	1716229	1653757	1668071	1667364	1746254	1682466	－421293	－421293
三、应收及预付款	6343	31172	24133	19266	45798	37839	39981	43018	51507	51533	42532	48958	45211	38868	38868
其中：应收利息	1899	3285	8739	9019	22410	26498	24495	30927	36862	33229	25443	27673	40398	38499	38499
四、买入返售资产	27000	218015	224913	509644	1045799	1209347	533414	887551	1417759	1175814	758535	1027320	891846	864846	864846
五、存放中央银行存款	1187687	966962	931991	1166431	1032484	1086304	1375206	1158175	1217226	1441458	1072517	1075674	1280215	92528	92528
六、同业往来	242659	301589	287897	390380	332458	372516	328283	554582	529795	368325	350267	422357	674114	431455	431455
七、库存现金	27848	44366	31338	30062	27119	29196	27694	29510	33661	35214	37459	38091	42148	14300	14300
资金运用总计	**7599569**	**8074874**	**7912228**	**8076677**	**8619697**	**8980768**	**8575524**	**9042836**	**9617657**	**9559051**	**8797063**	**9205194**	**9493682**	**1894113**	**1894113**

表 59

宁波银行宁波市本外币信贷资金来源运用分月统计

2008 年

汇率：6. 8346　　单位：万元

行列名称	年初	一月	二月	三月	四月	五月	六月	七月	八月	九月	十月	十一月	十二月	增减数	增减数可比
一、各项存款	5069416	5206900	5180499	5220502	5420872	5546172	5585333	5819631	5926092	5993948	5721422	5766893	5827130	757714	958714
1. 企事业单位存款	3227258	3257277	3189629	3185540	3331256	3376635	3387900	3505864	3561690	3550007	3543801	3521396	3497090	269832	269832
（1）活期存款	2568421	2591072	2511582	2471115	2577320	2631569	2618935	2735849	2768633	2701921	2667593	2634973	2638785	70364	70364
（2）定期存款	658837	666205	678047	714425	753936	745066	768965	770015	793057	848086	876208	886423	858305	199468	199468
2. 储蓄存款	1012463	1099056	1146080	1179565	1186279	1256643	1253751	1356429	1399553	1470981	1549063	1627777	1721120	708657	708657
（1）活期储蓄	424087	497155	484150	497618	492977	531337	495599	548679	544677	548590	577909	579484	631168	207081	207081
（2）定期储蓄	588376	601901	661930	681947	693302	725306	758152	807750	854876	922391	971154	1048293	1089952	501576	501576
3. 其他存款	829695	850567	844790	855397	903337	912894	943682	957338	964849	972960	628558	617720	608920	-220775	-19775
二、债券发行及境外筹资															
三、应付及暂收款	56364	61525	57166	60836	80021	62124	108602	54945	60199	91372	60286	50563	75007	18643	18643
其中：应付及预收利息	22978	19629	16155	25253	21222	17209	42376	29608	24618	45386	32454	25315	39347	16369	16369
四、卖出回购资产	698988	1083197	877227	960493	1175598	1365990	852889	978633	1411546	1276935	702886	937766	961480	262492	262492
五、向中央银行借款															
六、同业往来	73252	70757	64023	219101	302878	231959	182789	257332	217251	145007	320223	292900	271363	198111	-2889
七、代理境内贷款资金															
八、各项准备	48595	48591	48588	51003	51002	51000	53219	53218	53218	55382	55383	55383	64749	16154	16154
其中：贷款损失准备	47687	47683	47680	50058	50057	50055	52274	52273	52273	54437	54438	54438	63804	16117	16117
九、所有者权益	798383	805011	810848	837545	842174	808466	818114	833626	852144	858097	870895	887435	881387	83004	83004
其中：实收资本	250000	250000	249999	249999	250000	249999	250000	250000	250000	250000	250000	250000	250000		
当年结益		8084	18134	37346	47588	63985	78584	94149	112689	124435	137238	153732	149450	149450	149450
十、其他	362313	287723	342234	231860	201936	368213	405661	434571	410685	362894	282539	396299	543281	180968	180968
资金来源总计	**7107311**	**7563704**	**7380585**	**7581340**	**8074481**	**8433924**	**8006607**	**8431956**	**8931135**	**8783635**	**8013634**	**8387239**	**8624397**	**1517086**	**1517086**

续表

行列名称	年初	一月	二月	三月	四月	五月	六月	七月	八月	九月	十月	十一月	十二月	增减数	增减数可比
一、各项贷款	3525353	3909691	3782511	3816066	3832764	3911772	4004622	4091021	4076583	4103901	4153680	4084696	4088875	563522	563522
1. 短期贷款	2892034	3049796	3003485	3001493	3083228	3122082	3143119	3222405	3246453	3267015	3292243	3276503	3322933	430899	430899
2. 中长期贷款	468459	466779	449389	461324	439458	439193	454458	459022	456170	462733	455232	449212	469383	924	924
3. 其他贷款	72936	87416	78398	76928	87895	91175	92570	90847	99709	94638	83247	78950	71852	－1084	－1084
4. 票据融资	91392	305176	250443	275251	220821	258276	313395	317779	267774	269527	311630	268506	218912	127520	127520
5. 各项垫款	532	524	796	1070	1362	1046	1080	968	6477	9988	11328	11525	5795	5263	5263
二、有价证券及投资	2103759	2112175	2133886	1679255	1817610	1838262	1722005	1716229	1653757	1668071	1667364	1746254	1682466	－421293	－421293
三、应收及预付款	5404	27418	18121	17353	41628	31482	37935	39166	46356	46043	37575	43133	42941	37537	37537
其中：应收利息	1800	3181	3117	7954	18978	21047	23569	28348	33081	32157	23336	24892	39436	37636	37636
四、买入返售资产	27000	218015	224913	509644	1045799	1209347	533414	887551	1417759	1175814	758535	1027320	891846	864846	864846
五、存放中央银行存款	1179675	954351	907320	1145615	984563	1047999	1359697	1128953	1196943	1411797	1034922	1047114	1242686	63011	63011
六、同业往来	238674	298072	283142	384072	325435	366457	322011	540137	506620	343287	324761	401335	635701	397027	397027
七、库存现金	27446	43982	30692	29335	26682	28605	26923	28899	33117	34722	36797	37387	39882	12436	12436
资金运用总计	**7107311**	**7563704**	**7380585**	**7581340**	**8074481**	**8433924**	**8006607**	**8431956**	**8931135**	**8783635**	**8013634**	**8387239**	**8624397**	**1517086**	**1517086**

表 60

上海银行宁波分行本外币信贷资金来源运用分月统计

汇率：6. 8346　　2008 年　　单位：万元

行列名称	年初	一月	二月	三月	四月	五月	六月	七月	八月	九月	十月	十一月	十二月	增减数
一、各项存款	400045	396908	422382	512004	542979	562008	567122	588249	598950	587975	612395	585729	626753	226708
1. 企事业单位存款	138073	106382	123660	135642	156826	154425	151475	159042	149316	140545	175318	156961	186945	48872
（1）活期存款	91435	55807	68786	72850	84059	82948	77849	94436	83728	77767	112749	87765	105218	13783
（2）定期存款	46638	50575	54874	62792	72767	71477	73626	64606	65588	62778	62569	69196	81727	35089
2. 储蓄存款	19319	19683	21197	22404	20488	22232	22336	22390	22978	21773	23132	21116	31880	12561
（1）活期储蓄	3211	2547	3036	4500	2543	3072	3087	3067	3496	2614	4108	3648	9016	5805
（2）定期储蓄	16108	17136	18161	17904	17945	19160	19249	19323	19482	19159	19024	17468	22864	6756
3. 其他存款	242653	270843	277525	353958	365665	385351	393311	406817	426656	425657	413945	407652	407928	165275
二、债券发行及境外筹资														
三、应付及暂收款	6703	4966	5741	6838	7201	7448	10635	6816	5592	8648	15031	15467	15214	8511
其中：应付及预收利息	3779	4179	4550	5546	6240	6934	8398	5735	4072	5813	5752	5900	7619	3840
四、卖出回购资产														
五、向中央银行借款														
六、同业往来	20139	20327	20440	1690	409	49	445	701	843	676	1005	292	63840	43701
七、代理境内贷款资金														
八、各项准备	6797	6797	6797	8997	8937	8937	10638	10638	10638	11727	11727	11727	18867	12070
其中：贷款损失准备	6797	6797	6797	8997	8937	8937	10638	10638	10638	11727	11727	11727	18867	12070
九、所有者权益	3912	5788	7500	588	956	2847	3940	5559	7024	6996	8644	9280	2736	－1176
其中：实收资本														
当年结益		1835	3551	287	655	2548	3645	5265	6730	6703	8350	9385	2842	2842
十、其他	54661	76383	68782	－34780	－32295	－52318	－76703	－111754	－90516	－55216	－103479	－46946	－112616	－167277
资金来源总计	**492257**	**511169**	**531642**	**495337**	**528187**	**528971**	**516077**	**500209**	**532531**	**560806**	**545323**	**575549**	**614794**	**122537**

续表

行列名称	年初	一月	二月	三月	四月	五月	六月	七月	八月	九月	十月	十一月	十二月	增减数
一、各项贷款	478919	490903	495558	465573	485665	488945	497679	472573	509760	529643	507542	550793	584758	105839
1. 短期贷款	209897	219663	228736	225859	242143	243916	269340	267236	269106	275628	277732	268134	293843	83946
2. 中长期贷款	210332	211155	208754	198688	202462	189585	166153	143629	153456	164966	148504	148285	170133	-40199
3. 其他贷款	8356	10447	12037	11778	10472	11831	10741	10559	6055	5946	6662	5427	2406	-5950
4. 票据融资	50334	49638	46031	29248	30588	43613	51445	51149	81143	83103	69119	114557	112213	61879
5. 各项垫款											5525	14390	6163	6163
二、有价证券及投资														
三、应收及预付款	939	3754	6012	1913	4170	6357	2046	3852	5151	3690	4957	5825	2269	1330
其中：应收利息	99	104	5622	1065	3432	5451	926	2579	3781	1072	2107	2782	960	861
四、买入返售资产														
五、存放中央银行存款	8012	12611	24671	20816	31396	27145	11258	20257	12238	20227	25198	15818	24838	16826
六、同业往来	3985	3517	4755	6308	6573	6009	4446	3019	4897	6804	7034	2470	2124	-1861
七、库存现金	402	384	646	727	383	515	648	508	485	442	592	643	805	403
资金运用总计	**492257**	**511169**	**531642**	**495337**	**528187**	**528971**	**516077**	**500209**	**532531**	**560806**	**545323**	**575549**	**614794**	**122537**

表 61

包商银行宁波分行本外币信贷资金来源运用分月统计

2008 年

汇率：6. 8346　　　　单位：万元

行列名称	年初	一月	二月	三月	四月	五月	六月	七月	八月	九月	十月	十一月	十二月	增减数
一、各项存款					25366	35539	59691	93594	129404	177869	190384	206827	257827	257827
1. 企事业单位存款					25303	33379	53270	74852	88954	114794	118744	116939	139604	139604
（1）活期存款					7303	14829	16490	21772	23074	26714	29164	29358	45473	45473
（2）定期存款					18000	18550	36780	53080	65880	88080	89580	87581	94131	94131
2. 储蓄存款					63	547	575	1509	1709	3909	5052	5307	9844	9844
（1）活期储蓄					62	370	171	495		171	290	290	1854	1854
（2）定期储蓄					1	177	404	1014	1709	3738	4762	5017	7990	7990
3. 其他存款						1613	5846	17233	38741	59166	66588	84581	108379	108379
二、债券发行及境外筹资														
三、应付及暂收款						44	137	833	815	1010	2080	2335	1907	1907
其中：应付及预收利息						44	135	294	568	910	1230	1685	1907	1907
四、卖出回购资产														
五、向中央银行借款														
六、同业往来										11318	11318	11319	3057	3057
七、代理境内贷款资金														
八、各项准备														
其中：贷款损失准备														
九、所有者权益							-653	-730	-752	-2156	-1966	-1508	-1652	-1652
其中：实收资本														
当年结益							-653	-730	-752	-2156	-1966	-1508	-1652	-1652
十、其他					-8337	-17710	-6336	16975	24525	26569	36289	23434	-28042	-28042
资金来源总计					**17029**	**17873**	**52839**	**110672**	**153992**	**214610**	**238105**	**242407**	**233097**	**233097**

续表

行列名称	年初	一月	二月	三月	四月	五月	六月	七月	八月	九月	十月	十一月	十二月	增减数
一、各项贷款						6587	46639	90177	127609	185093	207166	211052	204049	204049
1. 短期贷款						6371	34574	75044	111780	166822	187742	191291	184374	184374
2. 中长期贷款						216	10858	12356	13047	15503	16653	16931	18048	18048
3. 其他贷款							1207	2777	2782	2768	2771	2830	1627	1627
4. 票据融资														
5. 各项垫款														
二、有价证券及投资														
三、应收及预付款										1800			2	2
其中：应收利息													2	2
四、买入返售资产														
五、存放中央银行存款					16525	11160	4251	8965	8045	9434	12397	12742	12691	12691
六、同业往来					450	50	1826	11426	18278	18234	18472	18552	16263	16263
七、库存现金					54	76	123	104	60	49	70	61	92	92
资金运用总计					**17029**	**17873**	**52839**	**110672**	**153992**	**214610**	**238105**	**242407**	**233097**	**233097**

表 62

温州银行宁波分行本外币信贷资金来源运用分月统计

2008 年

汇率：6. 8346

单位：万元

行列名称	年初	一月	二月	三月	四月	五月	六月	七月	八月	九月	十月	十一月	十二月	增减数
一、各项存款													2114	2114
1. 企事业单位存款														
（1）活期存款														
（2）定期存款														
2. 储蓄存款													2114	2114
（1）活期储蓄													1852	1852
（2）定期储蓄													262	262
3. 其他存款														
二、债券发行及境外筹资														
三、应付及暂收款														
其中：应付及预收利息														
四、卖出回购资产														
五、向中央银行借款														
六、同业往来														
七、代理境内贷款资金														
八、各项准备														
其中：贷款损失准备														
九、所有者权益													2	2
其中：实收资本														
当年结益													2	2
十、其他													-1794	-1794
资金来源总计													**322**	**322**

续表

行列名称	年初	一月	二月	三月	四月	五月	六月	七月	八月	九月	十月	十一月	十二月	增减数
一、各项贷款														
1. 短期贷款														
2. 中长期贷款														
3. 其他贷款														
4. 票据融资														
5. 各项垫款														
二、有价证券及投资														
三、应收及预付款														
其中：应收利息														
四、买入返售资产														
五、存放中央银行存款														
六、同业往来													122	122
七、库存现金													200	200
资金运用总计													**322**	**322**

表 63

浙江泰隆商业银行宁波分行本外币信贷资金来源运用分月统计

2008 年

汇率：6.8346　　单位：万元

行列名称	年初	一月	二月	三月	四月	五月	六月	七月	八月	九月	十月	十一月	十二月	增减数
一、各项存款													38725	38725
1. 企事业单位存款													28539	28539
（1）活期存款													28539	28539
（2）定期存款														
2. 储蓄存款													10186	10186
（1）活期储蓄													9951	9951
（2）定期储蓄													235	235
3. 其他存款														
二、债券发行及境外筹资														
三、应付及暂收款														
其中：应付及预收利息														
四、卖出回购资产														
五、向中央银行借款														
六、同业往来														
七、代理境内贷款资金														
八、各项准备														
其中：贷款损失准备														
九、所有者权益													1	1
其中：实收资本														
当年结益													1	1
十、其他													-27723	-27723
资金来源总计													**11003**	**11003**

续表

行列名称	年初	一月	二月	三月	四月	五月	六月	七月	八月	九月	十月	十一月	十二月	增减数
一、各项贷款														
1. 短期贷款														
2. 中长期贷款														
3. 其他贷款														
4. 票据融资														
5. 各项垫款														
二、有价证券及投资														
三、应收及预付款														
其中：应收利息														
四、买入返售资产														
五、存放中央银行存款														
六、同业往来													9901	9901
七、库存现金													1102	1102
资金运用总计													**11003**	**11003**

表 64

临商银行宁波分行本外币信贷资金来源运用分月统计

2008 年

汇率：6. 8346　　　　单位：万元

行列名称	年初	一月	二月	三月	四月	五月	六月	七月	八月	九月	十月	十一月	十二月	增减数
一、各项存款													103	103
1. 企事业单位存款														
（1）活期存款														
（2）定期存款														
2. 储蓄存款													103	103
（1）活期储蓄													6	6
（2）定期储蓄													97	97
3. 其他存款														
二、债券发行及境外筹资														
三、应付及暂收款														
其中：应付及预收利息														
四、卖出回购资产														
五、向中央银行借款														
六、同业往来														
七、代理境内贷款资金														
八、各项准备														
其中：贷款损失准备														
九、所有者权益													3	3
其中：实收资本														
当年结益													3	3
十、其他													9965	9965
资金来源总计													**10071**	**10071**

续表

行列名称	年初	一月	二月	三月	四月	五月	六月	七月	八月	九月	十月	十一月	十二月	增减数
一、各项贷款														
1. 短期贷款														
2. 中长期贷款														
3. 其他贷款														
4. 票据融资														
5. 各项垫款														
二、有价证券及投资														
三、应收及预付款														
其中：应收利息														
四、买入返售资产														
五、存放中央银行存款														
六、同业往来													10003	10003
七、库存现金													68	68
资金运用总计													**10071**	**10071**

表 65

中国邮政储蓄银行宁波分行本外币信贷资金来源运用分月统计

2008 年

汇率：6.8346　　　　单位：万元

行列名称	年初	一月	二月	三月	四月	五月	六月	七月	八月	九月	十月	十一月	十二月	增减数
一、各项存款	1514967	1450327	1500816	1487099	1491718	1514140	1526068	1567744	1599626	1640641	1669930	1721547	1818048	303081
1. 企事业单位存款							21	4151	15138	28279	29622	25907	65524	65524
（1）活期存款							21	3671	14024	24404	25557	21362	58871	58871
（2）定期存款								480	1114	3875	4065	4545	6653	6653
2. 储蓄存款	1514967	1450327	1500816	1487099	1491718	1514140	1526047	1563593	1584468	1612142	1640168	1695496	1750974	236007
（1）活期储蓄	609630	552269	538028	522213	524265	537664	542466	565611	576433	593625	604712	642700	667324	57694
（2）定期储蓄	905337	898058	962788	964886	967453	976476	983581	997982	1008035	1018517	1035456	1052796	1083650	178313
3. 其他存款									20	220	140	144	1550	1550
二、债券发行及境外筹资														
三、应付及暂收款	11530	12583	19954	16562	17017	19156	20247	20918	25296	25105	23849	28159	23340	11810
其中：应付及预收利息	10228	10475	14006	12552	13954	15011	15842	17887	19165	18819	20360	21788	21183	10955
四、卖出回购资产														
五、向中央银行借款														
六、同业往来								501	831	1333	1135	1115	6559	6559
七、代理境内贷款资金														
八、各项准备														
其中：贷款损失准备														
九、所有者权益														
其中：实收资本														
当年结益														
十、其他	-1398269	-1357514	-1484368	-1468947	-1467626	-1483495	-1510833	-1548151	-1568965	-1603850	-1638095	-1680390	-1752841	-354572
资金来源总计	**128228**	**105396**	**36402**	**34714**	**41109**	**49801**	**35482**	**41012**	**56788**	**63229**	**56819**	**70431**	**95106**	**-33122**

续表

行列名称	年初	一月	二月	三月	四月	五月	六月	七月	八月	九月	十月	十一月	十二月	增减数
一、各项贷款	3977	1536	1091	1567	1262	1657	1314	2547	4178	8097	11455	16516	25354	21377
1. 短期贷款	3977	1536	1091	1567	1262	1657	1314	2547	4178	8097	11425	16056	24160	20183
2. 中长期贷款											30	460	1194	1194
3. 其他贷款														
4. 票据融资														
5. 各项垫款														
二、有价证券及投资														
三、应收及预付款	97	4505	8974	285	4681	8875	223	5076	10022	255	5258	10062	253	156
其中：应收利息		4413	8763		4404	8689		4878	9780		5123	9845	50	50
四、买入返售资产														
五、存放中央银行存款	782	319	318	195	305	489	2247	2841	3776	750	9537	5983	10362	9580
六、同业往来	82834	75486	11065	17492	16362	17174	19553	16292	16987	31089	15194	15590	39037	-43797
七、库存现金	40538	23550	14954	15175	18499	21606	12145	14256	21825	23038	15375	22280	20100	-20438
资金运用总计	**128228**	**105396**	**36402**	**34714**	**41109**	**49801**	**35482**	**41012**	**56788**	**63229**	**56819**	**70431**	**95106**	**-33122**

表 66

象山县绿叶城市信用社本外币信贷资金来源运用分月统计

2008 年

汇率：6.8346　　　　单位：万元

行列名称	年初	一月	二月	三月	四月	五月	六月	七月	八月	九月	十月	十一月	十二月	增减数
一、各项存款	117527	117942	117915	118412	120466	124571	123657	130378	139380	143209	144051	137339	139965	22438
1. 企事业单位存款	73315	70569	68889	70323	72089	73612	73410	76299	82870	85134	81122	75575	78431	5116
（1）活期存款	23909	23322	24800	23007	22662	20871	21026	19529	18949	22703	20462	22771	26969	3060
（2）定期存款	49406	47247	44089	47316	49427	52741	52384	56770	63921	62431	60660	52804	51462	2056
2. 储蓄存款	35875	35754	37691	35713	34467	36960	35373	39317	41661	41804	45849	44674	44246	8371
（1）活期储蓄	25612	25474	27445	25492	23677	26486	24720	28279	30263	27206	29597	27761	27258	1646
（2）定期储蓄	10263	10280	10246	10221	10790	10474	10653	11038	11398	14598	16252	16913	16988	6725
3. 其他存款	8337	11619	11335	12376	13910	13999	14874	14762	14849	16271	17080	17090	17288	8951
二、债券发行及境外筹资														
三、应付及暂收款	1530	929	1057	1043	946	1116	1141	1025	1376	1393	1257	1388	1568	38
其中：应付及预收利息	596	640	667	606	693	801	725	750	931	894	898	995	1004	408
四、卖出回购资产														
五、向中央银行借款														
六、同业往来	9100										10000	10000	10000	900
七、代理境内贷款资金														
八、各项准备	2487	2487	2487	2487	2487	2487	2529	2529	2529	2780	2780	2780	2844	357
其中：贷款损失准备	2467	2467	2467	2467	2467	2467	2509	2509	2509	2760	2760	2760	2824	357
九、所有者权益	15399	15477	15585	15703	15766	15843	15984	16087	16181	16280	16373	16427	16690	1291
其中：实收资本	13900	13900	13900	13900	13900	13900	13900	13900	13900	13900	13900	13900	13900	
当年结益		104	248	404	485	609	807	951	1079	1216	1344	1423	1861	1861
十、其他	-7434	-8977	-8439	-7801	-6989	-6428	-5940	-7586	-6513	-5071	-7809	-8721	-6956	478
资金来源总计	**138609**	**127858**	**128605**	**129844**	**132676**	**137589**	**137371**	**142433**	**152953**	**158591**	**166652**	**159213**	**164111**	**25502**

续表

行列名称	年初	一月	二月	三月	四月	五月	六月	七月	八月	九月	十月	十一月	十二月	增减数
一、各项贷款	85808	77426	78535	80467	81038	85797	88082	94227	100683	102797	103312	97721	99215	13407
1. 短期贷款	72094	72592	72979	75167	75883	77479	78248	80817	84477	88424	90023	87153	86701	14607
2. 中长期贷款	3972	4012	4086	4225	4245	4265	4305	4360	4339	4399	4304	4339	4008	36
3. 其他贷款														
4. 票据融资	9742	822	1470	1075	910	4053	5529	9050	11867	9974	8985	6229	8506	-1236
5. 各项垫款														
二、有价证券及投资	4243	4248	4259	4269	4280	4218	4229	4239	4250	4261	4272	4208	4224	-19
三、应收及预付款	301	704	1181	633	595	557	526	496	539	841	814	817	742	441
其中：应收利息	190	197	196	199	202	192	199	197	204	225	236	244	329	139
四、买入返售资产														
五、存放中央银行存款	14692	14942	14942	15010	15110	17009	18685	19583	21183	20728	18828	17727	13412	-1280
六、同业往来	30589	26886	26952	27924	28872	27700	24456	21525	24646	27434	36537	34107	42251	11662
七、库存现金	2976	3652	2736	1541	2781	2308	1393	2363	1652	2530	2889	4633	4267	1291
资金运用总计	**138609**	**127858**	**128605**	**129844**	**132676**	**137589**	**137371**	**142433**	**152953**	**158591**	**166652**	**159213**	**164111**	**25502**

表 67

宁波市农村合作金融机构本外币信贷资金来源运用分月统计

2008 年

汇率：6.8346　　　　单位：万元

行列名称	年初	一月	二月	三月	四月	五月	六月	七月	八月	九月	十月	十一月	十二月	增减数
一、各项存款	6889537	7146072	7250884	7190846	7369683	7545760	7643482	7917601	7938789	7983698	7885161	7968164	8083146	1193609
1. 企事业单位存款	599048	626762	638235	637055	759279	769977	773589	816223	825725	853671	593145	596951	590408	－8640
（1）活期存款	6289	4404	3231	3946	3134	4383	4625	8621	10777	8752	10254	11637	12924	6635
（2）定期存款	592759	622358	635004	633109	756145	765594	768964	807602	814948	844919	582891	585314	577484	－15275
2. 储蓄存款	4163858	4313224	4631075	4529368	4541962	4604207	4669291	4794860	4869385	4956914	5107161	5208172	5382114	1218256
（1）活期储蓄	1262436	1343388	1383674	1272120	1274853	1291659	1303004	1355245	1373465	1401127	1453705	1461800	1559457	297021
（2）定期储蓄	2901422	2969836	3247401	3257248	3267109	3312548	3366287	3439615	3495920	3555787	3653456	3746372	3822657	921235
3. 其他存款	2126631	2206086	1981574	2024423	2068442	2171576	2200602	2306518	2243679	2173113	2184855	2163041	2110624	－16007
二、债券发行及境外筹资	54700	65000	65000	65000	65000	65000	65000	65000	65000	65000	65000	65000	65000	10300
三、应付及暂收款	219400	204013	182941	234118	220049	212831	259895	238067	206898	243468	233148	227739	195459	－23941
其中：应付及预收利息	145667	139049	131438	171163	165035	159148	192526	187033	154805	183995	176436	168306	107822	－37845
四、卖出回购资产		112000	110000	138000	85000	90000	110000	70000	70000	80000	33931	193531	3931	3931
五、向中央银行借款	25117	25117	31852	31852	31281	30439	28518	28117	27417	33117	33117	33117	33117	8000
六、同业往来	57987	31061	58553	62452	89599	82321	80677	110159	113395	112156	378708	339741	349357	291370
七、代理境内贷款资金														
八、各项准备	137605	134469	134501	152051	150128	148924	161974	159920	159968	183146	183377	184164	208445	70840
其中：贷款损失准备	137605	134469	134501	152051	150128	148924	161974	159920	159968	183146	183377	184164	208445	70840
九、所有者权益	430699	450310	475429	441253	457446	483990	475682	510112	561220	538420	561609	593405	670547	239848
其中：实收资本	127720	127721	127720	127720	127720	127718	127721	137422	137421	137421	137419	140749	170707	42987
当年结益		24606	49796	18299	43866	70988	63584	90971	118652	104100	128705	155494	158150	158150
十、其他	119535	128800	－69234	－70641	－79017	－274914	－329853	－369584	－439839	－384988	－375218	－688930	－587883	－707418
资金来源总计	**7934580**	**8296842**	**8239926**	**8244931**	**8389169**	**8384351**	**8495375**	**8729392**	**8702848**	**8854017**	**8998833**	**8915931**	**9021119**	**1086539**

续表

行列名称	年初	一月	二月	三月	四月	五月	六月	七月	八月	九月	十月	十一月	十二月	增减数
一、各项贷款	5133295	5301067	5377689	5413167	5447734	5521721	5589541	5650808	5679505	5776417	5722018	5759593	5835065	701770
1. 短期贷款	4678181	4789801	4813494	4912468	5004794	5048707	5065324	5049572	5040972	5074861	5059174	5072358	5102046	423865
2. 中长期贷款	137810	150249	155421	156189	144617	146559	152545	147670	148731	146101	141921	88520	92985	-44825
3. 其他贷款	19007	19558	23463	25353	23591	21133	22182	20598	19943	18491	17542	16773	16499	-2508
4. 票据融资	298282	341444	385257	318993	274569	305012	349079	432558	469449	536553	502971	581784	622181	323899
5. 各项垫款	15	15	54	164	163	310	411	410	410	411	410	158	1354	1339
二、有价证券及投资	606212	666176	638059	627643	619839	609244	563114	549529	546841	596577	679458	845061	568316	-37896
三、应收及预付款	10406	16383	16060	16350	16357	15939	23761	31071	33118	29299	33914	35181	24323	13917
其中：应收利息	1198	1527	1909	1768	1237	1355	1844	1868	1974	2180	2948	4742	2698	1500
四、买入返售资产	100	30400	100	60904	42239	2020	100	30049		27930	8982		74970	74870
五、存放中央银行存款	1257847	1336944	1182982	1228598	1268564	1343652	1437293	1481923	1427948	1353797	1326394	1237633	1533922	276075
六、同业往来	822620	828076	929687	829699	923778	817659	814332	913626	948749	988044	1151443	965415	890077	67457
七、库存现金	104100	117796	95349	68570	70658	74116	67234	72386	66687	81953	76624	73048	94446	-9654
资金运用总计	**7934580**	**8296842**	**8239926**	**8244931**	**8389169**	**8384351**	**8495375**	**8729392**	**8702848**	**8854017**	**8998833**	**8915931**	**9021119**	**1086539**

表 68

宁波市外资银行本外币信贷资金来源运用分月统计

2008 年

汇率：6.8346　　　　单位：万元

行列名称	年初	一月	二月	三月	四月	五月	六月	七月	八月	九月	十月	十一月	十二月	增减数
一、各项存款	49628	41801	47902	52888	61669	81180	80778	84029	91762	90509	95720	99533	104618	54990
1. 企事业单位存款	558	856	910	10534	12653	17707	22338	27250	31351	28686	30186	33432	39902	39344
（1）活期存款	558	856	410	2327	1969	4123	4049	4808	5844	1490	3391	12764	5402	4844
（2）定期存款			500	8207	10684	13584	18289	22442	25507	27196	26795	20668	34500	34500
2. 储蓄存款	699	1809	4430	5984	7740	10354	13242	15075	16972	20246	21454	22514	23539	22840
（1）活期储蓄	653	1229	1861	1269	1696	2183	1799	1602	2148	1245	1666	1775	2105	1452
（2）定期储蓄	46	580	2569	4715	6044	8171	11443	13473	14824	19001	19788	20739	21434	21388
3. 其他存款	48371	39136	42562	36370	41276	53119	45198	41704	43439	41577	44080	43587	41177	-7194
二、债券发行及境外筹资														
三、应付及暂收款	1707	834	1023	1485	2866	1523	1927	1974	3503	8410	8852	11613	21858	20151
其中：应付及预收利息	87	62	69	115	179	394	381	543	709	708	886	1027	1170	1083
四、卖出回购资产														
五、向中央银行借款														
六、同业往来	11916	5650	1863	8305	10756	11100	10968	10902	10360	10069	10006	10020	12117	201
七、代理境内贷款资金														
八、各项准备	2443	2407	2384	2359	2353	1958	1937	1932	1931	1927	1929	1931	2038	-405
其中：贷款呆账准备金	2170	2134	2111	2086	2080	1685	1664	1659	1658	1654	1656	1658	1765	-405
九、所有者权益	136849	135311	134449	133517	133347	132952	131873	131888	132068	132104	132647	119985	128347	-8502
其中：实收资本	115736	114692	113997	113237	113073	112609	111838	111660	111623	111481	111593	111626	121624	5888
当年结益		631	1186	1837	2020	2524	3048	3435	3699	3996	4329	4518	2988	2988
十、其他	31122	24845	14735	40705	13135	11474	10550	18894	16707	-8678	-920	-5609	-7687	-38809
资金来源总计	**233665**	**210848**	**202356**	**239259**	**224126**	**240187**	**238033**	**249619**	**256331**	**234341**	**248234**	**237473**	**261291**	**27626**

续表

行列名称	年初	一月	二月	三月	四月	五月	六月	七月	八月	九月	十月	十一月	十二月	增减数
一、各项贷款	38326	32513	16843	30837	32013	42264	40632	50163	53896	57842	55464	57330	45955	7629
1. 短期贷款	22284	12444	5151	14423	15691	26633	23179	24356	24447	21895	21450	19026	15460	-6824
2. 中长期贷款	33	33	32	32	32	31	3461	9605	9599	9576	9586	19598	19586	19553
3. 其他贷款	16009	20036	11660	16382	16290	15600	13992	16202	19850	26371	24428	18706	10909	-5100
4. 票据融资														
5. 各项垫款														
二、有价证券及投资	4383	4311	4263	4211	4200	4168	2058	2052	2050	2045	2048	2050	1819	-2564
三、应收及预付款	1321	1422	1591	1848	2662	2621	3255	4208	3593	3248	3699	4041	4049	2728
其中：应收利息	917	951	1087	1245	1588	2072	2305	2150	2312	1897	2162	2601	2622	1705
四、买入返售证券														
五、存放中央银行存款	10302	13027	12533	15333	12250	14345	14253	12053	13478	8358	11882	10517	14956	4654
六、同业往来	179110	158741	165442	186304	172360	176261	177260	180628	182807	162362	174553	162989	193996	14886
七、库存现金	223	834	1684	726	641	528	575	515	507	486	588	546	516	293
资金运用总计	**233665**	**210848**	**202356**	**239259**	**224126**	**240187**	**238033**	**249619**	**256331**	**234341**	**248234**	**237473**	**261291**	**27626**

表 69

中国人民银行宁波市中心支行人民币信贷资金来源运用分月统计

2008 年

单位：万元

行列名称	年初	一月	二月	三月	四月	五月	六月	七月	八月	九月	十月	十一月	十二月	增减数
一、财政存款	253760	533000	596175	674354	845990	851926	916026	840572	806597	839914	896317	784175	364781	111021
其中：中央财政存款														
地方财政存款	253760	533000	596176	674354	845990	851926	916026	840572	806597	839914	896318	784175	364781	111021
二、金融机构准备金存款	3072308	3017906	2873580	2892588	2966166	2959344	3446020	3261997	3335674	3333220	3081895	3183142	3686279	613971
1. 政策性银行	13001	28624	25658	39935	43891	40200	19965	55373	55232	51283	94204	76241	70829	57828
2. 国有商业银行	163434	381351	321231	201371	342338	252760	303884	246002	306202	205039	199016	250213	236482	73048
3. 其他商业银行	534726	359898	424889	256763	325117	281724	284630	351699	320422	256500	328661	298076	434291	-100435
4. 城市商业银行	1129092	933585	920172	1171103	1004715	1042928	1405819	1120060	1200061	1436529	1097081	1076289	1270943	141851
5. 城市信用社	14621	14824	14866	14953	15109	16978	18647	19494	21137	20612	18716	17525	13406	-1215
6. 农村合作银行	709126	786312	779571	798347	814942	861944	943680	988727	1009832	915532	856572	889174	1055984	
7. 农村信用社	502000	504220	378322	397950	411929	452887	456735	469268	408987	441731	467698	562139	582449	80449
8. 资产管理公司														
9. 其他金融机构	6308	9092	8871	12166	8125	9923	12660	11374	13801	5994	19947	13485	21895	15587
三、金融机构特种存款	94656	84656	32656	26967	26967	26967	22975	22975	22975	5000				-94656
四、邮政储蓄转存款	783	319	318	195	305	489	49	48						-783
五、商业银行划来财政性存款	444752	337216	278931	393346	464974	470878	428968	522719	421332	437469	464398	403873	264379	-180373
六、卖出回购证券														
七、中央银行债券														
八、货币发行														
九、国家资本														
十、当年结益		-425	-1081	-13722	-14216	-14647	-28853	-29370	-30533	-46413	-47456	-48321	-63595	-63595

续表

行列名称	年初	一月	二月	三月	四月	五月	六月	七月	八月	九月	十月	十一月	十二月	增减数
十一、其他	-3837934	-3944347	-3745519	-3938668	-4255697	-4261277	-4753459	-4587616	-4528628	-4536073	-4362037	-4289752	-4218727	-380793
资金运用总计	**28325**	**28325**	**35060**	**35060**	**34489**	**33680**	**31726**	**31325**	**27417**	**33117**	**33117**	**33117**	**33117**	**4792**
一、金融机构贷款	28325	28325	35060	35060	34489	33680	31726	31325	27417	33117	33117	33117	33117	4792
1. 政策性银行贷款														
2. 国有商业银行贷款														
3. 其他商业银行贷款														
4. 城市商业银行贷款														
5. 城市信用社贷款														
6. 农村合作银行贷款														
7. 农村信用社贷款	25117	25117	29117	29117	29117	29117	28117	28117	27417	33117	33117	33117	33117	8000
8. 资产管理公司贷款														
9. 其他金融机构贷款	3208	3208	3208	3208	3208	3208	3208	3208						-3208
10. 再贴现			2735	2735	2164	1355	401							
其中：国有商业银行														
二、专项贷款														
三、金银占款														
四、外汇占款														
五、有价证券及投资														
六、买入返售证券														
七、存放金融机构														
资金运用总计	**28325**	**28325**	**35060**	**35060**	**34489**	**33680**	**31726**	**31325**	**27417**	**33117**	**33117**	**33117**	**33117**	**4792**

表 70

宁波市银行信用社人民币信贷资金来源分机构统计

2008 年

单位：万元

行列名称	国家开发行	农发银行	工商银行	农业银行	中国银行	建设银行	交通银行	中信银行	光大银行	华夏银行	广发银行	深发银行	招商银行
一、各项存款	362002	35088	8313860	6651451	4788303	6682407	2756474	1674055	1624628	403087	1185325	1236625	1657825
1. 企业存款	361921	27791	2191450	2005557	2076464	2189824	1320477	921108	565212	133317	493001	309534	751770
（1）活期存款	344951	26626	1689341	1414703	1383905	1502467	918710	431936	298411	32659	238978	181701	339529
工业存款	344951		528439			375960	42562	50499	69230	1158	31777	16020	70680
商业存款		26626	258042		1365861	147105	44278	84253	78922	364	58376	8226	16666
建筑企业存款			137770			286350	8149			988	35458	18426	20528
城镇集体企业存款							6637				7025	25	404
乡镇企业存款										3			
三资企业存款			112770				21166	39796		5070	13075	20132	44496
私营企业及个体户存款						20807	56150	12123		2288	17260	8659	30723
其他企业存款			652320	1412333	18044	672132	739481	245265	150142	22756	76007	110213	156032
单位银行卡活期存款				2370		113	287		117	32			
（2）定期存款	16970	1165	502109	590854	692559	687357	401767	489172	266801	100658	254023	127833	412241
企事业单位定期存款	16970	1165	371252	590854	692441	633113	311767	489172	266801	100658	254023	127833	373193
单位银行卡定期存款					118								
其他定期存款			130857			54244	90000						39048
2. 机关团体存款			580038	135963		1212429	93373	12234	61240		31130	42698	22177
3. 储蓄存款			3224167	4172373	2153915	2654933	592656	329416	241710	30478	129689	139827	193919
（1）活期储蓄			1060566	1796805	504346	925024	205883	59483	54732	3694	36561	25776	94007
（2）定期储蓄			2163601	2375568	1649569	1729909	386773	269933	186978	26784	93128	114051	99912
4. 农业存款			129			5230	2				660	65	
5. 其他存款	81	7297	2318076	337558	557924	619991	749966	411297	756466	239292	530845	744501	689959

续表

行列名称	国家开发行	农发银行	工商银行	农业银行	中国银行	建设银行	交通银行	中信银行	光大银行	华夏银行	广发银行	深发银行	招商银行
二、代理财政性存款		16248	111171	98292	60	4302				1	51		
三、金融债券				10									
其中：政策性金融债券				10									
四、应付及暂收款	3317	1172	293575	310049	114339	100061	70244	33906	36761	20520	14909	14027	32382
其中：应付及预提利息	146		142943	75179	68627	61391	23618	11553	11850	3546	8811	9771	15935
五、卖出回购资产										399711		100356	
六、向中央银行借款													
七、同业往来	140	13000	101021	520027	121806	330008	11429	14907	3269	20000		1127	103098
1. 同业存放	140	13000	101021	520027	121806	330008	11429	14907	3269	20000		1127	103098
2. 同业拆借													
八、行内资金往来	2315841	293762	124841						67715	80087		135041	563102
九、委托存款及委托投资基金			1301	53		44	60383	160115	176352				
1. 委托存款及委托投资基金			2447	208494	506215	488596	96123	180295	207337		29928	9420	10700
2. 减：委托贷款及委托投资			1146	208441	506215	488552	35740	20180	30985		29928	9420	10700
十、代理金融机构委托贷款基金				80000									
其中：中央银行委托贷款基金													
十一、各项准备			27314	45665	57288	315	19730	12396	36165	4458	8434	2506	43477
其中：贷款损失准备			27257	45569	57114		19730	12396	36165	4458	8416	2408	43461
十二、所有者权益	50357	9651	266506	218109	114546	8781	70593	30850	14014	9207	22912	-33786	30469
其中：实收资本													
当年结益	50357	9651	355538	218508	163783	176175	70593	43618	28226	8535	22912	-33786	41269
十三、其他	8663	4853	-84842	-210087	-48907	-34999	-49557	10342	14771	8170	-12031	10517	7505
资金来源总计	**2740320**	**373774**	**9154747**	**7713569**	**5147435**	**7090919**	**2939296**	**1936571**	**1973675**	**945241**	**1219600**	**1466413**	**2437858**

表 71

宁波市银行信用社人民币信贷资金来源分机构统计

2008 年

单位：万元

行列名称	浦发银行	兴业银行	民生银行	浙商银行	宁波银行	上海银行	包商银行	温州银行	泰隆银行	临商银行	邮储银行	城市信用社	农村合作
一、各项存款	3678200	1522685	1165373	602283	5751047	625079	257820	2114	38725	103	1818048	139965	8069101
1. 企业存款	1693227	516595	384576	279060	3428539	185346	139597		28539		65524	78431	577580
（1）活期存款	879085	234013	232802	114801	2582591	103619	45466		28539		58871	26969	96
工业存款	67145	109416	763	43581	341955	23005	10754		3682		8471	1200	
商业存款	81879	4005	37105	13644	500480	14141	2364		13728		18301	2247	
建筑企业存款		60703		19864	289474	28076	4783		5325		2203	2961	
城镇集体企业存款	23376		5225			91							
乡镇企业存款	5162					12853							
三资企业存款	113427		35552			66	10958						
私营企业及个体户存款	78248		21592			15391	21		1321		885	4015	
其他企业存款	507546	59889	132565	37712	1450679	9996	16586		4483		29011	16546	
单位银行卡活期存款	2302				3								96
（2）定期存款	814142	282582	151774	164259	845948	81727	94131				6653	51462	577484
企事业单位定期存款	814142	282582	151774	164259	830948	81727	94131				6653	51462	577484
单位银行卡定期存款													
其他定期存款					15000								
2. 机关团体存款	420751		12643	14293							1273		34250
3. 储蓄存款	518419	161139	130973	29221	1717443	31805	9844	2114	10186	103	1750974	44246	5381943
（1）活期储蓄	140427	30682	23318	7776	629951	8989	1854	1852	9951	6	667324	27258	1559293
（2）定期储蓄	377992	130457	107655	21445	1087492	22816	7990	262	235	97	1083650	16988	3822650
4. 农业存款		103		612	16892	16					277		1802038
5. 其他存款	1045803	844848	637181	279097	588173	407912	108379					17288	273290

续表

行列名称	浦发银行	兴业银行	民生银行	浙商银行	宁波银行	上海银行	包商银行	温州银行	泰隆银行	临商银行	邮储银行	城市信用社	农村合作
二、代理财政性存款	10				1255								6
三、金融债券													65000
其中：政策性金融债券													
四、应付及暂收款	56581	27958	22626	5248	74631	15187	1907				23340	1568	194229
其中：应付及预提利息	39151	22692	14879	59	39012	7592	1907				21183	1004	107781
五、卖出回购资产					1041480								3931
六、向中央银行借款													33117
七、同业往来	611290	498971	180011	106060	258036	50171	3057				6559	10000	316093
1. 同业存放	611290	498971	180011	106060	258036	50171	3057				6559	10000	306093
2. 同业拆借													10000
八、行内资金往来					595406								
九、委托存款及委托投资基金	18340	492			1								20002
1. 委托存款及委托投资基金	55017	34792	9080		208761						3420	3000	74281
2. 减：委托贷款及委托投资	36677	34300	9080		208760						3420	3000	54279
十、代理金融机构委托贷款基金													
其中：中央银行委托贷款基金													
十一、各项准备	38522	41770	19494		64749	18867						2844	208445
其中：贷款损失准备	37818	41575	19433		63804	18867						2824	208445
十二、所有者权益	100026	35051	27946	10913	844952	1513	－1673	2	1	3		16690	668825
其中：实收资本					212965							13900	170707
当年结益	100026	35051	27946	11908	147188	1912	－1673	2	1	3		1861	156428
十三、其他	66934	－9543	9222	7161	67602	7252	10000	10000	10000	10000	－1752841	－6956	－29285
资金来源总计	**4569903**	**2117384**	**1424672**	**731665**	**8699159**	**718069**	**271111**	**12116**	**48726**	**10106**	**95106**	**164111**	**9549464**

表 72

宁波市银行信用社人民币信贷资金运用分机构统计

2008 年

单位：万元

行列名称	国家开发行	农发银行	工商银行	农业银行	中国银行	建设银行	交通银行	中信银行	光大银行	华夏银行	广发银行	深发银行	招商银行
一、各项贷款	2676382	358831	8860743	6442369	4280458	6611856	2223780	1542646	1913336	424006	911429	1160038	1942741
1. 短期贷款	110240	281131	3455901	3590977	1815424	2549211	1540522	1035599	1072348	305947	725458	847235	1405446
（1）工业贷款			1841661	2421715	1019858	1222334	750859	392605	357251	8200	84304	273153	116281
（2）商业贷款		173321	424587	295463	209999	229159	312970	157017	87050	900	100562	19442	44491
（3）建筑业贷款			102423	46400	50200	289787	92548	22376	38793	44540	33750	33500	22500
（4）农业贷款			820	20421		2400	4000						200
（5）乡镇企业贷款								550					
（6）三资企业贷款			333446		272245			109540	116595	17920	38290	90538	58750
（7）私营企业及个体户贷款			133225	152828	21463	51921	21281	17076	44946	2900	113083	45643	114125
（8）其他短期贷款	110240	107810	619739	654150	241659	753610	358864	336435	427713	231487	355469	384959	1049099
其中：个人短期消费贷款			221406	249057	74322	298107	23944	42441	115929	30625	14338	63073	71019
2. 中长期贷款	2566142	76500	5094549	2114591	2393726	3856771	672137	348760	714182	109192	89232	231648	438844
（1）基本建设贷款	2167642		3547885	960148	1283551	2348881	242778	202636	20000	40000		19822	173625
（2）技术改造贷款					31077	49795	25953	8500					
（3）其他中长期贷款	398500	76500	1546664	1154443	1079098	1458095	403406	137624	694182	69192	89232	211826	265219
其中：个人中长期消费贷款			1049239	582971	783518	1169720	203743	104168	276859	3442	38122	174119	184005
3. 票据融资		1200	306324	734520	66408	201154	781	154129	125522	8867	94453	77605	98451
其中：买断式贴现		1200	306324	734520	66408	201154	781	154129	125522	8867	94453	77605	98451
4. 各项垫款			3969	2281	4900	4720	10340	4158	1284		2286	3550	
二、有价证券及投资			42820	22413	16482	13768	39005	3634	7085	535	904		
三、应收及预付款项	5664	171	4654	190734	18026	26061	51863	4141	4856	17138	2598	2997	4574
其中：应收利息	5634	14	4519	533	13173	22301	1565	3247	4467		1399	2559	3449
四、买入返售资产										487589		275279	439328
五、存放中央银行准备金存款	56716	14113	46553	77534	79036	33337	85106	29511	40495	15523	31301	26349	44840
六、存放中央银行特种存款													
七、缴存中央银行财政性存款			161626	91164	1145	845	11		1857	1	51		345
八、同业往来		606	9	1559	1506	297	660	4187	1015	166	253	781	1477
1. 存放同业		606	9	1559	1506	297	660	4187	1015	166	253	781	1477
2. 拆放同业													
九、行内资金往来				751244	723637	377809	523322	346500			268676		
十、代理金融机构贷款				80000									
其中：代理人行专项贷款													
十一、库存现金		45	38342	56559	25034	26946	15549	5371	5029	283	2426	969	4553
十二、外汇占款	1558	8		–7	2111			581	2		1962		
资金运用总计	**2740320**	**373774**	**9154747**	**7713569**	**5147435**	**7090919**	**2939296**	**1936571**	**1973675**	**945241**	**1219600**	**1466413**	**2437858**

表 73

宁波市银行信用社人民币信贷资金运用分机构统计

2008 年

单位：万元

行列名称	浦发银行	兴业银行	民生银行	浙商银行	宁波银行	上海银行	包商银行	温州银行	泰隆银行	临商银行	邮储银行	城市信用社	农村合作
一、各项贷款	2992569	1612230	1371080	559039	4015622	582352	202422				25354	99215	5817472
1. 短期贷款	2331339	861087	659713	446550	3322174	293843	184374				24160	86701	5100952
（1）工业贷款	1186902	561734	32431	266753	1368030	178599	96968					7	
（2）商业贷款	280436	14950		43245	503040	45405	22325					200	
（3）建筑业贷款	25000	201643	9500	12650	142631	8925	27940					111	
（4）农业贷款		1000		1150	9852	3000					2755		1480214
（5）乡镇企业贷款						2500							3366323
（6）三资企业贷款			70510				2680						
（7）私营企业及个体户贷款		42	276598	6581	8087	24976	4017				20675	75564	
（8）其他短期贷款	839001	81718	270674	116171	1290534	30438	30444				730	10819	254415
其中：个人短期消费贷款	333581	5087	3703	8901	1078587	22246	1031				730	10819	83617
2. 中长期贷款	637799	637090	657009	79774	469383	170133	18048				1194	4008	92985
（1）基本建设贷款	180926	73000	226086	41000	51590	75100	11478						
（2）技术改造贷款		106	8000		3240								
（3）其他中长期贷款	456873	563984	422923	38774	414553	95033	6570				1194	4008	92985
其中：个人中长期消费贷款	125836	225445	102357	4336	151076	12794	1245					2920	5864
3. 票据融资	21564	110499	52396	32715	218912	112213						8506	622181
其中：买断式贴现	21564	110499	52396	32715	218912	112213						8506	622181
4. 各项垫款	1867	3554	1962		5153	6163							1354
二、有价证券及投资	55428	581	1006		1682466							4224	568316
三、应收及预付款项	30315	6625	5311	381	42312	2255	2				253	742	21439
其中：应收利息	4942	5728	2750	7	38821	946	2				50	329	2698
四、买入返售资产					971846								173480
五、存放中央银行准备金存款	97928	15864	40925	6449	1233415	24838	12691				10362	13406	1527529
六、存放中央银行特种存款													
七、缴存中央银行财政性存款	15	4	62		1384							6	5771
八、同业往来	351797	400838	1339	1461	282162	901	16242	122	9901	10003	39037	42251	845570
1. 存放同业	351797	400838	1339	1461	282162	901	16242	122	9901	10003	39037	42251	845570
2. 拆放同业													
九、行内资金往来	1030682	79044	673	163530		107007	39662	11794	37723	35			484196
十、代理金融机构贷款													
其中：代理人行专项贷款													
十一、库存现金	11161	2198	4295	805	38747	716	92	200	1102	68	20100	4267	94323
十二、外汇占款	8		－19		431205								11368
资金运用总计	**4569903**	**2117384**	**1424672**	**731665**	**8699159**	**718069**	**271111**	**12116**	**48726**	**10106**	**95106**	**164111**	**9549464**

表 74

宁波市商业银行（汇总）人民币贷款发放数分月统计

2008 年

单位：万元

行列名称	十二月	十一月	十月	九月	八月	七月	六月	五月	四月	三月	二月	一月	上年合计数
贷款合计	78494797	68765427	62892880	57021024	50234406	44592728	38278788	32062952	26223182	19166130	12811805	7484117	62341880
1. 短期贷款	49316685	43231363	39226675	35597228	31300207	27767943	23799074	19722117	15859244	11503625	7727854	4883370	39832993
（1）工业贷款	22013885	19142477	17290732	15681562	13712590	12187457	10487025	8778197	7133148	5274269	3712314	2331771	18347600
（2）商业贷款	5504212	4887781	4384165	3933739	3473579	3095747	2653002	2116063	1685631	1225247	804838	514096	4780905
（3）建筑业贷款	1783572	1585872	1474872	1385930	1211878	1084279	929715	784642	653616	449930	313356	199321	1395982
（4）农业贷款	94638	88344	79744	71965	61990	55336	45943	41535	32842	23918	11938	9488	87363
（5）乡镇企业贷款	5050	3550	3550	3550	3550	2000	500	500					10440
（6）三资企业贷款	2387614	2097744	1922078	1639659	1472012	1331072	1111638	920603	781657	551087	379399	286852	2221598
（7）私营企业及个体户贷款	1025252	969189	933608	875965	818563	753405	666469	557334	439649	311191	192966	127783	910257
（8）其他短期贷款	16502462	14456406	13137926	12004858	10546045	9258647	7904782	6523243	5132701	3667983	2313043	1414059	12078848
其中：个人短期消费贷款	6484474	5678447	5074086	4526832	3969519	3480078	2967823	2402106	1889645	1365676	904366	509582	4920607
2. 中长期贷款	9094687	7920996	7367773	6749124	5996112	5349404	4717469	3867658	3256316	2365665	1457468	869918	8436315
（1）基本建设贷款	3774290	3279217	3053907	2735553	2476994	2244031	2002397	1721057	1502031	1065406	590753	390957	3093142
（2）技术改造贷款	51523	50498	49498	49405	49405	45605	43105	17068	12543	3543	583	583	39917
（3）其他中长期贷款	5268874	4591281	4264368	3964166	3469713	3059768	2671967	2129533	1741742	1296716	866132	478378	5303256
其中：个人中长期消费贷款	2529654	2268202	2083477	1961968	1745223	1542399	1324691	1079393	833781	610363	415172	249841	2741467
3. 票据融资	19653078	17255235	15988804	14426825	12722930	11287745	9612192	8352775	7014686	5233228	3590491	1711749	13772174
4. 各项垫款	430347	357833	309628	247847	215157	187636	150053	120402	92936	63612	35992	19080	300398

表 75

宁波市商业银行（汇总）全年人民币贷款发放数分机构统计

2008 年

单位：万元

行列名称	商业银行	工商银行	农业银行	中国银行	建设银行	交通银行	中信银行	光大银行	华夏银行	广发银行	深发银行	招商银行	浦发银行	兴业银行	民生银行	浙商银行	宁波银行	上海银行	包商银行
贷款合计	78494797	8913935	13020308	5351648	5764120	3786746	4228460	3526594	2277948	2500669	2243172	5114031	4349360	2759351	1468206	1389728	10721273	841497	237751
1. 短期贷款	49316685	5277312	6306979	4213913	3519929	3068935	1835260	2591241	397372	1488964	1445280	2836903	3681061	1777402	768385	798871	8642922	447274	218680
（1）工业贷款	22013885	2408142	4690707	2534679	1781332	1450562	688901	959725	8200	169984	500567	218413	1966068	1147701	32200	496430	2579479	262696	118099
（2）商业贷款	5504212	865603	594787	524706	341260	665287	260292	149856	900	195469	35672	107350	480715	82555		92905	1004616	74005	28235
（3）建筑业贷款	1783572	124288	59835	69050	365682	133381	29366	65040	56980	57825	60200	56400	35000	351154	9500	19200	246106	16625	27940
（4）农业贷款	94638		50764		4400	5200						200		2671		1500	25973	3930	
（5）乡镇企业贷款	5050						550											4500	
（6）三资企业贷款	2387614	656963		628158			273280	216633	34655	85340	212467	206010			69108				5000
（7）私营企业及个体户贷款	1025252				63256	26135	24976	134307	3350	124194	82251	231677			308312	4320		19230	3244
（8）其他短期贷款	16502462	1222316	910886	457320	963999	788370	557895	1065680	293287	856152	554123	2016853	1199278	193321	349265	184516	4786748	66288	36162
其中：个人短期消费贷款	6484474	344892	381414	76967	252158	42178	65315	172982	44112	21434	97660	157616	464262	54831	8144	13638	4247765	38074	1031
3. 中长期贷款	9094687	2341320	819726	975092	1560395	689708	183495	532907	53194	28430	150016	471124	291078	391136	226528	5813	240506	115149	19071
（1）基本建设贷款	3774290	1344045		543462	985514	207177	122936	20000	40000		43988	175062	19500	65024	106000		23840	66100	11642
（2）技术改造贷款	51523			8960	22000	18358	2000							205					
（3）其他中长期贷款	5268874	997275	819726	422670	552881	464173	58559	512907	13194	28430	106028	296062	271578	325907	120528	5813	216666	49049	7429
其中：个人中长期消费贷款	2529654	596667	254803	294177	423322	319108	41478	196134	1494	7494	91159	117421	23952	103887	17578	732	25314	13641	1293
4. 票据融资	19653078	1291331	5891277	157721	642835	9790	2200398	353480	1821893	980842	609006	1793011	370194	586144	471331	585034	1626955	261837	
5. 各项垫款	430347	3972	2326	4922	40961	18313	9307	48966	5489	2433	38870	12993	7027	4669	1962	10	210890	17237	

表 76

宁波市银行信用社外汇信贷资金来源分机构统计（一）

2008 年

单位：万美元

行列名称	国家开发行	农发银行	工商银行	农业银行	中国银行	建设银行	交通银行	中信银行	光大银行	华夏银行	广发银行
一、各项存款	3899	43	22223	12586	68039	16443	10752	5175	12908	1344	1448
1. 单位活期存款	3860	43	14734	8772	32154	6383	3868	2035	4086	536	969
其中：中资企业存款		43	5969		13310		572	1075	2993		421
外商投资企业存款	3860		8752		18844		552	663		306	111
2. 单位定期存款			3229	2468	11464	7352	4823	114	5332		35
其中：中资企业存款			3229		10698		4523	114	3727		
外商投资企业存款							300				9
3. 储蓄存款			3913	1021	23311	2157	1814	645	3222	12	397
其中：定期存款			2703	973	15909	1546	1076	487	2888	12	336
4. 其他类存款	39		347	325	1110	551	247	2381	268	796	47
5. 境外存款											
二、境内中长期筹资											
三、卖出回购资产											
四、境外筹资						281					
五、向中央银行借款											
六、中央银行存款											
七、应付及暂收款	1		334	26346	1329	73	7388	17	156		1772
其中：应付及预提利息	1		84	91	1159	61	31	15	156		13
八、同业存放			8880	3966	20268	1130	38	9	5000		
（1）境内同业存放			8880	3966	20268	1130	38	9	5000		

续表

行列名称	国家开发行	农发银行	工商银行	农业银行	中国银行	建设银行	交通银行	中信银行	光大银行	华夏银行	广发银行
（2）境外同业存放											
九、同业拆入											
（1）境内同业拆入											
（2）境外同业拆入											
十、委托基金存款（净）							40	61			
十一、外汇买卖	228	1	-1294	-1	309			85		-1	287
其中：结售汇	228	1		-1	309			236			287
十二、境内联行存放	23139					2095		469			
十三、境外联行存放					122						
十四、各项准备			297	2972	1985		92	36	651	8	1
其中：贷款呆账准备金			297		1939		92	36	651	8	1
十五、所有者权益	659		-233	-1907	4847	-316	484	665	-151	-4	222
其中：实收资本											
当年结益	659		-233	-1907	4847	-316	484	665	-148	-4	222
十六、其他	-2		6672	5065	2391	33	576	4	604		
资金来源总计	**27924**	**44**	**36879**	**49027**	**99290**	**19739**	**19370**	**6521**	**19168**	**1347**	**3730**

表 77

宁波市银行信用社外汇信贷资金来源分机构统计（二）

2008 年

单位：万美元

行列名称	深发银行	招商银行	浦发银行	兴业银行	民生银行	浙商银行	宁波银行	上海银行	包商银行	农村合作
一、各项存款	988	5389	12807	1044	2195	3302	11132	245	1	2055
1. 单位活期存款	252	1892	9045	496	183	2701	8222	234	1	1877
其中：中资企业存款	162	881	2833	192	54	2701	5020	131		1172
外商投资企业存款	90	498	2065	304	33		3202	103		705
2. 单位定期存款		1573	764	321		235	1808			
其中：中资企业存款		1573				235	348			
外商投资企业存款				321			1460			
3. 储蓄存款	346	1547	2381	199	285	326	538	11		25
其中：定期存款	98	427	1056	128	195	310	360	7		1
4. 其他类存款	390	377	615	28	1727	40	564			153
5. 境外存款			2							
二、境内中长期筹资										
三、卖出回购资产										
四、境外筹资										
五、向中央银行借款										
六、中央银行存款										
七、应付及暂收款	68	42	1314	7	3	1	55	4		180
其中：应付及预提利息		12	32	5	3		49	4		6
八、同业存放		2000	10029				200	2000		4867
（1）境内同业存放		2000	10029				200	2000		4867
（2）境外同业存放										
九、同业拆入							1950			
（1）境内同业拆入							1450			
（2）境外同业拆入							500			
十、委托基金存款（净）										
十一、外汇买卖			－6		2		39044			1663
其中：结售汇			1		2		10559			1663
十二、境内联行存放	5358			1385			18553			
十三、境外联行存放										
十四、各项准备		160		427						
其中：贷款呆账准备金		160		427						
十五、所有者权益	－140	283	589	－271	－49	44	5331	179	3	252
其中：实收资本							5000			
当年结益	－140	283	589	－271	－49	44	331	136	3	252
十六、其他	200	1	397	－1		9	－2		300	600
资金来源总计	**6474**	**7875**	**25130**	**2591**	**2151**	**3356**	**76263**	**2428**	**304**	**9617**

表 78

宁波市银行信用社外汇信贷资金运用分机构统计（一）

2008 年

单位：万美元

行列名称	国家开发行	农发银行	工商银行	农业银行	中国银行	建设银行	交通银行	中信银行	光大银行	华夏银行	广发银行
一、各项贷款	27829		19486	9925	87362	18012	7047	5049	3545	759	2371
1. 短期贷款	10900		1297	1361	27839	4260	2648	2102	631	650	35
（1）境内短期贷款	10900		1297	1361	27839	4260	2648	2102	631	650	35
其中：中资企业贷款			300	930	24619		2648	402	631		
外商投资企业贷款	10900		997	362	2710			1500			
（2）境外短期贷款											
2. 中长期贷款	16929		5088	3333	15440	6450	2110		1500		
（1）境内中长期贷款	16929		5088	3333	15440	6450	2110		1500		
其中：中资企业贷款	500				7013		24				
外商投资企业贷款	16429				4247						
（2）境外中长期贷款											
3. 进出口贸易融资			12790	4740	41732	5116	1566	2947	949	109	2336
4. 票据融资					534				134		
其中：贴现					534						
5. 各项垫款			311	491	1690	1905	723		331		
6. 境外筹资转贷款					127	281					
二、投资											
1. 购买有价证券											
其中：购买境外有价证券											
2. 其他投资											

续表

行列名称	国家开发行	农发银行	工商银行	农业银行	中国银行	建设银行	交通银行	中信银行	光大银行	华夏银行	广发银行
其中：投资境外											
三、应收及预付款	95		12	29140	1120	377	6365	85	56		932
其中：应收及预付利息	74		11	71	1113	101	40	85	56		9
四、买入返售资产											
五、存放中央银行											
其中：缴存准备金											
六、存放同业			2555	910		1187	2508	1313	1612	576	165
（1）存放境内同业			2438	910		1187	2508	1172	1612	576	165
（2）存放境外同业			117					141			
七、拆放同业											
（1）拆放境内同业											
（2）拆放境外同业											
八、存放境内联行		44	14515	8774	9509		3335		13858	8	221
九、存放境外联行			60								
十、库存现金			251	278	1299	163	115	74	97	4	41
资金运用总计	**27924**	**44**	**36879**	**49027**	**99290**	**19739**	**19370**	**6521**	**19168**	**1347**	**3730**

表 79

宁波市银行信用社外汇信贷资金运用分机构统计（二）

2008 年

单位：万美元

行列名称	深发银行	招商银行	浦发银行	兴业银行	民生银行	浙商银行	宁波银行	上海银行	包商银行	农村合作
一、各项贷款	303	1439	4763	2355		80	10718	352	238	2574
1. 短期贷款	59		1324	298			111			160
（1）境内短期贷款	59		1324	298			111			160
其中：中资企业贷款	59		1244	201			41			160
外商投资企业贷款				97			38			
（2）境外短期贷款										
2. 中长期贷款			1000							
（1）境内中长期贷款			1000							
其中：中资企业贷款										
外商投资企业贷款										
（2）境外中长期贷款										
3. 进出口贸易融资	233	1258	2439	1149		80	10513	352	238	2414
4. 票据融资	11									
其中：贴现										
5. 各项垫款		181		908			94			
6. 境外筹资转贷款										
二、投资										
1. 购买有价证券										
其中：购买境外有价证券										
2. 其他投资										
其中：投资境外										
三、应收及预付款	74	36	1287	12			92	2		422
其中：应收及预付利息	6	36	28	12			90	2		
四、买入返售资产										
五、存放中央银行							1154			91
其中：缴存准备金							684			91
六、存放同业	6064	272	8265	173	1990	512	51233	179	3	6512
（1）存放境内同业	6064	272	8265	173	1990	512	28608	179	3	4725
（2）存放境外同业							22625			1787
七、拆放同业							12900			
（1）拆放境内同业							12900			
（2）拆放境外同业										
八、存放境内联行		5967	10604		77	2738		1882	63	
九、存放境外联行										
十、库存现金	33	161	211	51	84	26	166	13		18
资金运用总计	**6474**	**7875**	**25130**	**2591**	**2151**	**3356**	**76263**	**2428**	**304**	**9617**

表 80

中国人民银行宁波市中心支行人民币信贷资金来源运用分县统计

2008 年

单位：万元

行列名称	全市合计	市区	开发区	鄞州区	奉化	余姚	慈溪	宁海	象山
一、金融机构贷款	33117	33117							
1. 政策性银行贷款									
2. 国有商业银行贷款									
3. 其他商业银行贷款									
4. 城市商业银行贷款									
5. 城市信用社贷款									
6. 农村合作银行									
7. 农村信用社贷款	33117	33117							
8. 资产管理公司贷款									
9. 其他金融机构贷款									
10. 再贴现									
其中：国有商业银行									
二、专项贷款									
三、金银占款									
四、外汇占款									
五、有价证券及投资									
六、买入返售证券									
七、存放金融机构									
资金运用总计	**33117**	**33117**							

续表

行列名称	全市合计	市区	开发区	鄞州区	奉化	余姚	慈溪	宁海	象山
一、财政存款	364781	364781							
其中：中央财政存款									
地方财政存款	364781	364781							
二、金融机构存款	3686279	3686279							
1. 政策性银行存款	70829	70829							
2. 国有商业银行存款	236482	236482							
3. 其他商业银行存款	434291	434291							
4. 城市商业银行	1270943	1270943							
5. 城市信用社	13406	13406							
6. 农村合作银行	1055984	1055984							
7. 农村信用社	582449	582449							
8. 资产管理公司									
9. 其他金融机构存款	21895	21895							
三、金融机构特种存款									
四、邮政储蓄转存款									
五、商业银行划来财政性存款	264379	264379							
六、卖出回购证券									
七、中央银行债券									
八、货币发行									
九、国家资本									
十、当年结益	-63595	-63595							
十一、其他	-4218727	-4218727							
资金来源总计	**33117**	**33117**							

表 81

国家开发银行宁波市分行本外币信贷资金来源运用分县统计

2008 年

汇率：6. 8346　　　　单位：万元

行列名称	全市合计	市区	开发区	鄞州区	奉化	余姚	慈溪	宁海	象山
一、各项存款	388650	388650							
1. 企事业单位存款	388304	388304							
（1）活期存款	371334	371334							
（2）定期存款	16970	16970							
2. 储蓄存款									
（1）活期储蓄									
（2）定期储蓄									
3. 其他存款	346	346							
二、债券发行及境外筹资									
三、应付及暂收款	3323	3323							
其中：应付及预收利息	152	152							
四、卖出回购资产									
五、向中央银行借款									
六、同业往来	140	140							
七、代理境内贷款资金									
八、各项准备									
其中：贷款损失准备									
九、所有者权益	54859	54859							

续表

行列名称	全市合计	市区	开发区	鄞州区	奉化	余姚	慈溪	宁海	象山
其中：实收资本									
当年结益	54859	54859							
十、其他	2482637	2482637							
资金来源总计	**2929609**	**2929609**							
一、各项贷款	2866583	2866583							
1. 短期贷款（比较数）	184737	184737							
2. 中长期贷款（比较数）	2681846	2681846							
3. 其他贷款									
4. 票据融资									
5. 各项垫款									
二、有价证券及投资									
三、应收及预付款	6310	6310							
其中：应收利息	6143	6143							
四、买入返售资产									
五、存放中央银行存款	56716	56716							
六、同业往来									
七、库存现金									
资金运用总计	**2929609**	**2929609**							

表 82

中国农业发展银行宁波市分行本外币信贷资金来源运用分县统计

2008 年

汇率：6.8346　　　　单位：万元

行列名称	全市合计	市区	开发区	鄞州区	奉化	余姚	慈溪	宁海	象山
一、各项存款	35382	4627	6166		3752	9303	4008	2340	5186
1. 企事业单位存款	28085	4061	4450		3482	8189	3882	2052	1969
（1）活期存款	26920	4061	3450		3482	8189	3842	1927	1969
（2）定期存款	1165		1000				40	125	
2. 储蓄存款									
（1）活期储蓄									
（2）定期储蓄									
3. 其他存款	7297	566	1716		270	1114	126	288	3217
二、债券发行及境外筹资									
三、应付及暂收款	1172	553	170		99	114	67	61	108
其中：应付及预收利息									
四、卖出回购资产									
五、向中央银行借款									
六、同业往来	13000		10000		2000				1000
七、代理境内贷款资金									
八、各项准备									
其中：贷款损失准备									
九、所有者权益	9651	389	2054		1144	2295	1043	1333	1393

续表

行列名称	全市合计	市区	开发区	鄞州区	奉化	余姚	慈溪	宁海	象山
其中：实收资本									
当年结益	9651	389	2054		1144	2295	1043	1333	1393
十、其他	314561	79548	43666		29692	61787	32739	35497	31632
资金来源总计	**373766**	**85117**	**62056**		**36687**	**73499**	**37857**	**39231**	**39319**
一、各项贷款	358831	70794	61969		36582	73403	37732	39165	39186
1. 短期贷款（比较数）	281131	70794	41269		29582	43403	34732	39165	22186
2. 中长期贷款（比较数）	76500		19500		7000	30000	3000		17000
3. 其他贷款									
4. 票据融资	1200		1200						
5. 各项垫款									
二、有价证券及投资									
三、应收及预付款	171	95	3			1	72		
其中：应收利息	14						14		
四、买入返售资产									
五、存放中央银行存款	14113	14113							
六、同业往来	606	107	76		98	92	50	61	122
七、库存现金	45	8	8		7	3	3	5	11
资金运用总计	**373766**	**85117**	**62056**		**36687**	**73499**	**37857**	**39231**	**39319**

表 83

中国工商银行宁波市分行本外币信贷资金来源运用分县统计

2008 年

汇率：6.8346　　　　单位：万元

行列名称	全市合计	市区	开发区	鄞州区	奉化	余姚	慈溪	宁海	象山
一、各项存款	8465749	4242149	1232606	820444	216231	673460	712406	323901	244552
1. 企事业单位存款	2314224	920815	588652	266813	51384	169009	178793	81338	57420
（1）活期存款	1790047	725898	443183	175734	45026	146951	128846	70961	53448
（2）定期存款	524177	194917	145469	91079	6358	22058	49947	10377	3972
2. 储蓄存款	3250909	1456043	448356	339576	133787	337722	293233	128736	113456
（1）活期储蓄	1068836	442081	126690	104649	52058	91382	97698	80480	73798
（2）定期储蓄	2182073	1013962	321666	234927	81729	246340	195535	48256	39658
3. 其他存款	2900616	1865291	195598	214055	31060	166729	240380	113827	73676
二、债券发行及境外筹资									
三、应付及暂收款	295860	275016	5171	3664	1138	2033	2199	5208	1431
其中：应付及预收利息	143520	143520							
四、卖出回购资产									
五、向中央银行借款									
六、同业往来	161718	125049	4431	8437	45	6317	4668	1924	10847
七、代理境内贷款资金									
八、各项准备	29345	29345							
其中：贷款损失准备	29288	29288							
九、所有者权益	264916	73508	56538	39333	11623	25123	26870	18862	13059

续表

行列名称	全市合计	市区	开发区	鄞州区	奉化	余姚	慈溪	宁海	象山
其中：实收资本									
当年结益	353948	162540	56538	39333	11623	25123	26870	18862	13059
十、其他	90007	-330420	144557	124951	57186	-84916	-102668	164419	116898
资金来源总计	**9307595**	**4414647**	**1443303**	**996829**	**286223**	**622017**	**643475**	**514314**	**386787**
一、各项贷款	8993921	4126373	1436803	993927	285170	618176	640991	510293	382188
1. 短期贷款（比较数）	3464763	1145523	572090	557525	166411	248742	404446	196712	173314
2. 中长期贷款（比较数）	5129325	2649396	821867	429216	118658	366104	223820	312031	208233
3. 其他贷款	87415	39116	27515	5109		3330	11853	151	341
4. 票据融资	306324	287432	15170	1350	101		872	1399	
5. 各项垫款	6094	4906	161	727					300
二、有价证券及投资	42820	42820							
三、应收及预付款	4735	4101	130	263	23	18	36	103	61
其中：应收利息	4596	4049	110	254	13	9	30	82	49
四、买入返售资产									
五、存放中央银行存款	208179	206832				973	97	277	
六、同业往来	17885	17885							
七、库存现金	40055	16636	6370	2639	1030	2850	2351	3641	4538
资金运用总计	**9307595**	**4414647**	**1443303**	**996829**	**286223**	**622017**	**643475**	**514314**	**386787**

表 84

中国农业银行宁波市分行本外币信贷资金来源运用分县统计

2008 年

汇率：6. 8346　　单位：万元

行列名称	全市合计	市区	开发区	鄞州区	奉化	余姚	慈溪	宁海	象山
一、各项存款	6737473	1661287	887338	1303448	278220	779724	1247029	312191	268236
1. 企事业单位存款	2082377	666387	336933	440202	55830	165070	215291	111907	90757
（1）活期存款	1474655	389442	233681	377199	40322	128921	165304	79110	60676
（2）定期存款	607722	276945	103252	63003	15508	36149	49987	32797	30081
2. 储蓄存款	4179355	854335	503081	840702	216593	560072	917835	153926	132811
（1）活期储蓄	1797136	375260	183775	314568	95044	220744	407818	102863	97064
（2）定期储蓄	2382219	479075	319306	526134	121549	339328	510017	51063	35747
3. 其他存款	475741	140565	47324	22544	5797	54582	113903	46358	44668
二、债券发行及境外筹资	10	6	1	1		1	1		
三、应付及暂收款	490112	242687	31736	78694	8712	33587	46712	40923	7061
其中：应付及预收利息	75804	19354	10921	16034	3318	9306	12502	2315	2054
四、卖出回购资产									
五、向中央银行借款									
六、同业往来	547134	107886	120782		10263	53514	216473	12943	25273
七、代理境内贷款资金	80000	80000							
八、各项准备	65980	14268	8047	8547	3406	7778	12512	5188	6234
其中：贷款损失准备	45569	14171	8047	6563	3406	4602	4360	1784	2636
九、所有者权益	205074	－16449	39454	50936	13403	31650	49908	18074	18098

续表

行列名称	全市合计	市区	开发区	鄞州区	奉化	余姚	慈溪	宁海	象山
其中：实收资本									
当年结益	205471	-16052	39454	50936	13403	31650	49908	18074	18098
十、其他	-968336	197103	-216242	-355887	-32988	-207889	-436374	-8606	92547
资金来源总计	**7157447**	**2286788**	**871116**	**1085739**	**281016**	**698365**	**1136261**	**380713**	**417449**
一、各项贷款	6510202	1930559	841002	1008532	273250	654423	1063352	331396	407688
1. 短期贷款（比较数）	3600277	535984	517332	633479	218123	503012	738794	226538	227015
2. 中长期贷款（比较数）	2137373	795007	281336	374145	53225	116538	241791	102360	172971
3. 其他贷款	32397	1782	560	72		4406	17449	1661	6467
4. 票据融资	734520	593689	40236	836	1902	30467	65318	837	1235
5. 各项垫款	5635	4097	1538						
二、有价证券及投资	22413	7871	3504	4836	6	2045	4140	11	
三、应收及预付款	389897	181737	20809	64587	4819	28087	42600	40979	6279
其中：应收利息	1020	161	603	74	3	37	95	28	19
四、买入返售资产									
五、存放中央银行存款	168698	147480				8625	8806	3787	
六、同业往来	7780	6221					1559		
七、库存现金	58457	12920	5801	7784	2941	5185	15804	4540	3482
资金运用总计	**7157447**	**2286788**	**871116**	**1085739**	**281016**	**698365**	**1136261**	**380713**	**417449**

表 85

中国农业银行宁波市分行本外币信贷资金来源运用剥离分县统计

2008 年

汇率：6.8346　　　　单位：万元

行列名称	全市合计	市区	开发区	鄞州区	奉化	余姚	慈溪	宁海	象山
一、各项存款									
1. 企事业单位存款									
（1）活期存款									
（2）定期存款									
2. 储蓄存款									
（1）活期储蓄									
（2）定期储蓄									
3. 其他存款									
二、债券发行及境外筹资									
三、应付及暂收款									
其中：应付及预收利息									
四、卖出回购资产									
五、向中央银行借款									
六、同业往来									
七、代理境内贷款资金									
八、各项准备									
其中：贷款损失准备									
九、所有者权益									

续表

行列名称	全市合计	市区	开发区	鄞州区	奉化	余姚	慈溪	宁海	象山
其中：实收资本									
当年结益									
十、其他	-6218	-6220	1			1			
资金来源总计	**-6218**	**-6220**	**1**			**1**			
一、各项贷款	147500	126892	8252	1453	5749	1605	228	2456	865
1. 短期贷款（比较数）	119545	104622	4177	1225	5664	1549	228	1919	161
2. 中长期贷款（比较数）	27061	21856	4075	228	85	56		537	224
3. 其他贷款	480								480
4. 票据融资									
5. 各项垫款	414	414							
二、有价证券及投资									
三、应收及预付款	-153718	-133112	-8251	-1453	-5749	-1604	-228	-2456	-865
其中：应收利息	7	1	2	1				3	
四、买入返售资产									
五、存放中央银行存款									
六、同业往来									
七、库存现金									
资金运用总计	**-6218**	**-6220**	**1**			**1**			

表 86

中国银行宁波市分行本外币信贷资金来源运用分县统计

2008 年

汇率：6.8346

单位：万元

行列名称	全市合计	市区	开发区	鄞州区	奉化	余姚	慈溪	宁海	象山
一、各项存款	5253324	2168149	995089	542069	172735	476837	528250	146605	223590
1. 企事业单位存款	2374576	959668	538021	230091	69138	204212	219573	62023	91850
（1）活期存款	1603665	629969	351437	151255	50717	145084	154196	48931	72076
（2）定期存款	770911	329699	186584	78836	18421	59128	65377	13092	19774
2. 储蓄存款	2313237	987110	401496	250642	96697	210041	230153	64792	72306
（1）活期储蓄	554936	205813	87996	49871	30050	51667	63457	31508	34574
（2）定期储蓄	1758301	781297	313500	200771	66647	158374	166696	33284	37732
3. 其他存款	565511	221371	55572	61336	6900	62584	78524	19790	59434
二、债券发行及境外筹资									
三、应付及暂收款	123422	61227	19404	12792	3246	9019	10020	3769	3945
其中：应付及预收利息	76548	39658	11475	8145	1914	6032	5834	1632	1858
四、卖出回购资产									
五、向中央银行借款									
六、同业往来	261163	176770	156	119	36863	16028	25901	4853	473
七、代理境内贷款资金									
八、各项准备	70855	32517	14061	4397	1995	6245	5442	3389	2809
其中：贷款损失准备	70366	32349	13750	4397	1995	6244	5433	3389	2809
九、所有者权益	147673	49262	27854	16925	5149	15091	18618	5840	8934

续表

行列名称	全市合计	市区	开发区	鄞州区	奉化	余姚	慈溪	宁海	象山
其中：实收资本									
当年结益	196910	65993	37199	22229	6777	20120	24538	8148	11906
十、其他	-821133	-470583	-165586	-155266	-53888	-25417	-61612	78922	32297
资金来源总计	**5035304**	**2017342**	**890978**	**421036**	**166100**	**497803**	**526619**	**243378**	**272048**
一、各项贷款	4877542	1905131	879177	415198	163494	490463	516207	239417	268455
1. 短期贷款（比较数）	2005692	633160	434757	149897	83495	262075	222587	106769	112952
2. 中长期贷款（比较数）	2499252	1186168	340229	229964	75882	201479	215320	120678	129532
3. 其他贷款	286090	65893	47849	31952	1886	25493	76951	10935	25131
4. 票据融资	70058	6163	56342	2387	2231	1416	679		840
5. 各项垫款	16450	13747		998			670	1035	
二、有价证券及投资	16482	8639	2846	1603	599	1026	1052	481	236
三、应收及预付款	25681	12289	3242	2838	551	1854	2364	1484	1059
其中：应收利息	20780	7440	3225	2836	550	1837	2350	1483	1059
四、买入返售资产									
五、存放中央银行存款	80181	76478				2021	912	770	
六、同业往来	1506	1279	172	50					5
七、库存现金	33912	13526	5541	1347	1456	2439	6084	1226	2293
资金运用总计	**5035304**	**2017342**	**890978**	**421036**	**166100**	**497803**	**526619**	**243378**	**272048**

表 87

中国建设银行宁波市分行本外币信贷资金来源运用分县统计

2008 年

汇率：6.8346　　　　单位：万元

行列名称	全市合计	市区	开发区	鄞州区	奉化	余姚	慈溪	宁海	象山
一、各项存款	6794788	2523391	1472879	680305	284995	649769	690253	303473	189723
1. 企事业单位存款	2283697	890948	598197	205412	87910	173788	157103	106277	64062
（1）活期存款	1546092	586172	454613	158044	42965	117663	99627	47399	39609
（2）定期存款	737605	304776	143584	47368	44945	56125	57476	58878	24453
2. 储蓄存款	2669675	816953	621892	345706	119653	323386	310099	67991	63995
（1）活期储蓄	929200	277968	198104	99540	48387	99723	120761	41575	43142
（2）定期储蓄	1740475	538985	423788	246166	71266	223663	189338	26416	20853
3. 其他存款	1841416	815490	252790	129187	77432	152595	223051	129205	61666
二、债券发行及境外筹资	1921	1921							
三、应付及暂收款	100560	38423	19697	11798	3970	8715	9461	5373	3123
其中：应付及预收利息	61808	18459	13214	9051	2931	6601	7242	2441	1869
四、卖出回购资产									
五、向中央银行借款									
六、同业往来	337731	325132	1	1237	8	9059	1840	454	
七、代理境内贷款资金									
八、各项准备	315	195	108	1		10		1	
其中：贷款损失准备									
九、所有者权益	6621	-33493	12092	5856	2874	5997	6663	4023	2609

续表

行列名称	全市合计	市区	开发区	鄞州区	奉化	余姚	慈溪	宁海	象山
其中：实收资本									
当年结益	174015	18368	51656	21140	11309	20458	24833	16018	10233
十、其他	－393917	－406260	－42146	－105937	39296	－108676	－12669	131128	111347
资金来源总计	**6848019**	**2449309**	**1462631**	**593260**	**331143**	**564874**	**695548**	**444452**	**306802**
一、各项贷款	6734961	2368110	1454808	588861	328962	560260	689706	440818	303436
1. 短期贷款（比较数）	2578326	866089	483034	298771	135609	230832	263860	143204	156927
2. 中长期贷款（比较数）	3900854	1444883	804641	285005	191877	317153	417439	293347	146509
3. 其他贷款	36887	16637	5809	5085	1476	861	6807	212	
4. 票据融资	201154	23181	161324			11414	1600	3635	
5. 各项垫款	17740	17320						420	
二、有价证券及投资	13768	13768							
三、应收及预付款	28638	14666	3387	2487	809	1873	2781	1444	1191
其中：应收利息	22991	10535	3044	1984	772	1739	2517	1263	1137
四、买入返售资产									
五、存放中央银行存款	34182	33532				183	413	54	
六、同业往来	8410	8143							267
七、库存现金	28060	11090	4436	1912	1372	2558	2648	2136	1908
资金运用总计	**6848019**	**2449309**	**1462631**	**593260**	**331143**	**564874**	**695548**	**444452**	**306802**

表 88

交通银行宁波分行本外币信贷资金来源运用分县统计

2008 年

汇率：6.8346　　单位：万元

行列名称	全市合计	市区	开发区	鄞州区	奉化	余姚	慈溪	宁海	象山
一、各项存款	2829959	1425643	351634	200003	120976	337777	310231	52393	31302
1. 企事业单位存款	1379876	707340	195523	57720	67606	180485	127385	27009	16808
（1）活期存款	945146	494730	128343	41269	39071	111006	96920	22559	11248
（2）定期存款	434730	212610	67180	16451	28535	69479	30465	4450	5560
2. 储蓄存款	605054	297692	55650	45865	22914	86263	88242	5367	3061
（1）活期储蓄	210927	165260	6177	6012	6550	12003	11035	1863	2027
（2）定期储蓄	394127	132432	49473	39853	16364	74260	77207	3504	1034
3. 其他存款	845029	420611	100461	96418	30456	71029	94604	20017	11433
二、债券发行及境外筹资									
三、应付及暂收款	120738	106259	3867	1712	969	4492	2892	330	217
其中：应付及预收利息	23830	10990	3432	1544	726	4161	2587	206	184
四、卖出回购资产									
五、向中央银行借款									
六、同业往来	11689	822		409			5458		5000
七、代理境内贷款资金									
八、各项准备	20359	20359							
其中：贷款损失准备	20359	20359							
九、所有者权益	73901	73901							

续表

行列名称	全市合计	市区	开发区	鄞州区	奉化	余姚	慈溪	宁海	象山
其中：实收资本									
当年结益	73901	73901							
十、其他	-531080	-384004	-15401	-52210	-15993	-39072	-42868	16878	1590
资金来源总计	**2525566**	**1242980**	**340100**	**149914**	**105952**	**303197**	**275713**	**69601**	**38109**
一、各项贷款	2271943	1001322	338883	148961	105009	299704	271726	68749	37589
1. 短期贷款（比较数）	1558620	684113	193963	122975	64560	219560	215051	35234	23164
2. 中长期贷款（比较数）	686558	305107	135445	25555	40271	75996	56244	33515	14425
3. 其他贷款	10703	4955	4381	27	178	731	431		
4. 票据融资	781		627	154					
5. 各项垫款	15281	7147	4467	250		3417			
二、有价证券及投资	39005	39005							
三、应收及预付款	95365	94159	171	425	147	209	180	71	3
其中：应收利息	1838	632	171	425	147	209	180	71	3
四、买入返售资产									
五、存放中央银行存款	85117	83762				1300	55		
六、同业往来	17801	17141						454	206
七、库存现金	16335	7591	1046	528	796	1984	3752	327	311
资金运用总计	**2525566**	**1242980**	**340100**	**149914**	**105952**	**303197**	**275713**	**69601**	**38109**

表 89

中信银行宁波分行本外币信贷资金来源运用分县统计

2008 年

汇率：6.8346　　　　单位：万元

行列名称	全市合计	市区	开发区	鄞州区	奉化	余姚	慈溪	宁海	象山
一、各项存款	1709426	675639	232080	172392		243909	365702	19704	
1. 企事业单位存款	935798	308872	108490	118314		166509	216959	16654	
（1）活期存款	445845	154941	73789	38754		64950	100957	12454	
（2）定期存款	489953	153931	34701	79560		101559	116002	4200	
2. 储蓄存款	333821	155084	33881	21275		54141	66390	3050	
（1）活期储蓄	60561	26140	5753	2193		10841	13790	1844	
（2）定期储蓄	273260	128944	28128	19082		43300	52600	1206	
3. 其他存款	439807	211683	89709	32803		23259	82353		
二、债券发行及境外筹资									
三、应付及暂收款	34023	22129	2485	1575		3028	4676	130	
其中：应付及预收利息	11654	4523	1424	1173		2115	2411	8	
四、卖出回购资产									
五、向中央银行借款									
六、同业往来	14965	2214		12751					
七、代理境内贷款资金									
八、各项准备	12644	12644							
其中：贷款损失准备	12644	12644							
九、所有者权益	35396	-2406	7391	5475		10562	14666	-292	

续表

行列名称	全市合计	市区	开发区	鄞州区	奉化	余姚	慈溪	宁海	象山
其中：实收资本									
当年结益	48164	10362	7391	5475		10562	14666	-292	
十、其他	-172404	-52578	-47488	-15032		-14719	-23818	-18769	
资金来源总计	**1634050**	**657642**	**194468**	**177161**		**242780**	**361226**	**773**	
一、各项贷款	1577148	605888	193716	176835		241516	359193		
1. 短期贷款（比较数）	1049962	378787	128527	90567		165569	286512		
2. 中长期贷款（比较数）	348760	103752	65009	36268		74739	68992		
3. 其他贷款	20139	15242				1208	3689		
4. 票据融资	154129	103949	180	50000					
5. 各项垫款	4158	4158							
二、有价证券及投资	3634	3634							
三、应收及预付款	4721	2918	372	236		534	661		
其中：应收利息	3827	2058	372	236		521	640		
四、买入返售资产									
五、存放中央银行存款	29511	29511							
六、同业往来	13158	12385	130			47	91	505	
七、库存现金	5878	3306	250	90		683	1281	268	
资金运用总计	**1634050**	**657642**	**194468**	**177161**		**242780**	**361226**	**773**	

表 90

中国光大银行宁波分行本外币信贷资金来源运用分县统计

2008 年

汇率：6.8346　　单位：万元

行列名称	全市合计	市区	开发区	鄞州区	奉化	余姚	慈溪	宁海	象山
一、各项存款	1712850	1254006	299349	97337		62158			
1. 企事业单位存款	629581	417154	144193	47314		20920			
（1）活期存款	326337	208797	72006	40714		4820			
（2）定期存款	303244	208357	72187	6600		16100			
2. 储蓄存款	263731	188210	50560			8720			
（1）活期储蓄	57015	34425	16002	5295		1293			
（2）定期储蓄	206716	153785	34558	10946		7427			
3. 其他存款	819538	648642	104596	33782		32518			
二、债券发行及境外筹资									
三、应付及暂收款	37827	34007	2541	761		518			
其中：应付及预收利息	12916	9162	2479	757		518			
四、卖出回购资产									
五、向中央银行借款									
六、同业往来	37442	37090	352						
七、代理境内贷款资金									
八、各项准备	40614	40614							
其中：贷款损失准备	40614	40614							
九、所有者权益	12982	8906	11887	-8729		918			

续表

行列名称	全市合计	市区	开发区	鄞州区	奉化	余姚	慈溪	宁海	象山
其中：实收资本									
当年结益	27214	23138	11887	-8729		918			
十、其他	168250	24889	-41225	160673		23913			
资金来源总计	**2009965**	**1399512**	**272904**	**250042**		**87507**			
一、各项贷款	1937565	1330302	271014	249244		87005			
1. 短期贷款（比较数）	1076661	770701	130070	119288		56602			
2. 中长期贷款（比较数）	724434	426448	137627	129956		30403			
3. 其他贷款	6486	6486							
4. 票据融资	126438	123121	3317						
5. 各项垫款	3546	3546							
二、有价证券及投资	7085	7085							
三、应收及预付款	5239	3748	638	633		220			
其中：应收利息	4850	3359	638	633		220			
四、买入返售资产									
五、存放中央银行存款	42352	42352							
六、同业往来	12032	12032							
七、库存现金	5692	3993	1252	165		282			
资金运用总计	**2009965**	**1399512**	**272904**	**250042**		**87507**			

表 91

华夏银行宁波分行本外币信贷资金来源运用分县统计

2008 年

汇率：6. 8346　　　　单位：万元

行列名称	全市合计	市区	开发区	鄞州区	奉化	余姚	慈溪	宁海	象山
一、各项存款	412272	412272							
1. 企事业单位存款	136980	136980							
（1）活期存款	36322	36322							
（2）定期存款	100658	100658							
2. 储蓄存款	30560	30560							
（1）活期储蓄	3694	3694							
（2）定期储蓄	26866	26866							
3. 其他存款	244732	244732							
二、债券发行及境外筹资									
三、应付及暂收款	20520	20520							
其中：应付及预收利息	3546	3546							
四、卖出回购资产	399711	399711							
五、向中央银行借款									
六、同业往来	20000	20000							
七、代理境内贷款资金									
八、各项准备	4513	4513							
其中：贷款损失准备	4513	4513							
九、所有者权益	9180	9180							

续表

行列名称	全市合计	市区	开发区	鄞州区	奉化	余姚	慈溪	宁海	象山
其中：实收资本									
当年结益	8508	8508							
十、其他	88196	88196							
资金来源总计	**954392**	**954392**							
一、各项贷款	429193	429193							
1. 短期贷款（比较数）	310389	310389							
2. 中长期贷款（比较数）	109192	109192							
3. 其他贷款	745	745							
4. 票据融资	8867	8867							
5. 各项垫款									
二、有价证券及投资	535	535							
三、应收及预付款	17138	17138							
其中：应收利息									
四、买入返售资产	487589	487589							
五、存放中央银行存款	15524	15524							
六、同业往来	4103	4103							
七、库存现金	310	310							
资金运用总计	**954392**	**954392**							

表 92

广东发展银行宁波分行本外币信贷资金来源运用分县统计

2008 年

汇率：6.8346　　　　单位：万元

行列名称	全市合计	市区	开发区	鄞州区	奉化	余姚	慈溪	宁海	象山
一、各项存款	1195223	758008	115939	264125		57151			
1. 企事业单位存款	499864	291885	62740	117293		27946			
（1）活期存款	245601	143917	22765	66123		12796			
（2）定期存款	254263	147968	39975	51170		15150			
2. 储蓄存款	132402	79504	11636	29435		11827			
（1）活期储蓄	36978	21345	2908	8320		4405			
（2）定期储蓄	95424	58159	8728	21115		7422			
3. 其他存款	562957	386619	41563	117397		17378			
二、债券发行及境外筹资									
三、应付及暂收款	27020	21815	1180	3543		482			
其中：应付及预收利息	8900	5698	993	1795		414			
四、卖出回购资产									
五、向中央银行借款									
六、同业往来									
七、代理境内贷款资金									
八、各项准备	8441	8441							
其中：贷款损失准备	8423	8423							
九、所有者权益	24429	12052	2870	7130		2377			

续表

行列名称	全市合计	市区	开发区	鄞州区	奉化	余姚	慈溪	宁海	象山
其中：实收资本									
当年结益	24429	12052	2870	7130		2377			
十、其他	-282168	-112372	-37605	-122753		-9438			
资金来源总计	**972945**	**687944**	**82384**	**152045**		**50572**			
一、各项贷款	927634	645725	81897	149886		50126			
1. 短期贷款（比较数）	725697	467923	75394	141748		40632			
2. 中长期贷款（比较数）	89232	67366	6503	6019		9344			
3. 其他贷款	15966	13807		2009		150			
4. 票据融资	94453	94343		110					
5. 各项垫款	2286	2286							
二、有价证券及投资	904	904							
三、应收及预付款	8968	6886	277	1749		56			
其中：应收利息	1461	835	277	293		56			
四、买入返售资产									
五、存放中央银行存款	31352	31352							
六、同业往来	1381	1266				115			
七、库存现金	2706	1811	210	410		275			
资金运用总计	**972945**	**687944**	**82384**	**152045**		**50572**			

表 93

深圳发展银行宁波分行本外币信贷资金来源运用分县统计

2008 年

汇率：6.8346　　　　单位：万元

行列名称	全市合计	市区	开发区	鄞州区	奉化	余姚	慈溪	宁海	象山
一、各项存款	1243378	591610	154455	157384		53076	286853		
1. 企事业单位存款	311256	165858	50083	28172		27642	39501		
（1）活期存款	183423	94201	33670	13228		7442	34882		
（2）定期存款	127833	71657	16413	14944		20200	4619		
2. 储蓄存款	142192	62375	17425	15100		1996	45296		
（1）活期储蓄	27471	13122	5433	2565		753	5598		
（2）定期储蓄	114721	49253	11992	12535		1243	39698		
3. 其他存款	789930	363377	86947	114112		23438	202056		
二、债券发行及境外筹资									
三、应付及暂收款	14492	8961	1503	1116		689	2223		
其中：应付及预收利息	9771	5167	1141	987		605	1871		
四、卖出回购资产	100356	100356							
五、向中央银行借款									
六、同业往来	1127	1127							
七、代理境内贷款资金									
八、各项准备	2506	48977	-45942				-529		
其中：贷款损失准备	2408	48879	-45942				-529		
九、所有者权益	-34743	-54589	6100	1303		502	11941		

续表

行列名称	全市合计	市区	开发区	鄞州区	奉化	余姚	慈溪	宁海	象山
其中：实收资本									
当年结益	-34743	-54589	6100	1303		502	11941		
十、其他	183544	171336	66701	-39023		-350	-15120		
资金来源总计	**1510660**	**867778**	**182817**	**120780**		**53917**	**285368**		
一、各项贷款	1162108	521985	182277	120355		53446	284045		
1. 短期贷款（比较数）	847638	378436	73579	83393		50200	262030		
2. 中长期贷款（比较数）	231648	113180	60229	36962		1069	20208		
3. 其他贷款	1592	751	103			526	212		
4. 票据融资	77680	26763	48366			1651	900		
5. 各项垫款	3550	2855					695		
二、有价证券及投资									
三、应收及预付款	3503	2225	287	273		122	596		
其中：应收利息	2600	1329	282	271		122	596		
四、买入返售资产	275279	275279							
五、存放中央银行存款	26349	25774					575		
六、同业往来	42226	41888	72			266			
七、库存现金	1195	627	181	152		83	152		
资金运用总计	**1510660**	**867778**	**182817**	**120780**		**53917**	**285368**		

表 94

招商银行宁波分行本外币信贷资金来源运用分县统计

2008 年

汇率：6. 8346　　　　单位：万元

行列名称	全市合计	市区	开发区	鄞州区	奉化	余姚	慈溪	宁海	象山
一、各项存款	1694657	1187546	265535	168271			73305		
1. 企事业单位存款	775452	561357	126385	36404			51306		
（1）活期存款	352460	244412	71376	28134			8538		
（2）定期存款	422992	316945	55009	8270			42768		
2. 储蓄存款	204492	146377	25334	13447			19334		
（1）活期储蓄	101662	77370	11139	5721			7432		
（2）定期储蓄	102830	69007	14195	7726			11902		
3. 其他存款	714713	479812	113816	118420			2665		
二、债券发行及境外筹资									
三、应付及暂收款	32669	28005	2370	1709			585		
其中：应付及预收利息	16017	11981	2013	1521			502		
四、卖出回购资产									
五、向中央银行借款									
六、同业往来	116767	116765	2						
七、代理境内贷款资金									
八、各项准备	44571	44571							
其中：贷款损失准备	44555	44555							
九、所有者权益	32403	5267	17760	6575			2801		

续表

行列名称	全市合计	市区	开发区	鄞州区	奉化	余姚	慈溪	宁海	象山
其中：实收资本									
当年结益	43203	16067	17760	6575			2801		
十、其他	529831	453815	73344	13659			-10987		
资金来源总计	**2450898**	**1835969**	**359011**	**190214**			**65704**		
一、各项贷款	1952576	1341367	357235	189489			64485		
1. 短期贷款（比较数）	1405446	937469	252483	167026			48468		
2. 中长期贷款（比较数）	438844	299352	103622	22463			13407		
3. 其他贷款	8598	8598							
4. 票据融资	98451	94711	1130				2610		
5. 各项垫款	1237	1237							
二、有价证券及投资									
三、应收及预付款	4820	3699	619	398			104		
其中：应收利息	3695	2574	619	398			104		
四、买入返售资产	439328	439328							
五、存放中央银行存款	45185	45185							
六、同业往来	3336	2755	273				308		
七、库存现金	5653	3635	884	327			807		
资金运用总计	**2450898**	**1835969**	**359011**	**190214**			**65704**		

表 95

上海浦东发展银行宁波分行本外币信贷资金来源运用分县统计

2008 年

汇率：6.8346　　　　单位：万元

行列名称	全市合计	市区	开发区	鄞州区	奉化	余姚	慈溪	宁海	象山
一、各项存款	3765730	2247654	504949	243306		416185	303433	50203	
1. 企事业单位存款	1760267	841637	364106	134603		261168	139103	19650	
（1）活期存款	940903	443735	199332	93100		154486	45871	4379	
（2）定期存款	819364	397902	164774	41503		106682	93232	15271	
2. 储蓄存款	534692	348376	54297	40474		51357	32796	7392	
（1）活期储蓄	149483	131251	5060	2784		5085	4620	683	
（2）定期储蓄	385209	217125	49237	37690		46272	28176	6709	
3. 其他存款	1470771	1057641	86546	68229		103660	131534	23161	
二、债券发行及境外筹资									
三、应付及暂收款	65562	37864	6397	4847		11139	4838	477	
其中：应付及预收利息	39370	24371	3735	1501		5101	4303	359	
四、卖出回购资产									
五、向中央银行借款									
六、同业往来	679835	595969	69786	12099		1981			
七、代理境内贷款资金									
八、各项准备	38522	19083	6351	3113		4805	4544	626	
其中：贷款损失准备	37818	18447	6341	3073		4788	4543	626	
九、所有者权益	104052	49861	18661	9487		15541	10528	-26	

续表

行列名称	全市合计	市区	开发区	鄞州区	奉化	余姚	慈溪	宁海	象山
其中：实收资本									
当年结益	104052	49861	18661	9487		15541	10528	-26	
十、其他	-1015208	-938210	-13912	-26768		-81517	32819	12380	
资金来源总计	**3638493**	**2012221**	**592232**	**246084**		**368134**	**356162**	**63660**	
一、各项贷款	3025123	1465912	541278	242444		361153	351736	62600	
1. 短期贷款（比较数）	2340388	1111969	414288	220637		271515	277389	44590	
2. 中长期贷款（比较数）	644634	337967	120408	18810		76368	73071	18010	
3. 其他贷款	16670	11504	888	1572		1756	950		
4. 票据融资	21564	4472	4027	1425		11314	326		
5. 各项垫款	1867		1667			200			
二、有价证券及投资	55428	55428							
三、应收及预付款	39111	27038	1655	3263		5402	1487	266	
其中：应收利息	5133	2984	365	227		626	665	266	
四、买入返售资产									
五、存放中央银行存款	97943	96512				509	922		
六、同业往来	408285	359462	48114			12	115	582	
七、库存现金	12603	7869	1185	377		1058	1902	212	
资金运用总计	**3638493**	**2012221**	**592232**	**246084**		**368134**	**356162**	**63660**	

表 96

兴业银行宁波分行本外币信贷资金来源运用分县统计

2008 年

汇率：6.8346　　　　单位：万元

行列名称	全市合计	市区	开发区	鄞州区	奉化	余姚	慈溪	宁海	象山
一、各项存款	1529820	1089973	210527	117959			111361		
1. 企事业单位存款	522179	343847	106834	43632			27866		
（1）活期存款	237403	132455	61717	24865			18366		
（2）定期存款	284776	211392	45117	18767			9500		
2. 储蓄存款	162499	90400	52017	13313			6769		
（1）活期储蓄	31167	19965	5573	2602			3027		
（2）定期储蓄	131332	70435	46444	10711			3742		
3. 其他存款	845142	655726	51676	61014			76726		
二、债券发行及境外筹资									
三、应付及暂收款	28006	21518	2678	1241			2569		
其中：应付及预收利息	22726	16838	2323	1061			2504		
四、卖出回购资产									
五、向中央银行借款									
六、同业往来	498971	498871					100		
七、代理境内贷款资金									
八、各项准备	44688	44687					1		
其中：贷款损失准备	44493	44493							
九、所有者权益	33199	20388	7118	6918			-1225		

续表

行列名称	全市合计	市区	开发区	鄞州区	奉化	余姚	慈溪	宁海	象山
其中：实收资本									
当年结益	33199	20388	7118	6918			-1225		
十、其他	-78635	11023	-44020	19774			-65412		
资金来源总计	**2056049**	**1686460**	**176303**	**145892**			**47394**		
一、各项贷款	1628326	1261008	175254	145231			46833		
1. 短期贷款（比较数）	863124	689031	41757	98716			33620		
2. 中长期贷款（比较数）	637090	444989	132873	46015			13213		
3. 其他贷款	7853	7853							
4. 票据融资	110499	109875	624						
5. 各项垫款	9760	9260		500					
二、有价证券及投资	581	414	167						
三、应收及预付款	6707	5773	335	438			161		
其中：应收利息	5810	5069	284	372			85		
四、买入返售资产									
五、存放中央银行存款	15868	15868							
六、同业往来	402020	401551	162	85			222		
七、库存现金	2547	1846	385	138			178		
资金运用总计	**2056049**	**1686460**	**176303**	**145892**			**47394**		

表 97

中国民生银行宁波分行本外币信贷资金来源运用分县统计

2008 年

汇率：6.8346

单位：万元

行列名称	全市合计	市区	开发区	鄞州区	奉化	余姚	慈溪	宁海	象山
一、各项存款	1180375	888909	67365	56605		67881	78942	20673	
1. 企事业单位存款	385827	258622	10674	32968		36673	35056	11834	
（1）活期存款	234053	155754	7643	9542		26264	27416	7434	
（2）定期存款	151774	102868	3031	23426		10409	7640	4400	
2. 储蓄存款	132921	74662	7480	21532		10822	13186	5239	
（1）活期储蓄	23933	11362	1629	3149		2329	2351	3113	
（2）定期储蓄	108988	63300	5851	18383		8493	10835	2126	
3. 其他存款	661627	555625	49211	2105		20386	30700	3600	
二、债券发行及境外筹资									
三、应付及暂收款	22647	19618	796	1271		408	508	46	
其中：应付及预收利息	14900	12453	690	1019		303	407	28	
四、卖出回购资产									
五、向中央银行借款									
六、同业往来	180011	180011							
七、代理境内贷款资金									
八、各项准备	19494	19448	46						
其中：贷款损失准备	19433	19433							
九、所有者权益	27611	7325	4040	11504		1692	3053	－3	

续表

行列名称	全市合计	市区	开发区	鄞州区	奉化	余姚	慈溪	宁海	象山
其中：实收资本									
当年结益	27611	7325	4040	11504		1692	3053	-3	
十、其他	8055	-147683	13760	163228		5714	-9706	-17258	
资金来源总计	**1438193**	**967628**	**86007**	**232608**		**75695**	**72797**	**3458**	
一、各项贷款	1371080	904161	85567	231665		74758	72031	2898	
1. 短期贷款（比较数）	659713	497748	9270	46418		54758	48972	2547	
2. 中长期贷款（比较数）	657009	352055	76297	185247		20000	23059	351	
3. 其他贷款									
4. 票据融资	52396	52396							
5. 各项垫款	1962	1962							
二、有价证券及投资	1006	1006							
三、应收及预付款	5311	4265	169	531		173	151	22	
其中：应收利息	2750	1749	161	517		173	143	7	
四、买入返售资产									
五、存放中央银行存款	40987	40912					75		
六、同业往来	14940	14152	125			462		201	
七、库存现金	4869	3132	146	412		302	540	337	
资金运用总计	**1438193**	**967628**	**86007**	**232608**		**75695**	**72797**	**3458**	

表 98

浙商银行宁波分行本外币信贷资金来源运用分县统计

2008 年

汇率：6.8346　　　　单位：万元

行列名称	全市合计	市区	开发区	鄞州区	奉化	余姚	慈溪	宁海	象山
一、各项存款	624852	442068	60846	62617			59321		
1. 企事业单位存款	299123	210927	37037	27597			23562		
（1）活期存款	133261	101560	4122	20467			7112		
（2）定期存款	165862	109367	32915	7130			16450		
2. 储蓄存款	31451	21078	2175	3318			4880		
（1）活期储蓄	7886	5913	557	275			1141		
（2）定期储蓄	23565	15165	1618	3043			3739		
3. 其他存款	294278	210063	21634	31702			30879		
二、债券发行及境外筹资									
三、应付及暂收款	5255	4963	147	67			78		
其中：应付及预收利息	59	59							
四、卖出回购资产									
五、向中央银行借款									
六、同业往来	106060	87060	16000	3000					
七、代理境内贷款资金									
八、各项准备									
其中：贷款损失准备									
九、所有者权益	11211	7431	1161	1738			881		

续表

行列名称	全市合计	市区	开发区	鄞州区	奉化	余姚	慈溪	宁海	象山
其中：实收资本									
当年结益	12206	8426	1161	1738			881		
十、其他	－175024	－131186	－21538	－18080			－4220		
资金来源总计	**572354**	**410336**	**56616**	**49342**			**56060**		
一、各项贷款	559585	397846	56533	49240			55966		
1. 短期贷款（比较数）	446550	314873	26471	49240			55966		
2. 中长期贷款（比较数）	79774	49712	30062						
3. 其他贷款	546	546							
4. 票据融资	32715	32715							
5. 各项垫款									
二、有价证券及投资									
三、应收及预付款	381	381							
其中：应收利息	7	7							
四、买入返售资产									
五、存放中央银行存款	6449	6449							
六、同业往来	4959	4959							
七、库存现金	980	701	83	102			94		
资金运用总计	**572354**	**410336**	**56616**	**49342**			**56060**		

表 99　　宁波银行宁波市本外币信贷资金来源运用分县统计

汇率：6.8346　　2008 年　　单位：万元

行列名称	全市合计	市区	开发区	鄞州区	奉化	余姚	慈溪	宁海	象山
一、各项存款	5827130	3396842	482771	648628	146110	428127	481858	162298	80496
1. 企事业单位存款	3497090	2177115	268727	322514	98173	223065	264018	95754	47724
（1）活期存款	2638785	1705203	175924	237100	73420	164166	161715	81314	39943
（2）定期存款	858305	471912	92803	85414	24753	58899	102303	14440	7781
2. 储蓄存款	1721120	966460	151927	226817	43012	136902	133344	46152	16506
（1）活期储蓄	631168	345679	47697	74718	25976	44073	45022	34673	13330
（2）定期储蓄	1089952	620781	104230	152099	17036	92829	88322	11479	3176
3. 其他存款	608920	253267	62117	99297	4925	68160	84496	20392	16266
二、债券发行及境外筹资									
三、应付及暂收款	75007	48095	6001	6673	2008	4330	4622	1904	1374
其中：应付及预收利息	39347	24513	3323	4191	637	3276	2460	590	357
四、卖出回购资产	961480	961480							
五、向中央银行借款									
六、同业往来	271363	269896	130					1337	
七、代理境内贷款资金									
八、各项准备	64749	31775	12880	5405	2053	3557	4697	2410	1972
其中：贷款损失准备	63804	30830	12880	5405	2053	3557	4697	2410	1972
九、所有者权益	881387	808025	6709	17529	5483	11824	13622	9822	8373
其中：实收资本	250000	250000							
当年结益	149450	76322	6546	17470	5483	11824	13618	9814	8373
十、其他	543281	943096	-192873	-250686	28199	-127981	-35069	74205	104390
资金来源总计	**8624397**	**6459209**	**315618**	**427549**	**183853**	**319857**	**469730**	**251976**	**196605**
一、各项贷款	4088875	1943508	313055	425574	182900	318278	464843	245490	195227
1. 短期贷款	3322933	1423926	271074	372348	138898	281699	403960	238970	192058
2. 中长期贷款	469383	302409	21204	34157	39724	22670	43554	5401	264
3. 其他贷款	71852	71852							
4. 票据融资	218912	141403	19114	18855	4278	13909	17329	1119	2905
5. 各项垫款	5795	3918	1663	214					
二、有价证券及投资	1682466	1682466							
三、应收及预付款	42941	42579	240	80	7	21	6	1	7
其中：应收利息	39436	39088	230	80	7	20	4	1	6

续表

行列名称	全市合计	市区	开发区	鄞州区	奉化	余姚	慈溪	宁海	象山
四、买入返售资产	891846	891846							
五、存放中央银行存款	1242686	1241669				1	1016		
六、同业往来	635701	632041	886				115	2634	25
七、库存现金	39882	25100	1437	1895	946	1557	3750	3851	1346
资金运用总计	**8624397**	**6459209**	**315618**	**427549**	**183853**	**319857**	**469730**	**251976**	**196605**

表 100　　**上海银行宁波分行本外币信贷资金来源运用分县统计**

汇率：6.8346　　2008 年　　单位：万元

行列名称	全市合计	市区	开发区	鄞州区	奉化	余姚	慈溪	宁海	象山
一、各项存款	626753	509702				102435	14616		
1. 企事业单位存款	186945	150044				31042	5859		
（1）活期存款	105218	87089				12280	5849		
（2）定期存款	81727	62955				18762	10		
2. 储蓄存款	31880	19025				7348	5507		
（1）活期储蓄	9016	4130				1710	3176		
（2）定期储蓄	22864	14895				5638	2331		
3. 其他存款	407928	340633				64045	3250		
二、债券发行及境外筹资									
三、应付及暂收款	15214	14178				1023	13		
其中：应付及预收利息	7619	6713				901	5		
四、卖出回购资产									
五、向中央银行借款									
六、同业往来	63840	63835				5			
七、代理境内贷款资金									
八、各项准备	18867	18867							
其中：贷款损失准备	18867	18867							
九、所有者权益	2736	1534				1639	-437		
其中：实收资本									
当年结益	2842	1640				1639	-437		
十、其他	-112616	-156321				16452	27253		
资金来源总计	**614794**	**451795**				**121554**	**41445**		
一、各项贷款	584758	423003				120625	41130		

续表

行列名称	全市合计	市区	开发区	鄞州区	奉化	余姚	慈溪	宁海	象山
1. 短期贷款	293843	200405				72308	21130		
2. 中长期贷款	170133	122616				27517	20000		
3. 其他贷款	2406	2406							
4. 票据融资	112213	91413				20800			
5. 各项垫款	6163	6163							
二、有价证券及投资									
三、应收及预付款	2269	2030				171	68		
其中：应收利息	960	723				170	67		
四、买入返售资产									
五、存放中央银行存款	24838	24838							
六、同业往来	2124	1542				582			
七、库存现金	805	382				176	247		
资金运用总计	**614794**	**451795**				**121554**	**41445**		

表 101　　中国邮政储蓄银行宁波分行本外币信贷资金来源运用分县统计

汇率：6.8346　　2008 年　　单位：万元

行列名称	全市合计	市区	开发区	鄞州区	奉化	余姚	慈溪	宁海	象山
一、各项存款	1818048	221928	501823		80636	280552	584625	85919	62565
1. 企事业单位存款	65524	9995	18277		6519	7506	12642	5128	5457
（1）活期存款	58871	9395	16481		5579	7119	12112	4128	4057
（2）定期存款	6653	600	1796		940	387	530	1000	1400
2. 储蓄存款	1750974	211831	483449		74117	271825	571903	80791	57058
（1）活期储蓄	667324	69841	80795		34181	112794	275781	55768	38164
（2）定期储蓄	1083650	141990	402654		39936	159031	296122	25023	18894
3. 其他存款	1550	102	97			1221	80		50
二、债券发行及境外筹资									
三、应付及暂收款	23340	3150	9084		903	2903	6292	535	473
其中：应付及预收利息	21183	2556	8617		846	2551	5833	470	310
四、卖出回购资产									
五、向中央银行借款									
六、同业往来	6559	5000					1559		
七、代理境内贷款资金									

续表

行列名称	全市合计	市区	开发区	鄞州区	奉化	余姚	慈溪	宁海	象山
八、各项准备									
其中：贷款损失准备									
九、所有者权益									
其中：实收资本									
当年结益									
十、其他	-1752841	-192907	-500397		-76718	-272037	-574731	-77980	-58071
资金来源总计	**95106**	**37171**	**10510**		**4821**	**11418**	**17745**	**8474**	**4967**
一、各项贷款	25354	2186	4385		1764	2683	8212	3808	2316
1. 短期贷款（比较数）	24160	1954	4088		1764	2683	8147	3739	1785
2. 中长期贷款（比较数）	1194	232	297				65	69	531
3. 其他贷款									
4. 票据融资									
5. 各项垫款									
二、有价证券及投资									
三、应收及预付款	253	53	17		64	51	38	22	8
其中：应收利息	50	2	3		5	9	30	1	
四、买入返售资产									
五、存放中央银行存款	10362	10362							
六、同业往来	39037	20515	3509		1298	4792	3930	3012	1981
七、库存现金	20100	4055	2599		1695	3892	5565	1632	662
资金运用总计	**95106**	**37171**	**10510**		**4821**	**11418**	**17745**	**8474**	**4967**

表 102　　宁波市农村合作金融机构本外币信贷资金来源运用分县统计

汇率：6.8346　　2008 年　　单位：万元

行列名称	全市合计	市区	开发区	鄞州区	奉化	余姚	慈溪	宁海	象山
一、各项存款	8083146	633078	818117	2664610	354290	1038210	2043279	231378	300184
1. 企事业单位存款	590408	86216	88939	187528	27564	33693	137274	8040	21154
（1）活期存款	12924			7054		1667	4203		
（2）定期存款	577484	86216	88939	180474	27564	32026	133071	8040	21154
2. 储蓄存款	5382114	432740	523283	1618096	263097	751007	1462693	153136	178062
（1）活期储蓄	1559457	89351	90877	406073	81908	171550	492370	94766	132562
（2）定期储蓄	3822657	343389	432406	1212023	181189	579457	970323	58370	45500

续表

行列名称	全市合计	市区	开发区	鄞州区	奉化	余姚	慈溪	宁海	象山
3. 其他存款	2110624	114122	205895	858986	63629	253510	443312	70202	100968
二、债券发行及境外筹资	65000			40000		25000			
三、应付及暂收款	195459	16442	23514	52645	10955	34957	45368	5347	6231
其中：应付及预收利息	107822	10380	12886	32155	5173	15823	27849	1814	1742
四、卖出回购资产	3931						3931		
五、向中央银行借款	33117				8700			12000	12417
六、同业往来	349357		214	254580		20075	74342		146
七、代理境内贷款资金									
八、各项准备	208445	15560	34276	63059	10893	26818	36976	8034	12829
其中：贷款损失准备	208445	15560	34276	63059	10893	26818	36976	8034	12829
九、所有者权益	670547	29351	50658	227858	29278	91090	196048	19965	26299
其中：实收资本	170707	20588	17070	56316	8983	10000	40259	11704	5787
当年结益	158150	3862	9598	56289	6411	23059	49259	2661	7011
十、其他	-587883	-39318	-26880	-176677	204	-162490	-147565	-10940	-24217
资金来源总计	**9021119**	**655113**	**899899**	**3126075**	**414320**	**1073660**	**2252379**	**265784**	**333889**
一、各项贷款	5835065	448131	590073	1928578	270914	740678	1454077	180358	222256
1. 短期贷款（比较数）	5102046	447511	568992	1466439	270120	676768	1272068	180069	220079
2. 中长期贷款（比较数）	92985		12697	52327	794	17873	7316	278	1700
3. 其他贷款	16499			13710		1914	875		
4. 票据融资	622181	620	8261	394871		44123	173818	11	477
5. 各项垫款	1354		123	1231					
二、有价证券及投资	568316	7050	18613	397494	4100	41849	88860	4450	5900
三、应收及预付款	24323	736	813	19108	1355	290	1484	454	83
其中：应收利息	2698	263	629	1077	240	67	181	205	36
四、买入返售资产	74970			74970					
五、存放中央银行存款	1533922	150604	116421	446337	83824	195111	419566	63091	58968
六、同业往来	890077	43498	165279	234075	48548	81202	264085	12777	40613
七、库存现金	94446	5094	8700	25513	5579	14530	24307	4654	6069
资金运用总计	**9021119**	**655113**	**899899**	**3126075**	**414320**	**1073660**	**2252379**	**265784**	**333889**

4. 现金

表 103

宁波市金融机构人民币现金收入分月统计

2008 年

单位：万元

行列名称	上年合计	一月	二月	三月	四月	五月	六月	七月	八月	九月	十月	十一月	十二月	全年合计
一、商品销售收入	15493116	1521629	1192421	1420430	1364352	1319569	1273688	1308651	1220827	1272497	1152202	1058609	1355420	15460295
二、服务业收入	4636106	448387	388437	408878	448620	421133	414722	426915	390450	400036	382114	311568	358301	4799561
三、行政税费收入	738064	106972	62317	69915	62930	72051	61459	64071	56315	59494	55821	45172	54900	771417
四、城乡个体经营收入	5499292	576811	483904	574497	608667	563039	569834	594397	562442	585564	516756	422593	459851	6518355
五、储蓄存款收入	108059814	10652048	9250875	9679088	9478164	9235103	9032602	9219657	8655011	9314740	8496270	7656413	8806990	109476961
六、其他金融性公司收入	46923	5964	2152	3322	2841	2602	2027	2515	26437	1430	1224	2616	2453	55583
七、居民归还贷款收入	1424534	141171	97973	129957	118443	113820	113941	132928	119165	114743	110651	81740	72062	1346594
八、汇兑收入	1853118	205558	153377	176344	206236	203519	194499	174237	128211	107043	85892	57671	56818	1749405
九、有价证券及其他投资性收入	185893	6965	8847	21244	25431	6825	13834	6019	13420	6535	14448	5579	3672	132819
十、其他收入	15096868	1535221	1236028	1373775	1302589	1255504	1246843	1276061	1140685	1180068	1150868	1051337	1327652	15076631
其中：兑换外币收入	222729	21367	10933	11075	17111	14836	20580	21280	27200	18682	20758	18017	21000	222839
现金收入合计	**153033728**	**15200726**	**12876331**	**13857450**	**13618273**	**13193165**	**12923449**	**13205451**	**12312963**	**13042150**	**11966246**	**10693298**	**12498119**	**155387621**
系统内现金收入	57636645	7202865	6513298	4449247	4859481	4559407	4414179	4815327	4478742	4784131	4320752	3219409	4065887	57682725
由人行发行库领取现金	6656687	1507604	662974	249422	495977	304543	352319	440344	444154	567584	322876	382034	679869	6409700
由其他行、社业务库领取现金	3245019	436592	379817	227293	250907	195353	186638	213052	183572	215333	170454	156813	223206	2839030
前期业务库存	3371848	326337	427117	321255	285519	254008	275712	281009	273763	306663	305383	295602	307671	3660039
现金收入总计	**223943927**	**24674124**	**20859537**	**19104667**	**19510157**	**18506476**	**18152297**	**18955183**	**17693194**	**18915861**	**17085711**	**14747156**	**17774752**	**225979115**
投放（+）、回笼（-）	2206623	1196699	-419051	-35946	291271	30923	133596	200033	180092	341766	28541	141489	434034	2523447
工商银行	-1824615	-51388	-258219	-99151	-76002	-126511	-107612	-126944	-128214	-109998	-150051	-129569	-121455	-1485114
农业银行	-212550	133027	-142858	-5235	51487	7409	49312	31075	53795	102310	20450	53370	124079	478221
中国银行	280917	117461	-13772	5397	24353	4707	3449	567	-9212	9772	14536	26150	52765	236173

续表

行列名称	上年合计	一月	二月	三月	四月	五月	六月	七月	八月	九月	十月	十一月	十二月	全年合计
建设银行	-761283	29488	-86198	-48290	-26769	-14468	-19796	-3852	-31913	7251	-4915	-10082	26993	-182551
农业发展银行	1843	627	-113	-223	-364	-155	-760	292	74	-389	-87	654	518	74
交通银行	487253	86184	40648	25070	45227	41453	42779	50826	39565	37895	28701	27285	30914	496547
中信银行	-100573	-17128	-18997	-18229	-10723	-12461	-10430	272	-6220	-9976	-6911	-8135	-8548	-127486
光大银行	-71843	-1446	-11271	-6783	-153	3122	513	3696	-1413	-912	843	-1197	-1478	-16479
华夏银行	-3439	-195	-657	-3	-125	168	-246	-99	31	-102	-280	247	48	-1213
广东发展银行	-52663	3862	-4122	-5933	-4199	-3457	-2526	-1048	-2443	-860	-2572	-4066	-2605	-29969
深圳发展银行	1574	911	-3282	-8899	-297	962	789	-400	5	-231	-2154	-898	-241	-13735
招商银行	-89175	-12619	-13117	-13572	-8190	-8678	-9143	-8678	-6454	-8209	-7905	-7296	-10295	-114156
浦东发展银行	73050	33942	18904	-891	12771	7424	5184	10267	9266	9446	11801	13569	18167	149850
兴业银行	-9796	1372	-5711	-3556	677	-205	507	-874	968	-812	-2043	-737	-880	-11294
民生银行	-2327	1921	-598	-1390	3540	920	190	-1848	-3440	-4302	-1191	-5890	-4373	-16461
恒丰银行														
浙商银行	-2416	1664	526	214	608	768	376	1156	1038	1130	796	706	1150	10132
宁波银行	404301	139708	-16979	-65906	-29175	-36094	-11399	16974	26278	44639	7490	21727	63308	160571
上海银行	-1074	-887	-1714	-918	-1899	-837	-1106	-2719	-701	-789	-1202	-1142	-1152	-15066
包商银行					-4	78	303	199	-36	161	-321	-71	-31	278
温州银行													-520	-520
泰隆银行													-1002	-1002
临商银行													-68	-68
农村合作银行	2517904	463756	38669	131981	191614	98856	119913	132810	146095	175391	89393	113810	193966	1896254
农村信用社	1561915	261437	62517	78107	119280	72553	70633	99086	94209	93029	45206	59181	79549	1134787
城市信用社	9620	5002	-2707	2264	-386	-4631	2666	-725	-1186	-2678	-11043	-6127	-4775	-24326

表 104

宁波市金融机构人民币现金支出分月统计

2008 年

单位：万元

行列名称	上年合计	一月	二月	三月	四月	五月	六月	七月	八月	九月	十月	十一月	十二月	全年合计
一、工资及对个人其他支出	8338850	1070774	838867	717307	750659	681778	695224	713639	673368	702538	643146	641591	787254	8916145
二、农副产品采购支出	2408653	305287	203112	199410	209895	201891	196069	197436	174947	182593	174889	130540	136996	2313065
三、工矿及其他产品采购支出	2363564	301085	170664	199818	192626	163302	141810	157134	137563	143334	153436	100791	85258	1946821
四、行政企业管理和经营费支出	8223198	970327	641461	628475	724135	674602	665982	706521	655901	707758	610367	537966	651331	8174826
五、城乡个体经营支出	6695083	774488	523083	525660	565780	531271	528047	574020	549744	569432	508888	402375	479354	6532142
六、储蓄存款支出	112803483	11551896	9071237	10465231	10300126	9928170	9793482	9984040	9328984	10058487	8991380	8223392	9754697	117451122
七、其他金融性公司支出	90315	9673	8324	6132	5521	7318	3823	8864	4283	5634	4570	4144	3238	71524
八、居民提取贷款支出	586652	45726	27694	37155	37451	33197	40090	43777	49747	50088	38793	34213	46244	484175
九、汇兑支出	831561	64149	55207	48212	52971	49296	43469	51885	42276	34595	32762	20737	21874	517433
十、有价证券及其他投资性支出	196265	6533	4792	20193	14471	11522	9628	5992	9283	7814	11048	8648	3453	113377
十一、其他支出	12702727	1297487	912839	973911	1055909	941741	939421	962176	866959	921643	825508	730390	962454	11390438
其中：兑换外币支出	484606	55565	41296	42143	46216	38600	39141	45443	36145	37717	39946	28541	32992	483745
现金支出合计	**155240351**	**16397425**	**12457280**	**13821504**	**13909544**	**13224088**	**13057045**	**13405484**	**12493055**	**13383916**	**11994787**	**10834787**	**12932153**	**157911068**
系统内现金支出	57636645	7202865	6513298	4449247	4859481	4559407	4414179	4815327	4478742	4784131	4320752	3219409	4065887	57682725
交回人行发行库现金	4398216	210127	1187887	321103	236216	251916	213426	247557	231160	227096	304117	228479	214426	3873510
交回其他行、社业务库现金	3238927	436592	379817	227293	250907	195353	186638	213052	183572	215333	170454	156813	223206	2839030
本期业务库存	3429788	427117	321255	285519	254008	275712	281009	273763	306663	305383	295602	307671	339080	3672782
现金支出总计	**223943927**	**24674126**	**20859537**	**19104666**	**19510156**	**18506476**	**18152297**	**18955183**	**17693192**	**18915859**	**17085712**	**14747159**	**17774752**	**225979115**

表 105

宁波市银行机构人民币现金收入分月统计

2008 年

单位：万元

行列名称	上年合计	一月	二月	三月	四月	五月	六月	七月	八月	九月	十月	十一月	十二月	本年合计
一、商品销售收入	11683825	1145131	884396	1092340	1035464	1016098	973147	1005810	937270	982075	870257	779626	986478	11708092
二、服务业收入	3449448	322494	277780	294912	326198	309796	300426	315611	280118	288249	272852	244285	305424	3538145
三、行政税费收入	567559	86951	47323	50106	47178	55284	45953	48519	40572	42098	37983	35986	45070	583023
四、城乡个体经营收入	2075423	158762	142183	164575	175389	167679	162155	175161	152937	165262	126446	124872	136991	1852412
五、储蓄存款收入	82685837	7825246	6609298	7073600	6878846	6543077	6377606	6441102	6031042	6456488	5865654	5353749	6252443	77708151
六、其他金融性公司收入	46923	5964	2152	3322	2841	2602	2027	2515	26437	1430	1224	2616	2453	55583
七、居民归还贷款收入	563863	53096	40033	43038	49669	39380	37293	44367	35546	37312	36109	34768	37602	488213
八、汇兑收入	1008189	113915	89302	89023	98930	101326	89169	73531	50697	48477	40753	36267	39015	870405
九、有价证券及其他投资性收入	185893	6965	8847	21244	25431	6825	13834	6019	13420	6535	14448	5579	3672	132819
十、其他收入	12154725	1202003	978516	1109719	1037539	1016291	1012971	1016124	923041	966734	985163	935045	1136343	12319489
其中：兑换外币收入	222723	21364	10933	11074	17111	14836	20580	21280	27200	18672	20744	18016	21000	222810
现金收入合计	**114421685**	**10920527**	**9079830**	**9941879**	**9677485**	**9258358**	**9014581**	**9128759**	**8491080**	**8994660**	**8250889**	**7552793**	**8945491**	**109256332**
系统内现金收入	30892493	3845545	3824876	2410311	2587528	2366420	2321512	2570397	2321258	2548694	2284786	2040241	2442337	31563905
由人行发行库领取现金	3928866	1031915	487517	131067	290762	197473	227999	296233	293817	375806	235390	271059	463135	4302173
由其他行、社业务库领取现金	1343978	140506	247937	126353	107259	99940	95230	95001	80205	98045	102041	82008	124775	1399300
前期业务库存	2503119	219295	305705	223206	215457	180632	199371	212423	199076	238386	220934	216178	230106	2660769
现金收入总计	**153090141**	**16157788**	**13945865**	**12832816**	**12878491**	**12102823**	**11858693**	**12302813**	**11385436**	**12255591**	**11094040**	**10162279**	**12205844**	**149182479**
投放（+）、回笼（-）	-1882816	466504	-517530	-248298	-19237	-135855	-59616	-31138	-59026	76024	-95015	-25375	165294	-483268

表 106

宁波市银行机构人民币现金支出分月统计

2008 年

单位：万元

行列名称	上年合计	一月	二月	三月	四月	五月	六月	七月	八月	九月	十月	十一月	十二月	本年合计
一、工资及对个人其他支出	5518526	630520	503725	430886	447886	418436	410668	430294	397248	417611	381323	350514	432712	5251823
二、农副产品采购支出	1104276	110904	70487	84989	90339	88114	88290	81918	74050	76261	74452	70234	75522	985560
三、工矿及其他产品采购支出	1213998	162187	73830	117774	96783	87051	69480	78348	63982	63944	50055	46770	57179	967383
四、行政企业管理和经营费支出	6529991	771788	487606	485931	527989	487279	484952	512543	479652	530953	456108	442062	571361	6238224
五、城乡个体经营支出	2607632	259310	173578	187872	204406	210939	203783	223442	198976	220982	193253	190985	225716	2493242
六、储蓄存款支出	84289172	8383464	6482060	7541662	7383263	7008895	6895494	6940961	6442773	6931668	6256526	5748909	6894861	82910536
七、其他金融性公司支出	90315	9673	8324	6132	5521	7318	3823	8864	4283	5634	4570	4144	3238	71524
八、居民提取贷款支出	366791	32799	17078	21789	23523	22560	29914	28210	35929	36958	26997	29260	43318	348335
九、汇兑支出	647900	45344	39823	32289	31913	31762	27612	34983	25297	21397	20990	18029	18583	348022
十、有价证券及其他投资性支出	196265	6533	4792	20193	14471	11522	9628	5992	9283	7814	11048	8648	3453	113377
十一、其他支出	9974003	974509	700997	764064	832154	748627	731321	752066	700581	757462	680552	617863	784842	9045038
其中：兑换外币支出	484583	55556	41289	42138	46216	38600	39141	45443	36145	37716	39929	28541	32992	483706
现金支出合计	**112538869**	**11387031**	**8562300**	**9693581**	**9658248**	**9122503**	**8954965**	**9097621**	**8432054**	**9070684**	**8155874**	**7527418**	**9110785**	**108773064**
系统内现金支出	30892493	3845545	3824876	2410311	2587528	2366420	2321512	2570397	2321258	2548694	2284786	2040241	2442337	31563905
交回人行发行库现金	4309677	209567	1043486	319389	234890	250864	212290	246413	230522	226184	302872	227381	213500	3717358
交回其他行、社业务库现金	2824634	409942	291997	194077	217192	163665	157503	189306	163214	189093	134331	137136	198732	2446188
本期业务库存	2524468	305705	223206	215457	180632	199371	212423	199076	238386	220934	216178	230106	240490	2681964
现金支出总计	**153090141**	**16157790**	**13945865**	**12832815**	**12878490**	**12102823**	**11858693**	**12302813**	**11385434**	**12255589**	**11094041**	**10162282**	**12205844**	**149182479**

表 107

象山县绿叶城市信用社人民币现金收入分月统计

2008 年

单位：万元

行列名称	上年合计	一月	二月	三月	四月	五月	六月	七月	八月	九月	十月	十一月	十二月	本年合计
一、商品销售收入	119308	11281	10403	9288	8174	10969	7864	7491	7888	9047	11318	7682	7345	108750
二、服务业收入	2504	107	44	131	47	59	69	24	49	13	19	12	12	586
三、行政税费收入	6395	625	264	336	204	275	332	419	496	531	304	198	335	4319
四、城乡个体经营收入	23705	329	181	139	190	150	339	276	73	109	85	74	180	2125
五、储蓄存款收入	675461	71197	66685	74624	70773	85836	71492	71452	62812	66059	73457	66231	63816	844434
六、其他金融性公司收入														
七、居民归还贷款收入	20334	1739	1635	1306	1638	1378	1634	1340	1582	1334	1607	1540	1617	18350
八、汇兑收入						1								1
九、有价证券及其他投资性收入														
十、其他收入	6745	2786	4033	6597	7484	6206	6058	7533	6030	6392	6806	6022	7741	73688
其中：兑换外币收入														
现金收入合计	**854452**	**88064**	**83245**	**92421**	**88510**	**104874**	**87788**	**88535**	**78930**	**83485**	**93596**	**81759**	**81046**	**1052253**
系统内现金收入	150764	22124	22112	15672	15046	19532	15813	16206	12999	14606	15289	17044	24626	211069
由人行发行库领取现金														
由其他行、社业务库领取现金	86646	10971	9261	6934	8117	5601	6770	6319	2691	3836	1727	2950	1893	67070
前期业务库存	28198	2976	3652	2736	1541	2781	2308	1393	2363	1652	2530	2889	4633	31454
现金收入总计	**1120060**	**124135**	**118270**	**117763**	**113214**	**132788**	**112679**	**112453**	**96983**	**103579**	**113142**	**104642**	**112198**	**1361846**
投放（+）、回笼（-）	9620	5002	-2707	2264	-386	-4631	2666	-725	-1186	-2678	-11043	-6127	-4775	-24326

表 108

象山县绿叶城市信用社人民币现金支出分月统计

2008 年

单位：万元

行列名称	上年合计	一月	二月	三月	四月	五月	六月	七月	八月	九月	十月	十一月	十二月	本年合计
一、工资及对个人其他支出	3606	1146	607	344	514	285	503	433	542	594	423	384	431	6206
二、农副产品采购支出	5287	507	410	532	822	882	562	465	435	742	505	493	254	6609
三、工矿及其他产品采购支出	22539						1							1
四、行政企业管理和经营费支出	12609	1819	1575	968	1399	1242	1362	1559	1250	1346	987	681	568	14756
五、城乡个体经营支出	27819	2088	1511	1165	1454	1296	1625	2362	2711	3208	2901	2480	3870	26671
六、储蓄存款支出	785938	83071	73254	88595	80241	93762	84033	80290	70739	72824	75816	69822	68305	940752
七、其他金融性公司支出														
八、居民提取贷款支出	12													
九、汇兑支出														
十、有价证券及其他投资性支出														
十一、其他支出	6262	4435	3181	3081	3694	2776	2368	2701	2067	2093	1921	1772	2843	32932
其中：兑换外币支出														
现金支出合计	**864072**	**93066**	**80538**	**94685**	**88124**	**100243**	**90454**	**87810**	**77744**	**80807**	**82553**	**75632**	**76271**	**1027927**
系统内现金支出	150764	22124	22112	15672	15046	19532	15813	16206	12999	14606	15289	17044	24626	211069
交回人行发行库现金														
交回其他行、社业务库现金	76912	5293	12884	5865	7263	10705	5019	6074	4588	5636	12411	7333	7034	90105
本期业务库存	28312	3652	2736	1541	2781	2308	1393	2363	1652	2530	2889	4633	4267	32745
现金支出总计	**1120060**	**124135**	**118270**	**117763**	**113214**	**132788**	**112679**	**112453**	**96983**	**103579**	**113142**	**104642**	**112198**	**1361846**

表 109

宁波市农村合作金融机构人民币现金收入分月统计

2008 年

单位：万元

行列名称	上年合计	一月	二月	三月	四月	五月	六月	七月	八月	九月	十月	十一月	十二月	本年合计
一、商品销售收入	3689983	365217	297622	318802	320714	292502	292677	295350	275669	281375	270627	271301	361597	3643453
二、服务业收入	1184154	125786	110613	113835	122375	111278	114227	111280	110283	111774	109243	67271	52865	1260830
三、行政税费收入	164110	19396	14730	19473	15548	16492	15174	15133	15247	16865	17534	8988	9495	184075
四、城乡个体经营收入	3400164	417720	341540	409783	433088	395210	407340	418960	409432	420193	390225	297647	322680	4663818
五、储蓄存款收入	24698516	2755605	2574892	2530864	2528545	2606190	2583504	2707103	2561157	2792193	2557159	2236433	2490731	30924376
六、其他金融性公司收入														
七、居民归还贷款收入	840337	86336	56305	85613	67136	73062	75014	87221	82037	76097	72935	45432	32843	840031
八、汇兑收入	844929	91643	64075	87321	107306	102192	105330	100706	77514	58566	45139	21404	17803	878999
九、有价证券及其他投资性收入														
十、其他收入	2935398	330432	253479	257459	257566	233007	227814	252404	211614	206942	158899	110270	183568	2683454
其中：兑换外币收入	6	3		1						10	14	1		29
现金收入合计	**37757591**	**4192135**	**3713256**	**3823150**	**3852278**	**3829933**	**3821080**	**3988157**	**3742953**	**3964005**	**3621761**	**3058746**	**3471582**	**45079036**
系统内现金收入	26593388	3335196	2666310	2023264	2256907	2173455	2076854	2228724	2144485	2220831	2020677	1162124	1598924	25907751
由人行发行库领取现金	2727821	475689	175457	118355	205215	107070	124320	144111	150337	191778	87486	110975	216734	2107527
由其他行、社业务库领取现金	1814395	285115	122619	94006	135531	89812	84638	111732	100676	113452	66686	71855	96538	1372660
前期业务库存	840531	104066	117760	95313	68521	70595	74033	67193	72324	66625	81919	76535	72932	967816
现金收入总计	**69733726**	**8392201**	**6795402**	**6154088**	**6518452**	**6270865**	**6180925**	**6539917**	**6210775**	**6556691**	**5878529**	**4480235**	**5456710**	**75434790**
投放（+）、回笼（-）	4079819	725193	101186	210088	310894	171409	190546	231896	240304	268420	134599	172991	273515	3031041

表 110

宁波市农村合作金融机构人民币现金支出分月统计

2008 年

单位：万元

行列名称	上年合计	一月	二月	三月	四月	五月	六月	七月	八月	九月	十月	十一月	十二月	本年合计
一、工资及对个人其他支出	2816718	439108	334535	286077	302259	263057	284053	282912	275578	284333	261400	290693	354111	3658116
二、农副产品采购支出	1299090	193876	132215	113889	118734	112895	107217	115053	100462	105590	99932	59813	61220	1320896
三、工矿及其他产品采购支出	1127027	138898	96834	82044	95843	76251	72329	78786	73581	79390	103381	54021	28079	979437
四、行政企业管理和经营费支出	1680598	196720	152280	141576	194747	186081	179668	192419	174999	175459	153272	95223	79402	1921846
五、城乡个体经营支出	4059632	513090	347994	336623	359920	319036	322639	348216	348057	345242	312734	208910	249768	4012229
六、储蓄存款支出	27728373	3085361	2515923	2834974	2836622	2825513	2813955	2962789	2815472	3053995	2659038	2404661	2791531	33599834
七、其他金融性公司支出														
八、居民提取贷款支出	219849	12927	10616	15366	13928	10637	10176	15567	13818	13130	11796	4953	2926	135840
九、汇兑支出	183661	18805	15384	15923	21058	17534	15857	16902	16979	13198	11772	2708	3291	169411
十、有价证券及其他投资性支出														
十一、其他支出	2722462	318543	208661	206766	220061	190338	205732	207409	164311	162088	143035	110755	174769	2312468
其中：兑换外币支出	23	9	7	5						1	17			39
现金支出合计	**41837410**	**4917328**	**3814442**	**4033238**	**4163172**	**4001342**	**4011626**	**4220053**	**3983257**	**4232425**	**3756360**	**3231737**	**3745097**	**48110077**
系统内现金支出	26593388	3335196	2666310	2023264	2256907	2173455	2076854	2228724	2144485	2220831	2020677	1162124	1598924	25907751
交回人行发行库现金	88539	560	144401	1714	1326	1052	1136	1144	638	912	1245	1098	926	156152
交回其他行、社业务库现金	337381	21357	74936	27351	26452	20983	24116	17672	15770	20604	23712	12344	17440	302737
本期业务库存	877008	117760	95313	68521	70595	74033	67193	72324	66625	81919	76535	72932	94323	958073
现金支出总计	**69733726**	**8392201**	**6795402**	**6154088**	**6518452**	**6270865**	**6180925**	**6539917**	**6210775**	**6556691**	**5878529**	**4480235**	**5456710**	**75434790**

表 111 **宁波市金融机构人民币现金收入分县统计**

2008 年 单位：万元

行列名称	全市合计	市区	开发区	鄞州区	奉化	余姚	慈溪	宁海	象山
一、商品销售收入	15460295	4104616	2523326	2246683	530669	2098456	2315093	845536	795916
二、服务业收入	4799561	1338016	765339	634115	281034	583369	614032	255664	327992
三、行政税费收入	771417	164263	192717	140042	28216	39479	137598	20275	48827
四、城乡个体经营收入	6518355	556858	409209	2761238	174575	843555	1387226	188919	196775
五、储蓄存款收入	109476961	25145093	10532432	16594737	6000268	13247304	20759912	7067488	10129727
六、其他金融性公司收入	55583	35783	8281	9306		1559	654		
七、居民归还贷款收入	1346594	175152	248408	184934	76042	213102	134875	80091	233990
八、汇兑收入	1749405	182302	366990	462992	68695	332871	139269	31226	165060
九、有价证券及其他投资性收入	132819	59439	8178	7114	710	7909	6638	1013	41818
十、其他收入	15076631	5003278	1672604	2239752	651011	1559155	2221462	891557	837812
其中：兑换外币收入	222839	88685	23241	16561	9692	29027	35843	9458	10332
现金收入合计	**155387621**	**36764800**	**16727484**	**25280913**	**7811220**	**18926759**	**27716759**	**9381769**	**12777917**
系统内现金收入	57682725	14136189	7369836	3964814	2927506	8043390	14260752	2187298	4792942
由人行发行库领取现金	6409700	1807244		620621		1306723	2071867	603244	
由其他行、社业务库领取现金	2839030	754396	739098	560	219357	69530	157998	371642	526448
前期业务库存	3660039	1213689	435707	480079	161077	365236	522775	196268	285208
现金收入总计	**225979115**	**54676318**	**25272125**	**30346987**	**11119160**	**28711638**	**44730151**	**12740221**	**18382515**
投放（+）、回笼（－）	2523447	－1284119	856233	640841	177037	715637	1037592	193324	186901
工商银行	－1485114	－868674	－126197	16768	－5935	－233753	－368854	62018	39513
农业银行	478221	－545686	16505	－34607	－53907	429197	665905	24708	－23895
中国银行	236173	－323059	187760	56076	26074	29140	156798	20052	83332
建设银行	－182551	109891	22065	－65838	－2749	－87994	－210297	23427	28944
农业发展银行	74	545	－419		－36	824	150	－761	－229
交通银行	496547	17733	29416	－11054	105	88953	377273	－3419	－2460
中信银行	－127486	－82500	－1471	－1153		－17301	－18563	－6498	
光大银行	－16479	－9259	15194	－16673		－5741			
华夏银行	－1213	－1213							
广东发展银行	－29969	－7160	－83	－9635		－13091			
深圳发展银行	－13735	－1832	－47	－2072		102	－9886		
招商银行	－114156	－88504	－4251	－5184			－16217		
浦东发展银行	149850	28018	78413	23564		24600	－1673	－3072	

续表

行列名称	全市合计	市区	开发区	鄞州区	奉化	余姚	慈溪	宁海	象山
兴业银行	-11294	-830	-563	-681			-9220		
民生银行	-16461	21757	-3216	-231		-7947	-18321	-8503	
恒丰银行									
浙商银行	10132	3335	2581	1150			3066		
宁波银行	160571	296024	110359	107078	19792	-89809	-217359	-64638	-876
上海银行	-15066	-5392				-9427	-247		
包商银行	278	278							
温州银行	-520	-520							
泰隆银行	-1002	-1002							
临商银行	-68	-68							
农村合作银行	1896254			583333		607884	705037		
农村信用社	1134787	173999	530187		193693			150010	86898
城市信用社	-24326								-24326

表112　　**宁波市金融机构人民币现金支出分县统计**

2008年　　单位：万元

行列名称	全市合计	市区	开发区	鄞州区	奉化	余姚	慈溪	宁海	象山
一、工资及对个人其他支出	8916145	1135904	1958605	1865167	434051	1669740	1137812	383529	331337
二、农副产品采购支出	2313065	281363	161891	576083	157008	580586	176746	167721	211667
三、工矿及其他产品采购支出	1946821	521707	77833	230193	111820	472338	242640	206130	84160
四、行政企业管理和经营费支出	8174826	2553444	1373814	848209	293372	809475	1417828	372084	506600
五、城乡个体经营支出	6532142	469667	853388	2591151	155965	1090499	840975	275509	254988
六、储蓄存款支出	117451122	26957064	11516065	17918896	6241816	13348393	22842987	7638837	10987064
七、其他金融性公司支出	71524	33358	35075	38	3	2448	226	102	274
八、居民提取贷款支出	484175	59516	46455	30328	24128	53373	164136	11845	94394
九、汇兑支出	517433	97133	68626	137777	52551	33685	74165	11800	41696
十、有价证券及其他投资性支出	113377	77213	11200	7402	622	3950	4151	636	8203
十一、其他支出	11390438	3294314	1480769	1716510	516921	1577909	1852675	506900	444440
其中：兑换外币支出	483745	186507	46419	49248	12776	48492	98164	26880	15259
现金支出合计	**157911068**	**35480683**	**17583721**	**25921754**	**7988257**	**19642396**	**28754341**	**9575093**	**12964823**
系统内现金支出	57682725	15440761	6513127	3905543	2749730	8074837	14106658	2284094	4607975

续表

行列名称	全市合计	市区	开发区	鄞州区	奉化	余姚	慈溪	宁海	象山
交回人行发行库现金	3873510	1782563		44296		562418	1173909	310324	
交回其他行、社业务库现金	2839030	750278	739651	2323	219357	68740	160623	371642	526416
本期业务库存	3672782	1222037	435626	473077	161816	363248	534611	199065	283302
现金支出总计	225979115	54676322	25272125	30346993	11119160	28711639	44730142	12740218	18382516

（二）信托投资公司

表 113

金港信托有限责任公司资产负债表

2008 年

单位：元

资产	期初数	期末数	负债及所有者权益	期初数	期末数
资产：			负债：		
现金及银行存款	373091020. 31	455308449. 38	向中央银行借款		
存放同业款项			同业存放款项		
贵金属			拆入资金		
拆出资金			交易性金融负债		
交易性金融资产			衍生金融负债		
衍生金融资产			卖出回购金融资产款		
买入返售金融资产			吸收存款		
应收利息			应付职工薪酬	2870393. 12	5838535. 39
发放贷款和垫款	6664000. 00	5880000. 00	应交税费	74348672. 17	35379100. 32
可供出售金融资产	55172365. 44	34251534. 05	应付利息		
持有至到期投资			预计负债		
长期股权投资	78951647. 98	63587194. 65	应付债券		
投资性房地产			递延所得税负债	9066287. 54	-23755. 46
固定资产	19730416. 10	18560234. 11	其他负债	4878976. 78	1508536. 33
无形资产	305174. 70	760610. 70	负债合计	91164329. 61	42702416. 58
商誉			所有者权益：		
递延所得税资产	2395263. 22	1589884. 16	实收资本	407000000. 00	407000000. 00
其他资产	139016850. 26	48246533. 13	资本公积	40999746. 26	4085170. 98
			盈余公积	25382461. 47	29205880. 52
			一般风险准备	10443001. 94	12354711. 46
			未分配利润	100337198. 73	132836260. 64
			所有者权益合计	584162408. 40	585482023. 60
资产总计	**675326738. 01**	**628184440. 18**	**负债和所有者权益总计**	**675326738. 01**	**628184440. 18**

表 114

宁波市金港信托有限责任公司损益表

2008 年

单位：元

项目	金额	项目	金额
一、营业收入	122371495. 98	营业税金及附加	6053210. 59
利息净收入	10862230. 85	业务及管理费	74306885. 36
利息收入	10869230. 85	资产减值损失	-2015868. 27
利息支出	7000. 00	其他业务成本	
手续费及佣金净收入	66262659. 64	三、营业利润（损失以“-”号填列）	44027268. 30
手续费及佣金收入	68247679. 31	加：营业外收入	10413690. 04
手续费及佣金支出	1985019. 67	减：营业外支出	307449. 81
投资收益（损失以“-”号填列）	42246605. 49	四、利润总额（损失以“-”号填列）	54133508. 53
其他业务收入	3000000. 00	减：所得税费用	15899318. 05
二、营业支出	78344227. 68	五、净利润（损失以“-”号填列）	38234190. 48

表 115

金港信托有限责任公司人民币信贷资金来源分月统计

2008 年

单位：万元

行列名称	年初	一月	二月	三月	四月	五月	六月	七月	八月	九月	十月	十一月	十二月	增减数
一、各项存款														
1. 信托存款														
2. 委托存款														
（1）委托存款														
（2）委托投资基金														
3. 保证金存款														
4. 其他存款														
二、金融债券														
三、应付及暂收款	7977	7033	6876	6856	1739	1485	4611	5871	5791	4815	514	396	3741	-4236
其中：应付及预提利息														
四、长期借款														
五、证券业务款项														
六、卖出回购资产														
七、向中央银行借款														
八、同业往来														

续表

行列名称	年初	一月	二月	三月	四月	五月	六月	七月	八月	九月	十月	十一月	十二月	增减数
1. 同业存放														
2. 同业拆借														
九、代理金融机构贷款基金														
其中：人行委托专项贷款基金														
十、各项准备	355	370	370	370	370	370	370	370	370	370	370	370	497	142
其中：贷款损失准备	355	14	14	14	14	14	14	14	14	14	14	14	12	-343
十一、所有者权益	55931	58467	58167	57675	58226	58055	58134	58277	58019	58429	57696	57544	58630	2699
其中：实收资本	40700	40700	40700	40700	40700	40700	40700	40700	40700	40700	40700	40700	40700	
当年结益		-233	-533	-1063	-1145	-1532	-1328	-1569	-1876	2586	2216	2004	5582	5582
十二、其他	-39448	-38593	-34641	-36122	-24608	-30389	-37402	-38914	-48684	-47723	-44162	-43097	-47899	-8451
资金来源总计	**24815**	**27277**	**30772**	**28779**	**35727**	**29521**	**25713**	**25604**	**15496**	**15891**	**14418**	**15213**	**14969**	**-9846**

表 116

金港信托有限责任公司人民币信贷资金运用分月统计

2008 年

单位：万元

行列名称	年初	一月	二月	三月	四月	五月	六月	七月	八月	九月	十月	十一月	十二月	增减数
一、各项贷款	680	680	680	680	680	680	680	680	680	680	680	680	600	-80
1. 信托贷款														
其中：中长期信托贷款														
2. 委托贷款														
3. 抵押贷款														
4. 票据融资														
其中：贴现														
5. 融资租赁														
6. 各项垫款														
7. 其他贷款	680	680	680	680	680	680	680	680	680	680	680	680	600	-80
二、委托投资														
三、投资	10095	12402	15873	13470	17922	15068	11969	11355	11359	12040	11391	12024	10153	58
1. 短期投资	1627	4425	7896	5493	9945	7091	3992	3378	3382	5651	4991	5624	3425	1798
2. 长期投资	8468	7977	7977	7977	7977	7977	7977	7977	7977	6389	6400	6400	6728	-1740
四、应收及预付款	14040	14176	14205	14621	17102	13745	13026	13543	3431	3163	2335	2500	4216	-9824

续表

行列名称	年初	一月	二月	三月	四月	五月	六月	七月	八月	九月	十月	十一月	十二月	增减数
其中：应收利息														
五、证券业务占款														
六、经营租赁														
七、买入返售资产														
八、缴存中央银行准备金存款														
九、存放中央银行特种存款														
十、同业往来														
1. 存放同业														
2. 拆放同业														
十一、代理金融机构贷款														
其中：代理人行专项贷款														
十二、库存现金		19	14	8	23	28	38	26	26	8	12	9		
十三、外币占款														
资金运用总计	**24815**	**27277**	**30772**	**28779**	**35727**	**29521**	**25713**	**25604**	**15496**	**15891**	**14418**	**15213**	**14969**	**-9846**

（三）租赁公司

表 117　　华融金融租赁股份有限公司宁波分公司资产负债表

2008 年 12 月 31 日　　单位：元

资产	期初数	期末数	负债及所有者权益	期初数	期末数
资产：			负债：		
现金	234.96	2358.06	银行借款	4695853.90	35731164.92
存放中央银行款项	0.00	0.00	应付账款	77862.72	0.00
存放同业款项	2963914.20	1118232.51	拆入资金	0.00	0.00
应收票据	0.00	0.00	交易性金融负债	0.00	0.00
拆出资金	0.00	0.00	衍生金融负债	0.00	0.00
交易性金融资产	0.00	0.00	卖出回购金融资产款	0.00	0.00
衍生金融资产	0.00	0.00	租赁保证金	117341939.03	297988666.67
买入返售金融资产	0.00	0.00	应付职工薪酬	136170.48	164720.50
应收利息	1363773.00	2509536.06	应交税费	1597581.07	2658205.97
应收融资租赁款	278229429.50	746392835.59	应付利息	3321945.27	11798389.58
可供出售金融资产	0.00	0.00	预计负债	0.00	0.00
持有至到期资产	0.00	0.00	应付债券	0.00	0.00
长期股权投资	0.00	0.00	递延所得税负债	0.00	0.00
投资性房地产	0.00	0.00	其他负债	166098236.21	383088041.39
固定资产	3716054.06	3489025.01	负债合计	293269588.68	731429189.03
无形资产	0.00	0.00	所有者权益（或股东权益）：		
递延所得税资产			实收资本（或股本）	40000000.00	40000000.00
其他资产	46996182.96	46980745.43	资本公积	0.00	0.00
			减：库存股	0.00	0.00
			盈余公积	0.00	0.00
			一般风险准备	0.00	0.00
			未分配利润	0.00	29063543.63
			所有者权益（或股东权益）合计	40000000.00	69063543.63
资产总计	**333269588.68**	**800492732.66**	**负债及所有者权益（或股东权益）总计**	**333269588.68**	**800492732.66**

表 118　　**华融金融租赁股份有限公司宁波分公司损益表**

2008 年　　单位：元

项目	金额	项目	金额
一、营业收入	54606204.79	营业税金及附加	3161321.61
利息净收入	56230115.23	业务及管理费	4995625.39
利息收入	68737904.42	资产减值损失	8261404.04
利息支出	12507789.19	其他业务成本	122083.62
手续费及佣金净收入	-1672893.80	三、营业利润（损失以“-”号填列）	38065770.13
手续费及佣金收入	0.00	加：营业外收入	2015074.07
手续费及佣金支出	1672893.80	减：营业外支出	210230.04
投资收益（损失以“-”号填列）	0.00	四、利润总额（损失以“-”号填列）	39870614.16
其中：对联营企业和合营企业的投资收益	0.00	减：所得税费用	10807070.53
公允价值变动收益（损失以“-”号填列）	0.00	五、净利润（损失以“-”号填列）	29063543.63
汇兑收益（损失以“-”号填列）	0.00	六、每股收益：	0.00
其他业务收入	48983.36	（一）基本每股收益	0.00
二、营业支出	16540434.66	（二）稀释每股收益	0.00

表 119

华融金融租赁股份有限公司宁波分公司人民币信贷资金来源分月统计

2008 年

单位：万元

行列名称	年初	一月	二月	三月	四月	五月	六月	七月	八月	九月	十月	十一月	十二月	增减数
一、各项存款	11734	13079	15344	15394	21199	23910	25488	31444	32394	32199	30199	29799	29799	18065
1. 信托存款														
2. 委托存款														
（1）委托存款														
（2）委托投资基金														
3. 保证金存款	11734	13079	15344	15394	21199	23910	25488	31444	32394	32199	30199	29799	29799	18065
4. 其他存款														
二、金融债券														
三、应付及暂收款	17120	18789	25194	24755	37102	41386	43588	47402	48856	44324	40165	41390	39769	22649
其中：应付及预提利息	332	383	438	491	557	623	701	799	930	1016	1038	1150	1180	848
四、长期借款	470	357	250	143	36	720	2135	2038	4348	4155	3963	3769	3573	3103
五、证券业务款项														
六、卖出回购资产														
七、向中央银行借款														
八、同业往来														
1. 同业存放														
2. 同业拆借														
九、代理金融机构贷款基金														
其中：中央银行委托专项贷款基金														
十、各项准备	28	28	28	28	28	28	14	14	14	76	76	76	854	826
其中：贷款损失准备	28	28	28	28	28	28	14	14	14	76	76	76	854	826
十一、所有者权益		128	246	481	880	670	1036	1374	1754	2137	2655	2954	2906	2906
其中：实收资本														
当年结益		192	328	641	1174	895	1381	1834	2340	2851	3542	3941	3987	3987
十二、其他	4092	4296	3907	3829	4995	5070	3735	6380	2398	5707	6055	4467	5891	1799
资金来源总计	**33444**	**36677**	**44969**	**44630**	**64240**	**71784**	**75996**	**88652**	**89764**	**88598**	**83113**	**82455**	**82792**	**49348**

表 120

华融金融租赁股份有限公司宁波分公司人民币信贷资金运用分月统计

2008 年

单位：万元

行列名称	年初	一月	二月	三月	四月	五月	六月	七月	八月	九月	十月	十一月	十二月	增减数
一、各项贷款	28608	31832	40159	39376	59385	66883	71088	83762	84854	83663	78127	77530	77841	49233
1. 信托贷款														
其中：中长期信托贷款														
2. 委托贷款														
3. 抵押贷款														
4. 票据融资														
其中：贴现														
5. 融资租赁	28608	31832	40159	39376	59385	66883	71088	83762	84854	83663	78127	77530	77841	49233
6. 各项垫款														
7. 其他贷款														
二、委托投资														
三、投资														
1. 短期投资														
2. 长期投资														
四、应收及预付款	4836	4845	4810	5254	4855	4901	4908	4890	4910	4935	4986	4925	4951	115
其中：应收利息														
五、证券业务占款														
六、经营租赁														
七、买入返售资产														
八、缴存中央银行准备金存款														
九、存放中央银行特种存款														
十、同业往来														
1. 同业存放														
2. 同业拆放														
十一、代理金融机构贷款														
其中：代理人行专项贷款														
十二、库存现金														
十三、外币占款														
资金运用总计	**33444**	**36677**	**44969**	**44630**	**64240**	**71784**	**75996**	**88652**	**89764**	**88598**	**83113**	**82455**	**82792**	**49348**

（四）保险公司

表 121

宁波市财产保险业务分机构统计表

2008 年

单位：人民币万元；千件

保险机构名称	保费收入															储金
	合计	同比增长（%）	企业财产保险	家庭财产险	机动车辆保险	工程险	责任保险	信用保证保险	船舶险	货物运输保险	航空航天险	农业保险	短期健康保险	意外伤害保险	其他保险	
人保	137646.04	16.82%	21641.76	2702.31	84098.51	2094.48	6947.42	-66.85	6794.1	7473.55	249.99	1127.9	1422.16	3160.71		4804.97
太保	80068.17	22.59%	11183.03	935.42	47198.26	2456.35	2156.05	75.97	6049.92	4951.66	16.25		1613.59	3430.37	1.3	37.94
平保	32990.55	27.40%	3907.29	92.91	23623.57	732.88	499.1	270.38	584.43	1649.49		0.6	271.92	1357.98	0	18.87
出口信用	9680.39	24.71%						9680.39								
大众	12012.17	-17.21%	894.09	-64.37	9223.26	49.79	127.51	330.36	833.43	285.55				332.55		
天安	17005.87	-15.45%	1189.53	98.17	14565.67	54.38	134.9	-1.56		298.59		1.83	228.82	428.01	7.53	
中华联合	32564.59	-6.11%	2212.33	278.37	28825.29	99.68	335.18	-71.95	121.87	278.41		0.76	114.93	362.97	6.75	-6.00
大地	25393.62	1.57%	3390.26	126.04	15080.33	514.43	648.89	150.43	3004.49	895.69		35.24	676.78	871.04		
安邦	11040.09	-35.23%	388.31	25.3	10322.79	18.48	23.9	62.48	66.85	11.56		10.54		109.88		11281.00
华安	765.28	2.11%	51.1	10.06	679.74	5.77	0.44	-0.04		11.05		0.22	0.77	5.66	0.51	
华泰	2923.81	90.70%	302.79	55.74	1954.74	113.33	86.92	1.1		191				218.19		146.47
渤海	4600.81	-32.35%	117.39	30.54	4336.69	3.55	-0		4.77	42.87			13.14	51.84	0.02	
阳光	8821.7	151.83%	482.64	64.1	7406.53	12.76	113.98		39.87	171.05			119.66	411.11		
都邦	9563.53	429.58%	390.78	37.98	8635.41	12.57	50.7	15.5		86.15			18.33	316.11		
太平	5485.75	—	282.21	7.47	4122.83	0.26	116.92	16.32	735.34	52.97			1.57	147.72	2.14	
安诚	3600.97	—	202.16	16.54	3162.34	42.71	49.47	1.96	29.64	18.49				77.66		
永安	5590.6	-22.44%	325.36	30.19	4873.14	18.91	67.51	-6.1	2.27	120.75		0.44	63.59	94.54		
天平	4385.83	-20.68%	1.96		4360.65								2.1	20.85	0.27	
中银	8556.32	229.43%	1029.11	83.5	6355.23	42.15	64.85		246.31	89.77			110.22	535.18		
民安	4827.11	—	152.7	15.42	4505.46	3.38	2.74		0.5	29.08			23.68	94.15		
长安	1163.77	—	24.37	1.51	1051.98	0.96	11.33			3.59			9.78	60.25		
人寿财产	1608.86	—	66.71	8.07	1321.56	8.46	8.12		71.81	36.5				87.63		
合计	420295.83	17.44%	48235.88	4555.27	285703.98	6285.28	11445.93	10458.39	18585.6	16697.77	266.24	1177.53	4691.04	12174.4	18.52	16283.2497

续表

保险机构名称	赔款支出														赔案件数	未决赔款
	合计	企业财产保险	家庭财产险	机动车辆保险	工程险	责任保险	信用保证保险	船舶险	货物运输保险	航空航天险	农业保险	短期健康保险	意外伤害保险	其他保险		
人保	81263.79	13851.14	1329.9	56553.83	526.55	2853.87	126.45	1174.42	2882.52		529.23	745.9	689.98		161.03	29210.00
太保	40394.67	6282.94	148.79	26711.5	300.61	544.91	-0.01	3434.49	1511.27			605.35	841.62	13.2	95.93	15888.03
平保	17547.6	2239.09	51.36	13147.42	330.9	137.07	-15.24	93.02	718.69		6.36	305	533.93		47.19	7896.39
出口信用	7257.97						7257.97								0.25	23132.52
大众	9099.28	221.58	10.29	7917.19	58.55	61.75	82.45	459.63	94.45		4.4		188.99		28.06	2800.00
天安	15407.75	1462.21	32.77	13363.6	41.09	87.8			44.22		4.4	150.67	218.5	2.49	52.35	4219.90
中华联合	24291.7	1144.68	46.58	22406.46	2.91	118.7	10.96		151.3		6.16	278.95	125			
大地	18234.57	1952.82	26.43	14084.47	57.58	194.48		1037.26	432.54		4.4	382.22	62.37		51.75	3107.00
安邦	11148.55	250.1	1.63	10610.87	8.45	38.52	114.07	0.24	37.96		13.33		73.38		69.08	3177.96
华安	894.41	10.06		691.57	0.22	0.22		2.6	144.73		26.13		18.83	0.05	1.45	504.00
华泰	929.81	94.15	4.11	741.06	7.42	8.96			36.69				37.42		3.31	173.76
渤海	4408.07	187.95	1.3	4115.57	1.2	0.04			24.98			44.49	32.54		15.89	1220.01
阳光	3429.33	77.13	1.55	3114.1	13.82	22.72			109.77			21.4	68.84		12.63	747.04
都邦	3518.94	44.26	0.25	3451.71		3.93			2.3			5.98	10.51		20.20	1223.26
太平	518.72	13.25		442.53		0.65		55.94	1.75				4.6		1.82	295.20
安诚	255.23	3.27		249.17	1.43	0.61							0.75		1.17	245.87
永安	4863.84	178.8	3.5	4477.07	2.98	18.25	-0.05	0.02	71.57			63.56	48.14		16.77	496.86
天平	3642.14			3641.49									0.32	0.33	14.88	129.77
中银	3263.31	193.64	4.87	2814.88	0.47	6.06			5.3			89.92	7.29	140.88	14.86	350.00
民安	532.7			529.42								0.76	2.52		2.61	307.83
长安	79.25	0.23		77.72					0.12			1.17	0.01		0.34	5.10
人寿财产	37.88	0.01	1.59	35.43					0.04				0.81		0.10	44.49
合计	251019.51	28207.31	1664.92	189177.06	1354.18	4098.54	7576.6	6257.62	6270.2		594.41	2695.37	2966.35	156.95	611.68	95174.99

表 122

宁波市人寿保险业务分机构统计表

2008 年

单位：人民币万元、千件

保险机构名称	保费收入															
	合计									个人业务						
	合计	同比增长(%)	人寿保险					意外伤害险	健康险	人寿保险					意外伤害险	健康险
			小计	普通寿险	分红寿险	投资连结保险	万能保险			小计	普通寿险	分红寿险	投资连结保险	万能保险		
人寿	154562.61	21.50	144900.66	33774.28	89653.33	0.00	21473.05	4520.32	5141.63	135257.72	33614.08	80170.59	0.00	21473.05	3122.09	3717.90
太保	76548.90	20.42	67906.16	16308.00	40922.91	0.00	10675.25	5436.32	3206.42	63183.40	16283.82	37864.49	0.00	9035.09	4280.90	2852.11
平安	116747.90	18.00	100227.10	13061.81	49344.27	10009.40	27811.62	1495.30	15025.50	99469.48	12887.03	48761.42	10009.40	27811.62	656.64	11981.78
泰康	30141.58	89.00	28960.15	360.37	12816.43	9517.64	6265.70	422.12	759.32	21993.86	339.54	5924.65	9517.64	6211.91	-79.28	533.51
新华	27095.71	79.25	25701.65	158.35	13611.96	0.00	11931.34	307.01	1087.05	25696.14	152.83	13611.96	0.00	11931.34	14.90	847.79
太平	12662.69	-19.24	11412.51	248.97	5782.44	292.70	5088.42	215.46	1034.70	11392.93	159.47	5771.78	292.70	5088.42	118.07	591.39
中宏	3577.78	27.13	2979.23	6.90	2917.48	54.85	0.00	98.57	499.98	2978.58	6.90	2917.48	54.85	0.00	98.57	475.54
生命	6197.04	7.23	6012.95	1.48	683.71	616.56	4711.20	31.24	152.85	6012.81	1.34	683.71	616.56	4711.20	19.51	151.07
平安养老险	25.28		25.28	0.00	25.28	0.00	0.00	0.00	0.00	0.00	0.00	25.03	0.00	0.00	0.00	0.00
嘉禾	10082.63		10052.01	0.22	4499.53	0.00	5552.26	13.31	17.31	10052.01	0.22	4499.53	0.00	5552.26	1.92	5.90
人民	0.00			0.00	0.00					0.00	0.00	0.00	0.00	0.00	0.00	0.00
民生	1238.76	-73.30	1101.30	1.04	1100.26	0.00	0.00	14.61	122.85	1101.30	1.04	1100.26	0.00	0.00	14.61	121.82
合众	2810.22	331.93	2625.37	1.17	1155.89	0.00	1468.31	49.56	135.29	2625.37	1.17	1155.89	0.00	1468.31	15.16	124.97
光大永明	1244.63	-63.26	1167.02	167.63	254.22	598.42	146.75	7.29	70.32	1166.72	167.33	254.22	598.42	146.75	6.35	69.83
中德安联	3787.11	-61.24	3749.02	31.85	2391.08	1076.95	249.13	10.30	27.80	3749.02	31.85	2391.08	1076.95	249.13	10.30	27.80
信诚	2390.45	232.00	2286.66	10.94	623.66	1649.11	2.95	27.91	75.88	2286.65	10.94	623.66	1649.11	2.95	27.91	75.02
国泰	1138.62	628.31	1031.19	27.51	158.13	0.00	845.56	53.00	54.42	1029.94	27.51	158.13	0.00	844.30	7.31	36.46
海康	499.30		498.80	0.00	0.00	128.70	370.10	0.50	0.00	498.80	0.00	0.00	128.70	370.10	0.50	0.00
联泰大都会	25.98		23.62	23.62	0.00	0.00	0.00	0.00	2.36	23.62	23.62	0.00	0.00	0.00	0.00	2.36
合计	450777.19	23.70	410660.68	64184.14	225940.58	23944.33	96591.64	12702.82	27413.68	388518.35	63708.69	205913.88	23944.33	94896.43	8315.45	21615.25

续表

保险机构名称	保费收入										
	团体业务							其中:银行代理			其中:新单保费
	人寿保险					意外伤害险	健康险	小计	其中		
	小计	普通寿险	分红寿险	投资连结保险	万能保险				意外伤害险	健康险	
人寿	9642.94	160.20	9482.74			1398.23	1423.73	59294.66	489.72	1.06	89359.05
太保	4722.76	24.18	3058.42	0.00	1640.16	1155.42	354.31	20414.54	234.15	96.85	43207.90
平安	757.62	174.78	582.85	0.00	0.00	838.66	3043.73	5269.88	0.12	4.22	3033.69
泰康	6966.29	20.83	6891.78	0.00	53.79	501.40	225.81	15315.71	0.93	10.62	25560.31
新华	5.52	5.52	0.00	0.00	0.00	292.11	239.26	19101.30	0.00	0.35	21229.28
太平	19.58	89.50	10.66	0.00	0.00	97.39	443.30	8060.81	0.25	7.78	8334.74
中宏	0.64						24.43	0.00	0.00	0.00	
生命	0.14	0.14	0.00	0.00	0.00	11.73	1.78	5091.97	0.00	0.00	5079.57
平安养老险	25.28		0.25				0.00	0.00	0.00	0.00	0.25
嘉禾	0.00	0.00	0.00	0.00	0.00	11.39	11.41	9466.20	0.00	0.00	9466.20
人民							0.00				
民生	0.00	0.00	0.00	0.00	0.00	0.00	1.02	384.46	0.00	0.36	773.02
合众	0.00	0.00	0.00	0.00	0.00	34.40	10.32	1510.30	0.00	0.00	2615.84
光大永明	0.31	0.30	0.00	0.00	0.00	0.94	0.49	585.60	0.00	0.72	1000.92
中德安联	0.00	0.00	0.00	0.00	0.00	0.00	0.00	3054.47	0.00	0.00	3421.82
信诚	0.00	0.00	0.00	0.00	0.00	0.00	0.85	1472.10	0.67	6.41	1472.10
国泰	1.26	0.00	0.00	0.00	1.26	45.69	17.96	844.30	0.00	0.00	1118.51
海康	0.00	0.00	0.00	0.00	0.00	0.00	0.00	499.30	0.50	0.00	499.30
联泰大都会	0.00						0.00	0.00	0.00	0.00	25.98
合计	22142.34	475.45	20026.70	0.00	1695.21	4387.37	5798.40	150365.60	726.34	128.37	216198.48

续表

保险机构名称	有效保单件数	赔款及给付									
		合计					个人业务				
		小计	赔款支出	死伤医疗给付	满期给付	年金给付	小计	赔款支出	死伤医疗给付	满期给付	年金给付
人寿	817.56	74002.57	3490.01	2226.10	61984.42	6302.03	68502.72	1484.43	1677.62	61984.42	3356.25
太保	324.12	16252.44	1844.27	560.96	11978.21	1869.00	14497.15	1496.77	533.95	10743.22	1723.21
平安	372.25	24482.23	4139.19	1546.08	13023.90	5773.06	20453.41	868.05	1541.73	13022.90	5020.73
泰康	13.44	6477.27	210.47	114.13	5842.85	309.83	6331.03	60.65	109.13	5842.85	318.40
新华	1.01	6088.30	311.80	142.01	5532.05	102.44	5831.19	56.29	140.41	5532.05	102.44
太平	26.90	413.81	247.71	127.66	10.52	27.91	194.05	58.47	109.33	0.00	26.25
中宏	7.19	203.24	139.71	18.68	0.00	44.85	197.18	133.65	18.68	0.00	44.85
生命	10.30	35.23	17.03	18.20	0.00	0.00	14.50	4.30	10.20	0.00	0.00
平安养老险		0.00	0.00	0.00	0.00	0.00	0.00		0.00	0.00	0.00
嘉禾	3.15	2.52	0.01	0.00	2.52	0.00	2.53	0.01	0.00	2.52	0.00
人民							0.00		0.00	0.00	
民生	1.90	38.89	3.73	15.00	0.00	19.84	34.84	0.00	15.00	0.00	19.84
合众	4.11	35.42	18.13	14.30	0.00	2.99	21.69	4.40	14.30	0.00	2.99
光大永明	0.73	2.95	0.51	0.00	0.00	2.44	2.75	0.31	0.00	0.00	2.44
中德安联	1.26	8.80	8.80	0.00	0.00	0.00	8.80	8.80	0.00	0.00	0.00
信诚	3.70	15.21	5.21	10.00	0.00	0.00	15.21	5.21	10.00	0.00	0.00
国泰	1.23	11.79	10.35	1.24	0.00	0.20	1.52	0.08	1.24	0.00	0.20
海康	0.13	0.00	0.00	0.00	0.00	0.00	0.00	0.00	0.00	0.00	0.00
联泰大都会	0.84	0.00	0.00	0.00	0.00	0.00	0.00	0.00	0.00	0.00	0.00
合计	1589.82	128070.67	10446.93	4794.36	98374.47	14454.59	116108.57	4181.42	4181.59	97127.96	10617.60

续表

保险机构名称	赔款及给付										
	团体业务					其中:银行代理					
	小计	赔款支出	死伤医疗给付	满期给付	年金给付	小计	赔款支出	死伤医疗给付	满期给付	年金给付	退保金
人寿	5499.83	2005.58	548.47	0.00	2945.78	16313.66		176.36	16100.43	36.87	29967.33
太保	1755.29	347.50	27.01	1234.99	145.79						22411.02
平安	4028.81	3271.14	4.34	1.00	752.33						14754.34
泰康	146.25	149.82	5.00	0.00	-8.57						12373.26
新华	257.11	255.51	1.60	0.00	0.00						6485.97
太平	219.75	189.24	18.33	10.52	1.66						3930.42
中宏	6.06	6.06	0.00	0.00	0.00						127.21
生命	20.73	12.73	8.00	0.00	0.00						1084.84
平安养老险	0.00		0.00	0.00	0.00						0.00
嘉禾	0.00	0.00	0.00	0.00	0.00						687.81
人民	0.00		0.00	0.00							
民生	0.32	0.00	0.32	0.00	0.00						3725.80
合众	13.73	13.73	0.00	0.00	0.00						56.45
光大永明	0.21	0.21	0.00	0.00	0.00						781.80
中德安联	0.00	0.00	0.00	0.00	0.00						1815.21
信诚	0.00	0.00	0.00	0.00	0.00						139.89
国泰	0.00	0.00	0.00	0.00	0.00						7.55
海康	0.00	0.00	0.00	0.00	0.00						1.48
联泰大都会	0.00	0.00	0.00	0.00	0.00						0.17
合计	11948.09	6251.52	613.07	1246.51	3836.99						98350.55

三、金融机构、人员、教育统计

(一) 机构、人员

表 123 **宁波市金融系统人员、机构情况**

2008 年

	一行三局①	政策性银行②	国有商业银行③	邮政储蓄银行	股份制商业银行④	城商行、城市信用社⑤	外资银行⑥	农村合作金融机构⑦、村镇银行	信托和金融租赁⑧	保险公司(财)	保险公司(寿)	证券期货公司
年末在职人数(人)	589	267	12720	790	4652	3406	185	5020	101	4254	1848	819
年末机构及网点数(个)	16	10	601	44	139	96	7	649	2	405	139	55

注：①一行三局：人民银行宁波市中心支行、宁波银监局、宁波证监局、宁波保监局。②政策性银行：农业发展银行、国家开发银行。③国有商业银行：工商银行、农业银行、中国银行、建设银行。④股份制商业银行：交通银行、浦发银行、兴业银行、光大银行、深发银行、招商银行、中信银行、民生银行、广发银行、浙商银行、华夏银行。⑤城商行、城市信用社：宁波银行、上海银行、包商银行、临商银行、泰隆银行、绿叶城信社。⑥外资银行：宁波国际银行、恒生银行、汇丰银行。⑦农村合作金融机构：农村合作银行、农村信用社。⑧信托和金融租赁：金港信托和华融金融租赁。保险公司不含销售人员。

表 124 **中国人民银行宁波市中心支行在各地机构数和人员数**

2008 年　　单位：个、人

所在地 \ 级别		中支机关			支行			其他		
		机构	人员	其中女性	机构	人员	其中女性	机构	人员	其中女性
同城	海曙	1	230	84						
	江东									
	江北									
	北仑				1	37	16			
	镇海									
	鄞州									
县市	余姚				1	32	9			
	慈溪				1	34	12			
	奉化				1	32	5			
	宁海				1	29	9			
	象山				1	29	9			
合计		1	230	84	6	193	60			

机构总数：7　人员总数：423

表 125 **中国银行业监督管理委员会宁波监管局在各地机构数和人员数**

2008 年

单位：个、人

所在地 \ 级别		局机关			办事处			其他		
		机构	人员	其中女性	机构	人员	其中女性	机构	人员	其中女性
同城	海曙									
	江东	1	80	33						
	江北									
	北仑				1	5	1			
	镇海									
	鄞州									
县市	余姚				1	4				
	慈溪				1	4				
	奉化				1	3				
	宁海				1	4	1			
	象山				1	3				
合计		1	80	33	6	23	2			

机构总数：7　人员总数：103

表 126 **中国证券监督管理委员会宁波监管局在各地机构数和人员数**

2008 年

单位：个、人

所在地 \ 级别		局机关			办事处			其他		
		机构	人员	其中女性	机构	人员	其中女性	机构	人员	其中女性
同城	海曙	1	27	8						
	江东									
	江北									
	北仑									
	镇海									
	鄞州									
县市	余姚									
	慈溪									
	奉化									
	宁海									
	象山									
合计		1	27	8						

机构总数：1　人员总数：27

表 127　　中国保险监督管理委员会宁波监管局在各地机构数和人员数

2008 年　　单位：个、人

所在地		局机关			办事处			其他		
		机构	人员	其中女性	机构	人员	其中女性	机构	人员	其中女性
同城	海曙									
	江东	1	36	14						
	江北									
	北仑									
	镇海									
	鄞州									
县市	余姚									
	慈溪									
	奉化									
	宁海									
	象山									
合计		1	36	14						

机构总数：1　人员总数：36

表 128　　中国农业发展银行宁波市分行在各地机构数和人员数

2008 年　　单位：个、人

所在地		分行			一级支行（营业部）			二级支行（营业部）			其他		
		机构	人员	其中女性	机构	人员	其中女性	机构	人员	其中女性	机构	人员	其中女性
同城	海曙	1	39	20	1	15	9						
	江东												
	江北												
	北仑				1	18	12						
	镇海				1	20	8						
	鄞州												
县市	余姚				1	20	8						
	慈溪				1	21	8						
	奉化				1	19	4						
	宁海				1	18	8						
	象山				1	21	7						
合计		1	39	20	8	152	64						

机构总数：9　人员总数：191

表 129 国家开发银行宁波市分行在各地机构数和人员数

2008 年

单位：个、人

所在地		分行			一级支行（营业部）			二级支行（营业部）			其他		
		机构	人员	其中女性	机构	人员	其中女性	机构	人员	其中女性	机构	人员	其中女性
同城	海曙	1	76	26									
	江东												
	江北												
	北仑												
	镇海												
	鄞州												
县市	余姚												
	慈溪												
	奉化												
	宁海												
	象山												
合计		1	76	26									

机构总数：1 人员总数：76

表 130 中国工商银行股份有限公司宁波市分行在各地机构数和人员数

2008 年

单位：个、人

所在地		分行			一级支行（营业部）			二级支行（营业部）			分理处			储蓄所		
		机构	人员	其中女性	机构	人员	其中女性	机构	人员	其中女性	机构	人员	其中女性	机构	人员	其中女性
同城	海曙	1	680	351	3	293	175	21	244	165	2	13	7			
	江东				3	138	81	12	145	94				2	14	11
	江北				1	76	46	6	61	32	2	14	7	2	8	4
	北仑				4	154	96	3	21	15	2	19	15	3	22	19
	镇海				2	130	76	6	63	47	4	31	23	1	4	3
	鄞州				2	139	94	9	104	67	3	14	11			
县市	余姚				1	132	80	7	61	40	2	19	16	4	29	20
	慈溪				1	121	61	7	72	33	6	42	25			
	奉化				1	89	46	2	30	17	4	37	22	1	8	5
	宁海				1	114	63	2	30	25	4	32	27	2	14	12
	象山				1	110	48	2	33	13	1	5	3	3	23	19
合计		1	680	351	20	1496	866	77	864	548	30	226	156	18	122	93

机构总数：146 人员总数：3388

表 131 中国农业银行宁波市分行在各地机构数和人员数

2008 年 单位：个、人

所在地 \ 级别		分行			一级支行（营业部）			二级支行（营业部）			分理处			储蓄所		
		机构	人员	其中女性	机构	人员	其中女性	机构	人员	其中女性	机构	人员	其中女性	机构	人员	其中女性
同城	海曙				1	90	30	8	90	69	2	11	8	3	11	6
	江东	1	319	127	2	129	70	10	134	94	2	10	8	3	14	10
	江北				1	106	51	8	144	99	4	22	18	3	18	13
	北仑				2	139	64	6	98	78	4	23	15	5	18	15
	镇海				1	84	43	3	51	32	5	61	37	4	21	19
	鄞州				1	184	88	17	319	198	14	95	68	7	30	25
县市	余姚				1	154	71	9	112	66	6	59	39	6	30	13
	慈溪				1	179	72	15	211	85	11	62	38	5	28	17
	奉化				1	129	51	3	38	19	7	94	49	4	21	17
	宁海				1	93	41	5	79	44	3	37	23	3	20	15
	象山				1	116	53	6	114	54	1	4	2	5	26	14
合计		1	319	127	13	1403	634	90	1390	838	59	478	305	48	237	164

机构总数：211 人员总数：3827

表 132 中国银行股份有限公司宁波市分行在各地机构数和人员数

2008 年 单位：个、人

所在地 \ 级别		分行			一级支行（营业部）			二级支行（营业部）			分理处			储蓄所		
		机构	人员	其中女性	机构	人员	其中女性	机构	人员	其中女性	机构	人员	其中女性	机构	人员	其中女性
同城	海曙	1	646	350	1	85	57	5	46	37	6	43	36			
	江东				1	88	64	7	82	56	12	77	62			
	江北				1	47	31	2	15	11	4	26	22			
	北仑				1	95	51	6	83	45	6	41	34			
	镇海				1	88	53	4	47	38	3	17	12			
	鄞州				1	100	63	7	74	52	3	25	18			
县市	余姚				1	116	76	5	49	31	6	35	28			
	慈溪				1	117	70	5	57	33	5	39	23			
	奉化				1	78	48	1	11	5	5	32	23			
	宁海				1	74	44				4	32	22			
	象山				1	77	45	1	13	6	5	29	22			
合计		1	646	350	11	965	602	43	477	314	59	396	302			

机构总数：114 人员总数：2484

表 133　　中国建设银行股份有限公司宁波市分行在各地机构数和人员数

2008 年　　单位：个、人

所在地＼级别		分行			一级支行（营业部）			二级支行（营业部）			分理处			储蓄所		
		机构	人员	其中女性	机构	人员	其中女性	机构	人员	其中女性	机构	人员	其中女性	机构	人员	其中女性
同城	海曙	1	795	390	7	178	108				2	8	4	7	54	43
	江东				3	99	69	3	27	21				5	50	39
	江北				1	54	34	2	21	17				6	33	26
	北仑				1	127	67	11	139	107				3	22	19
	镇海				1	100	64	6	93	69	2	16	11	5	33	28
	鄞州				1	99	53	11	138	93	3	19	14	2	5	3
县市	余姚				1	138	75	6	69	46	2	18	11	5	33	25
	慈溪				1	135	54	5	67	40	4	35	21	5	29	20
	奉化				1	73	29	3	44	26	3	22	20			
	宁海				1	90	40				1	9	4	4	28	25
	象山				1	91	46				1	11	7	3	19	17
合计		1	795	390	19	1184	639	47	598	419	18	138	92	45	306	245

机构总数：130　人员总数：3021

表 134　　交通银行股份有限公司宁波分行在各地机构数和人员数

2008 年　　单位：个、人

所在地＼级别		分行			一级支行（营业部）			二级支行（营业部）			其他		
		机构	人员	其中女性	机构	人员	其中女性	机构	人员	其中女性	机构	人员	其中女性
同城	海曙	1	376	177	1	26	18	6	76	69			
	江东				1	26	14	4	52	27			
	江北				1	23	12	1	11	6			
	北仑				1	37	22	1	8	4			
	镇海				1	36	20	2	16	6			
	鄞州				1	24	15	3	26	16			
县市	余姚				1	42	25	5	53	32			
	慈溪				1	46	20	4	45	27			
	奉化				1	36	20	1	5	2			
	宁海				1	26	7						
	象山				1	26	15						
合计		1	376	177	11	348	188	27	292	189			

机构总数：39　人员总数：1016

表 135 上海浦东发展银行股份有限公司宁波分行在各地机构数和人员数

2008 年 单位：个、人

所在地 \ 级别		分行			一级支行（营业部）			二级支行（营业部）			其他		
		机构	人员	其中女性	机构	人员	其中女性	机构	人员	其中女性	机构	人员	其中女性
同城	海曙	1	224	117	3	57	38						
	江东				3	58	33						
	江北				1	14	8						
	北仑				2	44	25						
	镇海				1	18	8						
	鄞州				2	38	20						
县市	余姚				1	49	29						
	慈溪				1	44	26						
	奉化												
	宁海				1	20	12						
	象山												
合计		1	224	117	15	342	199						

机构总数：16 人员总数：566

表 136 兴业银行股份有限公司宁波分行在各地机构数和人员数

2008 年 单位：个、人

所在地 \ 级别		分行			一级支行（营业部）			二级支行（营业部）			其他		
		机构	人员	其中女性	机构	人员	其中女性	机构	人员	其中女性	机构	人员	其中女性
同城	海曙				1	14	6						
	江东	1	208	133	2	35	13						
	江北				1	12	3						
	北仑				1	14	8						
	镇海				1	8	2						
	鄞州				1	11	4						
县市	余姚												
	慈溪				1	10	1						
	奉化												
	宁海												
	象山												
合计		1	208	133	8	104	37						

机构总数：9 人员总数：312

表 137 **中国光大银行股份有限公司宁波分行在各地机构数和人员数**

2008 年

单位：个、人

级别		分行			一级支行（营业部）			二级支行（营业部）			其他		
所在地		机构	人员	其中女性	机构	人员	其中女性	机构	人员	其中女性	机构	人员	其中女性
同城	海曙	1	231	108	2	52	41						
	江东				4	54	32						
	江北				2	22	13						
	北仑				1	27	17						
	镇海				1	24	15						
	鄞州				1	24	17						
县市	余姚				1	24	10						
	慈溪												
	奉化												
	宁海												
	象山												
合计		1	231	108	12	227	145						

机构总数：13 人员总数：458

表 138 **深圳发展银行股份有限公司宁波分行在各地机构数和人员数**

2008 年

单位：个、人

级别		分行			一级支行（营业部）			二级支行（营业部）			其他		
所在地		机构	人员	其中女性	机构	人员	其中女性	机构	人员	其中女性	机构	人员	其中女性
同城	海曙				1	26	16						
	江东	1	166	82	2	67	38						
	江北												
	北仑				1	35	19						
	镇海												
	鄞州				1	28	17						
县市	余姚				1	24	13						
	慈溪				1	44	27						
	奉化												
	宁海												
	象山												
合计		1	166	82	7	224	130						

机构总数：8 人员总数：390

表 139 **招商银行股份有限公司宁波分行在各地机构数和人员数**

2008 年 单位：个、人

所在地 \ 级别		分行			一级支行（营业部）			二级支行（营业部）			其他		
		机构	人员	其中女性	机构	人员	其中女性	机构	人员	其中女性	机构	人员	其中女性
同城	海曙				4	127	81						
	江东	1	177	84	2	73	48						
	江北				1	29	19						
	北仑				1	38	24						
	镇海												
	鄞州				1	30	20						
县市	余姚												
	慈溪				1	33	23						
	奉化												
	宁海												
	象山												
合计		1	177	84	10	330	215						

机构总数：11 人员总数：507

表 140 **中信银行股份有限公司宁波分行在各地机构数和人员数**

2008 年 单位：个、人

所在地 \ 级别		分行			一级支行（营业部）			二级支行（营业部）			其他		
		机构	人员	其中女性	机构	人员	其中女性	机构	人员	其中女性	机构	人员	其中女性
同城	海曙	1	171	103	2	36	23						
	江东				4	77	46						
	江北												
	北仑				2	30	22						
	镇海												
	鄞州				1	21	10						
县市	余姚				1	41	28						
	慈溪				2	68	37						
	奉化												
	宁海				1	35	14						
	象山												
合计		1	171	103	13	308	180						

机构总数：14 人员总数：479

表 141　　中国民生银行股份有限公司宁波分行在各地机构数和人员数

2008 年　　单位：个、人

级别 所在地		分行			一级支行（营业部）			二级支行（营业部）			总行事业部宁波分部		
		机构	人员	其中女性	机构	人员	其中女性	机构	人员	其中女性	机构	人员	其中女性
同城	海曙	1	127	67	1	19	13				4	61	28
	江东				1	17	12						
	江北												
	北仑				1	20	10						
	镇海												
	鄞州				2	39	25						
县市	余姚				1	23	16						
	慈溪				1	35	19						
	奉化												
	宁海				1	23	17						
	象山												
合计		1	127	67	8	176	112				4	61	28

机构总数：13　人员总数：364

表 142　　广东发展银行股份有限公司宁波分行在各地机构数和人员数

2008 年　　单位：个、人

级别 所在地		分行			一级支行（营业部）			二级支行（营业部）			其他		
		机构	人员	其中女性	机构	人员	其中女性	机构	人员	其中女性	机构	人员	其中女性
同城	海曙	1	114	52	2	36	19						
	江东				2	36	23						
	江北				1	14	10						
	北仑				1	18	12						
	镇海												
	鄞州				1	17	10						
县市	余姚				1	11	9						
	慈溪												
	奉化												
	宁海												
	象山												
合计		1	114	52	8	132	83						

机构总数：9　人员总数：246

表 143　　浙商银行股份有限公司宁波分行在各地机构数和人员数

2008 年

所在地 \ 级别		分行			一级支行（营业部）			二级支行（营业部）			其他		
		机构	人员	其中女性	机构	人员	其中女性	机构	人员	其中女性	机构	人员	其中女性
同城	海曙	1	114	55									
	江东				1	22	3						
	江北												
	北仑				1	11	5						
	镇海												
	鄞州				1	14	7						
县市	余姚												
	慈溪				1	15	4						
	奉化												
	宁海												
	象山												
合计		1	114	55	4	62	19						

机构总数：5　人员总数：176

表 144　　华夏银行股份有限公司宁波分行在各地机构数和人员数

2008 年

所在地 \ 级别		分行			一级支行（营业部）			二级支行（营业部）			其他		
		机构	人员	其中女性	机构	人员	其中女性	机构	人员	其中女性	机构	人员	其中女性
同城	海曙	1	121	45	1	16	10						
	江东												
	江北												
	北仑												
	镇海												
	鄞州												
县市	余姚												
	慈溪												
	奉化												
	宁海												
	象山												
合计		1	121	45	1	16	10						

机构总数：2　人员总数：137

表 145　　中国邮政储蓄银行宁波分行在各地机构数和人员数

2008 年　　单位：个、人

所在地		分行			一级支行（营业部）			二级支行（营业部）			其他		
		机构	人员	其中女性	机构	人员	其中女性	机构	人员	其中女性	机构	人员	其中女性
同城	海曙	1	52	29				5	46	40			
	江东							2	20	17			
	江北							2	14	10			
	北仑				1	54	43	1	8	7			
	镇海				1	37	29	2	20	16			
	鄞州				1	52	23	3	20	16			
县市	余姚				1	44	25	4	45	38			
	慈溪				1	91	44	11	117	86			
	奉化				1	35	27	2	14	12			
	宁海				1	55	32	1	7	6			
	象山				1	46	33	2	13	10			
合计		1	52	29	8	414	256	35	324	258			

机构总数：44　人员总数：790

表 146　　宁波银行股份有限公司在各地机构数和人员数

2008 年　　单位：个、人

所在地		总部			分行			一级支行（营业部）			二级支行（营业部）		
		机构	人员	其中女性	机构	人员	其中女性	机构	人员	其中女性	机构	人员	其中女性
同城	海曙							5	233	120	14	123	83
	江东	1	726	385				5	296	176	9	107	65
	江北							1	47	25	5	42	30
	北仑							2	39	23	2	31	17
	镇海							1	42	24	2	24	11
	鄞州							1	35	18	8	81	39
县市	余姚							2	92	55	5	64	36
	慈溪							2	124	68	4	44	15
	奉化							1	46	29	1	9	3
	宁海							1	55	39	2	21	10
	象山							1	56	32			
异地					4	447	212	2	34	12			
合计		1	726	385	4	447	212	24	1099	621	52	546	309

机构总数：81　人员总数：2818

表 147　上海银行股份有限公司宁波分行在各地机构数和人员数

2008 年　　单位：个、人

所在地 \ 级别		分行			一级支行（营业部）			二级支行（营业部）			其他		
		机构	人员	其中女性	机构	人员	其中女性	机构	人员	其中女性	机构	人员	其中女性
同城	海曙				1	22	14						
	江东	1	102	49									
	江北												
	北仑												
	镇海												
	鄞州												
县市	余姚				1	28	17						
	慈溪				1	22	11						
	奉化												
	宁海												
	象山												
合计		1	102	49	3	72	42						

机构总数：4　人员总数：174

表 148　包商银行股份有限公司宁波分行在各地机构数和人员数

2008 年　　单位：个、人

所在地 \ 级别		分行			一级支行（营业部）			二级支行（营业部）			其他		
		机构	人员	其中女性	机构	人员	其中女性	机构	人员	其中女性	机构	人员	其中女性
同城	海曙												
	江东	1	103	42									
	江北												
	北仑												
	镇海												
	鄞州												
县市	余姚												
	慈溪												
	奉化												
	宁海												
	象山												
合计		1	103	42									

机构总数：1　人员总数：103

表 149　临商银行股份有限公司宁波分行在各地机构数和人员数

2008 年　　单位：个、人

所在地 \ 级别		分行			一级支行（营业部）			二级支行（营业部）			其他		
		机构	人员	其中女性	机构	人员	其中女性	机构	人员	其中女性	机构	人员	其中女性
同城	海曙												
	江东	1	44	17									
	江北												
	北仑												
	镇海												
	鄞州												
县市	余姚												
	慈溪												
	奉化												
	宁海												
	象山												
合计		1	44	17									

机构总数：1　人员总数：44

表 150　浙江泰隆商业银行股份有限公司宁波分行在各地机构数和人员数

2008 年　　单位：个、人

所在地 \ 级别		分行			一级支行（营业部）			二级支行（营业部）			其他		
		机构	人员	其中女性	机构	人员	其中女性	机构	人员	其中女性	机构	人员	其中女性
同城	海曙												
	江东	1	76	33									
	江北												
	北仑												
	镇海												
	鄞州												
县市	余姚												
	慈溪												
	奉化												
	宁海												
	象山												
合计		1	76	33									

机构总数：1　人员总数：76

表 151 **象山国民村镇银行有限责任公司在各地机构数和人员数**

2008 年 单位：个、人

所在地＼级别		总部			一级支行（营业部）			二级支行（营业部）			其他		
		机构	人员	其中女性	机构	人员	其中女性	机构	人员	其中女性	机构	人员	其中女性
同城	海曙												
	江东												
	江北												
	北仑												
	镇海												
	鄞州												
县市	余姚												
	慈溪												
	奉化												
	宁海												
	象山	1	19	9									
合计		1	19	9									

机构总数：1 人员总数：19

表 152 **慈溪民生村镇银行股份有限公司在各地机构数和人员数**

2008 年 单位：个、人

所在地＼级别		总部			一级支行（营业部）			二级支行（营业部）			其他		
		机构	人员	其中女性	机构	人员	其中女性	机构	人员	其中女性	机构	人员	其中女性
同城	海曙												
	江东												
	江北												
	北仑												
	镇海												
	鄞州												
县市	余姚												
	慈溪	1	29	14									
	奉化												
	宁海												
	象山												
合计		1	29	14									

机构总数：1 人员总数：29

表 153　　宁波国际银行在各地机构数和人员数

2008 年　　单位：个、人

所在地 \ 级别		总部			分行			办事处			其他		
		机构	人员	其中女性	机构	人员	其中女性	机构	人员	其中女性	机构	人员	其中女性
同城	海曙												
	江东	1	54	40									
	江北												
	北仑												
	镇海												
	鄞州												
县市	余姚												
	慈溪												
	奉化												
	宁海												
	象山												
外地	上海				1	22	11						
	北京							1	2	2			
合计		1	54	40	1	22	11	1	2	2			

机构总数：3　人员总数：78

表 154　　恒生银行（中国）有限公司宁波分行在各地机构数和人员数

2008 年　　单位：个、人

所在地 \ 级别		分行			一级支行（营业部）			二级支行（营业部）			其他		
		机构	人员	其中女性	机构	人员	其中女性	机构	人员	其中女性	机构	人员	其中女性
同城	海曙	1	42	25									
	江东												
	江北												
	北仑												
	镇海												
	鄞州												
县市	余姚												
	慈溪												
	奉化												
	宁海												
	象山												
合计		1	42	25									

机构总数：1　人员总数：42

表 155　　汇丰银行（中国）有限公司宁波分行在各地机构数和人员数

2008 年　　单位：个、人

所在地 \ 级别		分行			一级支行（营业部）			二级支行（营业部）			其他		
		机构	人员	其中女性	机构	人员	其中女性	机构	人员	其中女性	机构	人员	其中女性
同城	海曙												
	江东	1	50	32									
	江北												
	北仑												
	镇海												
	鄞州												
县市	余姚												
	慈溪												
	奉化												
	宁海												
	象山												
合计		1	50	32									

机构总数：1　人员总数：50

表 156　　中国人民财产保险股份有限公司宁波市分公司在各地机构数和人员数

2008 年　　单位：个、人

所在地 \ 级别		分公司			支公司			营销服务部			其他		
		机构	人员	其中女性	机构	人员	其中女性	机构	人员	其中女性	机构	人员	其中女性
同城	海曙	1	177	67	1	26	10						
	江东				1	20	9	1					
	江北				1	22	12	6					
	北仑				3	35	11	12					
	镇海				1	22	10	3					
	鄞州				1	17	10	22	9	3			
县市	余姚				1	26	5	18	2				
	慈溪				2	27	11	21	5	2			
	奉化				1	18	6	9	1				
	宁海				1	18	5	6					
	象山				1	18	5	14	3	1			
合计		1	177	67	14	249	94	112	20	6			

机构总数：127　人员总数：446

表 157　　中国太平洋财产保险股份有限公司宁波分公司在各地机构数和人员数

2008 年　　单位：个、人

所在地		分公司			支公司			营销服务部			其他		
		机构	人员	其中女性	机构	人员	其中女性	机构	人员	其中女性	机构	人员	其中女性
同城	本部	1	205	97									
	海曙				1	9	3	1					
	江东				1	5	2						
	江北				1	4	2	2	2				
	北仑				1	18	11	4	2				
	开发区				1	12	6	4	7	2			
	镇海				1	27	11	3	4	2			
	鄞州				1	27	13	9	19	9			
县市	余姚				1	23	10	10	17	10			
	慈溪				1	31	17	16	97	23			
	奉化				1	14	8	3	5	1			
	宁海				1	15	6	5	8	1			
	象山				1	18	8	4	14	4			
合计		1	205	97	12	203	97	61	175	52			

机构总数：74 个　人员总数：408 人

表 158　　中国平安财产保险股份有限公司宁波分公司在各地机构数和人员数

2008 年　　单位：个、人

所在地		分公司			支公司			营销服务部			保险代理人		
		机构	人员	其中女性	机构	人员	其中女性	机构	人员	其中女性	机构	人员	其中女性
同城	海曙	1	156	75								34	30
	江东												
	江北												
	北仑				1	38		1	2			8	8
	镇海				1	2						1	1
	鄞州				1	11	8	1	8	7		6	5
县市	余姚				1	22		1	2	1		8	8
	慈溪				1	43	23					8	8
	奉化				1	6	2					3	3
	宁海				1	12	7					3	3
	象山				1	8	4					4	4
合计		1	156	75	8	142	44	3	12	8		75	70

机构总数：12　人员总数：310

表 159 中国出口信用保险公司宁波分公司在各地机构数和人员数

2008 年 单位：个、人

所在地 \ 级别		分公司			支公司			营销服务部			其他		
		机构	人员	其中女性	机构	人员	其中女性	机构	人员	其中女性	机构	人员	其中女性
同城	海曙	1	50	19									
	江东												
	江北												
	北仑												
	镇海												
	鄞州												
县市	余姚												
	慈溪												
	奉化												
	宁海												
	象山												
合计		1	50	19									

机构总数：1 人员总数：50

表 160 大众保险股份有限公司宁波分公司在各地机构数和人员数

2008 年 单位：个、人

所在地 \ 级别		分公司			支公司			营销服务部			其他		
		机构	人员	其中女性	机构	人员	其中女性	机构	人员	其中女性	机构	人员	其中女性
同城	海曙												
	江东	1	59	22	1	5	2				3	27	16
	江北				1	9	6						
	北仑				1	5	5						
	镇海				1	16	9						
	鄞州				1	3	1						
县市	余姚				1	16	11						
	慈溪				1	7	3						
	奉化							1	5	4			
	宁海				1	10	7						
	象山							1	3	3			
合计		1	59	22	8	71	44	2	8	7	3	27	16

机构总数：14 人员总数：165

表 161　　天安保险股份有限公司宁波分公司在各地机构数和人员数

2008 年　　　　单位：个、人

所在地＼级别		分公司			支公司			营销服务部			其他		
		机构	人员	其中女性	机构	人员	其中女性	机构	人员	其中女性	机构	人员	其中女性
同城	海曙							1	7	6			
	江东	1	108	47				1					
	江北							1	7	5			
	北仑							2	17	9			
	镇海							1	3	2			
	鄞州				1	14	7						
县市	余姚				1	15	9	1	1	1			
	慈溪				1	25	17	1	1	1			
	奉化				1	14	9						
	宁海				1	11	9						
	象山							1	2	1			
合计		1	108	47	5	79	51	9	38	25			

机构总数：15　人员总数：225

表 162　　中华联合财产保险股份有限公司宁波分公司在各地机构数和人员数

2008 年　　　　单位：个、人

所在地＼级别		分公司			支公司			营销服务部			其他		
		机构	人员	其中女性	机构	人员	其中女性	机构	人员	其中女性	机构	人员	其中女性
同城	海曙												
	江东												
	江北												
	北仑				1	29	21	1	3	2			
	镇海				1	15	9						
	鄞州				1	63	40	5	12	7			
县市	余姚				1	57	42	6	12	12			
	慈溪				1	62	33	9					
	奉化				1	45	27						
	宁海				1	18	10	1	1				
	象山				1	31	21	1	2				
合计		1	154	81	8	320	203	23	30	21			

机构总数：32　人员总数：504

表 163　　中国大地财产保险股份有限公司宁波分公司在各地机构数和人员数

2008 年　　单位：个、人

所在地＼级别		分公司			支公司			营销服务部			其他		
		机构	人员	其中女性	机构	人员	其中女性	机构	人员	其中女性	机构	人员	其中女性
同城	海曙				1	4	2						
	江东	1	174	88	2	26	14						
	江北												
	北仑				1	14	10	1	1	0			
	镇海				1	13	9	1	4	4			
	鄞州				1	28	13	3	16	9			
县市	余姚				1	20	13	2	3	3			
	慈溪				1	17	14	1	2	1			
	奉化				1	18	11						
	宁海				1	13	6						
	象山				1	11	7						
合计		1	174	88	11	164	99	8	26	17			

机构总数：20　人员总数：364

表 164　　华安财产保险股份有限公司宁波分公司在各地机构数和人员数

2008 年　　单位：个、人

所在地＼级别		分公司			支公司			营销服务部			连锁营销门店		
		机构	人员	其中女性	机构	人员	其中女性	机构	人员	其中女性	机构	人员	其中女性
同城	海曙										5	19	10
	江东	1	44	21							6	29	16
	江北										5	18	10
	北仑				1	3	2				1	9	5
	镇海										1	4	2
	鄞州										3	16	8
县市	余姚				1	3	3				4	14	8
	慈溪				1	1	1				1	4	1
	奉化				1	3	3				1	6	3
	宁海							1	2	1	1	5	4
	象山												
合计		1	44	21	4	10	9	1	2	1	28	124	67

机构总数：34　人员总数：180

表 165 **安邦财产保险股份有限公司宁波分公司在各地机构数和人员数**

2008 年 单位：个、人

所在地 \ 级别		分公司			支公司			营销服务部			其他		
		机构	人员	其中女性	机构	人员	其中女性	机构	人员	其中女性	机构	人员	其中女性
同城	海曙	1	88	43				1	3	2			
	江东												
	江北												
	北仑							1	7	4			
	镇海							1	5	3			
	鄞州							1	4	3			
县市	余姚				1	9	5						
	慈溪				1	6	3						
	奉化				1	3	2						
	宁海				1	8	6						
	象山				1	8	5						
合计		1	88	43	5	34	21	4	19	12			

机构总数：10 人员总数：141

表 166 **永安财产保险股份有限公司宁波中心支公司在各地机构数和人员数**

2008 年 单位：个、人

所在地 \ 级别		中心支公司			支公司			营销服务部			其他		
		机构	人员	其中女性	机构	人员	其中女性	机构	人员	其中女性	机构	人员	其中女性
同城	海曙												
	江东	1	45	17									
	江北												
	北仑							1	9	4			
	镇海							1	5	4			
	鄞州				1	12	7						
县市	余姚				1	11	8						
	慈溪				1	25	14						
	奉化							1	10	4			
	宁海							1	7	2			
	象山												
合计		1	45	17	3	48	29	4	31	14			

机构总数：8 人员总数：124

表 167　　天平汽车保险股份有限公司宁波中心支公司在各地机构数和人员数

2008 年　　单位：个、人

所在地＼级别		中心支公司			支公司			营销服务部			其他		
		机构	人员	其中女性	机构	人员	其中女性	机构	人员	其中女性	机构	人员	其中女性
同城	海曙	1	30	20									
	江东												
	江北												
	北仑												
	镇海												
	鄞州												
县市	余姚				1	3	2						
	慈溪				1	3	2						
	奉化												
	宁海												
	象山												
合计		1	30	20	2	6	4						

机构总数：3　人员总数：36

表 168　　华泰财产保险股份有限公司宁波分公司在各地机构数和人员数

2008 年　　单位：个、人

所在地＼级别		分公司			支公司			营销服务部			其他		
		机构	人员	其中女性	机构	人员	其中女性	机构	人员	其中女性	机构	人员	其中女性
同城	海曙	1	28	13									
	江东												
	江北												
	北仑				1	5	2						
	镇海												
	鄞州												
县市	余姚				1	5	2						
	慈溪							1	5	2			
	奉化												
	宁海							1	5	3			
	象山												
合计		1	28	13	2	10	4	2	10	5			

机构总数：5　人员总数：48

表 169　　阳光财产保险股份有限公司宁波市分公司在各地机构数和人员数

2008 年　　单位：个、人

所在地	级别	分公司			支公司			营销服务部			其他		
		机构	人员	其中女性	机构	人员	其中女性	机构	人员	其中女性	机构	人员	其中女性
同城	海曙	1	35	20									
	江东				1	6	4						
	江北												
	北仑							1	7	1			
	镇海				1	6	5						
	鄞州				1	4	2						
县市	余姚				1	9	5						
	慈溪				1	11	4						
	奉化				1	5	2						
	宁海				1	9	3						
	象山				1	6	3						
合计		1	35	20	8	56	28	1	7	1			

机构总数：10　人员总数：98

表 170　　渤海财产保险股份有限公司宁波分公司在各地机构数和人员数

2008 年　　单位：个、人

所在地	级别	分公司			中心支公司			支公司			营销服务部		
		机构	人员	其中女性	机构	人员	其中女性	机构	人员	其中女性	机构	人员	其中女性
同城	海曙												
	江东										1	4	2
	江北												
	北仑				1	6	5						
	镇海										1	5	5
	鄞州	1	57	23							1	5	2
县市	余姚				1	2	1						
	慈溪				1	12	7						
	奉化							1	6	2			
	宁海										1	3	1
	象山												
合计		1	57	23	3	20	13	1	6	2	4	17	10

机构总数：9　人员总数：100

表 171　　中银保险有限公司宁波中心支公司在各地机构数和人员数

2008 年　　单位：个、人

所在地＼级别		中心支公司			支公司			营销服务部			其他		
		机构	人员	其中女性	机构	人员	其中女性	机构	人员	其中女性	机构	人员	其中女性
同城	海曙	1	45	24									
	江东				1	13	8						
	江北												
	北仑												
	镇海												
	鄞州				1	7	4						
县市	余姚				1	17	11						
	慈溪				1	18	11						
	奉化				1	14	6						
	宁海				1	7	4						
	象山										1	9	5
合计		1	45	24	6	76	44				1	9	5

机构总数：8　人员总数：130

表 172　　都邦财产保险股份有限公司宁波分公司在各地机构数和人员数

2008 年　　单位：个、人

所在地＼级别		分公司			支公司			营销服务部			其他		
		机构	人员	其中女性	机构	人员	其中女性	机构	人员	其中女性	机构	人员	其中女性
同城	海曙							1	9	4			
	江东							1	9	4			
	江北	1	39	16				1	7	3	1	24	9
	北仑				1	14	7						
	镇海				1	12	8						
	鄞州				1	9	5						
县市	余姚				1	11	5						
	慈溪				1	9	4						
	奉化												
	宁海							1	10	5			
	象山												
合计		1	39	16	5	55	29	4	35	16	1	24	9

机构总数：11　人员总数：153

表 173　　民安保险（中国）有限公司宁波中心支公司在各地机构数和人员数

2008 年

单位：个、人

所在地 \ 级别		中心支公司			支公司			营销服务部			其他		
		机构	人员	其中女性	机构	人员	其中女性	机构	人员	其中女性	机构	人员	其中女性
同城	海曙												
	江东				1	5	3						
	江北												
	北仑												
	镇海												
	鄞州	1	42	18									
县市	余姚				1	6	3						
	慈溪				1	5	2						
	奉化												
	宁海				1	8	4						
	象山												
合计		1	42	18	4	24	12						

机构总数：5　人员总数：66

表 174　　太平保险有限公司宁波分公司在各地机构数和人员数

2008 年

单位：个、人

所在地 \ 级别		分公司			支公司			营销服务部			其他		
		机构	人员	其中女性	机构	人员	其中女性	机构	人员	其中女性	机构	人员	其中女性
同城	海曙	1	153	89									
	江东												
	江北												
	北仑												
	镇海												
	鄞州												
县市	余姚												
	慈溪												
	奉化												
	宁海												
	象山												
合计		1	153	89									

机构总数：1　人员总数：153

表 175　　安诚财产保险股份有限公司宁波分公司在各地机构数和人员数

2008 年　　单位：个、人

所在地 \ 级别		分公司			支公司			营销服务部			其他		
		机构	人员	其中女性	机构	人员	其中女性	机构	人员	其中女性	机构	人员	其中女性
同城	海曙												
	江东												
	江北												
	北仑				1	9	3						
	镇海												
	鄞州	1	68	30									
县市	余姚												
	慈溪												
	奉化				1	4	2						
	宁海				1	10	5						
	象山												
合计		1	68	30	3	23	10						

机构总数：4　人员总数：91

表 176　　长安责任保险股份有限公司宁波中心支公司在各地机构数和人员数

2008 年　　单位：个、人

所在地 \ 级别		分公司			中心支公司			营销服务部			其他		
		机构	人员	其中女性	机构	人员	其中女性	机构	人员	其中女性	机构	人员	其中女性
同城	海曙												
	江东												
	江北												
	北仑												
	镇海												
	鄞州				1	45	21						
县市	余姚												
	慈溪												
	奉化												
	宁海												
	象山												
合计					1	45	21						

机构总数：1　人员总数：45

表 177　　中国人寿财产保险股份有限公司宁波市中心支公司在各地机构数和人员数

2008 年

单位：个、人

所在地 \ 级别		分公司			中心支公司			营销服务部			其他		
		机构	人员	其中女性	机构	人员	其中女性	机构	人员	其中女性	机构	人员	其中女性
同城	海曙				1	127	67						
	江东												
	江北												
	北仑												
	镇海												
	鄞州												
县市	余姚												
	慈溪												
	奉化												
	宁海												
	象山												
合计					1	127	67						

机构总数：1　人员总数：127

表 178　　中国人寿保险股份有限公司宁波市分公司在各地机构数和人员数

2008 年

单位：个、人

所在地 \ 级别		分公司			支公司			营销服务部			其他		
		机构	人员	其中女性	机构	人员	其中女性	机构	人员	其中女性	机构	人员	其中女性
同城	海曙	1	202	134	1	9	1	3					
	江东				1	7	5	2	10	7			
	江北				1	9	5	2					
	北仑				1	20	17	6					
	镇海				1	19	15	2					
	鄞州				1	16	7	5					
县市	余姚				1	30	19	8					
	慈溪				1	39	20						
	奉化				1	29	17	2					
	宁海				1	29	22	3					
	象山				1	30	16	6					
合计		1	202	134	11	237	144	39	10	7			

机构总数：51　人员总数：449

表 179　　中国太平洋人寿保险股份有限公司宁波分公司在各地机构数和人员数

2008 年　　单位：个、人

所在地＼级别		分公司			支公司			营销服务部			其他		
		机构	人员	其中女性	机构	人员	其中女性	机构	人员	其中女性	机构	人员	其中女性
同城	海曙	1	125	66	1	21	14						
	江东												
	江北												
	北仑				1	22	11						
	镇海				1	24	16						
	鄞州				1	32	23						
县市	余姚				1	30	19						
	慈溪				1	37	22						
	奉化				1	21	14						
	宁海				1	21	13						
	象山				1	24	15						
合计		1	125	66	9	232	147						

机构总数：10　人员总数：357

表 180　　中国平安人寿保险股份有限公司宁波分公司在各地机构数和人员数

2008 年　　单位：个、人

所在地＼级别		分公司			支公司			营销服务部			其他		
		机构	人员	其中女性	机构	人员	其中女性	机构	人员	其中女性	机构	人员	其中女性
同城	海曙	1	203	115				1	11	8			
	江东							1	3	1			
	江北												
	北仑							1	5	4			
	镇海							2	6	4			
	鄞州							1	2	0			
县市	余姚				1	19	8	1					
	慈溪				1	10	5	2					
	奉化							2	8	6			
	宁海							1	4	2			
	象山							2	6	2			
合计		1	203	115	2	29	13	14	45	27			

机构总数：17　人员总数：277

表 181　　泰康人寿保险股份有限公司宁波分公司在各地机构数和人员数

2008 年　　单位：个、人

级别 所在地		分公司			支公司			营销服务部			其他		
		机构	人员	其中女性	机构	人员	其中女性	机构	人员	其中女性	机构	人员	其中女性
同城	海曙	1	174	108									
	江东							1	5	2			
	江北												
	北仑							1	3	1			
	镇海												
	鄞州												
县市	余姚				1	6	3	2	3	1			
	慈溪				1	5	2	2	2	1			
	奉化				1	5	2	1	1				
	宁海				1	6	2	2	2				
	象山				1	4	3	3	5	2			
合计		1	174	108	5	26	12	12	21	7			

机构总数：18　人员总数：221

表 182　　新华人寿保险股份有限公司宁波分公司在各地机构数和人员数

2008 年　　单位：个、人

级别 所在地		分公司			支公司			营销服务部			其他		
		机构	人员	其中女性	机构	人员	其中女性	机构	人员	其中女性	机构	人员	其中女性
同城	海曙	1	72	35				1	5	4			
	江东												
	江北												
	北仑												
	镇海												
	鄞州												
县市	余姚							1	5	2			
	慈溪							1	4	2			
	奉化							1	4	1			
	宁海							1	3	1			
	象山							1	6	2			
合计		1	72	35				6	27	8			

机构总数：7　人员总数：99

表 183　　太平人寿保险有限公司宁波分公司在各地机构数和人员数

2008 年　　单位：个、人

所在地 \ 级别		分公司			支公司			营销服务部			其他		
		机构	人员	其中女性	机构	人员	其中女性	机构	人员	其中女性	机构	人员	其中女性
同城	海曙	1	72	46				1	4	3			
	江东												
	江北												
	北仑							1	1	1			
	镇海												
	鄞州												
县市	余姚							1	4	3			
	慈溪							1	2	1			
	奉化							1	3	1			
	宁海							1	5	2			
	象山							1	3	2			
合计		1	72	46				7	22	13			

机构总数：8　人员总数：94

表 184　　民生人寿保险股份有限公司宁波中心支公司在各地机构数和人员数

2008 年　　单位：个、人

所在地 \ 级别		分公司			中心支公司			营销服务部			其他		
		机构	人员	其中女性	机构	人员	其中女性	机构	人员	其中女性	机构	人员	其中女性
同城	海曙				1	15	10						
	江东												
	江北												
	北仑												
	镇海												
	鄞州												
县市	余姚												
	慈溪							1	2	0			
	奉化												
	宁海							1	4	3			
	象山												
合计					1	15	10	2	6	3			

机构总数：3　人员总数：21

表 185　　中宏人寿保险有限公司宁波分公司在各地机构数和人员数

2008 年　　单位：个、人

所在地		分公司			支公司			营销服务部			其他		
		机构	人员	其中女性	机构	人员	其中女性	机构	人员	其中女性	机构	人员	其中女性
同城	海曙	1	22	10									
	江东												
	江北												
	北仑												
	镇海												
	鄞州												
县市	余姚												
	慈溪							1	3	2			
	奉化												
	宁海												
	象山												
合计		1	22	10				1	3	2			

机构总数：2　人员总数：25

表 186　　生命人寿保险股份有限公司宁波分公司在各地机构数和人员数

2008 年　　单位：个、人

所在地		分公司			支公司			营销服务部			其他		
		机构	人员	其中女性	机构	人员	其中女性	机构	人员	其中女性	机构	人员	其中女性
同城	海曙	1	36	26									
	江东												
	江北												
	北仑												
	镇海												
	鄞州												
县市	余姚							1	2	1			
	慈溪							1	2	1			
	奉化												
	宁海							1	3	1			
	象山							1	2	2			
合计		1	36	26				4	9	5			

机构总数：5　人员总数：45

表 187 中德安联人寿保险有限公司浙江分公司宁波营销服务部在各地机构数和人员数

2008 年 单位：个、人

所在地 \ 级别		分公司			支公司			营销服务部			其他		
		机构	人员	其中女性	机构	人员	其中女性	机构	人员	其中女性	机构	人员	其中女性
同城	海曙												
	江东							1	20	9			
	江北												
	北仑												
	镇海												
	鄞州												
县市	余姚							1	5	3			
	慈溪												
	奉化												
	宁海							1	4	4			
	象山												
合计								3	29	16			

机构总数：3 人员总数：29

表 188 光大永明人寿保险有限公司宁波营销服务部在各地机构数和人员数

2008 年 单位：个、人

所在地 \ 级别		分公司			支公司			营销服务部			其他		
		机构	人员	其中女性	机构	人员	其中女性	机构	人员	其中女性	机构	人员	其中女性
同城	海曙												
	江东							1	4	2			
	江北												
	北仑												
	镇海												
	鄞州												
县市	余姚												
	慈溪												
	奉化												
	宁海												
	象山												
合计								1	4	2			

机构总数：1 人员总数：4

表 189　　合众人寿保险股份有限公司宁波中心支公司在各地机构数和人员数

2008 年　　单位：个、人

所在地		分公司			中心支公司			营销服务部			其他		
		机构	人员	其中女性	机构	人员	其中女性	机构	人员	其中女性	机构	人员	其中女性
同城	海曙				1	24	13						
	江东												
	江北												
	北仑												
	镇海												
	鄞州												
县市	余姚							1	2	0			
	慈溪							1	2	2			
	奉化												
	宁海							1	4	3			
	象山												
合计					1	24	13	3	8	5			

机构总数：4　人员总数：32

表 190　　信诚人寿保险有限公司浙江省分公司宁波营销服务部在各地机构数和人员数

2008 年　　单位：个、人

所在地		分公司			支公司			营销服务部			其他		
		机构	人员	其中女性	机构	人员	其中女性	机构	人员	其中女性	机构	人员	其中女性
同城	海曙												
	江东							1	19	12			
	江北												
	北仑												
	镇海												
	鄞州												
县市	余姚												
	慈溪												
	奉化												
	宁海												
	象山												
合计								1	19	12			

机构总数：1　人员总数：19

表 191 平安养老保险股份有限公司宁波分公司在各地机构数和人员数

2008 年 单位：个、人

所在地 \ 级别		分公司			支公司			营销服务部			其他		
		机构	人员	其中女性	机构	人员	其中女性	机构	人员	其中女性	机构	人员	其中女性
同城	海曙	1	67	29									
	江东												
	江北												
	北仑				1	12	3						
	镇海												
	鄞州												
县市	余姚												
	慈溪												
	奉化												
	宁海												
	象山												
合计		1	67	29	1	12	3						

机构总数：2　人员总数：79

表 192 嘉禾人寿保险股份有限公司宁波分公司在各地机构数和人员数

2008 年 单位：个、人

所在地 \ 级别		分公司			支公司			营销服务部			其他		
		机构	人员	其中女性	机构	人员	其中女性	机构	人员	其中女性	机构	人员	其中女性
同城	海曙												
	江东	1	56	37				1	2	1			
	江北												
	北仑												
	镇海												
	鄞州												
县市	余姚							1	3	3			
	慈溪							1	3	2			
	奉化												
	宁海							1	2	1			
	象山												
合计		1	56	37				4	10	7			

机构总数：5　人员总数：66

表 193　国泰人寿保险有限责任公司浙江分公司宁波营销服务部在各地机构数和人员数

2008 年　　单位：个、人

所在地＼级别		分公司			支公司			营销服务部			其他		
		机构	人员	其中女性	机构	人员	其中女性	机构	人员	其中女性	机构	人员	其中女性
同城	海曙							1	22	12			
	江东												
	江北												
	北仑												
	镇海												
	鄞州												
县市	余姚												
	慈溪												
	奉化												
	宁海												
	象山												
合计								1	22	12			

机构总数：1　人员总数：22

表 194　海康人寿保险有限公司浙江分公司宁波营销服务部在各地机构数和人员数

2008 年　　单位：个、人

所在地＼级别		分公司			支公司			营销服务部			其他		
		机构	人员	其中女性	机构	人员	其中女性	机构	人员	其中女性	机构	人员	其中女性
同城	海曙												
	江东							1	9	4			
	江北												
	北仑												
	镇海												
	鄞州												
县市	余姚												
	慈溪												
	奉化												
	宁海												
	象山												
合计								1	9	4			

机构总数：1　人员总数：9

表 195 宁波市农村合作金融机构各级机构及人员数

2008 年

	机构数（个）	职工人数（人）	其中女性
合计	646	4972	2582
小计	286	2370	1283
县、市、区联社	6	303	101
营业部	6	352	201
信用社	70	1173	607
信用分社	165	462	307
储蓄所	39	80	67
小计	360	2602	1299
合作银行	3	392	175
营业部	3	113	79
支行	76	1549	727
分理处	225	469	264
储蓄所	53	79	54

表 196 宁波市农村合作金融机构各地区机构数

2008 年 单位：个

单位＼项目	法人机构			非法人机构			信用代办站
	合作银行	联合社	信用社	支行（信用社）	分理处（信用分社）	储蓄所	
全辖合计							
鄞州区	1			33	77	37	
慈溪市	1			23	88	11	
余姚市	1			21	60	5	
奉化市		1		17	25	8	
象山县		1		13	41	1	
北仑区		1		13	18	12	
市　区		1		10	42	3	
镇海区		1		6	20	7	
宁海县		1		14	19	8	

表 197 象山县绿叶城市信用社有限责任公司机构数和人员数

2008 年 单位：个、人

级别 名称	合计			总部			分社			储蓄所		
	机构	人员	其中女性	机构	人员	其中女性	机构	人员	其中女性	机构	人员	其中女性
城信社	8	191	90	1	116	51	7	75	39			

表 198 金港信托有限责任公司在各地机构数和人员数

2008 年　　单位：个、人

所在地 \ 级别		公司（分公司）			办事处			其他		
		机构	人员	其中女性	机构	人员	其中女性	机构	人员	其中女性
同城	海曙									
	江东	1	93	38						
	江北									
	北仑									
	镇海									
	鄞州									
县市	余姚									
	慈溪									
	奉化									
	宁海									
	象山									
合计		1	93	38						

机构总数：1　人员总数：93

表 199 华融金融租赁股份有限公司宁波分公司在各地机构数和人员数

2008 年　　单位：个、人

所在地 \ 级别		公司（分公司）			办事处			其他		
		机构	人员	其中女性	机构	人员	其中女性	机构	人员	其中女性
同城	海曙									
	江东	1	8	3						
	江北									
	北仑									
	镇海									
	鄞州									
县市	余姚									
	慈溪									
	奉化									
	宁海									
	象山									
合计		1	8	3						

机构总数：1　人员总数：8

（二）人员结构

表 200　中国人民银行宁波市中心支行职工年龄、学历、专业、职称结构

2008 年　单位：人

年龄结构			文化结构			专业结构			职称结构		
年龄档次	人数	比重(%)	学历	人数	比重(%)	专业	人数	比重(%)	职称档次	人数	比重(%)
30 岁以下	50	11.82	博士	2	0.47	财经专业	246	58.16	高级职称	16	3.78
31～40 岁	96	22.70	硕士	64	15.13	会计专业	65	15.37	中级职称	215	50.83
41～50 岁	187	44.21	研究生	5	1.18	法律专业	12	2.84	初级职称	94	22.22
51～60 岁	90	21.28	本科	168	39.72	其他专业	61	14.42	其他	98	23.17
61 岁以上			本科以下	184	43.50	其他	39	9.22			
合计	423	100.00	合计	423	100.00	合计	423	100.00	合计	423	100.00

表 201　中国银行业监督管理委员会宁波监管局职工年龄、学历、专业、职称结构

2008 年　单位：人

年龄结构			文化结构			专业结构			职称结构		
年龄档次	人数	比重(%)	学历	人数	比重(%)	专业	人数	比重(%)	职称档次	人数	比重(%)
30 岁以下	20	19.42	博士	1	0.97	财经专业	67	65.05	高级职称	3	2.91
31～40 岁	36	34.95	硕士	24	23.30	会计专业	17	16.50	中级职称	70	67.96
41～50 岁	32	31.07	研究生			法律专业	5	4.85	初级职称	13	12.62
51～60 岁	15	14.56	本科	59	57.28	其他专业	13	12.62	其他	17	16.50
61 岁以上			本科以下	19	18.45	其他	1	0.97			
合计	103	100.00	合计	103	100.00	合计	103	100.00	合计	103	100.00

表 202　中国证券监督管理委员会宁波监管局职工年龄、学历、专业、职称结构

2008 年　单位：人

年龄结构			文化结构			专业结构			职称结构		
年龄档次	人数	比重(%)	学历	人数	比重(%)	专业	人数	比重(%)	职称档次	人数	比重(%)
30 岁以下	6	22.22	博士			财经专业	6	22.22	高级职称	1	3.71
31～40 岁	12	44.45	硕士	5	18.52	会计专业	10	37.04	中级职称	14	51.85
41～50 岁	6	22.22	研究生	5	15.52	法律专业	4	14.81	初级职称	8	29.63
51～60 岁	3	11.11	本科	13	48.15	其他专业	6	22.22	其他	4	14.81
61 岁以上			本科以下	4	14.81	其他	1	3.71			
合计	27	100.00	合计	27	97.00	合计	27	100.00	合计	27	100.00

表 203 中国保险监督管理委员会宁波监管局职工年龄、学历、专业、职称结构

2008 年

单位：人

年龄结构			文化结构			专业结构			职称结构		
年龄档次	人数	比重(%)	学历	人数	比重(%)	专业	人数	比重(%)	职称档次	人数	比重(%)
30 岁以下	9	25.00	博士	1	2.78	财经专业	17	48.57	高级职称	1	2.86
31～40 岁	25	69.44	硕士	8	22.22	会计专业	2	5.71	中级职称	6	17.14
41～50 岁	2	5.56	研究生			法律专业	3	8.57	初级职称	3	8.57
51～60 岁			本科	23	63.89	其他专业	9	25.71	其他	26	74.29
61 岁以上			本科以下	4	11.11	其他	5	14.29			
合计	36	100.00	合计	36	100.00	合计	35	100.00	合计	35	100.00

表 204 中国农业发展银行宁波市分行职工年龄、学历、专业、职称结构

2008 年

单位：人

年龄结构			文化结构			专业结构			职称结构		
年龄档次	人数	比重(%)	学历	人数	比重(%)	专业	人数	比重(%)	职称档次	人数	比重(%)
30 岁以下	29	15.18	博士			财经专业	96	50.26	高级职称	6	3.14
31～40 岁	49	25.65	硕士	2	1.05	会计专业	40	20.94	中级职称	84	43.98
41～50 岁	73	38.22	研究生			法律专业	3	1.57	初级职称	52	27.23
51～60 岁	40	20.94	本科	73	38.22	其他专业	6	3.14	其他	49	25.65
61 岁以上	0		本科以下	116	60.73	其他	46	24.08			
合计	191	100.00	合计	191	100.00	合计	191	100.00	合计	191	100.00

表 205 国家开发银行宁波市分行职工年龄、学历、专业、职称结构

2008 年

单位：人

年龄结构			文化结构			专业结构			职称结构		
年龄档次	人数	比重(%)	学历	人数	比重(%)	专业	人数	比重(%)	职称档次	人数	比重(%)
30 岁以下	50	65.79	博士	3	3.95	财经专业	28	36.84	高级职称	10	13.16
31～40 岁	16	21.05	硕士	28	36.84	会计专业	7	9.21	中级职称	18	23.68
41～50 岁	9	11.84	研究生	1	1.32	法律专业	2	2.63	初级职称	11	14.47
51～60 岁	1	1.32	本科	42	55.26	其他专业	39	51.32	其他	37	48.68
61 岁以上			本科以下	2	2.63	其他					
合计	76	100.00	合计	76	100.00	合计	76	100.00	合计	76	100.00

表 206　　中国工商银行股份有限公司宁波市分行职工年龄、学历、专业、职称结构

2008 年　　单位：人

年龄结构			文化结构			专业结构			职称结构		
年龄档次	人数	比重(%)	学历	人数	比重(%)	专业	人数	比重(%)	职称档次	人数	比重(%)
30 岁以下	1258	37.13	博　士			财经专业	1481	43.71	高级职称	49	1.45
31～40 岁	957	28.25	硕　士	43	1.27	会计专业	825	24.35	中级职称	717	21.16
41～50 岁	1042	30.76	研究生			法律专业	100	2.95	初级职称	1199	35.39
51～60 岁	131	3.87	本　科	1222	36.07	其他专业	621	18.33	其　他	1423	42.00
61 岁以上			本科以下	2123	62.66	其　他	361	10.66			
合计	3388	100.00	合计	3388	100.00	合计	3388	100.00	合计	3388	100.00

表 207　　中国农业银行宁波市分行职工年龄、学历、专业、职称结构

2008 年　　单位：人

年龄结构			文化结构			专业结构			职称结构		
年龄档次	人数	比重(%)	学历	人数	比重(%)	专业	人数	比重(%)	职称档次	人数	比重(%)
30 岁以下	1172	30.62	博　士			财经专业	1097	28.66	高级职称	51	1.33
31～40 岁	1127	29.45	硕　士	43	1.12	会计专业	766	20.02	中级职称	835	21.82
41～50 岁	1144	29.89	研究生	1	0.03	法律专业	184	4.81	初级职称	1243	32.48
51～60 岁	384	10.03	本　科	1238	32.35	其他专业	917	23.96	其　他	1698	44.37
61 岁以上	0		本科以下	2545	66.50	其　他	863	22.55			
合计	3827	100.00	合计	3827	100.00	合计	3827	100.00	合计	3827	100.00

表 208　　中国银行股份有限公司宁波市分行职工年龄、学历、专业、职称结构

2008 年　　单位：人

年龄结构			文化结构			专业结构			职称结构		
年龄档次	人数	比重(%)	学历	人数	比重(%)	专业	人数	比重(%)	职称档次	人数	比重(%)
30 岁以下	992	39.94	博　士			财经专业	877	35.31	高级职称	9	0.36
31～40 岁	872	35.10	硕　士	22	0.89	会计专业	598	24.07	中级职称	584	23.51
41～50 岁	473	19.04	研究生			法律专业	130	5.23	初级职称	650	26.17
51～60 岁	147	5.92	本　科	1062	42.75	其他专业	879	35.39	其　他	1241	49.96
61 岁以上			本科以下	1400	56.36	其　他					
合计	2484	100.00	合计	2484	100.00	合计	2484	100.00	合计	2484	100.00

表 209　　中国建设银行股份有限公司宁波市分行职工年龄、学历、专业、职称结构

2008 年

单位：人

年龄结构			文化结构			专业结构			职称结构		
年龄档次	人数	比重(%)	学历	人数	比重(%)	专业	人数	比重(%)	职称档次	人数	比重(%)
30 岁以下	1150	38.07	博　　士			财经专业	1041	34.46	高级职称	38	1.26
31～40 岁	1168	38.66	硕　　士	33	1.09	会计专业	859	28.43	中级职称	648	21.45
41～50 岁	506	16.75	研 究 生			法律专业	76	2.52	初级职称	487	16.12
51～60 岁	197	6.52	本　　科	983	32.54	其他专业	404	13.37	其　　他	1848	61.17
61 岁以上			本科以下	2005	66.37	其　　他	641	21.22			
合计	3021	100.00	合计	3021	100.00	合计	3021	100.00	合计	3021	100.00

表 210　　交通银行股份有限公司宁波分行职工年龄、学历、专业、职称结构

2008 年

单位：人

年龄结构			文化结构			专业结构			职称结构		
年龄档次	人数	比重(%)	学历	人数	比重(%)	专业	人数	比重(%)	职称档次	人数	比重(%)
30 岁以下	423	41.63	博　　士			财经专业	470	46.26	高级职称		
31～40 岁	345	33.96	硕　　士	18	1.77	会计专业	280	27.56	中级职称	257	25.30
41～50 岁	176	17.32	研 究 生	9	0.89	法律专业	10	0.98	初级职称	275	27.07
51～60 岁	72	7.09	本　　科	500	49.21	其他专业	100	9.84	其　　他	484	47.64
61 岁以上			本科以下	489	48.13	其　　他	156	15.35			
合计	1016	100.00	合计	1016	100.00	合计	1016	100.00	合计	1016	100.00

表 211　　上海浦东发展银行股份有限公司宁波分行职工年龄、学历、专业、职称结构

2008 年

单位：人

年龄结构			文化结构			专业结构			职称结构		
年龄档次	人数	比重(%)	学历	人数	比重(%)	专业	人数	比重(%)	职称档次	人数	比重(%)
30 岁以下	179	31.63	博　　士	1	0.18	财经专业	332	58.66	高级职称	8	1.41
31～40 岁	228	40.28	硕　　士	19	3.36	会计专业	136	24.03	中级职称	240	42.40
41～50 岁	134	23.67	研 究 生	2	0.35	法律专业	38	6.71	初级职称	156	27.56
51～60 岁	25	4.42	本　　科	409	72.26	其他专业	40	7.07	其　　他	162	28.62
61 岁以上			本科以下	135	23.85	其　　他	20	3.53			
合计	566	100.00	合计	566	100.00	合计	566	100.00	合计	566	100.00

表 212 兴业银行股份有限公司宁波分行职工年龄、学历、专业、职称结构

2008 年

单位：人

年龄结构			文化结构			专业结构			职称结构		
年龄档次	人数	比重(%)	学历	人数	比重(%)	专业	人数	比重(%)	职称档次	人数	比重(%)
30 岁以下	157	50.32	博士			财经专业	122	39.10	高级职称	3	0.96
31～40 岁	120	38.46	硕士	8	2.56	会计专业	110	35.26	中级职称	101	32.37
41～50 岁	32	10.26	研究生			法律专业	7	2.24	初级职称	113	36.22
51～60 岁	3	0.96	本科	199	63.78	其他专业	73	23.40	其他	95	30.45
61 岁以上			本科以下	105	33.65	其他					
合计	312	100.00	合计	312	100.00	合计	312	100.00	合计	312	100.00

表 213 中国光大银行股份有限公司宁波分行职工年龄、学历、专业、职称结构

2008 年

单位：人

年龄结构			文化结构			专业结构			职称结构		
年龄档次	人数	比重(%)	学历	人数	比重(%)	专业	人数	比重(%)	职称档次	人数	比重(%)
30 岁以下	252	55.02	博士			财经专业	258	56.33	高级职称	7	1.53
31～40 岁	165	36.03	硕士	18	3.93	会计专业	115	25.11	中级职称	152	33.19
41～50 岁	37	8.08	研究生	4	0.87	法律专业	16	3.49	初级职称	215	46.94
51～60 岁	4	0.87	本科	244	53.28	其他专业	69	15.07	其他	84	18.34
61 岁以上			本科以下	192	41.92	其他	0	0.00			
合计	458	100.00	合计	458	100.00	合计	458	100.00	合计	458	100.00

表 214 深圳发展银行股份有限公司宁波分行职工年龄、学历、专业、职称结构

2008 年

单位：人

年龄结构			文化结构			专业结构			职称结构		
年龄档次	人数	比重(%)	学历	人数	比重(%)	专业	人数	比重(%)	职称档次	人数	比重(%)
30 岁以下	211	54.10	博士	1	0.26	财经专业	176	45.13	高级职称	3	0.77
31～40 岁	128	32.82	硕士	12	3.08	会计专业	59	15.13	中级职称	49	12.56
41～50 岁	48	12.31	研究生			法律专业	25	6.41	初级职称	75	19.23
51～60 岁	3	0.77	本科	232	59.49	其他专业	130	33.33	其他	263	67.44
61 岁以上	0		本科以下	145	37.18	其他	0				
合计	390	100.00	合计	390	100.00	合计	390	100.00	合计	390	100.00

表 215　　招商银行股份有限公司宁波分行职工年龄、学历、专业、职称结构

2008 年　　单位：人

年龄结构			文化结构			专业结构			职称结构		
年龄档次	人数	比重(%)	学历	人数	比重(%)	专业	人数	比重(%)	职称档次	人数	比重(%)
30 岁以下	344	67.85	博　士			财经专业	140	27.61	高级职称	4	2.06
31～40 岁	134	26.43	硕　士	27	5.33	会计专业	98	19.33	中级职称	99	51.03
41～50 岁	29	5.72	研究生	1	0.20	法律专业	27	5.33	初级职称	82	42.27
51～60 岁			本　科	296	58.38	其他专业	236	46.55	其　他	9	4.64
61 岁以上			本科以下	183	36.09	其　他	6	1.18			
合计	507	100.00	合计	507	100.00	合计	507	100.00	合计	194	100.00

表 216　　中信银行股份有限公司宁波分行职工年龄、学历、专业、职称结构

2008 年　　单位：人

年龄结构			文化结构			专业结构			职称结构		
年龄档次	人数	比重(%)	学历	人数	比重(%)	专业	人数	比重(%)	职称档次	人数	比重(%)
30 岁以下	261	54.49	博　士			财经专业	188	39.25	高级职称	2	0.42
31～40 岁	150	31.32	硕　士	14	2.92	会计专业	127	26.51	中级职称	85	17.75
41～50 岁	66	13.78	研究生			法律专业	14	2.92	初级职称	60	12.53
51～60 岁	2	0.42	本　科	251	52.40	其他专业	150	31.32	其　他	332	69.31
61 岁以上			本科以下	214	44.68	其　他					
合计	479	100.00	合计	479	100.00	合计	479	100.00	合计	479	100.00

表 217　　中国民生银行股份有限公司宁波分行职工年龄、学历、专业、职称结构

2008 年　　单位：人

年龄结构			文化结构			专业结构			职称结构		
年龄档次	人数	比重(%)	学历	人数	比重(%)	专业	人数	比重(%)	职称档次	人数	比重(%)
30 岁以下	198	54.40	博　士			财经专业	170	46.70	高级职称	4	1.10
31～40 岁	142	39.01	硕　士	15	4.12	会计专业	87	23.90	中级职称	42	11.54
41～50 岁	24	6.59	研究生	6	1.65	法律专业	26	7.14	初级职称	56	15.38
51～60 岁			本　科	200	54.95	其他专业	74	20.33	其　他	262	71.98
61 岁以上			本科以下	143	39.29	其　他	7	1.92			
合计	364	100.00	合计	364	100.00	合计	364	100.00	合计	364	100.00

表 218　　广东发展银行股份有限公司宁波分行职工年龄、学历、专业、职称结构

2008 年　　单位：人

年龄结构			文化结构			专业结构			职称结构		
年龄档次	人数	比重(%)	学历	人数	比重(%)	专业	人数	比重(%)	职称档次	人数	比重(%)
30 岁以下	129	52.44	博　士			财经专业	121	49.19	高级职称	4	1.63
31～40 岁	84	34.15	硕　士	2	0.81	会计专业	71	28.86	中级职称	58	23.58
41～50 岁	30	12.20	研究生	2	0.81	法律专业	16	6.50	初级职称	40	16.26
51～60 岁	3	1.22	本　科	142	57.72	其他专业	35	14.23	其　他	144	58.54
61 岁以上	0		本科以下	100	40.65	其　他	3	1.22			
合计	246	100.00	合计	246	100.00	合计	246	100.00	合计	246	100.00

表 219　　浙商银行股份有限公司宁波分行职工年龄、学历、专业、职称结构

2008 年　　单位：人

年龄结构			文化结构			专业结构			职称结构		
年龄档次	人数	比重(%)	学历	人数	比重(%)	专业	人数	比重(%)	职称档次	人数	比重(%)
30 岁以下	89	50.57	博　士			财经专业	81	46.02	高级职称		
31～40 岁	66	37.50	硕　士	1	0.57	会计专业	30	17.05	中级职称	111	63.07
41～50 岁	16	9.09	研究生	3	1.70	法律专业	11	6.25	初级职称	63	35.80
51～60 岁	5	2.84	本　科	107	60.80	其他专业	52	29.55	其　他	2	1.14
61 岁以上			本科以下	65	36.93	其　他	2	1.14			
合计	176	100.00	合计	176	100.00	合计	176	100.00	合计	176	100.00

表 220　　华夏银行股份有限公司宁波分行职工年龄、学历、专业、职称结构

2008 年　　单位：人

年龄结构			文化结构			专业结构			职称结构		
年龄档次	人数	比重(%)	学历	人数	比重(%)	专业	人数	比重(%)	职称档次	人数	比重(%)
30 岁以下	63	45.99	博　士	1	0.73	财经专业	14	10.22	高级职称	6	3.41
31～40 岁	52	37.96	硕　士	8	5.84	会计专业	19	13.87	中级职称	46	26.14
41～50 岁	18	13.14	研究生			法律专业	10	7.30	初级职称	27	15.34
51～60 岁	4	2.92	本　科	86	62.77	其他专业	76	55.47	其　他	58	32.95
61 岁以上	0		本科以下	42	30.66	其　他	18	13.14			
合计	137	100.00	合计	137	100.00	合计	137	100.00	合计	137	77.84

表 221 中国邮政储蓄银行宁波分行职工年龄、学历、专业、职称结构

2008 年 单位：人

年龄结构			文化结构			专业结构			职称结构		
年龄档次	人数	比重(%)	学历	人数	比重(%)	专业	人数	比重(%)	职称档次	人数	比重(%)
30 岁以下	463	58.61	博士			财经专业	58	7.34	高级职称	10	1.27
31～40 岁	191	24.18	硕士	2	0.25	会计专业	70	8.86	中级职称	20	2.53
41～50 岁	123	15.57	研究生	1	0.13	法律专业	17	2.15	初级职称	78	9.87
51～60 岁	13	1.65	本科	198	25.06	其他专业	645	81.65	其他	682	86.33
61 岁以上			本科以下	589	74.56	其他					
合计	790	100.00	合计	790	100.00	合计	790	100.00	合计	790	100.00

表 222 宁波银行股份有限公司职工年龄、学历、专业、职称结构

2008 年 单位：人

年龄结构			文化结构			专业结构			职称结构		
年龄档次	人数	比重(%)	学历	人数	比重(%)	专业	人数	比重(%)	职称档次	人数	比重(%)
30 岁以下	1452	51.53	博士	9	0.32	财经专业	957	33.96	高级职称	13	0.46
31～40 岁	1012	35.91	硕士	210	7.45	会计专业	506	17.96	中级职称	749	26.58
41～50 岁	332	11.78	研究生	54	1.92	法律专业	109	3.87	初级职称	1749	62.07
51～60 岁	22	0.78	本科	1785	63.34	其他专业	1246	44.22	其他	307	10.89
61 岁以上			本科以下	760	26.97	其他					
合计	2818	100.00	合计	2818	100.00	合计	2818	100.00	合计	2818	100.00

表 223 上海银行股份有限公司宁波分行职工年龄、学历、专业、职称结构

2008 年 单位：人

年龄结构			文化结构			专业结构			职称结构		
年龄档次	人数	比重(%)	学历	人数	比重(%)	专业	人数	比重(%)	职称档次	人数	比重(%)
30 岁以下	84	48.28	博士			财经专业	18	10.34	高级职称	4	2.30
31～40 岁	62	35.63	硕士	3	1.72	会计专业	34	19.54	中级职称	41	23.56
41～50 岁	27	15.52	研究生	4	2.30	法律专业	12	6.90	初级职称	32	18.39
51～60 岁	1	0.57	本科	100	57.47	其他专业	103	59.20	其他	97	55.75
61 岁以上			本科以下	67	38.51	其他	7	4.02			
合计	174	100.00	合计	174	100.00	合计	174	100.00	合计	174	100.00

表 224　　包商银行股份有限公司宁波分行职工年龄、学历、专业、职称结构

2008 年　　单位：人

年龄结构			文化结构			专业结构			职称结构		
年龄档次	人数	比重(%)	学历	人数	比重(%)	专业	人数	比重(%)	职称档次	人数	比重(%)
30 岁以下	56	54.37	博　士			财经专业	27	26.21	高级职称	2	1.94
31～40 岁	37	35.92	硕　士	4	3.88	会计专业	17	16.50	中级职称	17	16.50
41～50 岁	10	9.71	研究生			法律专业	9	8.74	初级职称	14	13.59
51～60 岁			本　科	65	63.11	其他专业	50	48.54	其　他	70	67.96
61 岁以上			本科以下	34	33.01	其　他					
合计	103	100.00	合计	103	100.00	合计	103	100.00	合计	103	100.00

表 225　　临商银行股份有限公司宁波分行职工年龄、学历、专业、职称结构

2008 年　　单位：人

年龄结构			文化结构			专业结构			职称结构		
年龄档次	人数	比重(%)	学历	人数	比重(%)	专业	人数	比重(%)	职称档次	人数	比重(%)
30 岁以下	28	63.64	博　士			财经专业	21	47.73	高级职称	1	2.27
31～40 岁	14	31.82	硕　士	2	4.55	会计专业	10	22.73	中级职称	10	22.73
41～50 岁	2	4.55	研究生			法律专业	3	6.82	初级职称	1	2.27
51～60 岁			本　科	22	50.00	其他专业	10	22.73	其　他	32	72.73
61 岁以上			本科以下	20	45.45	其　他	0				
合计	44	100.00	合计	44	100.00	合计	44	100.00	合计	44	100.00

表 226　浙江泰隆商业银行股份有限公司宁波分行职工年龄、学历、专业、职称结构

2008 年　　单位：人

年龄结构			文化结构			专业结构			职称结构		
年龄档次	人数	比重(%)	学历	人数	比重(%)	专业	人数	比重(%)	职称档次	人数	比重(%)
30 岁以下	64	84.21	博　士			财经专业	14	18.42	高级职称		
31～40 岁	12	15.79	硕　士	7	9.21	会计专业	15	19.74	中级职称	4	5.26
41～50 岁			研究生			法律专业	8	10.53	初级职称	11	14.47
51～60 岁			本　科	31	40.79	其他专业	39	51.32	其　他	61	80.26
61 岁以上			本科以下	38	50.00	其　他					
合计	76	100.00	合计	76	100.00	合计	76	100.00	合计	76	100.00

表 227　　象山国民村镇银行有限责任公司职工年龄、学历、专业、职称结构

2008 年　　单位：人

年龄结构			文化结构			专业结构			职称结构		
年龄档次	人数	比重(%)	学历	人数	比重(%)	专业	人数	比重(%)	职称档次	人数	比重(%)
30 岁以下	18	94.74	博　士			财经专业	6	31.58	高级职称		
31～40 岁			硕　士			会计专业	1	5.26	中级职称		
41～50 岁	1	5.26	研究生			法律专业			初级职称		
51～60 岁			本　科	16	84.21	其他专业	12	63.16	其　他	19	100.00
61 岁以上			本科以下	3	15.79	其　他					
合计	19	100.00	合计	19	100.00	合计	19	100.00	合计	19	100.00

表 228　　慈溪民生村镇银行股份有限公司职工年龄、学历、专业、职称结构

2008 年　　单位：人

年龄结构			文化结构			专业结构			职称结构		
年龄档次	人数	比重(%)	学历	人数	比重(%)	专业	人数	比重(%)	职称档次	人数	比重(%)
30 岁以下	20	68.97	博　士			财经专业	11	37.93	高级职称	1	3.45
31～40 岁	4	13.79	硕　士	1	3.45	会计专业	3	10.34	中级职称	1	3.45
41～50 岁	5	17.24	研究生	1	3.45	法律专业	2	6.90	初级职称	23	79.31
51～60 岁			本　科	15	51.72	其他专业	11	37.93	其　他	4	13.79
61 岁以上			本科以下	12	41.38	其　他	2	6.90			
合计	29	100.00	合计	29	100.00	合计	29	100.00	合计	29	100.00

表 229　　宁波国际银行职工年龄、学历、专业、职称结构

2008 年　　单位：人

年龄结构			文化结构			专业结构			职称结构		
年龄档次	人数	比重(%)	学历	人数	比重(%)	专业	人数	比重(%)	职称档次	人数	比重(%)
30 岁以下	46	58.97	博　士			财经专业	35	44.87	高级职称	1	1.28
31～40 岁	20	25.64	硕　士	10	12.82	会计专业	10	12.82	中级职称	12	15.38
41～50 岁	9	11.54	研究生			法律专业	1	1.28	初级职称	60	76.92
51～60 岁	3	3.85	本　科	51	65.38	其他专业	28	35.90	其　他	5	6.41
61 岁以上			本科以下	17	21.79	其　他	4	5.13			
合计	78	100.00	合计	78	100.00	合计	78	100.00	合计	78	100.00

表 230 恒生银行（中国）有限公司宁波分行职工年龄、学历、专业、职称结构

2008 年　　单位：人

年龄结构			文化结构			专业结构			职称结构		
年龄档次	人数	比重(%)	学历	人数	比重(%)	专业	人数	比重(%)	职称档次	人数	比重(%)
30 岁以下	34	80.95	博　士			财经专业	31	73.81	高级职称	3	7.14
31～40 岁	5	11.90	硕　士	8	19.05	会计专业	4	9.52	中级职称	4	9.52
41～50 岁	1	2.38	研究生			法律专业	1	2.38	初级职称	15	35.71
51～60 岁	2	4.76	本　科	32	76.19	其他专业	5	11.90	其　他	20	47.62
61 岁以上			本科以下	2	4.76	其　他	1	2.38			
合计	42	100.00	合计	42	100.00	合计	42	100.00	合计	42	100.00

表 231 汇丰银行（中国）有限公司宁波分行职工年龄、学历、专业、职称结构

2008 年　　单位：人

年龄结构			文化结构			专业结构			职称结构		
年龄档次	人数	比重(%)	学历	人数	比重(%)	专业	人数	比重(%)	职称档次	人数	比重(%)
30 岁以下	45	90.00	博　士			财经专业	18	36.00	高级职称		
31～40 岁	4	8.00	硕　士	15	30.00	会计专业	11	22.00	中级职称		
41～50 岁	1	2.00	研究生			法律专业	4	8.00	初级职称		
51～60 岁			本　科	33	66.00	其他专业	17	34.00	其　他	50	100.00
61 岁以上			本科以下	2	4.00	其　他					
合计	50	100.00	合计	50	100.00	合计	50	100.00	合计	50	100.00

表 232 中国人民财产保险股份有限公司宁波市分公司职工年龄、学历、专业、职称结构

2008 年　　单位：人

年龄结构			文化结构			专业结构			职称结构		
年龄档次	人数	比重(%)	学历	人数	比重(%)	专业	人数	比重(%)	职称档次	人数	比重(%)
30 岁以下	120	26.91	博　士	1	0.22	财经专业	188	42.15	高级职称	16	3.59
31～40 岁	143	32.06	硕　士	15	3.36	会计专业	67	15.02	中级职称	121	27.13
41～50 岁	138	30.94	研究生			法律专业	6	1.35	初级职称	148	33.18
51～60 岁	45	10.09	本　科	217	48.65	其他专业	65	14.57	其　他	161	36.10
61 岁以上			本科以下	213	47.76	其　他	120	26.91			
合计	446	100.00	合计	446	100.00	合计	446	100.00	合计	446	100.00

表 233 中国太平洋财产保险股份有限公司宁波分公司职工年龄、学历、专业、职称结构

2008 年

单位：人

年龄结构			文化结构			专业结构			职称结构		
年龄档次	人数	比重(%)	学历	人数	比重(%)	专业	人数	比重(%)	职称档次	人数	比重(%)
30 岁以下	148	36.27	博　士			财经专业	37	9.07	高级职称	29	7.11
31～40 岁	139	34.07	硕　士	4	0.98	会计专业	9	2.21	中级职称	71	17.40
41～50 岁	90	22.06	研究生	2	0.49	法律专业	5	1.23	初级职称	130	31.86
51～60 岁	31	7.60	本　科	131	32.11	其他专业	258	63.24	其　他	178	43.63
61 岁以上			本科以下	271	66.42	其　他	99	24.26			
合计	408	100.00	合计	408	100.00	合计	408	100.00	合计	408	100.00

表 234 中国平安财产保险股份有限公司宁波分公司职工年龄、学历、专业、职称结构

2008 年

单位：人

年龄结构			文化结构			专业结构			职称结构		
年龄档次	人数	比重(%)	学历	人数	比重(%)	专业	人数	比重(%)	职称档次	人数	比重(%)
30 岁以下	157	50.65	博　士			财经专业	17	5.48	高级职称		
31～40 岁	103	33.23	硕　士	5	1.61	会计专业	45	14.52	中级职称	7	50.00
41～50 岁	49	15.81	研究生			法律专业	16	5.16	初级职称	6	42.86
51～60 岁	1	0.32	本　科	96	30.97	其他专业	232	74.84	其　他	1	7.14
61 岁以上			本科以下	209	67.42	其　他		0.00			0.00
合计	310	100.00	合计	310	100.00	合计	310	100.00	合计	14	100.00

表 235 中国出口信用保险公司宁波分公司职工年龄、学历、专业、职称结构

2008 年

单位：人

年龄结构			文化结构			专业结构			职称结构		
年龄档次	人数	比重(%)	学历	人数	比重(%)	专业	人数	比重(%)	职称档次	人数	比重(%)
30 岁以下	37	74.00	博　士			财经专业	15	30.00	高级职称	1	2.00
31～40 岁	8	16.00	硕　士	15	30.00	会计专业	6	12.00	中级职称	11	22.00
41～50 岁	5	10.00	研究生	1	2.00	法律专业	4	8.00	初级职称	23	46.00
51～60 岁			本　科	20	40.00	其他专业	21	42.00	其　他	15	30.00
61 岁以上			本科以下	14	28.00	其　他	4	8.00			
合计	50	100.00	合计	50	100.00	合计	50	100.00	合计	50	100.00

表 236　　大众保险股份有限公司宁波分公司职工年龄、学历、专业、职称结构

2008 年　　单位：人

年龄结构			文化结构			专业结构			职称结构		
年龄档次	人数	比重(%)	学历	人数	比重(%)	专业	人数	比重(%)	职称档次	人数	比重(%)
30 岁以下	58	35.20	博　士			财经专业	27	16.60	高级职称		
31～40 岁	50	30.00	硕　士			会计专业	12	7.40	中级职称	8	4.90
41～50 岁	44	27.20	研究生	2	1.20	法律专业			初级职称	6	3.60
51～60 岁	14	8.60	本　科	22	13.40	其他专业	70	42.40	其　他	151	91.50
61 岁以上			本科以下	141	85.40	其　他	56	34.60			
合计	165	100.00	合计	165	100.00	合计	165	100.00	合计	165	100.00

表 237　　天安保险股份有限公司宁波分公司职工年龄、学历、专业、职称结构

2008 年　　单位：人

年龄结构			文化结构			专业结构			职称结构		
年龄档次	人数	比重(%)	学历	人数	比重(%)	专业	人数	比重(%)	职称档次	人数	比重(%)
30 岁以下	73	32.44	博　士			财经专业	38	16.89	高级职称	2	0.89
31～40 岁	90	40.00	硕　士	2	0.89	会计专业	33	14.67	中级职称	12	5.33
41～50 岁	58	25.78	研究生	2	0.89	法律专业	13	5.78	初级职称	25	11.11
51～60 岁	4	1.78	本　科	40	17.78	其他专业	82	36.44	其　他	186	82.67
61 岁以上			本科以下	181	80.44	其　他	59	26.22			
合计	225	100.00	合计	225	100.00	合计	225	100.00	合计	225	100.00

表 238　中华联合财产保险股份有限公司宁波分公司职工年龄、学历、专业、职称结构

2008 年　　单位：人

年龄结构			文化结构			专业结构			职称结构		
年龄档次	人数	比重(%)	学历	人数	比重(%)	专业	人数	比重(%)	职称档次	人数	比重(%)
30 岁以下	259	51.39	博　士			财经专业	28	5.56	高级职称		
31～40 岁	167	33.13	硕　士			会计专业	42	8.33	中级职称	17	3.37
41～50 岁	71	14.09	研究生			法律专业	25	4.96	初级职称	20	3.97
51～60 岁	7	1.39	本　科	48	9.52	其他专业	178	35.32	其　他	467	92.66
61 岁以上			本科以下	456	90.48	其　他	231	45.83			
合计	504	100.00	合计	504	100.00	合计	504	100.00	合计	504	100.00

表 239 中国大地财产保险股份有限公司宁波分公司职工年龄、学历、专业、职称结构

2008 年

单位：人

年龄结构			文化结构			专业结构			职称结构		
年龄档次	人数	比重(%)	学历	人数	比重(%)	专业	人数	比重(%)	职称档次	人数	比重(%)
30 岁以下	171	46.98	博士			财经专业	77	21.15	高级职称		
31～40 岁	107	29.40	硕士	1	0.27	会计专业	42	11.54	中级职称	8	2.20
41～50 岁	70	19.23	研究生			法律专业	16	4.40	初级职称	23	6.32
51～60 岁	16	4.40	本科	83	22.80	其他专业	142	39.01	其他	333	91.48
61 岁以上			本科以下	280	76.92	其他	87	23.90			
合计	364	100.00	合计	364	100.00	合计	364	100.00	合计	364	100.00

表 240 华安财产保险股份有限公司宁波分公司职工年龄、学历、专业、职称结构

2008 年

单位：人

年龄结构			文化结构			专业结构			职称结构		
年龄档次	人数	比重(%)	学历	人数	比重(%)	专业	人数	比重(%)	职称档次	人数	比重(%)
30 岁以下	143	79.44	博士			财经专业	7	3.89	高级职称		
31～40 岁	26	14.44	硕士			会计专业	13	7.22	中级职称	11	6.11
41～50 岁	10	5.56	研究生			法律专业	6	3.33	初级职称	17	9.44
51～60 岁	1	0.56	本科	71	39.44	其他专业	134	74.44	其他	152	84.44
61 岁以上			本科以下	109	60.56	其他	20	11.11			
合计	180	100.00	合计	180	100.00	合计	180	100.00	合计	180	100.00

表 241 安邦财产保险股份有限公司宁波分公司职工年龄、学历、专业、职称结构

2008 年

单位：人

年龄结构			文化结构			专业结构			职称结构		
年龄档次	人数	比重(%)	学历	人数	比重(%)	专业	人数	比重(%)	职称档次	人数	比重(%)
30 岁以下	82	58.16	博士			财经专业	15	10.64	高级职称		
31～40 岁	34	24.11	硕士			会计专业	21	14.89	中级职称	2	1.42
41～50 岁	21	14.89	研究生			法律专业	15	10.64	初级职称	2	1.42
51～60 岁	4	2.84	本科	34	24.11	其他专业	90	63.83	其他	137	97.16
61 岁以上			本科以下	107	75.89	其他					
合计	141	100.00	合计	141	100.00	合计	141	100.00	合计	141	100.00

表 242　永安财产保险股份有限公司宁波中心支公司职工年龄、学历、专业、职称结构

2008 年

单位：人

年龄结构			文化结构			专业结构			职称结构		
年龄档次	人数	比重(%)	学历	人数	比重(%)	专业	人数	比重(%)	职称档次	人数	比重(%)
30 岁以下	64	51.61	博　　士			财经专业	2	1.61	高级职称		
31～40 岁	32	25.81	硕　　士	1	0.81	会计专业	5	4.03	中级职称	4	3.23
41～50 岁	23	18.55	研 究 生			法律专业	5	4.03	初级职称	3	2.42
51～60 岁	5	4.03	本　　科	11	8.87	其他专业	19	15.32	其　　他	117	94.35
61 岁以上			本科以下	112	90.32	其　　他	93	75.00			
合计	124	100.00	合计	124	100.00	合计	124	100.00	合计	124	100.00

表 243　天平汽车保险股份有限公司宁波中心支公司职工年龄、学历、专业、职称结构

2008 年

单位：人

年龄结构			文化结构			专业结构			职称结构		
年龄档次	人数	比重(%)	学历	人数	比重(%)	专业	人数	比重(%)	职称档次	人数	比重(%)
30 岁以下	24	66.67	博　　士			财经专业	3	8.33	高级职称	2	5.56
31～40 岁	11	30.56	硕　　士	3	8.33	会计专业	3	8.33	中级职称	1	2.78
41～50 岁	1	2.78	研 究 生			法律专业			初级职称	4	11.11
51～60 岁			本　　科	9	25.00	其他专业			其　　他	29	80.56
61 岁以上			本科以下	24	66.67	其　　他	30	83.33			
合计	36	100.00	合计	36	100.00	合计	36	100.00	合计	36	100.00

表 244　华泰财产保险股份有限公司宁波分公司职工年龄、学历、专业、职称结构

2008 年

单位：人

年龄结构			文化结构			专业结构			职称结构		
年龄档次	人数	比重(%)	学历	人数	比重(%)	专业	人数	比重(%)	职称档次	人数	比重(%)
30 岁以下	19	39.58	博　　士			财经专业	9	18.75	高级职称	5	10.42
31～40 岁	15	31.25	硕　　士	1	2.08	会计专业	11	22.92	中级职称	4	8.33
41～50 岁	11	22.92	研 究 生	1	2.08	法律专业	3	6.25	初级职称	12	25.00
51～60 岁	3	6.25	本　　科	15	31.25	其他专业	25	52.08	其　　他	27	56.25
61 岁以上			本科以下	31	64.58	其　　他					
合计	48	100.00	合计	48	100.00	合计	48	100.00	合计	48	100.00

表 245　　阳光财产保险股份有限公司宁波市分公司职工年龄、学历、专业、职称结构

2008 年　　单位：人

年龄结构			文化结构			专业结构			职称结构		
年龄档次	人数	比重(%)	学历	人数	比重(%)	专业	人数	比重(%)	职称档次	人数	比重(%)
30 岁以下	28	28.57	博　士			财经专业	4	4.08	高级职称		
31~40 岁	39	39.80	硕　士	1	1.02	会计专业	9	9.18	中级职称	6	6.12
41~50 岁	30	30.61	研究生			法律专业	2	2.04	初级职称	8	8.16
51~60 岁	1	1.02	本　科	15	15.31	其他专业	83	84.69	其　他	84	85.71
61 岁以上			本科以下	82	83.67	其　他					
合计	98	100.00	合计	98	100.00	合计	98	100.00	合计	98	100.00

表 246　　渤海财产保险股份有限公司宁波分公司职工年龄、学历、专业、职称结构

2008 年　　单位：人

年龄结构			文化结构			专业结构			职称结构		
年龄档次	人数	比重(%)	学历	人数	比重(%)	专业	人数	比重(%)	职称档次	人数	比重(%)
30 岁以下	30	30.00	博　士			财经专业	14	14.00	高级职称		
31~40 岁	42	42.00	硕　士			会计专业	12	12.00	中级职称	10	10.00
41~50 岁	24	24.00	研究生	2	2.00	法律专业	4	4.00	初级职称	15	15.00
51~60 岁	4	4.00	本　科	30	30.00	其他专业	70	70.00	其　他	75	75.00
61 岁以上			本科以下	68	68.00	其　他					
合计	100	100.00	合计	100	100.00	合计	100	100.00	合计	100	100.00

表 247　　中银保险有限公司宁波中心支公司职工年龄、学历、专业、职称结构

2008 年　　单位：人

年龄结构			文化结构			专业结构			职称结构		
年龄档次	人数	比重(%)	学历	人数	比重(%)	专业	人数	比重(%)	职称档次	人数	比重(%)
30 岁以下	46	35.38	博　士			财经专业	4	3.08	高级职称	1	0.77
31~40 岁	47	36.15	硕　士			会计专业	11	8.46	中级职称	2	1.54
41~50 岁	28	21.54	研究生			法律专业	5	3.85	初级职称	5	3.85
51~60 岁	9	6.92	本　科	15	11.54	其他专业	59	45.38	其　他	122	93.84
61 岁以上			本科以下	115	88.46	其　他	51	39.23			
合计	130	100.00	合计	130	100.00	合计	130	100.00	合计	130	100.00

表 248 都邦财产保险股份有限公司宁波分公司职工年龄、学历、专业、职称结构

2008 年　　单位：人

年龄结构			文化结构			专业结构			职称结构		
年龄档次	人数	比重(%)	学历	人数	比重(%)	专业	人数	比重(%)	职称档次	人数	比重(%)
30 岁以下	70	45.75	博　士			财经专业	19	12.42	高级职称		
31～40 岁	52	33.99	硕　士			会计专业	16	10.46	中级职称	8	5.23
41～50 岁	24	15.69	研究生			法律专业	5	3.27	初级职称	8	5.23
51～60 岁	7	4.58	本　科	20	13.07	其他专业	82	53.59	其　他	137	89.54
61 岁以上			本科以下	133	86.93	其　他	31	20.26			
合计	153	100.00	合计	153	100.00	合计	153	100.00	合计	153	100.00

表 249 民安保险（中国）有限公司宁波中心支公司职工年龄、学历、专业、职称结构

2008 年　　单位：人

年龄结构			文化结构			专业结构			职称结构		
年龄档次	人数	比重(%)	学历	人数	比重(%)	专业	人数	比重(%)	职称档次	人数	比重(%)
30 岁以下	32	48.48	博　士			财经专业	18	27.27	高级职称		
31～40 岁	19	28.79	硕　士			会计专业	13	19.70	中级职称	5	7.58
41～50 岁	14	21.21	研究生			法律专业	2	3.03	初级职称	7	10.61
51～60 岁	1	1.52	本　科	10	15.15	其他专业	27	40.91	其　他	54	81.81
61 岁以上			本科以下	56	84.85	其　他	6	9.09			
合计	66	100.00	合计	66	100.00	合计	66	100.00	合计	66	100.00

表 250 太平保险有限公司宁波分公司职工年龄、学历、专业、职称结构

2008 年　　单位：人

年龄结构			文化结构			专业结构			职称结构		
年龄档次	人数	比重(%)	学历	人数	比重(%)	专业	人数	比重(%)	职称档次	人数	比重(%)
30 岁以下	62	40.52	博　士			财经专业	1	0.65	高级职称	2	1.31
31～40 岁	46	30.07	硕　士			会计专业	17	11.11	中级职称	11	7.19
41～50 岁	39	25.49	研究生			法律专业	15	9.80	初级职称	7	4.58
51～60 岁	4	2.61	本　科	32	20.92	其他专业	66	43.14	其　他	133	86.93
61 岁以上	2	1.31	本科以下	121	79.08	其　他	54	35.29			
合计	153	100.00	合计	153	100.00	合计	153	100.00	合计	153	100.00

表 251　长安责任保险股份有限公司宁波中心支公司职工年龄、学历、专业、职称结构

2008 年　　单位：人

年龄结构			文化结构			专业结构			职称结构		
年龄档次	人数	比重(%)	学历	人数	比重(%)	专业	人数	比重(%)	职称档次	人数	比重(%)
30 岁以下	22	48.89	博　士			财经专业	7	15.56	高级职称		
31～40 岁	12	26.67	硕　士			会计专业	5	11.11	中级职称	2	4.44
41～50 岁	8	17.78	研究生			法律专业	2	4.44	初级职称	1	2.22
51～60 岁	3	6.67	本　科	11	24.44	其他专业	22	48.89	其　他	42	93.33
61 岁以上			本科以下	34	75.56	其　他	9	20.00			
合计	45	100.00	合计	45	100.00	合计	45	100.00	合计	45	100.00

表 252　中国人寿财产保险股份有限公司宁波市中心支公司职工年龄、学历、专业、职称结构

2008 年　　单位：人

年龄结构			文化结构			专业结构			职称结构		
年龄档次	人数	比重(%)	学历	人数	比重(%)	专业	人数	比重(%)	职称档次	人数	比重(%)
30 岁以下	56	44.09	博　士			财经专业	22	17.32	高级职称		
31～40 岁	45	35.43	硕　士	1	0.79	会计专业	11	8.66	中级职称	11	8.66
41～50 岁	24	18.90	研究生			法律专业	8	6.30	初级职称	7	5.51
51～60 岁	2	1.57	本　科	33	25.98	其他专业	56	44.09	其　他	109	85.83
61 岁以上			本科以下	93	73.23	其　他	30	23.62			
合计	127	100.00	合计	127	100.00	合计	127	100.00	合计	127	100.00

表 253　中国人寿保险股份有限公司宁波市分公司职工年龄、学历、专业、职称结构

2008 年　　单位：人

年龄结构			文化结构			专业结构			职称结构		
年龄档次	人数	比重(%)	学历	人数	比重(%)	专业	人数	比重(%)	职称档次	人数	比重(%)
30 岁以下	202	44.99	博　士			财经专业	26	5.79	高级职称	6	1.34
31～40 岁	153	34.08	硕　士	8	1.78	会计专业	41	9.13	中级职称	93	20.71
41～50 岁	76	16.93	研究生	8	1.78	法律专业	15	3.34	初级职称	7	1.56
51～60 岁	18	4.01	本　科	127	28.29	其他专业	84	18.71	其　他	343	76.39
61 岁以上			本科以下	306	68.15	其　他	283	63.03			
合计	449	100.00	合计	449	100.00	合计	449	100.00	合计	449	100.00

表 254　中国太平洋人寿保险股份有限公司宁波分公司职工年龄、学历、专业、职称结构

2008 年　　单位：人

年龄结构			文化结构			专业结构			职称结构		
年龄档次	人数	比重(%)	学历	人数	比重(%)	专业	人数	比重(%)	职称档次	人数	比重(%)
30 岁以下	112	31.37	博　士			财经专业	85	23.81	高级职称		
31~40 岁	122	34.17	硕　士	2	0.56	会计专业	50	14.01	中级职称	30	8.40
41~50 岁	95	26.61	研究生			法律专业	21	5.88	初级职称	162	45.38
51~60 岁	23	6.44	本　科	90	25.21	其他专业	109	30.53	其　他	165	46.22
61 岁以上	5	1.40	本科以下	265	74.23	其　他	92	25.77			
合计	357	100.00	合计	357	100.00	合计	357	100.00	合计	357	100.00

表 255　中国平安人寿保险股份有限公司宁波分公司职工年龄、学历、专业、职称结构

2008 年　　单位：人

年龄结构			文化结构			专业结构			职称结构		
年龄档次	人数	比重(%)	学历	人数	比重(%)	专业	人数	比重(%)	职称档次	人数	比重(%)
30 岁以下	160	57.76	博　士			财经专业	42	15.16	高级职称	6	2.17
31~40 岁	89	32.13	硕　士	4	1.44	会计专业	44	15.88	中级职称	18	6.50
41~50 岁	24	8.66	研究生			法律专业	22	7.94	初级职称	55	19.86
51~60 岁	4	1.44	本　科	169	61.01	其他专业	151	54.51	其　他	198	71.48
61 岁以上			本科以下	104	37.55	其　他	18	6.50			
合计	277	100.00	合计	277	100.00	合计	277	100.00	合计	277	100.00

表 256　泰康人寿保险股份有限公司宁波分公司职工年龄、学历、专业、职称结构

2008 年　　单位：人

年龄结构			文化结构			专业结构			职称结构		
年龄档次	人数	比重(%)	学历	人数	比重(%)	专业	人数	比重(%)	职称档次	人数	比重(%)
30 岁以下	109	49.32	博　士	2	0.90	财经专业	53	23.98	高级职称	5	2.26
31~40 岁	88	39.82	硕　士			会计专业	33	14.93	中级职称		
41~50 岁	18	8.14	研究生	2	0.90	法律专业	14	6.33	初级职称		
51~60 岁	6	2.71	本　科	73	33.03	其他专业	81	36.65	其　他	216	97.74
61 岁以上			本科以下	144	65.16	其　他	40	18.10			
合计	221	100.00	合计	221	100.00	合计	221	100.00	合计	221	100.00

表 257　　新华人寿保险股份有限公司宁波分公司职工年龄、学历、专业、职称结构

2008 年　　单位：99 人

年龄结构			文化结构			专业结构			职称结构		
年龄档次	人数	比重(%)	学历	人数	比重(%)	专业	人数	比重(%)	职称档次	人数	比重(%)
30 岁以下	69	69.70	博　　士			财经专业	55	55.56	高级职称		
31～40 岁	25	25.25	硕　　士	2	2.02	会计专业	5	5.05	中级职称	1	1.01
41～50 岁	5	5.05	研 究 生			法律专业	3	3.03	初级职称	3	3.03
51～60 岁			本　　科	52	52.53	其他专业	36	36.36	其　　他	95	95.96
61 岁以上			本科以下	45	45.45	其　　他					
合计	99	100.00	合计	99	100.00	合计	99	100.00	合计	99	100.00

表 258　　太平人寿保险有限公司宁波分公司职工年龄、学历、专业、职称结构

2008 年　　单位：人

年龄结构			文化结构			专业结构			职称结构		
年龄档次	人数	比重(%)	学历	人数	比重(%)	专业	人数	比重(%)	职称档次	人数	比重(%)
30 岁以下	62	65.96	博　　士			财经专业	20	21.28	高级职称		
31～40 岁	27	28.72	硕　　士	1	1.06	会计专业	3	3.19	中级职称	7	7.45
41～50 岁	5	5.32	研 究 生			法律专业	8	8.51	初级职称	4	4.26
51～60 岁			本　　科	66	70.21	其他专业	59	62.77	其　　他	83	88.30
61 岁以上			本科以下	27	28.72	其　　他	4	4.26			
合计	94	100.00	合计	94	100.00	合计	94	100.00	合计	94	100.00

表 259　民生人寿保险股份有限公司宁波中心支公司职工年龄、学历、专业、职称结构

2008 年　　单位：人

年龄结构			文化结构			专业结构			职称结构		
年龄档次	人数	比重(%)	学历	人数	比重(%)	专业	人数	比重(%)	职称档次	人数	比重(%)
30 岁以下	12	57.14	博　　士			财经专业	1	4.76	高级职称	1	4.76
31～40 岁	8	38.10	硕　　士	1	4.76	会计专业	1	4.76	中级职称	1	4.76
41～50 岁	1	4.76	研 究 生			法律专业	4	19.05	初级职称	2	9.52
51～60 岁			本　　科	12	57.14	其他专业	14	66.67	其　　他	17	80.95
61 岁以上			本科以下	8	38.10	其　　他	1	4.76			
合计	21	100.00	合计	21	100.00	合计	21	100.00	合计	21	100.00

表 260　　中宏人寿保险有限公司宁波分公司职工年龄、学历、专业、职称结构

2008 年　　单位：人

年龄结构			文化结构			专业结构			职称结构		
年龄档次	人数	比重(%)	学历	人数	比重(%)	专业	人数	比重(%)	职称档次	人数	比重(%)
30 岁以下	10	40.00	博　士			财经专业	2	8.00	高级职称	4	16.00
31～40 岁	13	52.00	硕　士	1	4.00	会计专业	1	4.00	中级职称	5	20.00
41～50 岁	1	4.00	研 究 生	3	12.00	法律专业	2	8.00	初级职称	13	52.00
51～60 岁	1	4.00	本　科	19	76.00	其他专业	20	80.00	其　他	3	12.00
61 岁以上			本科以下	2	8.00	其　他					
合计	25	100.00	合计	25	100.00	合计	25	100.00	合计	25	100.00

表 261　　生命人寿保险股份有限公司宁波分公司职工年龄、学历、专业、职称结构

2008 年　　单位：人

年龄结构			文化结构			专业结构			职称结构		
年龄档次	人数	比重(%)	学历	人数	比重(%)	专业	人数	比重(%)	职称档次	人数	比重(%)
30 岁以下	20	44.44	博　士			财经专业	3	6.67	高级职称		
31～40 岁	15	33.33	硕　士	2	4.44	会计专业	7	15.56	中级职称	3	6.67
41～50 岁	10	22.22	研 究 生			法律专业	3	6.67	初级职称	10	22.22
51～60 岁			本　科	15	33.33	其他专业	32	71.11	其　他	32	71.11
61 岁以上			本科以下	28	62.22	其　他					
合计	45	100.00	合计	45	100.00	合计	45	100.00	合计	45	100.00

表 262　中德安联人寿保险有限公司浙江分公司宁波营销服务部职工年龄、学历、专业、职称结构

2008 年　　单位：人

年龄结构			文化结构			专业结构			职称结构		
年龄档次	人数	比重(%)	学历	人数	比重(%)	专业	人数	比重(%)	职称档次	人数	比重(%)
30 岁以下	20	68.97	博　士			财经专业	5	17.24	高级职称		
31～40 岁	5	17.24	硕　士	1	3.45	会计专业	2	6.90	中级职称	1	3.45
41～50 岁	4	13.79	研 究 生			法律专业	4	13.79	初级职称	26	89.66
51～60 岁			本　科	12	41.38	其他专业	17	58.62	其　他	2	6.90
61 岁以上			本科以下	16	55.17	其　他	1	3.45			
合计	29	100.00	合计	29	100.00	合计	29	100.00	合计	29	100.00

表263　光大永明人寿保险有限公司宁波营销服务部职工年龄、学历、专业、职称结构

2008年　　单位：人

年龄结构			文化结构			专业结构			职称结构		
年龄档次	人数	比重(%)	学历	人数	比重(%)	专业	人数	比重(%)	职称档次	人数	比重(%)
30岁以下	1	25.00	博士			财经专业	1	25.00	高级职称		
31~40岁	3	75.00	硕士			会计专业			中级职称		
41~50岁			研究生	1	25.00	法律专业	1	25.00	初级职称		
51~60岁			本科	3	75.00	其他专业	2	50.00	其他	4	100.00
61岁以上			本科以下			其他					
合计	4	100.00	合计	4		合计	4		合计	4	100.00

表264　合众人寿保险股份有限公司宁波中心支公司职工年龄、学历、专业、职称结构

2008年　　单位：人

年龄结构			文化结构			专业结构			职称结构		
年龄档次	人数	比重(%)	学历	人数	比重(%)	专业	人数	比重(%)	职称档次	人数	比重(%)
30岁以下	18	56.25	博士			财经专业	10	31.25	高级职称		
31~40岁	12	37.50	硕士			会计专业	3	9.38	中级职称	3	9.38
41~50岁	2	6.25	研究生	1	3.13	法律专业	1	3.13	初级职称	11	34.38
51~60岁			本科	16	50.00	其他专业	17	53.13	其他	18	56.25
61岁以上			本科以下	15	46.88	其他	1	3.13			
合计	32	100.00	合计	32	100.00	合计	32	100.00	合计	32	100.00

表265　平安养老保险股份有限公司宁波分公司职工年龄、学历、专业、职称结构

2008年　　单位：人

年龄结构			文化结构			专业结构			职称结构		
年龄档次	人数	比重(%)	学历	人数	比重(%)	专业	人数	比重(%)	职称档次	人数	比重(%)
30岁以下	45	56.96	博士			财经专业	6	7.59	高级职称		
31~40岁	25	31.65	硕士	4	5.06	会计专业	7	8.86	中级职称	3	3.80
41~50岁	9	11.39	研究生			法律专业	2	2.53	初级职称	7	8.86
51~60岁			本科	38	48.10	其他专业	64	81.01	其他	69	87.34
61岁以上			本科以下	37	46.84	其他					
合计	79	100.00	合计	79	100.00	合计	79	100.00	合计	79	100.00

表 266 信诚人寿保险有限公司浙江省分公司宁波营销服务部职工年龄、学历、专业、职称结构

2008 年 单位：人

年龄结构			文化结构			专业结构			职称结构		
年龄档次	人数	比重(%)	学历	人数	比重(%)	专业	人数	比重(%)	职称档次	人数	比重(%)
30 岁以下	13	68.42	博士			财经专业			高级职称		
31～40 岁	6	31.58	硕士	1	5.26	会计专业	1	5.26	中级职称	2	10.53
41～50 岁			研究生			法律专业			初级职称		
51～60 岁			本科	7	36.84	其他专业			其他	17	89.47
61 岁以上			本科以下	11	57.89	其他	18	94.74			
合计	19	100.00	合计	19	100.00	合计	19	100.00	合计	19	100.00

表 267 国泰人寿保险有限责任公司浙江分公司宁波营销服务部职工年龄、学历、专业、职称结构

2008 年 单位：人

年龄结构			文化结构			专业结构			职称结构		
年龄档次	人数	比重(%)	学历	人数	比重(%)	专业	人数	比重(%)	职称档次	人数	比重(%)
30 岁以下	15	68.18	博士			财经专业			高级职称		
31～40 岁	3	13.64	硕士	1	4.55	会计专业	3	13.64	中级职称	3	13.64
41～50 岁	4	18.18	研究生			法律专业	1	4.55	初级职称	19	86.36
51～60 岁			本科	17	77.27	其他专业	18	81.82	其他		
61 岁以上			本科以下	4	18.18	其他					
合计	22	100.00	合计	22	100.00	合计	22	100.00	合计	22	100.00

表 268 嘉禾人寿保险股份有限公司宁波分公司职工年龄、学历、专业、职称结构

2008 年 单位：人

年龄结构			文化结构			专业结构			职称结构		
年龄档次	人数	比重(%)	学历	人数	比重(%)	专业	人数	比重(%)	职称档次	人数	比重(%)
30 岁以下	33	50.00	博士			财经专业	13	19.70	高级职称		
31～40 岁	27	40.91	硕士	1	1.52	会计专业	6	9.09	中级职称	3	4.55
41～50 岁	6	9.09	研究生			法律专业	1	1.52	初级职称		
51～60 岁			本科	15	22.73	其他专业	35	53.03	其他	63	95.45
61 岁以上			本科以下	40	60.61	其他	11	16.67			
合计	66	100.00	合计	66	100.00	合计	66	100.00	合计	66	100.00

表 269　海康人寿保险有限公司浙江分公司宁波营销服务部职工年龄、学历、专业、职称结构

2008 年　　单位：人

年龄结构			文化结构			专业结构			职称结构		
年龄档次	人数	比重(%)	学历	人数	比重(%)	专业	人数	比重(%)	职称档次	人数	比重(%)
30 岁以下	6	66.67	博　士			财经专业			高级职称		
31～40 岁	3	33.33	硕　士			会计专业			中级职称		
41～50 岁			研究生			法律专业			初级职称		
51～60 岁			本　科	5	55.56	其他专业			其　他	9	100.00
61 岁以上			本科以下	4	44.44	其　他	9	100.00			
合计	9	100.00	合计	9	100.00	合计	9	100.00	合计	9	100.00

表 270　宁波市农村合作金融机构职工年龄、学历、专业、职称结构

2008 年　　单位：人

年龄结构			文化结构			专业结构			职称结构		
年龄档次	人数	比重(%)	学历	人数	比重(%)	专业	人数	比重(%)	职称档次	人数	比重(%)
30 岁以下	717	14.42	博　士			财经专业	1503	30.23	高级职称	25	0.50
31～40 岁	1936	38.94	硕　士	34	0.68	会计专业	1381	27.78	中级职称	627	12.61
41～50 岁	1884	37.89	研究生	6	0.12	法律专业	241	4.85	初级职称	2124	42.72
51～60 岁	435	8.75	本　科	1166	23.45	其他专业	742	14.92	其　他	2196	44.17
61 岁以上			本科以下	3766	75.74	其　他	1105	22.22			
合计	4972	100.00	合计	4972	100.00	合计	4972	100.00	合计	4972	100.00

表 271　象山县绿叶城市信用社有限责任公司职工年龄、学历、专业、职称结构

2008 年　　单位：人

年龄结构			文化结构			专业结构			职称结构		
年龄档次	人数	比重(%)	学历	人数	比重(%)	专业	人数	比重(%)	职称档次	人数	比重(%)
30 岁以下	78	40.84	博　士			财经专业	23	12.04	高级职称	3	1.57
31～40 岁	63	32.98	硕　士	2	1.05	会计专业	30	15.71	中级职称	16	8.38
41～50 岁	43	22.51	研究生			法律专业	16	8.38	初级职称	18	9.42
51～60 岁	7	3.66	本　科	50	26.18	其他专业	110	57.59	其　他	154	80.63
61 岁以上			本科以下	139	72.77	其　他	12	6.28			
合计	191	100.00	合计	191	100.00	合计	191	100.00	合计	191	100.00

表 272　　金港信托有限责任公司职工年龄、学历、专业、职称结构

2008 年　　单位：人

年龄结构			文化结构			专业结构			职称结构		
年龄档次	人数	比重(%)	学历	人数	比重(%)	专业	人数	比重(%)	职称档次	人数	比重(%)
30 岁以下	27	29.03	博　士	4	4.30	财经专业	51	54.84	高级职称	12	12.90
31～40 岁	34	36.56	硕　士	32	34.41	会计专业	13	13.98	中级职称	23	24.73
41～50 岁	26	27.96	研究生	4	4.30	法律专业	5	5.38	初级职称	7	7.53
51～60 岁	6	6.45	本　科	30	32.26	其他专业	16	17.20	其　他	51	54.84
61 岁以上			本科以下	23	24.73	其　他	8	8.60			
合计	93	100.00	合计	93	100.00	合计	93	100.00	合计	93	100.00

表 273　　华融金融租赁股份有限公司宁波分公司职工年龄、学历、专业、职称结构

2008 年　　单位：人

年龄结构			文化结构			专业结构			职称结构		
年龄档次	人数	比重(%)	学历	人数	比重(%)	专业	人数	比重(%)	职称档次	人数	比重(%)
30 岁以下	1	12.50	博　士			财经专业	4	50.00	高级职称		
31～40 岁	5	62.50	硕　士			会计专业	2	25.00	中级职称	4	50.00
41～50 岁	2	25.00	研究生			法律专业	1	12.50	初级职称	2	25.00
51～60 岁			本　科	8	100.00	其他专业	1	12.50	其　他	2	25.00
61 岁以上			本科以下			其　他					
合计	8	100.00	合计	8	100.00	合计	8	100.00	合计	8	100.00

（三）金融教育

表 274 中国人民银行宁波市中心支行成人高等教育情况

2008 年 单位：人

	合计			研究生			大学本科			大学专科								
	入学	毕业	在学	入学	毕业	在学	入学	毕业	在学	行属院校			委托代培			电视大学		
										入学	毕业	在学	入学	毕业	在学	入学	毕业	在学
脱产																		
业余	7	11	7	2	2	2	5	9	5									
合计	7	11	7	2	2	2	5	9	5									

表 275 中国人民银行宁波市中心支行职工培训情况

2008 年 单位：人次

	合计	业务培训	其他培训
岗位资格培训	160	160	
岗位适应性培训	470	390	80
合计	630	550	80

表 276 中国银行业监督管理委员会宁波监管局职工培训情况

2008 年 单位：人次

	合计	业务培训	其他培训
岗位资格培训	711	652	59
岗位适应性培训	9	9	
合计	720	661	59

表 277 中国农业发展银行宁波市分行成人高等教育情况

2008 年 单位：人

	合计			研究生			大学本科			大学专科								
	入学	毕业	在学	入学	毕业	在学	入学	毕业	在学	行属院校			委托代培			电视大学		
										入学	毕业	在学	入学	毕业	在学	入学	毕业	在学
脱产																		
业余					2	1		2									1	
合计					2	1		2									1	

表 278 中国农业发展银行宁波市分行职工培训情况

2008 年 单位：人次

	合计	业务培训	其他培训
岗位资格培训	1717	112	1605
岗位适应性培训	837	259	578
合计	2554	371	2183

表 279　　中国工商银行股份有限公司宁波市分行成人高等教育情况

2008 年　　单位：人

	合计			研究生			大学本科			大学专科								
	入学	毕业	在学	入学	毕业	在学	入学	毕业	在学	行属院校			委托代培			电视大学		
										入学	毕业	在学	入学	毕业	在学	入学	毕业	在学
脱产																		
业余	22	28	51	2	1	6	14	20	32							6	7	13
合计	22	28	51	2	1	6	14	20	32							6	7	13

表 280　　中国工商银行股份有限公司宁波市分行职工培训情况

2008 年　　单位：人次

	合计	业务培训	其他培训
岗位资格培训	214	187	27
岗位适应性培训	8731	8731	
合计	8945	8918	27

表 281　　中国农业银行宁波市分行成人高等教育情况

2008 年　　单位：人

	合计			研究生			大学本科			大学专科								
	入学	毕业	在学	入学	毕业	在学	入学	毕业	在学	行属院校			委托代培			电视大学		
										入学	毕业	在学	入学	毕业	在学	入学	毕业	在学
脱产																		
业余	26	63	142		1	4	11	36	79							15	44	64
合计	26	63	142		1	4	11	36	79							15	44	64

表 282　　中国农业银行宁波市分行职工培训情况

2008 年　　单位：人次

	合计	业务培训	其他培训
岗位资格培训	9198	8143	1055
岗位适应性培训	20947	19200	1747
合计	30145	27343	2802

表 283　　中国建设银行股份有限公司宁波市分行成人高等教育情况

2008 年　　单位：人

	合计			研究生			大学本科			大学专科								
	入学	毕业	在学	入学	毕业	在学	入学	毕业	在学	行属院校			委托代培			电视大学		
										入学	毕业	在学	入学	毕业	在学	入学	毕业	在学
脱产	1	3	1	1	3	1												
业余	12	109	48				7	80	31							5	29	17
合计	13	112	49	1		1	7	80	31							5	29	17

表 284 中国建设银行股份有限公司宁波市分行单位员工培训情况

2008 年 单位：人次

	合计	业务培训	其他培训
岗位资格培训	549	549	
岗位适应性培训	1616	1515	101
合计	2165	2064	101

表 285 交通银行股份有限公司宁波分行成人高等教育情况

2008 年 单位：人

	合计			研究生			大学本科			大学专科								
										行属院校			委托代培			电视大学		
	入学	毕业	在学	入学	毕业	在学	入学	毕业	在学	入学	毕业	在学	入学	毕业	在学	入学	毕业	在学
脱产																		
业余				5		15	43	35	38							38	31	8
合计				5		15	43	35	38							38	31	8

表 286 交通银行股份有限公司宁波分行职工培训情况

2008 年 单位：人次

	合计	业务培训	其他培训
岗位资格培训	475	475	
岗位适应性培训	2952	2938	14
合计	3427	3413	14

表 287 上海浦东发展银行股份有限公司宁波分行成人高等教育情况

2008 年 单位：人

	合计			研究生			大学本科			大学专科								
										行属院校			委托代培			电视大学		
	入学	毕业	在学	入学	毕业	在学	入学	毕业	在学	入学	毕业	在学	入学	毕业	在学	入学	毕业	在学
脱产																		
业余	27	39	32	3	1	7	14	25	15							10	13	10
合计	27	39	32	3	1	7	14	25	15							10	13	10

表 288 上海浦东发展银行股份有限公司宁波分行职工培训情况

2008 年 单位：人次

	合计	业务培训	其他培训
岗位资格培训	1289	1289	
岗位适应性培训	2969	2864	105
合计	4258	4153	105

表 289 **兴业银行股份有限公司宁波分行职工培训情况**

2008 年 单位：人次

	合计	业务培训	其他培训
岗位资格培训	1	1	
岗位适应性培训	16	16	
合计	17	17	

表 290 **中国光大银行股份有限公司宁波分行成人高等教育情况**

2008 年 单位：人

	合计			研究生			大学本科			大学专科								
										行属院校			委托代培			电视大学		
	入学	毕业	在学	入学	毕业	在学	入学	毕业	在学	入学	毕业	在学	入学	毕业	在学	入学	毕业	在学
脱产																		
业余							6	2	12							12	5	50
合计							6	2	12							12	5	50

表 291 **中国光大银行股份有限公司宁波分行职工培训情况**

2008 年 单位：人次

	合计	业务培训	其他培训
岗位资格培训	300	260	40
岗位适应性培训	2450	1600	850
合计	2750	1860	890

表 292 **招商银行股份有限公司宁波分行成人高等教育情况**

2008 年 单位：人

	合计			研究生			大学本科			大学专科								
										行属院校			委托代培			电视大学		
	入学	毕业	在学	入学	毕业	在学	入学	毕业	在学	入学	毕业	在学	入学	毕业	在学	入学	毕业	在学
脱产																		
业余		17	45		1	1		13	37								3	7
合计		17	45		1	1		13	37								3	7

表 293 **招商银行股份有限公司宁波分行职工培训情况**

2008 年 单位：人次

	合计	业务培训	其他培训
岗位资格培训			
岗位适应性培训	72	57	15
合计	72	57	15

表 294　　中信银行股份有限公司宁波分行职工培训情况

2008 年　　单位：人次

	合计	业务培训	其他培训
岗位资格培训	578	545	33
岗位适应性培训	2824	2431	393
合计	3402	2976	426

表 295　　中国民生银行股份有限公司宁波分行成人高等教育情况

2008 年　　单位：人

	合计			研究生			大学本科			大学专科								
	入学	毕业	在学	入学	毕业	在学	入学	毕业	在学	行属院校			委托代培			电视大学		
										入学	毕业	在学	入学	毕业	在学	入学	毕业	在学
脱产																		
业余			34			7			23									4
合计			34			7			23									4

表 296　　中国民生银行股份有限公司宁波分行职工培训情况

2008 年　　单位：人次

	合计	业务培训	其他培训
岗位资格培训	181	154	27
岗位适应性培训	143	105	38
合计	324	259	65

表 297　　广东发展银行股份有限公司宁波分行成人高等教育情况

2008 年　　单位：人

	合计			研究生			大学本科			大学专科								
	入学	毕业	在学	入学	毕业	在学	入学	毕业	在学	行属院校			委托代培			电视大学		
										入学	毕业	在学	入学	毕业	在学	入学	毕业	在学
脱产																		
业余	3	18	30				3	18	26									4
合计	3	18	30				3	18	26									4

表 298　　广东发展银行股份有限公司宁波分行职工培训情况

2008 年　　单位：人次

	合计	业务培训	其他培训
岗位资格培训	210	210	
岗位适应性培训	3025	3025	
合计	3235	3235	

表 299 **浙商银行股份有限公司宁波分行职工培训情况**

2008 年 单位：人次

	合计	业务培训	其他培训
岗位资格培训	25	25	
岗位适应性培训	1135	1135	
合计	1160	1160	

表 300 **华夏银行股份有限公司宁波分行成人高等教育情况**

2008 年 单位：人

	合计			研究生			大学本科			大学专科								
										行属院校			委托代培			电视大学		
	入学	毕业	在学	入学	毕业	在学	入学	毕业	在学	入学	毕业	在学	入学	毕业	在学	入学	毕业	在学
脱产																		
业余		3						3										
合计		3						3										

表 301 **华夏银行股份有限公司宁波分行职工培训情况**

2008 年 单位：人次

	合计	业务培训	其他培训
岗位资格培训	2647	2647	
岗位适应性培训	51	35	16
合计	2698	2682	16

表 302 **包商银行股份有限公司宁波分行职工培训情况**

2008 年 单位：人次

	合计	业务培训	其他培训
岗位资格培训			
岗位适应性培训	415	240	175
合计	415	240	175

表 303 **宁波国际银行职工培训情况**

2008 年 单位：人次

	合计	业务培训	其他培训
岗位资格培训	22	22	
岗位适应性培训	118	25	93
合计	140	25	115

表 304　　　中国人民财产保险股份有限公司宁波市分公司成人高等教育情况

2008 年　　　单位：人

	合计			研究生			大学本科			大学专科								
										行属院校			委托代培			电视大学		
	入学	毕业	在学	入学	毕业	在学	入学	毕业	在学	入学	毕业	在学	入学	毕业	在学	入学	毕业	在学
脱产		1			1													
业余	6	2	5				4	1	3							2	1	2
合计	6	3	5		1		4	1	3							2	1	2

表 305　　　中国人民财产保险股份有限公司宁波市分公司职工培训情况

2008 年　　　单位：人次

	合计	业务培训	其他培训
岗位资格培训	200	135	65
岗位适应性培训	2612	2096	516
合计	2812	2231	581

表 306　　　中国太平洋财产保险股份有限公司宁波分公司成人高等教育情况

2008 年　　　单位：人

	合计			研究生			大学本科			大学专科								
										行属院校			委托代培			电视大学		
	入学	毕业	在学	入学	毕业	在学	入学	毕业	在学	入学	毕业	在学	入学	毕业	在学	入学	毕业	在学
脱产																		
业余	10	9	18		1	1	4	3	6							6	5	11
合计	10	9	18		1	1	4	3	6							6	5	11

表 307　　　中国太平洋财产保险股份有限公司宁波分公司职工培训情况

2008 年　　　单位：人次

	合计	业务培训	其他培训
岗位资格培训	49	34	15
岗位适应性培训	381	295	86
合计	430	329	101

表 308　　　中国平安财产保险股份有限公司宁波分公司职工培训情况

2008 年　　　单位：人次

	合计	业务培训	其他培训
岗位资格培训	35	25	10
岗位适应性培训	118	82	36
合计	153	107	46

表 309　　天安保险股份有限公司宁波分公司成人高等教育情况

2008 年　　单位：人

	合计			研究生			大学本科			大学专科								
										行属院校			委托代培			电视大学		
	入学	毕业	在学	入学	毕业	在学	入学	毕业	在学	入学	毕业	在学	入学	毕业	在学	入学	毕业	在学
脱产																		
业余	1	14	24			2		6	13		1	6				1	7	3
合计	1	14	24			2		6	13		1	6				1	7	3

表 310　　天安保险股份有限公司宁波分公司职工培训情况

2008 年　　单位：人次

	合计	业务培训	其他培训
岗位资格培训	487	487	
岗位适应性培训	428	369	59
合计	915	856	59

表 311　　中华联合财产保险股份有限公司宁波分公司职工培训情况

2008 年　　单位：人次

	合计	业务培训	其他培训
岗位资格培训	6678	4522	2156
岗位适应性培训	390	190	200
合计	7068	4712	2356

表 312　　中国大地财产保险股份有限公司宁波分公司成人高等教育情况

2008 年　　单位：人

	合计			研究生			大学本科			大学专科								
										行属院校			委托代培			电视大学		
	入学	毕业	在学	入学	毕业	在学	入学	毕业	在学	入学	毕业	在学	入学	毕业	在学	入学	毕业	在学
脱产																		
业余				4														
合计				4														

表 313　　中国大地财产保险股份有限公司宁波分公司职工培训情况

2008 年　　单位：人次

	合计	业务培训	其他培训
岗位资格培训			
岗位适应性培训	4	4	
合计	4	4	

表 314　　阳光财产保险股份有限公司宁波市分公司职工培训情况

2008 年　　单位：人次

	合计	业务培训	其他培训
岗位资格培训	10	9	1
岗位适应性培训			
合计	10	9	1

表 315　　渤海财产保险股份有限公司宁波分公司成人高等教育情况

2008 年　　单位：人

	合计			研究生			大学本科			大学专科								
										行属院校			委托代培			电视大学		
	入学	毕业	在学	入学	毕业	在学	入学	毕业	在学	入学	毕业	在学	入学	毕业	在学	入学	毕业	在学
脱产																		
业余					2	1	2	5	10	2	3	4				10	4	7
合计					2	1	2	5	10	2	3	4				10	4	7

表 316　　渤海财产保险股份有限公司宁波分公司职工培训情况

2008 年　　单位：人次

	合计	业务培训	其他培训
岗位资格培训	300	250	50
岗位适应性培训	340	300	40
合计	640	550	90

表 317　　中银保险有限公司宁波中心支公司成人高等教育情况

2008 年　　单位：人

	合计			研究生			大学本科			大学专科								
										行属院校			委托代培			电视大学		
	入学	毕业	在学	入学	毕业	在学	入学	毕业	在学	入学	毕业	在学	入学	毕业	在学	入学	毕业	在学
脱产																		
业余						1			5									
合计						1			5									

表 318　　中银保险有限公司宁波中心支公司职工培训情况

2008 年　　单位：人次

	合计	业务培训	其他培训
岗位资格培训			
岗位适应性培训	18	3	15
合计	18	3	15

表 319　　都邦财产保险股份有限公司宁波分公司职工培训情况

2008 年　　单位：人次

	合计	业务培训	其他培训
岗位资格培训	16	16	
岗位适应性培训	30	20	10
合计	46	36	10

表 320　　太平保险有限公司宁波分公司成人高等教育情况

2008 年　　单位：人

	合计			研究生			大学本科			大学专科								
	入学	毕业	在学	入学	毕业	在学	入学	毕业	在学	行属院校			委托代培			电视大学		
										入学	毕业	在学	入学	毕业	在学	入学	毕业	在学
脱产																		
业余									2									1
合计									2									1

表 321　　中国人寿财产保险股份有限公司宁波市中心支公司

2008 年　　单位：人

	合计			研究生			大学本科			大学专科								
	入学	毕业	在学	入学	毕业	在学	入学	毕业	在学	行属院校			委托代培			电视大学		
										入学	毕业	在学	入学	毕业	在学	入学	毕业	在学
脱产																		
业余									3									8
合计									3									8

表 322　　中国人寿财产保险股份有限公司宁波市中心支公司职工培训情况

2008 年　　单位：人次

	合计	业务培训	其他培训
岗位资格培训	146	86	60
岗位适应性培训	156	48	108
合计	302	134	168

表 323　　中国太平洋人寿保险股份有限公司宁波分公司成人高等教育情况

填报单位：太平洋寿险宁波分公司　　2008 年　　单位：人

	合计			研究生			大学本科			大学专科								
	入学	毕业	在学	入学	毕业	在学	入学	毕业	在学	行属院校			委托代培			电视大学		
										入学	毕业	在学	入学	毕业	在学	入学	毕业	在学
脱产																		
业余								1			2						5	
合计								1			2						5	

表 324　　　**中国太平洋人寿保险股份有限公司宁波分公司职工培训情况**

2008 年　　　单位：人次

	合计	业务培训	其他培训
岗位资格培训	4	4	
岗位适应性培训			
合计	4	4	

表 325　　　**新华人寿保险股份有限公司宁波分公司职工培训情况**

2008 年　　　单位：人次

	合计	业务培训	其他培训
岗位资格培训	4	2	2
岗位适应性培训	6	4	2
合计	10	6	4

表 326　　　**太平人寿保险有限公司宁波分公司成人高等教育情况**

2008 年　　　单位：人

	合计			研究生			大学本科			大学专科								
										行属院校			委托代培			电视大学		
	入学	毕业	在学	入学	毕业	在学	入学	毕业	在学	入学	毕业	在学	入学	毕业	在学	入学	毕业	在学
脱产																		
业余					1			13						5			7	
合计					1			13						5			7	

表 327　　　**太平人寿保险有限公司宁波分公司单位员工培训情况**

2008 年　　　单位：人次

	合计	业务培训	其他培训
岗位资格培训	284	284	
岗位适应性培训	1189	1113	76
合计	1473	1397	76

表 328　　　**民生人寿保险股份有限公司宁波中心支公司成人高等教育情况**

2008 年　　　单位：人

	合计			研究生			大学本科			大学专科								
										行属院校			委托代培			电视大学		
	入学	毕业	在学	入学	毕业	在学	入学	毕业	在学	入学	毕业	在学	入学	毕业	在学	入学	毕业	在学
脱产																		
业余		1			1													
合计		1			1													

表 329 **民生人寿保险股份有限公司宁波中心支公司职工培训情况**

2008 年　　单位：人次

	合计	业务培训	其他培训
岗位资格培训	5	4	1
岗位适应性培训	16	16	
合计	421	20	1

表 330 **生命人寿保险股份有限公司宁波分公司成人高等教育情况**

2008 年　　单位：人

	合计			研究生			大学本科			大学专科								
										行属院校			委托代培			电视大学		
	入学	毕业	在学	入学	毕业	在学	入学	毕业	在学	入学	毕业	在学	入学	毕业	在学	入学	毕业	在学
脱产		45			2			15			13						15	
业余																		
合计		45			2			15			13						15	

表 331 **生命人寿保险股份有限公司宁波分公司职工培训情况**

2008 年　　单位：人次

	合计	业务培训	其他培训
岗位资格培训	45		45
岗位适应性培训			
合计	45		45

表 332 **光大永明人寿保险有限公司宁波营销服务部职工培训情况**

2008 年　　单位：人次

	合计	业务培训	其他培训
岗位资格培训			
岗位适应性培训	7	4	3
合计	7	4	3

表 333 **合众人寿保险股份有限公司宁波中心支公司成人高等教育情况**

2008 年　　单位：人

	合计			研究生			大学本科			大学专科								
										行属院校			委托代培			电视大学		
	入学	毕业	在学	入学	毕业	在学	入学	毕业	在学	入学	毕业	在学	入学	毕业	在学	入学	毕业	在学
脱产																		
业余									3									1
合计									3									1

表 334　　合众人寿保险股份有限公司宁波中心支公司职工培训情况

2008 年　　单位：人次

	合计	业务培训	其他培训
岗位资格培训	3	3	
岗位适应性培训			
合计	3	3	

表 335　　国泰人寿保险有限责任公司浙江分公司宁波营销服务部职工培训情况

2008 年　　单位：人次

	合计	业务培训	其他培训
岗位资格培训	15	15	
岗位适应性培训			
合计	15	15	

表 336　　宁波市农村合作金融机构成人高等教育情况

2008 年　　单位：人

	合计			研究生			大学本科			大学专科								
										行属院校			委托代培			电视大学		
	入学	毕业	在学	入学	毕业	在学	入学	毕业	在学	入学	毕业	在学	入学	毕业	在学	入学	毕业	在学
脱产																		
业余	99	219	196	2	10	36	70	139	148		1			9	11	27	92	55
合计	99	219	196	2	10	36	70	139	148		1			9	11	27	92	55

表 337　　宁波市农村合作金融机构职工培训情况

2008 年　　单位：人次

	合计	业务培训	其他培训
岗位资格培训	8245	6575	1670
岗位适应性培训	11427	8597	2830
合计	19672	15172	4500

表 338　　金港信托有限责任公司成人高等教育情况

2008 年　　单位：人

	合计			研究生			大学本科			大学专科								
										行属院校			委托代培			电视大学		
	入学	毕业	在学	入学	毕业	在学	入学	毕业	在学	入学	毕业	在学	入学	毕业	在学	入学	毕业	在学
脱产																		
业余				3		1	2	2	3									
合计				3		1	2	2	3									

表 339　　金港信托有限责任公司职工培训情况

2008 年　　单位：人次

	合计	业务培训	其他培训
岗位资格培训	3	1	2
岗位适应性培训	22	22	
合计	25	23	2

表 340　　华融金融租赁股份有限公司宁波分公司职工培训情况

2008 年　　单位：人次

	合计	业务培训	其他培训
岗位资格培训	16	8	8
岗位适应性培训	16	8	8
合计	32	16	16

第五部分

金融记事篇

1月

4日 浙商银行叶建清副行长到宁波分行对分行班子成员进行年度考评。

7日 都邦财产保险镇海支公司开业。

8日 渤海财产保险北仑中心支公司开业。

9日 宁波海运股份有限公司完成定向发行新股工作。

中国邮政储蓄银行宁波分行成立暨揭牌仪式在宁波南苑饭店举行。

渤海保险总公司副总经理李开斌一行对宁波分公司进行合规检查。

都邦财产保险鄞州支公司开业。

10日 中信银行宁波百丈支行正式开业。

14日 葛善芳被聘为太平洋人寿保险宁波分公司党委委员、总经理助理。潘云被聘为太平洋人寿保险宁波分公司总经理助理。

16日 宁波市人大副主任张金康率调研组到人行宁波市中心支行就2007年全市经济金融发展情况和对2008年金融形势的判断预测等方面进行调研、座谈。

17日 平安人寿董事长李源祥到宁波分公司视察工作。

18日 民生银行宁波分行与总行各落地事业部宁波分部召开座谈会，探讨分行与事业部业务联动模式。

23日 宁波证监局陆意琴局长助理陪同市政府领导会见日本伊藤忠株式会社代表。

农业银行宁波市分行举行“传世之宝”个人实物黄金销售首发仪式。

太平人寿总公司何志光总经理及人力资源部肖方文总经理莅临宁波指导工作，并宣布人事任命：王洪建任太平人寿宁波分公司副总经理，主持工作。刘晨任太平人寿宁波分公司副总经理。

24日 民生银行宁波分行各公司金融事业部改革移交工作完成。

27日 兴业银行宁波鄞州支行由天童北路123号迁至天童北路1533号。

28日 中国光大银行系统内第一家县域支行——宁波分行余姚支行正式开业。

29日 宁波保监局召开全市保险工作会议。

宁波证监局召开宁波证券期货经营机构监管工作会议。

30日 恒生银行宁波分行正式开业。

中国信保宁波分公司、中国银行宁波市分行、浙江前程石化股份有限公司举行“国内贸易信用保险项下贸易融资合作协议”签约仪式。

31日 人保财险总公司任命吴成丕为宁波市分公司副总经理。

1月 中国人寿养老保险宁波市中心正式启动，张忠平副总经理兼任中心负责人。

2月

1日 大众保险股份有限公司董事长石福梁莅临宁波分公司宣布分公司主要负责人任免事宜，免去王春生大众保险宁波分公司党委书记、总经理职务，任命丁邦宁为宁波分公司临时负责人。

都邦财产保险股份有限公司聘任郑惠珍为宁波分公司总经理助理。

2日 宁波银行杭州分行开业。

14日 香溢融通控股集团股份有限公司完成定向发行新股工作。

18日 交通银行宁波中山西路支行迁址开业。

19日 宁波保监局在慈溪召开宁波保险业抗灾救灾现场会，部署保险业抗击雨雪冰冻灾害重点工作。

浦发银行总行在宁波市华侨豪生大酒店召开“上海浦东发展银行自助设备运行管理工作座谈会”。总行黄建平副行长，运营与科技总部、产品开发部、信息科技部负责人，以及上海、北京、广州、深圳等分行的主管行长、相关职能部门负责人近40人参加会议。

中国信保宁波分公司正式签发全国首份《进口预付款保险单》，投保的宁波天路进出口有限公司成为全国第一个进口信用保险保户。

20日 通过人行宁波市中心支行准入验收，恒生银行（中国）有限公司宁波分行加入宁波市同城清算系统，成为宁波市首家开通人民币清算业务的外资银行。

宁波保监局与宁波市卫生局联合印发《关于印发宁波市实施医疗责任保险的若干规定的通知》。同日，宁波市医疗责任保险共保体分别与李惠利医院、市第一医院、市第二医院、宁大医学院附属医院、市妇幼医院和市中医院等6家医院的院长签订医疗责任险统保项目保险协议，宁波市公立医疗机构实施医疗责任保险正式启动。

21日 华夏银行总行任命董实远为宁波分行党委委员、宁波信用风险管理部首席信用风险官。

22日 浙商银行叶建清副行长到宁波分行调研。

广发银行宁波余姚支行成立，成为广发行系统内第一家县域支行。

渤海保险总公司房大海副总经理到宁波分公司调研指导。

泰康人寿宁波分公司与农业银行宁波市分行全面启动企业年金业务合作。

27 日　中国银行宁波市分行与宁波安邦护卫有限公司举行守押服务合同签约仪式。

28 日　太平保险有限公司宁波分公司开业。

29 日　上海银行副行长蒋洪一行来宁波分行工作调研。

宁波市医疗纠纷理赔处理中心正式挂牌，医疗纠纷人民调解委员会同时成立。全国首个医疗纠纷调处办法《宁波市医疗纠纷预防与处置暂行办法》正式实施。

2 月　人行宁波市中心支行切实落实宁波市委、市政府和人总行要求，向辖内金融机构发出紧急通知，要求积极抗御严重雨雪冰冻灾害，全力做好抗雪救灾金融服务工作。

3 月

1 日　著名经济学家巴曙松教授赴宁波作《2008 年中国金融业的新趋势与新挑战》专题报告。

2 日　中国银行宁波市分行举办“外汇、黄金投资讲座暨奥运冠军现场签售奥运金银”活动，特邀奥运会举重冠军占旭刚和竞走冠军王丽萍现场为投资者签售奥运金银活动，全辖 500 余名客户应邀参加。

3 日　奚志敏任太平保险有限公司宁波分公司总经理。

5 ~ 6 日　外汇局宁波市分局召开 2008 年宁波市外汇指定银行管理工作会议。

民安（中国）有限公司总裁刘世宏、财务部副总经理黄薇到宁波分公司视察工作。

6 ~ 7 日　太平洋财险宁波分公司与农业银行宁波市分行联合召开 2008 年银保合作启动会议。

6 ~ 8 日　中国光大银行 2008 年度计财工作会议暨新会计准则培训在宁波举行。

7 日　光大银行总行李杰副行长莅临宁波分行指导工作。

渤海保险总公司齐志强副总经理到宁波分公司调研指导。

10 日　中国民生银行总行聘任方海良为宁波分行副行长（主持工作）；聘任孙红英为宁波分行副行长。

11 日　都邦财产保险北仑支公司开业。

13 日　宁波市金港信托投资公司与浙商理事会在杭州成立“浙商金港投融资中心”。

15 日　太平洋财险宁波分公司承保“世界 500 强”阿克苏诺贝尔公司宁波化工基地工程，该项目承保金额达 27. 86 亿。

18 日　太平保险有限公司宁波分公司开业。中国保险（控股）有限公司、香港中国保险（集团）有限公司常务董事、总经理助理，太平保险有限公司董事长沈南宁莅临宁波分公司检查指导。

20 日　全市农村合作金融机构监管工作会议举行。

邮政储蓄银行浙江省首家县级支行宁波慈溪市支行成立仪式在慈溪市杭州湾大酒店举行。

21 日　工商银行宁波市分行与余姚市政府举行余慈统筹（余姚片）发展战略金融合作签约仪式。

华夏银行总行在宁波召开国际业务工作座谈会。

25 日　民生银行宁波余姚支行正式开业。

阳光财产保险镇海支公司开业。

25 ~ 26 日　浙商银行龚方乐行长到宁波分行视察调研。

27 日　华夏银行翟鸿祥董事长、刘熙凤首席财务官一行到宁波分行进行工作调研。

鄞州银行和象山县农村信用合作联社签署业务合作协议，开创全市农村合作金融机构同业合作先河。

28 日　深发银行总行在宁波举办全国资产保全会议。

中国邮政储蓄银行宁波余姚支行开业。

29 日　嘉禾人寿保险公司董事长马鸣家来宁波视察分公司筹建工作。

3 月　人行宁波市中心支行发行库被中国人民银行定级为“2007 年度一级发行库”。

国家税务总局与国家外汇管理局批复，宁波市全面实行出口退税无纸化。

人行宁波市中心支行会同宁波市科技局联合下发《宁波市专利权质押贷款实施意见》，会同市工商局下发《宁波市股权质押贷款指导意见》，会同市林业局及时转发《关于开展森林资源资产抵押贷款支持我省林业发展的指导意见》，下发《关于金融支持服务业加快发展的若干意见》，研究推广应收账款质押，以满足社会多元化的金融服务需求。

宁波国际银行行庆十五周年。

4 月

1 日　中宏保险副总裁黄卓山出任宁波分公司

总经理。

宁波市金港信托投资公司联合浙江省各市、县（区）私营（民营）企业协会共同举办“金港信托·2008浙商财富快车”在杭州正式启动。

2日 民安保险余姚支公司、江东支公司开业。

宁波市市区农村信用合作联社创立大会召开，全市农村合作金融机构完成一级法人体制改革。

6~7日 合众人寿保险股份有限公司董事长戴皓来宁波中心支公司视察工作。

7~13日 中国人寿集团公司巡视组一行8人到宁波市分公司检查工作。

8日 朱善虎任太平保险有限公司宁波分公司副总经理。

由平安人寿宁波分公司承办的，主题为“和谐、创新、开拓、发展”的2008年宁波保险行业表彰大会在宁波喜来登大酒店召开。

11日 国内首家信用卡概念中心——宁波银行信用卡概念中心在宁波开张。

12日 中国邮政集团公司刘安东总经理一行巡视邮政储蓄银行宁波分行和宁波市邮政局。

平安产险宁波分公司与宁波市检验检疫局国际旅行卫生保健中心签订业务合作协议。

14日 上海银行副行长王世豪、行长助理贺青来宁波分行工作调研。

15日 中银保险江东支公司、鄞州支公司、奉化支公司、慈溪支公司开业。

17日 宁波海关、中石化镇海炼化分公司、光大银行宁波分行在慈城举行银关系列业务合作启动仪式。

18日 光大银行联丰支行迁址开业。

宁波市金港信托投资公司由扬善路51号金港大酒店乔迁到江东北路138号金融大厦19楼和10楼办公。

20日 上海银行宁波分行与宁波市篮球协会联合举办“上海银行杯”迎奥运篮球系列活动。至5月10日结束。

21日 嘉禾人寿保险股份有限公司宁波分公司开业。

中国银行宁波市分行余慈支行举行开业典礼。

包商银行总行聘任朱晓明为宁波分行行长，张宪胜为宁波分行副行长，郝春梅为宁波分行风险总监，裴烨为宁波分行行长助理。

23日 平安产险宁波分公司与江北兴欣汽车销售服务有限公司合作设立直赔服务中心正式开业。

23~24日 浙商银行小企业贷款工作会议在宁波召开。

25日 宁波证监局召开辖区证券经营机构经理会议。

民生银行总行洪岐副行长莅临宁波分行指导工作。

包商银行宁波分行正式开业。

26日 中国银行宁波市分行邀请奥运冠军熊倪、钱红在慈溪举办“迎奥运火炬藏传世珍品”奥运冠军现场签售奥运金银活动，600余名客户应邀参加。

28日 工商银行宁波市分行为宁波雅戈尔集团牵头组织首笔中期流动资金银团贷款业务。此举标志该行行外银团贷款取得历史性突破。

30日 安诚财产保险股份有限公司宁波分公司开业。

4月 华泰财产保险慈溪营销服务部开业。

周杰任民生人寿保险宁波中心支公司总经理。

5月

1日 以中国人民财产保险公司宁波市分公司为首席承保人，中国太平洋财产保险宁波分公司、中国平安财产保险宁波分公司、中国大地财产保险宁波分公司、大众保险宁波分公司共同承保的杭州湾跨海大桥财产险、公众责任险和雇主责任险等共计100亿元保额的一揽子保险，自2008年5月1日零时起生效。

都邦财产保险宁波分公司承保的80辆吉利轿车组成仪仗车队参加杭州湾跨海大桥通车仪式。

2日 人行宁波市中心支行在余姚市“中国塑料城”汇展中心举行反假货币知识电影拷贝宁波农村地区首映式。

4日 兴业银行宁波分行迁至百丈东路905号新办公大楼。

太平洋财险宁波分公司与光大银行宁波分行合作推出“阳光行车卡”项目。

5日 王春生任安诚财产保险股份有限公司宁波分公司总经理。

7日 中国邮政储蓄银行李财林副行长到宁波分行调研对公业务开办情况。

7~9日 光大银行总行在宁波召开2008年度团委工作会议暨团委书记培训。

8日 人行宁波市中心支行召开宁波市银行卡风险防范工作会议。人民银行县（市、区）支行、市公安局及县（市、区）经侦支队、各发卡行、中国银联宁波分公司、宁波银联商务有限公司等单位的50多位代表出席会议。

交通银行宁波观城支行开业。

9日 国家开发银行宁波分行举办“宁波市绕城高速连接线项目银团推荐会”。

生命人寿保险总公司黄新篁总经理宣读关于陈华标任宁波分公司总经理人事任命。

10日 “招商银行CCTV巅峰梦想红动中国”全民健身登山宁波站活动在宁波九峰山隆重举行。

13日 建设银行总行党委委员、首席风险官朱小黄到宁波市分行宣布宁波市分行主要负责人调整事宜，刘丽华任宁波市分行行长。

14日 工商银行宁波市分行承办中国工商银行“迎奥运”员工乒乓球比赛宁波赛区比赛。来自工行上海、浙江、广西、海南、重庆、云南、青海、宁波、深圳、苏州等10家分行和上海票据营业部、数据中心代表队的12个代表团、48名选手参赛。

15日 中国银行宁波市分行为一家境内无分支机构的外国公司开立临时人民币账户，解决其减持国内A股股份所得人民币资金存放划转问题。据悉，开立该性质账户在宁波尚属首例。

16日 中国邮政储蓄银行宁波分行和浙江金融职业学院签定战略合作关系协议。

19日 包商银行微小企业贷款业务正式进驻宁波分行，为宁波的中小企业提供更多元化的融资产品。

20日 宁波银行推出国内首张休闲主题信用卡——汇通休闲信用卡。

21日 泰康人寿宁波分公司与农业银行宁波市分行联合举办的“携手泰康，共赢未来”企业年金说明会在宁波东港喜来登大酒店召开。

22日 由国家金卡办、人民银行总行、工业与信息化部、建设部等部委权威专家组成的评审专家组通过宁波市民卡非接触非对称小额支付多应用技术论证。

中信银行总行吴北英常务副行长一行来宁波分行工作调研。

23日 “一行三局”第八次联席会议在东港大酒店召开。

浦发银行宁波宁海支行开业。

2008年全国地方金融机构国际业务研讨会在鄞州银行举行。来自全国52家城商行、农信系统的81名代表参加会议。

24日 宁波市金港信托投资公司在北京民族饭店举办“金融创新研讨会”，公司四个业务板块的同仁和来自清华大学、北京大学、中国人民银行研究生部的代表参加了研讨会。

26日，四川汶川大地震三百余受伤人员转移到宁波各大医院救治，宁波保险业积极建立来甬救治伤员理赔绿色服务通道，帮助来甬救治的受伤人员顺利理赔。

华夏银行总行聘任张铁成为宁波分行副行长。

大众保险股份有限公司董事长石福梁莅临宁波分公司宣布分公司党政班子调整决定。任命大众保险总经理助理陈燕平兼任宁波分公司党委书记、总经理；李恒飞任宁波分公司委员会委员。

27日 中信银行总行聘任朱兆良、王立民为中信银行宁波分行副行长（一级分行行长助理级）。

28日 人行宁波市中心支行联合宁波市发改委在宁波金港大酒店举办2008年宁波市重点项目银企洽谈会。有5家银行业金融机构与11家重点项目建设单位当场进行签约，签约金额达133.7亿元。达成融资意向项目56个，意向融资金额163亿元。

29~30日 华夏银行总行在宁波分行召开会计内控风险座谈会。北京、南京、济南、杭州等17家分行主管会计副行长及会计部总经理参加会议。

31日 新华保险宁波分公司联合宁波红十字会举办“结缘新华、爱心相伴”活动。

5月 全国金融技术标准化委员会工作会议在宁波召开，期间人民银行总行苏宁副行长考察宁波金融业发展情况，就推动私募股权投资提出意见。

华泰财产保险北仑支公司开业。

6月

3日 由人行宁波市中心支行主办、中国银联宁波分公司与宁波银联商务有限公司承办、全市20家发卡机构参加的第四届银行卡刷卡有奖活动正式启动。

4日 宁波市政府发布《关于加快宁波市金融业创新发展的若干意见》(甬政发〔2008〕51号)。

中国人寿保险宁波市分公司与宁波市妇联联合举办的“节能减排社区行动”正式启动。

民生银行总行聘任王育清为宁波分行行长助理。

民安保险慈溪支公司开业。

6日 “招商银行商务卡、财政公务卡产品”

宁波站推介会在东港喜来登大酒店举行。

泰康人寿保险公司副总裁兼首席财务官尹奇敏莅临宁波分公司指导工作。

11日　宁波市保险学会邀请清华大学中国金融研究中心副主任、清华大学经济管理学院教授陈云博士来甬作“十七大后中国经济与金融形势及中国保险业的发展趋势分析”专题报告。

工商银行宁波市分行聘任蔡志文、陈霄为宁波市分行行长助理。

12日　交通银行总行彭纯副行长到宁波分行视察调研。

13日　浙商银行陈春祥副行长到慈溪实地考察设立村镇银行事宜。

上海银行副行长张伟国一行到慈溪支行（筹）、余姚支行进行实地考察。

17日　中国人寿养老保险公司副总裁王伟一行莅临宁波市分公司指导工作。

18日　包商银行宁波分行举行首批微小贷款发放仪式。

21日　宁波市票据电子交换系统二期工程及宁波市付费通工程同步上线运行。

22日　高德纯任渤海财产保险宁波分公司副总经理（主持工作）。

23日　中国保监会李克穆副主席、人教部于华主任一行到宁波保监局，宣布江先学任宁波保监局党委书记、局长。

23~24日　中国人保集团总裁吴焰一行到人保财险宁波市分公司视察指导工作

24日　建设银行总行在宁波召开长三角地区协调委员会2008年例会。

中国人保集团与宁波市人民政府在南苑饭店召开保险资金投资项目对接会。

25日　宁波证监局在联谊宾馆组织召开辖区上市公司会议。

交通银行宁波象山支行开业。

浙商银行宁波江东支行开业。

25~26日　中国人寿保险总公司夏智华监事长一行在甬考察。

26日　泰康人寿保险公司副总裁兼人力资源总监胡昌荣莅临宁波分公司指导工作。

27日　宁波银行在江苏省开设的首家分行——南京分行开业。

包商银行宁波分行与中国银行宁波市分行签署《国际业务合作协议》、《进口业务/保函业务合作协议》和《同业往来账户协议》，双方开展国际业务方面更深层次合作。

28日　中国银行宁波市分行在东港喜来登酒店举办“携手奥运冠军，珍藏奥运财富”——世界乒坛巨星邓亚萍现场签售奥运金银活动。

深发银行宁波城西支行关闭。

6月　人行宁波市中心支行扩大小额担保贷款发放对象，就业困难人员、低保人员、长期失业人员、自主创业人员（城镇复员专业退役军人、大中专毕业生、农转非被征地人员）自6月1日起均可申请小额担保贷款。小额担保贷款利率在贷款基准利率基础上上浮3个百分点，并由财政全额贴息。

外汇局宁波市分局完成直接投资外汇业务信息系统上线推广工作，全辖共采集、审核并导入5805家外商投资企业外汇信息登记表。

光大永明人寿保险有限公司首席销售总监王伟莅临宁波营销服务部指导工作。

宁波市政府发布《关于加快宁波市金融业创新发展的若干意见》（甬政发［2008］51号）。

7月

2日　中华保险总公司聘任周东明、潘惠长、童中怡为宁波分公司行政负责人，免去梁健宁波分公司副总经理职务。

中宏保险宁波分公司营销员李梦龙，在全国营销员“北京奥运火炬接力手”竞赛中，代表宁波分公司参加在宁夏站北京奥运火炬接力活动。

3日　中华保险总公司聘任周波为宁波分公司党委书记，潘惠长、童中怡为宁波分公司党委委员，免去梁健宁波分公司党委书记职务。

4日　长安责任保险股份有限公司宁波中心支公司开业。

莫亦军任长安责任保险股份有限公司宁波中心支公司总经理。

包商银行总行聘任徐文勇为宁波分行行长助理。

5日　人行宁波市中心支行联合宁波市公安局经侦支队、中国银联宁波分公司在天一广场举办“迎奥运、放心用卡、安全支付”主题宣传活动。

8日　深发银行宁波余姚支行正式开业。

长安责任保险股份有限公司宁波中心支公司开业。

9日　中国银监会党委委员、副主席郭利根宣布宁波银监局主要负责人职务任免通知，任命凌敢为宁波银监局党委书记、局长。

15日　平安产险慈城营销服务部正式开业。

16日　招商银行宁波分行成立票据中心，实现票据业务集中专业化管理。

海康保险宁波营销服务部成立。

21日　太平洋证券股份有限公司宁波中山东路证券营业部开业。营业地址：宁波市中山东路629号。

嘉禾人寿总经理赖观荣到宁波分公司检查指导。

22日　陈立平任招商银行宁波分行副行长。

永安保险镇海区营销服务部成立。

27日　人保财险宁波市分公司与浙江万里教育集团签订《校企合作协议》和《保险协议》。

29日　光大银行总行李子卿副行长一行来宁波宣布宁波分行人事变动事项，杨明任宁波分行党委书记，宁咏调任总行公司业务管理部总经理。

招商银行总行张光华副行长莅临招商银行宁波分行视察指导工作。

30日　高德纯任渤海财产保险股份有限公司宁波分公司副总经理（主持工作）。

中国人寿集团公司刘健副总裁来宁波视察工作。

宁波寿险第十届钻石明星表彰大会在远洲大酒店举行。

7月　人行宁波市中心支行根据人总行年中工作电视会议精神，结合辖区经济金融运行实际情况，提出金融部门支持经济社会发展的23条政策措施。

8月

1日　宁波市机动车交通事故物损保险理赔博纳服务中心正式开业。

3日　招商银行宁波分行携手宁波大连万达广场有限公司共同推出浙江省首张休闲购物广场类联名信用卡——万达广场联名信用卡。

4日　太平人寿宁波分公司和交通银行宁波分行签署全面合作协议。

5日　光大银行宁波分行与青年汽车集团私募股权融资项目的签约仪式在金华举行。

国信证券股份有限公司宁波百丈东路证券营业部开业。营业地址：宁波市百丈东路901号。

6日　宁波证监局召开宁波证券期货经营机构监管工作会议。

泰康人寿保险公司长三角法人业务战略研讨会在宁波召开。

7~8日　中国太平洋集团公司高国富董事长一行到宁波分公司考察指导工作。

8日　工商银行宁波市分行营业部财富管理中心正式开业。

兴业银行宁波百丈支行开业。

宁波市金港信托投资公司正式进入全国银行间同业拆借市场，成为全国银行间同业拆借市场成员。

9日　人保财险宁波市分公司与宁波轿辰集团在宁波金丰汽车销售服务有限公司举行远程定损点开业活动。

11日　民生银行宁波分行东方苑自助银行开业。

12日　华夏银行宁波分行举行海曙支行开业仪式。海曙支行是分行成立的第一家支行。

13日　人行宁波市中心支行承办召开宁波市金融稳定协调工作领导小组会议暨“一行三局”第九次联席会议。

14日　中国银行宁波市分行韩立光行长、肖磊副行长陪同中银投田晓轫副董事长、总行财务管理部高洪亮副总经理，浙江省分行曾小平行长等一行在东部新城考察并拜会宁波市副市长苏利冕。

15日　泰康人寿保险奉化支公司、余姚支公司开业。

21日　邱小友任太平洋财险宁波分公司总经理助理。

22日　中银保险余姚支公司开业。

23日　国泰君安期货有限公司宁波营业部开业。营业地址：海曙区中山西路2号恒隆中心26层。

25日　兴业银行江东支行由王隘路258号迁至中山东路501号新址办公。

宁波银行被《银行家》杂志评为2006~2007年度城市商业银行财务评价第一名和中国最佳城市商业银行。

太平洋人寿保险总公司金文洪董事长、财务总监潘艳红一行到宁波分公司考察指导工作。

26日　人民银行宁波市中心支行辖内6家县市支行会计核算业务流程改革全部实施完毕，实现全辖县市支行会计核算业务整体上收至中心支行，建立由中心支行本级集中办理全辖会计核算业务的会计核算管理体系。

27日　广东发展银行总行辛迈豪行长莅临宁波分行指导工作。

宁波银行推出国内银行业首款以家庭为核心元素的理财品牌——汇通财富。

阳光财产保险江东支公司开业。

28 日　华夏银行总行吴建行长一行四人到宁波分行进行调研。

31 日　宁波市第一家村镇银行象山国民村镇银行在象山石浦镇开业。

9 月

1 日　国泰人寿在长三角地区再度联合启动爱心援助行动，宁波营销服务部在全市开展“爱心1+1活动”，资助灾区贫困学生小学期间的各种教育费用，帮助其顺利完成学业。

2 日　中国证监会任命陆意琴为宁波证监局副局长。

3 日　工商银行（总行）魏国雄首席风险官、王炽曦监事在宁波主持召开小企业信贷业务座谈会。会议提出支持小企业信贷发展和风险防范工作等八条意见。

4 日　平安养老保险北仑支公司开业。

5 日　人行宁波市中心支行联合宁波市经委、市工商联举办2008 年宁波市小企业融资产品推介暨银企洽谈会。近360 家单位的500 余位会议代表参加洽谈会。当场签约授信金额达4. 08 亿元。参会金融机构与125 家小企业达成融资意向，融资意向金额8. 93 亿元。

光大银行宁波鄞州支行迁至天童北路1501 号麒麟大厦。

宁波银行推出“透易融”贷款，以解决小企业在生产经营过程中的临时性资金支付需求，最高额度为50 万元。

8 日　浙商银行宁波江东支行成功堵截一起伪造浙商银行的履约保函案件，涉案金额70 万元。

安邦财产保险总公司任命余煜忠为宁波分公司常务副总经理，免去黄永祥宁波分公司总经理职务，调任浙江分公司副总经理。

花旗银行中国有限公司领导拜访宁波市金港信托投资有限责任公司，就外资银行与信托公司开展合作进行研讨。

9 日　交通银行总行王滨副行长到宁波分行调研指导工作。

浦发银行宁波分行成立工会工作委员会。

10 日　国家开发银行宁波分行希腊国别组正式派驻。

11 日　浙江省副省长郑继伟一行到宁波市医疗纠纷人民调解委员会及宁波市医疗纠纷理赔处理中心进行调研。认为宁波市在预防和处置医疗纠纷的工作中已经取得了初步成效，要求省卫生厅、司法厅深入宁波认真调研，大力推广医疗纠纷的“宁波解法”。

中国人寿财产保险股份有限公司宁波市中心支公司开业。

联泰大都会人寿保险有限公司浙江分公司宁波营销服务部开业。

中信银行船舶金融推介会在宁波东港喜来登大酒店隆重举行。来自宁波、舟山、台州等地21 家船舶相关企业，以及宁波船级社共60 多位代表参加推介会。

12 日　中国证监会巡视组到宁波证监局反馈巡视意见。

16 日　都邦财产保险股份有限公司免去穆展宏宁波分公司副总经理职务。

18 日　光大银行总行任命杨明为宁波分行行长。

中华保险宁波分公司与光大银行宁波分行联合开展“阳光行车卡”专项合作。

22 日　齐鲁证券股份有限公司宁波中兴路证券营业部开业。营业地址：宁波市中兴路269 号世纪大厦。

24 日　中银保险浙江省分公司丁毓敏总经理助理陪同总公司理赔部、稽核部领导一行13 人来宁波中心支公司检查工作。

25 日　人行宁波市中心支行召开宁波市同城支付清算系统建设总结表彰大会及新闻发布会。

中国邮政储蓄银行宁波分行首笔企业网上银行业务交易测试成功。

25 日　中国人寿保险（集团）公司副总裁时国庆莅临宁波市分公司视察指导工作。

太平人寿宁波分公司与工行宁波市分行联合举办“开口营销训练营”在新兴大酒店开幕。

28 日　农业银行宁波市分行搬入位于宁波市中山东路518 号新办公大楼。

合众人寿宁波中心支公司余姚营销服务部正式开业。

10 月

1 日　泰康人寿保险宁波分公司变更营业场所，由原人民路132 号外滩大厦16 楼变更为海曙区和义路168 号万豪中心10、11 楼。

9 日　交通银行总行法律合规条线工作座谈会在宁波召开。

10 日　交通银行总行杨东平首席风险官到宁波分行调研指导风险管理工作。

交通银行宁波周巷支行迁址开业。

深发银行总行胡跃飞行长莅临宁波分行进行

工作调研。

中国人寿财产保险宁波市中心支公司和中国人寿保险宁波市分公司召开产、寿险互动业务沟通协调会。

15 日 民安保险宁海支公司开业。

16 日 人行宁波市中心支行在辖区 6 个支行设立县级货币鉴定工作室。中银保险宁海支公司开业。

18 日 由人行宁波市中心支行、共青团宁波市委联合组织举办的“青春共建和谐社区行动，金融知识进社区”活动启动仪式在月湖公园菊花洲广场举行。

19 日 人保财险宁波市分公司举行“放歌金秋十月，共庆人保辉煌”主题大合唱比赛，庆祝中国人保成立 59 周年。

20～21 日 由宁波市政府主办、宁波市金融办和人行宁波市中心支行协办的宁波股权投资发展论坛在南苑饭店成功举办。

23 日 宁波市第三届金融产品展示会在市新闻文化中心开幕。展示会历时 3 天，汇集银行、证券、期货、保险、投资等共 39 家机构参展，对 30 年金融改革开放辉煌历程与成果以及金融知识、金融产品、金融风险等方面内容进行展示，近 3 万人次进行了参观。

28 日 中国银行宁波市分行、招商银行宁波分行出席宁波东部新城国际金融服务中心签约仪式。

29 日 宁波市保险行业协会人民调解委员会正式挂牌成立。

宁波市副市长苏利冕等领导到中国邮政储蓄银行宁波分行调研。

31 日 光大集团、中国光大银行唐双宁董事长赴甬视察宁波分行工作。

中国邮政储蓄银行总行吕家进副行长到宁波分行调研。

10 月 人保财险宁波市分公司与国家开发银行宁波市分行签订《全面合作协议书》。

龚小冬任光大永明人寿保险有限公司宁波营销服务部负责人。

11 月

4 日 国家开发银行宁波市分行马其顿国别组正式派驻。

工商银行宁波市分行与宁波市交通警察支队举行“移动警务系统合作签约暨牡丹交通卡发卡启动仪式”新闻发布会，共同签署《牡丹交通联名卡项目合作协议》。

人保财险宁波市分公司与中信银行宁波分行举行银保业务合作启动仪式。

日本住友银行代表一行三人来宁波市金港信托投资有限责任公司访问。

5 日 交通银行（宁波）第三届高尔夫邀请赛——百年交行杯，在宁波启新绿色世界高尔夫俱乐部举行。

民生银行宁波宁海支行正式开业。

许继革任永安保险宁波中心支公司临时负责人。

7 日 华夏银行总行工会在宁波召开部分分行开展“建功立业”活动汇报会。昆明、深圳、成都等 11 家分行工会负责人参加了会议。

10 日 交通银行宁波江东支行迁址开业。

10～13 日 中国光大银行 2008 年人力资源专业培训会议在宁波奉化银凤山庄举办，来自全国 31 家分行和总行人力资源部的 70 名人力资源条线的干部员工参加本次培训。

11～12 日 华夏银行总行吴建行长、樊大志副行长一行到宁波进行调研考察。

12 日 由宁波市政府金融办、人行宁波市中心支行和宁波银监局、保监局共同承办的金融业合作暨宁波企业新加坡上市论坛在新加坡莱佛士中心会议厅隆重举行。来自新加坡及东南亚的银行、保险、中介等机构的 100 余位外方嘉宾出席会议。

广发银行宁波分行领导班子调整，忻军辉任副行长，邱振众、王国君任行长助理。

13 日 东海期货有限公司设立宁波营业部。营业地址：海曙区中山东路 181 号 8 层。

14 日 中国证监会行政处罚委滕必一行来甬实地了解天一证券案和甬成功案有关情况。

15 日 招商银行宁波分行召开养路费网上缴费项目签约启动仪式及媒体新闻发布会。

17 日 上海银行董事长宁黎明、副行长王世豪一行来宁波分行调研。

渤海保险总公司副总经理李开斌带队到宁波分公司调研指导。

20 日 宁波银行首家珠三角分行——深圳分行开业。

20～24 日 人保财险总公司 2008 年度财务决算会议暨精算准备金培训会议在宁波召开。

23 日 中信银行（宁波）“36＋1”高尔夫球邀请赛在宁波启新绿色世界高尔夫球俱乐部举行。

24 日 华夏银行总行聘任程迅为华夏银行宁

波分行信用风险管理部首席信用风险官。

临商银行股份有限公司任命总行行长助理卢立富兼任宁波分行行长，徐俭任宁波分行副行长。

华安保险总公司任命龙飞为宁波分公司总经理。原总经理胡洪斌调回总公司。

25日　市委农村金融制度改革座谈会在人行宁波市中心支行召开。

27日　中国银行宁波市分行与宁波大榭招商国际码头有限公司建立授信关系，授信额度港币2亿元。

大众保险股份有限公司党委书记、董事长石福梁一行来到宁波，分别走访余姚、慈溪两家支公司。

28日　建行宁波市分行刘丽华行长出席分行与宁波华翔电子股份有限公司银企合作签约仪式。

光大银行宁波分行和光大证券在宁波南苑饭店举行加强银证合作联席会议。

中信银行宁海支行开业。

上海银行宁波慈溪支行开业。

中德安联宁波营销服务部从宁波金融大厦迁址到南站东路16号月湖银座18楼。

11月　人行宁波市中心支行联合市金融办等部门出台《关于做好金融保障促进我市经济平稳较快发展的若干措施意见》并由市政府批转，提出“保增长、促发展、维稳定”的18条具体措施。

人行宁波市中心支行扎实推进中小企业信用体系建设工作，2008年新增征集中小企业信用档案18653户，更新档案1012户，并对未贷款中小企业进行信用评级。

人保财险宁波市分公司独家承保宁波象山大桥水上工程，项目总保额约23亿元。

中华保险宁波分公司推出一次性退单制度。

12月

1日　招商银行宁波海曙支行迁址至富茂大厦。

1~2日　华夏银行总行在宁波召开2008年安全保卫两项制度研讨会，北京、济南等11家分行参加会议。

2日　平安产险宁波分公司中标宁波象山港公路大桥及接线工程建筑工程一切险附加第三者责任险及雇主责任险招标第三保险合同段。

3日　大众保险股份有限公司副总经理李立群一行莅临宁波分公司与各部门、支公司、营销服务部负责人进行座谈。

8日　中信银行宁波中兴路支行开业。

10日　中国人寿集团公司杨超总裁莅临中国人寿财产保险宁波市中心支公司开展调研工作。

12日　宁波市金港信托投资有限责任公司更名为金港信托有限责任公司。

12~13日　农业银行总行副行长张云一行到宁波分行视察工作。

16日　国家开发银行宁波分行阿尔巴尼亚国别组正式派驻。

工商银行总行党委委员、纪委书记刘立宪参加宁波市分行党委学习实践科学发展观专题民主生活会。

18日　人行宁波市中心支行组织召开反洗钱工作联席会议部分成员单位座谈会。

工商银行宁波市分行与宁波江北区人民政府在江北远洲大酒店举行“重大城市基础设施建设项目”金融合作协议签约仪式。

招商银行宁波分行金葵花财富管理中心开幕。

天安保险宁波分公司顺利通过SGS公司对分公司进行三年一次ISO9001质量管理体系和ISO14001环境管理体系的换证审核工作。

中德安联浙江分公司任命范勇斌为中德安联宁波营销服务部负责人。

19日　宁波市银行卡特约商户收入入账业务顺利上线。实现了银行卡特约商户刷卡收入于交易后第一个工作日直接入账，改变通过清算银行多级清算的模式，加快银行卡特约商户收入入账速度。

建行宁波市分行刘丽华行长参加建设银行总行与宁波市人民政府银政合作签约仪式。

23日　农业银行宁波市分行与宁波市交通局举行全面战略合作签约仪式。

泰康人寿保险公司总裁兼首席运营官刘经纶莅临宁波分公司视察指导工作。

23~24日　兴业银行总行康玉坤副行长、监察部副总经理林强一行五人对宁波分行领导班子进行全面考核。

24日　中国银行宁波市分行举行财富中心开业典礼。

建行宁波市分行与宁海县人民政府举行银政合作协议签字仪式。

包商银行副行长魏占元一行莅临宁波分行，对分行安全保卫工作开展检查指导。

24~25日　浦发银行总行在宁波市宁海天明山温泉大酒店召开2009年浦发银行公司银行业务座谈会。

25 日 中国银行宁波市分行顺利完成对辖内 113 家经营性机构转授权工作。本次机构转授权覆盖人事管理、财务管理、业务经营、风险管理（授信审批除外）、信息科技、授信执行、法律合规、行政及保密管理、安全保卫共九个主要业务管理领域。

建行宁波市分行与慈溪市人民政府举行银政合作协议签字仪式。

临商银行宁波分行开业。临商银行宁波分行是临商银行第一家跨省区域设立的异地分行。

26 日 工商银行宁波市分行与北仑金石小额贷款公司在北仑新光大酒店举行全面业务合作协议签约仪式。

浦发银行总行傅建华行长一行，到宁波分行调研。

27 日 中国太平洋人寿保险公司免去楼宸宁波分公司总经理职务，任命陈兴土为宁波分公司副党委书记、副总经理（主持工作）。

30 日 慈溪民生村镇银行正式开业。黄敏军任董事长，顾少军任行长。

31 日 浙江泰隆商业银行宁波分行开业。

12 月 人行宁波市中心支行组织做好宁波市民卡金融 IC 卡试发行工作。

第六部分

机构名录篇

宁波市金融机构负责人名录

中国人民银行宁波市中心支行

行　长：殷兴山
副行长：胡茂伟　陆其林　谢伟江　王海龙
　　　　周伟军
纪委书记：胡春霖
办公室
　主　任：宋建江
　副主任：谢晓杭（女）
宣传群工部
　部　长：米志安
　副部长：叶盛青
内审处
　处　长：徐慧丽（女）
　副处长：张跃群（女）
纪检检察办公室
　主　任：钱宏伟
人事处
　处　长：刘　孟（女）
　副处长：陈炳潮
科技处
　处　长：邬向阳
　副处长：张文元
货币信贷管理处
　处　长：贺绎奋
　副处长：鲍　雯（女）
统计研究处
　处　长：孙景德
　副处长：赵玲芳（女）
会计财务处
　处　长：应姬臣（女）
　副处长：孙　震
事后监督中心
　主　任：贺永初
　副主任：李洁芬（女）
国库处
　处　长：梁国平
　副处长：闻悦弋（女）
货币金银处
　处　长：鲍贤恩
　副处长：包斌伶
保卫处
　副处长：郦阿五
后勤服务中心
　主　任：陈鸣永
　副主任：陈明法
营业部
　主　任：毛剑峰
　副主任：袁冬勤
反洗钱处
　处　长：赵国芬（女）
国际收支处
　处　长：周　豪
经常项目处
　处　长：鞠志杰
　副处长：王春晓（女）
资本项目处
　处　长：周伟军
　副处长：王枚良
钱币博物馆
馆　长：邵　年
地　址：宁波市江东北路138号
邮　编：315040
电　话：87058000

中国银行业监督管理委员会宁波监管局

党委书记、局　长：凌　敢
党委委员、副局长：吕碧琴（女）
党委委员、纪委书记：曹嫣红（女）
副巡视员：仇铁旗
办公室
　主　任：张绪里
　副主任：宋三旭
监管一处
　处　长：施先强
　副处长：宋宇红（女）

监管二处
处　长：严　斌
副处长：陈伟国　谈　晨
监管三处
处　长：崔宇杰
副处长：王伟玲
监管四处
处　长：张亚娟（女）
副处长：施道明
监管五处
处　长：李珍珍（女）
副处长：施益波　章　勇
统计信息处
处　长：陈　唯（女）
副处长：叶明杰
财务会计处
副处长：黄春安（女）
组织部（人事处）
部（处）长兼监察室
主　任：张建波
副部（处）长兼监察室
副主任、局团委副书记（主持工作）：吴高佩（女）
宣传部
部　长：施纪明
副部长：张其祥
后勤服务中心
副主任：柳惠芳
地　址：宁波市江东北路138号
邮　编：315040
电　话：87978012

中国证券监督管理委员会宁波监管局

局　长：吕逸君
副局长：汤庆荣　陆意琴（女）
办公室（党办）
副主任：茅剑刚
上市公司监管处
副处长：余　琍（女）
机构监管处
处　长：王章明
稽查处
处　长：应飞军
期货监管处
副处长：朱　铮（女）
地　址：宁波市药行街139号中国银行大楼18层
邮　编：315010
电　话：87325107

中国保险监督管理委员会宁波监管局

局　长：江先学
副局长：姜国富
办公室
主　任：杨　蔚
副主任：耿　岳
人事教育处
副处长：陈　红（女）
人身保险监管处
副处长：毛小兵
财产保险监管处
副处长：包　荔（女）
保险中介监管处
副处长：张　蕾（女）
统计研究处
负责人：高　柱
法制处
负责人：傅镇和
地　址：兴宁路47－48号宁波大学商务中心
邮　编：315041
电　话：87848525

中国农业发展银行宁波市分行

党委书记、行长：王全来
党委委员、副行长：王永莹（女）　徐世平
地　址：宁波市灵桥路255号
邮　编：315000
电　话：87072821

国家开发银行宁波市分行

行　长：刘洪滨
副行长：陈启斌　丁志宏　钟伟栋
办公室（纪检办）
副主任：赵国恒
业务发展处
副处长：逄阿强
经营管理处（信息科技处）
处　长：燕青山
国际合作业务处
处　长：唐忠杰
风险管理
处　长：杜玉鼎

评审处
　　处　长：秦雪滨
　　副处长：韦良春（女）
客户一处
　　处　长：虞　旦
客户二处
　　处　长：张　禾
　　副处长：吴　坚
客户三处
　　处　长：柳培德
　　副处长：田玉才
人事处
　　处　长：阎喜武
财会处
　　处　长：孙晓东
地　址：宁波市镇明路36号中信银行大厦22～26层
邮　编：315000
电　话：83872888

中国工商银行股份有限公司宁波市分行

行　长：郁炯彦
副行长：胡茂祥　王伟民　董继松
纪委书记：江甬辉
行长助理：蔡志文　陈　霄
副行级调研员：陈庆祥
办公室
　　主　任：董春阳
　　副主任：罗海宏　范国芳
管理信息部
　　总经理：周志芬（女）
　　副总经理：石学军
财务会计部
　　总经理：李桂珍（女）
　　副总经理：黄胜军　陈建武
资产负债管理部（机构业务部）
　　总经理：陈柳荫（女）
　　副总经理：方永兆
个人金融业务部
　　总经理：郑　晔
　　副总经理：唐俏蕾（女）　陈艳萍（女）
银行卡业务部
　　总经理：胡宏伟
　　副总经理：陶　颖（女）　孙立人
公司业务部
　　总经理：王国伟
　　副总经理：陈淑平（女）　卓国良　周朝阳
信贷管理部
　　总经理：胡仁义
　　副总经理：谢祖裕　赵晓青（女）
授信审批部
　　总经理：林宜国
　　副总经理：龚益民　江国峰　宋文军（女）
风险管理部
　　总经理：沈陈荣（女）
　　副总经理：吕　涛　曹志明
法律事务部
　　总经理：郭猛进
运行管理部
　　副总经理：严立群（女　主持工作）
　　副总经理：陈　芳（女）　蒋丽君（女）
第二营业部
　　总经理：熊雅珍（女）
　　副总经理：陈国明
结算与现金管理部
　　总经理：傅慧群（女）
　　副总经理：李　红（女）
电子银行部
　　总经理：陈良江
　　副总经理：胡毓珍（女）
国际业务部
　　总经理：徐　艳（女）
　　副总经理：徐小育　王　薇（女）　庄一本
内控合规部
　　总经理：叶丽丽（女）
　　副总经理：赵海萍（女）　董雅珠（女）
信息科技部
总经理：林振良
　　副总经理：黄文俊　张天成
人力资源部
总经理：严爱兵（女）
　　副总经理：卢建玲（女）　胡亚萍（女）
现金营运中心
　　总经理：熊雅珍（兼）
　　副总经理：吴　斌　庄升明
保卫部
　　总经理：汪交根
　　副总经理：杜海生
监察室
　　主　任：竺道根

副总经理：王经海
工会办公室
主　任：李　勇
副主任：陈英鼎
党委宣传部
部　长：顾中伟
团委书记：毛虹波（女）
营业部
总经理：吴志刚
副总经理：陆信业　潘海英（女）　程　鸣
地　址：宁波市中山西路218号
邮　编：315010
电　话：87361135

中国农业银行宁波市分行

行　长：姜瑞斌
副行长：施武龙　骆朝根　彭超英　殷志云
胡炜铭
纪委书记：骆朝根（兼）
行长助理：徐立君
办公室
主　任：娄鞠野
副主任：李松祥
计划财务部
总经理：王为众
副总经理：陈　亮
会计结算部
总经理：余　萌（女）
副总经理：陆　晔（女）
公司业务部
总经理：褚春文
副总经理：俞万可
机构业务部
总经理：王　军
副总经理：杨雪芬（女）
房地产业务部
总经理：陈海华
个人金融部
总经理：陆建范
副总经理：叶永平
信贷管理部
总经理：陈完人
资产风险管理部
总经理：徐文金
副总经理：凌建树
法律与合规部
总经理：俞三华
副总经理：周建平
银行卡部
总经理：袁忠鹤
副总经理：姚新萍（女）
电子银行部
总经理：夏惠君（女）
副总经理：钱正良
国际业务部
总经理：毛文玉（女）
副总经理：吕　源
信息科技部
总经理：茅壮维
人事教育部（系统团委）
总经理：钱　婷（女）
副总经理：汤冠群
工会办公室
主　任：马如伦
副主任：陈宝丰
审计部
总经理：戴国平
副总经理：楼莉莉（女）　蒋　春
监督保障部
副总经理：徐广法　亓　辉
总务部
副总经理：曹石工
营业部
总经理：许惠光
副总经理：余冠冲　应根菊（女）
地　址：宁波市中山东路518号
邮　编：315040
电　话：87363537

中国银行股份有限公司宁波市分行

行　长：韩立光
副行长：张　芸（女）　吴建峰　肖　磊
毛俊平　徐　慧（女）
纪委书记：陈先明
高级督导：张雪芬（女）
办公室
主　任：周世非（女）
副主任兼系统团委书记：徐剑鸣
副主任兼后勤保障部部长：唐军民
人力资源部

总经理：宣立慧（女）
培训中心
主 任：黄伟祥
计划财务部
总经理：叶 萍（女）
副总经理：许佩军
风险管理部
总经理：孙曙光
副总经理：徐 驰 姚华芳
专业审批人：张勤丰
资金业务部
总经理：吴玮华（女）
公司业务部
总经理：金玲丽（女）
副总经理：叶 菁 庄建军 林弋钧
个人金融部
总经理：陈能珍
副总经理：黄波涛 胡宇罡 黄意波（女）
银行卡部
总经理：张良钢
副总经理：尉敏华（女）
国际结算部
总经理：李 海
副总经理：钟 敏 连 俊
会计结算部
副总经理：陈 蘅（女） 方 敏（女）
授信执行部
总经理：张建培
副总经理：李鲁舟
营业部
总经理：叶秋华（女）
副总经理：李群波（女） 李宏惠
运营部
总经理：尤思标
副总经理：宫向群（女） 张有金
监察内控部
总经理：曹炯明
副总经理：赵 敏（女） 刘 滨
保卫部
总经理：王洪光
副总经理：庄聪波
信息科技部
总经理：陈 明
副总经理：陈 宇
工会
副主任：王爱琴（女）
党务工作部
副部长：李先荣
地 址：宁波市药行街139号
邮 编：315000
电 话：87196666

中国建设银行股份有限公司宁波市分行

行 长：刘丽华（女）
副行长：葛王杰 任国正 陈恒星
纪委书记：张依娜（女）
总审计师：金海萍（女）
行长助理：卢 冲
资深专员：张鹏群 郑顺年
办公室（党委办）
主 任：沃立民
副主任：赵东海
人力资源部（组织部）
总经理：梁 真（女）
离退休人员管理部
总经理（副总级）：屠恒来
计划财务部
总经理：王宏伟
副总经理：俞建红（女）
会计部
总经理：王承飞
副总经理：童铭红（女）
风险管理部
总经理：张海郎
副总经理：丁建业
信贷审批部
总经理：周红绩
副总经理：吕 呈
公司业务部
总经理：张一敏
副总经理：李晓明 周齐齐（女）
机构业务部
副总经理：理应平（主持工作）
国际业务部
总经理：张 威
副总经理：陈亚明 张世英（女）
投资银行部
副总经理：商国良
工程造价咨询中心
副总经理：包建军（主持工作）

副总经理：杨克连
个人金融部
总经理：陈丛笑（女）
副总经理：刘　政（女）　叶小康　陈　路（女）
住房金融与个人信贷部
总经理：金海萍（兼）
副总经理：杨英杰
信用卡中心
总经理：刘盛波
副总经理：王　静（女）　黄国民
资产保全部（法律事务部）
总经理：金技能
副总经理：叶文龙
信息技术管理部
总经理：王剑飞（女）
副总经理：潘武杰
营运管理部
总经理：蒋　怡（女）
副总经理：陆　萍（女）　谢蓁力
电子银行部
总经理：蔡　震
副总经理：邱伟成
纪检监察部（合规部）
总经理：余国海
副总经理：王荣华
安全保卫部
总经理：许跃南
副总经理：王惠中　宋定元
企业文化部（宣传部）
总经理：方　方（女）
基建办公室
总经理：陈海英
系统工会
副主任（总经理级）：沈　军
营业部
主　任：卢　冲
地　址：宁波市广济街31号
邮　编：315010
电　话：87323757

交通银行股份有限公司宁波分行

行　长：熊克宁
副行长：杜希一　唐海萍（女）　方　健
办公室
主　任：荀卫华
人力资源部
高级经理：朱祝娟（女）
预算财务部
高级经理：李立雄
公司业务部
高级经理：王勤勇
国际业务部
高级经理：陈　红（女）
个人金融业务部
副高级经理：金　琼（女　主持工作）
会计结算部
高级经理：姚　新（女）
授信管理部
高级经理：林　奋
零售信贷部
高级经理：沈忠法
风险监控部
高级经理：刘国富
审计部
高级经理：魏　力
法律合规部
副高级经理：吕　民
信息技术管理部
高级经理：叶　坚
电子银行部副
高级经理：王　睿（主持工作）
监察室
高级经理：叶晓华（女）
保卫部
高级经理：柯国荣
工会办公室
主　任：张鸣凤（女）
行政部
高级经理：卢元华
营业部
高级经理：张文华
地　址：宁波市中山东路55号
邮　编：315000
电　话：87363921

上海浦东发展银行股份有限公司宁波分行

行　长：楼戈飞
副行长：丁天佑　顾惠明　施　慧（女）　林伟峰
办公室
主　任：徐之光

副主任：张顺樵　谷存忠　全国平　肖成华
总行审计特派办审计
特派员：白　宇
人力资源部
总经理：陆　明（女）
财务部
总经理：温海鹰（女）
资金部
总经理（副总级）：李　琼（女）
财务会计核算中心
总经理（副总级）：孙宇婷（女）
运营管理部
总经理（副总级）：俞海燕（女）
公司银行业务管理部
总经理：周云鹤
公司银行产品部
总经理：鱼东海
公司银行客户部
总经理：董　慧（女）
营销管理部
总经理：何卫海
授信审查部
总经理（副总级）：甘兆雯（女）
资产保全部
总经理（副总级）：陈京生
风险管理部
总经理：王德华
信息科技部
总经理：杨华明
贸易服务中心
总经理：朱伟章
营业部
总经理（副总级）：王亮平
个人银行发展管理部
总经理：金刚亮
银行卡及渠道管理部
总经理（副总级）：郑　斌
财富管理部
总经理：张志豪
个人信贷部
总经理（副总级）：陈碧飞（女）
个人银行风险管理部
总经理（副总级）：何继平
合规部
总经理：徐之光（兼）
地　址：宁波市江厦街21号
邮　编：315000
电　话：87268111

兴业银行股份有限公司宁波分行

行　长：程　晶
副行长：王建元　王海青
行长助理：邹汝林
综合部
总经理：冯万国
纪　检
副书记：李松青
计划财务部
总经理：卢建敏（女）
风险管理部
总经理：李莉莉（女）
副总经理：郑旭东
信用审查部
副总经理：毛伟杰（主持工作）
会计结算部
总经理：王静燕（女）
副总经理：王　薇（女）
国际业务部
总经理：茅　真
公司业务部
总经理：张　延
同业业务部
总经理：卢建敏（兼）
零售业务部
总经理：毛仁波
副总经理：王婷婷（女）
信息科技部
副总经理：柴国栋（主持工作）
法律与合规部
总经理：李莉莉（兼）
业务拓展二部
副总经理：薄永宏（主持工作）
业务拓展三部
总经理：叶青松
业务拓展六部
副总经理：王　俊（主持工作）
地　址：宁波市百丈东路905号
邮　编：315040
电　话：87733333

中国光大银行股份有限公司宁波分行

行　长：杨　明
副行长：冯　翔
行长助理：卢伟龙
风险总监：李　明
办公室
　　总经理：凌　华
　　副总经理：胡　洪
计划财务部
　　副总经理：陈　前（主持工作）
　　副总经理：贺久贞（女）
公司业务管理部
　　总经理：潘　锋
　　副总经理：汪　洋　郁海卿
零售业务部
　　总经理：黄　芳（女）
　　副总经理：潘肖甬　李肖军（女）
风险管理部
　　总经理：熊国精
　　副总经理：瞿　鹰
运营管理部
　　总经理：史林龙
单证操作中心
　　副总经理：陈敏洁（女）
法律合规部
　　总经理：赵建廷
监察部
　　总经理：凌建国
信息科技部
　　副总经理：黄　行（主持工作）
公司业务一部
　　副总经理：邵国明（主持工作）
公司业务二部
　　总经理：肖　剑
公司业务四部
　　总经理：胡建军
　　副总经理：林忆宁（女）
公司业务五部
　　总经理：邬雪松
　　副总经理：谢薛强
公司业务六部
　　总经理：江　锋
　　副总经理：傅　暾
公司业务七部
　　副总经理：徐　伟（主持工作）
公司业务八部
　　总经理：张镇平（女）
营业部
　　总经理：周满达
地　址：宁波市镇明路482号
邮　编：315010
电　话：87191894

深圳发展银行股份有限公司宁波分行

行　长：洪　卉
财务执行官：金宗国
副行长：刘亚非（女）
信贷执行官：齐文波
行长助理：盛志鹏
地　址：宁波市江东北路138号
邮　编：315400
电　话：87721124

招商银行股份有限公司宁波分行

行　长：王　麟
副行长：郑　锐　金伟进　陈立平
行长助理：陈海强
办公室
　　副主任：屈利俊（主持工作）
　　副主任：林　敏（女）
人力资源部
　　副总经理：姚亦君（女　主持工作）
审计部（法律与合规部）
　　总经理：朱蓓蕾（女）
计划财务部
　　副总经理：章国能（主持工作）
　　副总经理：方卫宏
授信审批部
　　总经理：於　健
　　副总经理：陈　漪（女）
信贷管理部
　　副总经理：张志成（主持工作）
信息技术部
　　副总经理：鲁振涛（主持工作）
会计部
　　副总经理：劳利江（主持工作）
监察保卫部
　　副总经理：周小军（主持工作）
零售银行部

副总经理：杜迪儿（女）　励　盛
公司银行部
总经理：闻靖芝（女）
副总经理：王海峰
公司银行营销部
总经理：陈　晓（女）
副总经理：任　晓　陈丽芳（女）
公司银行营销二部
总经理：周晓东
公司银行营销三部
总经理：黄　森
公司银行营销四部
副总经理：赵信宏（主持工作）
国际业务部
总经理：周向东
副总经理：王晓燕（女）
营业部
总经理：缪　涌
副总经理：屠互水　周悦红（女）
地　址：宁波市百丈东路938号
邮　编：315041
电　话：0574－87015501

中信银行股份有限公司宁波分行

行　长：夏年炉
副行长：金民强　陈舟波　朱兆良　王立民
行长助理：唐伟华
办公室（行政保卫部）
主　任：张水梁
副主任：詹蔚波　白　敏
人力资源部（党群监察部）
总经理：张水梁（兼）
公司银行部
总经理：张栩青
副总经理：葛雄波　黄　豪（女）
零售银行部
总经理：张吉军（女）
副总经理：王　挺
国际业务部
总经理：张栩青
副总经理：漆文洪（女）
投资银行部
总经理：冯大庆
副总经理：齐中洋
资金资本市场部
总经理：洪奉骏
工商企业部
副总经理：陈一健（主持工作）
信贷管理部
副总经理：余　亮
风险管理部
总经理：冯国民
计划财务部
副总经理：洪双燕（女）
会计部
副总经理：王冠芳（主持工作）
审计部
总经理：孙常叶（女）
信息技术部
副总经理：张开宇（主持工作）
副总经理：俞建立
营业部
总经理：戴　薇（女）
公司银行业务一部
总经理：陈赛莉（女）
公司银行业务二部
总经理：夏旭莹（女）
公司银行业务三部
总经理：胡惠珍（女）
公司银行业务四部
总经理：陈益华
地　址：宁波市镇明路36号
邮　编：315100
电　话：0574－87733226

中国民生银行股份有限公司宁波分行

副行长：方海良（主持工作）
副行长：孙红英（女）　刘衍友
行长助理：王育清
办公室
副主任：林　涛（主持工作）
后勤服务中心
总经理：何忠新
人力资源部
总经理助理：姜　兴（主持工作）
法律合规部
总经理助理：李小林（主持工作）
科技开发部
总经理：朱　康
保卫处

副处长：李　勇（主持工作）
计划财务部
总经理：林　梅（女）
会计结算部
副总经理：孔晶玲（女　主持工作）
公司银行管理部
总经理：陈雨生
资产监控部
总经理：王育清（兼）
授信评审部
总经理：乔红涛
企业金融一部
市场总监：俞海克
企业金融三部
市场总监：项　宁
零售银行管理部
总经理：刘衍友（兼）
零售银行个贷管理部
总经理：励　嘉（女）
地　址：宁波市中山西路 166－168 号
邮　编：315010
电　话：87260535

广东发展银行股份有限公司宁波分行

行　长：王天云
副行长：周兵辉（女）　忻军辉
行长助理：邱振众　王国君
办公室
总经理：陆建梅（女）
保卫部
总经理：陆建梅（兼）
人力资源部
总经理：陆建梅（兼）
风险管理部
总经理：郑永君
副总经理：卓　融
法律事务部
总经理：郑永君（兼）
副总经理：卓　融（兼）
信贷管理部
总经理：王　腾
公司银行部
总经理：李哲峰
小企业部
总经理：李哲峰（兼）
稽核部
总经理：金　君（女）
资金财务部
总经理：陈凤羽（女）
会计结算部
总经理：张伟东
科技部
总经理：包若夫
国际业务部
副总经理：华晓波（女　主持工作）
国际业务拓展部
总经理：李京潍（女）
个人金融部
总经理：陈晓荣（女）
市场部
总经理：诸绍良
副总经理：潘亚军
银行卡部
副总经理：叶国光（主持工作）
金融同业部
总经理：王国君（兼）
票据中心
总经理：王国君（兼）
营业部
总经理：金大宇
地　址：宁波市灵桥路 473 号
邮　编：315000
电　话：87289888

浙商银行股份有限公司宁波分行

行　长：张叶艺
副行长：张巧克　蒋　荣
行长助理：潘华枫
办公室
副主任：李松国（主持工作）
安全保卫部
副总经理：黄庆国
人力资源部
副总经理：王晓姣（女　主持工作）
风险管理部
副总经理：袁志定（主持工作）
副总经理：杨建辉
业务管理部（公司银行部）
副总经理：卢建云（主持工作）
会计科技部

总经理：吴洲雷
副总经理：周晓莹（女）
国际业务部
副总经理：冯晓敏（女　主持工作）
营业部
副总经理：张　颖（女　主持工作）
业务发展一部
总经理：陈子健
业务发展二部
总经理：王　晓（女）
业务发展三部
总经理：方　丹（女）
业务发展四部
副总经理：李毓慧（女　主持工作）
副总经理：刘柏云
业务发展六部
总经理：杨碧红（女）
台州业务部
总经理：徐　健
副总经理：王卫军（女）　潘　震
舟山业务部
总经理：应继红（女）
副总经理：薛　冰（女）
个人银行部
副总经理：章爱斌（主持工作）
地　址：宁波市中山西路88号
邮　编：315010
电　话：87369802

华夏银行股份有限公司宁波分行

党委书记、行　长：张兆良
党委委员、首席信用风险官：程　迅
党委委员、副行长：何将寅　张铁成　陈成天　刘光志
纪委书记：张铁成（兼）
办公室（保卫部）
主　任：孙志军
副主任：邵　新
人力资源部
总经理兼监察室主任：黄　敏（女）
公司业务部
总经理：高朝辰
副总经理：王建洲
个人业务部
总经理：陈文涛
计划财务部
总经理：孙志军（兼）
国际业务部
总经理：黄雪芳（女）
信贷支持中心
总经理：陈凤谷
会计部
总经理：齐玉霞（女）
信息技术部
总经理：赵继海
稽核部
副总经理：张　君
合规部
总经理：阮忠荣
业务二部
总经理：孙公卫
业务三部
总经理：孙宇星
业务四部
副总经理：姚红伟（主持工作）
业务六部
副总经理：程　芳（女　主持工作）
业务七部
总经理：白冬海
副总经理：陈　平
公司一部
总经理：陈宗成
公司二部
总经理：何　为
公司三部
总经理：罗帮福
公司四部
副总经理：严迪飞（主持工作）
公司五部
总经理：林许达
票据中心副
总经理：王　萍（女　主持工作）
地　址：宁波市百丈东路787号利时大厦
邮　编：315040
电　话：87972515

中国邮政储蓄银行宁波分行

行　长：陈建宏
副行长：江传芳　陈文平
办公室

总经理：周永钿
公司业务部
负责人：邵　辉
个人业务部
总经理：曹存炳
信贷业务部
副总经理：倪忠良（主持工作）
审计保卫部
副总经理：邵黎红（女　主持工作）
风险合规部
副总经理：邵黎红（兼）
科技发展部
总经理：刘延春
渠道管理部
总经理：刘延春（兼）
计划财务部
副总经理：王海瑛（女　主持工作）
会计结算部
副总经理：王海瑛（兼）
人力资源部
总经理：郑小忠
副总经理：方福安
地　址：宁波市中山西路 486 号
邮　编：315016
电　话：87363789

宁波银行股份有限公司

董事长：陆华裕
行　长：俞凤英（女）
监事长：张　辉
副行长：洪立峰　邱少众　罗维开　陈雪峰
行长助理：罗孟波
地　址：宁波市中山东路 294 号
邮　编：315040
电　话：87050028

上海银行股份有限公司宁波分行

行　长：黄国强
副行长：祝文卿
行长助理：刘民钢　董　杰
高级主管：曹松子（女）
办公室
主　任：蒋勇生
副主任：曹　荣
资金财务部
总经理：韩颗萍（女）
会计结算部
副总经理：陈银菊（女）
信息技术部
总经理：徐卫民
公司金融部
总经理：王炳良
副总经理：许小和
小企业金融部
负责人兼市场二部副总经理：张　斌
市场一部
总经理：边　疆
副总经理：吕　群（女）
市场二部
总经理：徐晓益
市场三部
副总经理：徐未汛
市场四部
总经理：柳建军
副总经理：李东欣
风险管理部
总经理：盛晓燕（女）
个人金融部
总经理：夏昱强
营业部
副总经理：王雅芬（女）
外汇业务部
副总经理：杨　静（女）
审计部
副总经理（总行派驻）：厉　锋
地　址：宁波市江东区朝晖路 1 号
邮　编：315040
电　话：87979800

包商银行股份有限公司宁波分行

行　长、党委书记：朱晓明
副行长：张宪胜
风险总监：郝春梅（女）
行长助理：裴　烨　徐文勇
办公室
副主任：刘晋瑟（主持工作）
副主任：戴光伟
计划财会部
副总经理：傅剑舜（主持工作）
合规部

总经理助理：梁宏伟（主持工作）
授信审批部
总经理助理：胡文乐（主持工作）
公司业务部
总经理：俞国民
贸易金融部
总经理：项风凯
零售业务部
总经理：邱　军
副总经理：毛菁莹（女）　杨　凯
微贷部
区域主管：赵　鑫
公司业务一部
副总经理：姚玉堂（主持工作）
副总经理：张荣芳（女）
公司业务二部
副总经理：娄延海（主持工作）
公司业务三部
总经理：陆海平
副总经理：王　崎
公司业务四部
总经理：王敏杰（女）
公司业务五部
副总经理：严　婷（女　主持工作）
公司业务六部
副总经理：虞　军（主持工作）
公司业务七部
副总经理：罗自平（主持工作）
副总经理：陈海洪
公司业务八部
总经理：沈立民
地　址：宁波市百丈东路883－885号
邮　编：315040
电　话：8781671

临商银行股份有限公司宁波分行

行　长：卢立富
副行长：徐　俭
办公室
主　任：张国刚
风险管理部
总经理：李继祥
国际业务部
副总经理：袁光政（主持工作）
财务部
总经理：王玉奎
营业部
总经理：曹庆星
公司业务部
总经理：孙　坚
地　址：宁波市沧海路1918－1924号上东商务中心
邮　编：315040
电　话：87860199

浙江泰隆商业银行宁波分行

行　长：颜利红（女）
行长助理：毛仁忠　林淑瑾（女）
地　址：宁波市中山东路437－439号甬城金大第
邮　编：315040
电　话：87861100

象山国民村镇银行有限责任公司

董事长：马亚芬（女）
行　长：王国俊
地　址：象山县石铺镇金山路浦港茗都街面15号
邮　编：315731
电　话：65981238

慈溪民生村镇银行股份有限公司

董事长：黄敏军
行　长：顾少军
地　址：慈溪市周巷镇兴业北路1号
邮　编：315324
电　话：63336001

宁波国际银行

董事长：黄鹏年
总经理：邓满浩
副总经理：李国源　俞　骏（女）
计财部/信贷管理部
高级经理：周立军
办公室
高级经理：陈桂兰（女）
国际业务部
高级经理：竺　颖（女）
营业部
高级经理：王海芬（女）
信息技术部
高级经理：徐海红（女）
资金部

经理：李　瑾（女）
市场信贷部
经理：陈继杰
人力资源部
经理：邹小剑（女）
风险管理部
经理：徐　琳（女）
审计部
经理：牟一军
合规部
经理：沈　起（女）
地　址：宁波市中山东路280号
邮　编：315040
电　话：87371313

协和银行有限公司

行　长：洪建远
地　址：宁波市江东北路138号
邮　编：315040
电　话：87729968

恒生银行（中国）有限公司宁波分行

行　长：邓汉英
副行长：陈启认
企业银行业务
经理：王志刚
地　址：宁波市海曙药行街77－81号都市仁和首层
邮　编：315010
电　话：83876888

汇丰银行（中国）有限公司宁波分行

行　长：曹　磊
副行长：高　欣
工商金融服务部
经理：高　欣（兼）
个人金融理财业务部
经理：章海婷（女）
地　址：宁波市彩虹北路50号波特曼中心C座101/201单元
邮　编：315040
电　话：87059000

中国人民财产保险股份有限公司宁波市分公司

总经理：毛寄文
副总经理：洪粮钢　费剑锋　吴成丕
人事综合部
总经理：孟左文（女）
副总经理：沈优明（女）
信息技术部
总经理：竺伟岳
车辆保险部
总经理：陈文勇
副总经理：林建平
财产保险部（农业保险部）
总经理：罗　军
副总经理：金红姗（女）
渠道管理部
总经理：邱培乔
副总经理：伍晓雄
船舶货运保险部（大型商业风险保险部）
总经理：严　巍
副总经理：傅萍萍（女）　应　铁
承保中心（再保部）
主　任：方炯杰
副主任：贺敏宏
理赔中心（法律部、合规部）
主　任：曹默君
副主任：叶　平　罗年华
客户服务管理部（客户服务中心）
主　任：李振毅
副主任：郑一民
财务中心
主　任：邵　萍（女）
副主任：张　琳（女）
后勤保障部（培训中心）
总经理：范卫东
营业部
总经理：费剑锋（兼）
副总经理：陈育民　曹伟达
直属业务部
副总经理：王亦先（主持工作）
副总经理：李欢南
地　址：宁波市海曙区大来街50号
邮　编：3150000
电　话：87196111

中国太平洋财产保险股份有限公司宁波分公司

党委书记、总经理：车平华

党委副书记、副总经理：虞光军　鲍理达（女）
高雅琴（女）
纪委书记：虞光军（兼）
工会主席：鲍理达（兼）
党委委员、总经理助理：邱小友
地　址：宁波市和义路95号
邮　编：315000
电　话：87268366

中国平安财产保险股份有限公司宁波分公司

总经理：朱国平
副总经理：张勤琴（女）
副总经理：韩　健
地　址：宁波市开明街396号
邮　编：315000
电　话：87281888

中国出口信用保险公司宁波分公司

总经理：陈小萍（女）
总经理助理：王　屹
业务管理处
　　处　长：赖东锋
理赔追偿处
　　处　长：陈　磐（女）
综合处
　　处　长：余林建
业务一处
　　处长助理：沈曙寰
业务二处
　　负责人：张永清
地　址：宁波市江厦街21号浦发大厦14楼
邮　编：315010
电　话：87341066

大众保险股份有限公司宁波分公司

总经理、党委书记：陈燕平
副总经理：童　科　孙建德　李恒飞
综合办公室
　　主　任：王爱平
地　址：宁波市江东区宁穿路757号
邮　编：315040
电　话：87011016

天安保险股份有限公司宁波分公司

副总经理：林　岗（主持工作）
副总经理：李塔明　胡华光
办公室
　　主　任：胡华光（兼）
组织人事部
　　经理：黄新华（女）
内控部
　　经理：林　波（女）
计划财务部
　　经理助理：易永春
业务管理部
　　经理助理：熊　亮（主持工作）
营销管理中心
　　经理助理：张　艇（主持工作）
客户服务部
　　经理：桂锡军
理赔管理部
　　副经理：王力争（主持工作）
　　副经理：陈　儿
资金结算中心
　　总经理：王文博（女）
地　址：宁波市民安路1018号新天地东区1号楼12层
邮　编：315040
电　话：87897958

中华联合财产保险股份有限公司宁波分公司

党委书记、总经理：周　波
党委委员、纪委书记、总经理助理：周东明
党委委员：潘惠长　童中怡
办公室
　　主　任：吴良恩
计划财务部
　　总经理：钱　敏（女）
副总经理：沈　坚
业务管理部
　　总经理：徐本吉
副总经理：应乔义　闵　丽（女）
信息技术部
　　副总经理：王建宏（主持工作）
稽核监察部
　　总经理：茅晓友

客户服务中心副
总经理：洪立忠（主持工作）
大型商业风险保险部
副总经理：刘民述
工　会
副主席：茅晓友（主持工作）
中介业务部
副总经理：刘岚岚（女　主持工作）
直属业务一部
总经理：陈亚国
直属业务二部
总经理：林惠君（女）
直属业务三部
总经理：刘剑良
直属业务四部
总经理：王立咏
副总经理：袁　琳（女）
直属业务五部
总经理：胡立衡
直属业务六部
总经理：沈　军
副总经理：马君妃（女）
高级客户
经理：徐林国
地　址：宁波市江东区桑田路643号
邮　编：315040
电　话：87811582

中国大地财产保险股份有限公司宁波分公司

总经理：吕家麒
副总经理：史黎明　孙旭虹
地　址：宁波市江东区朝晖路17号9－10楼
邮　编：315040
电　话：27860006

华安财产保险股份有限公司宁波分公司

总经理：龙　飞
副总经理：林　峰
地　址：宁波市百丈东路711弄2号9楼
邮　编：315040
电　话：87979099

安邦财产保险股份有限公司宁波分公司

常务副总经理：余煜忠
副总经理：周小平　王良夫
地　址：宁波市灵桥路255号中宁大厦18楼
邮　编：315000
电　话：27862888

永安财产保险股份有限公司宁波中心支公司

总经理：许继革
副总经理：金　迪　张柏江
地　址：宁波市江东区新天地东区9幢28号
邮　编：315040
电　话：27882800

天平汽车保险股份有限公司宁波中心支公司

副总经理：蒋　蓉（女　主持工作）
总经理助理：武　勇
财务部
经理：吕小倩（女）
综合管理部
经理：陈慈芳（女）
业务管理部
负责人：杨文烽
核损部
负责人：严海斌
核赔部
负责人：张建军
分销商支持部
总经理：王永利
地　址：宁波市灵桥路255号中宁大厦20楼
邮　编：315000
电　话：27829900

华泰财产保险股份有限公司宁波分公司

总经理：宋正光
总经理助理：龚飞云
地　址：宁波市蓝天路9号凯悦商务大厦12楼
邮　编：315400
电　话：27890055

阳光财产保险股份有限公司宁波市分公司

副总经理：缪君秋（主持工作）
人事行政部
总经理：黄肖波
财务部

总经理：蒋静静（女）
业务管理部
总经理：姚欣蔚
客户服务部
总经理：张国荣
渠道和分销管理部
总经理助理：史　敏（女）
公司业务部
总经理：俞铭峰
地　址：宁波市中山西路 2 号 10 楼
邮　编：315010
电　话：27896657

渤海财产保险股份有限公司宁波分公司

副总经理：高德纯（主持工作）
副总经理：许剑锋
地　址：宁波市天童北路 933 号和邦大厦主楼 3 楼
邮　编：315192
电　话：28882999

中银保险有限公司宁波中心支公司

总经理：李孟光
副总经理：周元璋
地　址：宁波市药行街 139 号 27 层
邮　编：315000
电　话：27866668

都邦财产保险股份有限公司宁波分公司

总经理：李再成
副总经理：穆展宏
总经理助理：郑惠珍（女）
人事行政部
经理：董刘琦
计划财务部
主　任：郑若耘（女）
客户服务部
经理：李文胜
核保部
经理：周旗扬
销售管理部
经理：卢　蕾（女）
意健险部
经理：柳　洪
地　址：宁波市人民路 132 号外滩大厦 22 楼
邮　编：315020
电　话：87656866

民安保险（中国）有限公司宁波中心支公司

总经理：周孟国
地　址：宁波市鄞州区天童北路 933 号 A 座 8 楼
邮　编：315192
电　话：83081681

太平保险有限公司宁波分公司

总经理：奚志敏
副总经理：朱善虎
办公室
负责人：王珏麟
计划财务部
副经理：钱梁玉（女　主持工作）
市场部
负责人：袁也锋
财产险部
负责人：夏冬初
车险/客服部
负责人：韩文城
地　址：宁波市镇明路 36 号中信银行大厦 18 楼
邮　编：315000
电　话：27891918

安诚财产保险股份有限公司宁波分公司

总经理：王春生
副总经理：王工良
地　址：宁波市鄞县大道 1299 号鄞州商会大厦南楼 5 楼
邮　编：315100
电　话：83089595

长安责任保险股份有限公司宁波中心支公司

总经理：莫亦军
地　址：宁波市鄞县大道 1299 号鄞州商会大厦南楼 17 楼
邮　编：315100
电　话：28872900

中国人寿财产保险股份有限公司宁波市中心支公司

总经理：叶劲松
副总经理：邬　刚
办公室/人力资源部
　　负责人：杨铁羽
财务会计部
　　负责人：周晓莹（女）
营销业务部
　　负责人：蔡　峰
互动业务部
　　负责人：苏映波
银行保险部
　　负责人：陈梁元
客户服务部
　　负责人：周明旻
地　址：宁波市府桥街3号恒隆中心北裙楼7－8楼
邮　编：315000
电　话：83892520

中国人寿保险股份有限公司宁波市分公司

党委书记、总经理：潘宇明
纪委书记、副总经理：张忠平
党委委员、副总经理：王立华
地　址：宁波市解放南路65号阳光大厦
邮　编：315010
电　话：87290125

中国太平洋人寿保险股份有限公司宁波分公司

党委书记、总经理：陈兴土
副总经理：李　敬
党委委员、总经理助理：葛善芳
总经理助理：潘　云
财务副总监：杨志良
党委委员：陈聪芳
地　址：宁波市和义路95号
邮　编：315000
电　话：87248532

中国平安人寿保险股份有限公司宁波分公司

总经理：韩　晓
副总经理：徐　箫（女）　陈　挺
地　址：宁波市开明街396号平安大厦15－16楼
邮　编：315010
电　话：87689816

泰康人寿保险股份有限公司宁波分公司

总经理：包嘉懿（女）
副总经理：童妙芳（女）　谢金玉
地　址：宁波海曙区和义路168号万豪中心10－11层
邮　编：315000
电　话：87036688

新华人寿保险股份有限公司宁波分公司

总经理：胡柏保
营销培训部
　　经理：马　丹
银行代理部
　　经理：赵志龙
团体业务部
　　经理：黎兴源
保费部
　　经理：魏啸宇
多元行销部
　　经理：王俐俐（女）
运营管理部
　　经理：陈　刚
财务部
　　经理：张　磊
人力资源部
　　经理：郁　源（女）
办公室
　　主　任：王生勇
地　址：宁波市中山西路138号天宁大厦10楼
邮　编：315010
电　话：87278721

太平人寿保险有限公司宁波分公司

副总经理：王洪建（主持工作）
总经理助理：刘忠喜
地　址：宁波市中山西路2号恒隆中心4－6楼
邮　编：315010
电　话：87710888

民生人寿保险股份有限公司宁波中心支公司

总经理：周　杰
地　址：宁波灵桥路513号天封大厦12楼
邮　编：315000
电　话：83862665

中宏人寿保险有限公司宁波分公司

总经理：黄卓山
总经理助理：丁建芬
总经理执行助理：全晶晶
地　址：宁波东渡路55号华联写字楼11楼
邮　编：315000
电　话：87073322

生命人寿保险股份有限公司宁波分公司

总经理：陈华标
地　址：宁波市大梁街118号世纪广场B座27层
邮　编：315000
电　话：27879060

中德安联人寿保险有限公司浙江分公司宁波营销服务部

负责人：范勇斌
地　址：南站东路16号月湖银座18楼
邮　编：315000
电　话：27829958

光大永明人寿保险有限公司宁波营销服务部

负责人：龚小冬
地　址：宁波市百丈路158号世纪金贸大厦6楼
邮　编：315040
电　话：87013388

合众人寿保险股份有限公司宁波中心支公司

总经理：王　霆
营销培训部
　　负责人：俞永明
综合管理部
　　负责人：赵利民
银团部
　　负责人：朱桂英（女）
地　址：宁波市药行街169号亚细亚商城A座五楼
邮　编：315000
电　话：27897775

平安养老保险股份有限公司宁波分公司

总经理：张　强
销售总监：撒　奕
地　址：宁波市开明街平安大厦396号12楼
邮　编：315000
电　话：83891524

信诚人寿保险有限公司浙江省分公司宁波营销服务部

总经理：徐建华
业务发展部
　　主管：余林剑
银行保险部
　　主管：王　晔（女）
客户服务部
　　主管：周　舟（女）
业务培训部
　　主管：王承雕
业务行政支援部
　　主管：黄龙鹏
地　址：宁波市彩虹南路11号嘉汇国贸大厦A座6楼
邮　编：315040
电　话：27709770

国泰人寿保险有限责任公司浙江分公司宁波营销服务部

总经理：苏创连
地　址：宁波市和义路77号汇金大厦305
邮　编：315010
电　话：27892888

嘉禾人寿保险股份有限公司宁波分公司

副总经理：胡孟雄（主持工作）
副总经理：岑必成
地　址：宁波市百丈东路886号万金大厦3楼
邮　编：315040
电　话：87886699

海康人寿保险有限公司浙江分公司宁波营销服务部

总经理：王　辉
地　址：宁波市百丈东路787号利时大厦B801室
邮　编：315040
电　话：27784866

浙江省农村信用社联合社宁波办事处

主　任：张初础
副主任：陈海青　翁　明
地　址：宁波环城北路555号
邮　编：315016
电　话：87201280

象山县绿叶城市信用社有限责任公司

董事长：刘　元
总经理：樊虹国
副总经理：钱延庭　项宝通
董事会秘书、总经理助理：张　伟
财务总监：徐　涛
总经理助理：王汉邦
地　址：象山县丹城天安路153－161号
邮　编：315700
电　话：65656155

金港信托有限责任公司

董事长：王进才
副董事长：李效熙
总裁：张泽来
副总裁：黄志斌　朱佳平
董事会秘书：石　冰
总裁助理：贾南征
地　址：宁波市江东北路138号金融大厦19楼
邮　编：315040
电　话：87033100

华融金融租赁股份有限公司宁波分公司

总经理：黄小江
副总经理：徐高峰
地　址：宁波市江东区东郊路8弄10号2楼
邮　编：315040
电　话：87734301

所属金融机构及负责人名录

2008 年

分支机构名称	主要负责人	负责人				地址	邮编	电话
中国人民银行宁波市中心支行								
开发区支行	孙伦伟	戴筱琴（女）	胡菁菁（女）			北仑区新碶明州西路 185 号	315800	86221948
慈溪市支行	杨奕（女）	余国南	陈春岳	龚柏新		慈溪市三北大街 180 号	315300	63027265
余姚市支行	刘祖贵	徐勤达	王道丁			余姚市长城路 1 号	315400	62634236
奉化市支行	卓祖勇	方适梁	胡飞涯（女）			奉化市庄山路 38 号	315500	88524915
宁海县支行	谢幸福	柴小卡（女）	叶元超			宁海县跃龙街道中山中路 91 号	315600	65583531
象山县支行	戈永平	胡佩佩（女）	周传聪			象山县丹城靖南路 259 号	315700	65722571
中国银行业监督管理委员会宁波监管局								
开发区监管办事处	马朝晖					宁波市北仑明州路 241 号	315803	86227609
慈溪监管办事处	袁亦华					慈溪市浒山街道孙塘南路 265 号	315300	63114007
余姚监管办事处	蒋华军					余姚市长城路 1 号	315400	63633582
奉化监管办事处	陈士诚					奉化市庄山路 38 号	315500	88523580
宁海监管办事处	虞耕秀（女）					宁海县城关镇中山中路 91 号	315600	65583853
象山监管办事处	虞耕秀（兼）					象山县丹城金鹰路 43 号	315700	65726545
中国农业发展银行宁波市分行								
市分行营业部	鲍慧娟（女）	章以新				宁波市灵桥路 255 号	315000	87072880
慈溪市支行	蒋文骏	袁玲娣（女）				慈溪市浒山镇解放西街 631 号	315300	63812356

续表

分支机构名称	主要负责人	负责人				地址	邮编	电话
余姚市支行	石建民	张惠明（女）				余姚市城关镇阳明西路 32 号	315400	62639828
奉化市支行	胡麟祥	周能飞（女）				奉化市大桥镇南山路 73 号	315500	88525362
象山县支行	罗斌	赵智明				象山县丹城镇金鹰路 1 号	315700	65719101
宁海县支行	郭舟浩	林武威				宁海县城关镇桃源中路 181 号	315600	65580666
镇海区支行	严国强	朱慈芬（女）				镇海区城关镇费家河头弄 158 号	315200	86292018
北仑区支行	董志华	应俊				北仑区新矸镇明州路 239 号	315800	86870292
中国工商银行股份有限公司宁波市分行								
东门支行	吴丹浪	徐巍	夏建明			宁波市江厦街 43 号	315000	87346431
鼓楼支行	魏向前	冯跃明	陆燕燕（女）	吴建国	俞建彪	宁波市中山西路 69 号	315010	87324899
江东支行	刘忠	王一波	李春晓			宁波市中山东路 304 号	315040	87336286
兴宁支行	景学峰	陈晨				宁波市兴宁路 44－1 号	315040	87852919
新城支行	唐剑峰	水铭				宁波市宁穿路 182 号	315040	87727066
江北支行	林洪世	贺佩娣（女）	张伟国			宁波市江北人民路 73 号	315020	87356220
科技园区支行	陈庆华	夏建平				宁波市江南路 539 号	315040	87909870
镇海支行	朱逸文	林胜龙	虞桢（女）	何江伟		宁波市镇海苗圃路 28 号	315200	86298818
北仑支行	周立新	孔建国	李魁斌			北仑区中河路 15 号	315800	86882802
经济技术开发区支行	贺明国	汪前				宁波小港东海路 17 号	315803	86223693
保税区支行	徐明	俞宏伟				宁波保税区银天大厦	315800	86885119
大榭支行	孙卫	于程纲				宁波市大榭开发区行政商务区	315812	86768855
镇海石化支行	范黔影	欧静刚				镇海区炼化路 218 号	315207	86456971
鄞州支行	郑东林	汪萍萍（女）	戴立云	蔡寒冰		宁波市百丈路 16 号	315040	87378733

续表

分支机构名称	主要负责人	负责人				地址	邮编	电话
余姚支行	王焰平	胡菊青（女）	张伟明	胡炫		余姚市新建路 58 号	315400	62623933
慈溪支行	孙仲远	张一飞	陈万幸	劳卫东		慈溪市浒山街道三北西大街 198 号	315300	63810885
象山支行	裘建雄	骆班东	史伟望			象山县靖南大街 318 号	315700	65711588
奉化支行	顾放钧	孙亚儿（女）	李信海			奉化市公园路 19 号	315500	88522396
宁海支行	王旭东	林亚利（女）	童晓松			宁海县桃源中路 185 号	315600	65562130
繁景支行	王建明					宁波市育才路 288 号	315016	87214212
西河支行	朱国卿					宁波市孝闻街 143 – 149 号	315010	87249591
南大支行	袁义勇					宁波市解放南路 35 号	315010	87302916
马园支行	汪树苑（女）					宁波市马园路 132 号	315010	87113739
翠柏支行	宋新					宁波市翠柏路 197 号	315010	87347082
白云支行	俞战峰					宁波市蓝天路 113 号	315020	87114188
朝阳支行	陈敏（女）					宁波市三市路 1 号	315000	87306825
开明支行	翁海勇					宁波市开明街 299 号	315010	87197877
亚城支行	尤寅生					宁波市开明街 162 号	315010	87329595
世纪苑支行	陈季霖（女）					宁波市联丰路 147 – 149 号	315012	87149243
镇明支行	沈波					宁波市镇明路 296 – 298 号	315000	87298953
彩虹支行	叶国华					宁波市彩虹北路 9 号	315040	87720260
白沙支行	张永宁					宁波人民路 382 号 1 – 3	315020	87355059
慈城支行	黄光明					宁波慈城镇解放路 54 号	315031	87591308
凤凰支行	王泓若					宁波市甬港南路 249 号	315040	87874189
太古城支行	李刚					宁波市百丈东路 936 号	315040	87887981

续表

分支机构名称	主要负责人	负责人				地址	邮编	电话
东城支行	朱继军					宁波百丈东路 758 弄 2 号	315040	87894874
甬港支行	蒋浩东					宁波市甬港南路 28 号	315040	87875097
东方支行	李善宏					宁波市彩虹南路 43 号	315040	87846824
樱花支行	朱永平					宁波市甬港北路 116－118 号	315040	87723205
中国农业银行宁波市分行								
海曙支行	陆建青	孙红峰	叶显云	孙惠刚		宁波市中山西路 239 号	315010	83883301
苍水支行	胡立波（兼）	朱慧芬（女）				宁波市解放北路 120 号	315000	83883400
中山支行	任永萍（女）	俞帆				宁波市中山西路 11 号	315010	83883420
天一支行	郑琴英（女）					宁波市日新街 96 号	315000	83883460
三江支行	周挺					宁波市大沙泥街 66 号	315000	83883480
解放路支行	李宏（女）					宁波市解放南路 275 号	315010	83883430
翠柏支行	张永东					宁波市中山西路 454 号	315010	83883410
马园支行	陈小峰					宁波市马园路 6 幢 171－179 号	315010	83883450
西河支行	童弟君					宁波市西河街 80 号	315010	83883470
江东支行	傅祥	蔡新伟	郑超	张坚		宁波市中山东路 325 号	315040	87992000
曙光支行	俞科军					宁波市宁穿路 133 号	315040	87992021
兴宁支行	周胜					宁波市兴宁路 78 号	315040	87992037
高新区支行	卓蒙					宁波市江南公路 599 号	315040	87992081
明益支行	金志康					宁波市中兴路 46 号	315040	87992118
新城支行	徐剑华（女）					宁波市桑田路 626－632 号	315040	87992055
东柳支行	刘亮（女）					宁波市百丈东路 992 号	315040	87992066

续表

分支机构名称	主要负责人	负责人				地址	邮编	电话
灵桥支行	陈熙凡（女）					宁波市彩虹南路 138 号	315040	87992052
东郊支行	周洪苗					宁波市宁穿路 369－372 号	315040	87992074
铁锚支行	蔡颖颖（女）					宁波市曙光路 540－542 号	315040	87992047
江北支行	陈育新	黄健	贝富玉（女）	沈建强		宁波市人民路 79 号	315020	87354250
槐树路支行	王珏晨					宁波市槐树路 122 号	315020	87641508
孔浦支行	汪东升					宁波市大庆北路 146 号	315020	87353706
育才支行	徐子清					宁波市范江岸路 152 号	315010	87222199
东门支行	王琦琮					宁波市中山路 137 号	315010	87244247
镇明路支行	毛威					宁波市镇明路 648 号	315010	87188760
庄桥支行	童如新					宁波市庄桥大街	315020	87581323
洪塘支行	张国喜					宁波市洪塘中路 222 号	315020	87586468
慈城支行	方国平					宁波市慈城解放路 40 号	315020	87593024
鄞州支行	孙国锋	王仲辉	李志江	周科专	王国成	宁波市彩虹北路 2 号	315040	87973001
甬港支行	俞伟岳	陈永华				宁波市甬港北路 71 号	315040	87339086
灵东支行	周晓虎					宁波市江东大戴街 18 号	315040	87715686
新区支行	臧秀炯（女）	谢峰				鄞州区嵩江中路 628 号	315192	87717811
东湖支行	吴海明					鄞州区嵩江东路 668 号	315191	88278208
华侨城支行	邹文汉					宁波百丈东路 821 号	315040	87810777
钟公庙支行	张婷（女）	李培鸿				鄞州区钟公庙路 250 号	315192	88206452
姜山支行	钱开扬	鲍剑敏				鄞州区姜山镇北大路	315191	88452658
横溪支行	蔡雷群	朱幼娟（女）				鄞州区横溪镇人民路 67 号	315131	88471384

续表

分支机构名称	主要负责人	负责人				地址	邮编	电话
邱隘支行	吕建浩	罗仁昌				鄞州区邱隘镇盛莫路122号	315101	88412465
大嵩支行	朱富华	童妙英（女）				鄞州区咸祥镇镇中路97号	315141	88303688
西门支行	何武军	宣高峰				鄞州区高桥镇长乐村	315171	88017799
古林支行	汪国定	屠建光				鄞州区古林镇中心路49号	315177	88427082
望春支行	胡光辉	张伟				鄞州区集士港镇集士东路1号	315171	88422861
横街支行	洪波	余晓军				鄞州区横街镇中路39号	315181	88425060
鄞江支行	姚小明	周宏川				鄞州区鄞江镇四明东路18号	315151	88431260
段塘支行	王国君	王明霞（女）				宁波鄞奉路322号	315012	87465863
石碶支行	叶声	水锡军				鄞州区雅戈尔大道96号	315153	88253497
镇海区支行	顾国平	王跃骏	郑雷	胡祖华		镇海区城河西路328号	315200	86273328
招宝山支行	王珍（女）					镇海区城河西路106号	315200	86291120
庄市支行	张寅					镇海区庄市街道西陆路1号	315201	86691540
骆驼支行	叶波涛	黄盛君（女）				镇海区骆驼街道菜场路33号	315202	86581264
北仑区支行	徐立君	夏学法	张彪	叶淑彬（女）	徐晓光	北仑区新矸明州路195号	315800	86863686
金丰支行	魏爱华	黄泉波				北仑区红联渡口路180号	315800	86151511
开发区支行	潘峰	陈善娜（女）				开发区金融大厦	315800	86221160
大矸支行	李广明	张挺				北仑区大矸街道镇兴路38号	315800	86100345
新矸支行	周繁琴（女）	周隽				北仑区新矸街道黄山路218－228号	315800	86881398
保税区支行	姚雪霏（女）	张军				宁波保税区银天大厦	315800	86881990
柴桥支行	贺敦					北仑区柴桥街道白云小区B区	315800	86062023
大榭支行	曹琦（女）	孙剑峰				大榭行政商务区信拓路227号	315812	86768555

续表

分支机构名称	主要负责人	负责人				地址	邮编	电话
慈溪市支行	张定伟	范勇	韩朝阳	钱建伟	董挺	慈溪市浒山南门大街 123 号	315300	63899932
浒山支行	何培岗	毛聪娣（女）				慈溪市浒山青少年宫北路 2 号	315300	63017298
坎墩支行	陈伟定					慈溪市坎墩街道坎墩大道 465 号	315303	63288034
横河支行	吴自力					慈溪市横河镇中兴西路 4－8 号	315318	63267353
范市支行	杜仰唐	郑磊				慈溪市范市镇王家路村	315318	63267353
掌起支行	沈旭峰					慈溪市掌起镇掌起大街 78 号	315313	63742278
观城支行	黄檪					慈溪市观海卫镇广义路 1 号	315315	63601701
师桥支行	胡军民					慈溪市观海卫镇三海路 15 号	315314	63666558
新浦支行	钱永江					慈溪市新浦镇新胜路	315322	63578250
周巷支行	董挺					慈溪市周巷镇大通中路 24 号	315324	63301842
长河支行	丁天良	邹时君				慈溪市长河镇南大路 10 号	315326	63402237
杭州湾新区支行	韩立阳	邵晖				慈溪市杭州湾新区商贸街 6 号楼	315336	63071616
庵东支行	陈巨鞅					慈溪市庵东镇邮电路 468 号	315327	63476398
宗汉支行	茹军					慈溪市宗汉街道宗汉大道 51－57 号	315301	63204748
逍林支行	陈再达					慈溪市逍林镇林西路 111 号	315321	63501261
余姚市支行	洪建平	黄丽娟（女）	鲁百定	何力威	张冉	余姚市南滨江路 238 号	315400	62625424
环城支行	蒋树宏	诸继生				余姚市南雷路 1 号	315400	62709304
低塘支行	周清波	陈宏彬				余姚市低塘镇镇北路 46 号	315490	62260825
泗门支行	冯伏建	龚百强				余姚市泗门镇新建路 11 号	315470	62151598
临山支行	沈晓阳	唐利科（女）				余姚市临山镇十字南路 23 号	315460	62055111
陆埠支行	徐国茂					余姚市陆埠镇大街 12 号	315420	62382260

续表

分支机构名称	主要负责人	负责人				地址	邮编	电话
丈亭支行	费光辉	屠星星				余姚市丈亭镇新民北路201、203号	315410	62990000
城北支行	徐杰儿（女）	毛小川				余姚市新建北路420号	315400	62533197
玉立支行	方海鹰（女）	陈国清				余姚市玉立路61号	315400	62814054
南雷支行	陆仲庆	赵一卿（女）				余姚市南雷路195号	315400	62712338
奉化市支行	陈建明	朱国耀	王明杰	张季明		奉化市体育场路14号	315500	88965039
江口支行	范伊强					奉化市江口街道灵峰路34号	315504	88557049
莼湖支行	庄成辉					奉化市莼湖镇直街148号	315506	88743012
滕头支行	王芙蓉					奉化市四明路401号	315503	88590731
象山县支行	谢良江	余秀位	范航伟			象山县丹城靖南路218号	315700	65778868
新丰支行	俞华	金亚魁				象山县丹城新丰路199号	315700	65719265
靖南支行	黄敏捷					象山县靖南路433号	315700	65720931
爵溪支行	冯波					象山县爵溪街道腾蛟东路1号	315708	65601191
西周支行	吴建军	张华明				象山县西周镇嵩溪36号	315722	65836145
石浦支行	何晓威	周斌	曹新军			象山县金山路110号	315731	65983487
南田支行	秦伟桥					象山县岳浦镇南田路158号	315733	65010518
宁海县支行	周乾文	邵棉（女）	杨江福	杨慧娣（女）		宁海县桃源南路238号	315600	65561551
深甽支行	张瑛	薛鹏程				宁海县深甽镇天明西路3号	315600	65101766
城区支行	严建营	夏小扬				宁海县人民大道1号	315600	65182075
长街支行	储良斌	洪亚芳（女）				宁海县长街镇环河路	315600	65306775
桥头胡支行	李四珍（女）	朱恩情（女）				宁海县桥头胡街道桥井中路	315600	65195868
梅林支行	韩军平	钱毅				宁海县梅林街道梅林南路1号	315600	65291362

续表

分支机构名称	主要负责人	负责人				地址	邮编	电话
中国银行股份有限公司宁波市分行								
江东支行	石世君（女）	袁卫勇	郑雅梅（女）	潘宏伟		宁波市百丈路178号	315040	87730406
海曙支行	陈平（女）	周文光	王艺浩	林俐（女）	翁拥军	宁波市解放北路11号、13号	315010	87315449
江北支行	郑波	王云伟	刘雁（女）			宁波市大庆南路193号	315020	87668067
鄞州支行	方颖（女）	张玲（女）	黄世斌	陈开颜		宁波市百丈东路796号	315040	87397567
镇海支行	张林	朱坚民	陈文浩			宁波市镇海城河西路369号	315200	86275852
北仑支行	应肖萍（女）	戴秀丽（女）	徐志峰	张志宏		宁波市北仑区华山路245号	315800	86873502
奉化支行	李静（女）	朱永盛	陈萍（女）			奉化市南山路159号	315500	88524128
余姚支行	邵德明	周君敏（女）	赵又奇	王波		余姚市舜水南路58号	315400	62661667
慈溪支行	黄忠富	吕治	王维群	张国平		慈溪市浒山街道环城南路250号	315300	63810854
宁海支行	朱晓群	石欲晓（女）	王哲明			宁海县中山中路99号	315600	65578177
象山支行	蔡李峰	曹海明	何莹萍（女）			象山县丹城镇天安路258号	315700	65753280
高新区支行	郭永辉	胡炯	沈燕波（女）			宁波市江南路663号	315040	87912010
中山支行	郭钊昕	朱永波	苏家杰			宁波市中山东路373－2号	315040	87755252
余慈支行	张琼	姜爱萍（女）	叶翔			慈溪市周巷镇兴业北路北端平王村	315324	63305735
中国建设银行股份有限公司宁波市分行								
住房城市建设支行	韩国辉	罗世耀				宁波市广济街31号	315000	87319257
国贸支行	罗海蓉（女）	马骏				宁波市会展路181号	315000	87990189
第一支行	夏丰					宁波市马园路29号	315000	87158099
第二支行	张琐琐（女）	翁建勋				宁波市大庆南路6号	315000	87356931
慈城支行	王维一	郑敏婉（女）				宁波市江北区慈城镇解放路58号	315000	87592433

续表

分支机构名称	主要负责人	负责人			地址	邮编	电话
宁燕支行	章朝霞（女）				宁波市兴宁路256－260号	315000	87895011
甬江支行	吴夏（女）	陈红（女）			宁波市范江岸路299号	315000	87227883
福明支行	吴波（女）	许炯炯（女）			宁波市江东福明路766号	315000	87811105
第三支行	夏永刚	陈吉才	葛虎彪		宁波市彩虹北路62号	315000	87718717
镇海支行	陈晓峰	邵一红	应建伟	俞亚萍（女）	镇海区聪园路118号	315000	86280678
镇海石化专业支行	吴志刚	钱航宜	马孟华（女）		镇海区城北石化市场西路41号	315000	86456720
骆驼支行	胡建定	朱新光	李伟祺		镇海区骆驼慈海南路166号	315000	86580223
镇海电厂支行	张杰	张秀萍（女）			镇海发电厂新兴路88号	315000	86261334
庄市支行	周君朝	虞映红（女）			镇海区庄市大道1157－1163号	315000	86691030
镇海经济技术开发区支行	胡贤敏	王坤			镇海区开发区金锚大楼	315000	86302139
镇海城建支行	陈阵	董孝芬（女）			宁波市镇海城河西路135号	315000	86272541
北仑支行	史优俊	黄佩亚（女）	卢爱民		宁波市北仑区新大路251号	315000	86895869
保税区支行	张炤	吕东浩			宁波市保税区兴业中路2号	315000	86881624
小港支行	胡亚萍（女）	钟杰			小港红联江南路683号	315000	86156322
柴桥支行	徐旭辉	张斌照			北仑区柴桥街道薪桥南路4号	315000	86062518
大榭支行	石志藏	毛凌云			宁波大榭开发区滨海南路99号	315000	86768815
北仑电厂支行	周维勇	林雁（女）			北仑新碶进港西路66号	315000	86880194
北仑港支行	虞晓峰	谢正霞（女）			北仑新碶街道明州路297号	315000	86883354
霞浦支行	胡剑平				北仑区霞浦街道霞浦路142号	315000	86905744
北仑城建支行	毛焕强	励佩军			北仑新碶街道中河路33号	315000	86883237
新碶支行	乐维安	张静如（女）			北仑新碶街道华山路532号－538号	315000	86882551

续表

分支机构名称	主要负责人	负责人				地址	邮编	电话
北仑华山支行	陆幼君（女）	贺海珍（女）				北仑新碶街道华山路180号	315000	86880201
大碶支行	董岳明	贺小丰（女）				北仑区大碶街道镇兴路98号	315000	86100061
中山支行	严海潮	黄方				宁波市翠柏路205号	315000	87285022
望京路支行	沈瑜					宁波市新芝路120号	315000	87222709
段塘支行	毛靖良	吴建绒（女）				宁波市鄞奉路534号	315000	87461038
鼓楼支行	李春阳	陈君明				宁波市解放北路5、7号	315000	87367162
联丰支行	徐进	褚水龙				宁波市联丰路79号	315000	87158190
兴宁支行	胡谨俊	冯德康				宁波市甬港南路261－269号	315000	87721071
国家高新区支行	卢世安	余英（女）				宁波市江南路289号	315000	87906601
鄞州支行	胡子坚	刘惠信	汤滢（女）	柯健	金山	宁波市中山东路319号	315000	87373735
五乡支行	王海宏	王斌海				鄞州区五乡镇宁穿路车站旁	315000	88485274
邱隘支行	顾敏	李国兵				鄞州区邱隘盛莫路118号	315000	88412378
东钱湖支行	应陈逸	钟绿洲（女）				宁波市东钱湖旅游度假区钱湖东路2号	315000	88497018
姜山支行	张克云	邵其伟				鄞州区姜山镇人民中路356号	315000	88454411
集仕港支行	陈晖	蔡建忠				鄞州区集仕港镇集仕西路1号	315000	88422799
石矸支行	徐辉	董勇宏				鄞州区雅戈尔大道113号	315000	88261147
万达支行	严忠宇	朱盛夫				鄞州区四明中路999－3号万达广场	315000	88200614
西郊支行	蔡红霞（女）	陆明祥				宁波市望童路51号	315000	87150903
百丈支行	倪虹（女）	董成玉（女）				宁波市百丈东路856号	315000	87880892
甬东支行	叶利达	杨维（女）				宁波市舟孟北路118号	315000	87734470
下应支行	郑泉	陈燕（女）				鄞州区下应街道贸城东路195号	315000	88240905

续表

分支机构名称	主要负责人	负责人				地址	邮编	电话
鄞州海关支行	周瑾（女）	吴玲菊（女）				鄞州区宁南南路 756－760 号	315000	87406007
慈溪支行	陈孟中	应新樟	王孟军	洪跃		慈溪市浒山街道峙山路 279 号	315000	63800679
慈溪周巷支行	应庆康	张捷				慈溪市周巷镇大通中路 113 号	315000	63301031
慈溪观海卫支行	赵叶震	翁恩士				慈溪市观海卫镇海卫镇路 402－414 号	315000	63601497
慈溪逍林支行	陈振波	应力军				慈溪市逍林镇樟新南路 1066 号	315000	63501714
慈溪城建支行	沈建江	俞吉宝（女）				慈溪市环城南路 77 号	315000	63800948
慈溪虞波支行	陈利芬（女）	顾肖敏（女）				慈溪市浒山街道新城大道南路 388 号	315000	63837200
余姚支行	施根法	朱百奇	邹文	胡巨明		余姚市大黄桥路 2 号	315000	62738806
余姚城关支行	叶君才	叶利丽（女）				余姚市阳明西路 78 号	315000	62632806
余姚低塘支行	王铁洲	叶立军				余姚市低塘镇许家堰路 5 号	315000	62260424
余姚城建支行	沈静冲	鲁红波				余姚市南雷路 150 号	315000	62714274
余姚城南支行	董全	熊雪萍（女）				余姚市南雷南路 390 号	315000	62772596
余姚姚北支行	杨国英（女）	干燕群（女）				余姚市新建北路 147 号	315000	62647071
余姚西南支行	俞杏毅	陈凯				余姚市西南街道四明西路 705 号	315000	62595177
奉化支行	韩江恩	韩斌（女）				奉化市长春路 18 号	315000	88528849
奉化溪口支行	夏荣华	滕晓华				奉化市溪口镇中兴西路 2 号	315000	88850527
奉化大桥支行	刘岳海	徐炜				奉化市南山路 134 号	315000	88510525
奉化城建支行	范叶顺					奉化市惠政西路 1 号	315000	88511701
宁海支行	方伟杰	蔡顺仲	张爱国	黄旭波		宁海县城关中山中路 87 号	315000	65580885
象山支行	邱孝国	徐振旭	董伟民			象山县直丹城靖南路 320 号	315000	65725692
交通银行股份有限公司宁波分行								
江北支行	林虎	王彤（女）				宁波市人民路 138 号	315020	87641900

续表

分支机构名称	主要负责人	负责人				地址	邮编	电话
海曙支行	卢金兵	赵伟				宁波市解放南路 29 号	315010	87302165
江东支行	韩昉	王承（女）				宁波市彩虹南路 15 号	315040	87847972
鄞中支行	江伟（女）	潘信沛				宁波市甬港南路 83 号	315040	87872176
大河支行	应鲁晔	朱俏璐（女）				宁波市中山东路 336 号	315040	87720270
东钱湖支行	张杰	周建明				宁波市钱湖北路 151 号	315121	88372466
繁丰支行	胡建静	陈艳（女）				宁波市新马路 290、298 号	315020	87354883
光明支行	陆信康	崔怡（女）				宁波市曙光路 600 号	315040	87334085
孔雀支行	崔敏红（女）	方甬晨（女）				宁波市兴宁路 41 –5 号	315040	87831786
柳汀支行	郑仁荣	周丰				宁波市柳汀街 371 号	315012	87134823
轻纺城支行	童相才	徐荣（女）				宁波市雅戈尔大道 91 号	315153	88150858
西门支行	邱斌	胡骥骏				宁波市翠柏路 17 号	315016	87282990
孝闻街支行	沈军（女）	任培敏（女）				宁波市孝闻街 37 号	315000	87273533
药行街支行	戴力文（女）	杨益军（女）	翁加福			宁波市药行街 61 号	315000	87312955
中山支行	汪毅	张宇飞（女）				宁波市甬港北路 121 号	315040	87745168
中山西路支行	徐挺	谢伟明				宁波市望春路 572 号	315016	87155926
中兴支行	郑铭	干富友				宁波市宁穿路 398 号	315040	87801008
中心区支行	赵勤红（女）	郑洁（女）				宁波市建兴路 50 号	315192	88101720
北仑支行	郑思南	胡其龙				北仑区明州路 245	315800	86888646
小港支行	李士海	徐军（女）				北仑区小港东大道 6 号	315800	86154388
镇海支行	王伟方	林建明				镇海区城河西路 28 号	315200	86272748
骆驼支行	陆红卫	翁亚迪（女）				镇海区骆驼街道慈海北路 115 号	315200	86587686

续表

分支机构名称	主要负责人	负责人				地址	邮编	电话
庄市支行	孙涛	孙琴（女）				镇海区庄市鑫隆花园综合楼一楼	315200	86303750
慈溪支行	宋春海	严亚芬（女）	黄京新			慈溪市孙塘南路 265 号	315300	63113501
新城支行	俞杰	韩书军				慈溪市新城大道北路 531 号	315300	63027098
朱家桥支行	钟高峰	叶乾				慈溪市环城南路 348 号	315300	63895159
周巷支行	柴婷峰（女）	宋文九				慈溪市周巷兴业北路 177 号	315300	63330605
观城支行	袁家民	赵巧侠（女）				慈溪市观海卫镇南央路 2－8 号	315300	63635558
余姚支行	汪建华	韩勇	朱玲玲（女）			余姚市南雷路 31 号	315400	62703318
联盟桥支行	周文伟	施童华（女）				余姚市子陵路 55－1 号	315400	62640195
城西支行	董学军	余筱雯（女）				余姚市阳明西路 347 号	315400	62820338
大世界支行	闻人永勇	韩斌				余姚市阳明西路 167－1 号	315400	62639438
塑料城支行	肖峰	徐世忠				余姚市新建北路塑料城 A1－1 号	315400	62534408
东旱门支行	杨薇（女）	王亚明（女）				余姚市东旱门路 43 号	315400	62681581
奉化支行	周小平	阮立波				奉化市南山路 81 号	315500	88582821
岳林支行	曹毓华（女）	董建芳				奉化市岳林东路 55 号	315500	88929222
宁海支行	沈业强	李和会	沈秀英（女）			宁海县中山东路 8 号	315600	65266118
象山支行	徐美娟	鲍决胜	张敏			象山县丹西街道天安路 162 号	315700	65655965
上海浦东发展银行股份有限公司宁波分行								
鄞东支行	王伟海	麻雪英（女）				宁波市中山东路 428 号	315040	87379580
西门支行	陶兆军	葛静波（女）				宁波市中山西路 198 号	315010	87361574
望湖支行	王之望	周波（女）				宁波市长春路 40 号	315010	87190881
兴宁支行	俞仕锡	凌敏	毛建东			宁波市兴宁路 39 号	315010	87884125

续表

分支机构名称	主要负责人	负责人				地址	邮编	电话
江北支行	邱云飞	高兴波	蔡金迪			宁波市江北区清河路 1 号	315000	87382259
解放路支行	虞亚尔	赵红玲（女）	李波			宁波市解放路 216 号	315010	87190375
中兴支行	叶善海	吴琦（女）	俞正立			宁波市中兴路 651 号	315040	87809518
科技园区支行	史松杨	刘俊萍（女）	潘钦（女）			宁波市江南路 599 号	315010	87908569
镇海支行	冯建克	卢晓				镇海区城关苗圃路 185 号	315200	86251192
北仑支行	张静（女）	孙君（女）				北仑区新碶镇东河路 560 号	315200	86886089
开发区支行	沈际存	王韶	沈洪亮			北仑区明州西路 185 号	315800	86899253
余姚支行	毛克勤（女）	杨建刚				余姚市新建路 18 号	315400	62629211
慈溪支行	张惠传	徐爱娟（女）	余志强			慈溪市慈甬路 201－203 号	315300	63119005
鄞州支行	朱琰（女）	金建红（女）	金昱			宁波市天童北路 288 号	315192	88211780
宁海支行	吴杰伟	杨优芳（女）	郁成功			宁海县时代大道 333 号	315600	65257918
兴业银行股份有限公司宁波分行								
海曙支行	朱建明					宁波市镇明路 418 号	315000	87190586
北仑支行	周晓波					北仑区明州路 265 号	315800	86875802
鄞州支行	舒国庆					鄞州区天童北路 1533 号	315192	88210666
江东支行	邹汝林					宁波市中山东路 501 号	315040	87730760
镇海支行	余中奕					镇海区车站路 339 号	315200	86379801
江北支行	金希耀					宁波市人民路 176 号	315020	87039501
慈溪支行	冯一青					慈溪市慈甬路 154－166 号	315300	63883051
百丈支行	闻雷					宁波市中兴路 676 号	315040	87730622
中国光大银行股份有限公司宁波分行								
北仑支行	周斌	张勇峰	鲍碧霞（女）	易洪芳（女）		北仑区明州路 241 号	315800	86888505

续表

分支机构名称	主要负责人	负责人				地址	邮编	电话
江东支行	邵竹梅（女）	罗纬（女）				宁波市中山东路 585 号	315040	87721033
兴宁支行	卢彩华（女）	陈聂（女）				宁波市江东南路 313 号日月星辰	315040	87898419
联丰支行	李西杰	孙曙光（女）				宁波市蓝天路 193 号	315012	87142710
镇海支行	姚红斌	朱国海	许晓岚（女）			镇海区城关清川路 181 号	315200	86295804
鄞州支行	徐进	汤旭东				宁波市天童北路麒麟大厦 1501 号	315100	88111040
三江支行	郑维洪	沈维（女）				宁波市槐树路 86 号	315020	27855166
科技园区支行	管弦	陆善定				宁波市江南路 1558 号	315040	27785200
余姚支行	吴坚	陈卫正	冯芹平	杨肖军（女）		余姚市阳明西路 255 号	315400	62697888
深圳发展银行股份有限公司宁波分行								
分行营业部	叶俊伟	邬科表				宁波市江东北路 128 号	315040	87715023
海曙支行	黄志雄	傅建芬（女）				宁波市解放南路 198 号	315010	83863265
江东支行	徐军	杨雄伟	李文星			宁波市百丈路 886－992 号	315040	87883530
北仑支行	陈雁鸣	刘永定	陈莲萍（女）	周浩锋		北仑区明州西路 177 号	315200	86877941
鄞州支行	赵开红	钱敏	童小龙	潘一波		宁波市天童北路 31－41 号	315192	88083530
慈溪支行	袁利明	胡军	邹霞虹（女）	潘建立	方树淼	慈溪市三北大街 277－291 号	315300	63038785
余姚支行	朱玲萍（女）	曹世明				余姚市南滨江路 53－58	315000	62759607
招商银行股份有限公司宁波分行								
分行营业部	缪涌	屠互水	周悦红（女）			宁波市百丈东路 938 号	315041	87015589
江东支行	谢明华	郭奇哲	徐烨			宁波市彩虹南路 9 号	315040	87730477
北仑支行	陈才伟	俞弘（女）				宁波市北仑区明州路 707 号	315800	86987886
鄞州支行	谭宇文	李原（女）	周立刚			宁波市鄞县大道 1299 号	315192	88211066

续表

分支机构名称	主要负责人	负责人				地址	邮编	电话
海曙支行	吕涌良	汪伟鲲	崔波			宁波市大沙泥街 100 号	315010	87158968
中山支行	翁嫣（女）	章泉（女）	林峻			宁波中山东路 81 号	315000	87733197
江北支行	曹伟旭	邵园园（女）	陈建军			宁波市人民路 158 号	315020	87642278
天一支行	赵聪芬（女）	包立军（女）	郭黎军（女）			宁波市中山东路 154 号	315010	87363180
明州支行	仇卫军	王肖峰	李争雷			宁波市药行街 101 号	315010	87026505
慈溪支行	张新贺	孙鸣	程巍			慈溪市浒山街道新城中心 28 号楼	315300	63931119
中信银行股份有限公司宁波分行								
余姚支行	唐伟华	魏星亮	罗敏芳（女）	褚丽萍（女）		余姚市舜水南路 98 号	315400	62637710
慈溪支行	楼松竹	邹银聪	方涛（女）	陆汉梯	俞仁勇 卢利芳	慈溪市三北大街 210 号	315300	63034488
桥城支行	姚小荣	袁立				慈溪市香格大厦	315300	63925378
宁海支行	陈朝阳	丁建平	王国权			宁海县城关区桃源中路 136－140 号	315600	83555058
海曙支行	唐颖（女）	王显尧	俞一阳			宁波市海曙中山东路 85 号	315010	87348116
北仑支行	成钢	田志昂	马莉萍（女）			北仑区新矸长江路 914－922 号	315800	86960550
大榭支行	盛玉仙（女）	张启宏				宁波市大榭行政商务区 B4－5 号	315812	86761859
鄞州支行	张峰	朱明伟	陈君	曹伟俭	任武伟	宁波市鄞州中心区嵩江中路 998 号	315192	88211726
天一支行	陆建烈	谢胡灵	郑升江	周世宏		宁波市解放南路 28 号	315010	87173606
兴宁支行	冯结和	何剑海	钱定燕（女）			宁波市兴宁路 30 号	315010	87854815
江东支行	黄剑芬（女）	陈晓阳	褚荣胜			宁波市百丈路 176 号	315040	87733537
百丈支行	朱蓓琦（女）	周莉（女）				宁波市百丈东路 926－928 号	315040	83873638
中兴路支行	薛海峰					宁波市中兴路 568 号	315040	89103251
中国民生银行股份有限公司宁波分行								
分行营业部	虞健	李华奋				宁波市中山西路 166－169 号	315010	87260511

续表

分支机构名称	主要负责人	负责人				地址	邮编	电话
北仑支行	芮知晖	赵燕芬				北仑区明州路 279 号	315800	86809628
鄞州支行	沈晓燕	许冬明	朱斌儒			鄞州区天童北路 937 号	315192	88211758
江东支行	李一彬	王莺				宁波市百丈东路 713 号	315041	87733258
解放南路支行	潘陆燕	朱玲平				宁波市解放南路 67－1 号	315010	87303298
轻纺城支行	张赟	周晓燕				鄞州区石碶镇雅戈尔大道 100 号	315153	88255517
慈溪支行	顾少军	陆家东	黄建锋	俞学敏		慈溪市孙塘南路 257－263 号	315300	63119708
余姚支行	王晖	黄远超	毛黎明			余姚市城区四明西路 326－346 号	315400	62711028
宁海支行	张定军	毛绍刚	应珍珍			宁海县跃农街道中山东路 6 号	315600	65399886
广东发展银行股份有限公司宁波分行								
宁东支行	史咏萌	王盛虹（女）	陆萍（女）			宁波市百丈路 168 号	315040	87705456
海曙支行	张旸俊	丁利宾				宁波市开明街 368 号	315000	87289988
北仑支行	孙卫祥	张红星（女）				北仑区明州路 255 号	315800	86862218
马园支行	叶维良	包俊伶				宁波市卖鱼路 68 号	315010	87265226
江东支行	赵盛员	钱海波（女）				宁波市中兴路 269 号	315040	87631313
鄞州支行	翁宏杰	徐子恩				鄞州区前河南路 222 号	315181	87418222
城北支行	徐利军	陈志峰				宁波市清河路 51－65 号	315020	87645500
余姚支行	胡志浩	吕颖（女）				余姚市阳明西路 25 号	315400	62666062
浙商银行股份有限公司宁波分行								
鄞州支行	王剑飞	邬志强	汪光义	谢育莹		宁波市天童北路 935 号	315092	88145101
北仑支行	郭幸生	陈培梁				北仑区长江路 968 号	615800	86986900
慈溪支行	卢明龙	陈建立	袁铁	季天然		慈溪市浒山街道三北西大街 328 号	315300	63883555

续表

分支机构名称	主要负责人	负责人				地址	邮编	电话
江东支行	陈学群	潘智刚	范翀			宁波市中山东路 617－621 号	315040	87976789
华夏银行股份有限公司宁波分行								
海曙支行	胡剑	兰莉（女）				宁波市蓝天路 207 号	315000	87103727
中国邮政储蓄银行宁波分行								
甬城支行	曹存炳	陈雪莲（女）				天童北路 121－123 号	315092	83053502
镇海区支行	李明					镇海区城河西路 136 号	315200	86274957
北仑区支行	林伟华					北仑区新碶街道镇小路 1 号	315800	86872122
慈溪市支行	华冰白					慈溪市浒山街道寺山路 203 号	315300	63899333
余姚市支行	周敏					余姚市兰江街道保庆路 122－125 号	315400	62621330
奉化市支行	吴建立					奉化市南山路 145 号	315500	88590257
宁海县支行	钱天平					宁海县跃龙街道兴宁中路 5 号	315600	65596866
象山县支行	欧黎明					象山县靖南路 216 号	315700	65728804
宁波银行股份有限公司								
上海分行	陈和智	姜伟	付文生	白华		上海市黄浦区南京西路 128 号	200003	021－63585559
杭州分行	贝瑜	朱斌	田欣雨	蔡敏（女）		杭州市西湖区保俶路 146 号	310007	0571－87206997
南京分行	顾颂东	徐震宇	沈晓驰	曹云		南京市鼓楼区汉中路 120 号	210029	025－51808058
深圳分行	唐辉	罗凯菱（女）	何波			深圳市福华三路中心区东南部时代财富大厦	518026	0755－22661868
总行营业部	徐正良	王志远	李红（女）			宁波市中山东路 294 号	315040	87050171
海曙支行	虞亦群（女）	童烈红	余源舟	周小忠		宁波市解放南路 135 号	315040	87290864
江东支行	金幼琴（女）	蒋佩勇	张明明	陆全新		宁波市中山东路 466 号	315040	87729509
江北支行	胡微玮（女）	陈莉莉（女）	徐光伟	陈黎明	钱丽萍（女）	宁波市人民路 270 号	315040	87350929

续表

分支机构名称	主要负责人	负责人				地址	邮编	电话
湖东支行	沈中南	郑海平	张成伟	张川红（女）		宁波市广济街 4 号	315040	87320865
西门支行	钟之巍	应志齐	张松	邹伟国		宁波市中山西路 197 号	315040	87298913
东门支行	翁胜平	戴剑萍（女）	童红波	许文伟		宁波市百丈东路 868 号	315040	87843600
天源支行	陈晓辉	朱涛	黄维			宁波市柳汀街 230 号	315040	87302395
灵桥支行	朱红英（女）	蒋忠平	周建光	袁涌泉		宁波市彩虹南路 275 号	315040	87876738
国家高新区支行	徐辉	王强	林勇	管文		宁波市江南路 651－655 号	315040	87902785
四明支行	范国宇	项明	张川阳（女）	魏世权		宁波市蓝天路 9 号	315040	87320902
明州支行	张亚敏（女）	李晓（女）	王小莉（女）	金良米		宁波市甬港北路 19 号	315040	87374550
北仑支行	叶林富	陆孝素（女）	巫金成			北仑区新碶镇明州路 221 号	315800	86867006
镇海支行	吴晓红	张琦	侯作韩			镇海区车站路 18 号	315200	86278775
鄞州支行	何培国	鲍君刚	杨海忠	张群		鄞州区四明中路 788 号	315192	87416838
宁海支行	丁荣旺	胡敏建	杨文红（女）	陈小明		宁海县城关镇人民大道 52 号	315600	65528800
余姚支行	陆铭瑜	蔡晓达	周军	励弘		余姚市阳明西路 28 号	315400	62623700
新建支行	鲁久丰	赵尔群（女）	诸艳红（女）	施迪彦		余姚市阳明西路 340－348 号	315400	62835263
慈溪支行	宋军耀	邹可群	陈远飞（女）	戎飞舟		慈溪市慈甬路 207 号	315300	63113755
城东支行	屠世荣	黄维（女）	许银树	夏文昌		慈溪市新城大道 483－495 号	315400	63910955
象山支行	徐松丽（女）	谢宏	葛贵明			象山县丹城靖南路 274 号	315700	65768320
奉化支行	俞雪萌	单峰	李晓英	王宣庆		奉化市中山路 16 号	315500	88589302
上海银行股份有限公司宁波分行								
海曙支行	董杰					宁波市解放南路 258 号	315000	87979960
余姚城行	徐明					余姚市舜水南路 92 号	315400	62788001

续表

分支机构名称	主要负责人	负责人				地址	邮编	电话
慈溪支行	邵园南					慈溪市三北大街 589 号	315300	63930301
宁波国际银行								
上海分行	许礼智	陈庆平				上海市浦东南路 528 号上海证券大厦北塔 2203 室	200120	021－68818899
北京代表处	郭双（女）					北京市万通新世界广场 B 座 1710 室	100037	010－68521105
中国人民财产保险股份有限公司宁波市分公司								
海曙支公司	金剑光	朱戈剑	崔明君（女）	李斌		宁波市龙湾新村 26 号	315010	87308950
江东支公司	毛颖（女）	宋立波	王斌斌			宁波市彩虹北路 113 号	315040	87708388
江北支公司	卓立明	陈明	张杏明			宁波市槐树路 36 号	315020	87668711
镇海支公司	姚瑜	张建国	张楚铭			镇海区车站路 333 号	315200	86269530
北仑支公司	李俊	黄晓阳（女）	吕波			北仑区新矸中河路 96 号	315800	86828890
鄞州支公司	郑健雄	沈进	邱禾萍（女）	杨信云		宁波市百丈东路 676 号	315040	87848328
余姚支公司	许森江	沈永利	宋云林	谷新星		余姚市舜水北路 30 号	315400	62651801
慈溪支公司	陈方平	华建新	徐丽英（女）			慈溪市市浒山街道寺山路 208 号	315300	63898818
慈溪出口加工区支公司	马建军					慈溪市杭州湾新区滨海大道南侧临时商贸街 7 号楼	315336	63037008
奉化支公司	王仲昆	胡明德	林水强			奉化市中山西路 20 号	315500	88523264
宁海支公司	徐俊国	胡建伟	谢利敏			宁海县县跃龙街道中山中路 89 号	315600	65556297
象山支公司	方洪涛	薛建通	应归国	胡晓弘		象山县丹城靖南大街 285 号	315700	65730030
中国太平洋财产保险股份有限公司宁波分公司								
鄞州支公司	徐建波	伍建胜	鲁雄伟	俞存银		鄞州区中心区首南中路 588 号	315100	87733086
慈溪支公司	王杏裕	陈国芳	陈超	岑士珍（女）	陈笛应加强	慈溪市市慈甬路 456 号	315300	63010818

续表

分支机构名称	主要负责人	负责人				地址	邮编	电话
余姚支公司	胡静波	万克为	劳建国			余姚市舜水南路 28 号	315400	22688002
镇海支公司	胡军	周泉	顾恩群			镇海区城关镇车站路 272 号	315200	86268598
北仑支公司	杨秀国	蔡晓曦	余军强	沈丛波（女）		北仑区明州路 229 号	315800	86886657
奉化支公司	高小伟	李秉华	舒行孝	王钜华		奉化市大城西路 360 号	315500	88591669
宁海支公司	金成伟	储琳芬（女）	童时参			宁海县县跃龙路 23 号	315600	65555599
象山支公司	林心欢	李根水				象山县丹城镇新丰路 288 号	315700	65739888
开发区支公司	王成平	曹存伟	张勇			北仑区明州路 172 号	315800	86876268
江东支公司	王晓刚	陈磊				宁波市福明路 321 – 325 号	315000	87375198
海曙支公司	俞小平	周建成				宁波市中山西路 362 号	315000	87365058
江北支公司	崔敏乐	张频辉				宁波市人民路 250 号	315000	87676778
中国平安财产保险股份有限公司宁波分公司								
慈溪支公司	任安华					慈溪市市慈甬路东山路口写字楼 6 楼	315300	63119100
北仑支公司	曹朝辉（女）	翁雪英（女）				北仑区新矸镇恒山路 78 号公管所大楼	315800	86889996
余姚支公司	冯江军					余姚市阳明西路 101 号 3 楼	315400	62702958
奉化支公司	吴锡刚					奉化市河头路 119 号 2 楼	315500	88516978
鄞州支公司	章志峰					宁波市开明街 396 号平安大厦 18 楼	315000	87680978
宁海支公司	陈武军					宁海县城关北斗北路电力开发大楼	315600	65208366
象山支公司	康余虎					象山县天安路 157 号绿叶大厦 3 楼	315700	65766172
镇海营销服务部	郑阳					镇海区城河东路 259 号紫荆大厦	315200	86275509
慈城营销服务部	陈浩杰					宁波市慈城镇城南西路 282 – 2 号	315020	87596186
集仕港营销服务部	王慧娟（女）					鄞州区集仕镇集仕东路 202 号	315171	88422880

续表

分支机构名称	主要负责人	负责人				地址	邮编	电话
大榭营销服务部	贺贤鲁					大榭开发区西岙兴岛南路 135 号	315812	86750009
中国出口信用保险公司宁波分公司								
余慈办事处	宓孟挺					慈溪市市寺山路 269 号外贸大厦 A 座	315300	63886896
南三县办事处	何东风					宁海县县人民路 5 号宁海县大厦 908	315600	65585339
大众保险股份有限公司宁波分公司								
城区支公司	江剑慈					江东区宁穿路 757 号	315040	87011078
鄞州支公司	李恒飞					宁波市江东区大步街 9 号	315040	87730786
北仑支公司	刘满富					北仑区新矸长江路 639、641 号	315800	86860926
镇海支公司	岑进联（女）					镇海区聪园路 222 号	315200	86267111
慈溪支公司	王少雄					慈溪市市浒山街道孙塘南路 168 号	315300	63880839
余姚支公司	胡军（女）					余姚市西石山南路 118 号德发大厦	315400	62820128
江北支公司	王勤					宁波市环城北路西段 498 号	315020	87200066
宁海支公司	陈培根					宁海县城关时代大道 355 号	315600	65259200
奉化营销服务部	张永元					奉化市南山路 198 号二楼	315500	88586119
象山营销服务部	朱丽娜（女）					象山县丹东街道兴盛路 228 号	315700	65786996
天安保险股份有限公司宁波分公司								
余姚支公司	项桂炯	张亚红（女）	桂朝晖			余姚市子陵路 46 号	315400	62662286
慈溪支公司	华维	马利君（女）				慈溪市市浒山镇三北大街 732 号中兴大厦	315300	63038908
奉化支公司	蒋位君	毛明玉（女）				奉化市大桥镇南山路 136 号 2 楼	315600	88524999
宁海支公司	王明方					宁海县县城关镇外环路 11 号 1 楼	315600	65209588
鄞州支公司	鲍方龙	周元康	郑华春			宁波市天童北路 933 号和邦商务大厦	315192	87897987

续表

分支机构名称	主要负责人	负责人				地址	邮编	电话
海曙营销服务部	王国华					宁波市中山东路93号9楼	315010	87361718
人民路营销服务部	林山河					宁波市人民路大时代C幢303室	315020	87385906
开发区营销服务部	林珊富					北仑区新矸明州西路177号金贸大厦	315800	86868003
北仑营销服务部	康俊					北仑区新矸镇中河路10号海晨大厦	315800	86874949
象山营销服务部	陈文军					象山县丹城镇新峰路368号2楼	315700	65786988
镇海营销服务部	华天雄					镇海区胜利路209号3楼	315200	86291106
中华联合财产保险股份有限公司宁波分公司								
镇海支公司	汪良章	朱文国				镇海区中河路151号	315200	86257899
北仑支公司	李态波	庄君（女）				北仑区明州西路8号	315800	86897826
鄞州支公司	谢武海	徐国平	葛成杰			鄞州区麦德龙路68号	315192	88112299
慈溪支公司	潘惠长	余侠虎	余忠岳	施可霞（女）		慈溪市市浒山街道新城大道东兴苑综合楼	315300	63100680
余姚支公司	赵仲苗	袁忠辉	秦丽萍（女）			余姚市长城路2号	315400	62639936
奉化支公司	陈远强	吴佩菲				奉化市长汀路166号	315500	88589057
象山支公司	柯忠良	胡小吉	黄英俊（女）			象山县丹城靖南大街356号	315700	65733466
宁海支公司	胡江飞					宁海县县兴宁中路125号	315600	65222922
中国大地财产保险股份有限公司宁波分公司								
北仑支公司	郭志平	王帅				北仑区新契新大路967号	315800	26885505
城区支公司	陈定华	何岳林				宁波市彩虹南路16号	315040	27869085
海曙支公司	周建国					宁波市丽园路52号2弄11号	315000	27860050
江东支公司	韩文利	孙庆锋	朱保开			宁波市东胜路7号4－12	315040	27860672

续表

分支机构名称	主要负责人	负责人				地址	邮编	电话
鄞州支公司	章震飞	杜红飞	余信波	芦波（女）		宁波市天童北路933号和邦大厦A座	315121	27869051
镇海支公司	潘晓海	周依伟	林旭驰			镇海区沿江西路306号	315200	26267296
宁海支公司	金守高	张伟杰	尤常哲			宁海县县气象北路275号	315600	25552083
象山支公司	周永龙	胡佩佩（女）				象山县东谷路69号	315700	25716605
余姚支公司	张永海	沈红文（女）				余姚市阳明路400－406号	315400	22667831
慈溪支公司	蒋惠明					慈溪市市浒山街道石桥头村浒山开发大道72－80号	315300	23665003
奉化支公司	董建军	林永新	邬定君			奉化市中山西路136号	315500	28512003
小港营销服务部	王树成					北仑区小港振兴西路284号	315800	26885505
周巷镇营销服务部	潘振桥					慈溪市周巷镇周益西三公路旁	315300	63307336
姚北营销服务部	章建军					余姚市朗霞街道新新工业村	315400	22667831
姜山镇营销服务部	何岳林					宁波市姜山镇天童南路2949号	315121	27869085
世纪汽车城营销服务	俞大凯					宁波市环城南路东段777号	315121	27860050
东钱湖营销服务部	章震飞					宁波市东钱湖镇钱湖北路47号	315121	27869051
泗门镇营销服务部	潘振桥					余姚市泗门镇西公路51号	315400	62166051
镇海骆驼营销服务部	王帅					镇海区骆驼街道华丰花园5号	315200	26885505
华安财产保险股份有限公司宁波分公司								
北仑支公司	胡国标					北仑区恒山西路511号3号门2楼	315040	86870992
余姚支公司	鲍军飞（女）					余姚市城区东旱门路26号	315400	62757559
奉化支公司	高健华（女）					奉化市华信国际中山东路15幢98室	315500	88507918
慈溪支公司	葛选东					慈溪市浒山街道浒山路60号	315300	63883523
宁海营销服务部	石学文					宁海县跃龙街道跃龙路87号12幢	315600	65576599

续表

分支机构名称	主要负责人	负责人				地址	邮编	电话
安邦财产保险股份有限公司宁波分公司								
鄞州营销服务部	李后来					宁波市中兴路 692 号崇光大厦 3 楼	315040	27863398
海曙营销服务部	任峰					宁波市环城西路南段 911 号	315012	27868507
北仑营销服务部	卢海宁					北仑区新矸镇新大路 485 号 4 楼	315800	26877220
镇海营销服务部	施阳春					镇海区人民路 47 号	315200	86281507
余姚支公司	郑钦新					余姚市三官堂路 88 号	315400	22693988
慈溪支公司	孔海虹					慈溪市市浒山孙塘南路 103 号	315300	23678818
奉化支公司	缪方雷					奉化市中山东路 16 号图书馆 4 楼	315500	28527200
宁海支公司	韩国晓					宁海县县跃龙街道人民路 209 号	315600	25557788
象山支公司	陈永康					象山县丹城镇靖南路 288 号	315700	65653808
永安财产保险股份有限公司宁波中心支公司								
鄞州支公司	毛益平（女）					宁波市鄞州区宋诏桥建兴路 48 弄 45 号	315000	27882802
慈溪支公司	朱静风					慈溪市浒山镇东三环南路（长春村）	315300	23667588
余姚支公司	黄建华（女）					余姚新建北路 62 号 5 楼	315400	22669788
奉化营销服务部	周伟光					奉化市大成路 238 号 2 楼	315500	28519001
宁海营销服务部	童优杰					宁海县气象北路 299 号（兴工二路）	315600	25559988
北仑营销服务部	张敏炯					北仑区新建路 1 号	315800	26856660
镇海营销服务部	郑敏敏（女）					镇海区车站路 154 号	315200	26253026
天平汽车保险股份有限公司宁波中心支公司								
余姚支公司	武勇					余姚市阳明西路 542 号	315400	22717088

续表

分支机构名称	主要负责人	负责人				地址	邮编	电话
慈溪支公司	陈辛茹（女）					慈溪市北二环东路 92 号实验公寓	315300	23661580
华泰财产保险股份有限公司宁波分公司								
余姚支公司	龚飞云					余姚市南滨江路 111 号环球大厦	315400	22716088
北仑支公司	钱刚毅					北仑区明洲路太平洋花苑 B 座	315800	26883227
慈溪营销服务部	沈叶林					慈溪市浒山街道孙堂南路金汇大厦	315300	23616262
宁海营销服务部	薛静					宁海县跃龙街道东大街 5 号	315600	25566067
阳光财产保险股份有限公司宁波市分公司								
慈溪支公司	俞铭峰					慈溪市市浒山教山路 6 号	315300	63887111
余姚支公司	诸立新					余姚市春晓花园北大门 12－13 号	315400	22220198
宁海支公司	王江飞					宁海县跃龙街道华山小学对面	315600	25566334
北仑营销服务部	徐忠安					北仑区（新大路）岷山路 165 号	315800	26863959
鄞州支公司	卢庆方					宁波市中兴南路 99 号	315040	27786957
奉化支公司	顾玮惠					奉化市河头路 52－56 号	315500	28527588
镇海支公司	童雷杰					宁波市镇海区沿江西路 85 号	315200	26279811
象山支公司	林炳旭					象山县丹城万象路 233 号	315700	25708606
江东支公司	陈茂					宁波市东方商务中心 5 幢 34 号	315040	27895597
渤海财产保险股份有限公司宁波分公司								
慈溪中心支公司	董一鸣					慈溪市市浒山街道峙山路 144 号	315300	63920080
余姚中心支公司	黄海峰					余姚市胜山西路 200－202 号	315400	22674377
北仑中心支公司	董一鸣					北仑区新碶明州西路 179 号	315800	86850258
奉化支公司	王清（女）					奉化市长春路 35 幢底屋 6－7	315500	88572521
宁海营销服务部	章以鑫					宁海县县跃龙街道学勉路 55 号	315600	65208695

续表

分支机构名称	主要负责人	负责人				地址	邮编	电话
江东营销服务部	罗定					宁波市百丈东路648弄6号	315000	87870305
镇海营销服务部	戚雪红（女）					镇海区镇骆东路277号	315200	86253666
中银保险有限公司宁波中心支公司								
江东支公司	孙其平					宁波市百丈路168号会展中心	315040	27892606
鄞州支公司	周文龙					鄞州区锦寓路666号名汇大厦21楼	315192	28859292
慈溪支公司	陈瑞文					慈溪市慈甬路405号东瑞大厦11楼	315300	23667128
余姚支公司	魏立华					余姚市丰山路177号	315400	22699501
奉化支公司	陈群					奉化市河头路99号	315500	28588301
宁海支公司	张国庆					宁海县跃龙路8号中国银行2楼	315600	25569888
都邦财产保险股份有限公司宁波分公司								
慈溪支公司	曹杭波					宁波慈溪市慈甬路405号东瑞大厦2层	315300	63119909
余姚支公司	谢洪涛					宁波市余姚丰山前村	315400	62839200
镇海支公司	王爱珍（女）					宁波市镇海区胜利路63号1幢西1－2层	315200	86281368
北仑支公司	田海军					宁波市北仑区新碶高风路177#、175#	315800	86850388
鄞州支公司	钱力					宁波市鄞州区钟公庙街道天童北路1501号402室	315000	28878860
宁海营销部	楼文剑					宁海县城关镇跃龙路23号	315600	65121918
海曙营销部	柳洪					宁波市海曙区解放北路138号	315000	87656813
江东营销部	徐慧琳（女）					宁波市江东区中兴路655号801室	315040	87815076
江北营销部	洪万飞					宁波市江北区人民路105号A座303	315020	27889918
民安保险（中国）有限公司宁波中心支公司								
余姚支公司	赵永江	何武军				余姚市胜山西路春晓华园8号	315400	62850513

续表

分支机构名称	主要负责人	负责人				地址	邮编	电话
宁海支公司	章以鑫	陈福永				宁海县县跃龙街道气象北路 338－3	315600	65327096
江东支公司	高能伟	邵忠良	李海玲（女）			宁波市桑田路 716 号健康城大厦	315129	87815113
慈溪支公司	华峰	何红峰				慈溪市市南二环西路西 62 号	315300	63883202
安诚财产保险股份有限公司宁波分公司								
奉化支公司	许平					奉化市锦屏街道河头路 71－91 号	315500	88509025
宁海支公司	李杰					宁海县县城关镇桃源中路 127 号	315600	65263101
慈溪支公司	汪俊尔					慈溪市浒山街道慈甬路 418 号金鹰大厦	315300	63930501
北仑支公司	董家国					北仑区新契明州西路 179 号	315800	86963356
中国人寿保险股份有限公司宁波市分公司								
海曙区支公司	王贤裕	秦岗				宁波市中山西路 75－77 号	315010	87195274
江北区支公司	刘正强					宁波市槐树路 36 号	315020	87661666
江东区支公司	赵珍珍（女）	朱波（女）				宁波市中山东路 489 号	315040	87854076
鄞州区支公司	应仁达	陈建培	王伟			宁波市百丈南路 18 号	315040	87843895
镇海区支公司	刘承锋	刘静君（女）	刘弘			镇海区车站路 331 号	315200	86265491
北仑支公司	葛建英（女）					北仑区新大路 98 号	315800	86860435
慈溪市支公司	应建彬	虞中年	孙立洪	俞元辉		慈溪市浒山街道寺山路 215 号	315300	63810430
余姚市支公司	叶阳					余姚市南滨江路 138 号	315400	62721921
奉化市支公司	陈钢	夏维娜（女）				奉化市惠政西路 48 号	315500	88591755
宁海县支公司	杨铭山	舒巧灵（女）	胡婷斐（女）	刘科杰		宁海县县桃源街道新桥路 51 号	315600	65259099
象山县支公司	钱炯	应益敏	程军			象山县丹城镇建设路 216 号	315700	65718013
城区营销服务部	王颖颖（女）	于保华	王高萍（女）			宁波市中山东路 489 号	315040	87718272

续表

分支机构名称	主要负责人	负责人				地址	邮编	电话
中国太平洋人寿保险股份有限公司宁波分公司								
鄞州支公司	俞益本	马一丹（女）				鄞州区天童北路 933 号	315192	87730504
镇海支公司	洪全					镇海区车站路 278 号	315200	86268999
北仑支公司	陈聪芳	周勋				北仑区新碶明州路 229 号	315800	86870216
慈溪支公司	朱云山	岑孟庆				慈溪市慈甬路 456 号	315300	63018188
余姚支公司	邵立明	胡根潮	潘金钟			余姚市舜水北路 18 号	315400	62637155
奉化支公司	缪建平	潘满琴（女）				奉化市惠政西路 41 号	315500	88503627
宁海支公司	胡建挺					宁海县市跃龙路 12 号	315600	65225605
象山支公司	张毅君	张永福				象山县兴盛路 228 号 2 楼	315700	65225605
海曙支公司	葛善芳					宁波市苍水街 94 号	315000	27876688
中国平安人寿保险股份有限公司宁波分公司								
慈溪支公司	张明					慈溪市浒山镇金星大厦 4 楼	315300	63896954
余姚支公司	张国志					姚市阳明西路 101 – 103 号	315400	62665488
北仑区营销服务部	彭怀涛					北仑区新碶长江国际商务大厦 A702 室	315800	86877670
奉化市营销服务部	王芸（女）					奉化市大成西路 360 号 3 楼	315500	88503656
本部营销服务部	卞东辉（女）					宁波市中山东路 220 号中百大厦	315010	83881318
宁海县营销服务部	于旺					宁海县跃龙街道兴宁中路 199 号	315600	65506729
象山县石浦镇营销服务部	麻芳云（女）					象山县石浦镇火头炉路 99 号 2 楼	315731	65983072
象山县营销服务部	谭世巍					象山县丹峰东路 2 号汇金大厦 9 楼	315700	65652001
鄞州区营销服务部	章林宝					鄞州区前河南路 88 号新洲银座	315000	88371973

续表

分支机构名称	主要负责人	负责人				地址	邮编	电话
镇海区骆驼街道营销服务部	郑红波（女）					镇海区骆驼街道杭甬南路 373 号	315202	86255170
镇海区营销服务部	杨霜霜					镇海区城河东路 259 号 7 楼	315200	86294766
慈溪市新浦镇营销服务部	陈万娟（女）					慈溪市新浦镇戚家路水湘村村政府	315322	63896902
余姚市三七市营销服务部	朱振军					余姚市三七市镇金川西路 109 号	315412	62936100
奉化溪口镇营销服务部	苗挺					奉化市溪口镇中兴西路 8 号	315502	87689816
江东营销服务部	房圣祺					宁波市桑田路 716 号健康城	315000	87689816
慈溪市观城营销服务部	华雪锰					慈溪市观海卫镇金慈塑料城金凤楼 18 号	315315	63619491
泰康人寿保险股份有限公司宁波分公司								
象山支公司	唐春梅（女）					象山县天安路 5 号	315700	65760198
宁海支公司	孙剑					宁海县气象北路 279 号	315600	25566289
慈溪支公司	吴祖伦					慈溪市慈甬路 418 号 801 室	315300	63041996
余姚支公司	李锋					余姚市阳明西路 80 号	315400	62730102
奉化支公司	陈复名					奉化市岳林街中山东路华信国际 17 幢	315500	23667289
江东营销服务部	卓拓					宁波市兴宁路 42 弄 1 号 1506 室	315040	87835960
新华人寿保险股份有限公司宁波分公司								
慈溪市营销服务部	何爱芬（女）					慈溪市浒山慈甬 525 号群丰大厦	315300	63104896
奉化市营销服务部	竺红海					奉化市南山路 160 号商贸中心	315500	88517087
宁海县营销服务部	童坚强					宁海县县城关中山路 69 – 73	315600	65563216
象山营销服务部	王治涛					象山县丹城新丰路 218 号三楼	315700	65763017
余姚市营销服务部	丛敬锐					余姚市南滨江路 178 号 503、504、507 室	315400	62662511
中山路营销服务部	孙莉萍（女）					中山东路 93 号中山大厦 10 楼	315000	87731650

续表

分支机构名称	主要负责人	负责人				地址	邮编	电话
太平人寿保险有限公司宁波分公司								
城区营销服务部	刘忠喜					宁波市中山西路2号横隆中心	315010	87252398
象山营销服务部	郑建宇					象山县丹城新丰路368号农机站办公楼	315700	65760978
余姚营销服务部	华波（女）					余姚市南滨江路178号太平洋国际大厦	315400	62731578
北仑营销服务部	刘忠喜					北仑区新碶镇横河路597号	315800	86890518
宁海营销服务部	苑威					宁海县跃龙一路23号4－5楼	315600	65258298
慈溪营销服务部	金典杰					慈溪市孙塘北路727号锦恒商务大楼	315300	63989891
奉化营销服务部	袁之波					奉化市中山东路1号华信国际城15幢	315500	88507522
民生人寿保险股份有限公司宁波中心支公司								
宁海县营销服务部	刘继强					宁海县跃龙街道北斗路225号保华大厦	315600	65060183
慈溪市营销服务部	林小洲					慈溪市白沙街道虞波大厦3楼	315300	63839373
中宏人寿保险有限公司宁波分公司								
慈溪营销服务部	高磊（女）					慈溪市白沙街道三北大街中兴大厦	315300	23611198
生命人寿保险股份有限公司宁波分公司								
宁海服务部	竺伊凡					宁海县兴宁中路125号3楼	315600	25559088
余姚服务部	喻金国					余姚市阳明路66号6楼	315400	22706388
慈溪服务部	魏远亮					慈溪市慈甬路405号东瑞大厦	315300	23636098
象山服务部	孔仙娣（女）					象山县步峰路11－2号	315700	25708559
中德安联人寿保险有限公司浙江分公司宁波营销服务部								
宁海营销服务部	黄奇国					宁海县县环城西路36号	315600	25552691

续表

分支机构名称	主要负责人	负责人				地址	邮编	电话
余姚营销服务部	张海蛟					余姚市阳明东路 50 号	315400	22699550
合众人寿保险股份有限公司宁波中心支公司								
慈溪营销服务部	邹广普					慈溪市浒山街道天九鸿业大厦	315300	23637006
宁海营销服务部	丁伟					宁海县县兴宁北路 348 号 1 楼	315600	25566008
余姚营销服务部	朱城					余姚市城区东旱门南路 188 号多元创业大厦 B 座	315400	22691786
平安养老保险股份有限公司宁波分公司								
北仑支公司	戴宏伟					北仑区明州路泰山 1 号办公楼	315800	86870586
嘉禾人寿保险股份有限公司宁波分公司								
城区营销服务部	许宁东					宁波市百丈东路 886 号万金大厦	315040	13336873171
宁海营销服务部	张丹霞					宁海县跃龙街气象北路 263 号 3 楼	315600	13386609239
余姚营销服务部	裘国珍（女）					余姚市国贸大厦 1201 室	315500	15158380808
慈溪营销服务部	叶庆昆					慈溪市浒山街道群丰村东瑞大厦主楼 13 楼	315300	13221996292
浙江省农村信用社联合社宁波办事处								
市区联社	罗建国	汪三太	邵雄宁	周晓波		宁波市育才路 17 号	315016	87669680
市区联社营业部	张健钢					宁波市育才路 17 号	315016	87679107
江北信用社	林勇	陈国明				宁波市西草马路 155 号	315020	87676233
甬江信用社	叶雄	彭君（女）	庄洁洁（女）			宁波市大庆北路 138 号	315021	87636176
庄桥信用社	朱超定	林峥（女）				宁波市庄桥大街 41 号	315032	87582462
洪塘信用社	卢维寅	童颖男				宁波市洪塘中路 201 号	315033	87587649
慈城信用社	陆小波	钱靖（女）				宁波市慈城解放路 137 号	315031	87591240
乍浦信用社	陈刚	王国君	金峰			宁波市江北私营工业城	315036	87526276

续表

分支机构名称	主要负责人	负责人				地址	邮编	电话
东郊信用社	朱思成	吴海芬（女）				宁波市姚隘路 339 号	315040	87721487
西郊信用社	张建国	汪继栋				宁波市中山西路 478 号	315010	87284601
福明信用社	严碧莲（女）	陈强	杨晓芳（女）			宁波市宁穿路 656 号	315040	87928831
段塘信用社	宋伟飞	柯蓉（女）				宁波市环城西路南段 756 号	315010	87487032
镇海区联社	叶军	周立伟	王勤龙	童芳琴		镇海区沿江东路 552 号	315200	86290247
镇海区联社营业部	管亦军	刘培红				镇海区城河西路 249 号	315200	86273645
招宝山信用社	邱旭光	宋奇益	宋燕屏			镇海区招宝山街道车站路 66 号	315200	86272959
蛟川信用社	阮凤飞（女）					镇海区蛟川街道五里牌	315200	86302738
骆驼信用社	陈泰山	邱华云	黄爱芬			镇海区骆驼街道荣骆路 9 号	315202	86581988
九龙湖信用社	沈武生	王春蕾				镇海区九龙湖镇长邱北路 59 号	315205	86530152
蟹浦信用社	郑国君					镇海区蟹浦镇兴业路 116 号	315204	86506133
庄市信用社	郑有华	张高明	徐东昉			镇海区庄市街道兆龙路 818 号	315201	86691151
北仑区联社	周书龙	顾永忠	应荣昌	刘永红	吕平裕	北仑区新矸街道新大路 177 号	315800	86887908
北仑区联社营业部	金珠（女）	俞红梅	岑海亚			北仑区新大路 177 号	315800	86882130
白峰信用社	朱云芳	刘玲珍				北仑区白峰镇新街	315813	86729282
梅山信用社	朱小妹（女）	张珠飞	童鹏飞			北仑区梅山乡梅中村	315832	86705018
春晓信用社	沈红珠（女）	夏春芳	严必独			北仑区春晓镇	315830	86099109
柴桥信用社	陈俏伟	陈沪英	贺丹红			北仑区柴桥街道	315809	86062308
大榭信用社	张家玲	周松岳	王朝成			北仑区大榭开发区西岙	315812	86768632
霞浦信用社	贺北辰	丁胡茵	李舜懿			北仑区霞浦街道霞浦路	315807	86905275
新碶信用社	乐勤	沈妍	胡建红			北仑区新大路 88 号	315800	86838989

续表

分支机构名称	主要负责人	负责人				地址	邮编	电话
大碶信用社	王明康	刘一军	沃云乔			北仑区大碶街道镇大路 10 号	315806	86101228
小港街道信用社	黄志林	俞锡珍	黄严敏			北仑区小港街道红联渡口路	315803	86160160
高潮信用社	刘科	贺惜珍	张再生			北仑区横河路 128 号	315800	86883579
东河路信用社	徐志裕	郑波涛	姚敏			北仑区明州路 198 号	315800	86862895
戚家山信用社	黄志林	顾群路	王骁侠			北仑区戚家山街道甬晨大厦	315803	86223979
奉化联社	单国辉	吕伟平	蒋国忠	周国伟	曹芬分	奉化市中山路 27 号	315500	88590667
奉化联社营业部	孙绍纳	夏桂杰				奉化市中山路 27 号	315500	88524090
大桥信用社	单浩波	朱志宏	竺明方			奉化市体育场路 16 号	315500	88962898
西坞信用社	刘亚科	汪雪君				奉化市西坞街道南路 39 号	315500	88536118
江口信用社	陈益栋	林海云				奉化市江口街道灵峰路 24 号	315504	88557340
方桥信用社	杨一芬（女）	吴军				奉化市江口街道方桥新建路 29 号	315504	88659921
萧王庙信用社	孙剑耀					奉化市萧王庙街道岭东西路 33 号	315503	88835908
溪口信用社	唐光伟					奉化市溪口镇中兴中路 38 号	315502	88850331
跸驻信用社	沈援君	潘云君				奉化市溪口镇跸驻村	315502	88806005
尚田信用社	沈云川					奉化市尚田镇开城西街 8 号	315502	88635111
大堰信用社	周静维	董瑜平				奉化市大堰镇大名路 6 号	315500	88605080
莼湖信用社	林君辉	吴武威				奉化市莼湖镇直街 160 号	315500	88743398
吉奇信用社	翁任君					奉化市莼湖镇吉奇村	315500	88765116
桐照信用社	夏程航	应成杰				奉化市莼湖镇桐照梧山路 156 号	315500	88752282
裘村信用社	陈红					奉化市裘村镇振兴路 168 号	315500	88775028
松岙信用社	方培宏					奉化市松岙镇振兴路 132 号	315500	88792058

续表

分支机构名称	主要负责人	负责人				地址	邮编	电话
奉城信用社	竺永刚	王吉平				奉化市南山路 58－9	315500	88528142
锦屏信用社	董存裕	王维				奉化市惠政西路 19－2	315500	88525988
宁海县联社	林嘉良	林朝阳	张晓萍（女）	胡昌国		宁海县兴宁中路 290 号	315600	65590942
宁海县联社营业部	钱霖	胡建军（女）	竺国庆			宁海县兴宁中路 290 号	315600	65550642
城关信用社	刘金杰	刘斌	袁相明			宁海县人民大道 312 号	315600	65583003
桃源信用社	张备	颜混才	金亚君（女）			宁海县桃源街道竹口村	315600	6533088
长街信用社	戴雷军	徐可锋				宁海县长街淮河中路	315601	65310678
胡陈信用社	胡敏琴					宁海县胡陈乡胡陈村	315602	65116543
力洋信用社	张可成	陈敏				宁海县力洋中路 3 号	315602	65101655
越溪信用社	陈辉	娄振良				宁海县越溪海头	315605	65367266
桑州信用社	周昌华					宁海县桑树东路 180 号	315607	65390509
岔路信用社	林土发	李文贤				宁海县岔路镇岔路街	315606	65389542
前童信用社	丁海鸿					宁海县前童镇北大街 27 号	315636	65380127
黄坛信用社	叶忠茂	胡玲聪（女）				宁海县黄坛东路 28 号	315608	65273668
桥头胡信用社	何杰	李江波				宁海县桥井中路 98 号	315611	65195307
梅林信用社	冯建平	陈慧（女）	王小昆			宁海县振兴街	315609	65293598
西店信用社	俞建军	戴志杰	夏国平	俞海萍（女）		宁海县铁江东路 22 号	315613	65182180
深圳信用社	刘良秀	施继青				宁海县深圳村	315614	65285519
象山县联社	沈庞飞	谢语诚	陈燕	郑仲华	俞安君	象山县丹城靖南路 342 号	315700	65778839
象山县联社营业部	郑海伦	向玲阳（女）				象山县丹城靖南路 342 号	315700	65719138
丹城信用社	吴慧萍（女）	奚海娇（女）	胡凯			象山县丹城天安路 117 号	315700	65728008

续表

分支机构名称	主要负责人	负责人				地址	邮编	电话
石浦信用社	励旦文	郑姣蓉（女）	叶再同			象山县石浦金山路 122 号	315731	65967097
西周信用社	何宇宏	张麒				象山县西周西瀛大街 32 号	315722	65836584
东陈信用社	韩海霆	齐伟				象山县东陈乡沙岗村	315712	65801114
大徐信用社	乐永剑	周会国				象山县大徐镇东昭路 102 号	315706	65620088
贤庠信用社	沈维珂（女）	何广宇				象山县贤庠镇岑晁街 6 号	315701	65640284
定塘信用社	胡纪跃	胡建辉				象山县定塘镇元亨路 101 号	315728	65910162
新桥信用社	杨剑峰					象山县新桥镇南坪路 10 号	315726	65880360
爵溪信用社	吴永刚	石宏建				象山县爵溪镇前街 1 号	315708	65604599
墙头信用社	林国增					象山县墙头镇墙头村	315716	65811119
岳浦信用社	叶峥嵘	陈捷				象山县岳浦镇沿河路 1 号	315733	65010034
高塘信用社	胡光强					象山县高塘岛乡江北村 79 号	315734	65040002
鄞州农村合作银行	陈耀芳	李建国	周建斌	仇坤	王军辉	宁波市鄞州区民惠西路 88 号	315100	87412908
		蔡武红						
营业部	王传宁	汪雅波（女）				鄞州新城区民惠西路 88 号	315100	87412566
东星支行	方明君					鄞州区钱湖北路 1777 号	315100	88220166
兴宁支行	赵俭	孙嵘				宁波市兴宁路 243 号	315040	87836582
灵桥支行	董峰	魏继彪				宁波市灵桥路 105 号	315010	87306573
彩虹支行	柯雪琴（女）	王科				宁波市彩虹南路 56 号	315040	87725826
宁穿支行	潘信法	王佩东				宁波市宁穿路 53 号	315040	87708219
百丈支行	朱毅（女）	马伟平				宁波市百丈东路 929 号	315040	87801468
月湖支行	管洪彪	王效舜				宁波市镇明路 316－318 号	315010	87319920

续表

分支机构名称	主要负责人	负责人				地址	邮编	电话
中山支行	董平	朱宏杰				宁波市西河街 42 号	315010	87341998
城西支行	施军	王碧海				宁波市顺德路 132、134 号	315152	87490112
瞻岐支行	蒋曙光	朱一军				鄞州区瞻岐镇	315145	88408610
咸祥支行	杜赟（女）	童建备				鄞州区咸祥镇咸兴路	315141	88403731
塘溪支行	周溪宏	应晓军				鄞州区塘溪镇塘盛路	315143	88409640
东钱湖支行	陆宁生	孙以峰	金亚明（女）			宁波市东钱湖旅游度假区三角地	315121	88497057
东吴支行	忻祖平	朱明裕				鄞州区东吴镇小白村	315113	88341253
五乡支行	戎海涛	周宏				鄞州区五乡镇宁穿路	315111	88330242
邱隘支行	宋明翔	王海丰	张莲琴（女）			鄞州区邱隘镇镇压中路 47 号	315101	88412213
梅墟支行	戴飞峰	林榆				宁波市国家高新区梅墟街道江南路	315103	88350600
中兴支行	毕一君（女）					宁波市中兴路 8 号	315040	87903358
下应支行	李永平	王珏文	李立波（女）			鄞州区下应街道	315104	88491366
云龙支行	黄寒冰	谢龙久				鄞州区云龙镇	315137	88493182
横溪支行	徐朝晖	项辉				鄞州区横溪镇	315131	88471266
姜山支行	徐红光	王亮				鄞州区姜山镇人民路	315191	88451373
钟公庙支行	陈捷	项玉跃	陈盈（女）			鄞州区钟公庙街道华裕路 66 号	315192	88200011
高桥支行	杨国平	周波军	董志良			鄞州区高桥镇	315174	88447325
集士港支行	翁韩国	丁一	李东海			鄞州区集士港镇集士东路 89 号	315171	88424942
横街支行	金祖伟					鄞州区横街镇横街东路 32 号	315181	88425469
古林支行	楼光云	王利东	张海明			鄞州区古林镇中心路 127 号	315177	88427624
石碶支行	李懿峰	姚苏波（女）	崔志斌			鄞州区石碶街道北路 1 号	315153	88261671

续表

分支机构名称	主要负责人	负责人				地址	邮编	电话
洞桥支行	马山敏	华成刚				鄞州区洞桥镇	315157	88434692
鄞江支行	司徒伟龙	杨期光				鄞州区鄞江镇四明东路 19 号	315151	88431252
龙观支行	蔡宏	叶俊杰				鄞州区龙观乡桓村	315166	88436836
章水支行	谢惠平	徐世栋				鄞州区章水镇振兴中路	315161	88476560
慈溪农村合作银行	胡剑稚	吴政	孙国钢	宋忠茂	应利广	慈溪市三北西大街 201 号	315300	63814267
营业部	张建春	伍立群				慈溪市三北西大街 199 号	315300	63801854
龙山支行	杨伟杰	乐荣金				慈溪市龙山镇凤鸣路 68 号	315311	63780333
三北支行	陈海欧					慈溪市龙山镇三北仙境路 38 号	315331	63732379
范市支行	虞建平（女）	孙钟权				慈溪市龙山镇范市人民路 91 号	315312	63701058
掌起支行	严漪波（女）	罗立勇				慈溪市掌起镇掌起大街 57 号	315313	63742011
师桥支行	林宏波					慈溪市观海卫镇沈师桥村	315314	63650966
观城支行	方杰军	陈文杰				慈溪市观海卫镇福山村观福路口	315315	63617141
附海支行	孙树桥	陈勇				慈溪市附海镇兴海路 129 号	315332	63569029
桥头支行	劳英国	胡丽霞（女）				慈溪市桥头镇桥三路 21 号	315317	63550288
逍林支行	应利军	洪赟				慈溪市逍林镇樟新南路 928 号	315321	63501651
新浦支行	黄刚强	周锦康				慈溪市新浦镇水湘村	315322	63577030
胜山支行	陈素珍（女）					慈溪市胜山镇胜山大道 740 号	315323	63549431
匡堰支行	卢建立（女）					慈溪市匡堰镇高家村 329 国道旁	315333	63530367
横河支行	马金杰	华科杰				慈溪市横河镇梅川西路 2 号	315318	63268707
城北支行	应努泽	陈建萍				慈溪市孙塘北路 656 号	315300	63025379
城东支行	陈荣达	沈雨风（女）				慈溪市慈甬路 556 号	315300	63014836

续表

分支机构名称	主要负责人	负责人				地址	邮编	电话
城南支行	齐建敏	任华年				慈溪市南二环线 408－414 号	315300	63810248
崇寿支行	陈华权	茹欢维				慈溪市崇寿镇六塘村	315334	63299161
坎墩支行	励雄杰	黄勇				慈溪市坎墩街道兴镇街 155 号	315303	63288173
宗汉支行	黄河清	岑立冲				慈溪市北二环西路 7 号	315301	63240682
天元支行	杜建其	丁苏华				慈溪市天元镇镇北路 132 号	315325	63452080
长河支行	陈立明	严豪杰				慈溪市长河镇宁丰村	315326	63402554
庵东支行	徐林冲	屠友谊				慈溪市庵东镇邮电路 381 号	315327	63471384
周巷支行	吴国钧					慈溪市周巷镇兴业南路 125 号	315324	63301829
余姚农村合作银行	沈红波	万克俭	周冠毅	谢宇辉	王省三	余姚市新建路 69－87 号	315400	62628808
临山支行	张海军	鲁杭炯				余姚市临山镇十字南路	315460	62055229
黄家埠支行	陈文海	姚小平				余姚市黄家埠镇高桥村	315464	62016776
泗门支行	鲁建梃	谢朝晖				余姚市泗门镇振兴路 126 号	315470	62451429
小曹娥支行	谢云峰	徐龙江				余姚市小曹娥杨家路丘	315475	62080610
低塘支行	胡柏阳	韩文建				余姚市低塘街道许家堰路	315490	62288988
朗霞支行	闻浩	王建文（女）				余姚市朗霞街道杨学桥东	315480	62193928
马渚支行	袁宏年	单云水				余姚市马渚镇小马路 36 号	315450	62465201
老方桥支行	劳坚波	黄林峰				余姚市老方桥育才东路 1 号	315455	62477505
牟山支行	傅朝燕	沈建成				余姚市牟山镇魏家村	315456	62496959
梁辉支行	沈捷	黄浩建				余姚市梁辉尧山路 13 号	315403	62577909
肖东支行	徐迅	俞平（女）				余姚市兰江街道石婆桥	315408	62595307
城区支行	汪桂鑫	韩方钧				余姚市舜水北路 38 号	315400	62635688

续表

分支机构名称	主要负责人	负责人				地址	邮编	电话
丰南支行	朱玲娣（女）	翁晓山				余姚市阳明西路 560 号	315400	62815905
塑料城支行	方超震（女）	刘维鑫				余姚市塑料城二期北侧	315400	62531852
城东支行	徐文元	沈一红				余姚市子陵路 398 号	315400	62600101
丈亭支行	翁信君	陈宜				余姚市丈亭镇长乐路 2 号	315410	62990608
三七市支行	张剑虹	顾学达				余姚市三七市镇安捷东路 51 号	315412	62935668
河姆渡支行	高清富	方亚明				余姚市河姆渡南路 2 号	315414	62951662
陆埠支行	屠力儿	方高峰				余姚市陆埠钟山西路 1 号	315420	62384778
大隐支行	杨涨春	王云良				余姚市大隐镇山王北路 31 号	315423	62915308
梁弄支行	闻人庆	万克勤				余姚市梁弄镇镇中路	315430	62367106
象山县绿叶城市信用社有限责任公司								
总社营业部	邬映雪					象山县丹城天安路 153－161 号	315700	65656188
城西分社	孔晓峰					象山县丹城靖南路 194 号	315700	65656172
新叶分社	陈东晖					象山县丹城靖南路 259 号	315700	65656198
绿叶分社	金斌杰					象山县丹城建设路 235 号	315700	65656148
爵溪分社	王立勇					象山县爵溪新瀛大街 36 号	315700	65656299
港北分社	黄钱海					象山县石浦渔港中路 393 号	315700	65956901
西周分社	余叶剑					象山县西周西瀛大街 98 号	315700	65838006
石浦分社	胡纪海					象山县石浦金山路 121 号	315700	65975296
宁波辖区证券期货机构								
光大证券公司								
解放南路营业部	胡港					宁波市解放南路 67－1 号	315010	87321501

续表

分支机构名称	主要负责人	负责人				地址	邮编	电话
中山西路营业部	张晓薇					宁波市中山西路2号恒隆中心西裙楼6－7楼	315000	87245659
彩虹南路营业部	俞烽					宁波市彩虹南路11号嘉汇国贸A座10楼	315040	87843467
灵桥路营业部	胡康葆					宁波市灵桥路255号	315000	87323726
槐树路营业部	马斌威					宁波市槐树路36号港房大厦2－3层	315020	87665697
孝闻街营业部	殷萍萍（女）					宁波市孝闻街29弄2号	315010	87284932
新碶营业部	鲍爱华（女）					北仑区新碶东河路560号	315800	86884305
镇海城关营业部	王钢					镇海区聪园路139号	315200	86266680
慈溪浒山营业部	余跃飞					慈溪浒山慈百路37号	315300	63891927
奉化南山路营业部	周建国					奉化市大桥镇南山路160号商贸中心13楼	315500	88516183
象山丹城步北路营业部	陈广					象山县丹城步行街步北路66－68号2层	315700	65750376
宁海徐霞客大道营业部	肖烈					宁海县城关镇徐霞客大道21号	315600	65567298
慈溪新城大道北路营业部	张继宏					慈溪市浒山街道新城大道595号	315300	63035991
爱建证券公司								
中山西路营业部	周建国					宁波市中山西路9－11号海曙大厦	315010	87324164
人民路营业部	陈鼎旭					宁波市人民路65号金港大酒店3楼	315020	87664194
石板巷营业部	仲伟					宁波市石板巷7号	315000	87197369
兴宁路营业部	朱建东					宁波市兴宁路39－4号	315040	87849262
银河证券公司								
大庆南路营业部	滕克志					宁波市大庆南路6号	315020	87681098
解放南路营业部	沈光辉					宁波市解放南路19号	315010	87311196
翠柏路营业部	王运国					宁波市翠柏路416号	315020	87223186

续表

分支机构名称	主要负责人	负责人				地址	邮编	电话
长春路营业部	史旻玮					宁波市长春路90号	315010	87303262
华泰证券公司								
柳汀街营业部	沈建伟					宁波市柳汀街230号	315010	87023665
申银万国证券公司								
大梁街营业部	徐文华					宁波市大梁街48号	315000	87311010
中山东路营业部	阮宝华					宁波市中山东路416弄26号	315040	87373148
海通证券公司								
解放北路营业部	梅文胜					宁波市解放北路136－148号	315000	87287130
百丈东路营业部	方贤明					宁波市百丈东路787号	315040	87333213
中信证券公司								
江东北路营业部	张樱（女）					宁波市江东北路21号	315040	87716229
国泰君安证券公司								
彩虹北路营业部	朱雪泉					宁波市彩虹北路97号	315040	87742919
余姚阳明西路营业部	王澎伟					余姚市阳明西路78号	315400	62661058
中信建投证券公司								
曙光路营业部	徐浩波					宁波市曙光路8号	315040	87707976
中信金通证券公司								
余姚南雷路营业部	赵荣润					余姚市南雷路10－68号	315400	62729409
广发证券公司								
环城西路营业部	罗建维					宁波市环城西路南段345号金都国际裙楼1－3层	315010	87733326
安信证券公司								

续表

分支机构名称	主要负责人	负责人				地址	邮编	电话
和义路营业部	李朴					宁波市和义路45号培罗成大厦9层	315000	87681200
民族证券公司								
中山西路营业部	孟庆安					宁波市中山西路298号海光大厦10楼	315010	87259657
山西证券公司								
百丈东路营业部	王静波					宁波市百丈东路711弄1号3层	315040	27717865
方正证券公司								
镇明路营业部	潘学冬					宁波市镇明路488号文化大厦七楼	315010	87176557
金元证券公司								
灵桥路营业部	毛嘉宏					宁波市灵桥路495号	315010	27718835
齐鲁证券公司								
中兴路营业部	刘云斌					宁波市中兴路269号世纪大厦	315300	87798166
慈溪天九街营业部	柴婉萍（女）					慈溪市天九街219号	315300	63885987
财通证券经纪公司天童北路证券营业部	王维明					宁波市天童北路1539号麒麟大厦5－6层	315040	83051699
太平洋股份有限公司								
中山东路营业部	柳卫星					宁波市中山东路629号	315040	87976801
国信证券公司								
百丈东路营业部	王亚红					宁波市百丈东路901号兴业大厦	315040	89071211
招商证券公司								
福明路营业部	钱荣军					宁波市福明路858号恒富大厦7层	315040	87860125
宁波辖区期货机构								
宁波杉立期货经纪有限公司	催小涛					宁波市中山东路796号11层1－8室	315040	87717888

续表

分支机构名称	主要负责人	负责人				地址	邮编	电话
浙江省永安期货经纪有限公司宁波营业部	楼蓉城					宁波市江东区彩虹南路11号嘉汇国贸A506室	315040	87270515
南华期货经纪公司宁波营业部	张哲					宁波市和义路77号汇金大厦9楼	315000	87197098
宁波杉立期货经纪公司慈溪营业部	干咏今					慈溪市开发大道1277号香格大厦1809室	315300	87717999
上海浙石期货经纪公司宁波营业部	王怀宇					宁波市海曙区灵桥路255号中宁大厦1101室	315000	87193988
光大期货有限公司宁波营业部	孙志强					宁波市海曙区华楼巷19号3－11室	315010	87265390
浙江大地期货经纪公司宁波营业部	任崇					宁波市解放南路65号阳光大厦2层	315010	87193738
浙江大越期货经纪公司余姚营业部	王华民					余姚市新建北路5号二楼	315400	62661312
中国国际期货经纪公司宁波营业部	陈东海					宁波市海曙区东渡路55号华联写字楼22层	315010	87027511
浙江省永安期货经纪公司余姚营业部	倪银辉					余姚市城区新建北路232号中塑国际大厦7楼	315400	62551110
南华期货经纪公司慈溪营业部	项洁					慈溪市浒山街道开发大道1277号香格大厦710、711室	315300	63925100
浙江天马期货经纪公司宁波营业部	楼培培					宁波市海曙区南站东路16号15楼	315010	83868668
国泰君安期货公司宁波营业部	江波					宁波市中山西路2号恒隆中心26层	315010	56868188
东海期货公司宁波营业部	赵平					宁波市海曙区中山东路181号8层	315000	83893733

第七部分

附　　录

重要金融学术活动简介

2008 年

时间	地点	学术活动名称	主办单位	研讨议题及成果
2 月 18 日	新兴大酒店	“银行经营策略”学术报告会	宁波市城市金融学会	学会会长郁炯彦作题为“关于宏观调控趋紧条件下银行经营策略的思考”报告，共有 65 名学会理事参加学习聆听。报告会对准确全面把握宏观经济金融形势，集中精力搞好经营发展发挥了导向性作用
3 月 2 日	南苑饭店	“2008 年中国金融业的新趋势和新挑战”	宁波银监局 宁波市银行业协会	国务院发展研究中心金融研究所副所长巴曙松教授为全市银行业作题为《2008 年中国金融业的新趋势和新挑战》的学术报告，350 余人参加报告会
4 月 10 日	联谊宾馆	开展 2006 ~ 2007 年度优秀成果评奖活动	宁波市金融学会	评奖活动经评审组成员审阅后，再经秘书长会议集中讨论，评出优秀成果 17 项，其中一等奖 2 项，二等奖 3 项，三等奖 12 项
4 月 15 日	新舟宾馆	宁波市银行业金融机构 2007 年度金融创新产品（项目）评选	宁波银监局 宁波市银行业协会	对 26 家单位上报的 40 个产品经初评后，由专家组对 12 个产品现场演示后评审，评审结果 6 个产品获奖：一等奖：“金色池塘”（宁波银行）；二等奖：“管理风险监测与预警责任矩阵系统”（浦发银行宁波分行）；“土地征用安置补助费权利证书质押贷款”（慈溪农村合作银行）；三等奖：“银关保”（光大银行宁波分行）“交银自助通”（交通银行宁波分行）“本外币债务风险管理产品”（中国银行宁波市分行）
4 月 29 日	农行宁波市分行	“蓝海”战略与农行转型研讨会	中国农业银行宁波市分行	讨论农行业务如何转型，对增强农行的竞争力起一定促进作用
5 月 4 日	北京民族饭店	金融创新研讨会	金港信托	信托业金融创新研讨
6 月 11 日	金港大酒店	“十七大后中国经济与金融形势及中国保险业的发展趋势分析”专题报告	中国保险学会	清华大学中国金融研究中心副主任、清华大学经济管理学院教授陈云博士作讲座
8 月 4 ~ 6 日	开元名都大酒店	保险业高管培训班	宁波保监局	著名专家和保险公司精算人员对市级高级管理人员讲授“当前保险业改革发展的几个问题”、“宏观经济金融形势分析”、“偿付能力监管和新会计准则”、“保险产品定价和准备金评估”等问题

续表

时间	地点	学术活动名称	主办单位	研讨议题及成果
8月13日	新兴大酒店	“入世后国内银行业的竞争态势与战略转型”报告会	宁波市城市金融学会	工总行城市金融研究所副所长刘彪博士作报告，对入世后国内银行业竞争态势作全景形分析和详解，并提出加快银行转型的重要性和相关对策建议，对全面认识当前银行业现状，有针对性地加快推进转型具有一定启发作用
9月3日	南苑饭店	新形势下宁波外贸发展与风险管理高端论坛	中国信保宁波分公司 宁波市外经贸局	国家发改委对外经济研究所所长张燕生就新形势下国家宏观政策、贸易政策及如何做好事前风险管控作了主题报告
9月6日	农行宁波市分行	“员工关心的热点、需求及难点”专题研讨会	中国农业银行宁波市分行	通过对股改期农行员工思想问题的剖析，提出针对性的措施。对营造和谐企业环境、促进股改起一定作用
9月23日	金港大酒店	金融形势讲座	宁波银监局	“我国当前证券期货市场形势”
9月27日	华侨豪生大酒店	“《物权法》实施对金融业的影响”专题学术报告会	宁波市金融学会	报告会由中国人民银行研究局副局长刘萍女士主讲，来自宁波市金融业管理机构、银行、证券、保险以及高校的200余名会员参加了报告会
10月17日	南苑饭店	“次贷危机的影响及对中国借鉴意义”的专题报告	宁波市金融学会	渣打银行中国区研究主管王志浩博士（StephenGreen）做专题报告，200余名会员参加了报告会
10月21日	南苑饭店	宁波股权投资发展论坛	宁波市政府主办、宁波市金融办和人行宁波市中心支行协办	人民银行上海总部金融稳定部主任凌涛、中国工商联并购公会会长王巍，以及和利投资集团资深合伙人吴鹰等专家作主旨演讲
10月21日	新兴大酒店	深入学习实践科学发展观活动专题报告会	宁波市城市金融学会	宁波市委党校教授主讲，100多名会员聆听报告。报告会对广大党员干部准确把握科学发展观，统一思想，落实行动，推动实践科学发展具有积极的启发意义
11月5日	中国保险学会	保险业纪念改革开放三十周年征文活动	保监局和中国保险学会	我们拥有半杯水——回首保险业改革开放三十周年
11月7日	象山松岚山海景大酒店	“中国宏观经济和金融热点分析”报告会	宁波市城市金融学会	中国社会科学院金融研究中心副主任王国刚教授作报告，50多名经理级会员参与报告学习。提高了中高级管理人员对宏观经济形势的研判能力，利于促进各项工作科学开展
11月12日	新加坡莱佛士中心会议厅	金融业合作暨宁波企业新加坡上市论坛	宁波市政府金融办、人行宁波市中心支行和宁波银监局、保监局共同承办	来自新加坡及东南亚的银行、保险、中介等机构的100余位外方嘉宾出席了会议

续表

时间	地点	学术活动名称	主办单位	研讨议题及成果
11月25日	联谊宾馆	“金融支持创业创新”研讨会	宁波市金融学会	来自人民银行、银监局、证监局、保监局、商业银行、保险公司等机构的40余名专家学者参加了研讨会,交流论文30余篇并汇编成册
12月19日	慈溪	小家电、电子行业外贸风险防范专题研讨会	中国信保宁波分公司、慈溪市外经贸局	研讨经济危机对全球家电电子消费市场的影响以及如何应用信用保险规避风险、增强“过冬”能力等
12月21~22日	奉化银凤山庄	2009年工作思路研讨会暨学会学术年会	宁波市城市金融学会	重点研讨交流2009年工作目标和策略措施,收到研讨论文23篇,其中7篇论文在会上作交流发言。本次会议初步确定2009年学会工作研究方向和工作基调

优秀金融科研成果名单

2008 年

作者姓名	工作单位	科研成果题目	何时、何期发表	评级机关	奖项及奖级
殷兴山等	人行宁波市中支	跨境异常资金流入监管指标体系的建设与思考	2007 年度宁波市党政系统优秀调研成果	宁波市委办公厅和市政府办公厅	一等奖
殷兴山	人行宁波市中支	关于境外投资与金融支持问题的思考	2007 年度宁波市党政系统优秀调研成果	宁波市委办公厅和市政府办公厅	三等奖
曹嫣红、张志勇等	宁波银监局	房地产价格变动、银行信贷支持与区域金融稳定	2007 年度宁波市党政系统优秀调研成果	宁波市委办公厅和市政府办公厅	优秀奖
殷兴山等	人行宁波市中支	产业结构优化:标准和机理	2007 年度重点研究课题	中国人民银行总行	表彰奖
殷兴山等	人行宁波市中支	金融支持加快发展现代物流业的对策研究	2007 年度重点研究课题	中国人民银行上海总部	二等奖
何振亚	人行宁波市中支	金融开放下的中国银行业并购	第五届青年社会科学优秀成果	浙江省社科联	三等奖
殷兴山等	人行宁波市中支	外汇指定银行激励相容监管机制设计	2007 年度重点研究课题	中国人民银行杭州中支	一等奖
王海龙等	人行宁波市中支	中小企业成长性、技术创新与金融支持研究——以宁波为例	2007 年度重点研究课题	中国人民银行杭州中支	三等奖
王新华	宁波银监局	战略投资者进入对中资银行运营绩效的影响	第五届中国银监会系统青年论坛	中国银监会团委	一等奖
姜政一	宁波保监局	借助 IT 强化保险兼业代理市场监管	《中国保险报》2008 年 10 月 15 日	中国保险报信息化十年回顾	一等奖
邓雄	人行象山支行	推进宁波区域金融发展的思考	“区域金融开放、合作、集聚和创新”有奖征文活动	宁波日报、人民银行宁波中支	一等奖
何振亚	人行宁波市中支	改善金融服务促进地方经济发展	“区域金融开放、合作、集聚和创新”有奖征文活动	宁波日报、人民银行宁波中支	二等奖
余霞民	人行宁波市中支	融资主体、银行结构和区域金融发展	“区域金融开放、合作、集聚和创新”有奖征文活动	宁波日报、人民银行宁波中支	二等奖
黄宇辉	民生银行宁波分行	长三角视角下宁波区域金融的稳定性评估	“区域金融开放、合作、集聚和创新”有奖征文活动	宁波日报、人民银行宁波中支	二等奖
徐佳永	人行开发区支行	资金集聚、金融发展与区域经济升级:理论与实证	“区域金融开放、合作、集聚和创新”有奖征文活动	宁波日报、人民银行宁波中支	三等奖

续表

作者姓名	工作单位	科研成果题目	何时、何期发表	评级机关	奖项及奖级
蒋晓亮	人行余姚市支行	宁波市区域金融结构研究	“区域金融开放、合作、集聚和创新”有奖征文活动	宁波日报、人民银行宁波中支	三等奖
徐鹏飞	人行奉化市支行	服装业结构调整与金融支持的调查	“区域金融开放、合作、集聚和创新”有奖征文活动	宁波日报、人民银行宁波中支	三等奖
王国祥	广发银行宁波分行	论区域金融与经济可持续发展的关系	“区域金融开放、合作、集聚和创新”有奖征文活动	宁波日报、人民银行宁波中支	三等奖
范吉	交通银行慈溪支行	关于宁波区域金融生态环境建设的认识和建议	“区域金融开放、合作、集聚和创新”有奖征文活动	宁波日报、人民银行宁波中支	三等奖
邵琼	中国银行鄞州支行	就区域金融服务体系构建的若干看法	“区域金融开放、合作、集聚和创新”有奖征文活动	宁波日报、人民银行宁波中支	三等奖
李静	鄞州支行	关于电话挂失的建议	8月“我为业务和产品创新进一言”青年客户体验报告	中国工商银行总行	二等奖
邵甬光	农行宁波市分行	从香港银行经验谈农行个贷业务转型的“蓝海”战略	《宁波农村金融》2008年第2期	中国农业银行总行	优秀奖
张凌燕	农行宁波市分行	农行宁波分行共青团和青年工作调研报告	2008年12月农总行征文	中国农业银行总行	优秀奖
乔晋声 徐小育	工行宁波市分行	美国商业银行开展理财业务的经验及对国内银行的启示	3月第九届全国城市金融优秀论文评选活动	中国城市金融学会	优秀奖
周志芬等	工行宁波市分行	民营资本与经济增长——宁波市体外循环资金的基本状况及管理对策	3月第九届全国城市金融优秀论文评选活动	中国城市金融学会	优秀奖
何振亚	人行宁波市中支	产业集群创新的区域金融扶持体系研究——宁波案例	第二届青年社会科学优秀成果奖	宁波市社科联	优秀奖
课题组	宁波市农村金融学会	结合宁波实际对发达地区城市行发展的若干思考	《浙江农村金融》2008年增刊	浙江农村金融学会	优秀课题
殷兴山、孙景德、何振亚、张超群、余霞民	人行宁波市中支	资本甄别功能和产业结构优化——基于金融发展和FDI的差异分析	2006~2007年度金融科研优秀成果	宁波市金融学会	一等奖
吕碧琴、崔宇杰、谈晨	宁波银监局	我国银行业监管效率的影响因素及对策	2006~2007年度金融科研优秀成果	宁波市金融学会	一等奖
王海龙、孙景德、何振亚、张超群、余霞民	人行宁波市中支	基于农村信贷的扩大内需战略研究——宁波案例	2006~2007年度金融科研优秀成果	宁波市金融学会	二等奖
施先强、宋宇红、谢尹琳、包学彪	宁波银监局	金融服务业支持宁波港口经济发展若干问题研究	2006~2007年度金融科研优秀成果	宁波市金融学会	二等奖

续表

作者姓名	工作单位	科研成果题目	何时、何期发表	评级机关	奖项及奖级
乔晋声、周志芬、张银华、潘修玲、沈颖俊	工行宁波市分行	民营资本与经济增长——宁波市体外循环资金基本现状和管理对策	2006~2007年度金融科研优秀成果	宁波市金融学会	二等奖
孙景德、杨素霞、张超群、方晓武、喻崇银	人行宁波市中支	宁波市经济先行指标体系探索	2006~2007年度金融科研优秀成果	宁波市金融学会	三等奖
张海平、余俐金、勇熊、刘定方、乐乐	宁波证监局	央企新旧会计准则转换问题的思考	2006~2007年度金融科研优秀成果	宁波市金融学会	三等奖
高岷	宁波保监局	东部沿海地区旅游保险业发展研究	2006~2007年度金融科研优秀成果	宁波市金融学会	三等奖
乔晋声 徐小育	工行宁波市分行	美国商业银行开展理财业务的经验及对国内银行的启示	2006~2007年度金融科研优秀成果	宁波市金融学会	三等奖
胡茂祥、董春阳、罗海宏、黄国祥	工行宁波市分行	以创新带动传统信贷业务市场拓展	2006~2007年度金融科研优秀成果	宁波市金融学会	三等奖
谢良江、李松祥、高俊民、王蕙蕙	农行宁波市分行	对象山县支行"面向三农商业运作情况的调查"	2006~2007年度金融科研优秀成果	宁波市金融学会	三等奖
胡佩霞、孙曙光、徐驰、董侨禹、陆针、李斌、董发康、冯莉娜	中行宁波市分行	浙江省港口行业2007年调研报告	2006~2007年度金融科研优秀成果	宁波市金融学会	三等奖
葛王杰、许敏、赵燕	建行宁波市分行	关于地方政府融资的研究	2006~2007年度金融科研优秀成果	宁波市金融学会	三等奖
唐海萍、王勤勇、吴卫国、张志成	交行宁波分行	宁波市外贸业——人民币升值背景下的现状、趋势及发展途径	2006~2007年度金融科研优秀成果	宁波市金融学会	三等奖
贾海滨	交行宁波分行	私募股权投资在我国发展建议	2006~2007年度金融科研优秀成果	宁波市金融学会	三等奖
张初础等	省信用联社宁波办事处	农村合作金融机构内部审计质量控制	2006~2007年度金融科研优秀成果	宁波市金融学会	三等奖
徐梅芳	太平人寿宁波分公司	老龄社会的保险对策研究	2006~2007年度金融科研优秀成果	宁波市金融学会	三等奖
李丽	业务管理部	中资财产保险公司竞争力研究	2007年度保险优秀论文	宁波市保险学会	三等奖
洪志刚	太平洋财险宁波分公司	利用信息技术提升经营管理水平	2008年度保险优秀论文	中国保险报	三等奖

续表

作者姓名	工作单位	科研成果题目	何时、何期发表	评级机关	奖项及奖级
赖琼华	人保财险宁波市分公司	机动车辆保险渠道存在的问题及解决对策	2007 年度保险优秀论文	宁波市保险学会	三等奖
范俊杰	人保财险宁波市分公司	基于模糊层次分析法的宁波中小企业火灾风险评估体系研究	2007 年度保险优秀论文	宁波市保险学会	三等奖
李　丽	太平洋财险宁波分公司	中资财产保险公司竞争力研究	2007 年度保险优秀论文	宁波市保险学会	三等奖
朱焕忠	出口信用保险宁波分公司	大力发展出口信用保险积极服务宁波经济发展	2007 年度保险优秀论文	宁波市保险学会	优秀论文奖

金融科技各类奖项奖获名单

2008年

项目名称	完成单位	主要完成人员	获奖等级
科技进步推动——安全生产运行	中国工商银行股份有限公司宁波市分行信息科技部	林振良、高高、熊强、陶志维、刘国振、王颖	中国工商银行总行先进集体三等奖
重点工程建设——奥运服务保障	中国工商银行股份有限公司宁波市分行信息科技部	邬一峰、程垦	中国工商银行总行先进集体三等奖
重点工程建设——网络增值服务工程建设	中国工商银行股份有限公司宁波市分行信息科技部	王伟尧	中国工商银行总行先进集体三等奖
中国农业银行宁波分行综合报表系统推广应用	中国农业银行宁波市分行	陈小萍、张伟锋、刘勇、高岚、孙弘泉、陆志明、庞祥富、姚慰黎	中国农业银行2006~2007年度优秀科技成果分行推广应用奖一等奖(总行)
中国农业银行奥运信息安全工作先进个人	中国农业银行宁波市分行	陆志明、李中石	中国农业银行奥运信息安全保障先进个人(总行)
宁波市票据电子交换系统建设	中国农业银行宁波市分行	庞祥富、鲍建伟	先进个人(人民银行宁波市中心支行)

金融系统先进集体、先进个人名单

2008年

先进集体			先进工作者			
（单位）名称	先进项目	评定部门	姓名	所在单位	先进项目	评定部门
中国人民银行宁波市中心支行						
中心支行	生活后勤保障先进企业	全省财贸系统工委	陈达	货币信贷处	农村信用社专项票据发行兑付考核先进个人	中国人民银行货币政策司
中心支行事后监督中心	浙江省巾帼文明岗	浙巾双办				
中国银行业监督管理委员会宁波监管局						
宁波监管局	全国文明单位	中央文明委	施先强	银监局监管一处	银监会系统2006～2007年度青年岗位能手	中国银监会党委
宁波监管局	浙江省文明单位	浙江省委、省政府	章勇	银监局宣传部	银监会系统2006～2007年度优秀团干部	中国银监会党委
宁波监管局	浙江省卫生先进单位	浙江省爱卫会	崔宇杰	银监局监管四处	银监会系统2008年度监管标兵	中国银监会党委
监管局工会	银监会系统“模范职工之家”	中国银监会工会	严斌	银监局监管五处	银监会系统2008年度监管标兵	中国银监会党委
宁波监管局	银监会系统舆情监测及引导工作先进单位	中国银监会办公厅	张亚娟	银监局监管三处	银监会系统“知识型职工先进个人”	中国银监会工会
监管局监管一处	银监会系统2006～2007年度青年文明号	中国银监会党委	张亚娟	银监局监管三处	银监会系统“五一巾帼奖个人”	中国银监会工会
监管局监管一处	银监会系统“学习型组织先进单位”	中国银监会工会	夏仁民	银监局工会办	银监会系统优秀工会干部	中国银监会工会
监管局监管一处	银监会系统“模范职工小家”	中国银监会工会	汪小松	银监局统计信息处	银监会系统优秀工会积极分子	中国银监会工会

续表

先进集体			先进工作者			
（单位）名称	先进项目	评定部门	姓名	所在单位	先进项目	评定部门
监管局监管三处	银监会系统“五一巾帼奖集体”	中国银监会工会	吴高佩	银监局办公室	银监会系统舆情监测及引导工作先进个人	中国银监会办公厅
中国保险监督管理委员会宁波监管局						
宁波保监局	宁波市第五轮文明机关创建活动中被评为2006～2007年度文明机关	宁波市委、市政府	陈红	人事教育处	全国工会积极分子、全国金融工会积极分子	中华全国总工会、中国金融工会全国委员会
宁波保监局	抗击雨雪冰冻灾害先进集体	宁波市委、市政府	邵洪吉	产险监管处	抗击雨雪冰冻灾害先进个人	宁波市委、市政府
中国农业发展银行宁波市分行						
余姚市支行	文明单位	中国农业发展银行	卓益敏	奉化市支行信贷部	2007年度营销标兵	农发行浙江省分行
余姚市支行	行业文明规范服务示范单位	浙江省行业协会	杨奕兴	奉化市支行信贷部	2008年度营销标兵	农发行浙江省分行
奉化市支行	工人先锋号	宁波市财贸工委	徐潞斐	宁海县支行信贷部	2008年度先进工作者	农发行浙江省分行
国家开发银行宁波市分行						
宁波市分行	浙江省财贸系统“生活后勤保障先进企业”	浙江省财贸工会				
宁波市分行工会	2008年度重点工作目标考核三等奖	宁波市财贸工会				
宁波市分行团委	宁波市直优秀团组织	宁波市直机关团委				
中国工商银行股份有限公司宁波市分行						
市分行营业部	优质文明服务先进集体	中国工商银行	史国光	镇海支行	全国金融系统优秀工会干部	中国工商银行

续表

先进集体			先进工作者			
（单位）名称	先进项目	评定部门	姓名	所在单位	先进项目	评定部门
镇海胜利桥支行	优质文明服务先进集体	中国工商银行	周静芬	生宝支行	优质文明服务先进个人	中国工商银行
鼓楼支行	优质文明服务先进集体	中国工商银行	谢晓燕	慈溪电力支行	优质文明服务先进个人	中国工商银行
宁波市分行	宁波市贸易金融旅游行业文明优质服务竞赛活动优秀组织	宁波市财贸工会、宁波市银行业协会等	胡红红	分行营业部	优质文明服务先进个人	中国工商银行
市分行营业部	工人先锋号	宁波市财贸工会、宁波市银行业协会等	俞战峰	白云支行	优质文明服务先进个人	中国工商银行
宁波市分行	抗震救灾贡献奖	宁波市红十字会	邹燕娜	镇海胜利桥支行	优质文明服务先进个人	中国工商银行
西河支行	市红十字事业支持奖	宁波市红十字会	沈惠民	鄞州支行	优质文明服务先进个人	中国工商银行
宁波市分行	营业经理业务技能大赛总决赛团体三等奖	中国工商银行	林斌	北仑支行	优质文明服务先进个人	中国工商银行
镇海胜利桥支行	中国银行业文明规范服务示范单位	中国工商银行	朱静	东门支行	优质文明服务先进个人	中国工商银行
宁波市分行	决算和日常报表工作组织优秀奖、财务集中改革工作积极推动奖	中国工商银行	范钧	市分行信息科技部	科技进步推动——产品测试投产总行先进个人	中国工商银行
宁波市分行	核算管理先进单位一等奖	中国工商银行	张德成	市分行结算与现金管理部	第三方存管业务先进个人一等奖	中国工商银行
市分行团委	中国工商银行青年英语大赛优秀组织奖	中国工商银行	周凤霞	北仑支行	2008年度青年岗位明星	中国工商银行
市分行管理信息部	综合统计工作先进二等奖	中国工商银行	陈旭波	市分行营业部	2008年度青年岗位明星	中国工商银行
市分行管理信息部	数据仓库先进集体三等奖	中国工商银行	俞战峰	白云支行	文明优质服务标兵	宁波市财贸工会、宁波市银行业协会等
宁波市分行	牡丹信用卡创新奖	中国工商银行	谈霞	江北支行	营业经理业务技能大赛三等奖	中国工商银行

续表

先进集体			先进工作者			
(单位)名称	先进项目	评定部门	姓名	所在单位	先进项目	评定部门
宁波市分行	对公结算账户双提升活动二等奖	中国工商银行	江年波	市分行营业部	营业经理业务技能大赛优秀奖	中国工商银行
			叶皎	市分行财务会计部	财务报表工作先进个人	中国工商银行
			鲁琦音	市分行财务会计部	财务集中改革工作先进个人	中国工商银行
			杨淑梅	市分行财务会计部	核算管理先进个人一等奖	中国工商银行
			戴国权	市分行财务会计部	核算管理先进个人二等奖	中国工商银行
			杨琼孜	凤凰支行	中国工商银行青年英语大赛青年英语之星	中国工商银行
			王晶	市分行授信审批部	中国工商银行青年英语大赛青年英语之星	中国工商银行
			谢维雅	市分行管理信息部	优秀统计员	中国工商银行
			柯波	市分行管理信息部	优秀统计员	中国工商银行
			周志芬	市分行管理信息部	优秀统计员	中国工商银行
			张银华	市分行管理信息部	优秀统计员	中国工商银行
			石学军	市分行管理信息部	优秀统计员	中国工商银行
			施建荣	市分行管理信息部	优秀统计员	中国工商银行
			周红儿	市分行管理信息部	优秀统计员	中国工商银行
			朱黄珍	市分行管理信息部	数据仓库工作先进个人	中国工商银行
			李静晔	市分行管理信息部	数据仓库工作先进个人	中国工商银行
			吴继伟	市分行营业部	公司业务优秀客户经理	中国工商银行

续表

先进集体			先进工作者			
（单位）名称	先进项目	评定部门	姓名	所在单位	先进项目	评定部门
			王亚斐	宁海支行	公司业务优秀客户经理	中国工商银行
			陈昕	石化支行	公司业务优秀客户经理	中国工商银行
			余谦	东门支行	公司业务优秀客户经理	中国工商银行
			冯炯	鄞州支行	公司业务优秀客户经理	中国工商银行
中国农业银行宁波市分行						
余姚支行营业部	模范职工小家	中国金融工会	王国瑛	工会办公室	全国金融系统优秀工会干部	中国金融工会
余姚支行营业部	模范职工小家	中国农业银行	袁忠鹤	银行卡部	全国金融“五一劳动奖章”	中国金融工会
余姚支行营业部	职工职业道德建设先进班组	中国农业银行	庞祥富	信息科技部	全国知识型职工先进个人	全国总工会
江北镇明路支行	女职工文明示范岗	中国金融工会	章亚君	象山支行	职工职业道德建设先进个人	中国农业银行
江东支行工会委员会	先进工会委员会	中国农业银行	章亚君	象山支行	首席工人	宁波市总工会
中国银行股份有限公司宁波市分行						
江东支行营业部	中国银行职工职业道德建设先进班组	中国银行	钱同月	象山支行	中国银行先进工作者	中国银行
鄞州支行	第四届中国银行精神文明建设工作先进单位	中国银行	高洁	鄞州支行	中国银行职工职业道德建设先进个人	中国银行
鄞州支行	中国银行业文明规范服务示范单位	中国银行业协会	姚燕	市分行营业部	中国银行奥运服务优秀员工	中国银行
鄞州支行营业部储蓄专柜	全国级青年文明号	共青团中央	刘婷	鄞州支行	中国银行奥运服务优秀员工	中国银行
江东支行营业部	全国级青年文明号	共青团中央	陆静静	江东支行	总行级青年岗位能手	中国银行
镇海支行储蓄专柜	总行级青年文明号	中国银行团委				

续表

先进集体			先进工作者			
(单位)名称	先进项目	评定部门	姓名	所在单位	先进项目	评定部门
江东甬港南路支行	总行级青年文明号	中国银行团委				
海曙支行营业部	总行级青年文明号	中国银行团委				
宁波市分行	浙江省省级文明单位	浙江省政府				
中国建设银行股份有限公司宁波市分行						
电子银行部	2008年最受信赖的网上银行	第三届宁波市金融产品展示会组委会	郑理丹	鄞州支行	巾帼建功标兵	中国建设银行
北仑支行营业部	女职工文明示范岗	中国建设银行	俞碧红	大碶所	总行个人存款先锋奖	中国建设银行
北仑支行	宁波市档案先进集体	宁波市档案局、宁波市人事局	谢正霞	北仑港支行	总行个人存款先锋奖	中国建设银行
北仑支行营业部专柜	总行青年文明号	中国建设银行团委	石志藏	大榭支行	总行“我的建行我的生活”文学征文活动优秀奖	中国建设银行
北仑电厂支行	总行青年文明号	中国建设银行团委	陆幼君	华山支行	浙江省五一劳动奖章	浙江省工会
华山支行	全国青年文明号	共青团中央	吴志刚	办公室	总行优秀团干部	中国建设银行
风险管理部	优秀风险管理团队	中国建设银行建行	陆幼君	华山支行	总行十大杰出青年提名奖	中国建设银行
分行营业部	2007年外汇业务百强行	中国建设银行建行	虞晓峰	北仑港支行	“总行第四届公司及机构业务百佳客户经理”	中国建设银行
北仑支行	2007年外汇业务百强行	中国建设银行建行	石志藏	大榭支行	总行“建设银行报优秀撰稿人”	中国建设银行
慈溪支行	2007年外汇业务百强行	中国建设银行建行	王燕国	保卫部	2007年全市先进保卫人员	宁波市公安局
国际业务部	2007年外汇业务综合业绩奖三等奖	中国建设银行建行	沈杰	风险管理部	优秀风险经理	中国建设银行
国际业务部	2007年度外汇业务综合考评A级行	国家外汇管理局宁波市分局	李辉	风险管理部	优秀风险经理	中国建设银行

续表

先进集体			先进工作者			
(单位)名称	先进项目	评定部门	姓名	所在单位	先进项目	评定部门
宁波市分行	2008 年度金融统计工作优胜单位	人行宁波市中心支行	徐新权	风险管理部	优秀风险经理	中国建设银行
宁波市分行	宁波市票据电子交换系统建设业务推广奖	人行宁波市中心支行	姚海华	信贷审批部	优秀专职贷款审批人	中国建设银行
宁波市分行	2008 年度反假货币工作先进集体	人行宁波市中心支行	韩斌	信贷审批部	优秀专职贷款审批人	中国建设银行
宁波市分行	提升金融服务、激活沉淀硬币先进集体	人行宁波市中心支行	李辉	风险管理部	奥运金融服务与安全运营保障工作明星奖	中国建设银行
宁波市分行	宁波市投入产出调查先进集体	宁波市统计局	陈文一	慈溪支行	2007 年外汇业务百佳个人	中国建设银行
宁波市分行	2008 年度宁波市银行支付结算工作综合优胜奖	人行宁波市中心支行	韩江恩	段塘支行	2007 年外汇业务百佳个人	中国建设银行
鄞州支行	治安安全示范单位	浙江省综治办	林佩珍	分行营业部	2007 年外汇业务百佳个人	中国建设银行
余姚支行	电子银行工作先进二级分行	中国建设银行	罗海蓉	国贸支行	2007 年外汇业务百佳个人	中国建设银行
北仑支行营业部	个人存款突破 3 万亿百佳网点奖名单	中国建设银行	冯薇	会计部	2008 年度优秀统计员	人行宁波市中心支行
北仑支行营业部	女职工文明示范岗	中国建设银行	王承飞	会计部	宁波市票据电子交换系统建设先进个人	人行宁波市中心支行
三支行专柜	百佳网点	中国建设银行	毕耀	会计部	宁波市票据电子交换系统建设先进个人	人行宁波市中心支行
宁波市分行	工程造价咨询业务先进集体	中国建设银行	宋宏毅	国际业务部	宁波市票据电子交换系统建设先进个人	人行宁波市中心支行
市分行营业部	工程造价咨询业务联动营销奖	中国建设银行	王佩宁	营运管理部	宁波市票据电子交换系统建设先进个人	人行宁波市中心支行

续表

先进集体			先进工作者			
(单位)名称	先进项目	评定部门	姓名	所在单位	先进项目	评定部门
宁波市分行	对公存款先进中心城市行	中国建设银行	徐东来	分行营业部	宁波市票据电子交换系统建设先进个人	人行宁波市中心支行
宁波市分行	单位人民币结算业务专项推动奖	中国建设银行	竺栋	信息技术部	宁波市票据电子交换系统建设先进个人	人行宁波市中心支行
宁波市分行	公司客户中间业务发展先进集体三等奖	中国建设银行	俞丹旦	营业部	2008年度反假货币工作先进个人	人行宁波市中心支行
市分行机构部	机构条线中间业务及“八一工程”先进集体	中国建设银行	童月明	邱隘支行	2008年度反假货币工作先进个人	人行宁波市中心支行
			张东方	会计部	2008年度市区金融机构现金出纳专业先进个人	人行宁波市中心支行
			王惠惠	会计部	2008年度市区金融机构现金出纳专业先进个人	人行宁波市中心支行
			王惠惠	会计部	反假币讲师团优秀讲师	人行宁波市中心支行
			乐忠芳	鄞州支行安全保卫部	奥运金融服务与安全运行保障明星	中国建设银行
			郑赛琴	第三支行储蓄专柜	个人存款突破3万亿增储能手奖	中国建设银行
			史玉洁	第一支行储蓄专柜	个人存款突破4万亿增储能手奖	中国建设银行
			沈瑜	望京路支行	个人存款突破5万亿增储能手奖	中国建设银行
			王红军	慈溪支行	个人存款突破6万亿增储能手奖	中国建设银行
			周君朝	镇海庄市支行	个人存款突破7万亿增储能手奖	中国建设银行
			翁延延	余姚支行营业部	个人存款突破8万亿增储能手奖	中国建设银行

续表

先进集体			先进工作者			
(单位)名称	先进项目	评定部门	姓名	所在单位	先进项目	评定部门
			王幼玉	奉化支行营业部	个人存款突破9万亿增储能手奖	中国建设银行
			林云	鄞州姜山支行	个人存款突破10万亿增储能手奖	中国建设银行
			孙海英	尹江岸储蓄所	个人存款突破11万亿增储能手奖	中国建设银行
			陈贤振	三支行办公室	宁波市先进保卫人员	宁波市公安局
			郑赛琴	三支行专柜	个人存款突破3万亿增储能手	中国建设银行
			朱志	三支行经理管理部	优秀共产党员	中国建设银行
			虞幼萍	宁波市分行	工程造价咨询业务先进个人	中国建设银行
			钱学军	宁波市分行	工程造价咨询业务先进个人	中国建设银行
			陈渊	慈溪支行	工程造价咨询业务先进个人	中国建设银行
			林佩珍	分行营业部	中心城市行对公存款增长能手	中国建设银行
			屠可强	分行保全部	资产保全业务“百佳工作者”名单	中国建设银行
			赖欣华	象山支行	信用卡催收百日竞赛”活动先进个人	中国建设银行
			袁仁伟	北仑支行	公司客户中间业务推动明星	中国建设银行
			毛慈挺	宁波市分行	CMISII 开发推广工作先进个人	中国建设银行
			邱斌	宁波市分行	CMISII 开发推广工作先进个人	中国建设银行

续表

先进集体			先进工作者			
(单位)名称	先进项目	评定部门	姓名	所在单位	先进项目	评定部门
			苏云	宁波市分行	CMISII 开发推广工作先进个人	中国建设银行
			尹虹	宁波市分行	“赢在转型”青年论坛征文获奖	中国建设银行
			孙永雷	奉化支行	机构条线中间业务营销和推动先进个人	中国建设银行
			柳浩宇	分行机构部	机构条线中间业务创新和推动先进个人	中国建设银行
			王维一	慈城支行	“八一工程”突出贡献先进个人	中国建设银行
交通银行股份有限公司宁波分行						
中山支行	全国银行业文明规范服务示范单位	中国银行业协会	葛起鸣	分行公司部	总行级优秀员工	交通银行
慈溪支行	总行级青年文明号	交通银行团委	叶晓华	分行监察室	总行级优秀员工	交通银行
分行团委	“五四红旗团组织”	交通银行团委	潘狄	慈溪支行	优秀青年	交通银行团委
分行电银部	宁波银行业金融机构年度金融产品创新奖”三等奖	宁波银行业协会、宁波银监局	曹杭魏	分行营业部	宁波票据电子交换系统建设先进个人	人行宁波市中心支行
分行国际部	2007 年度宁波市外汇业务综合考评 A 级行	宁波外管局	忻薇薇	光明支行	三等治安荣誉奖章	宁波市公安局
分行会计部	现金存取业务管理工作先进集体	人行宁波市中心支行	崔怡	光明支行	三等治安荣誉奖章	宁波市公安局
分行会计部	宁波市票据电子交换系统建设业务推广奖	人行宁波市中心支行	李微	光明支行	三等治安荣誉奖章	宁波市公安局
北仑支行	市级“创安”先进单位	宁波市公安局	仇清华	奉化支行	先进保卫人员	宁波市公安局
分行保卫部	2008 年度先进保卫组织	宁波市公安局	胡琼林	慈溪支行	宁波市同迎奥运同创文明优质服务标兵	宁波市财贸工会

续表

先进集体			先进工作者			
(单位)名称	先进项目	评定部门	姓名	所在单位	先进项目	评定部门
余姚支行	2007年度宁波市创建治安安全合格单位	宁波市公安局、宁波市社会治安综合治理委员会办公室				
中兴支行	工人先锋号	宁波市总工会				
北仑支行营业部	工人先锋号	宁波市总工会				
分行工会办	宁波市贸易金融旅游行业文明优质服务竞赛“优秀组织奖”	宁波市财贸工会				
分行工会办	财贸金融系统工会考核一等奖	宁波市财贸工会				
上海浦东发展银行宁波分行						
宁波分行	2007年度公司金融业务“十佳分行”	上海浦东发展银行	王武	余姚支行	2007年度优秀客户经理	上海浦东发展银行
分行党总支	2006～2007年度先进党支部	宁波市贸易局党工委	沈开荣	台州温岭支行	2007年度优秀经营管理人员	上海浦东发展银行
中兴支行	中国银行业文明规范服务示范单位(全国)	宁波市银行业协会	陆明	分行人力资源部	2006～2007年度优秀党务工作者	宁波市贸易局党工委
宁波分行	2008年个人业务奥运争先赛年度十强优胜行	上海浦东发展银行	林海	台州分行	2006～2007年度优秀共产党员	宁波市贸易局党工委
分行工会工作委员会	2007～2008年度工会工作二等奖	宁波市财贸工会	俞海燕	分行运营管理部	2006～2007年度优秀共产党员	宁波市贸易局党工委
中兴支行营业部	荣获“工人先锋号”称号	宁波银行业协会、市财贸工会	王宏	分行营业部	2006～2007年度优秀共产党员	宁波市贸易局党工委
			陈燕	分行人力资源部	2006～2007年度优秀共产党员	宁波市贸易局党工委
			林海	台州分行	2007年度银行业金融机构小企业授信工作先进个人	中国银监会

续表

先进集体			先进工作者			
（单位）名称	先进项目	评定部门	姓名	所在单位	先进项目	评定部门
			贺怡岚	分行营业部	全市财贸金融旅游行业文明优质服务先进个人	宁波市银行业协会、市财贸工会
			谢广慎	台州分行	2008年个人银行条线先进客户经理	上海浦东发展银行
			周红军	台州温岭支行	2008年个人银行条线先进经营管理者	上海浦东发展银行
			陈红洪	分行营业部	2007～2008年度“首席工人”荣誉称号	宁波市财贸工会
兴业银行宁波分行						
会计结算部	支付结算工作先进单位	人民银行宁波市中心支行	卢建敏	分行计划财务部	先进会计工作者	宁波保税区财政局
会计结算部	反假货币先进集体	人民银行宁波市中心支行	朱东蕾	分行会计结算部	反假货币先进个人	人民银行宁波中心支行
会计结算部	人民币流通管理工作单项考核先进集体	人民银行宁波市中心支行	徐珺	分行会计结算部	支付结算工作先进个人	人民银行宁波中心支行
会计结算部	中国银行业文明规范服务示范单位	中国银行业协会	徐珺	分行会计结算部	票据电子交换系统先进个人	人民银行宁波中心支行
分行团委	市贸易系统先进团组织	共青团宁波市财贸工作委员会	王琼	分行会计结算部	票据电子交换系统先进个人	人民银行宁波中心支行
分行团委	基层团建示范点	共青团宁波市委	陈春峰	分行会计结算部	票据电子交换系统先进个人	人民银行宁波中心支行
综合部	宁波市优胜经济文化保安队	宁波市经济文化保安支队	夏颖	分行会计结算部	宁波市级青年岗位能手	共青团宁波市委
			王琼	分行会计结算部	宁波市优秀共青团员	共青团宁波市委
			叶敏敏	江东支行	宁波市贸易系统青年岗位能手	共青团宁波市委财贸委员会
			金毅	分行零售业务部	宁波市贸易系统优秀团干部	共青团宁波市委财贸委员会

续表

先进集体			先进工作者			
（单位）名称	先进项目	评定部门	姓名	所在单位	先进项目	评定部门
			蒋旭霞	分行计划财务部	宁波市贸易系统优秀团员	共青团宁波市委财贸委员会
			袁晶晶	分行计划财务部	宁波市贸易系统优秀团员	共青团宁波市委财贸委员会
			朱韫	分行公司业务部	宁波市优秀共青团员	共青团宁波市委
			俞国海	分行综合部	先进保卫人员	宁波市公安局
中国光大银行股份有限公司宁波分行						
宁波分行	宁波市银行业信息科技风险奥运专项工作先进集体	宁波银监局	凌建国	分行监察部	集团优秀工会干部	中国光大银行工会
宁波分行	“和谐之声”主题歌会金奖节目	宁波市财贸工会	周满达	分行营业部	集团优秀工会积极分子	中国光大银行工会
宁波分行	“职工优质服务形象展示”短片制作获奖	宁波市财贸工会	潘锋	行长室	优秀共产党员	中国光大银行
宁波分行	最佳节目奖	宁波市财贸工会	崔文静	运营管理部	市票据电子交换系统先进个人	人行宁波市中心支行
宁波分行	职工文化节年活动优秀组织单位	宁波市财贸工会	胡慧	运营管理部	市票据电子交换系统先进个人	人行宁波市中心支行
宁波分行	2008年度宁波市银行卡工作先进单位	人行宁波市中心支行	吴月峰	运营管理部	市票据电子交换系统先进个人	人行宁波市中心支行
宁波分行	2008年度零售业务发展奖	中国光大银行	陈慧波	分行办公室	光大集团优秀青年	中国光大银行
宁波分行	市贸易旅游系统首批和谐企业	宁波市贸易金融旅游系统	祝军	公司六部	优秀团干部	市贸易局团委
分行工会	集团系统模范职工之家	中国光大银行工会	吴宇锋	鄞州支行	优秀团员	市贸易局团委
分行工会	全国金融模范职工之家	全国金融工会	陈浩杰	贸易金融部	优秀团员	市贸易局团委
分行工会	2008年度金融系统工会重点工作目标竞赛一等奖	宁波市财贸工会	乐凌	分行监察部	优秀共青团干部	宁波市共青团

续表

先进集体			先进工作者			
(单位)名称	先进项目	评定部门	姓名	所在单位	先进项目	评定部门
分行团委	先进团组织	宁波市贸易局共团委	张宾	分行办公室	先进保卫人员	公安局
分行团委	2008年度宁波市基层团建示范点	共青团宁波市委	邵坚	余姚支行	先进保卫人员	公安局
江东支行工会小组	集团模范职工小家	中国光大银行工会	黄芳	分行零售业务部	2008年度总行先进个人	中国光大银行
营业部党支部	市先进基层党组织	中共宁波市委	凌华	公司业务管理部	2008年度总行先进个人	总行
科技园区支行党支部	先进基层党组织	中国光大银行	隋剑雄	公司一部	2008年度总行先进个人	总行
北仑支行	文明规范服务示范单位	宁波银行业协会	管竹君	鄞州支行	2008年度总行十佳对私客户经理	总行
北仑支行	2008年总行先进集体	中国光大银行	胡琼	兴宁支行	文明优质服务标兵	市财贸工会
风险管理部	2008年总行先进集体	中国光大银行	黄斌	江东支行	青年岗位能手	市财贸工会
鄞州支行	全省财贸系统“工人先锋号”	浙江省财贸工会	凌建国	分行监察部	宁波市级“优秀党务工作者”	中共宁波市委
北仑支行营业室	工人先锋号	宁波市贸易系统	潘锋	分行公司部	宁波市级优秀共产党员	中共宁波市委
招商银行股份有限公司宁波分行						
宁波分行	国际业务中间收益突出贡献奖	招商银行	周向东	分行国际业务部	招商银行系统优秀共产党员	招商银行
宁波分行	国际保理最佳进取奖	招商银行	姚亦君	分行人力资源部	招商银行系统优秀党务工作者	招商银行
宁波分行	离岸开户存款突出贡献奖	招商银行	胡华军	分行公司银行部	招商银行2007年度批发银行优秀产品经理	招商银行
宁波分行	离岸结算融资突出贡献奖	招商银行	陈卫琴	分行公司银行部	招商银行2007年度批发银行优秀产品经理	招商银行
宁波分行	香港联动增量奖	招商银行	何维娜	鄞州支行	优秀储蓄主管	招商银行
宁波分行	鹰击长空专业版营销竞赛优胜分行	招商银行	芦慧慧	江东支行	招商银行系统金融青年服务标兵	招商银行
宁波分行	零售中间业务收入十佳分行	招商银行	杨陈	分行营业部	“感动服务2008”服务明星	招商银行

续表

先进集体			先进工作者			
(单位)名称	先进项目	评定部门	姓名	所在单位	先进项目	评定部门
宁波分行	信用卡积极拓展分行	招商银行	袁峰	分行营业部	宁波市财贸金融旅游行业文明优质服务标兵	宁波市财贸工会
宁波分行	代理保险业务积极进取奖	招商银行	林宏科	分行会计部	2008 优秀结算专管员	人民银行宁波市中心支行
宁波分行	2008 精英培训活动业务开拓奖	招商银行	杨芳	江东支行	2008 货币反假先进个人	人民银行宁波市中心支行
宁波分行	对公负债业务营销竞赛优胜分行奖	招商银行	张新贺	慈溪支行	慈溪市银行业“优秀行长”	慈溪市银监办
宁波分行	同业负债业务竞赛最佳进取奖	招商银行				
宁波分行	同业资产业务竞赛最佳进取奖	招商银行				
宁波分行	第三方存管业务营销竞赛最佳进取奖	招商银行				
宁波分行	债券承销业务营销竞赛业绩增长奖	招商银行				
宁波分行	网上“企业银行”业务营销竞赛突出贡献奖	招商银行				
宁波分行	跨银行现金管理平台(CBS)产品营销竞赛突出贡献奖	招商银行				
宁波分行	流动性现金管理产品营销竞赛最佳进取奖	招商银行				
宁波分行	点金产品管理竞赛优秀分行奖	招商银行				
宁波分行	最佳大客户攻关奖	招商银行				
宁波分行	公司理财稳健系列七天产品“2008 年最受欢迎产品”	招商银行				

续表

先进集体			先进工作者			
(单位)名称	先进项目	评定部门	姓名	所在单位	先进项目	评定部门
宁波分行	(银行卡)跨行交易质量优胜奖	人民银行宁波市中心支行				
北仑支行党支部	招商银行系统先进基层党组织	招商银行				
分行国际部市场营销室	招商银行系统职工职业道德建设十佳班组	招商银行				
分行国际部市场营销室	第三届全国金融系统职工职业道德建设"先进班组"	中国金融工会全国委员会				
分行营业部	"感动服务2008"服务优秀支行	中国银行业协会				
分行营业部	2008年度中国银行业文明规范服务示范单位	中国银行业协会				
分行营业部储蓄柜	宁波市财贸金融旅游行业"工人先锋号"	宁波市财贸工会				
慈溪支行	慈溪市银行业"优秀银行"	慈溪市银监办				
中信银行股份有限公司宁波分行						
宁波分行	2007年度投资银行业务先进分行三等奖	中信银行	褚丽萍	余姚支行	2007年四季度公司银行业务优秀客户经理奖	中信银行
宁波分行	2007年度小企业授信业务先进分行	中信银行	沈平	桥城支行	2007年宁波市小企业贷款工作先进个人	宁波银监局
宁波分行	2007年度产业金融业务拓展奖	中信银行	褚丽萍/周莉	余姚支行/百丈支行	2007年度国际业务精英客户经理	中信银行
宁波分行	2007年度第三方存管业务组织推动奖	中信银行	赖文野	宁波分行	2007年度优秀审单员	中信银行

续表

先进集体			先进工作者			
(单位)名称	先进项目	评定部门	姓名	所在单位	先进项目	评定部门
宁波分行	2007年度超额完成计划奖	中信银行	洪奉骏	宁波分行	2007年度资金资本业务优秀资金经理奖	中信银行
宁波分行国际部单证中心	2007年度国际业务优秀结算团队	中信银行	陈舟波	宁波分行	2007年度资金资本业务最佳业务组织奖	中信银行
宁波分行	2007年度国际业务优秀解决方案	中信银行	陈君	鄞州支行	2007年度资金资本业务最佳支持奖	中信银行
宁波分行	“公司客户二元细分管理办法”获宁波市银行金融机构2007年度金融创新入围奖	宁波市银行业协会	单园	宁波分行	2007年度宁波市银行结算专管员优秀奖	中信银行
宁波分行	2007年度全行资金资本市场业务进取开拓奖	中信银行	张玲玲	宁波分行	2007年度宁波市首席工人称号	宁波市银行业协会
宁波分行	2007年度全行资金资本市场业务增速奖	中信银行	张峰	鄞州支行	总行“合规经营促发展”征文活动一等奖	中信银行
宁波分行	2007年宁波银行业金融机构监管统计工作考核评比先进集体二等奖	宁波银监局	徐繁荣、张玲玲	余姚支行/宁波分行	2007年度中信银行青年岗位能手称号	中信银行
宁波分行	2007年度反假货币工作先进集体	人行宁波市支行	周晔、邓海燕、钱晶琳	宁波分行	2007年度宁波市贸易系统“青年岗位能手”称号	共青团宁波市委
宁波分行	2007年度宁波市银行支付结算工作中等规模银行类综合优胜奖	人行宁波市支行	余亮	宁波分行	2007年优秀清收个人	中信银行
宁波分行	档案工作目标管理省一级认定单位	浙江省档案局	周莉	百丈支行	2008年上半年公司银行业务优秀客户经理	中信银行
宁波分行工会	2007年度金融系统工会重点工作目标竞赛一等奖	宁波财贸工会	单园、周立、谢志军	宁波分行	宁波市票据电子交换系统建设先进个人称号	人行宁波市支行

续表

先进集体			先进工作者			
(单位)名称	先进项目	评定部门	姓名	所在单位	先进项目	评定部门
宁波分行团委	集团公司五四红旗团委荣誉称号	中信集团	王华	兴宁支行	2008 年度反假货币工作先进个人	人行宁波市支行
海曙支行、鄞州支行、余姚支行营业部、分行营业部	2007 年度中信银行"青年文明号"	中信银行	孙常叶	宁波分行	2008 年度中信银行内审先进个人	中信银行
分行营业部、鄞州支行营业部	2007 年度宁波市级青年文明号	共青团市委办公室	金民强	宁波分行	中信银行思想政治工作先进个人	中信银行
宁波分行	宁波市"治安安全示范单位"称号(连续三年)	宁波市社治综合委员会办公室、宁波市公安局	严洁	宁波分行	2008 年金融系统普通话演讲比赛和市窗口行业普通话演讲比赛一等奖	人行宁波市支行
宁波分行合规审计部	2007 年度排名前十位优秀内审部门荣誉称号	中信银行	陈飞燕	宁波分行	宁波市财贸金融旅游行业文明优质服务竞赛活动"文明优质服务标兵"	人行宁波市支行
鄞州支行	2008 年一季度对公存款先进支行	中信银行	周伟忠	宁波分行	2008 年中信银行"保卫工作先进个人"	中信银行
宁波分行	2008 年度对公优秀金融服务方案"优秀方案奖三等奖"	中信银行				
慈溪支行	2008 年上半年对公存先进支行	中信银行				
慈溪支行	2008 年三季度对公存先进支行荣誉称号	中信银行				
慈溪支行/桥城支行	2008 年汽车金融业务评比"经销商开发先进单位"	中信银行				
宁波分行	2008 年计划财务工作二等奖	中信银行				
宁波分行	2008 年度反假货币工作先进集体	人行宁波市支行				

续表

先进集体			先进工作者			
(单位)名称	先进项目	评定部门	姓名	所在单位	先进项目	评定部门
宁波分行	2008年度人民币流通管理工作单项考核先进集体	人行宁波市支行				
宁波分行	2008年度中信银行内审先进单位	中信银行				
鄞州支行	中信银行思想政治工作先进集体	中信银行				
宁波分行	2008年最佳服务银行、2008年最佳理财银行	第三届金融产品展示会组委会				
分行营业部	2008年度中国银行业文明规范服务示范单位	宁波市银行业协会				
海曙支行	宁波市财贸金融旅游行业文明优质服务竞赛活动"工人先锋号"	宁波市财贸工会				
余姚支行营业部	2007～2008年度余姚市文明窗口	余姚市精神文明建设委员会				
分行行政保卫部	2008年中信银行"保卫工作先进集体"	中信银行				
宁波分行	2008年宁波市银行业信息科技风险奥运专项工作先进集体	宁波银监局				
中国民生银行股份有限公司宁波分行						
宁波分行	2007年度跨行交易成功率优胜奖	人民银行宁波市中心支行	黄敏军	分行授信评审部	2007年宁波市小企业贷款工作先进个人	宁波银监局
宁波分行	2007年宁波分行反洗钱工作通报表扬	中国民生银行法律合规部	陈洲枫	慈溪支行	2007年表现突出的优秀支行计算机系统管理员	中国民生银行

续表

先进集体			先进工作者			
(单位)名称	先进项目	评定部门	姓名	所在单位	先进项目	评定部门
分行计划财务部	2007年宁波银行业金融机构统计工作先进集体	宁波银监局	赵兴斌	分行计划财务部	2007年宁波银行业金融机构统计工作优秀统计联络员	宁波银监局
宁波分行	宁波银行业金融机构2007年度金融产品创新评选活动组织奖	宁波市银行业协会	李敏	分行会计结算部	民生银行2007年度杰出贡献奖	中国民生银行
分行工会委员会	2008年度中国民生银行系统乒乓球比赛最佳组织奖	中国民生银行工会委员会	黄敏军	分行授信评审部	民生银行2007年度十佳管理能手奖	中国民生银行
北仑支行党支部	中国民生银行2007～2008年度先进党支部	中共中国民生银行委员会	冯晓晓	分行营业部	民生银行2007年度十佳服务明星	中国民生银行
分行营业部	宁波银行业文明规范服务示范单位	宁波市银行业协会	冯晓晓	分行营业部	宁波市首席工人	宁波市总工会、宁波市劳动和社会保障局
			芮知晖	北仑支行	中国民生银行2007～2008年度优秀党务工作者	中共中国民生银行委员会
			岳光春	分行票据中心	中国民生银行2007～2008年度优秀共产党员	中共中国民生银行委员会
			朱康	分行科技开发部	中国民生银行2007～2008年度优秀共产党员	中共中国民生银行委员会
广东发展银行股份有限公司宁波分行						
分行营业部	中国银行业文明规范示范单位	中国银行业协会	管明君	宁东支行	广发服务明星	广东发展银行
马园支行	广发明星支行	广东发展银行				
宁波分行	人民币流通管理先进集体	人民银行宁波市中心支行				
宁波分行	银行业金融机构监管统计先进集体	宁波银监局				

续表

先进集体			先进工作者			
（单位）名称	先进项目	评定部门	姓名	所在单位	先进项目	评定部门
浙商银行股份有限公司宁波分行						
分行业务发展六部	优秀团队	浙商银行	王山松	分行个人银行部	优秀员工	浙商银行
			谢育莹	鄞州支行	明星客户经理	浙商银行
			王山松	分行个人银行部	宁波市文明之星	宁波市文明办
上海银行宁波分行						
分行营业部	2008年度中国银行业文明规范服务示范单位	中国银行业协会				
包商银行股份有限公司宁波分行						
办公室（科技中心）	2008年宁波市银行业信息科技风险奥运专项工作先进集体	宁波银监局	袁丽云	计划财会部（营业部）	2008年度金融机构反假货币工作先进个人	人民银行宁波市中心支行
授信审批部	先进部室	包商银行	项风凯	贸易金融部	先进部长	包商银行
公司业务四部	先进部室	包商银行	俞国民	公司业务部	先进部长	包商银行
公司业务八部	先进部室	包商银行	严婷	公司业务五部	先进部长	包商银行
			李伟	公司业务四部	先进工作者	包商银行
			张荣芳	公司业务一部	先进工作者	包商银行
			叶龙军	公司业务五部	先进工作者	包商银行
			王崎	公司业务三部	先进工作者	包商银行
			黄准文	贸易金融部	先进工作者	包商银行
			汪可可	办公室（科技中心）	先进工作者	包商银行
			张明洁	微贷部	先进工作者	包商银行
			张琼文	公司业务八部	先进工作者	包商银行
			张方	合规部	先进工作者	包商银行
			朱碧颖	计划财会部（营业部）	星级柜员	包商银行
宁波国际银行						
宁波国际银行	2007年度金融统计工作优胜单位	人民银行宁波市中心支行	王磊	计财部	2007年度优秀统计员	人民银行宁波市中心支行

续表

先进集体			先进工作者			
(单位)名称	先进项目	评定部门	姓名	所在单位	先进项目	评定部门
宁波国际银行	宁波市外汇指定银行外汇业务综合考评A级行	国家外汇管理局宁波市分局	吴伟琦	上海分行计财部	上海市2008年度浦东新区金融统计工作先进个人	上海市浦东新区发展和改革委员会
宁波国际银行	2006~2007年度A级纳税企业	宁波国家税务局、地方税务局				
宁波国际银行上海分行	上海市银行业金融机构非现场监管一等奖	中国银监会上海监管局				
中国人民财产保险股份有限公司宁波市分公司						
北仑支公司	中国人民财产保险股份有限公司先进集体	中国人民财产保险股份有限公司	沈红波	理赔中心	中国人民财产保险股份有限公司先进工作者	中国人民财产保险股份有限公司
宁波市分公司	2008年度财产险业务营销创新奖	中国人民财产保险股份有限公司	薛雅琴	直属业务部	中国人民财产保险股份有限公司先进工作者	中国人民财产保险股份有限公司
慈溪支公司	货运险电子商务(e-Cargo)团队竞赛一等奖	中国人民财产保险股份有限公司	孙玉瑛	客户服务中心	2005~2008年度金牌服务工程优秀个人	中国人民财产保险股份有限公司
宁波分公司城区团队	货运险电子商务(e-Cargo)团队竞赛优秀奖	中国人民财产保险股份有限公司	杜莉娅	江东支公司	2005~2008年度金牌服务工程优秀个人	中国人民财产保险股份有限公司
宁波市分公司	货运险电子商务(e-Cargo)团队竞赛组织奖	中国人民财产保险股份有限公司	江波	奉化支公司	2005~2008年度金牌服务工程优秀个人	中国人民财产保险股份有限公司
宁波市分公司	财产险业务发展贡献奖及业务管理贡献奖、家财险业务贡献奖及组织管理奖和家财险挑战杯擂台赛奖	中国人民财产保险股份有限公司	夏军	客户服务中心	电子商务直销业务竞赛业务明星奖	中国人民财产保险股份有限公司
宁波市分公司系统工会	先进职工之家	宁波市财贸工会	郑一民	客户服务中心	电子商务直销业务竞赛业务组织奖	中国人民财产保险股份有限公司
宁波市分公司系统工会	2008年度市财贸工会重点工作目标考核中荣获一等奖	宁波市财贸工会	柯英姿	人事综合部	全国优秀档案工作者	国家档案局

续表

先进集体			先进工作者			
（单位）名称	先进项目	评定部门	姓名	所在单位	先进项目	评定部门
北仑支公司工会委员会	全国金融模范职工之家	中国金融工会	柯英姿	人事综合部	宁波市档案系统先进工作者	宁波市档案局
宁波市分公司	理赔质量优胜奖	中国人民财产保险股份有限公司	李帆	人事综合部	宁波保险协会2007年度优秀宣传信息工作者	宁波市保险行业协会
宁波市分公司	2008年度“e鸣惊人”电话营销团队竞赛二等奖	中国人民财产保险股份有限公司	李帆	人事综合部	宁波晚报社积极通讯员	宁波晚报社
宁波市分公司	2008年度95518服务明星评选最佳组织奖	中国人民财产保险股份有限公司	洪粮钢	宁波分公司总经理室	全国百名理赔能手	中国人民财产保险股份有限公司
宁波市分公司	宁波市贸易金融旅游系统和谐企业	宁波市贸易金融旅游系统和谐企业创建工作小组	叶平	理赔中心	全国百名理赔能手	中国人民财产保险股份有限公司
宁波市分公司	最值得信赖的保险公司	第三届金融产品展示会组委会	陆军富	理赔中心	全国百名理赔能手	中国人民财产保险股份有限公司
宁波市分公司	最受欢迎的保险公司理财产品	第三届金融产品展示会组委会	李京宁	理赔中心	全国百名理赔能手	中国人民财产保险股份有限公司
宁波市分公司篮球队	迎奥运2008“平安杯”宁波保险行业首届篮球比赛	宁波保监局	叶平	理赔中心	全国十佳理赔标兵	中国人民财产保险股份有限公司
余姚支公司	2006～2007年度纳税信用A级纳税人	国家税务局、地方税务局	许森江	余姚支公司	中国人民财产保险股份有限公司集团公司优秀共产党员	中国人民财产保险股份有限公司
宁波市分公司	职工文化年“优秀组织单位”	宁波市贸易金融旅游行业职工文化年组委会	郑宏敏	财务中心	党的十七大文件知识竞赛活动个人二等奖	全国党的十七大文件知识竞赛组委会
北仑支公司	工人先锋号	宁波市贸易金融旅游行业职工文化年组委会	俞静	承保中心	党的十七大文件知识竞赛活动个人优秀奖	全国党的十七大文件知识竞赛组委会
宁波市分公司	文明优质服务竞赛活动优秀组织单位	宁波市贸易金融旅游行业职工文化年组委会	王文光	理赔中心	宁波市抗震救灾先进个人	中共宁波市委、宁波市人民政府
宁波市分公司	先进通讯单位	宁波市保险学会	李帆	人事综合部	全国金融系统纪念改革开放三十周年“民生银行杯”摄影比赛铜奖	中国金融系统工会全国委员会、中国摄影家协会、中国金融摄影家协会

续表

先进集体			先进工作者			
(单位)名称	先进项目	评定部门	姓名	所在单位	先进项目	评定部门
宁波市分公司95518呼叫中心	最佳呼叫中心	中国人民财产保险股份有限公司	盛文莉	鄞州支公司	优质服务标兵	宁波市贸易金融旅游行业职工文化年组委会
宁波市分公司	2008年度电子商务创新奖	中国人民财产保险股份有限公司	俞伟波	宁海支公司	宁海县十大优秀金融青年	宁海县委、宁海县青年联合会
宁波市分公司	业务结构优化奖	中国人民财产保险股份有限公司	罗军	渠道部/责任意外保险部	责任信用保险产品线服务贡献奖	中国人民财产保险股份有限公司
宁波市分公司	2008年意外健康险“军令状”目标完成贡献奖	中国人民财产保险股份有限公司	周红	客户服务中心	95518服务明星	中国人民财产保险股份有限公司
奉化支公司大桥营销服务部	2008年度营销标杆团队	中国人民财产保险股份有限公司	瞿丹红	客户服务中心	95518优秀客户服务代表	中国人民财产保险股份有限公司
			陈辉	余姚支公司	全市抗击雨雪冰冻灾害工作先进个人	余姚市人民政府
中国太平洋财产保险股份有限公司宁波分公司						
分公司营业大厅	宁波市首批市级文明窗口	宁波市委、市政府	夏丽娟	分公司业管部	浙江省“五一”劳动奖章	中华全国总工会、浙江省总工会
慈溪支公司营业大厅	宁波市首批市级文明窗口	宁波市委、市政府	周建成	海曙支公司	宁波市第二届“保险之星”	宁波市保险行业协会
分公司“三六九诚信服务工程”	保险服务项目企划竞赛一等奖	中国太平洋财产保险股份有限公司	周泉	镇海支公司	宁波市第二届“保险之星”提名	宁波市保险行业协会
宁波分公司	合规达标单位	中国太平洋财产保险股份有限公司	应如强	慈溪支公司	宁波市首届“保险团队主管”	宁波市保险行业协会
分公司理赔部查勘科	2008年十佳服务团队	中国太平洋财产保险股份有限公司	夏丽娟	业务管理部	宁波市首届“服务明星”	宁波市保险行业协会
慈溪支公司理赔部	抗雪救灾优秀团队	中国太平洋财产保险股份有限公司	毛莉萍	财产险部	宁波市首届“展业能手”	宁波市保险行业协会
			陈笛	慈溪支公司	宁波市首届“展业能手”	宁波市保险行业协会

续表

先进集体			先进工作者			
(单位)名称	先进项目	评定部门	姓名	所在单位	先进项目	评定部门
			陈滢	国内业务部	宁波市首届“展业能手”	宁波市保险行业协会
			翁亚波	代理业务部	宁波市首届“展业能手”	宁波市保险行业协会
			陈磊	江东支公司	宁波市首届“展业能手”	宁波市保险行业协会
			郭庆钧	镇海支公司	宁波市首届“展业能手”	宁波市保险行业协会
			陈飞	财产险部	宁波市首届“展业能手”	宁波市保险行业协会
			蔡永成	分公司理赔部	抗雪救灾标兵	中国太平洋财产保险股份有限公司
			周毅	余姚支公司	抗雪救灾先进工作者	中国太平洋财产保险股份有限公司
			陈旭球	慈溪支公司	抗雪救灾先进工作者	中国太平洋财产保险股份有限公司
			岑士珍	慈溪支公司	“太平洋之星”销售精英铜质奖	中国太平洋财产保险股份有限公司
			郭庆钧	镇海支公司	“太平洋之星”销售精英铜质奖	中国太平洋财产保险股份有限公司
			周泉	镇海支公司	“太平洋之星”销售精英铜质奖	中国太平洋财产保险股份有限公司
			储琳芬	宁海	“太平洋之星”销售精英铜质奖	中国太平洋财产保险股份有限公司
			陈磊	江东支公司	青年岗位能手	中国太平洋财产保险股份有限公司
			童敏文	分公司	宁波保险优秀通讯员	宁波市保险学会
			童敏文	分公司	通联工作先进个人	太平洋集团公司
中国平安财产保险股份有限公司宁波分公司						
宁波分公司工会委员会	2008 年度重点工作目标考核三等奖	宁波市财贸工会	胡秋红	企划部	优秀经理	中国平安财产保险股份有限公司

续表

先进集体			先进工作者			
(单位)名称	先进项目	评定部门	姓名	所在单位	先进项目	评定部门
宁波分公司	2008年度产险系列品牌宣传先进单位	中国平安财产保险股份有限公司	郭丽婕	办公室	优秀员工	中国平安财产保险股份有限公司
			江水平	办公室	优秀员工	中国平安财产保险股份有限公司
			林霞	车险部	优秀员工	中国平安财产保险股份有限公司
			张华韬	财产险部	优秀员工	中国平安财产保险股份有限公司
			鲍东升	余姚支公司	优秀员工	中国平安财产保险股份有限公司
			温瑞洪	慈溪支公司	优秀员工	中国平安财产保险股份有限公司
			徐坚	车意理赔部	优秀员工	中国平安财产保险股份有限公司
中国出口信用保险公司宁波分公司						
宁波分公司	全国金融模范职工小家	中国金融工会	沈曙寰	北仑处	保险之星	宁波市保险行业协会
宁波分公司	2008最受信赖保险公司	第三届金融产品展示会组委会	张永清	业务二处	优秀团队主管	宁波市保险行业协会
宁波分公司	三级发展奖状	中国出口信用保险公司	庄珂献	北仑处	产险展业能手	宁波市保险行业协会
宁波分公司	反腐倡廉活动组织先进	中国出口信用保险公司	金辉	业务二处	产险展业能手	宁波市保险行业协会
			张济波	北仑处	优秀共产党员	中国出口信用保险公司
天安保险股份有限公司宁波分公司						
鄞州支公司	优秀基层营业机构	天安保险股份有限公司	王懿	理赔管理部	优秀员工	天安保险股份有限公司
宁波分公司	应收管控奖	天安保险股份有限公司	林山河	人民路营销服务部	优秀经理	天安保险股份有限公司

续表

先进集体			先进工作者			
（单位）名称	先进项目	评定部门	姓名	所在单位	先进项目	评定部门
宁波分公司	合规经营奖	天安保险股份有限公司	鲍方龙	鄞州支公司	保险之星	宁波市保险行业协会
			毛明玉	奉化支公司	优秀团队主管	宁波市保险行业协会
			马利君	慈溪支公司	产险展业能手	宁波市保险行业协会
			王成达	宁海支公司	产险展业能手	宁波市保险行业协会
			阮翔	余姚支公司	产险展业能手	宁波市保险行业协会
中华联合财产保险股份有限公司宁波分公司						
宁波分公司工会	市财贸工会重点工作目标考核二等奖	宁波市财贸工会	柯忠良	象山支公司	全国优秀共产党员	中华联合财产保险股份有限公司
宁波分公司	宁波市江东区东柳街道2008年度十佳特色企业	中共宁波市江东区委东柳街道工作委员会、宁波市江东区东柳街道办事处	宋丽萍	慈溪支公司	中华保险明星	中华联合财产保险股份有限公司
慈溪支公司	全国先进中心支公司	中华联合财产保险股份有限公司				
中国大地财产保险股份有限公司宁波分公司						
宁波分公司客户服务部	宁波市财贸工会（工人先锋号）	宁波市财贸工会				
安邦财产保险股份有限公司宁波分公司						
			郑钦新	余姚支公司	保险之星	宁波市保险行业协会
天平汽车保险股份有限公司宁波中心支公司						
			陈美艳	核赔部	优秀员工	天平汽车保险股份有限公司

续表

先进集体			先进工作者			
(单位)名称	先进项目	评定部门	姓名	所在单位	先进项目	评定部门
			徐旭微	综合管理部	优秀员工	天平汽车保险股份有限公司
			周龙	核损部	优秀员工	天平汽车保险股份有限公司
渤海财产保险股份有限公司宁波分公司						
余姚中支	年度优秀销售团队	渤海财产保险股份有限公司	沈燕娜	销售管理部	服务标兵	渤海财产保险股份有限公司
			蒋世忠	综合管理部	服务标兵	渤海财产保险股份有限公司
			罗武	客户服务部	服务标兵	渤海财产保险股份有限公司
			屠慧君	余姚中支	展业明星	渤海财产保险股份有限公司
			董世立	奉化支公司	展业明星	渤海财产保险股份有限公司
			陈浩	业务三部	保险之星提名奖	宁波市保险行业协会
			黄海峰	余姚中支	服务明星	宁波市保险行业协会
			王清	奉化支公司	产险展业能手	宁波市保险行业协会
			汪美香	业务六部	产险展业能手	宁波市保险行业协会
中银保险有限公司宁波中心支公司						
理赔服务部	2008 年度抗击雨雪冰冻灾害先进集体	中银保险有限公司浙江省公司	章杰	理赔服务部	2008 年度抗击雨雪冰冻灾害先进个人	中银保险有限公司浙江省公司
都邦财产保险股份有限公司宁波分公司						
			李文胜	客服部	优秀员工	都邦财产保险股份有限公司

续表

先进集体			先进工作者			
（单位）名称	先进项目	评定部门	姓名	所在单位	先进项目	评定部门
			曹杭波	海曙营销服务部	优秀员工	都邦财产保险股份有限公司
			史勤明	财务企划部	优秀员工	都邦财产保险股份有限公司
民安保险（中国）有限公司宁波中心支公司						
宁波中心支公司营业总部业务六部	优秀展业团队	中国保险（控股）有限公司	周孟国	宁波中心支公司	优秀管理人员	民安保险（中国）有限公司
宁波中心支公司	优秀管理单位	民安保险（中国）有限公司	胡蕾	宁波中心支公司	优秀员工	民安保险（中国）有限公司
江东支公司	先进集体	民安保险（中国）有限公司	鲁燕清	江东支公司	优秀员工	民安保险（中国）有限公司
宁波中心支公司营业三部、营业六部	优秀展业团队	民安保险（中国）有限公司	张茗	余姚支公司	杰出展业人员	民安保险（中国）有限公司
			朱建琪	江东支公司	杰出展业人员	民安保险（中国）有限公司
太平保险有限公司宁波分公司						
			奚志敏	总经理室	优秀管理人员	中国保险（控股）有限公司
			傅云晖	办公室	优秀员工	中国保险（控股）有限公司
			杨吉	办公室	先进信息宣传员	宁波市保险行业协会
中国太平洋人寿保险股份有限公司宁波分公司						
宁波分公司	太保电子商务工作用于创新奖	太平洋集团公司				
海曙支公司	保险业基层建设先进典型	宁波保监局				
海曙支公司	工人先锋号	宁波市财贸工会				
信息技术部	工人先锋号	宁波市财贸工会				

续表

先进集体			先进工作者			
（单位）名称	先进项目	评定部门	姓名	所在单位	先进项目	评定部门
中国平安人寿保险股份有限公司宁波分公司						
宁波分公司	制度竞赛团体优胜奖第二名	中国平安（集团）保险股份有限公司	李波	客户服务部	2008年度行业服务明星	宁波市保险行业协会
宁波分公司	2008年劳动关系和谐企业	宁波保税区	李波	客户服务部	2007年度宁波市贸易系统青年岗位能手	宁波市贸易工会
客户服务部	宁波市首届文明窗口单位	宁波市委、市政府	朱平	客户服务部	文明优质服务标兵	宁波市贸易工会
客户服务部	省级工人先锋号	浙江省财贸工会	徐文锦	客户服务部	2008年平安寿险总公司服务明星	中国平安人寿保险股份有限公司
行政部	2008年度礼仪推广先进单位	中国平安（集团）保险股份有限公司	王芸	奉化服务部	2008年优秀员工	中国平安（集团）保险股份有限公司
行政部	2008年度寿险系列品牌宣传先进单位	中国平安（集团）保险股份有限公司	李科	两核管理部	2008年优秀员工	中国平安（集团）保险股份有限公司
客户服务部	2008年重点工作目标考核二等奖	宁波市财贸工会	陈丹红	行政部	2008年优秀员工	中国平安（集团）保险股份有限公司
			石巧芬	财务部	2008年优秀员工	中国平安（集团）保险股份有限公司
			武麒	销售企划部	2008年优秀员工	中国平安（集团）保险股份有限公司
			袁红波	培训部	2008年优秀员工	中国平安（集团）保险股份有限公司
			杨霜霜	镇海服务部	2008年优秀员工	中国平安（集团）保险股份有限公司
			黄红宾	本部营业区	2008年优秀员工	中国平安（集团）保险股份有限公司
			赵波	保费部	2008年优秀员工	中国平安（集团）保险股份有限公司
			徐文锦	余姚支公司	2008年优秀员工	中国平安（集团）保险股份有限公司

续表

先进集体			先进工作者			
(单位)名称	先进项目	评定部门	姓名	所在单位	先进项目	评定部门
			傅晓洁	人力资源部	2008年优秀员工	中国平安(集团)保险股份有限公司
			赵波	保费部	10年长期服务奖	中国平安(集团)保险股份有限公司
			虞路	保费部	10年长期服务奖	中国平安(集团)保险股份有限公司
			何燕琴	培训部	10年长期服务奖	中国平安(集团)保险股份有限公司
			吕葵儿	客户服务部	10年长期服务奖	中国平安(集团)保险股份有限公司
太平人寿保险有限公司宁波分公司						
			范柳红	财务部	优秀员工	中保集团
			范柳红	财务部	优秀员工	太平人寿保险有限公司
			徐梅芳	企划部	优秀员工	太平人寿保险有限公司
			史燕萍	个人业务部	优秀员工	太平人寿保险有限公司
			钟扬威	个人业务部	优秀员工	太平人寿保险有限公司
			冯雪英	个险	优秀寿险营销员	宁波市保险行业协会
			谢爱红	个险	优秀寿险营销员	宁波市保险行业协会
			周虹飞	银保	优秀银代客户经理	宁波市保险行业协会
民生人寿保险股份有限公司宁波中心支公司						
			赵玲君	宁海营销服务部	总公司钻星会四星会员	民生人寿保险股份有限公司
			陈苗苗	宁海营销服务部	总公司钻星会五星会员	民生人寿保险股份有限公司

续表

先进集体			先进工作者			
(单位)名称	先进项目	评定部门	姓名	所在单位	先进项目	评定部门
			胡玉兰	宁海营销服务部	宁波市保险行业第四届“优秀营销员”	宁波保监局
			陈苗苗	宁海营销服务部	宁波市保险行业第二届“保险之星”	宁波保监局
生命人寿保险股份有限公司宁波分公司						
			朱俊祺	分公司人事综合部	先进信息宣传员	宁波市保险学会
			朱俊祺	分公司人事综合部	先进信息宣传员	宁波市保险行业协会
合众人寿保险股份有限公司宁波中心支公司						
宁波中心支公司	个险传统险标准保费全系统十强中心支公司	合众人寿保险股份有限公司	俞永明	合众人寿宁波中支营销培训部	优秀员工	合众人寿保险股份有限公司
宁波市农村合作金融机构						
市区联社安全保卫科	宁波市创建治安安全示范单位	宁波市社会治安综合治理委员会办公室、宁波市公安局	梅钧伟	北仑联社中心金库	优秀经济文化护卫队员	宁波市经济护卫支队
北仑新碶信用社	银行业规范化服务示范单位	宁波市银行业协会	李瑛	北仑联社营业部	青年文明号岗位能手	宁波市青年文明号青年岗位能手活动指导委员会
北仑联社保卫科	先进保卫组织	宁波市公安局	张敏	镇海安保科	先进保卫干部	镇海区公安局
镇海联社	区级先进保卫组织	镇海区公安局	胡根大	镇海庄市信用社	市级优秀经济文化保安队员	宁波市公安局
宁海联社	市治安安全达标单位	宁波市经济文化保安支队	毛海荣	镇海招宝山信用社	区级优秀经济文化保安队员	镇海区公安局
宁海联社	助学贷款工作先进集体	宁波市财政局	林少军	镇海骆驼信用社	区级优秀经济文化保安队员	镇海区公安局
共青团象山县农信联社委员会	2008年度宁波市志愿服务先进集体	共青团宁波市委、宁波市志愿者协会	吕卫平	奉化联社	优秀领导	浙江省农村信用社联合社

续表

先进集体			先进工作者			
(单位)名称	先进项目	评定部门	姓名	所在单位	先进项目	评定部门
鄞州银行	2008 年度银联标准卡产品创新奖	中国银联	林嘉良	宁海联社理事长	省优秀领导干部	浙江省农村信用社联合社
鄞州银行五乡支行	文明规范服务示范单位	中国银行业协会	蒋能干	宁海联社保卫科	市优秀经济文化保安干部	宁波市经济文化保安支队
宁波鄞州农村合作银行	省级“治安安全示范单位”	浙江省公安厅	蒋建武	宁海押运中心	市优秀经济文化保安员	宁波市经济文化保安支队
鄞州银行团委	省级“先进团委”	共青团浙江省委	周振定	象山信用联社	优秀经济文化保安队干部	宁波市经济文化保安支队
鄞州银行彩虹支行	省级“巾帼文明岗”	浙江省妇联	邓伟	鄞州银行办公室	优秀通讯员	浙江省农村信用社联合社
鄞州银行五乡支行	2007 年度浙江省农村合作金融系统文明服务单位	浙江省家村信用社联合社	吴凯咪	鄞州银行人力资源部	优秀政工师	宁波市委宣传部
鄞州银行	“百强企业服务业百强企业”	宁波市企业联合会企业家协会	戴媛	鄞州银行资金财务部	“会计报表工作”先进个人	宁波市财政局
鄞州银行	货币流通业务全面考核先进集体	人民银行宁波市中心支行	鲍益明	鄞州银行结算管理部	“现金出纳专业”先进个人	人民银行宁波市中心支行
鄞州银行	人民币流通管理工作单位考核先进集体	人民银行宁波市中心支行	徐珠妃	鄞州银行石碶支行	“反假币工作”先进个人	人民银行宁波市中心支行
鄞州银行	现金存取业务管理工作单项考核先进集体	人民银行宁波市中心支行	周娜	鄞州银行鄞江支行	“反假币工作”先进个人	人民银行宁波市中心支行
鄞州银行	提升金融服务、激活沉淀硬币先进集体	人民银行宁波市中心支行	陈福明	鄞州银行安全保卫部	优秀经济文化保卫队员	宁波市公安局
鄞州银行	反假币工作先进集体	人民银行宁波市中心支行	陈奇挺	鄞州银行安全保卫部	优秀经济文化保卫队员	宁波市公安局
安全保卫部	宁波市“先进保卫组织”	宁波市公安局	柳春甲	鄞州银行安全保卫部	优秀经济文化保卫队员	宁波市公安局
石碶支行	工作先锋号	宁波市总工会	史久枞	慈溪农村合作银行城北支行	优秀团干部	共青团慈溪市委

续表

先进集体			先进工作者			
(单位)名称	先进项目	评定部门	姓名	所在单位	先进项目	评定部门
高桥支行营业部集士港支行白岳分理处	市级"青年文明号"	共青团宁波市委	潘晶莹	慈溪农村合作银行庵东支行	优秀团干部	共青团慈溪市委
章水支行	市级"巾帼文明岗"	宁波市妇联	潘儒峰	慈溪农村合作银行	优秀团员	共青团慈溪市委
慈溪农村合作银行	浙江省农村合作金融机构优胜单位	浙江省农村信用社联合社	胡丽霞	慈溪农村合作银行桥头支行	慈溪市"巾帼建功"先进工作者	慈溪市妇联、巾帼建功协调小组、双学双比协调小组
慈溪农村合作银行	浙江省农村合作金融机构宣传信息先进集体	浙江省农村信用社联合社	王巧斐	慈溪农村合作银行胜山支行	慈溪市"巾帼建功"标兵	慈溪市妇联、巾帼建功协调小组、双学双比协调小组
慈溪农村合作银行胜山支行	全国级巾帼文明岗	全国妇联、第29届奥组委、全国妇女巾帼建功活动领导小组	周凌琳	慈溪农村合作银行周巷支行	慈溪市"巾帼建功"标兵	慈溪市妇联、巾帼建功协调小组、双学双比协调小组
慈溪农村合作银行城北支行	浙江省巾帼文明岗	浙江省巾帼建功和双学双比活动协调小组	黄伟	慈溪农村合作银行	宁波市先进保卫人员	宁波市公安局
慈溪农村合作银行营业部	宁波市文明窗口	宁波市委、市政府	吴政	慈溪农村合作银行	浙江农村合作金融机构优秀领导干部	浙江省农村信用社联合社
慈溪农村合作银行团委	宁波市先进团组织	共青团宁波市委	王叶青	慈溪农村合作银行	浙江农村合作金融机构优秀会计检辅员	浙江省农村信用社联合社
慈溪农村合作银行胜山支行	宁波市文明单位	宁波市委、市政府	孙英	慈溪农村合作银行	2007～2008年度宁波市优秀妇女干部	宁波市妇联
慈溪农村合作银行胜山支行	慈溪市先进团组织	共青团慈溪市委	华娜	慈溪农村合作银行宗汉支行	宁波市财贸金融旅游行业"文明优质服务标兵"	宁波市财贸工会、商业联合会、银行业协会、保险行业协会、旅游协会
慈溪农村合作银行观城支行	慈溪市先进团组织	共青团慈溪市委	王国均	慈溪农村合作银行	宁波市优秀经济文化保安队员	宁波市公安局
慈溪农村合作银行	慈溪市"三八"红旗集体	慈溪市妇联、巾帼建功协调小组、双学双比协调小组	范华锋	慈溪农村合作银行	宁波市优秀经济文化保安队员	宁波市公安局

续表

先进集体			先进工作者			
(单位)名称	先进项目	评定部门	姓名	所在单位	先进项目	评定部门
慈溪农村合作银行崇寿支行	慈溪市“双学双比”先进集体	慈溪市妇联、巾帼建功协调小组、双学双比协调小组	王存跃	慈溪农村合作银行	宁波市优秀经济文化保安队员	宁波市公安局
慈溪农村合作银行桥头支行	慈溪市“巾帼建功”先进集体	慈溪市妇联、巾帼建功协调小组、双学双比协调小组	杜宏伟	慈溪农村合作银行	宁波市优秀经济文化保安队员	宁波市公安局
慈溪农村合作银行	宁波市优胜经济文化保安队	宁波市公安局	胡剑稚	慈溪农村合作银行	优秀行长	慈溪银监办
慈溪农村合作银行城东支行	慈溪市文明单位	慈溪市文明办	万克俭	余姚农村合作银行行长室	优秀领导干部	浙江省农村信用社联合社
慈溪农村合作银行城南支行	慈溪市文明单位	慈溪市文明办	俞剑暴	余姚农村合作银行马渚支行	优秀经济文化保安队员	宁波市经济文化保安支队
慈溪农村合作银行胜山支行	浙江省青年文明号	浙江省“号·手”活动领导小组				
慈溪农村合作银行周巷支行营业部	宁波市青年文明号	宁波市“号·手”活动领导小组				
慈溪农村合作银行横河支行营业部	宁波市青年文明号	宁波市“号·手”活动领导小组				
慈溪农村合作银行龙山支行营业部	慈溪市青年文明号	慈溪市“号·手”活动领导小组				
慈溪农村合作银行掌起支行洋山分理处	慈溪市青年文明号	慈溪市“号·手”活动领导小组				
慈溪农村合作银行城南支行营业部	慈溪市青年文明号	慈溪市“号·手”活动领导小组				
慈溪农村合作银行城南支行虞波分理处	慈溪市青年文明号	慈溪市“号·手”活动领导小组				
慈溪农村合作银行匡堰支行樟树分理处	慈溪市青年文明号	慈溪市“号·手”活动领导小组				

续表

先进集体			先进工作者			
（单位）名称	先进项目	评定部门	姓名	所在单位	先进项目	评定部门
慈溪农村合作银行崇寿支行东二分理处	慈溪市青年文明号	慈溪市“号·手”活动领导小组				
慈溪农村合作银行横河支行相士地分理处	慈溪市青年文明号	慈溪市“号·手”活动领导小组				
慈溪农村合作银行国际业务部	慈溪市青年文明号	慈溪市“号·手”活动领导小组				
慈溪农村合作银行龙山支行雁门分理处	慈溪市巾帼文明岗	慈溪市“巾帼建功”活动协调小组				
慈溪农村合作银行城东支行轻纺城分理处	慈溪市巾帼文明岗	慈溪市“巾帼建功”活动协调小组				
慈溪农村合作银行城南支行环城东路分理处	慈溪市巾帼文明岗	慈溪市“巾帼建功”活动协调小组				
慈溪农村合作银行	优秀银行	慈溪银监办				
余姚农村合作银行营业部	宁波市规范服务示范单位	宁波市银行协会				
余姚农村合作银行安全保卫部	宁波市先进保卫组织	宁波市公安局